大学入試 ストーリーでわかる

世界史探究

［古代・中世・近世］

鵜飼恵太 Ukai Keita

＊本書には、「赤色チェックシート」が付いています。

はじめに

受験勉強だって、楽しまないと伸びない!

　私がずいぶん前に高校生だったころ、先生に「○○は大事だから、とりあえず覚えておくように!」と言われて、「とりあえずって何だ???」と思った記憶があります。そういう勉強をした瞬間、世界史は「つまらないただの暗記科目」になってしまいます。それでも、大学受験のときに史学科を選んだのは、「いや、歴史ってそんなもんじゃないだろ?」という感覚があったからです。

　歴史というのは、今、この本を手に取っているみなさんと同じ「生きた人間が織りなしたドラマ」です。教科書だけ読んでいても「淡々としていてツマラナイ」と思うかもしれませんが、「生身の人間」のぶつかり合いや、愛憎うずまく世界が少しでも見えたら、世界史という科目はとたんにオモシロくなります。ぜひ、みなさんにもこの感覚を味わってほしい!　そう思ってこの本を書きました。たとえ大学に入るための受験勉強だとしても、どうせ勉強するなら、楽しくやりましょう!

「インプット」したら、「アウトプット」を忘れずに!

　とはいっても、入試では試験会場で「問題を解く」ことになります。本書を読んで「あー、こういうことか!」って思っても、それは知識を頭の中に「インプット」したにすぎません。普段、私の授業に出てくる生徒のみなさんにも話しているのですが、必ず「アウトプット」する、つまり問題を解いてください。

　例えば、「受験勉強」を「バスケ部」に例えてみると、次のようになります。あっ、これは私が高校のときにバスケ部だったからですが(笑)。まず、「基礎練習(筋トレ・フットワーク・シューティングなど)」、次に「実戦形式の練習(3on3、5vs.5の紅白戦など)」、そ

して「練習試合」があって、目標は「公式戦」になります。これを世界史の受験勉強に置き換えると、「基礎練習＝インプット」「実戦形式＝問題集を解く」「練習試合＝模試」、そして「公式戦＝本番の入試」です。筋トレとシューティングしかやらずに公式戦を迎えるはずはないのと同じで、問題を解かない受験勉強はありません。問題をやって間違えた部分は本書を読み直して、その部分をノートなどにまとめておくと、あとで見直ししやすいですよ！

　今回、「世界史探究」にあわせて、用語や解説を見直しました。「歴史総合」や「世界史探究」では、史料やグラフなどのデータから考察する問題が増えてくると思います。考察するためには、前提となる知識や時代のイメージが必要ですので、まずは本書でそれを固めてください。

　本書は、これまで私の授業に出てくれた生徒のみなさんの反応や質問を思い出しながら執筆しました。受講生のみなさんがつまずいて質問に来てくれたところは、特に丁寧に説明しました。これまで私の授業を受講してくれた生徒のみなさんがいなければ、この本は書けなかったと思います。心から感謝します！

　最後に、改訂の機会をくださった KADOKAWA の佐藤良裕さん、遅れがちな作業をサポートくださった岡田晴生さん、そして、これまで本書を購入して学習してくれた全てのみなさんに、この場を借りて心より御礼申し上げます。

鵜飼　恵太

4

もくじ

10

本文著者イラスト：熊アート
本文イラスト：いとうみつる

＊この本に掲載している情報は、2023年3月現在のデータが最新です。

≡ この本の特長と使い方 ≡

「通史」を徹底的に詳しく解説。
わかりやすさのポイントは次の7つ！

① 時代のイメージがつかめる！

多くの用語や年号を効率よく覚えるには、まず時代・地域ごとの大きな〝流れ〟をつかむことがポイントです。各回の冒頭に掲載している【大きくつかもう！】で、全体のイメージをしっかり把握しましょう！

② 流れを「論理的に」理解できる！

「原因」と「結果」にこだわって、出来事の背景や影響がわかるように詳しく丁寧に解説しました。復習するときは、◀のついた見出しだけを読んでも、あらすじがわかるようになっています。

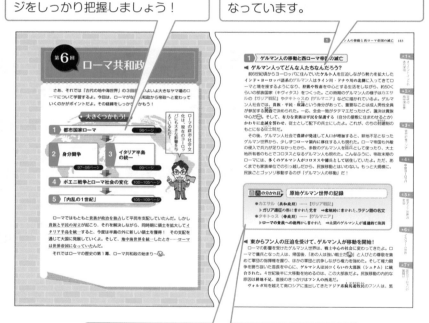

③【合否の分かれ目】で差をつける！

受験で問われやすい内容、知っていると知らないとでは大きな差がつく重要項目を【合否の分かれ目】にまとめました。しっかり理解して、志望校合格を近づけましょう！

④ 重要ポイントを
　「クローズアップ」！

特に重要なポイントに注目して、要点だけを【クローズアップ】にまとめてあります。時系列に沿って要点をしぼってあるので、復習にも最適。ここの内容を重点的に覚えましょう。

⑥ 表や図で
　スッキリ整理できる！

比較して覚えると学習効果が上がる内容は、表や図でまとめてあります。

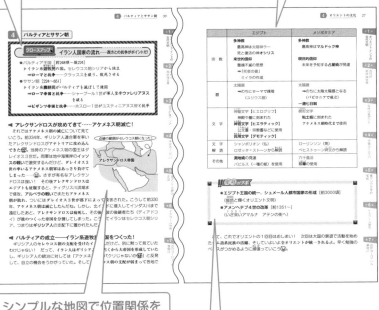

⑤ シンプルな地図で位置関係を
　チェックできる！

世界史の学習には、地理的要素も必要です。大胆に情報をそぎ落として、シンプルな地図を掲載しました。これで、必要な情報だけをインプットしてください。

⑦ 年号を丸暗記できる！

どうしても覚えておきたい年号は、【年号のツボ】として各回の終わりにまとめました。ゴロ合わせで楽しく覚えましょう。

第1章

オリエント・インドの古代文明

第1回 古代オリエント世界の成立

それでは、古代オリエント世界から始めよう。今回のポイントは、エジプト文明、メソポタミア文明それぞれの特徴をしっかり区別することだ。何となく似ているところも、よく見ると違いがあることに気づくはずだよ。

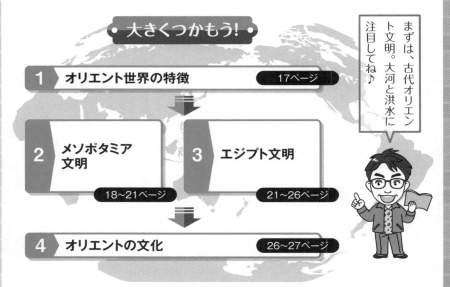

● 大きくつかもう!

まずは、古代オリエント文明。大河と洪水に注目してね♪

1　オリエント世界の特徴　　　17ページ

2　メソポタミア文明　　　18〜21ページ

3　エジプト文明　　　21〜26ページ

4　オリエントの文化　　　26〜27ページ

古代オリエントの文明って、よくよく考えてみると砂漠に国家が繁栄しているんだよね。どうして砂漠に大国が繁栄できたんだろう？　キーワードは「大河（たいが）」だ。メソポタミア文明はティグリス川・ユーフラテス川、エジプト文明はナイル川の流域に発達したんだもんね。その後、インド＝ヨーロッパ語系民族が侵入すると、オリエントの民族構成が少し複雑になるよ。メソポタミアとエジプト、似ているようで結構違うところも多いから、比較しながら見ていくよ。

さあ、それでは古代オリエントの始まり〜😆。

第**1**章　オリエント・インドの古代文明

第**2**章　古代の地中海世界

第**3**章　古代の東アジア

第**4**章　中世ヨーロッパ

第**5**章　東アジア世界の変容

第**6**章　イスラーム世界

第**7**章　近代ヨーロッパの幕開け

1 古代オリエント世界の特徴

🔊 オリエントってどんなところだろう？

　そもそもオリエントって呼び方は、古代ローマ人が自分たちの住むイタリア半島から見て「**日の昇るところ**」って意味で使った言葉で、**要するにヨーロッパから見た「東方」ってことだ**。だから、歴史上は**エジプト**や**メソポタミア**を中心に**西アジア**などを含む地域のことだね。この地域は基本的に乾燥地帯だから、かなり広い砂漠が広がっている。でも、メソポタミア文明は**ティグリス川・ユーフラテス川**、エジプト文明は**ナイル川**という大河に恵まれて、**灌漑**農業がおこなわれたんだ。この大河流域には**肥沃な土壌**が広がっていて**農業生産力が高く**、さらに**青銅器**が使用されるようになると、前4千年紀には都市文明が形成されていったよ。

　さて、それではオリエントの文明の地形的な特徴をあげておこう。

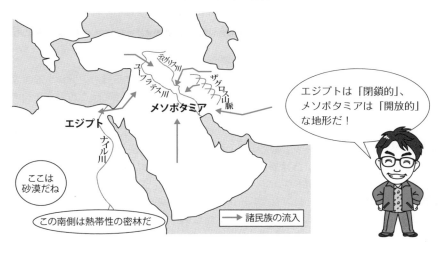

ティグリス川
ザグロス山脈
ユーフラテス川
メソポタミア
エジプト
ナイル川

ここは砂漠だね

この南側は熱帯性の密林だ

エジプトは「閉鎖的」、メソポタミアは「開放的」な地形だ！

➡ 諸民族の流入

　メソポタミアは周囲がほとんど陸続きだから、**さまざまな民族が外から攻めてくる**ことが多かった😫。東の**ザグロス山脈**は、一番高いところが4500mもあるんだけど、山から下りてくる民族もいてね。さまざまな民族が入ってきていろいろな国を建てた。教科書的に言うと「**開放的な地形**」だ。これに対して**エジプト**は、周囲を海と砂漠、密林に囲まれているから、こちらは「**閉鎖的な地形**」。この時代にはまだ、航海術があまり発達していなかったから、**海から攻め込まれることは少なかった**んだ😄。だからエジプトはずっとエジプト人の王朝が続くよ。

　もう一つ、オリエント世界は大河を利用した灌漑農業で発展したから、早くから**強大な王権が出現**した。だって、小さな国では大河の治水や灌漑はできないよね。そのため、国王は神の権威を利用して統治する、強力な**神権政治**をおこなったんだ。

2 ▶ メソポタミア文明

クローズアップ　**メソポタミア文明**

- ●シュメール人の都市国家 [前3000頃] ……**ウル・ウルク・ラガシュ**など
- ●アッカド人が**メソポタミア統一** [前24世紀頃]
- ●バビロン第1王朝【**古バビロニア王国**】[前19世紀初～前16世紀初]
  - ▶**ハンムラビ王**が**全メソポタミア統一**[前18世紀] ➡ハンムラビ法典の制定
- ●インド゠ヨーロッパ語系民族の侵入
  - ▶**ヒッタイト王国**……史上初めて**鉄器**を本格的に使用
  - ▶**ミタンニ王国**……住民の大部分は**フルリ人**
  - ▶**カッシート王国**【**バビロン第3王朝**】

◀ まずはシュメール人の都市国家だ！

　ティグリス川・ユーフラテス川に挟まれた地域は「**肥沃な三日月地帯**」って呼ばれている農耕に適した地域だよ。4月から6月にかけて雪解けで起こる増水を利用した灌漑によって農耕が発達し、前3500年ころから人口が急激に増え始めて、神殿を中心とする大集落がつくられていった。そして**文字が発明**され、**青銅器**などが普及し始めると、さらに農業生産力が向上して、神官・商人・職人などの農業をしない人たちが増え、**農耕集落は都市へと発展**していったんだよ。　こうして前3000年ころには、**民族系統不明**の**シュメール人**によって**ウル・ウルク・ラガシュ**などの都市国家が建設されたんだね。シュメール人の都市は**城壁**で囲まれていて、内部には壮大な**神殿・宮殿・王墓**が建てられたよ。特にメソポタミアの都市の特徴は**ジッグラト【聖塔】**だ！　ウルのジッグラトは有名だね。ここには守護神を祭る祭壇があって、各都市では**神権政治**がおこなわれていた。同時に、ジッグラトには突然洪水に襲われたときの避難所の役割もあるよ。実際、シュメールの遺跡には、前2800年くらいに、**都市と王朝を壊滅させる大洪水**が起こった形跡（厚く積もった泥土）が残っている😵！『**ギルガメシュ叙事詩**』の大洪水や『**旧約聖書**』に描かれたノアの大洪水は、この洪水をもとにつくられた話だと考えられているよ。

　その後シュメール人の都市は復興を果たし、前25世紀ころのウル第1王朝の時代に全盛期を迎えた。さらに、**メソポタミアは開放的な地形**だったから交易も繁栄して、ウルクでは**最古の円筒印章**や文字も発見されたよ。印章は交易のときに荷物を封印するのに使ったから、これが発掘されたのは交易が繁栄していた証拠だ😆。

　しかし、シュメール人の都市国家は、**都市間の覇権争いや周辺からの諸民族の侵入**で衰退して、メソポタミア全体の支配権を確立できなかった。それにいろんな民族がいて宗教もバラバラだから、**国王を神とする専制政治は実現できなかった**んだね。

🔊 初めてメソポタミアを統一したのは?

　シュメール人の都市が衰退し始めると、シリアやアラビア半島から現れた**セム語系**の民族が台頭し始めた。**セム語系**民族は、メソポタミア文明の初期からすでに定着した、おもに**遊牧**生活をおこなっていた民族だね。そして、前24世紀ころ、中部から興った**アッカド人**の王**サルゴン1世**がメソポタミア全域の征服に成功した😆。これがメソポタミア最初の統一国家だね。しかし、この国もザグロス山脈から下りてきた山地の遊牧民 (グディ人) の侵入で衰退し、**ウル第3王朝**の下で再びシュメール人の勢力が復興したよ。この王朝の創始者**ウルナンム**が発布した法典は、**現存最古の法典**といわれているね。しかし、この国も周辺の遊牧民の侵入で衰え、前3000年紀末にエラム人の侵入で滅んでしまったんだ。ね、メソポタミアっていろんな民族が次から次へと入ってきて、次々と国がかわるよね😊。

〈シュメール人都市国家とアッカド王国〉

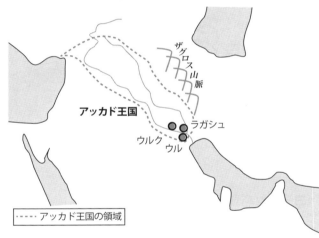

ザグロス山脈

アッカド王国

ラガシュ
ウルク
ウル

------ アッカド王国の領域

🔊 ハンムラビ王の登場。バビロン第1王朝がメソポタミア統一だ!

　シュメール人の時代が終わり、かわってシリアから侵入した**セム語系**遊牧民の**アムル【アモリ】人**が、前19世紀には**バビロン**を都に**バビロン第1王朝【古バビロニア王国】**を建設した。彼らはもともと遊牧をしながらメソポタミアに入ってきて、混乱のなかからいくつかの国をつくった。そして、前18世紀ころ、バビロン第1王朝第6代の**ハンムラビ王**は、全メソポタミアを統一して中央集権国家を建設したよ😆。

　ハンムラビは、大規模な治水や灌漑をおこなうとともに、有名な**ハンムラビ法典**を制定した。これは領内のさまざまな民族を統一して支配するために、これまであ

ったシュメール法を集大成したものだよ（だから**最古の法典じゃない！**）。全282条からなるこの法典は、**刑法・商法・民法**と内容は幅広く、特に刑法では「**目には目を、歯には歯を**」で有名な**同害復讐**の原則がとられている。これは、被害者がやられたのと同じことを国がかわりに刑罰としてやってあげる、ってことね。被害者本人がやり返したらただの犯罪だよ😅。それから、**刑罰は被害者の身分によって異なり（身分法）**、例えば、奴隷を殺しちゃった場合は、銀で賠償すればよかったんだ。

〈古バビロニア王国とインド＝ヨーロッパ語系民族の侵入〉

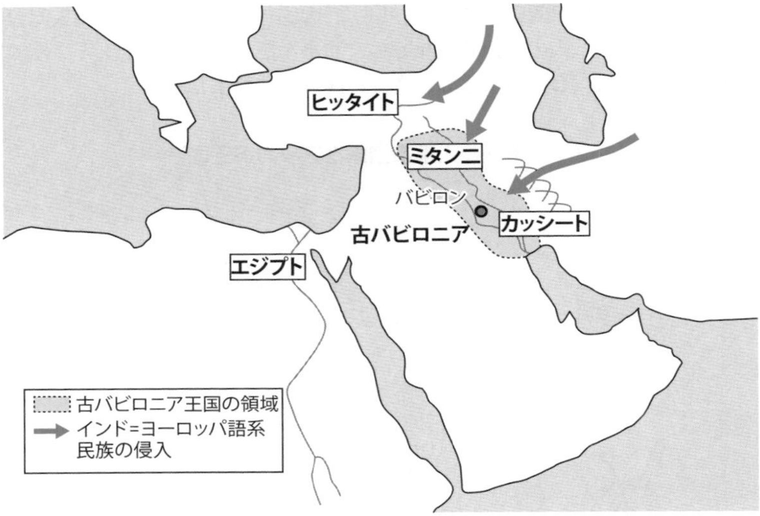

```
ヒッタイト
ミタンニ
バビロン
古バビロニア    カッシート
エジプト
```

:::::: 古バビロニア王国の領域
⟶ インド＝ヨーロッパ語系
民族の侵入

◀ インド＝ヨーロッパ語系民族が侵入してきた！

　前2000年ころから、オリエント文明は大きな変化を迎える。それは、**インド＝ヨーロッパ語系民族**の出現だ😳！彼らは単一の人種というよりは、中央アジアから南ロシアを原住地とするさまざまな民族だったみたいだね。ただ、彼らは**共通の要素を持った言語を使用していた**ので、まとめてインド＝ヨーロッパ語系と呼ばれている。もう一つ、彼らの共通点は「**馬と戦車**」を使用したことだよ。機動力のある軍隊で各地に拡大していったんだね😏。西方に拡大した**ケルト人**や**イタリア人**、南方に進出した**ギリシア人**、さらには東方に進出した**イラン人**やインドに侵入した**アーリヤ人**も、インド＝ヨーロッパ語系民族だ。

　オリエント世界でも、アナトリア（小アジア）からメソポタミアへと拡大し、インド＝ヨーロッパ語系民族の征服国家が建設されたよ。こうして、**オリエントはエジプトも含めて各地方が何らかのつながりを持ち、一つのまとまった世界が形成されていった**んだ。では、彼らの国家形成を見ていこう。

まずは、前19世紀ころに**アナトリア**に移動した一派が先住民を征服して建てたのが**ヒッタイト王国**だ。そして、前1650年ころには**ハットウシャ（ボアズキョイ）**を都に強力な国家となり、前16世紀初めには**古バビロニア王国**を滅ぼして、さらに南下して**ミタンニ王国**とも争った。ヒッタイトは**馬と戦車**に加えて、史上初めて**鉄製武器**を使用したから軍隊が強いよ🫡。そして、前13世紀には、**シリアをめぐってエジプト新王国と抗争する**んだ。

「鉄製武器」を使うと軍事力が強くなるよ

　続いてメソポタミアだ。**古バビロニア王国が滅亡**したあと、メソポタミアではザグロス山脈方面から侵入した別の一派が**カッシート王国【バビロン第3王朝】**を建てて、約400年間**メソポタミア南部**を支配したんだけど、**エラム人**によって滅亡してしまった。ただ、カッシートは民族系統も含めてよくわかっていないんだけどね😵。

　メソポタミア北部では、アナトリアからのヒッタイトの圧迫を受けて東に移動した一派が、すでにこの地に定着していた**フルリ人（フリ人）**とともに**ミタンニ王国**を形成した。ただこの国はどちらかというと、王国というより都市の連合体に近かったようだね。ミタンニ王国は、一時エジプトやヒッタイトと並ぶくらいの強国となって繁栄したんだけど、前14世紀には**ヒッタイトに敗れて衰退**してしまうんだ。

　このように前2000年紀半ばは、**エジプト新王国も含めてさまざまな王国が並立**して、非常に複雑な国際情勢となったんだね。

3 ▷ エジプト文明

◀ まさに「エジプトはナイルのたまもの」！

　古代ギリシアの歴史家ヘロドトスが「**エジプトはナイルのたまもの**」といったように、古代エジプト文明は、**ナイル川**抜きには語れない！　エジプトって砂漠ばかりのイメージかもしれないけど、**ナイル川のもたらす豊かな沃土のおかげで農耕が発達**したんだもん😆。だから、早い時期から川の両岸に**ノモス**と呼ばれる村落が形成されたんだよ。

　では、ここでナイル川の増水の話をしておこう。ナイル川は、アフリカ中部のヴィクトリア湖から流れる**白ナイル**と、エチオピア高原を水源地とする**青ナイル**がスーダンのハルトゥームで合流してエジプトに流れ込むんだけど、この青ナイルの流域は雨季になると豪雨が続いて、8月の降水量は日本の梅雨と台風をあわせたよりも多いんだ😳。だから、この時期に**下流のエジプトではナイル川が氾濫**して、11月に水が引くまで平野は水に覆われ、水が引いたあとには**肥沃な泥土が畑に残される**。こうして毎年定期的に繰り返されるナイル川の猛烈な増水のエネルギーで灌漑

第1章　オリエント・インドの古代文明

第2章　古代の地中海世界

第3章　古代の東アジア

第4章　中世ヨーロッパ

第5章　東アジア世界の変容

第6章　イスラーム世界

第7章　近代ヨーロッパの幕開け

されて（下の図みたいな感じだよ）、農業生産力はとても高かったんだ😆。
　ただ、ナイル川ってとんでもない大河だから、**治水や灌漑には住民の共同作業が必要**だ。しかも２、３の村で協力したくらいじゃすまないほどの大規模な工事が必要になるから、**多くの村落を統率する強力な王の存在が必要**になったんだ。

※ナイル川の断面はこんな感じ

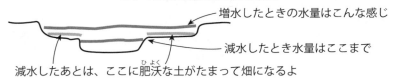

← 増水したときの水量はこんな感じ

← 減水したとき水量はここまで

減水したあとは、ここに肥沃な土がたまって畑になるよ

◀ エジプトの統一って何だろう？

　ノモスの分立する時代は、だいたい前33世紀ころまでで、ナイル川流域は、徐々に下流のデルタ地帯の**下エジプト**、それよりも上流の**上エジプト**の二つの王国にまとまった。そして、前3000年ころ、メソポタミアよりも早い段階で**上エジプトのメネス王【ナルメル王】**が下エジプトを征服して**統一国家を形成**したんだ。ここから**ヘレニズム時代のプトレマイオス朝**まで31の王朝が興亡するんだけど、数回の異民族の侵入を経験はしたものの、ほとんどの時代で安定した統治がおこなわれていた。そして、王は**ファラオ**（「大きな家」の意味）と呼ばれ、**太陽神ラーの子として**神権政治をおこなったんだね。
　エジプトでは、**統一されていた時代**に「**古王国・中王国・新王国**」って名前がついている。ただ名前がない時代にも、ずっとファラオはいるからね。統一が崩れて分裂した時代は「**中間期**」って呼ぶんだ。

〈古王国時代〉

下エジプト
ギザ
メンフィス
上エジプト

ナイル川

古王国が支配したのは
このあたりまでだ！

ファラオはナイル川の洪水を予測して神になったんだよ。みんなも確実に当たる予言ができればファラオになれるかもよ😆

◀ 古王国時代——ピラミッドの時代だ！

　まずは古王国時代だね。前27世紀半ばから、エジプトは**古王国時代**（第3〜6王朝）と呼ばれ、上・下エジプトの境界である**メンフィス**を都として繁栄したんだ。たぶん、みんなが「エジプトっぽい」と思うものは、たいてい古王国時代につくられた。エジプトっていうと、**ピラミッド**とその横に**スフィンクス**、その前にラクダを引いたおっちゃんがいるイメージでしょ😆（安直かな……）。エジプトで「いわゆるピラミッド型（正四角錐）」のピラミッドがつくられたのは、ほぼこの時代だけね。ピラミッドは王が自らの墓としてつくったといわれていて、だいたいは増水して農業ができない時期に、国民を動員してつくらせたらしい。有名なのは**カイロの対岸**、**ギザの3大ピラミッド**だね。**クフ王**のものが最大で、あとは**カフラー・メンカウラー**のものとあわせて3大ピラミッドと呼ばれている。

　それから、**ファラオが太陽神ラーの子として全国を支配する**という**神権政治**が完成したのもこの時代だ。エジプトの伝統はほとんど古王国時代に完成したんだね。

　ただ、第6王朝末期になると、**各地のノモスが徐々に自立してファラオの権力が衰え、エジプトの統一が崩れた**。これ以降、中王国までの期間が第1中間期だ。

◀ 中王国時代——末期には、異民族ヒクソスが攻めてきた！

〈中王国時代〉

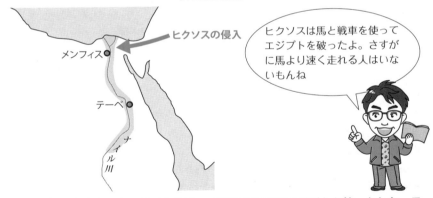

ヒクソスの侵入

メンフィス

テーベ

ナイル川

ヒクソスは馬と戦車を使ってエジプトを破ったよ。さすがに馬より速く走れる人はいないもんね

　前21世紀になると、上エジプトの**テーベ**を中心に**再びエジプトが統一された**。これが**中王国時代**（第11〜12王朝）だ。テーベって海からだと直線距離で約800kmも内陸だから、エジプトでは最も安定した地域だよ。以後、長期にわたって**テーベがエジプトの政治・宗教の中心**になり、この時代には官僚機構が整備されて中央集権体制が整えられたんだ。

　それから、中王国時代には**テーベの守護神アメン【アモン】が多神教の最高神**とされ、のちの新王国時代になると、もともと最高神だった太陽神ラーと結びついて**アメン＝ラー**として広く信仰されるようになる。しかし、徐々に**地方勢力と神官の勢力拡大で王権が衰退、統一が崩れて**しまったんだ😣。ここからが第2中間期だよ。

第1章　オリエント・インドの古代文明

第2章　古代の地中海世界

第3章　古代の東アジア

第4章　中世ヨーロッパ

第5章　東アジア世界の変容

第6章　イスラーム世界

第7章　近代ヨーロッパの幕開け

　前17世紀になるとシリア方面から**アジア系遊牧民**ヒクソス（おそらくシリアの諸民族の混成集団）が侵入して、**馬と戦車**を使って**下エジプト**を征服してしまった😱。あっ、戦車といっても、要するに馬車だよ。現代のような戦車のわけないもんね😅。ヒクソスの侵入はエジプトにとっては、初の本格的な外敵の襲来だ。まあ、ヒクソスも西アジアへのインド゠ヨーロッパ語系民族の侵入に押されてエジプトへと進出したんだけどさ。以後、前16世紀までは、ヒクソスが下エジプトを支配したよ（第15・16王朝）。

🔊 新王国時代①——いよいよエジプトも対外進出だ！

　前16世紀になると、再びエジプト人が反撃するよ😤。テーベに興った第18王朝は、かつてエジプト人がヒクソスにやられた原因である馬と戦車を導入してヒクソスを追放し、**エジプト全土を統一**したよ。しっかり借りは返したってことだ😤。ここから約500年間が**新王国時代**（第18〜20王朝）だね。

　まずは前15世紀の**トトメス3世**ね。彼は「エジプト最大の王」といわれ、**シリアやナイル川上流のヌビアを征服**して、**古代エジプトの最大領域を実現**したよ。こんなにすごいファラオだったんだけど……エジプトには大問題が発生😫。それは「神」の問題なんだ。

　古代エジプトでは、**ファラオは太陽神ラーの子**ということになっていて、閉鎖的なエジプトでは、ずっと**神権政治**がおこなわれていたよね。新王国時代は対外遠征が盛んで戦争の前後に必ず神殿での儀式がおこなわれたから、戦いに勝つと「やはり神の力はすごい！」ってことになっちゃう。そしてトトメス3世の時代には……エジプトはむちゃくちゃ強かった！ってことは「神がむちゃくちゃ強い！」ってことになるんだ。

神官に政治を乗っ取られたら、ファラオも黙ってらんないよね

　じゃあ、神が強いってなんだろう？　それって……要するに神殿に仕える**神官**が強いってことだよ😏。だって、神の言葉を伝えるのは、結局は神官だもん。しかも、**神官たちがだんだんと政治に口出しするようになってきた**。この状況を打破しようとしたのが、前14世紀の**アメンヘテプ4世**【アメンホテプ4世】だ！

🔊 新王国時代②——神を変えちゃったアメンヘテプ4世

　アメンヘテプ4世はあまりにも政治に介入してくる**アメン゠ラー**（アメン）神の**神官勢力を排除**したいと考えた。これは、自分が政治の中心になりたいってことだ。でも、神の力は強大だから神官を排除するのはなかなか難しいよね。そこで発想の大転換！「神そのものを変えればよいではないか😁」ってね。

　まずは従来の多神教信仰を排除して**唯一神アテン**【アトン】**信仰を強制**（アテン

は太陽神だよ）、テーベの神官から離れるために、**アマルナ**（遺跡が**テル＝エル＝アマルナ**）への遷都を断行して「**アケト＝アテン**（日輪の住み家）」と命名、自らも「**アクエンアテン【イクナートン】**（アテンに愛されるもの）」と改名したんだ。背景には、ヒクソスの侵入でアジアの太陽信仰が有名になっていたってこともあるよ。そしてこの時代には、これまでの**伝統的な信仰にとらわれない、自由で写実的なアマルナ美術**が繁栄したよ。

　しかし、この宗教改革には反発も強かった😓。テーベの神官たちも黙って見ていたわけではなく「いつか逆襲してやる😡」って思っていた。だから、アクエンアテンの死によって、この宗教改革は終わり、後継者の**ツタンカーメン**はアメン神官団に屈して**メンフィス**に都を遷し、**従来の多神教信仰に戻した**んだね。

合否の分かれ目▶ エジプトの宗教（神）の違い

- ●**アメン神**（アメン＝ラー神）……**中王国〜新王国で信仰された**
  - ▶もともとは**テーベの守護神**で多神教信仰の中心
- ●**アテン神**……アメンヘテプ４世が信仰を強制した**唯一神（一神教）**
  - ➡他の神（もちろん**アメン神**もね）**への信仰は排除**

　ちなみに**ツタンカーメン**は、未盗掘の王墓に残された秘宝と呪いで有名な、あの国王だよ。それから、アメンヘテプ４世の時代は有名だから、エジプトが強かった時代というイメージかもしれないけど、実は**エジプトが分裂して、下エジプトの支配がゆるみ、シリアから後退した**時代なんだ😓。ここから反撃して、エジプトに再度の繁栄をもたらしたのが、第19王朝の王**ラメス２世【ラメセス２世】**だ。

◀ 新王国時代③──ラメス２世が、再び対外進出！

　前13世紀ころに活躍した**ラメス２世**が、下エジプトからシリアへと進出すると、同じころにアナトリアから勢力を伸ばしていた**ヒッタイト**との抗争が起こった😲！ヒッタイトは**鉄製武器や馬と戦車**を駆使した強大な軍事国家だから、「国王は強くて当然」と思われているし、対するラメス２世は神の化身、太陽神ラーの子として君臨しているから、どちらも負けるわけにはいかない😏。前1286年ころ、両者は**カデシュの戦い**で激突するんだけど、決着はつかなかった。さらに両国を悩ませたのが、いよいよオリエントで強大化し始めた**アッシリア**の存在だ。こうして、両国の間でシリアでの国境を定めて共同支配体制をとることになった。これが、**現存する最古の国際条約**とされている。でもね、引き分けたはずなのに、ラメス２世は勝ったことにして、戦勝記念に**アブシンベル神殿**を建設している😁。抜かりないね。国王を神にしちゃうと、こういう演出がいるんだ😲。

第1章 オリエント・インドの古代文明

第2章 古代の地中海世界

第3章 古代の東アジア

第4章 中世ヨーロッパ

第5章 東アジア世界の変容

第6章 イスラーム世界

第7章 近代ヨーロッパの幕開け

さて、このあとのエジプトは？　っていうと、**外国勢力の侵入などで衰退し、前7世紀にはアッシリア**によって征服されてしまった😖。でも一応ファラオは存在しているので、前1世紀に、有名な**クレオパトラが自殺するまで、王朝そのもの**は存続したことになっているよ。これが**末期王朝**だね。

〈新王国時代とヒッタイト王国〉

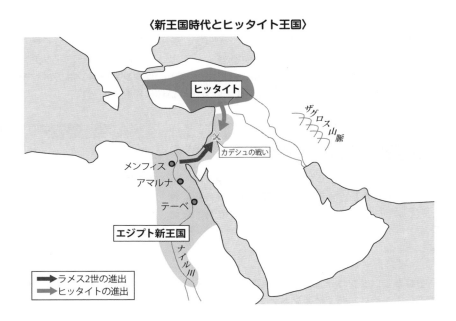

---

4 オリエントの文化

◀ エジプトとメソポタミアを比較してみよう！

　エジプトとメソポタミアの文化は、似ているところもあるんだけど、よく見ると**結構違う**ので、注意してね。エジプトとメソポタミアの違いは、洪水の起こり方に由来するものも多いよ。**エジプト**では定期的な氾濫で畑がよみがえるので、人も同じようによみがえるっていう**来世的信仰**を持ったから、遺体を**ミイラ**にして残したり、**「死者の書」**をつくったりしたね。さらに、正確な増水の時期を知るために季節と暦がずれない**太陽暦**が用いられた。**測地術**も、減水したあとに畑を区割りするものだね。これに対し**メソポタミア**では、**突発的な洪水を反映して現世的信仰**が強く、未来を予知する**占星術**が発達したんだね。暦も季節とは少しずつズレてしまう**太陰暦**（バビロニアではこれを修正した太陰太陽暦になった！）が用いられたんだ。オリエントの文化は表➡P.27にまとめておいたので確認してね！

	エジプト	メソポタミア
宗　教	**多神教** 　　最高神は太陽神ラー 　　死と復活の神**オシリス** **来世的信仰** 　　霊魂不滅の思想 　　➡「死者の書」 　　ミイラの作成	**多神教** 　　最高神は**マルドゥク神** **現世的信仰** 　　未来を予知する**占星術**が発達
暦	太陽暦 　　➡のちにローマで採用 　　（ユリウス暦）	太陰暦 　　➡のちに太陰太陽暦となる 　　（バビロニアで成立） 一週七日制
文　字	神聖文字【ヒエログリフ】 　　神殿や墓に刻まれた 神官文字【ヒエラティック】 　　公文書・宗教書などに使用 民用文字【デモティック】	楔形文字 　　粘土板に刻まれた 　　アケメネス朝時代まで使用
文　字 解　読	シャンポリオン（仏） ロゼッタ=ストーンから解読	ローリンソン（英） ベヒストゥーン碑文から解読
その他	**測地術**の発達 パピルス（一種の紙）を使用	六十進法 **印章**の使用

第1章　オリエント・インドの古代文明

第2章　古代の地中海世界

第3章　古代の東アジア

第4章　中世ヨーロッパ

第5章　東アジア世界の変容

第6章　イスラーム世界

第7章　近代ヨーロッパの幕開け

‼ 年号のツボ

- **エジプト王国の統一、シュメール人都市国家の形成**［前**3000**頃］
　（**燦然**と輝くオリエント文明）
　3000
　サンゼン
- **アメンヘテプ4世の改革**［前**1351**〜］
　（**いざ来い**アマルナ　アテンの街へ）
　1351

　さて、これでオリエントの1回目はおしまい！　次回は大国の衰退で活動を始めた**セム語系民族の活躍**、そしていよいよ**全オリエントが統一される**よ。早く勉強のペースがつかめるように頑張っていこう😊。

第2回 古代オリエント世界の統一

それでは、オリエントの2回目、いよいよ<u>エジプトとメソポタミアが統一される</u>よ。二つの地域でそれぞれ発展してきた文明が統一されるとき、これまでなかったような世界帝国が出現するんだ。

大きくつかもう！

1	地中海東岸のセム語系民族	29〜32ページ
2	アッシリアと4国分立時代	33〜35ページ
3	アケメネス朝ペルシアのオリエント統一	36〜38ページ
4	パルティアとササン朝	39〜43ページ

アケメネス朝、パルティア、ササン朝と続くイラン人国家の統治に注目してね！

統一に向かう少し前の段階で、注目しておきたいのはまずは「海の民<ruby>海の民<rt>たみ</rt></ruby>」だ。彼らの活動がそれまでオリエントで勢力を誇った<u>大国の状況を変えていく</u>と、地中海東岸では<u>セム語系の民族</u>が活躍し始める。その後、<u>アッシリア</u>、<u>アケメネス朝</u>によって<u>オリエントが統一</u>されるんだけど、この2国の支配の仕方はしっかり比較してね。なんせ、史上初めての<u>世界帝国</u>だからさ。さらに、アケメネス朝を建国したイラン人のその後の動きまで一気に見ていくよ。

さあ、それでは古代オリエントの2回目、頑張<ruby>頑張<rt>がんば</rt></ruby>っていこう😊。

1 ▶ 地中海東岸のセム語系民族

第1章 オリエント・インドの古代文明

第2章 古代の地中海世界

第3章 古代の東アジア

第4章 中世ヨーロッパ

第5章 東アジア世界の変容

第6章 イスラーム世界

第7章 近代ヨーロッパの幕開け

クローズアップ　地中海東岸のセム語系民族

- 「海の民」の活動……地中海東岸の大国が衰退・滅亡
  ➡**ヒッタイトの滅亡、エジプト新王国の衰退**
- 地中海東岸で、セム語系民族の活動が活発化
  - **アラム人**……ダマスクス【ダマスカス】が拠点
    - ▶西アジア～中央アジアの内陸中継交易で活躍
    - ▶**アラム語**は西アジアの**国際商業語**、**アラム文字**は**西アジアの文字の母体**
  - **フェニキア人**……シドン、ティルスが拠点
    - ▶地中海交易をほぼ独占
      ➡フェニキア文字を受容した**ギリシア人**が**ギリシア文字**を作成
  - **ヘブライ人**
    - ▶「出エジプト」……指導者はモーセ
    - ▶古代ヘブライ王国の成立……ダヴィデ、ソロモンが全盛期
      ➡北のイスラエル王国、南のユダ王国に分裂
    - ▶ユダ王国滅亡……新バビロニアのネブカドネザル2世による
      ➡「**バビロン捕囚**」を受け、解放後に**ユダヤ教**成立

◀ 「海の民」が侵入！　大国の危機だけど……

　さて、古バビロニア王国滅亡後の西アジアでは**インド゠ヨーロッパ語系民族**の国が分立して、特に**ヒッタイト**が強かったね😆。同じ時期のエジプトは**新王国時代**だ。そして前13世紀後半以降、**東地中海世界は大きな混乱に巻き込まれることになる**んだ。

　ギリシアも含めた東地中海全体で見てみよう。前13世紀末にはバルカン半島北部から**新たな民族移動の波が押し寄せ、ミケーネ文明は交易の場を失って衰退し、国を追われたギリシア人はアナトリア（小アジア）やシリアへと移り住んで、放浪しながら部族国家をつくっていった。まさに混乱の時代だ😫。そして、そのギリシア人の動きに押し出された人たちがオリエント各地へと押し寄せた。こうして**放浪し始めた民族は船を使って海から侵入したから、「海の民」と総称されている**よ。この集団のなかにはパレスチナの語源とされる「**ペリシテ人**」なんかも含まれるんだけど、この「海の民」の侵入によって**ヒッタイト王国は滅亡**し、**エジプト新王国も衰退**、**ミケーネ文明も姿を消した**😵。こうして大国が次々と衰退すると、支配の空白地帯となった地中海東岸では**セム語系**民族の小国家が出現し、交易などで繁栄するよ。

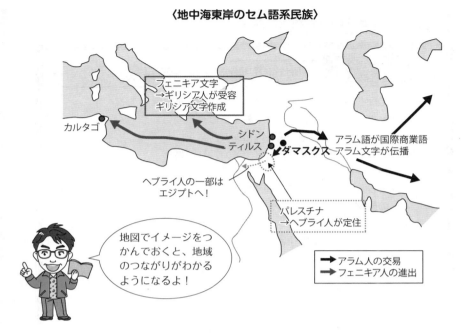

〈地中海東岸のセム語系民族〉

フェニキア文字
→ギリシア人が受容
ギリシア文字作成

カルタゴ

シドン
ティルス
ダマスクス

アラム語が国際商業語
アラム文字が伝播

ヘブライ人の一部は
エジプトへ！

パレスチナ
→ヘブライ人が定住

地図でイメージをつかんでおくと、地域のつながりがわかるようになるよ！

➡ アラム人の交易
➡ フェニキア人の進出

◀ 交易で発展したアラム人とフェニキア人

　まず、**ダマスクス【ダマスカス】**を中心とする都市国家の連合体をつくったのが**アラム人**だ。彼らは、このころから普及し始めたラクダを使った**隊商**で交易をおこない、**西はエジプトから、広く西アジア一帯の陸上交易**で繁栄したから、この地域には**アラム語**が広がって、国際商業における共通語（**国際商業語**）になったんだ。さらに、**アラム文字は西アジアの文字の原型**になったよ。例えば、現在西アジアで多く使用されている**アラビア文字**は、アラム文字から発展したものなんだ。

　一方、**地中海交易**をほぼ独占したのが**フェニキア人**だ😄。地中海東岸の港市**シドン**や**ティルス**を拠点として、**地中海各地に植民市を建設**しながら、エジプトや西アジアの物産を地中海各地で売買してむちゃくちゃ**儲けた**だけじゃなく、遠くイベリア半島やジブラルタル海峡を越えて大西洋まで進出したんだよ😲。例えば、**北アフリカ**に**ティルス**が建設した**カルタゴ**は有名だね。やがて**カルタゴは、ティルスから自立して、地中海交易の中心**となっていくね。そして、彼らの交易によって**フェニキア文字**が**ギリシア人**に伝わると、彼らは子音文字しかなかったフェニキア文字に**母音**文字を加えて**ギリシア文字**をつくった。母音文字をつくって正確な発音を残せるようにしたギリシア人は偉い！　そしてギリシア文字は、**現在のヨーロッパのほとんどの文字の原型**になったよ。のちのヨーロッパの文化人たちがギリシアをヨーロッパ文明の起源と考えたのも納得だね。

第1章　オリエント・インドの古代文明

第2章　古代の地中海世界

第3章　古代の東アジア

第4章　中世ヨーロッパ

第5章　東アジア世界の変容

第6章　イスラーム世界

第7章　近代ヨーロッパの幕開け

◀ 苦難が続くヘブライ人。やっとエジプトから脱出だ！

さあ、続いて**ヘブライ人**だ。ヘブライ人の歴史は、おもに『旧約聖書』に書いてあることに基づいてるから、実証されていないことも多いんだけど、ここでは『旧約聖書』にのっとっていくよ。ヘブライ人も**セム語系民族**の一派で、もともとは**ユーフラテス川の上流域で遊牧生活**をしていたんだけど、豊かな土地を求めて、前1500年ころに**カナーン（現在のパレスチナ）**に移動して定住した。その際、**彼らの一部がエジプトに移住**したんだね。ちょうど、**ヒクソスが下エジプトに侵入して支配している時期**だから、アジアからエジプトへ移住するっていうのは、ごく自然な流れだよ。しかし、**エジプトで新王国が成立**すると立場が逆点してしまう😫。アジア系の民族っていうのはエジプト人にとっては、これまで自分たちを支配していたイヤな奴らだから、「これまでの借りを返してやる😈」って思っても不思議はないよね。だから、**ヘブライ人もエジプトで労働させられて、苦しい生活を送っていた**らしい。そして、エジプトの**ラメス2世**の時代に登場したのがヘブライ人の預言者**モーセ**だ。

モーセは**ヘブライ人を神との契約の地パレスチナへと導くため、エジプトから脱出**、これが「**出エジプト**」だ。こうしてエジプトから脱出したヘブライ人は、パレスチナに住む同胞と合流し、前1000年ころ**ヘブライ王国**が成立した。第2代の王**ダヴィデ**は、この地の**ペリシテ人**を破って**イェルサレム**に都を置き、第3代の**ソロモン**の時代には、**隊商貿易や紅海の海上交易**が発展して「**ソロモンの栄華**」と呼ばれる繁栄を極めて、都に**ヤハウェの神殿**も建てられた😊。でもソロモンの死後、王国は混乱して、北の**イスラエル王国**と南の**ユダ王国**に分裂してしまったんだ😵。

＋α ちょっと寄り耳♪

旧約聖書の『**出エジプト記**』では、モーセは数々の神の奇跡を見せたとされている。例えば、太陽神を信仰していたエジプトから太陽を消しちゃったんだ（皆既日食だよね、これ）。一番有名なのは、モーセの祈りによって真っ二つに割れた紅海を渡ってヘブライ人が逃げたシーンだ。「海が割れるわけないじゃん」って思った人はヘブライ人にはなれないよ😅。そして、この神の奇跡に感謝した**モーセ**が、シナイ山の頂上で神ヤハウェから授かったのが「**十戒**」だ。神と10個の約束をしたんだね。

◀ さらなる苦難のなかからユダヤ教が生まれた！

　さらに、分裂したあとのヘブライ人は大国の支配に飲み込まれてしまうんだね。まず、北の**イスラエル王国**はオリエントを統一した**アッシリア**に滅ぼされ（前722）、南の**ユダ王国**も、前586年新**バビロニアのネブカドネザル2世**によって**滅ぼされてしまった**。このときオリエントでは、特殊な一神教<ruby>信仰<rt>いっしんきょう</rt></ruby>を持つヘブライ人は、危険な民族って思われたんだろうね。王国の住民の多くが、**新バビロニアの都バビロンに強制移住**させられちゃった。これが有名な「**バビロン<ruby>捕囚<rt>ほしゅう</rt></ruby>**」だね。

　このときユダヤ人たちは「なんで自分たちだけが次々とひどい目にあうんだろう😣？」って考えた。そこで一つの結論に達するんだ。「<ruby>出<rt>しゅつ</rt></ruby>エジプト」「バビロン捕囚」と重なる**民族的受難**は、**きっと神様が自分たちだけを救ってくれるために試練を与えているんだ、今はテストされてるに違いない！**って。だからこの受難のなかでも神を信仰し続ければ、きっと**自分たちだけを救ってくれるに違いない、**ってかえって神への信仰を強めていった。そして、本当に救世主がきた😁。とはいってもアケメネス朝ペルシアの**キュロス2世**が、新バビロニアを滅ぼしたってことだけど😅。これで**バビロン捕囚から解放されたユダヤ人**は、イェルサレムに戻りヤハウェ神殿を再建した。これが**ユダヤ教の成立**だ。あっ、ヘブライ人はこの時期から、旧ユダ王国の民って意味で「**ユダヤ人**」って呼ばれるようになるよ。

　ユダヤ教が持っている、**ユダヤ人だけが救われる**っていう<ruby>選民思想<rt>せんみん</rt></ruby>や、神によって**メシア**（救世主）が<ruby>遣<rt>つか</rt></ruby>わされる、っていう信仰はこうして形成されたんだね。そして、神に救ってもらえるようにするには、**神との契約を厳格に守っていくことが必要だ、**って考えた（<ruby>戒律主義<rt>かいりつ</rt></ruby>）。これらの思想をまとめたのが、聖典の『**旧約聖書**』だ。唯一神**ヤハウェ**による<ruby>天地創造<rt>てんちそうぞう</rt></ruby>に始まって、これまでのヘブライ人の苦難の歴史も、この『旧約聖書』に記されているよ。ただ、「自分たちだけが救われる」っていうこの信仰は、彼らをさらに苦難に巻き込みそうな予感がするね😅。

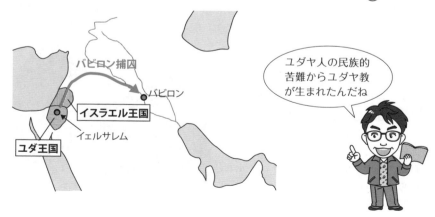

バビロン捕囚

バビロン

イスラエル王国

イェルサレム

ユダ王国

ユダヤ人の民族的苦難からユダヤ教が生まれたんだね

第1章 オリエント・インドの古代文明

第2章 古代の地中海世界

第3章 古代の東アジア

第4章 中世ヨーロッパ

第5章 東アジア世界の変容

第6章 イスラーム世界

第7章 近代ヨーロッパの幕開け

2 アッシリアと４国分立時代

クローズアップ　アッシリアと４国分立時代

- ●「海の民」の活動……地中海東岸の大国が衰退・滅亡
  - ➡メソポタミアではアッシリアが強大化
- ●アッシリアのオリエント統一
  - ▶都はニネヴェ。全盛期は**アッシュルバニパル王**
  - ▶強制移住や重税、過酷な**武断政治** ➡諸民族の反抗を招く
  - ▶**新バビロニアとメディアによって滅亡**
- ●オリエントの４国分立時代
  - ●リディア……世界最古の鋳造貨幣を使用
  - ●メディア……イラン人が建てた最初の国家
  - ●新バビロニア……ネブカドネザル２世 ➡「バビロン捕囚」をおこなう
  - ●エジプト

◀ 強大な軍事国家アッシリアの登場！

　それじゃあ、頭のなかをいったん前12世紀あたりまで戻してみよう。「海の民」の襲撃で**ヒッタイトが滅亡**、エジプト新王国も衰退すると、メソポタミアでは**セム語系のアッシリア**が強大化してきた。もともと**アッシリア**は、初期には**アッシュル**を都とする小国で、前15世紀ころには**ミタンニ王国に服属**していたんだけど、ヒッタイトが滅んだのち、強大な軍事国家になった。アッシリア軍ってこれまでのオリエントの軍事技術を全部集めて、さらに発展させたんだよ😳！

　まずは鉄製武器や戦車を導入したんだけど、これは前からあったよね。で、前９世紀ころにはさらに**騎馬隊を組織**して機動力に優れた軍隊（ちなみに川を渡るための特殊部隊もいたらしい！）をつくった。野球じゃないけど、機動力って勝つポイントだよ😆。こうして、**シリア・バビロニアからアナトリア、イラン高原を征服**すると、さらに**パレスチナやエジプト**にも進軍したんだね。

◀ ついに「世界帝国」誕生！──アッシリアのオリエント統一

　前7世紀前半、**アッシリアはエジプトも含む全オリエントを統一**して、最初の「**世界帝国**」になり、**アッシュルバニパル王**の時代に帝国の最大領域を実現した。彼の功績は征服活動だけじゃなく、宗教や文学・歴史にも関心が深くて、**都ニネヴェ**に**大図書館を建設**して、約50万点もの粘土板文書を集めたんだよ。入試とは関係ないけど、彼はスポーツも好きだったらしい😁。これこそ文武両道だね。

　ただ、アッシリアの支配はあまり安定しなかった。国王たちは中央集権の強化

（国王が全国を直接支配するってことね）を狙って、**全国を州に分けて総督を派遣**したり、**駅伝制を整備**したりと、さまざまな制度をつくったんだけど、支配の方針はちょっと微妙なんだ。だって、征服した民族に対しては**強制移住**させたり重税を課したりして、反抗したら「ガツーン」と武力で抑え込むんだもん😤。こういう支配を**武断政治**っていうんだけど、こんなひどい支配じゃ長続きしないよね。だって、抑え込まれた民族は「アッシリアめ、いつか絶対ぶっ潰す😡」って思うでしょ？結局、**各地で起こった反乱を抑えきれず**、前7世紀半ばに**エジプトが独立**すると各地の民族がどんどん独立しちゃって、前612年に**新バビロニア【カルデア】**と**メディアの攻撃で滅亡**してしまったんだ。

〈アッシリアのオリエント統一〉

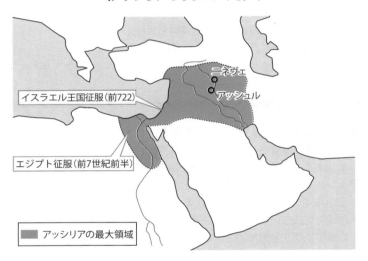

イスラエル王国征服（前722）
ニネヴェ
アッシュル
エジプト征服（前7世紀前半）
■ アッシリアの最大領域

◀ オリエントは、再び4王国分立へ……

　アッシリアが滅亡したとき、オリエントでは**4王国**が分立していた。そのうちメディアと新バビロニアはアッシリアを滅ぼした国だよ。では、その4王国を順に見ていくことにしよう。

　まずは、**アナトリア南西部**に建てられた**インド＝ヨーロッパ語系**の**リディア王国**だ。リディアは**イオニア地方**に住む**ギリシア人**を勢力下に置きながら**地中海への交易活動**をおこなったんだ。ギリシア人もリディアと商業上の利益が共通していたから、**友好的**だった。要するに「両方が儲かればいい！」ってことね。そして、リディアといえば、**世界最古の鋳造貨幣**を使用したのもポイントだ。**鋳造貨幣**って「**コイン（硬貨）**」のことね。これがギリシアにも伝わって、ギリシア世界にも変化をもたらすんだよ。

　続いて**イラン高原**に建てられた**インド゠ヨーロッパ語系**の**メディア王国**だ。メディアは**イラン人**が建てた**最初の国**だよ。ちょっと地図を見てほしいんだけど、メディアがあるところって、今のイラン共和国とほとんど同じ場所だよね。つまり、**イラン人の中心地はほとんど変わっていない**ってことだ。あっ、地図問題対策として「**カスピ海の南がイラン**」って覚えておこう！

〈4王国分立時代〉

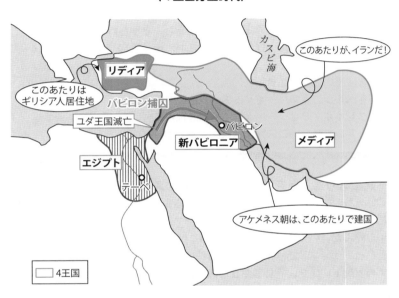

　次は、**バビロン**を都に**メソポタミア**を支配した**カルデア人**の**新バビロニア王国【カルデア王国】**だ。リディア・メディアとは違って**セム語系**だよ。この国はさっき出てきたんだけど覚えてる？　そう！　あの「**バビロン捕囚**」をやった**ネブカドネザル2世**の時代が**全盛期**だ。彼は都**バビロン**を再興するために建設事業を進めたんだけど、有名なのは「**バビロンの空中庭園**」！　とはいっても、本当に宙に浮いてたら怖い😵。今で言うと屋上緑化って感じね。あと、バビロンの大ジッグラトは『旧約聖書』の「バベルの塔」のモデルといわれているね。どちらも、当時としては本当にビックリだったと思うよ。

　あとは、**エジプト**もアッシリアの支配から独立してエジプト人の支配に戻ったよ（第26王朝）。

３　アケメネス朝ペルシアのオリエント統一

> **クローズアップ**　アケメネス朝［前550〜前330］
>
> ● **キュロス２世**……メディアから独立　➡ **リディア、新バビロニア**を滅ぼす
> ● **カンビュセス２世**……エジプトを征服　➡ **オリエント統一**［前525］
> ● **ダレイオス１世**……**全盛期**
> 　▶新都**ペルセポリス**の建設……儀式をおこなうための新都
> 　▶全国を州に分け、**サトラップ**を任命　➡ **「王の目」「王の耳」**が各
> 　　　　　　　　　　　　　　　　　　　　地を巡察
> 　▶**「王の道」**を整備
> 　▶**ペルシア戦争**……ギリシアへの遠征を開始
> ● **ダレイオス３世**……アケメネス朝最後の王
> 　▶**アレクサンドロス大王**に敗北　➡ **滅亡**

◀ 一気にオリエントを統一したアケメネス朝

　さて、それでは再びオリエントが統一されるよ。４王国分立からオリエントを統一したのが**アケメネス朝ペルシア**だ。ペルシアっていうのは「イラン」をヨーロッパ側から呼んだ言い方だから、この国も**インド゠ヨーロッパ語系イラン人**の国だ。

　もともとアケメネス朝はイラン高原南部のファールス地方で建国され、最初はメディアの支配下にいた。そして**キュロス２世**が**メディア**を滅ぼして自立すると、一気に**リディア**や**新バビロニア**も滅ぼして、西アジアの大半を征服したんだね。

　キュロス２世が短期間に西アジアを征服できた理由は、もちろん軍事的なこともあるんだろうけど、それ以上に彼が**敵**に対して非常に寛大だったからだ。**支配下の民族の伝統や宗教を認める**という政策は、すでにこの時代に始まるよ。さっき話したけど、バビロンにいた**ユダヤ人**が**キュロス２世**によって解放され、イェルサレムに**ヤハウェ神殿**を再建したよね。帰国も信仰も認めてあげるっていうのは、かなり寛大、というか優しいよね😆。これなら反発も少なくなる！　これが、アケメネス朝の強さの秘密だ。そして第２代の**カンビュセス２世**がエジプトを征服して、前525年、**再び全オリエントが統一**されたんだ。

◀ アケメネス朝の全盛期──ダレイオス１世の登場！

　アケメネス朝は、第３代の**ダレイオス１世**の時代になると、西は**アナトリア**から**エーゲ海北岸**まで、南は**エジプト**まで、そして東は**インダス川流域**までを支配する広大な「**世界帝国**」に発展した😆。そこで、ダレイオス１世は「**諸王の王**」と名乗って、さまざまな民族を支配するための制度を整えていったよ。

第 **1** 章　オリエント・インドの古代文明

第 **2** 章　古代の地中海世界

第 **3** 章　古代の東アジア

第 **4** 章　中世ヨーロッパ

第 **5** 章　東アジア世界の変容

第 **6** 章　イスラーム世界

第 **7** 章　近代ヨーロッパの幕開け

　まず、**新年祭をおこなうための新都ペルセポリスを建設した**。ここに建設された壮大な宮殿はまさに世界支配の象徴だ。とはいっても、**政治や軍事の中心はスサ**で、儀式が終わると国王はスサに戻ったから、実際の都はスサのままだね。

　ダレイオス１世の一番の功績は、**中央集権体制を確立したこと**だよ。まず、**全国を約20州に分けてサトラップと呼ばれる知事を任命**、彼らに治安維持や徴税、さらには兵員の募集などを担わせた。ただ、**サトラップに任命されたのは地方の有力者も多かった**から、彼らが裏切らないように**「王の目」「王の耳」と呼ばれる監察官**（簡単に言うと王のスパイたちだ）を巡回させて、**サトラップの監視や州の情報収集をさせた**んだ。さらに、**「王の道」と呼ばれる長距離国道を建設**して、**駅伝制**を整備した。今で言えば高速道路だね。特に有名な**都スサからアナトリアのサルデスに至る王の道はおよそ2500km**もあるよ😲。これで都と地方が直接結ばれ、行政面ではいち早く地方の情報を知り、軍事面では反乱や戦争の際に素早く軍を送り、経済面では交易しやすくなって商業が活発化したんだよ。

　もう一つ、経済面では**リディアで生まれた貨幣制度を採用して金貨や銀貨を鋳造**し、**税制も整備**した。ダレイオス１世の功績ってかなりすごいでしょ😄。　あとは、ギリシアとの間の**ペルシア戦争**もあるけど、これはギリシアのところで話そう（**→P.75**）。

〈アケメネス朝ペルシア〉

◀ アッシリアとアケメネス朝を比べてみよう！

　さて、アケメネス朝ではこんな感じで**中央集権体制が確立**されたんだけど、別に厳しい支配がおこなわれたわけではないんだ。むしろ建国者の**キュロス２世以来、穏健な支配が基本**だった。ここは、**アッシリアとの比較が重要**だよ。特に、入試で論述問題対策が必要な人は、ちゃんと説明できるようにしよう！

例えば、**全国を州に分けて行政官を置いたり**、**駅伝制**を整備したりっていう制度は、アッシリアでもすでにあったよね。でも、**アッシリアは支配下の民族を武力で抑え込んだ**😫。一方の**アケメネス朝**は、征服した民族の伝統や信仰を尊重して自治を認める、**非常に寛容な支配**だ😆。あとは、**ユダヤ教信仰**を認めたり、**フェニキア人やアラム人の交易活動を保護**したりね。もちろん**貢納（税）**と**軍役**の義務が守られるのが条件なんだけど、そのくらいは仕方ないよ。そして、普段は寛容な支配だからこそ、**アケメネス朝では監視役として「王の目」「王の耳」がいる**んだ。この違いが、支配領域がアッシリアの倍以上あったのに、アッシリアとは比べものにならないくらい安定した統治ができた理由なんだね😆。

◀ アケメネス朝の文化

さて、それでは**アケメネス朝の文化**も見ておこう。まずはイランの民族宗教になった**ゾロアスター教**だ。創始者の**ゾロアスター**は前７世紀ころ（異説あり）にメディアで生まれた宗教改革者だよ。この宗教は光の神**アフラ゠マズダ**を「**善**」、暗黒の神**アーリマン【アンラ゠マンユ】**を「**悪**」とする**善悪二元論**をとっていて、二つの神の対立で世界がつくられているって考えたんだ。やっぱ闇は悪だ。だって真っ暗なところって怖いじゃん😫。で、そこにポッと光が灯ったら安心するよね😆。だから光は善の神ね。**火を神聖なものとするから拝火教**ともいわれているよ。そして、アフラ゠マズダ vs. アーリマンの対立は、9000年もしくは1万2000年経ったときに**最終決戦**があって、**勝負はアフラ゠マズダが絶対勝つ！**（悪が勝つ宗教はイヤだよね……😭）そのとき、**悪人は滅んで善人の魂は救われる**って考えたんだ。この思想は、最後の審判として、**ユダヤ教やキリスト教にも影響**を与えている。それから、ゾロアスター教は唐代の中国にまで伝わって**祆教**って呼ばれたね。

あとは、**ペルシアの公用語**もおさえておこう！　公用語は**ペルシア語**、バビロニア語、エラム語、アッシリア語のほかに、当時の国際商業語だった**アラム語**も使用され、文字は楔形文字を表音文字にした**ペルシア文字**が使われたよ。

╋**α**ちょっと寄り耳♪

ドイツの**グローテフェント**は、大学卒業後、高校の先生をしながら楔形文字の解読に熱中していた。そして**ペルセポリス碑文**からアケメネス朝の王の名前の解読に成功したんだけど、彼の論文は認められなかったんだ。その後、イギリスの**ローリンソン**が、ダレイオス1世の治績を記した**ベヒストゥーン碑文**を研究して古代ペルシア語やアッシリア語などの楔形文字解読に成功、その論文が国際的にも認められた。グローテフェントの業績が認められたのは、このあとだ。だから、**グローテフェント**は「楔形文字解読のきっかけ」、**ローリンソン**は「楔形文字の解読に成功」なんて書かれたりする。うーん、グローテフェントは気の毒だな……😔。

10

4 パルティアとササン朝

第1章 オリエント・インドの古代文明

第2章 古代の地中海世界

第3章 古代の東アジア

第4章 中世ヨーロッパ

第5章 東アジア世界の変容

第6章 イスラーム世界

第7章 近代ヨーロッパの幕開け

クローズアップ ■ **イラン人国家の流れ**……西方との抗争がポイントだ！

- ●**パルティア王国**［前248頃〜後224］
  - ▶**イラン系遊牧民の国。セレウコス朝シリアから独立**
    - ➡**ローマと抗争**……クラッススを破り、敗死させる
- ●**ササン朝**［224〜651］
  - ▶**イラン系農耕民がパルティアを滅ぼして建国**
    - ➡**ローマ帝国と抗争**……シャープール1世が軍人皇帝ウァレリアヌスを破る
    - ➡**ビザンツ帝国と抗争**……ホスロー1世がユスティニアヌス帝と抗争

◀ アレクサンドロスが攻めてきて……アケメネス朝滅亡！

それではアケメネス朝の滅亡について見ていこう。前334年、ギリシア人連合軍を率いたアレクサンドロスがアナトリアに攻め込んできた😨！当時のアケメネス朝の国王はダレイオス3世だ。両軍は地中海東岸の**イッソスの戦い**で激突するんだけど、ダレイオス3世の率いるアケメネス朝軍はあっさり負けてしまった……😫。さすが有名なアレクサンドロスは強い！　その後アレクサンドロスはエジプトも征服すると、ティグリス川流域まで侵攻、**アルベラの戦い**でまたもやアケメネス

点線の範囲がセレウコス朝になった！

アレクサンドロス帝国

朝が敗れ、ついには**ダレイオス3世が部下によって殺害された**。こうして前330年、**アケメネス朝は滅亡**したんだね。しかし、北インドに侵入してインダス川まで遠征したあと、**アレクサンドロスは病死し**、その後は彼の後継者たち（**ディアドコイ**）が彼のつくった帝国を分割してしまった。こうしてイランは**セレウコス朝シリア**、つまりは**ギリシア人**の支配下に置かれたんだ。

◀ パルティアの成立──イラン系遊牧民が国をつくった！

ギリシア人の**セレウコス朝**の支配を受けたイラン人だけど、別に黙って見ていたわけじゃない！　だって、イラン人はギリシアよりも古くから大帝国を形成していたし、ギリシア人の統治に対しては「アケメネス朝のパクリじゃないか😤」と反発して、自立の機会をうかがっていた。そして**セレウコス朝の支配が弱まって各地で**

自立の動きが起こり、最初に中央アジアで**ギリシア系**の**バクトリア**が独立すると、これに刺激された**イラン系遊牧民**パルニ族の族長**アルサケス**もカスピ海の**南東**で独立、これが**パルティア王国**だ。ちなみに、中国の歴史書『**史記**』大宛伝では建国者「アルサケス」の当て字で「**安息**」って呼ばれているね。

〈パルティア王国〉

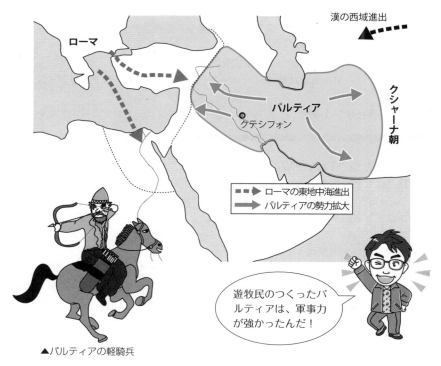

▲パルティアの軽騎兵

　建国後のパルティアはセレウコス朝を徐々に圧迫して西へと領土を広げたよ。前２世紀半ばには**ミトラダテス１世**がセレウコス朝の都セレウキアを占領して、ティグリス川を挟んだ対岸に新都**クテシフォン**を建設した（ここは**のちにパルティアの都になるよ**）。こうして全盛期を迎えたパルティアが西アジアを制圧していくと、最大の敵**ローマ**と激突することになるんだね。このころローマは東地中海の征服を進めていて、前63年には将軍**ポンペイウス**が**セレウコス朝を滅ぼした**。対するパルティアもシリアへの進出を進め、前53年にはローマで三頭政治をおこなっていた**クラッスス**を破って、**戦死させたんだ**（カルラエの戦い）。パルティア軍の機動力のある軽騎兵は、むちゃくちゃ強かったんだよ😆。

　さて、西アジア一帯を征服したパルティアは、内陸アジアのいわゆる**シルクロード交易**を支配した。ちょうど世界の東西には**ローマ帝国**と**後漢**っていう大帝国があ

るからね。パルティアは、**東西交易の利益を独占して繁栄**したんだ。だからこの利益を守るために、後漢の班超がローマ帝国（大秦国）に派遣した甘英を妨害したっていわれているよ。だって、東西の大帝国が直接交易をしてしまったら、自分たちが儲からなくなっちゃうもんね😓。

　パルティアでは、**建国当初はヘレニズム文化の影響が強くて、公用語としてギリシア語（コイネー）が使われていた**んだけど、1世紀頃からイランの伝統文化が復活し始めて、ギリシアとイランの神がともに信仰されるようになったり、アラム文字で表記した**イラン系言語を使用**するようになったりするなど、だんだんとギリシア語文化圏から離れていったんだ。

🔊 パルティアの衰退

　パルティアは2世紀後半になると衰退を始めたんだ。国王たちはアケメネス朝の支配体制をまねて、ダレイオス1世と同じように「**諸王の王**」と称したり、各地に知事を配置したりと、中央集権体制を確立しようとしたんだけど、**遊牧民の支配体制から脱却できなかった**。だって、遊牧民って季節ごとにあっちこっちに移動しちゃうでしょ。そうすると、国王が全国を直接支配するのが難しいから、各地の有力者たちに地域（部族）支配を任せた。だから、**徐々に地方勢力が台頭**したんだね。しかも、東西でローマ帝国や**イラン系のクシャーナ朝**と抗争し、特に2世紀初頭にはローマ皇帝トラヤヌスにクテシフォンを占領されるなど国境紛争が続いて、国力が衰退していったんだ😖。

遊牧民が弱ると……
次は農耕民の時代だ。
いよいよササン朝が
成立するよ！

🔊 ササン朝の成立——今度はイラン系農耕民の国だ

　3世紀に入ると、今度は**イラン南部**（もともとアケメネス朝の本拠地ファールス地方）に現れた**アルダシール1世【アルデシール1世】がパルティアを滅ぼして、クテシフォンを都にササン朝**を開いた。ササン朝はアケメネス朝と同じ**イラン系農耕民**の国だから、今度こそ本当にアケメネス朝の復興が目標だよ😊。まず、民族宗教である**ゾロアスター教を国教にしてイラン人を統合し、中央集権体制の確立**を目指した。**アケメネス朝はゾロアスター教を保護しただけで国教にはしていない**から注意しよう！

　続いて、第2代の**シャープール1世**は、東方では**クシャーナ朝**を破って**インダス川西岸**までを支配し、西方では**シリア遠征**をおこなって、ローマの軍人皇帝**ウァレリアヌスにエデッサの戦いで勝利**するなど、一気に勢力を拡大すると、「**イラン人と非イラン人の諸王の王**」って称した😆。これって世界全体の王みたいな意味だよね。大きく出たね😄。そして、**内陸のシルクロード交易**だけではなく、ペルシ

第1章　オリエント・インドの古代文明

第2章　古代の地中海世界

第3章　古代の東アジア

第4章　中世ヨーロッパ

第5章　東アジア世界の変容

第6章　イスラーム世界

第7章　近代ヨーロッパの幕開け

ア湾からインドに至る海上交易にも進出、インド洋の商業覇権をめぐってエチオピアの**アクスム商人**とも対立したよ。**アクスム王国**ってマイナーかもしれないけど、紅海を挟むエチオピアとアラビア半島南西部を支配して、紅海の制海権(せいかいけん)をおさえてインド洋への進出を狙っていたんだね。

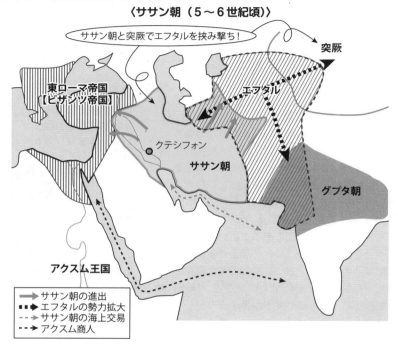

〈ササン朝（5〜6世紀頃）〉

🔈 中期に混乱したササン朝……でも勢力復活！

　5〜6世紀にかけて、**ササン朝は国内的にも対外的にも混乱**してしまうよ。まずは対外的な問題から見てみよう。この時期の中央アジアでは、**イラン系（もしくはトルコ系）**の**遊牧民(ゆうぼくみん)エフタル**がむちゃくちゃ強くなっていて、東ではトルコ系の**突厥(けつ)**や、南ではインドの**グプタ朝**もエフタルの侵入を受けた。**グプタ朝はこれで衰退**したともいわれている。ササン朝も、内陸のシルクロード交易の覇権を奪われると困る。これはなんとかしないとまずいね😫。

　そして、国内では**ゾロアスター教の異端(いたん)**とされる**マズダク教**が流行し始めた。この宗教は**原始的な共産主義思想**（みんなの土地をみんなで耕して、収穫も財産も共有するという考え方）で、「国王もいらない」ってことになるから大問題だ。こうした混乱を収拾して**ササン朝を全盛期に導いた**のが、**ホスロー1世**だ！

　ホスロー1世は、西方では**東ローマ帝国【ビザンツ帝国】**と争ったんだけど、一時講和(こうわ)を結び、**東方で突厥と同盟してエフタルを滅ぼした**😀。そしてこれ以後、東ローマ皇帝の**ユスティニアヌス**との争いを優位に進めたんだね。まあ、東ローマ

帝国も全盛期だから、滅亡はしなかったけど。こうして**シルクロード交易**から大きな利益を得ると、国内的には税制改革や官僚制の整備によって国力を回復、さらに**マズダク教**を弾圧して衰退させ、国内の統一を図ったんだ。

◀ ササン朝もついに力尽きた……

さて、ホスロー1世の死後、ビザンツ帝国との戦いは一進一退となって、ササン朝は少しずつ国力が弱っていった。**ホスロー2世**時代に最大領域を実現したんだけど、その後、**膨大な軍事費による財政悪化やティグリス川の大氾濫などで急速に衰退した**😫。そして、7世紀になってアラビア半島から**イスラーム軍**が来襲すると、642年の**ニハーヴァンドの戦い**で完敗、651年に**ササン朝は滅亡**したんだ。

◀ ササン朝時代の文化をまとめておこう!

ササン朝では**ゾロアスター教**が国教となり、この時代に聖典の『**アヴェスター**』が編纂された。そして、ゾロアスター教からいくつかの新しい宗教が生まれたよ。まずは、仏教やキリスト教の影響を受けて成立した**マニ教**だ。徹底した**善悪二元論**と**禁欲主義**が特徴だね。なんと、この新しい宗教を**シャープール1世**は保護したんだ(もっとも、彼の死後弾圧されるけど……😅)。それ以外にも、ササン朝ではいろんな宗教が信仰されていた。例えば、**ローマで異端になった**ネストリウス派キリスト教も流行っていた。信仰にはずいぶんと寛容だね。あとはさっき話した**マズダク教**も、もう一度確認しよう。

それから**ササン朝美術**だ。ササン朝時代には**銀器・ガラス器・織物**などが発達したんだけど、その影響は日本にまで伝わってきている。法隆寺には**獅子狩文錦**っていう、ペルシアで流行っていた図案(パルティアの軽騎兵の絵柄だよ! ➡P.40)の織物があるし、東大寺の**正倉院**には**漆胡瓶**や**白瑠璃碗**っていうガラス器があるよ。実は**日本はシルクロード交易の終点**なんだよね。

!!! 年号 のツボ

- ●**バビロン捕囚**の開始 [前586] (いつ止む バビロン捕囚)
- ●**アケメネス朝のオリエント統一** [前525] (統一するのが好都合)
- ●**ササン朝**建国 [前224] (「ににん」が「し」「ササン」が「く」)
- ●**ニハーヴァンドの戦い** [642] (ニハーヴァンドで 虫に刺されて)
- ●**ササン朝滅亡** [651] (むごい滅亡 ササン朝)

さて、これでオリエントはおしまい。次回は**インド史**だ。頑張っていこう!

それでは、続いて古代インドだ。インドってなんとなく漠然としていて、どうもイメージがつかみにくいよね。でも大丈夫！　ちゃんと順を追って話していくからね。

• 大きくつかもう！ •

1　インダス文明　　　　　　45〜46ページ

2　古代インド世界の形成　　46〜50ページ

3　北インドの王朝の変遷　　51〜61ページ

4　南インドの展開　　61〜62ページ

「バラモン教」「仏教」「ヒンドゥー教」など、宗教と社会のイメージをつくってね！

インド世界のイメージをつかみにくくしているのは、たぶんその独特の宗教観からだろうね。現在はヒンドゥー教が中心なんだけど、よくよく考えたら「ヒンドゥー」って「インド」のことでしょ。ってことはインド教？　ヒンドゥー教はインド独自の身分制度であるカースト制度と密接に関係していて、これを基盤に、インドでは他の地域とは異なる独自の世界が形成されている。ここでは王朝の変遷とあわせて、インド社会が形成される過程を見ていこう。インドでは重要なポイントとなる思想史についても、しっかり解説していくからね。

それじゃあ、古代インドの始まり始まり〜😆。

1 インダス文明

◀ インドの地形を見てみよう

　まずは、インドの重要な地形を確認しよう。インドの北側には**ヒマラヤ山脈**、**スレイマン山脈**という山脈があるから、インドに侵入してきた民族はまず**カイバル峠**を越えてすぐの**パンジャーブ地方**に定住するよ。それから東西に２本の大河、**インダス川**と**ガンジス川**がある。真ん中の**デカン高原**も交通の難所だから、ここが南北の境目だよ。ちなみに北インドを支配した王朝は、ほとんどの場合**デカン高原より南は支配できなかった**んだ。インドを本当に最南端まで支配したのは、インドを植民地にしたイギリスが最初だよ。だから、厳密に言うと**インド全土を統一した王朝はない**んだよ。これから見ていく王朝の変遷は、北インドが中心だからね。

◀ インダス文明

　前2300年ころ、インダス川の中流から下流にかけての広大な地域に、おそらく**ドラヴィダ人**による青銅器時代の都市文明が発達したよ。これが**インダス文明**だ。**パンジャーブ地方**にある**ハラッパー**と**シンド地方**にある**モエンジョ゠ダーロ**が、代表的な遺跡だね。あとは、南部にも**ロータル**や**ドーラヴィーラー**などの遺跡の発掘が進んでいるよ。こんなふうにいくつも遺跡が見つかっているけど、**インダス文明の詳細はよくわからない**😫。**インダス文字**が未解読だからね。

〈インダス文明〉

カイバル峠
スレイマン山脈
パンジャーブ
ヒマラヤ山脈
ハラッパー
モエンジョ゠ダーロ
ガンジス川
ドーラヴィラー
ロータル
インダス川
デカン高原

　遺跡からわかるインダス文明の特徴は、整った都市計画に基づいた都市文明ってことだ。街は**碁盤**の目のように整備された舗装道路に沿って、**焼きレンガ**でつくられた建物が並び、さらに**排水溝も整備**されている。都市の中心には丘があって、ここに集会所や穀物貯蔵庫などの重要な建物があって、その中央部には**公衆浴場**！　というかこれ、風呂屋じゃないよ😵！。公衆浴場は宗教的な穢れを落とすための沐浴（身を清めるってことね）に使用されたらしい。どうやら、街の中心部にある丘の部分を聖域として、ここに降った雨水を神聖なものとして公衆浴場に集めたようだね。

　それからもう一つの特徴が、**宮殿**や**王墓**など、王権にまつわるような遺跡が見つかっていないから**支配権力の存在がよくわからない**ってことだ。しかも、見つかる武器がショボい😓。そのかわり、交易に関するものは出土してるよ。例えば、**印章**がその代表だ。印章は荷物を封印するのに使ったものだから、**交易が盛んだった**

第1章 オリエント・インドの古代文明
第2章 古代の地中海世界
第3章 古代の東アジア
第4章 中世ヨーロッパ
第5章 東アジア世界の変容
第6章 イスラーム世界
第7章 近代ヨーロッパの幕開け

証拠だね😆。あっ、印章に彫られているのが**インダス文字**だよ。あとは西アジア、つまりオリエントの文明と同じような彩文土器も出土しているよ。

　ただ、前1800年ころになると、**インダス文明は突然姿を消してしまう**。「いきなり消えるなよ😫」って思ったかもしれないけど、**インダス文明滅亡の原因は、はっきりしない**。インダス川の氾濫とか、気候の乾燥化とか、交易の衰退とか、自然破壊や塩害による農業の不振とか、いろいろいわれているんだけど、どれも決定打に欠けている。ここは、新しい発見があるまでわからないんだろうなぁ……。

2　古代インド世界の形成

◀ 北方からアーリヤ人が侵入してきた！

　インド＝ヨーロッパ語系民族は中央アジアで遊牧や牧畜で生活していたんだけど、前2000年ころから各地に移動を開始したよ。オリエントで出てきた**ヒッタイトやイラン人と同じグループ**だ。そして**アーリヤ人**は、インダス文明の崩壊から約200年後の前1500年ころ、**カイバル峠を越えてインド西北部に侵入し**、**馬と戦車**を使って先住民を征服すると、**パンジャーブ地方**に移住したよ。出たな「馬と戦車」😱！。機動力が武器だ。彼らはここで**牧畜を中心に農耕も**おこなっていたよ。でも、すでにインダス文明が衰退してしまったくらいだから、**インダス川流域の農業生産力はあまり高くない**……。

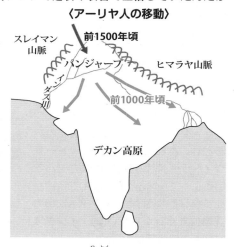

〈アーリヤ人の移動〉

前1500年頃

スレイマン山脈

パンジャーブ

ヒマラヤ山脈

インダス川

前1000年頃

デカン高原

　前1000年ころになると、アーリヤ人の一部は、より肥沃な**ガンジス川流域への移住を始めた**よ。やっぱり、彼らにとってもインダス流域はビミョーだったんだね。そして、**移住したあとに鉄器の使用が始まった**（前800年ころ）。これで一気に開発の効率アップ😆。ガンジス川中流域の開拓が進み、稲作も始まると農業生産力が向上して、**余剰生産物**（余った作物ね）が発生するよね。

　さて、余剰生産物が発生すると、みんなが農業をやらなくても食糧を確保できるようになる。こうして、**司祭や政治・軍事にかかわる支配階級の人口が増え始め**、**ラージャン**と呼ばれる部族長が支配する部族国家が形成されていったんだ。こうした社会の変化から、**インド独自の身分制度**が生まれたよ。それが**ヴァルナ**だ。

◀ インド独自の身分制度、ヴァルナってなんだ？

　ヴァルナ（もともとは「色」を意味する）とは、インドにおけるカースト制度の原

型となった**四つの身分階級**のことだ。上位から**司祭階級**の**バラモン**、**武士・貴族階級**で、政治や軍事を担当する**クシャトリヤ**、一般庶民階級で、**農民や商人、手工業者**などを含む**ヴァイシャ**、征服した先住民を中心とする**隷属民階級**の**シュードラ**の四つだね。のちに、農民や牧畜民がシュードラとされ、ヴァイシャはおもに商人の階級となった。さらに、四つのヴァルナの枠外には**不可触民**という最下層民も置かれたよ。

　ここでちょっと注意！　この4身分のことは**カーストとは呼ばない**。細かく説明しておこう。インド社会では少しずつ生まれや職業ごとの集団が形成された。これが**ジャーティ**（集団）だ。そして、大航海時代になってインドにきた**ポルトガル人**が、「インドでは血統や家柄によってすべてが決まるのか」って思って、**カスタ（血統）**と呼んだ。これがなまって**カースト**（集団）と呼ばれるようになった。そして、時代が経つにつれて**ジャーティ（カースト）集団が四つのヴァルナの枠内に組み込まれて、細かな序列が決められ、人びとは生まれによって身分を固定された**。この身分制度が**カースト制度**だよ。

> **合否の分かれ目 ▶ インドの身分制度**
>
> ●**ヴァルナ**……**基本的な4身分**を指す呼び方
> 　▶バラモン、クシャトリヤ、ヴァイシャ、シュードラ
> ●**ジャーティ**……**生まれや職業**によって**細分化**された人間集団の意味
> 　▶約3000もの**細分化**された集団が、**ヴァルナの枠内に序列づけられた**
> ●**カースト**……**ポルトガル人**の用いた「**カスタ（血統）**」から
> 　　　　　　　派生した呼称
> 　▶指しているものは、基本的にジャーティと同じ

三つをしっかり区別しておこう！

◀ バラモン教の形成——これがインド思想の原点だ！

　もともとインドでは**自然を神として崇拝**していたんだけど、そのうち、祭壇がつくられ司祭が現れて、少しずつ儀式の形が整えられた。このなかで**神々に捧げる賛歌**を集めたのが、インド最古の文献『**リグ゠ヴェーダ**』だ。火の神アグニや雷の神インドラなどへの賛歌が約1000も集められているよ。なかでもインドラは、理想的な戦士として描かれている。仏教の守護神になった帝釈天は、実はインドラだよ。

　そして、このあと前600年ころまでに、**歌詠**（旋律にのせる歌）の方法をまとめた『**サーマ゠ヴェーダ**』、祭式の方法や祭詞をまとめた『**ヤジュル゠ヴェーダ**』、呪語を集めた『**アタルヴァ゠ヴェーダ**』の三つの『ヴェーダ』が編纂された。これらの**4大ヴェーダ**は**バラモン教の根本聖典**となったよ。こうして自然を神格化した

神々を崇拝する**バラモン教**が成立し、バラモン階級は**儀式を通じて人びとを支配し**たんだ。実は、この「儀式」が問題になるんだよ。

　古代人たちは現代では考えられないくらい自然を畏れていて、特に神の恵み（つまり収穫）が得られないことがつねに心配だった。バラモンたちは、種まきや収穫などのときに「儀式をきちんとやれば神の恵みが得られます😄」と言って人びとを安心させつつ、儀式を複雑にしてバラモン抜きではできないようにした。みんな収穫がなくなるのは怖いから、バラモンを呼んで儀式をやるしかないよね。

　でも、何事もやりすぎは困る😅。あまりにも儀式を複雑にしすぎて、「神への祈りよりも、とにかく儀式を覚えなきゃ……😵」と、**バラモン自身もその手順を覚えるので手一杯になった**。これがバラモン階級の陥った**祭式至上主義**、あるいは**形式主義**だよ。これに対して「儀式よりも大切なことがある！」という批判が起きて、前500年ころに「**ウパニシャッド【奥義書】**」が編纂された。このなかで展開された「人間の本性ってなんだろう？　宇宙の本質ってなんだろう？」っていう議論から、**内面的な思索を重視する**ウパニシャッド哲学が生まれたよ。

　そして、ウパニシャッド哲学は一つの結論にたどり着いた。それが「**梵我一如による輪廻転生からの解脱**」。教科書的な説明だと「宇宙の根本原理を**ブラフマン（梵）**、自我を**アートマン（我）**と呼び、ブラフマンとアートマンが究極的に一致（**一如**）すれば輪廻から解脱できる」ということなんだけど……。

　はあ？　わけわからん！って思ったでしょ😅。ただ、この考え方がインド思想の根本だったりする。うーん、困った。入試ではとりあえず用語が書ければ問題はできるけど、ただの暗記じゃつまんないから、ちょっとだけ説明するね。

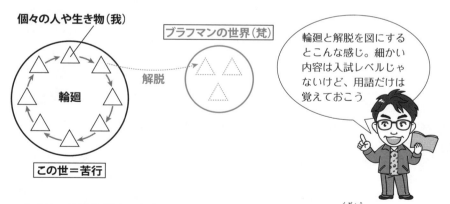

個々の人や生き物（我）

ブラフマンの世界（梵）

解脱

輪廻

この世＝苦行

輪廻と解脱を図にするとこんな感じ。細かい内容は入試レベルじゃないけど、用語だけは覚えておこう

　まずは、「**輪廻転生**」。まずインド人にとっては「**生きること＝苦行**」なのね。そして、輪廻っていうのはズバリ「**生まれ変わり**」。古代のインド人は、輪廻を「人が死ぬと、霊魂は火葬の煙とともに月の世界に昇り、雨となって地中に戻り、食べ物を通じて再び生き物の胎内に宿る」って考えた。そして、次の世で何に生まれ変わるかは、**業（カルマ）**、簡単に言うと「**現世での行い**」で決まる。行いがよけれ

ば上の階級（バラモンやクシャトリヤ）に生まれ変わり、行いが悪ければ下の階級（ヴァイシャやシュードラ）、あるいはもっと下の動物に生まれ変わる。要するに世代を超えた「**因果応報**」ってことだ。ただし、ここで根本的な問題にぶち当たるよね。いくらよい階級に生まれ変わっても「**生きること＝苦行**」だ。つまり、輪廻とは「**永遠に苦しみが続く**」ことなんだよ😩。

そこで、インド人は「**解脱**」したいって考えた。解脱とは、「**もはや生まれ変わらない**」状態のことだ。信仰を完成させた人（我）は、**ブラフマンの世界（梵）**に達して、二度と現世に戻らずにブラフマンの世界に留まって、**他の解脱した魂と一体（一如）**となるんだ。これが**梵我一如**だね。まとめると、死んだあとにすべての魂は一度天に昇るんだけど、解脱できていない人は再び苦しい現世に戻される。でも、**解脱して現世に戻されなければ永遠の苦しみから解放される**ってことだ。

🔊 バラモン階級への不満がどんどんたまっていって……

では、入試レベルに戻るよ！　**バラモン階級の祭式至上主義に反発**して、バラモン階級内部から**ウパニシャッド哲学**が出てくるのに加えて、この時期になると**クシャトリヤやヴァイシャたちの不満が大きくなった**んだ。

まずは**クシャトリヤの不満**。この時期にガンジス川流域に建てられたアーリヤ人の部族国家は、抗争しながら徐々に大きな国へと成長していったんだけど、**戦争で活躍しているのは軍事担当のクシャトリヤ**だ。それから**ヴァイシャの不満**。ガンジス川流域で**農業生産力が向上**するにつれて、余ったもの（余剰生産物）を取引する**商業や手工業が発展**し始めた。そうするとヴァイシャのなかには富を蓄えて豊かになる者が現れた。しかし、どんなに軍隊が強くなったり金持ちになったりしたところで、**社会はバラモンに支配されている**し、しかもヴァルナ制では、**解脱して救われるのはバラモンだけ**😆。クシャトリヤやヴァイシャだって救われたいよね！

そして、この両者の不満はどちらもヴァルナという宗教的な身分階級に基づくものだから、これを解決するには新しい宗教をつくるしかない。こうしてインドでは、**ヴァルナを否定する新思想が出現**したんだね。これが**仏教とジャイナ教**だ。

🔊 新思想の誕生、仏教の成立だ！

仏教を開いたのは**ガウタマ＝シッダールタ【ブッダ・釈迦牟尼】**だ。長いからここからは**ブッダ**と書くね（入試ではガウタマ＝シッダールタと書いてね）。彼はコーサラ国の属国だった**シャカ族**カピラ国の王子だから、身分は**クシャトリヤ**だね。出家して修行の道に入ったブッダは、ブッダガヤの菩提樹の下で**諸行無常**（すべてのものはいつか滅び、移り変わる）**を悟**った。彼の悟りを簡単にまとめると、「**人はいつか滅びる存在なのに、"いつまでも生きたい"とか、"もっと金持ちになりたい"とかいろんな欲望（煩悩）を持つから苦しい。だからすべての煩悩を捨てなさい、そのための正しい修行をしなさい**」ということだ。これがブッダの説いた四つの真理（**四諦説**）だよ。そして正しい修行法というのが**八正道**だよ。八正道を実践

すれば煩悩を捨てることによって解脱、つまり四苦（生老病死）を超越することができる。ここで大事なポイントを確認！　仏教では八正道をやらないと救われない。弟子たちは「出家して修行しないと解脱できない」って考えたんだ。これはあとで大乗仏教が出現するところで大事だから、覚えておいてね。

＋α ちょっと寄り耳♪

　ブッダは幼いころからずっと「人生はなんて苦しいんだ」って悩み、大人になってからも全く解決しなかった。それをバラモンに相談したら、「あなたは城のなかしか知らない。もっと苦しんでいる人はたくさんいます。ウソだと思うなら城の外に行って見てみなさい」と言われた。そして試しに城の四つの門を出ると、そこには死にそうな老人や病気で苦しむ人がいた。人生の無常を感じたブッダは、29歳で奥さんと子どもを捨てて出家し、厳しい修行の道に入ったんだ。最初は自分を生死の境まで追い詰める苦行をしていたんだけど、本当に死にかけた。それを救ったのがスジャータちゃん。ブッダは彼女がつくってくれたミルク粥を食べて助かったんだ。苦行には意味がないと悟ったブッダは、ブッダガヤの菩提樹の下でひたすら苦しみから逃れる方法を考え、35歳で悟りを開いたんだね。

　さて、ブッダがクシナガラで亡くなったあと、彼の説いた道徳的にも正しい生き方は都市に住むクシャトリヤや商工業者に広まり、サンガ（仏教教団）がつくられた。彼がクシャトリヤだったこともあって、特にクシャトリヤに多く受け入れられたよ。そして、弟子たちはブッダの教えが失われないように第1回仏典結集をおこなって、正しい経典の内容を決定したんだね。

◀ もう一つの新思想、ジャイナ教って？

　では、仏教と並ぶもう一つの新宗教、ジャイナ教だ。ジャイナ教は仏教が成立したのとほぼ同じ時代にヴァルダマーナ【マハーヴィーラ】が開いた宗教だね。ヴァルダマーナは人間が何かの行為をすると、それによって業（カルマ）が魂にくっつき、これが原因となって輪廻に陥ると考えた。輪廻は永遠の苦しみだったよね。だから、業（カルマ）を滅ぼして魂を清めるために、厳しい肉体的な苦行をしなければならないと説いた。だから、禁欲と苦行が特徴になったんだね。

　それから、ジャイナ教の一番の特徴が極端な不殺生主義、1匹の虫も殺してはいけないという教えだ😡! だから、ジャイナ教徒は外出のときには必ず自分の前をほうきで掃いて、虫たちをどけながら歩くし、完全な菜食主義になったってわけだ。でも、この思想だと絶対にジャイナ教を信仰できない階級がいるよね。それがクシャトリヤ。だって、戦争になった瞬間に戒律違反になっちゃう😫。だから、ジャイナ教はヴァイシャ、特に商工業者に広まったんだよ。

第**1**章　オリエント・インドの古代文明

第**2**章　古代の地中海世界

第**3**章　古代の東アジア

第**4**章　中世ヨーロッパ

第**5**章　東アジア世界の変容

第**6**章　イスラーム世界

第**7**章　近代ヨーロッパの幕開け

3 北インドの王朝の変遷

クローズアップ　北インドの王朝の流れ

- **マウリヤ朝**［前317頃〜前180頃］……**チャンドラグプタ**が建国
  - ▶全盛期は**アショーカ王**……**ダルマ【法】**による支配
  仏教保護……**第3回仏典結集**。**スリランカ【セイロン島】布教**
- **クシャーナ朝**［1〜3世紀］……中央アジアから侵入した**イラン系**（大月氏の一部という説もある）王朝
  - ▶全盛期は**カニシカ王**
  大乗仏教の保護……**第4回仏典結集**　➡**ガンダーラ美術**が発達
- **グプタ朝**［320頃〜550頃］……**チャンドラグプタ1世**が建国
  - ▶全盛期は**チャンドラグプタ2世**
  インド古典文化の隆盛。中国僧**法顕**の来朝
- **ヴァルダナ朝**［7世紀前半］……事実上、**ハルシャ＝ヴァルダナ**1代のみ
  - ▶**仏教保護**……中国僧**玄奘**の来朝

◀ 統一前の混乱！　外から攻め込まれたインド

　それじゃあ、具体的な王朝の変遷に進もう！　**ガンジス川流域**にできた**小国家の抗争**によって、インドでは徐々に大国が形成されて、前6世紀ころには**16大国**になったよ。そのなかで有力となったのが、中流〜下流域の**マガダ国**と中流域の**コーサラ国**だ。そして、強大化した**マガダ国**がガンジス流域で領土を拡大し、4世紀半ばには**ナンダ朝**のもとで**ガンジス川流域の統一に成功**したんだ。いよいよ、北インド統一だ！と思いきや、**インダス川流域は外国勢力の侵入で大混乱**しているんだ😵。

　最初にインダス川流域に侵入してきたのが、**アケメネス朝ペルシア**だ。前6世紀後半に**ダレイオス1世**が攻めてきて、**インダス流域まで支配**した。しかもその後、アケメネス朝を滅ぼした**アレクサンドロスの遠征軍**がきた😵。結局、**インダス川流域はギリシア人に支配される**ことになっちゃったよ。こいつらを倒さないと、北インドの統一はできないよね。

マウリヤ朝

◀ ついに、チャンドラグプタが両大河流域を統一だ！

　インド史上初めて**インダス・ガンジス両大河の流域を統一**したのが、**マウリヤ朝**だ。建国者は**チャンドラグプタ**だよ。どうやら、彼は正統なバラモン教を信仰してなかったらしい。それはともかく、彼は**ナンダ朝**から**マガダ国の王位を奪う**と、

パータリプトラに都を置いた。そして、アレクサンドロスの死によって混乱しているギリシア人勢力から、インダス川流域の支配権を奪い取ったんだね。このとき、インドを支配していた**セレウコス朝**はインドに軍を派遣してきたんだけど、チャンドラグプタはこれを破ると、さらには**デカン高原へも遠征軍**を送ったよ。

　こうして、**マウリヤ朝が史上初めて北インドの統一に成功した**😆。帝国の中心部は直轄地として多くの官僚を使って直接支配し、辺境の属国には王族を派遣して統治したよ。ちなみに、チャンドラグプタは晩年には息子に王位を譲り、自分はジャイナ教徒の行者になったんだって。さらに最期は修行の末に、ジャイナ教では理想とされる断食死……らしい😵。壮絶な人生だな。

◀ 広大な領域を支配したアショーカ王。支配の秘策は?

　さて、マウリヤ朝はその後もデカン高原の征服を進め、第3代の**アショーカ王**【阿育王】時代に全盛期を迎えた。彼は北インドの東南部にあった**カリンガ国**を征服して、**最南部を除いた全インドを統一**したよ。南端部の国もマウリヤ朝とは友好関係にあったから、もはや征服する必要はなかったしね。

　ここで地図を確認!　古代インド史で出てくる四つの王朝は、それぞれの**支配領域の特徴がはっきりと違う**から確実に区別できる。ということは、入

試でよく出てくるってことだ。よく見てね!　マウリヤ朝は最南部以外を全部支配しているのが特徴だ。ちなみに、これが古代インド王朝の領域で最大だね。

　さて、アショーカ王は、カリンガ征服の惨状を見て政策転換を決意し、広大な帝国統治の理念を**ダルマ**【法】に求めた。ダルマとは**特定の宗教を示すものではな**く、簡単に言うと「人としてこう生きるべき」という基本的な義務のことだ。具体的には不戦主義、非暴力主義、不殺生、慈悲などの道徳のことだから、かなり**仏教の影響**を受けている。非暴力主義は、仏教における「ダルマ」だからね。「ダルマ」の意味がわかったかな?　仏教の教えはブッダの「ダルマ(仏法)」だよ。アショーカ王はダルマを詔勅(皇帝の命令)として発布し、帝国各地に**石柱碑**や**磨崖碑**を建てて広めた。そして自らも病院建設や道路整備などをおこない、ダルマを政策で示したんだ。この詔勅は外国人も対象とされたから、**碑文にはギリシア文字など4種の文字が刻まれている**。そのうちの**ブラーフミー文字**が、現在のインドの文字の原型の一つだよ。

　それからアショーカ王は特に仏教を保護したよ。仏教教団の混乱を終わらせるた

めに**第3回仏典結集**を支援し、全国にブッダの骨を納めたとされる**ストゥーパ【仏塔】を建設した。サーンチー**にある**インド最古の仏教遺跡**は有名だね。ちなみに、お墓の後ろに立てる卒塔婆は「ストゥーパ」が語源だよ。さらに出家した王子マヒンダを派遣して、**スリランカ【セイロン島】**への布教をおこなったとされている。これ以後、**スリランカは上座部仏教の本拠地**になるんだね。

　もう一つ注意！　アショーカ王は仏教を保護したけど、**他の宗教を弾圧したわけじゃないよ**。ダルマは特定の宗教じゃないから、アショーカ王は「**すべての宗教を保護する**」って宣言している。これは、宗教や民族がバラバラだったインドを統治するために、**宗教的には寛大な政策をとった**ということだね😆。

◀ マウリヤ朝の衰退

　アショーカ王の死後、**マウリヤ朝は急速に衰退してしまった**😢。衰退の原因は、**仏教教団保護による財政破綻**や、ダルマに基づく不戦主義の影響で軍事力が弱体化したこと、さらに仏教保護に対する**バラモン階級の反発で帝国が分裂した**ことなど、いろいろ考えられるよ。

　そして、**前2世紀にマウリヤ朝が滅亡**したときには、インドはすでに分裂状態になっていた。デカン高原では地方勢力が独立し、**パンジャーブ地方**は中央アジアから侵入した**ギリシア系**の**バクトリア**に征服されてしまった。実は、ギリシア人も**遊牧諸民族に中央アジアを奪われた**から、本拠地をパンジャーブ地方に移したんだね。

クシャーナ朝

◀ 中央アジアの遊牧民の抗争。勝ち抜いたのがクシャーナ朝だ！

　さて、バクトリアがパンジャーブ地方に本拠地を移すと、**中央アジアでは遊牧民の抗争が激しくなった**。この抗争は西北インドにも影響があって、**サカ族**などの遊牧民が**カイバル峠**を越えてインドに侵入してきた。その後、**シル川、アム川**流域の中央アジアは遊牧民の**大月氏**の支配下に入ったよ。大月氏は中国北方で**匈奴**に敗れた**月氏**が中央アジアに移って建てた国だね。そして、**後1世紀**になると、大月氏が支配する5人の**諸侯**のなかから**イラン系**（大月氏の一部という説もある）の**クシャーン人**が強大化して、**西北インドを征服した**。これが**クシャーナ朝**だよ。

◀ 東西交易で繁栄したクシャーナ朝

　まずは、地図 **➡P.54** でクシャーナ朝の支配領域を見てみよう。クシャーナ朝は中央アジアから勢力を広げて北インドを支配した王朝だから、マウリヤ朝と比べると**北側に領域が広がっている**ね。ただ、ガンジス川流域は完全に支配できていない。これがクシャーナ朝の領域の特徴だ。

　クシャーナ朝は、中央アジアでは**東西交易の中継点を支配して繁栄**した。というのも、同時代の世界では、中国では**後漢**、ヨーロッパでは**ローマ帝国**（「**パクス＝ロマーナ**」と呼ばれる全盛期だ！）がそれぞれ大帝国を形成しているから、**両国を**

第1章 オリエント・インドの古代文明

第2章 古代の地中海世界

第3章 古代の東アジア

第4章 中世ヨーロッパ

第5章 東アジア世界の変容

第6章 イスラーム世界

第7章 近代ヨーロッパの幕開け

結ぶ東西交易がむちゃくちゃ繁栄した時代なんだ😆。あっ、イランでも同じようにパルティアが中継貿易で繁栄していたよね。後漢とローマを結ぶ交易によって繁栄した2国が、両方**イラン系**ってことだ。

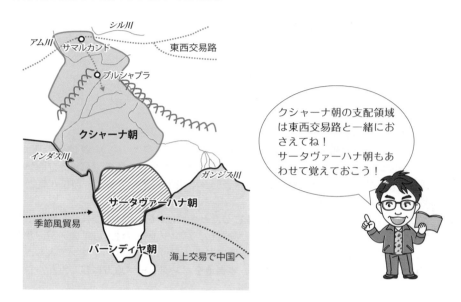

クシャーナ朝の支配領域は東西交易路と一緒におさえてね！
サータヴァーハナ朝もあわせて覚えておこう！

◀ 同時代の南部ではサータヴァーハナ朝が繁栄！

　それじゃ、南部の状況も一緒に見ておこう！　同じころ、デカン高原を中心に海上交易で繁栄したのが**サータヴァーハナ朝**だ。この国は**ドラヴィダ系**アーンドラ族の国だから、**アーンドラ朝**ともいうよ。

　この時代にインド洋では季節風が発見されて、この風を利用して、ローマとの**季節風貿易**がおこなわれていたんだけど、インド側の拠点となったのがサータヴァーハナ朝なんだ。この交易の様子は、1世紀にギリシア人航海者が書いたとされる『**エリュトゥラー海案内記**』に詳しく描かれている。インドからは胡椒・綿布・真珠・象牙などが、逆にローマからは陶器・ガラス器・金貨などがそれぞれ運ばれていたようだ。そしてさらに東に目を向けると、インドから**東南アジアを経由して中国へと至る海上交易**（中国では**南海交易**と呼ぶね）も発達したよ。1～2世紀って、陸でも海でも盛んな交易がおこなわれていたんだね😆。

◀ クシャーナ朝のインド支配──カニシカ王が登場！

　では、クシャーナ朝のインド支配について見ていこう。クシャーナ朝は2世紀に出現した**カニシカ王**時代に全盛期を迎えたよ。カニシカ王は都を**ガンダーラ地方**の**プルシャプラ**に置き、中央アジアからガンジス川中流域にいたる領土を支配した。

彼は**アショーカ王と並ぶ仏教の保護者**として知られているけど、民族から宗教までバラバラなインドを統治するために、**アショーカ王の政策をパクった**んだ。だから、すべての宗教に寛大だったなかで、特に仏教を手厚く保護したよ。というか、カニシカ王はゾロアスター教徒……仏教以外の宗教を弾圧したら自爆だよ😅。

おっと本題ね。カニシカ王の**仏教保護**のもとで、**第4回仏典結集**がおこなわれたんだけど、このとき保護されたのは**大乗仏教**だ。これ、アショーカ王の時代とは違うね。というより、**アショーカ王の時代には、まだ大乗仏教はなかったからね。**

合否の分かれ目▶　仏教保護政策

- ●アショーカ王（マウリヤ朝）……**第3回仏典結集**
  - ▶スリランカ【セイロン島】布教
- ●カニシカ王（クシャーナ朝）……**第4回仏典結集**
  - ▶保護したのは**大乗仏教** ➡ガンダーラ美術の発達

◀ 大乗仏教って何？　みんなが救われる新しい仏教だ！

大乗仏教を見る前に、もともとの仏教を確認しておこう。仏教はいくつかのグループに分かれていて（**部派仏教**）、なかでも有力だった**上座部仏教**は、「**出家した個人が修行**して、**個人の救済**（救済＝解脱だ）を目指す」宗教だった。だから、解脱したい人は、仕事もしないでひたすら修行するしかない。

ただ、**誰もが出家できるわけじゃない**よね？　だって、出家すると仕事ができないから、出家して救われるのは金持ちか、飢え死にを覚悟した人だけ😫。仏教の僧たちは他の宗教を見て、「**修行しない人でも救われる方法があるのでは**」って思ったんだろう。例えばギリシア人は、困ったことがあると神殿に行ってお祈りして、神託を聞けば救われる。これ日本人に近いね。神社におまいりして、おみくじ引いて帰ってくる、みたいな😊。ほら、出家しないで救われるでしょ。

こうして、1世紀ころに現れたのが**大乗仏教**だ。大乗仏教では「修行というのは**自分だけが救われるものではなく**、他の人たちに尽くす自己犠牲によって（**利他行**）、みんなをまとめて救うことだ」という思想が生まれたよ。難しい言葉にすると**菩薩行**だ。そして、この菩薩行をやっている僧にすがることで誰でも救われる、という信仰（**菩薩信仰**）が生まれた。誰でも救われる（**衆生救済**）っていうことは、出家してなくても、身分が低くても、男女も関係なく、**信仰によって救われる**ということだね。この新しい仏教が**大乗仏教**だ。簡単にまとめると「菩薩信仰によって衆生救済を目指す」ってことね。この大乗仏教の理論を完成させたのが、2世紀ころに現れたとされる**ナーガールジュナ【竜樹】**だよ。彼の唱えた「空」（物事には固定的な実体がないこと）の思想は、その後の仏教に大きな影響を与えたんだ。

第1章 オリエント・インドの古代文明

第2章 古代の地中海世界

第3章 古代の東アジア

第4章 中世ヨーロッパ

第5章 東アジア世界の変容

第6章 イスラーム世界

第7章 近代ヨーロッパの幕開け

◀ いつも菩薩がいるわけじゃない……じゃあ、仏像をつくろう！

　でも、大乗仏教にも問題はあるよ。だって、**いつも近くに菩薩さまがいてくれる**とは限らない。もし修行している坊さんにずっとついていくとしたら……自分も修行だよ。しかも、みんなを完璧に救えるような、スーパー菩薩はいない😫。そうなると、とにかく**お祈りする対象が必要**ってことになる。だったら、ギリシア人が神像をつくるみたいに、仏像をつくればいい。こうして**仏像製作**が盛んになった。

　1世紀ころ、クシャーナ朝が支配していた**西北インドのガンダーラ地方**で初めて**仏像がつくられた**んだけど……気づいたかな？　さっき、バクトリアがパンジャーブ地方に拠点を移したって話したよね。つまり、インド人たちはこの地にいる**ギリシア人に頼んで**、あるいはギリシア人のマネをして仏像をつくったんだ。ただ、問題発生！　顔がギリシア人になっちゃった……😓。顔の彫りが深くなっちゃうし、髪型とか髭、着ている服まで、全部ギリシア風😵！「インド人じゃないだろ！」と怒っちゃいけない。初めてというのはこんなもんだよ。これが**ガンダーラ美術**だ。じゃあ最後に、教科書的にまとめておこう。ガンダーラ美術とは、「**ヘレニズム文化の影響を受けた仏教美術で、仏教とギリシア彫刻の技法が融合して、ギリシア的要素の強い仏像がつくられた**」って……いきなり固い表現になっちゃったね😅。

〈仏教の伝播〉

◀ 仏教が各地に拡大！ 北伝仏教と南伝仏教って何？

　それでは、仏教史をまとめるよ。ここまでで2種類の仏教が出てきたよね。一つは**上座部仏教**。大乗仏教の連中は「お前らは一人だけしか救われないから、**救済の乗り物が小さい😝**」ってバカにして**小乗仏教**と呼んだ。こっちは、アショーカ王時代の**スリランカ布教**に始まって、そこから**東南アジア**、特にビルマ（ミャンマー）やタイ、つまり南へと伝わっていったから**南伝仏教**とも呼ばれているね。

　もう一つが**大乗仏教**だ。こちらは「みんなを救える大きな乗り物」って意味だね。シルクロードの東西交易を支配した**クシャーナ朝**が保護したってことは、シルクロードに沿って**中央アジアから中国、朝鮮半島、さらには日本**まで、つまり北へと伝わっていたから**北伝仏教**とも呼ばれている。ただ、注意してほしいのは、**交易に沿って拡大していくということは「海上交易もある」**ってことだよ。だから、東南アジアでも島の部分、ジャワ島などへは**大乗仏教**が拡大していくんだ。

◀ クシャーナ朝の衰退

　クシャーナ朝は交易路の支配で繁栄していたんだけど、3世紀になると東西にあった大帝国の**後漢**とローマ帝国が混乱して、**東西交易が衰退**してしまった。するとクシャーナ朝も衰退し、中央アジアを**ササン朝**に圧迫されて一気に弱小国へと転落してしまった😣。その後、クシャーナ朝自体はササン朝の下で5世紀まで残っていたんだけど、最後は**遊牧民国家エフタル**によって滅ぼされたよ。

グプタ朝

◀ ついにインド人王朝が復活！ 英雄チャンドラグプタも復活？

　クシャーナ朝が衰退したあとの北インドの混乱を収束したのは、ガンジス川流域から興った**グプタ朝**だ。グプタ朝は、かつての**マウリヤ朝の故地**から出現した**チャンドラグプタ1世**が、パータリプトラを都に建てた王朝だ。ほら、インドには「生まれ変わる」っていう**輪廻思想**があったよね。この王朝って、まさに**マウリヤ朝の生まれ変わり**だ。彼自身も「俺はチャンドラグプタの跡を継ぐ者だ😤！」って思ってたみたい。だからといって**マウリヤ朝と血縁関係はない**からね。

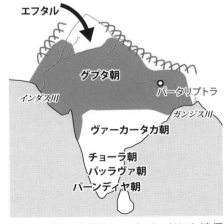

　その後、第2代の**サムドラグプタ**は北インドで領土を拡大し、南インドにも遠征軍を送るなど、盛んな征服活動を展開した。そして、第3代の**チャンドラグプタ2世**は、**西インドを征服して**インダス川流域まで勢力を広げ、さらにデカン高原のヴ

第1章 オリエント・インドの古代文明

第2章 古代の地中海世界

第3章 古代の東アジア

第4章 中世ヨーロッパ

第5章 東アジア世界の変容

第6章 イスラーム世界

第7章 近代ヨーロッパの幕開け

ァーカータカ朝に王女を嫁がせて友好関係を築いて、南部への影響力も強めた。こうして、**グプタ朝は全盛期**となった。この時代のグプタ朝の繁栄は、インドに来た中国（**東晋時代**）僧の**法顕**が『**仏国記**』のなかで伝えている。だから、**チャンドラグプタ2世**には**超日王**って漢字の呼び方があるよ。ちなみに、**パータリプトラは華氏城【華子城】**ね。

　それじゃあここで、地図 **→P.57** を確認しておこう！　グプタ朝の支配領域はガンジス川流域とインダス川流域の大半のみだね。ちょうど、**マウリヤ朝の支配領域からデカン高原以南を抜かした**感じだよ。

◀ イラン人支配が終わって……インド伝統の文化が大盛り上がり！

　クシャーナ朝が衰退してイラン人の支配が終わると、インド人は「いよいよ俺たちの時代だ😆♪」って思った。だからグプタ朝の時代には**インドの伝統に回帰**しようって動きが盛んになり、**インド古典文化**が繁栄したんだ。

　まずは、**サンスクリット語の普及**だよ。伝統的な信仰への回帰から**バラモンたちが勢力を回復**してきて、『**ヴェーダ**』の言葉であった**サンスクリット語**が、**宮廷の公用語として使用される**ようになった。さらに、**サンスクリット文学**も流行して、チャンドラグプタ2世の宮廷では詩聖とされる**カーリダーサ**が、戯曲『**シャクンタラー**』を書いた。これが**サンスクリット文学の最高傑作**だ。インドの二大叙事詩『**マハーバーラタ**』、『**ラーマーヤナ**』が現在の形にまとめられたのもこの時代だ。どちらも**主人公がヴィシュヌ神の化身**！　だから、**ヒンドゥー教の聖典**とされているよ。

＋α ちょっと寄り耳♪

　ちょっとだけお話を紹介しておこう。まずは『**シャクンタラー**』。天女の娘シャクンタラーとドゥフシャンタ王の二人が恋に落ち、王は結婚を誓って城に帰るんだ。でも王が仙人に呪いをかけられて、シャクンタラーを忘れちゃうの……悲しい別れだね。でもその後、記憶を取り戻した王は天からの使者と一緒に悪魔を倒して、天上界で二人が再会するの。やっぱ愛だね😆。『**マハーバーラタ**』は、バラタ族の2王族が聖地クルクシェラートで戦った18日間のマハーバーラタ大戦争が主題だ。ちなみに劇中で主人公**クリシュナ**王子が自らを**ヴィシュヌ神の化身**だと告白するよ。『**ラーマーヤナ**』は、魔王にさらわれた王妃シーターを助けに行く**ラーマ**王子の話。スタジオジブリの映画「天空の城ラピュタ」のヒロイン「シータ」はここから取った名前かもね。シータを助けに行くパズー……話も似たような感じ😆。ここでも、主人公の**ラーマ**王子は**ヴィシュヌ神の化身**とされている。『**マハーバーラタ**』と『**ラーマーヤナ**』。どちらも演劇などを通して、民衆に広く知られるようになったんだよ！　伝説的な物語まで聖典にするなんて、ヒンドゥー教って懐が深いね。

◀ ヒンドゥー教の形成。現在のインド社会の基盤だ！

　ここでヒンドゥー教の話もしておこう。ここまでの時代では**仏教が国家によって保護されて他の宗教を圧倒していた**んだけど、内容が難しかったから、民衆は「ありゃ、偉い人の宗教だよ😆」って思っていた。だから、人びとは勝手にいろんな神を信仰していたわけだ（これが**民間信仰**ね）。そして、グプタ朝の時代に伝統的な信仰への回帰から**バラモン教が復興**したんだけど、これに**民間信仰が融合**して、現在のような**ヒンドゥー教に発展**したよ。というか、ヒンドゥー教って「なんでもあり」な宗教だ。だって、ブッダでさえ「ヴィシュヌ神の化身」ってことにしちゃったんだもん😵。こうして、共通点は「**カースト制度を守る**」「**ヴェーダの権威を認める**」「**バラモンの優位を認める**」の三つで、あとはいろんな信仰をなかに取り込んで**ヒンドゥー教が形成**され、民衆にも浸透していったよ。そして、三大神として破壊の神**シヴァ**、世界維持の神**ヴィシュヌ**、創造神**ブラフマー**が信仰の中心となったんだ。とはいっても、シヴァは時に創造もするし、民間信仰の神も次々とシヴァの親族ってことにしちゃったから、これまたなんでもあり😆。ちなみにシヴァ神は踊りの神としても有名だ。そして、ヒンドゥー教における**各ヴァルナの義務や生活規範を定めたダルマ【法】**として『**マヌ法典**』も編纂されたよ。あっ、このダルマは、アショーカ王のところで説明したダルマと同じだよ。

◀ 仏教の研究は発展！　仏教美術の様式も変化した

　なんか「インド＝仏教」ってイメージかもしれないけど、**現在のインドではほとんど仏教は見られない**よ。それは、グプタ朝以降、**民衆の信仰はほとんどヒンドゥー教になっちゃった**からだ。じゃあ、仏教はどうなったんだろう？　実はグプタ朝の時代には**まだ繁栄していた**よ。ただし学問的な意味ね。各地の僧院を中心に**教義の内容が研究**され、特に仏教教学の中心となった**ナーランダー僧院**が建てられたのは、この時代だ。ここではのちに、中国僧の**玄奘**や**義浄**が学ぶことになるね。

　それから、仏教美術の面でも、**純インド的な**グプタ様式が出現したよ。要するに、**仏像や仏画の顔がインド人になった**、ってことだ。目を半ば閉じた表情や薄い衣の表現が特徴だね。ヴァーカータカ朝がつくった**アジャンター石窟寺院**の**壁画**や、**エローラ石窟寺院**の仏像などが有名だ。アジャンターで有名なのは仏像じゃなくて壁画なので気をつけてね。ほかに**マトゥラー**や**サールナート**の仏像彫刻も有名だね。

　それから、グプタ朝の時代には、**天文学や医学**、**物理学**、**数学**などの学問も発達したよ。特に数学では**ゼロの概念**を考えたのはインド人だ。もし計算のときにゼロがなかったら現在の数学は成り立たない。インド人ってスゲーな😆。

◀ グプタ朝の滅亡

　中国における五胡十六国の混乱やローマの東西分裂、エフタルの進出などで**東西交易が衰退**するとグプタ朝は経済が停滞し始め、5世紀後半になると諸侯が自立し始めた。そして、西北インドの**フーナ**が侵入して、**グプタ朝は6世紀半ばに滅亡**し

第1章　オリエント・インドの古代文明

第2章　古代の地中海世界

第3章　古代の東アジア

第4章　中世ヨーロッパ

第5章　東アジア世界の変容

第6章　イスラーム世界

第7章　近代ヨーロッパの幕開け

てしまった。フーナは**エフタル**の一部という説もあったけど、はっきりわからない。このあと、北インドは長い混乱の時代に突入するんだ。

ヴァルダナ朝以後

◀ ハルシャ＝ヴァルダナが登場！　北インドを統一しかけたんだけど……

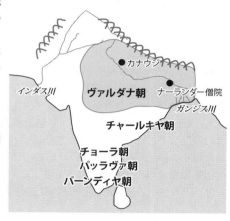

グプタ朝滅亡後の混乱のなかから現れ、ガンジス川流域の覇者となったのが、ハルシャ＝ヴァルダナ【ハルシャ王】だ。彼の治世をヴァルダナ朝と呼ぶよ。ハルシャ＝ヴァルダナは、ガンジス河畔の**カナウジ**を都に定めると、**積極的な征服活動**をおこない、デカン高原の征服を目指して軍を南下させたんだけど、**チャールキヤ【カルキア】朝**に敗れて、南北統一は実現できなかった。ここで地図を確認しよう！　ヴァルダナ朝の支配領域は、ガンジス川流域とインダス川流域のごく一部だけだ。

◀ 中国の有名人、玄奘がやってきた！

ハルシャ＝ヴァルダナ自身はシヴァ神を信仰していたらしいけど、同時に仏教にも手厚い保護を与えたんだ。要するに宗教的には寛容政策だよ。そして、**仏教では教義の研究が盛ん**となり、ナーランダー僧院には数千人の学僧が集まっていたよ。この時代に**中国（唐）の僧玄奘**もインドにきて、**ナーランダー僧院**で学んだんだ。ちなみに玄奘は非常に優秀だったからインドでも有名になって、ハルシャ＝ヴァルダナに仏教の講義をしたんだって🥺！　留学生でしょ？　玄奘スゲーな！　ちなみに玄奘の書いた旅行記『**大唐西域記**』のなかでは、ハルシャ＝ヴァルダナは「戒日王」、カナウジは「曲女城」と書かれているよ。玄奘と会って中国に興味を持ったハルシャ＝ヴァルダナは唐の太宗に使節を送り、太宗もこれに対する返使を派遣しているんだ。

◀ ヴァルダナ朝が滅亡しちゃうと……インドは長い混乱期だ

なんとか北インドの大半を支配した**ハルシャ＝ヴァルダナ**だったけど、彼は国内の統治制度の基礎を固められなかった。結局この国は、ハルシャ＝ヴァルダナと各地の地方君主との個人的な関係だけで支配していたんだね。だから、**王の死後あっという間に崩壊**して、各地の**地方政権が自立**してしまったんだ。ここからイスラーム勢力の進出まで、インドは長い分裂の時代に入るよ。

それでは、その後の北インドの国を見ておこう。8世紀半ばから、ガンジス川下流域のベンガル地方を支配したのが**パーラ朝**だ。この王朝は、インドで最後に仏教

を保護した王朝だから、12世紀にパーラ朝が滅亡すると、インドでは仏教が姿を消してしまうよ。

　このころからインド史でよく目にするようになるのが、**ラージプート**って言葉だね。これは、<ruby>土着<rt>どちゃく</rt></ruby>の有力者や、あるいは**中央アジアなど外から侵入して北インドに定着した外来民族の支配者**のことだ。彼らは自分たちを古代の**クシャトリヤの<ruby>末裔<rt>まつえい</rt></ruby>**だとして、「王子」を意味する「ラージャプトラ」のなまった「ラージプート」と称したんだね。この**ラージプート諸王国**は統一されずにしょっちゅう抗争していたから、**北インドはずっと戦乱**なんだよ。そして、10世紀にイスラーム勢力の**ガズナ朝**が侵入したのち、次々と**イスラーム勢力に征服されてしまった**んだね。代表的なラージプート王朝としては、カナウジを拠点にしたプラティーハーラ王国や、デリー周辺を支配したチャーハマーナ王国【チャウハーン朝】なんかがあるね。どちらもイスラーム軍の侵入で崩壊したよ。

4　南インドの展開

◀ チャールキヤ朝とヒンドゥー教の新展開！　バクティ運動って何？

　では南インドの状況も見ておこう。まずは、**ヴァルダナ朝と同時代にデカン高原を支配していたのがチャールキヤ朝**だ。さっき、ハルシャ＝ヴァルダナの南への進撃を阻止した、って話をしたよね。そのチャールキヤ朝の支配下では、**ヒンドゥー教に新しい思想**が現れているんだよ。それが**バクティ運動【バクティ信仰】**だ。

　インドでは仏教がほとんど姿を消してしまうんだけど、その理由の一つは「**国家の保護がなくなった**」ことだ。仏教はずっと国家の保護を受けて僧院で教義を研究したり、世間とは離れたところで<ruby>修行<rt>しゅぎょう</rt></ruby>したり、とにかく**民衆から離れた活動**が中心だったから、国家の保護が得られなくなると、急速に衰退してしまったんだね。

　もう一つの理由が「**民衆に拡大しなかった**」ってことだ。要するに**ヒンドゥー教に負けた**の😫。じゃあなんでヒンドゥー教が勝ったんだろう？　それは、ヒンドゥー教の**バクティ運動【バクティ信仰】が民衆に受け入れられた**からだよ。

　バクティ運動とは、もともとは**シヴァ信仰やヴィシュヌ信仰**で、**神に対する絶対的、<ruby>献身的<rt>けんしん</rt></ruby>な礼拝や信仰によって<ruby>解脱<rt>げだつ</rt></ruby>できる**、という教えに基づく宗教運動だ。具体的に言うと「**神を<ruby>讃<rt>たた</rt></ruby>える歌を歌ったり、神の名をひたすら唱えながら、お寺を巡り歩いたり、踊りまくったりすると救われる**」んだ。簡単でしょ😄？　これがバクティ運動のすごさなんだよ。バクティ運動では、**カーストも男女も一切関係なく救われる**し、何より、**やらなきゃいけないことがわかりやすい！**　神の名を唱え、歌って踊れば救われるんだもん

歌って踊れば救われる！
バクティ運動って、わか
りやすいでしょ？

第1章 オリエント・インドの古代文明

第2章 古代の地中海世界

第3章 古代の東アジア

第4章 中世ヨーロッパ

第5章 東アジア世界の変容

第6章 イスラーム世界

第7章 近代ヨーロッパの幕開け

😆。だから、**南インドだけではなく北インドへも拡大し**、民衆へとヒンドゥー教が普及していったんだ。しかも、ヒンドゥー教はブッダをヴィシュヌ神の化身ってことにしたから、この運動には仏教徒も吸収されちゃった、ってわけだ。こりゃ、仏教もお手上げだな😅。

　チャールキヤ朝が衰退すると、**ラーシュトラクータ朝**がデカン高原を支配したよ。この王朝は名前だけ覚えとけば OK だ。

◀ その他の南インドの王朝

　それじゃあ、最後に南インドの王朝を簡単にまとめておこう。

　半島最南部をずっと支配していたのが、パーンディヤ朝だ。だいたい前 3 世紀〜後 14 世紀までね。ここでは、北インドとは違った独自の**タミル文化**が繁栄したよ。

　アショーカ王の碑文にも言及のある**チェーラ朝**は、インド南西部にあった国だ。チェーラ朝があった地域はケーララ地方と呼ぶよ。だいたい前 3 世紀〜後 3 世紀くらいまで存続したらしい。後ろで出てくるチョーラ朝とは別の国だからね。

　サータヴァーハナ朝が衰退したのちのデカン高原に興ったのが**パッラヴァ朝**だ。この王朝のもとでも、**バクティ運動が拡大**したよ。

　そして、海上交易で栄えた**ドラヴィダ系タミル人の国が、チョーラ朝**だ。アショーカ王の碑文に出てくるチョーラ国は存在自体がちょっと怪しい😅。はっきりと**チョーラ朝が繁栄し始めるのは 9 世紀ころからで、東南アジアなどへの海上交易**で繁栄し、11 世紀には**スリランカ北部**を征服している。その後、スマトラ島の**三仏斉**に遠征軍を送り、**中国の宋にも使節を派遣**してしているよ。

　それから、北インドがイスラーム勢力の支配下となったのち、14 世紀に**南インドを統一した最後のヒンドゥー教国がヴィジャヤナガル王国**だ。ヴァスコ゠ダ゠ガマの来航のあとに、多くの**ポルトガル人が来航**したのがこの国だよ。

!! 年号のツボ

- ●**インダス文明の形成** ［前**2300**頃］（兄さんまるまる　腹パンパン〈ハラッパー〉）
- ●**マウリヤ朝**成立 ［前**317**頃］（災難続きの　マウリヤ朝）
- ●**クシャーナ朝**成立 ［前**45**頃］（仏教擁護の　クシャーナ朝）
- ●**グプタ朝**成立 ［**320**］（身に負う　チャンドラグプタの魂）

　さてさて、ちょっと長くなっちゃったけど、今まで「インド史わけわからん」って思ってた人が、少しでも「わかった〜！」って思ってくれていれば、僕もすごく嬉しいな。次はギリシア史だ。頑張っていこう😆。

第2章

古代の地中海世界

いよいよヨーロッパ文明の原点ともいえる古代ギリシア世界だよ。特にギリシアはヨーロッパ文明の発祥の地とも考えられているくらい、あとの時代に大きな影響を与えたから重要だよ。

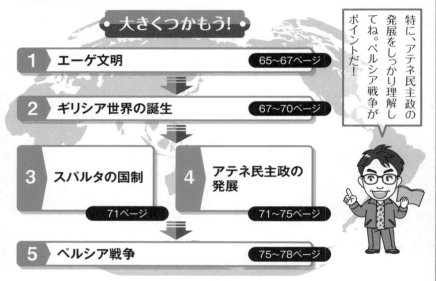

大きくつかもう！

1　エーゲ文明　　　　　　　　65～67ページ

2　ギリシア世界の誕生　　　　67～70ページ

3　スパルタの国制　　71ページ

4　アテネ民主政の発展　　71～75ページ

5　ペルシア戦争　　　　　　　75～78ページ

特に、アテネ民主政の発展をしっかり理解してね。ペルシア戦争がポイントだ！

ヨーロッパで「古典文化」っていうと、ギリシア・ローマ文化のことになるんだよ。それは古代ギリシア、そしてそれを受け継いだローマが、現在までヨーロッパに大きな影響を与えているからだね。ってことは二つの文明は似てるの？ってことになるよね。まぁ、ローマはギリシア文明を受けて成立したから似ているといえば似てるね。でも、似ているところ、そして違うところ、それぞれあるからしっかり比較してみよう。それじゃあ、まずはギリシアから！エーゲ文明に始まり、各地にポリスが形成されて、そのなかからアテネが勢力を拡大していくよ。

それでは、古代ギリシア世界の1回目、頑張（がんば）っていこう😆。

第**1**章　オリエント・インドの　古代文明

第**2**章　古代の　地中海世界

第**3**章　古代の東アジア

第**4**章　中世ヨーロッパ

第**5**章　東アジア世界の　変容

第**6**章　イスラーム世界

第**7**章　近代ヨーロッパの　幕開け

1 エーゲ文明

◀ 海に向かって開けたギリシア世界

　まずギリシアの地形や気候の話をしておこう。ギリシアで最初に文明が興（おこ）った**エーゲ海**には小さな島がたくさんあって、しかも海岸からいきなり斜面になるところが多くて、平野が少ない。そして1年を通じて雨も少ないから、**麦などの穀物栽培にはあまり向かない**けど、**果樹栽培**には適しているから、**オリーブやブドウ**などの栽培が発達したよ。そして、オリーブは搾（しぼ）って油に、ブドウも搾ってワインに……って、これじゃあギリシア人はオリーブ油とワインしか食べられない😆。それなら、**オリーブ油やワインを輸出して穀物を輸入する交易をしよう**、って海に進出するための造船技術を発達させて、**交易を発展させたんだ**😆。それに、ギリシアって平野と平野の間が山だから、比較的穏やかな地中海に出たほうが、移動も楽だからね。つまり**海洋文明**ってことだよ。

※ギリシアの地形はこんな感じ

◀ クレタ文明は、平和的な海洋文明だ！

　エーゲ海を中心に海上交易で繁栄した**海洋文明**は**エーゲ文明**と呼ばれ、そのうち前2000年ころから繁栄したのが**クレタ文明【ミノア文明】**だ。この文明の特徴はズバリ「**平和的！**」なんだけど、平和的ってなんなんだろう？

　クレタ文明の中心である**クノッソス宮殿**の特徴は、まず「**城壁がない**」ことだ。「攻め込まれたらマズい😫」と思うかもしれないけど、クレタ文明は周りが全部海だから、**海軍があればOK**だ。そして、**武器が出土していない**し、宮殿の女王の間の壁画はイルカだ😵！ほかにも**海洋生物を描いた壺（つぼ）や壁画**がいくつも出土している。平和っぽいでしょ

> 迷宮（めいきゅう）には、ミノス王の奥さんが牡牛（おうし）に恋して産んだ怪物ミノタウロス（牛人間だ！）を閉じ込めたらしいよ……😏

😆）。クノッソス宮殿には小さな部屋がたくさんあって、それらが細い廊下で結ばれている迷路のような構造だから、**伝説のミノス王がつくった迷宮【ラビリントス】**だといわれているよ。

そして、クレタ文明を発掘した**イギリスのエヴァンズ**は、出土した粘土板に記された文字をクレタ絵文字・**線文字A**・**線文字B**って分類したんだけど、この時代に使用された**線文字Aは未解読**だから**民族系統も不明**……😵。こればかりは今後の研究を待つしかないね。

◀ ミケーネ文明の形成。いよいよギリシア人の時代だ！

さて、前2000年ころからバルカン半島に南下してきた**インド＝ヨーロッパ語系民族**がギリシア人の祖先だよ。そしてその一派**アカイア人**が**クレタ文明を滅ぼして**形成した新たな文明が**ミケーネ文明**だ。

ミケーネ文明は**ペロポネソス半島を中心に**、クレタやオリエントの影響を受けて、前1600年ころから形成された**青銅器文明**で、青銅器のほか、陶器・武器・黄金製品などが出土している。アガメムノンの黄金のマスクは有名だね。そして、この時代に使用されていた**線文字B**は、**イギリス人**の**ヴェントリス**によって解読されているから、ミケーネ文明がどのような国家だったのかは、ある程度わかっているよ。

アカイア人は、**ミケーネ**やティリンス、**ピュロス**などを中心に小国家を形成したんだけど、これらの国家では王の下に役人と軍人がいて、農民からは**農産物を貢納として集めていた**らしい（貢納王政）。国家機構はオリエントの専制国家とも似ているから、その影響もあったんだろうね。でも、**オリエントと比べると国家の規模はずいぶん小さい**から、ギリシア全体を統合するのは無理だった。さらに、遺跡として残る**巨石城塞**から、ミケーネ文明の小国家が戦争に悩まされたことがわかるね。だからミケーネ文明はクレタ文明と比較して「**戦闘的**」っていわれることもあるよ。

◀ トロイア戦争──ミケーネがトロイアに攻め込んだ！

ミケーネ文明の代表的な遺跡であるミケーネやティリンス、対岸の**アナトリア（小アジア）**にあった**トロイア文明【トロヤ文明】**は、どちらも**ドイツ人のシュリーマン**が発掘した。彼は**ホメロス**の叙事詩『イリアス』や『オデュッセイア』に描かれた**トロイア戦争**を事実だと信じて発掘し、**ミケーネ文明とトロイア文明の実在を証明**したんだ。

ホメロスの叙事詩に描かれている**トロイア戦争**は、トロイア王子に奪われたギリシアで一番の美女ヘレネを取り返すために、ミケーネ王アガメムノンを指揮官としてトロイアに攻め込み、10年間の包囲戦を経て、有名な「木馬（トロイの木馬）」作戦で**トロイアを落城させた**😏、って話だ。トロイアにある9層の遺跡のうち、7層目がこの時期のトロイア文明だとされているよ。

＋α ちょっと寄り耳♪

　シュリーマンは、子どものころに読んだホメロスの叙事詩に描かれたトロイア戦争の英雄たちの活躍を読んで、むちゃくちゃ感動したんだ。当時、「トロイア戦争は単なる伝説だ」って思われてたんだけど、シュリーマン少年は「これは絶対に事実なんだ！」って確信して、ずっとそれを覚えていた。そしてなんと40歳を過ぎてから自分の会社や家を売り払って、その資金をトロイアの発掘につぎ込んだ。これって一歩間違ったら、人生が終わる😭。だって、何も出てこなかったら、遺跡掘って破産でしょ？　でも、実際に遺跡が発見されたから、こうして歴史に名前が残ってるんだ。で、そのシュリーマンの伝記のタイトルが、ズバリ『古代への情熱』！　夢をあきらめないってのは、大事なことだね。

◀ ミケーネ文明が滅亡すると……「暗黒時代」ってなんだ？

　ではミケーネ文明に話を戻そう。ミケーネ文明の諸王国は前14〜13世紀を全盛期に、その後衰退して前1200年ころ滅亡したんだけど、その原因は明確にはわからない。一つの説として、前13世紀末からオリエント一帯を襲撃した「海の民」がギリシアも攻撃して破壊したともいわれている。あるいは諸国家の抗争や反乱、気候の変動・疫病なんかも重なって崩壊したんじゃないか、ともいわれているよ。

　さて、ミケーネ文明の崩壊から約400年間（前12〜前8世紀）は「暗黒時代」😫。「暗黒時代」っていうのは、文字による記録がほとんどなくて詳細が不明な時代だよ。ただその後の歴史から、この時代にギリシア人の第2波であるドーリア人が鉄器を持って南下して半島南部に定住したり、フェニキア文字を母体とするギリシア文字がつくられたことはわかっている。さらに、第1波のアカイア人はのちに方言によって、アナトリア西岸の北部に定住したアイオリス人や、バルカン半島東部やアナトリア西岸の中央部に定住したイオニア人などに分かれていったよ。イオニア人が定住した地域は、のちにイオニア地方って呼ばれるようになるね。

2 ▶ ギリシア世界の誕生

◀ ギリシア独自の国家形態「ポリス」の出現だ！

　さて、暗黒時代を経て前8世紀になると、ミケーネ文明とは異なる社会が生まれ、強力な王権はほとんど存在せず、貴族や平民が一体になって活動する共同体が出現するんだ。この共同体がポリスだよ。一番多いときには、ギリシア全体で約1500のポリスがあったといわれ、いろいろな形態があった。典型的なのは、アテネに代表される「集住型ポリス」と、スパルタに代表される「征服型ポリス」だね。

　では「集住型ポリス」がどうやってできたか見てみよう！　まず、バラバラだったいくつかの村落の人びとが、有力な貴族の指導下で、アクロポリスを中心に集住

第1章　オリエント・インドの古代文明

第2章　古代の地中海世界

第3章　古代の東アジア

第4章　中世ヨーロッパ

第5章　東アジア世界の変容

第6章　イスラーム世界

第7章　近代ヨーロッパの幕開け

【シノイキスモス】した。アクロポリスを中心とする**中心市**は海岸に近い平野につくられ、**アクロポリスには守護神を祭る神殿**が建設されて、**非常時には城塞**になった。そのふもとには**アゴラ**と呼ばれる広場があって、ここでは集会や裁判を開いたり、商人が交易をおこなった。つまり「ポリスの政治・経済の中心」ってことだ。また中小農民の多くは城壁外の農村に住んでいて、「くじ」で割り当てられた農地（**クレーロス**）を所有していた。これで**都市が農村を支配する都市国家**の形態ができたんだ。

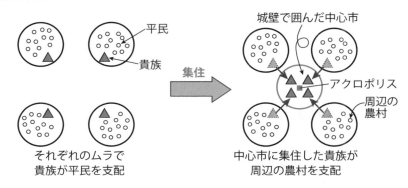

それぞれのムラで貴族が平民を支配　　城壁で囲んだ中心市／アクロポリス／周辺の農村／中心市に集住した貴族が周辺の農村を支配　平民／貴族　集住

もう一つの典型が「**征服型ポリス**」だ。こっちは、南下してきたギリシア人が先住民を**征服・隷属**させて成立したポリスだよ。あとは**マケドニア**みたいにポリスを形成せず、そのまま**王政が残った**国もある。ただ、どちらにしても国の規模はそれほど大きくない😅。一番大きなアテネでさえ、全盛期の人口は30万人程度といわれているからね。だからギリシア人たちは、自分たちを「ポリスの市民」って認識していて、強い連帯感を持っていたんだ。

◀ ポリスの市民という意識は強いけど、ギリシア人という意識もある！

　ポリス意識が強い一方で、**ギリシア人という意識**も結構強かったよ。各ポリスの間ではたびたび戦争していても、経済的・文化的な交流も深かったから、同じギリシア語を話す人たちを**ヘレネス**って呼んだ。伝説上の英雄ヘレンの子孫って意味だよ。ちなみに、**ギリシア語を話さない異民族**は、「聞き苦しい言葉を話す人」という意味で**バルバロイ**と区別された。

　それから、ギリシア人に共通するのが**オリンポス12神**への信仰だ。当時ギリシア人は、ギリシアで一番高いオリンポス山に神々が住んでいると思ったんだね。**主神ゼウス**は天と雷の神ね。『旧約聖書』にあるノアの大洪水と同じよ

太陽神アポロンは絶世の美男子！　やっぱ、イケメンは人気あるのかな？

2 ギリシア世界の誕生　69

第1章 オリエント・インドの古代文明

第2章 古代の地中海世界

第3章 古代の東アジア

第4章 中世ヨーロッパ

第5章 東アジア世界の変容

第6章 イスラーム世界

第7章 近代ヨーロッパの幕開け

うに、洪水で人間を滅ぼしたりする強い神だ。でも浮気男で、しょっちゅう人間界の美人に惚れちゃうの……😄。そして、奥さんのヘラは嫉妬の鬼！　こんな感じで、ギリシア神話では神々が生き生きとした感情を持って描かれている。入試用としては、**太陽神アポロン、美の女神アフロディテ**、それにアテネの守護神にもなった**知恵の女神アテナ**くらいはおさえておこう。

そして、ギリシア人は何かあると**神託**（神のお告げ）を聞いたんだけど、最も権威があるとされたのが、**デルフォイ【デルフィ】の神託**だ。**デルフォイにあるアポロン神殿**にはギリシア各地のポリスが神託を聞くために集まり、**植民市建設の位置や宣戦・講和**なんかを、この神託で決めたよ。アポロンはもともと竪琴を持つ音楽の神だったり、予言や医術を司る神だったのが、のちに太陽神になったんだ。

あと、ゼウス神殿のある**オリンピア**では、**4年ごとに祭典と競技会**がおこなわれ、期間中はいっさいの戦いが中止された。これが古代オリンピックだよ。でも、**参加できたのは富裕な貴族の、しかも男性だけ**😅。こんなふうに共通の信仰を持つギリシア人たちだけど、基本的に強い神は12神だから、同じ神を祭るポリスも結構ある。そこで、**同一の神への信仰を持つポリスが結んだ宗教的同盟が隣保同盟**だ。例えば、デルフォイの神託を中心とする同盟には、スパルタを除くほぼ全ギリシアのポリスが参加していたよ。

◀ 地中海各地に進出したギリシア人は、各地に植民市を建設！

同じころ、ポリスの発展とともにギリシア全体の商工業も発展するよ。背景には**リディア王国から伝わってきた鋳造貨幣（コイン）**の使用がある。貨幣の使用はアナトリアのイオニア地方からギリシア世界全体に広がり、経済活動を刺激した。そして、交易の活発化にともなって、**ポリスの海上活動もしだいに盛ん**となり、前8世紀半ばには地中海各地に**植民市**が建設されていったんだ。

ギリシア人の植民活動の背景には、こうした**経済活動の活発化**だけではなく、**人口の増加による土地不足**や、**貴族の間の権力闘争**なども考えられるね。内部対立で危機に陥ったポリスが、対立を対外進出でうやむやにしてしまおうってことだ。

ここで一つ注意！　**植民市**っていうのは、近代になって出てくる植民地とは違うから、もともとのポリスからは**完全に独立した別のポリス**になった。これは**ローマとも違う**から気をつけよう。ローマは征服地を支配下に置いたからね。有名な植民市には**マッサリア**（現在のマルセイユ）、**ネアポリス**（現在のナポリ）、**ビザンティオン**（のちのコンスタンティノープル、現在のイスタンブル）、**シラクサ**（シチリア島東岸）などがあるね。特に**南イタリア**は、ギリシア人の重要な拠点になった。

それじゃあ、**当時の地中海の状況**を見ておこう。ギリシア人が進出する前には、**フェニキア人**が地中海交易を独占していたよね。例えば、北アフリカにティルスが建設した植民市カルタゴはむちゃくちゃ繁栄していた😃。そこにギリシア人が割り込んでいった😈。こうして地中海貿易の覇権をめぐって、**ギリシア人とフェニキア人がライバル関係**になったんだ。

〈ギリシア人の植民活動と地中海交易〉

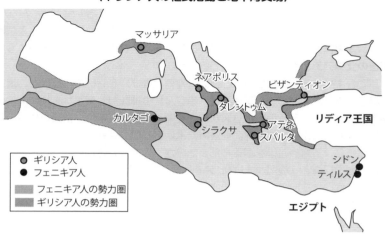

マッサリア

ネアポリス

ビザンティオン

タレントゥム

カルタゴ

シラクサ

アテネ

スパルタ

リディア王国

シドン

ティルス

エジプト

● ギリシア人
● フェニキア人
　フェニキア人の勢力圏
　ギリシア人の勢力圏

◀ ポリスの内部では大問題が……貴族と平民の対立が始まった！

　交易活動の活発化は、ポリスの内部に大きな問題を引き起こした。それが貴族と平民の対立だよ。貨幣経済の普及や手工業の発展（交易のための陶器製造など）によって、平民のなかで貧富の差が拡大していった。最初は大土地所有者（金持ち）＝**貴族**、中小自作農民＝**平民**という階級だったから、金持ちが貧乏人を支配する体制だった。そして貴族は自分で武器を買って（難しい言葉だと**武器自弁**）戦争に参加し、それを背景に政治を独占していた。つまり「**参政権＝軍役**」ってことね。ところが富裕な平民層は、「武器なら買える😆」と思って、盾や槍、兜などを自分で買って**重装歩兵**として参戦し始めた。こうして重装歩兵が増えると、戦術も貴族の一騎打ちから**重装歩兵密集戦術（ファランクス）**に変わっていったよ。

　ここでちょっと考えてみよう！　富裕な平民が重装歩兵になったのは「戦争に参加して参政権をもらおう！」って思ったからだよね？　しかも、参戦することで「自分たちがポリスを守ってるんだ！」っていう市民意識を高めた。ところが貴族は「**お前らは平民だから政治には参加させない**😤」って言いだした。これには平民も黙っちゃいられない。こうしてポリスの内部では**貴族と平民が対立**したんだ。

　それじゃあ、ここからは個々のポリスについて見ていくよ。とはいっても、まさか約1500もあるポリスなんて全部見れない😵。ということで、代表的なポリスとして**スパルタとアテ**ネについて見ていこう。

平民には参戦してもらわないと困る、でも参政権はあげたくない……貴族のワガママだな……

3 スパルタの国制

◀ スパルタ市民はひたすら軍事訓練。ギリシア最強の陸軍国だ!

スパルタはドーリア人が建設した征服型ポリスの典型だよ。ペロポネソス半島のラコニア地方に鉄器を持って侵入したドーリア人は、先住民を征服して支配領域を広げたんだ。さっき、ギリシアって平野が少ないから穀物生産ができないって言ったけど、領域の広かったスパルタは、例外的に穀物の自給ができる。そして、1万人弱のドーリア人が、はるかに多数の被征服民を支配するために、厳しい支配体制をつくった。これは伝説の立法者の名前をとって、リュクルゴス制と呼ばれているよ。

スパルタには完全市民・ペリオイコイ・ヘイロータイの三つの身分があった。まずは政治・軍事を独占した完全市民（スパルティアタイ）ね。彼らは全員戦士となって、7歳からひたすら軍事訓練をやった。これがスパルタ教育だね。政治的には、形式的に二人の王がいたけど、30歳以上の市民で構成される民会もあって、市民の連帯感が崩れないように市民の平等を徹底したんだ。だから、貧富の差が生まれないように市民の商工業活動は禁止、貴金属貨幣の使用も禁止、娯楽も贅沢も禁止、厳しい鎖国体制をとって他の国との交流や交易も禁止。もう何もできないじゃないかぁ〜😖って、だから毎日筋トレと軍事訓練😵。余談だけどスパルタって女性もみんな筋トレしていたよ。強い兵士は強い女性から産まれるって……極端だな😅。かといって、スパルタでも女性に参政権はないよ。

2番目の身分のペリオイコイ（劣格市民・"周辺に住む人びと"の意味）はおもに商工業に従事した人たちだ。土地も持っていたから農業もやったよ。彼らは重装歩兵として参戦することもあったけど、参政権は認められていなかった。そして最も人数が多かったのが隷属民のヘイロータイ【ヘロット】。もともとは征服された先住民で、市民の土地での農耕労働を強制され、貢納の義務を負ったんだ。とはいっても自分たちの集落や財産を持っているから、厳密に言うと奴隷ではない。彼らの反乱を抑えるために、完全市民に厳しい軍国教育がおこなわれたんだね。こうして、スパルタはギリシア最強の陸軍国になった。なんか極端な国だよね😅。

それから、入試では「身分階級と職業」がセットで聞かれることが多いから、「完全市民は政治・軍事」、「ペリオイコイはおもに商工業」、「ヘイロータイは農耕労働」っておさえておこう!

4 アテネ民主政の発展

◀ 貴族の政治独占

では、ギリシア史の中心となるアテネに進もう。アテネはイオニア人がアッティカ地方に建設した集住型ポリスだよ。もともと王政だったけど、前8世紀半ばに貴族政治となり、貴族（大土地所有者）が政治・軍事を独占して、平民（中小自作農民）を支配していた。ここでもう一度注意!　この時代は、平民も土地所有者だか

らね（みんな**自作農**だ）。それから、全人口の3分の1は**奴隷**だけど、ほとんどが家内
奴隷だから強制労働をさせるわけじゃない。畑仕事とか家事をやらせる、ちょっと
大変なお手伝いさんみたいな感じだね。もちろん奴隷だから給料はもらえないよ。

　アテネの貴族政治では、9人の**アルコン**という役人がポリスを統治していて、重
要な決定はアルコン経験者によるアレオパゴス評議会で話し合ったんだけど、役人
になれたのは貴族だけだから、平民は政治に参加できなかった。でも平民が**重装歩
兵**として参戦するようになると、**貴族と平民の対立が表面化**してきたんだ😫。

　ではアテネの民主政の発展について見ていこう。**民主政**っていうのは「**市民全員
が平等に参政権を持っている政治体制**」のことだから、「民主政の発展」っていうの
は、貴族と平民の対立が解消されて、平民に参政権が拡大していくってことだよ。

🖥 クローズアップ　アテネ民主政の発展

- **ドラコンの立法**［前7世紀後半］……**慣習法の成文化**
- **ソロンの改革**［前594］
  - ▶**財産政治**……財産によって市民を**4等級に分け、参政権と軍役を定める**
  - ▶**負債の帳消し**
  - ▶**債務奴隷の禁止**（身体を抵当とする借財の禁止）
- **ペイシストラトスの僭主政治**［前561〜］**➡貴族政治の打倒**
  - ▶**亡命貴族の土地を平民に再分配**
- **クレイステネスの改革**［前508］
  - ▶**オストラキスモス【陶片追放】**
  - ▶**部族制の改編**（血縁的な**4部族**から地縁的な**10部族**へ）

◀ ドラコンの立法——とりあえず平民に法を開放しよう！

　前7世紀後半、貴族と平民の対立のなかから登場したのが**ドラコン**だ。**立法者**と
して現れたドラコンは、これまで貴族が好き勝手にやっていた**裁判の運営や基準
を、法をつくって明確**にした。つまり**慣習法の成文化**だね。慣習法っていうのは、
政治や裁判を「いつも通り」にやろう、ってことだ。貴族の人口は多くなかったか
ら、「いつもだいたいこんな感じだな」って言えば、みんなが納得した。こういう暗
黙の了解で政治や裁判をやっても、貴族だけなら何も問題は起きなかったんだよ。

　ただ、暗黙の了解で裁判などを進めることに対して、「いつも通り」を知らない
平民が怒った😡。だから**ドラコン**は、貴族の暗黙の了解になっていた法（これが**慣
習法**）を平民にわかるように文章にして（これが**成文化**）、裁判の運営を公正で明確
なものにした。でも、内容は**個人的な復讐を禁止**したり、**厳しい刑罰を定めたり**し
ただけで、**平民の政治参加の要求に応えるものではなかった**んだ。

◀ 「調停者」ソロンが登場して、財産政治をおこなった！

　こうして、政治の舞台から排除されていた平民たちの間には不満がたまっていた。でも、不満っていってもいろいろあったんだよ。すでにこの時期には商工業が発展して平民の中で貧富の差が拡大し、富裕な平民（要するに金持ち）は重装歩兵として参戦していたから、「オレたちも政治に参加させろ🤬」って参政権を要求していた。一方で、発展に乗り遅れて没落した下層平民たちは、債務奴隷となっていた。債務奴隷とは、教科書的に言うと「身体を抵当に入れた人」……簡単に言うと「借金が返せなかったら、あなたの奴隷になります。だからお金貸して」って言ってお金を借りたら、本当に返せなくなって奴隷にされた人ね😔。市民がみんな奴隷になっても困るよね。そこで「調停者」として現れたのがソロンだ。

　前594年、アルコンとなったソロンは、一気に市民の負債を帳消しにすると、債務奴隷を禁止にしたよ。自作農民を保護して、市民が奴隷に転落するのを防いだんだね。さらに財産に応じて市民を4等級に分けて、その身分に応じて参政権と軍役を定めた。これが財産政治だ。

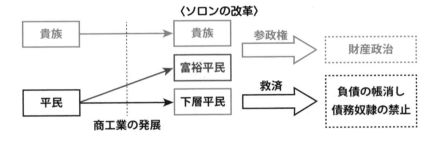

〈ソロンの改革〉

　市民は所有地の農業生産高によって4階級（500メディムノス級・騎士級・農民級・労働者級）に分けられたんだけど、役人になれるのは上級の3階級だけ。結局、金持ちだけしか政治には参加できなかった。一応、アテネ市民なら奴隷に転落することはなくなったから、多少の保護はされてるけど、これじゃあ根本的な解決になってない……。そして財産政治はアテネ市民の社会的な地位も固定したから、下層民衆の不満は解消されないよね。しかも、貴族には「平民を政治に入れるな！」って文句言われるし……みんなに不評だった。なかなか上手くいかないね。

◀ 独裁者ペイシストラトスが現れて……

　市民の不満が解消せず、特に山地党と呼ばれた貧しい平民の生活が改善しなかったから、こうした平民の支持を受けて現れたのがペイシストラトスだ。彼は下層平民を武装させて貴族政治を打倒したよ。こんなふうに武力を使って独裁者になったのが僭主だ。そして、亡命した貴族の土地を再分配して、貧しい平民を保護したよ。

　さらに、ペイシストラトスはラウレイオン銀山を開発し、そのお金でアテネの街を再開発した。壮大な神殿を建てたり、市民の愛国心を高める宗教儀式なんかもや

第1章　オリエント・インドの古代文明

第2章　古代の地中海世界

第3章　古代の東アジア

第4章　中世ヨーロッパ

第5章　東アジア世界の変容

第6章　イスラーム世界

第7章　近代ヨーロッパの幕開け

ったんだね😆。つまり、このあとに進む**アテネの民主化の土台は彼の時代にでき**たってことだ。だから独裁者とはいっても、民衆からの人気はかなり高く、30年近くも独裁が維持できたんだね。ところが、彼の息子**ヒッピアス**が暴君化したから追放されて、**僭主政治は終わった**んだ。

＋α ちょっと寄り耳↑

　ペイシストラトスが僭主になる直前のアテネは、貴族や富裕な平民、そして下層平民がそれぞれ党派に分かれて対立していたんだ。そこで彼はある策略を考えた。まずは市民全員に、「このままじゃ、アテネがバラバラになって滅んでしまう。対立はやめろ！　アテネ市民として、そして兵士として、団結せよ！」って訴えた。さすがに貴族たちも「そりゃそうだよな……」って思ったわけだ。そして、武装した兵士として団結を誓う儀式をやろうって提案すると、この提案に乗って集まった貴族たちの武器を演説の間に奪いとり、武装させた**下層市民**を使って、貴族をアテネから追い出してしまったんだ。下層市民は思った。「ペイシストラトス様のおかげで貴族がいなくなったから、これからはオレたちの時代だ〜！」ってね。だから、ペイシストラトスは人気があったんだね。

◀ クレイステネスが民主政の土台をつくった！

　ペイシストラトスの時代に貧しい平民も土地を獲得して、普通に生活できるようになったけど、**政治制度は何も変わっていない**。そこで幅広い平民の支持を得て民主的な改革をおこなったのが**クレイステネス**だ。

　前508年、**クレイステネス**はまず、**僭主の出現を防止するためにオストラキスモス【陶片追放】を創設**した。これは、独裁者になりそうな人の名前を陶片【オストラコン】に書いて投票し、6000票を超えると10年間**国外追放**にする制度だよ。ただ、この制度はのちに権力闘争に利用されちゃう……。だってライバルの政治家を国外追放にできるんだよ。結局、いつの時代も権力闘争ってのはドロドロだな……😅。

　もう一つの改革が**部族制の改編**だ。**クレイステ**ネスは、貴族の権力基盤となっていた**血縁による4部族制を解体して、地縁的な10部族制をつくっ**た。ここはちょっと難しいけど、難関大を狙うなら、ちゃんと理解しておこう！

　部族っていうのは、もともと貴族が中心になって支配していた共同体、要するにムラだ。アテネは集住によってできたポリスだから、集住する前のムラのなかでの身分階級が、そのままアテネの身分階級になった。つまり、もともとムラの支配

用語だと「オストラキスモス」がよく聞かれるけど、歴史の流れだと「**部族制の改編**」が大事だよ！

者だった**大土地所有者の貴族**が、アテネの政治や軍事でもつねに指導権を持っていた。例えば軍隊だと、貴族が自分のムラの平民を集めてつくった軍団の指揮をする。こういった**部族**がアテネには四つあった。じゃあ「血縁的」ってなんだろう？集住がおこなわれた前8世紀ころからすでに200年くらい経っているけど、軍隊の指揮権はずっと貴族が世襲し、しかもムラのなかで何組も結婚してるから、みんな親戚みたいなもんだ。だって、当時の農民はほとんど引っ越しとかしないからね。

　さらにペイシストラトスが貴族の土地を平民に分配したから、貴族がムラに戻ってきても、自分の土地はなくなっていた。もはや**貴族には権力基盤（大土地所有）がない！**　そこで、政治や軍事の単位として新しい部族をつくったんだよ。

　新しくつくられた**10部族**は、市民を登録した**デーモス**（居住区）を組み合わせてつくったから、もともとのムラとは何も関係なくなった。つまり機械的に**住所で決めるから「地縁的」**ね。そして、各部族から抽選で50人ずつの代表を選んでつくった議会が、**五百人評議会**だ。これで、**戦争にさえ参加していれば平等に参政権が持てる**体制ができた。ってことは……大きな戦争があれば政治が変わるよ😆。

5　ペルシア戦争

クローズアップ　ペルシア戦争［前500〜前449］

- ●開戦の契機……**イオニア植民市の反乱**［前5世紀初め］
- ●**第1回ペルシア戦争**［前492］……ペルシア艦隊が暴風雨で流される
- ●**第2回ペルシア戦争**［前490］
  - ▶**マラトンの戦い**［前490］……◎アテネ**陸軍** vs. ×ペルシア陸軍
- ●**第3回ペルシア戦争**［前480〜前479］
  - ▶**テルモピレーの戦い**［前480］……×スパルタ**陸軍** vs. ◎ペルシア陸軍
  - ▶**サラミスの海戦**［前480］……◎アテネ**海軍** vs. ×ペルシア海軍
  - ▶**プラタイアの戦い**［前479］
    ……◎アテネ・スパルタ連合軍 vs. ×ペルシア陸軍

◀ なんでアケメネス朝が攻めてきたんだろう？

　それじゃあ、ギリシア世界を大きく変えた**ペルシア戦争**に進もう。ペルシア戦争は**アケメネス朝ペルシアの王ダレイオス1世**がギリシアに攻め込んできて始まったんだけど、どうしてアケメネス朝が攻めてきたんだろう？

　オリエントを統一したアケメネス朝は、アナトリアにあった**リディア王国**を滅ぼしたよね。リディアは、アナトリア、特にイオニア地方のギリシア人と貿易をして貨幣の使用を伝えたくらいだから、**ギリシア人と仲がよかった**。さらに、**アケメネス朝は地中海交易でギリシア人のライバルだったフェニキア人**の地中海交易を保護

第**1**章　オリエント・インドの古代文明

第**2**章　古代の地中海世界

第**3**章　古代の東アジア

第**4**章　中世ヨーロッパ

第**5**章　東アジア世界の変容

第**6**章　イスラーム世界

第**7**章　近代ヨーロッパの幕開け

して、しかも**アナトリアのギリシア人諸都市を服属させて支配下に置いたんだよ**。もはや、ギリシア人たちの我慢の限界😤。こうして起こったのが、**ミレトスを中心とするイオニア植民市の反乱**だ。イオニアは「**イオニア地方**」という地域名、中心の「**都市**」が**ミレトス**なので、気をつけてね！

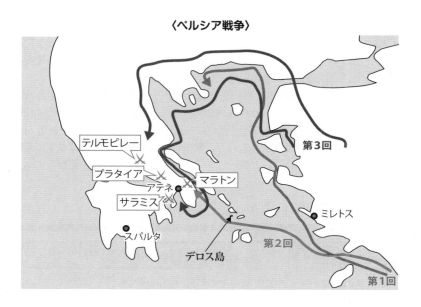

〈ペルシア戦争〉

◀ 第1回ペルシア戦争——暴風雨で救われたギリシア

さて、**イオニア植民市がアケメネス朝に対して反乱**を起こすと、同じ**イオニア人**のポリスである**アテネが反乱を援助**した。ペルシア王**ダレイオス1世**は反乱を鎮圧すると、ギリシアに対し服従を迫ったんだけど、アテネやスパルタなどのポリスはこの要求を突っぱねた。怒った**ダレイオス1世の遠征軍がギリシアに攻め込んできた**んだね。これが**ペルシア戦争の始まり**だ。

第1回ペルシア戦争［前492］では、海路でいったん北上した**ペルシア軍**が、アトス岬のあたりで**暴風雨に流された**……。天がギリシアに味方したんだね。でも、**ダレイオス1世は、再び軍勢を整えて攻め込んできたんだよ**😫。

◀ 第2回ペルシア戦争——壮絶なマラトンの戦いでアテネが勝利！

まさか暴風雨で船が流されるとは思ってなかった**ダレイオス1世**は、前490年、今度こそギリシアを屈服させようと約2万5000人の軍勢で攻め込んできた。**第2回ペルシア戦争**の始まりだ。知らせを聞いたアテネ市民は震え上がったよ😫。だって、当時のアテネにそんな大軍は準備できない。このとき、市民を率いた**ミルティアデス**は市民に呼びかけた。「この戦いは、君たちの家族を守り、財産を守り、

そしてアテネを守る戦いだ。市民よ、みな立ち上がれ」ってね。昔の戦争では、負けたほうは奴隷として売られてしまうから、本当に自分たちを守る戦いだ！ こうして集まったアテネ陸軍（重装歩兵軍）約1万人がペルシア軍を迎え撃った。これが有名なマラトンの戦い［前490］だ。ここで、アテネ陸軍がペルシア軍に勝利したよ。

ヘロドトスの『歴史』（ペルシア戦争史）によれば、アテネ軍の死者は192人。対するペルシア軍の死者は6400人！ やむなく、ペルシア軍は撤退した。なんでペルシア軍がこんなに大敗したかというと、アテネは市民自ら、ポリスを守るために参戦した市民軍だから、気合が違う！ 「なんだ、気合かよ……」って思っちゃいけない。だって、当時の戦争では、盾と槍を持って敵と激突するんだから、気合はむちゃくちゃ重要だよ。ただ、この戦いには最強の陸軍国だったスパルタは参戦してない。到着したのが戦いの1日後なの……。そしてギリシア世界では、スパルタ抜きでペルシアに勝利したアテネの評価が高まった。あっ、このときアテネに戦勝を伝えた伝令の兵士が、到着後に死亡したっていう伝説的な故事があって、これがマラソンの名前の由来っていわれているよ。

◀ 第3回ペルシア戦争——まさに死闘。ペルシアの大軍が来襲！

第2回ペルシア戦争で敗れたアケメネス朝のダレイオス1世が病死すると、息子のクセルクセス1世が親父の敵討ちとばかりに、約20万ともいわれる大軍を率いて、再度ギリシアに攻め込んできた。ここからが、第3回ペルシア戦争だ。今度は、とんでもない大軍がきちゃった。

まず、ペルシア陸軍を迎え撃ったのがギリシア最強の陸軍国スパルタが率いるペロポネソス同盟軍だ。ついにスパルタ登場！ とはいっても、20万ものペルシア軍の前じゃ、さすがに勝ち目はない……。スパルタのレオニダス王は、撤退を望むものは撤退させ、残ったスパルタ軍300人とともに勇敢に戦った。これがテルモピレーの戦いだよ。このときスパルタ軍は、槍が折れれば刀で戦い、最後には素手で、あるいは歯でかみついて……でも、いくらかみついたところで、20万 vs.300人じゃどうにもならない。結局スパルタ軍は全滅してしまった。その後ペルシア軍はアッティカ地方を占領し、アテネのアクロポリスも略奪した。ギリシア滅亡の危機だ。

この事態にアテネ市民を指揮したのが、テミストクレスだ。彼はデルフォイの神託を受けて市民全員を船で避難させた。というのも、テミストクレスは第3回ペルシア戦争の前に海軍を200隻まで増強していたからね。そして今まで戦争に参加したことのなかった無産市民（下層市民）に訴えた。「ペルシア軍との戦いでは、船の速さが勝敗を分ける。武器を持っていない市民は

▼三段櫂船の断面はこんな感じ

船を漕げ！　勝敗は、君たちの漕ぎ方ひとつにかかっている😊！」ってね。

　こうして、下層市民は**三段櫂船**の漕ぎ手となった。そして、ペルシア海軍をスパイの偽情報によって狭い**サラミス湾**に誘い込むことに成功し、**テミストクレス**が率いるギリシア艦隊（3分の2はアテネ海軍だ！）はペルシア艦隊と丸一日戦い続けた。当時の海戦は、艦船と艦船をぶつけ合う壮絶な戦いだ！　そして**アテネ海軍では三段櫂船の漕ぎ手となった無産市民が活躍**し、死闘の末に**ギリシア艦隊が勝利**したんだ。これがペルシア戦争の勝敗を決定づけた**サラミスの海戦**［前480］だね。この勝利の影響で、**アテネでは無産市民の発言力が強くなった**わけだ。そして、サラミスの海戦に敗れたペルシア軍は撤退を開始し、翌年の**プラタイアの戦い**でアテネ・スパルタ連合軍がペルシア陸軍を破ると、ギリシアの勝利が確定したんだ。

◀ ペルシアに備えてデロス同盟を結成。でも……アテネが同盟を私物化！

　第3回ペルシア戦争後も、ギリシア側は「またペルシアが攻めてきたらどうしよう……😨」って恐れていた。そこで、**再度のペルシアの侵攻に備えた海上軍事同盟として、アテネを盟主にデロス同盟が結成**された。この同盟はデロス島に海軍基地をつくってギリシアの東方海上を守るのが目的だ。**加盟したポリスは、艦船・兵員、もしくは軍資金を出すことになった**けど、ほとんどのポリスは軍資金を払ったよ。

　ところが、ペルシア軍はもう攻め込んでこなかったから、もはや海上同盟の意味はなくなった。そこでアテネは、**同盟の金庫をアテネに移した**んだけど、これは大問題😵！　各ポリスは、ペルシアに対する防衛のためにお金を出したのに、勝手にアテネに持っていくのはおかしいでしょ？　これじゃあ、**他のポリスがアテネに税金払ってるのと同じ**だ。しかも、前449年に**カリアスの和約**が結ばれて正式にペルシア戦争が終結しても、**デロス同盟は解散されずにアテネがその資金を私物化**したんだよ。加盟したポリスはアテネの貨幣を使用することを強制されたり、軍事拠点にはアテネの植民市がつくられたりして、アテネによるギリシア支配が強まった。こういう状態を「**アテネ帝国**」って呼ぶけど、アテネ皇帝がいたわけじゃないからね。

!! 年号のツボ

- **ソロンの改革**［前594］（**行くよそろそろ**、ソロンの改革）
- **クレイステネスの改革**［前508］（**追放困るや**　オストラキスモス）
- **ペルシア戦争**の始まり［前500］（**号令を**かけて　ペルシア戦争）
- **サラミスの海戦**［前480］（**弱まる**ペルシア　サラミス海戦）

　さて、ペルシア戦争が終わると、いよいよアテネの民主政が完成するんだけど、それもつかの間……ギリシアは再び混乱の時代を迎えるよ。続きは次回！

　それでは、古代ギリシアの2回目だよ。ペルシア戦争のあと、アテネでは<u>民主政が完成</u>して全盛期を迎えるんだけど、その繁栄も長くは続かなかったんだ。ギリシアはいったいどうなってしまうんだろう？

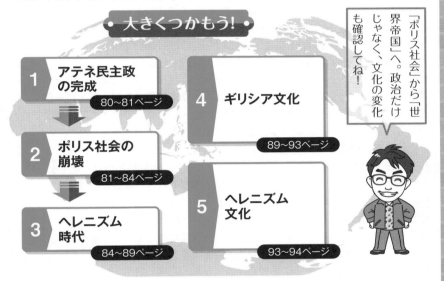

● 大きくつかもう！ ●

1 アテネ民主政の完成
80〜81ページ

2 ポリス社会の崩壊
81〜84ページ

3 ヘレニズム時代
84〜89ページ

4 ギリシア文化
89〜93ページ

5 ヘレニズム文化
93〜94ページ

「ポリス社会」から「世界帝国」へ。政治だけじゃなく、文化の変化も確認してね！

　前回の範囲では、ギリシアがポリスを中心に発展してきたって話をしたよね。特にアテネは、ペルシア戦争の勝利に大きく貢献したことから、<u>ギリシアの覇権を握った</u>んだね。でも、こうして形成されたポリス社会も、すぐに崩壊に向かってしまうんだ。そして……ギリシアでは後進国とされていた<u>マケドニア</u>が一気に強大化して、<u>ギリシアを制圧する</u>と、今度は<u>アレクサンドロスの東方遠征</u>が始まり、遠征が終わると、新たな世界が出現するんだ。さぁ、ギリシア史の新展開！　ヘレニズム世界までを見ていこう。それから、最後にギリシア文化とヘレニズム文化も確認してね！

　それでは、ギリシア史の2回目、頑張っていこう😆。

1 アテネ民主政の完成

◀ ペリクレスの登場。ついにアテネの民主政が完成だ！

アテネでは、クレイステネスの改革で戦争に参加さえすれば平等に参政権がもらえる体制ができたよね。そして、ペルシア戦争のサラミスの海戦で無産市民が三段櫂船の漕ぎ手として活躍すると無産市民の発言力が高まり、貴族のなかでも「無産市民にも参政権をあげよう😄！」って主張が強まって、**将軍**として権力を握った**ペリクレス**が民主政を完成させたよ。彼がアテネを指導した期間が**ペリクレス時代**［前443〜前429］だ。民主政とは「全市民が参政権を持っている体制」だよ。

ペリクレスは、まず無産市民も政治に参加できる体制をつくった。18歳以上の全男性市民が参加する**民会**を最高議決機関として、その**多数決**で政策を決定し、裁判も民衆から選ばれた**陪審員**によって判決が出された（**民衆裁判所**）。さらに、公職が全市民に開放されて誰でも役人や議員になれるようになると、「だったら公職は抽選で決めよう！」ってことになった。ただし、**将軍**や財務官などは民会における**選挙**で決めたから気をつけてね。さすがに、戦争を指揮するのが素人じゃ勝てないからね。そしたら、「オレは選挙で選ばれたからエライ😁」と言って、将軍が権力者になったんだ。**ペリクレスは、この将軍職に就いて権力を握った**んだよ。

というか、役人をくじ引きで決めてる場合じゃない！　だって、今の日本に置き換えたら「総理大臣を決めるくじ引き」ってことでしょ。当たったら困る😵。だって、総理大臣になって忙しくなると、今の仕事ができなくなるから「**飢え死に**」だ😫。実際、当時は役職に就いても給料が出なかったから、無産市民は怒った！そしたら、「**役職に就いたら手当（給料）を払いましょう！**」ってことになった。しかも、手当は役職だけじゃなく、民会や裁判に参加してももらえたよ。

しかし、全市民が民会に参加することになると、これ以上市民の人口が増えると困るよね。ただでさえ民会に参加できる人が劇的に増えたんだもん。アゴラに入りきらない😵。だから、市民が増えすぎないように**市民権を厳しく制限**したんだ。**市民権が与えられたのは「両親ともにアテネ人の者」**だけで、外国人はもちろん、両親どちらかが外国人でも市民権は得られなくなった。ちなみに、外国人はアテネに土地を持つことも許されなかったんだよ。それに**女性**にも参政権は認められなかった。さらに**奴隷**は人間扱いされないから、もちろん参政権はない。もう一度確認すると、「**外国人（メトイコイ）・女性・奴隷に参政権はない**」ってことね。

それからアテネの**民主政と現代との比較**も考えておこう。アテネは、全市民が「直接」民会に参加できるから**直接民主政**で、現代は議員を選んで「間接的」に議会に参加するから**間接民**

> 市民権を制限したギリシアはポリス社会にとどまり、どんどん拡大したローマは世界帝国になるよ

主政【代議制】だね。あとは、古代ギリシア社会は奴隷制を前提に形成されていたよ。現代とは違って、市民が奴隷を所有するのが当たり前だったんだね。

◀ アテネの全盛期を支えたのは……デロス同盟から流用した資金だよ

　こうしてアテネは全盛期を迎えたよ。ペリクレスは、ペルシア戦争中に破壊されたアクロポリスの再建に努め、フェイディアスが壮大なパルテノン神殿を建設した。さらに、宗教的な儀式や演劇のコンクールも盛んにおこなわれたよ。でも、この繁栄を支えていたのは、ほとんどが「**デロス同盟の資金**」だったことを忘れちゃいけない！　搾取されたほかのポリスは、アテネへの反感を強めていったよ。

2 ポリス社会の崩壊

クローズアップ　　**ポリス社会の崩壊！**

- ●ペロポネソス戦争［前431〜前404］
  - ▶ ×デロス同盟（**アテネ**）vs. ◎ペロポネソス同盟（**スパルタ**）
  - ➡スパルタの覇権
- ●コリントス戦争［前395〜前386］　➡大王の和約で、スパルタが覇権を維持
- ●レウクトラの戦い［前371］
  - ……**エパメイノンダス**の登場で、テーベが強大化
  - ▶ ◎テーベ vs. ×スパルタ　➡テーベの覇権
- ●カイロネイアの戦い［前338］
  - ……フィリッポス2世の下で、マケドニアが強大化
  - ➡◎マケドニア vs. ×アテネ・テーベ連合軍
  - ➡マケドニアの覇権……コリントス同盟結成［前337］

◀ アテネに反発したポリスが連携し、ペロポネソス戦争が勃発！

　アテネがギリシアの支配権を強めると、デロス同盟に加わっていなかったスパルタやコリントスなどペロポネソス同盟のポリスは脅威を覚えた。「このままじゃ、ギリシアの支配権を完全にアテネに握られる……😤」と彼らは反アテネで連携を強め、デロス同盟と対立し、前431年、ついにペロポネソス戦争が勃発したんだ。

　ただね、当時のアテネはむちゃくちゃ強かったから、戦争の初期には、**ペリクレスが指揮するアテネが優勢**だった。ただ、ペリクレスは市民を守ろうとして、全市民を城壁内の中心市に避難させたんだけど、この作戦が裏目に出てしまう……。開戦の翌年、**アテネでは疫病が発生**して、狭い空間に密集して住んでいた市民たちに、あっという間に広がった。この疫病でアテネでは全人口の3分の1が死亡し、なんとペリクレスも疫病にかかって死んでしまったんだ。

第1章　オリエント・インドの古代文明

第2章　古代の地中海世界

第3章　古代の東アジア

第4章　中世ヨーロッパ

第5章　東アジア世界の変容

第6章　イスラーム世界

第7章　近代ヨーロッパの幕開け

合否の分かれ目　ペロポネソス戦争の対立関係

● **デロス同盟**［前478〜］……本来は**ペルシア**に対する海上軍事同盟
　▶盟主は**アテネ**。加盟国は**民主政ポリス**が中心
● **ペロポネソス同盟**［前6世紀後半〜］……ギリシアで最古の軍事同盟
　▶盟主は**スパルタ**。加盟国には**貴族政ポリス**が多い

　その後、アテネにはペリクレスのような有能な政治家は現れなかった。富裕層の中から**市民への人気取りだけで権力を握るデマゴーゴス【扇動政治家】**が現れ、市民を熱狂させるために戦争を煽った。これが**衆愚政治**だよ。そして無謀とも思えるシチリア遠征に大敗したアテネは一気に勢力を失い、これをきっかけに、**アテネに反感を持っていたポリスが次々とデロス同盟を抜けて**、アテネの敗色が濃厚となった。しかも、この戦争に**アケメネス朝が介入**してきた🫢。こうして、**アケメネス朝の支援を受けたスパルタが勝利**して、**ギリシアの覇権を握った**んだよ。

　では、なんでアケメネス朝が介入してきたんだろう？　これって**ペルシア戦争で敗れたアケメネス朝の作戦変更**だよ。だって、20万人もの大軍を動員したのにペルシア戦争では勝てなかったから、自分が**直接攻め込まずにギリシアを弱らせる方法**を考えた。そして「**ギリシアの戦争や混乱に介入する**」って作戦にたどり着いた。「**一番強いポリスを潰すために、2位のポリスを支援**」というのを繰り返して、ギリシア全体が弱ったところでトドメを刺す👺！　当時のギリシアでは1位がアテネ、2位がスパルタだから、**スパルタを支援してアテネを潰そう**としたんだね。

◀ スパルタが覇権を握ったけど、テーベに敗れる！

　しかしスパルタは、各ポリスにスパルタの役人や軍隊を派遣して強引に覇権を確立したから、反感も高まった😤。しかも、スパルタの強大化を嫌がって、**アケメネス朝はアテネの復興を支援**した。ほら、今度はNo.1になったスパルタを潰そうとしてる👺。作戦どおりでしょ！　そして、アケメネス朝の支援を受けたテーベの呼びかけでアテネ・コリントスなどが連合して、スパルタを攻撃した。これが**コリントス戦争**だ。このときスパルタは、アケメネス朝にアナトリアのギリシア人諸都市の支配権をすべて委ねることで、戦争を終結させたんだ（**大王の和約**）。ギリシア内部の混乱はアケメネス朝次第、ってことになっちゃったね。

　さらに天才的な軍事指導者**エパメイノンダス**が登場した**テーベ**が、**ファランクス**（重装歩兵密集隊形）による斜線陣形と騎兵を使う新戦術を導入して、一気に強大化した。そして、前371年に**レウクトラの戦い**でスパルタを破ると、今度は**テーベがギリシアの覇権を握った**んだ。

〈ポリス社会の崩壊〉

こんなふうに覇権を握る国が次々と変わったけど、これってただの潰し合いだよ。しかも、**戦争の長期化によって中小農民が没落**し、もはや重装歩兵になれなくなった。じゃあ、兵士が足りない分はどうしよう？……こうなったらお金で雇うしかないよ。こうしてギリシアでは**傭兵**（ようへい）**が普及**し、**市民の共同体意識はどんどん薄れていった**。さらに、ポリス間の対立が激化したことで、**ギリシア人の同胞意識も無くなっていく**よね。しかも、**デマゴーゴスが現れて衆愚政治に陥っている**。この、**ポリス社会が崩壊し始めたギリシアに、北方から攻め込んできたのがマケドニア**だ。

◀ マケドニアにフィリッポス2世が登場！

　もともと**マケドニアはギリシア北方にあった**ドーリア系の部族国家だったんだけど、**政治・文化的には後進国**だった。ギリシア人たちは王政のままのマケドニアを「この、バルバロイめ😁」ってバカにしていたんだよ。だって、ギリシアでは**民主政のほうが進んだ政治体制って思われていた**からね。

　そんなマケドニアは、ペルシア戦争では**ペルシアの同盟国**となって戦争に巻き込まれず、**ペロポネソス戦争には参戦せず**に、本土の混乱を見ていた。その後、ギリシアが衰退してきたのを見計らって、覇権争いに参入した。こうした状況の下で登場したマケドニア王が**フィリッポス2世**だ。

　フィリッポス2世は13歳から2年間、人質としてテーベに滞在したんだけど、**当時のテーベにはエパメイノンダスがいたんだ**。このとき、政治や軍事について多くのことを学んだに違いない。特に、テーベの**ファランクス**戦術は若いフィリッポス2世に大きな影響を与え、帰国後に23歳の若さで国王に即位すると、**財政改革と軍制改革**をおこなった。特に軍制改革では、**5m以上のむちゃくちゃ長い槍を持たせた密集隊**を組織した。こうして**強大化したマケドニア**は、**北方からギリシア本土へと勢力を伸ばしていった**。

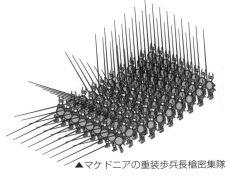

▲マケドニアの重装歩兵長槍密集隊

第1章　オリエント・インドの古代文明

第2章　古代の地中海世界

第3章　古代の東アジア

第4章　中世ヨーロッパ

第5章　東アジア世界の変容

第6章　イスラーム世界

第7章　近代ヨーロッパの幕開け

　マケドニア軍の進出を受けて、**アテネ**では和平派の**イソクラテス**と主戦派の**デモステネス**が対立した。90歳近くなっていたイソクラテスは、もはやアテネには全ギリシアを統率する力はないと判断して、「マケドニアを中心にギリシアを統合してペルシア討伐(とうばつ)をすべし😀」って主張した。対する**デモステネスは主戦論を説き**、市民の反マケドニア感情を煽(あお)った。どっちが正しいとかじゃなくて、結局「絶対勝てる」みたいな勇ましい主張をしているデモステネスのほうが、じーさんのイソクラテスより人気が出ちゃった……😖。

　こうして市民は反マケドニアに傾き、アテネは**デモステネスの提案によってマケドニアに宣戦、テーベと同盟してマケドニアと戦う**ことになった。これが**カイロネイアの戦い**［前338］だ。しかし、この戦いでは戦闘経験と戦術に勝る**マケドニア軍**がアテネ・テーベ連合軍に圧勝し、**マケドニアがギリシアの覇権(はけん)を握った**んだ。

◀ マケドニアがギリシアを制圧だ！

　ギリシア制圧後も、**フィリッポス2世**は各ポリスを尊重しているようにふるまったんだけど、これは**全ギリシア人を動員したペルシア遠征の構想**を持っていたからだ。そこで前337年、ギリシアの各ポリスの代表をコリントスに集め、マケドニアに従わなかった**スパルタを除く全ギリシアのポリスをまとめて、コリントス同盟【ヘラス同盟】を結成**した。同盟とはいっても、**実態はマケドニアによるギリシア支配**だね。そして、同盟の会議でペルシア遠征の計画を発表して支持を受けたよ。

　こんなふうに遠征の準備を始めたフィリッポス2世だったけど、「いよいよ夢に見たペルシア遠征が現実になる！」って思った矢先に、マケドニアの貴族によって**暗殺された**んだ😵。

3　ヘレニズム時代

クローズアップ　ヘレニズム時代

- ●**アレクサンドロス大王の東方遠征**［前334〜前324］
  - ▶**イッソスの戦い**［前333］／▶**アルベラの戦い**［前331］
    - ➡◎アレクサンドロス vs. ×ペルシア（ダレイオス3世）
    - ➡**アケメネス朝ペルシア滅亡**［前330］
    - ➡**インダス川**まで遠征したが、**バビロンで病死**［前323］
- ●**ディアドコイ戦争**……**イプソスの戦い**［前301］以降、帝国の分裂が決定的
  - ➡**ヘレニズム諸国の分裂**

📢 いよいよアレクサンドロスが登場して、東方遠征に向かった！

　いよいよ**アレクサンドロス大王【アレクサンドロス３世】**の登場だ😄。彼の父フィリッポス２世は息子を優れた国王にするために、いろんな教育を受けさせていた。例えばアレクサンドロスが12歳のときには、あの有名な**アリストテレスが教育係になった**んだよ。以後、アレクサンドロスはギリシア的な教養を身につけ、死ぬまでギリシア文化を愛好したんだね。

　さて、**フィリッポス２世の暗殺**によって、アレクサンドロスは若干20歳で突然国王に即位した。まず、父親の葬儀を盛大におこなって後継者であることを全ギリシアに示した。すでに王としての資質は十分備わっている。だって彼には、父が残してくれた強力な軍隊と教養がある😉。**アレクサンドロスは**、反抗したポリスを抑えて**ギリシア連合軍を組織**すると、前334年、**東方遠征【ペルシア遠征】**を開始したよ。彼には「父の遺志を継ぐ」こと、そして「**ペルシアがギリシアへ介入したことに対する報復**」という二つの大義名分があるからね。

　何しろ、**アレクサンドロス軍は強かった**。それは、マケドニアの優秀な**騎兵隊**と**重装歩兵槍密集隊**、それに父フィリッポス２世が開発しておいてくれた秘密兵器😵！　ここは余談だけど、マケドニア軍には大型の矢や石弾を50m近くも飛ばせる発射機があって、城などを攻撃するときなどに、大いに役立つことになるよ。

　こうしてアナトリアに攻め込むと、まず**グラニコス川の戦い**でアケメネス朝軍と激突した。このとき彼は、騎兵隊の先頭に立って勇敢に戦い、ペルシア軍を敗走させたんだ。そして、そのまま**アナトリアを制圧**すると、地中海東岸北端で初めて**ダレイオス３世**と対戦した。これが**イッソスの戦い**だ。この戦いは、ポンペイから出土したモザイク画でも有名だね。

　この戦いではペルシア側が致命的な作戦ミスを犯して敗色が濃厚となり、アレクサンドロスの大攻勢の前に**ダレイオス３世は逃亡**した。ていうか、国王が逃げちゃだめだろ😅。このとき、ダレイオス３世の奥さんや娘が戦場に置き去りにされたんだけど、アレクサンドロスは彼女たちを丁重に扱ったよ。そして、**アケメネス朝の行政組織（サトラップ制）は変更せず**に、その長官にはマケドニア人やギリシア人を配置しながら遠征を続けたんだ。

　さらに、アレクサンドロスは**地中海東岸を南下**しながら、**フェニキア人の諸都市を征服**した。これで地中海に展開していたペルシア側の海軍を孤立させ、陸から海を攻撃しようって作戦だ。加えて、ギリシア人にとって地中海貿易のライバルだった**フェニキア人の制圧にも成功**したってことだね。

　その後、アレクサンドロスの遠征軍が**エジプト**に到達すると、ペルシア人の総督は抵抗を放棄した。アレクサンドロスはペルシア支配に不満を持っていたエジプト人の歓迎を受けると、エジプトの神に生贄を捧げて、事実上のエジプト王、つまり**ファラオ**となったんだ。さらにナイル・デルタに新都市を建設して**アレクサンドリア**と名づけた。ここは、のちにヘレニズム文化の中心となるよ。こうしてエジプト支配を固めると、いよいよ**ペルシア本土への遠征**を始めたんだ。

第1章　古代文明　オリエント・インドの

第2章　古代の　地中海世界

第3章　古代の東アジア

第4章　中世ヨーロッパ

第5章　東アジア世界の　変容

第6章　イスラーム世界

第7章　近代ヨーロッパの　幕開け

〈アレクサンドロス大王の東方遠征〉

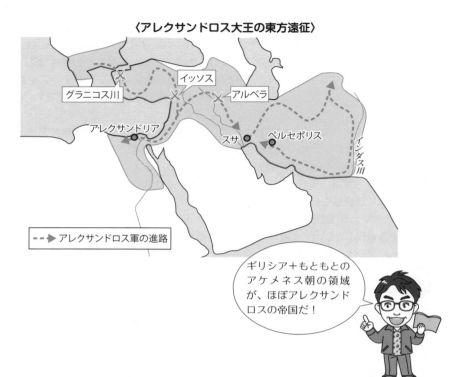

- - - ▶ アレクサンドロス軍の進路

ギリシア＋もともとの
アケメネス朝の領域
が、ほぼアレクサンド
ロスの帝国だ！

　春を待ってメソポタミアに侵攻したアレクサンドロスは、ティグリス川中流の**ガウガメラ**で再び**アケメネス朝軍と激突**した。対するダレイオス３世も、今度は20万人もの大軍を率いている。しかし、マケドニアの騎兵隊がダレイオス３世めがけて突入すると、またも**ダレイオス３世は戦場から逃げ出してしまった**。ほんとさぁ、逃げてる場合じゃないから😫。国王の逃走を知ったペルシア軍は総崩れとなって敗北が決定的となった。これが**アルベラの戦い【アルベラ・ガウガメラ間の戦い】**だ。逃走した**ダレイオス３世は中央アジア（バクトリア）で再起を図ろうとしたけど、前330年、最終的には部下に殺害されたんだ**。これが**アケメネス朝ペルシアの滅亡**だね。

　ウソかホントかはわからないけど、こんな話も残っているよ。のちの遠征の際に、アレクサンドロスは殺されかけて死にそうになったダレイオス３世に出会って最期を看取ったことから、正式にペルシア王の後継者となったそうな。うーん……、いくらなんでもこの話はできすぎだよね😑。

▲イッソスの戦いにおけるアレクサンドロス

　アケメネス朝を滅亡させたアレクサンドロスは、バビロンに入城すると神々への参拝をおこなった。そして、**都スサを占領する**とペルシアの財宝を奪い取って、軍事費を確保したんだ。そしてさらに**ペルセポリスに進軍する**と、かつてペルシアがアテネのアクロポリスを破壊した報復とばかりに、**街を破壊して焼き払った**。これは、アケメネス朝の本拠地だったペルセポリス地域のペルシア人が、アレクサンドロスの支配を受け入れようとしなかったことへの報復の意味も強かったみたいだね。

　ただ、アレクサンドロスって、**ペルセポリス以外の征服地はほとんど破壊していない**んだよ。そればかりか、バビロン征服のあとは方針を転換して、降伏したペルシア人のサトラップをその地位に留まらせた。つまり、**アケメネス朝の支配体制をそのまま継承**して、**重要な役職にはペルシア人を使う**ってことだ。さらに、アレクサンドロスはペルシア王の後継者として、自らを神格化していった。だんだんと、**オリエント風の専制政治**に近づいていったんだね。

　その後も遠征は続き、**バクトリアからソグディアナ（中央アジア）まで到達**したのち**北インドへと侵入**した。そして、ガンジス流域の肥沃な大地やその先に広がる大海の話を聞くと、アレクサンドロスは胸を躍らせて、さらに進軍しようとしたんだけど、さすがに兵士達が進軍を拒否した。ここまでは、**かつてのアラム人の交易圏やアケメネス朝の支配領域**だったから人びとにも知られていたけど、ここから先は当時としては未知の世界だ😫。さすがに、兵士たちには精神的にも体力的にも限界だった。こうして**インダス川**まで遠征した**アレクサンドロスは、やむなくスサへと帰還**し、次なるアラビア遠征を計画して**バビロン**に移動した矢先に、**熱病のため33歳で急死**したんだ。なんか、アレクサンドロスの生涯って、波乱万丈だね。

◀ ギリシア史の新展開！　ヘレニズム時代の始まりだ

　アレクサンドロスの遠征からプトレマイオス朝が滅亡するまでの約300年間を**ヘレニズム時代**って呼んでいる。これは19世紀のドイツの歴史家**ドロイゼン**が、ギリシア人の自称「**ヘレネス**」からつくった造語だ。「**西のギリシア文化と東のオリエント文化が融合**」って説明されることもあって、「融合」って言葉のイメージから、東西の文化が同等に混ざり合ったように思うかもしれないけど、それだと、ちょっと実態からずれるかもしれないな。

　ヘレニズム文化が形成されたのは、アレクサンドロス大王の遠征で**ギリシア人がオリエントに流入**したからだよ。大王は各地に新都市**アレクサンドリア**を建設したから、そこにギリシア人が入植してギリシア風の街を建設した。しかも、街のなかにはいろんなポリスの人やらペルシア人も住んでいるから、共通語として**コイネー**（共通ギリシア語）を使うようになった。こうしてギリシア文化がオリエントへと拡大して、**ヘレニズム文化へと発展**していったんだね。ただ、同時にアレクサンドロスは**君主崇拝**などオリエント風の専制政治を導入したり、マケドニア兵とペルシア人女性を集団結婚させたりしたから、**ギリシア文化にオリエントなど各地の文化の要素が加わった**ってことだよ。

第1章　オリエント・インドの古代文明

第2章　古代の地中海世界

第3章　古代の東アジア

第4章　中世ヨーロッパ

第5章　東アジア世界の変容

第6章　イスラーム世界

第7章　近代ヨーロッパの幕開け

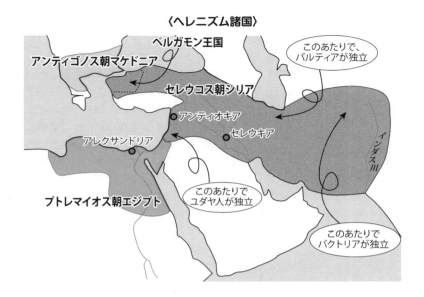

〈ヘレニズム諸国〉

ペルガモン王国

アンティゴノス朝マケドニア

このあたりで、
パルティアが独立

セレウコス朝シリア

アンティオキア

セレウキア

アレクサンドリア

インダス川

このあたりで
ユダヤ人が独立

プトレマイオス朝エジプト

このあたりで
バクトリアが独立

◀ 大王の死後、後継者たちが帝国を分割した！

　アレクサンドロスは帝国の統治体制を完成させる前に急死してしまい、彼の息子もまだ妃のお腹のなかだ😫。こうなると、**実権は部下の将軍たちが握ってしまう**。こうして大王の死後、将軍たちが**ディアドコイ（後継者）**を名乗って**大帝国の奪い合いを始めた**よ。これが**ディアドコイ戦争**だ。大王の息子は部下の将軍に利用されたうえに殺され、前301年の**イプソスの戦い**をきっかけに、**帝国の分裂は決定的と**なった。こうしてできた国を**ヘレニズム諸国**と呼んでいる。これらの国は全部、**ギリシア系**、つまり国王がギリシア人で、**王朝の名前は全部建国者の名前**だよ。

　まずは、**ギリシア本土を中心とするマケドニア王国**だ。都はペラだね。当初、**カッサンドロス**が支配していたけど、前276年にアンティゴノス２世が王位を奪って即位し、**アンティゴノス朝（アンティゴノス朝マケドニア）**が成立したよ。

　続いて**シリア王国**、王朝は**セレウコス朝（セレウコス朝シリア）**ね。最初の都は建国者の名前を取った都市**セレウキア**だったけど、のちに**アンティオキア**に遷都されるよ。この国は**イラン高原から中央アジア**、さらに**北インドまで**の広大な地域を支配したんだけど、かといって強かったってわけじゃない。辺境の支配はあまり強くなかったから、すぐに**各地の民族が自立**し始め、前３世紀半ばには**中央アジア**では**ギリシア系のバクトリア**が自立し、それに刺激された**イラン系遊牧民**も**カスピ海東南**で**パルティア**を建て、勢力を拡大した。**セレウコス朝はパルティアに次々と領土を奪われ**、ついには都セレウキアも占領されてしまう。こうしてセレウコス朝が弱体化すると、自立の動きが加速するよ。**アナトリア**でも**ペルガモン王国**が独立し、さらに前２世紀には**マカベア戦争**を経てユダヤ人（ハスモン朝）が独立するしね。

最後は**エジプト王国**だ。王朝は**プトレマイオス朝**（プトレマイオス朝エジプト）だね。この国は、豊かな穀物生産地だったエジプトを支配したから、かなり強かったよ。都の**アレクサンドリア**は**ヘレニズム世界の中心地**として、最盛期には人口**100万人**😵！　そして、ここに建てられた大研究機関の**ムセイオン**は、ヘレニズム文化の中心になったよ。**ムセイオンっていうのは、英語の「museum（博物館・美術館）」の語源**だね。それから、プトレマイオス朝は伝統的なエジプトの支配体制をそのまま継承したから、**古代エジプト王国の最後の王朝**なんだよ。つまり、国王はファラオってことだ。

さて、三つのヘレニズム諸国について見てきたけど、これらの国々は**最終的にすべてローマによって征服される**よ。まず前168年に**マケドニア**が、続いて前63年に**シリア**が、最後は前30年に**エジプト**が、それぞれ**ローマによって滅ぼされた**。ローマがギリシア世界を飲み込んでギリシア人の国はなくなってしまったけど、**ギリシア文化はローマに受け継がれる**よ。ローマの話は、次回詳しく話すことにしよう。

今回は年号をチェックしたあと、ギリシア文化とヘレニズム文化も確認しよう！

!!年号のツボ

- **ペロポネソス戦争始まる**［前431］（要塞攻める　スパルタ軍）
  - 4 3 1　ヨウサイ
- **カイロネイアの戦い**［前338］（さんざん敗れた　カイロネイア）
  - 3 3 8
- **アレクサンドロスの東方遠征開始**［前334］（さぁ見よペルシアへ
  - 3 3 4
  - 　　　　　　　　　　　　　　　　東方遠征）
- **アケメネス朝ペルシアの滅亡**［前330］（さぁさぁおしまい　ペルシ
  - 3 3 0
  - 　　　　　　　　　　　　　　　　ア滅ぶ）

4　ギリシア文化

◀ ギリシア人の社会は「ポリス」が基盤だ！

まずは当時のギリシア人の社会について確認しよう。古代ギリシアにおける**政治や社会の基盤はポリス**だったよね。ポリスって、国と考えるとすごく小さい。一番人口の多かったアテネの全盛期でさえ、奴隷も含めて**30万人**程度だし、しかも３分の１は奴隷、さらに残りの人口の半分は女性って考えていくと……実は**政治や社会の中心にいる成人男性**はそれほど多くない。つまり、**みんなが顔見知り**なんだよ。

だから、ギリシアの文化って基本的に「自分が知っている相手に語り、自分が知っている人から見たり聞いたりする」っていう発想から生まれたんだ。それに、ポリスにはみんなが自由で対等に議論できる政治風土があったから、**自由で人間中心の文化**がつくられたんだね。この特徴は、特に宗教や文学に表れているよ。

もう一つの特徴が**「合理的」**ってことね。ギリシア人には「労働は奴隷がやっ

第1章　オリエント・インドの古代文明　古代文明

第2章　古代の地中海世界

第3章　古代の東アジア

第4章　中世ヨーロッパ

第5章　東アジア世界の変容

第6章　イスラーム世界

第7章　近代ヨーロッパの幕開け

て、**市民は政治や文化にかかわるのが理想**」って意識があったから、空いた時間はアゴラに集まって議論したり、体育場でトレーニングをしてたんだよ。つまり、**文武両道！**　さまざまな分野でバランスよく能力を発揮できる人がすごい！　難しい表現にすると「**調和**」だ。さらに、議論のなかから「さまざまなこと、**神話や神ではなく根拠をもって論理的に説明しよう😆**」っていう考え方が出てきた。これが「**合理的**」思考だね。だって、誰かに「これって何？」って聞いたときに、相手が「神に聞こう！」っていったらムカつくでしょ😤。ほら、「**合理的**」な思考って大事でしょ。

◀ ギリシアの文学は、叙事詩と叙情詩、どっちも「語る」んだよ！

それじゃ、まずは**文学**から。ギリシアの文学は、ポリスの場で人びとに話して聞かせる形（**口承**<ruby>口承<rt>こうしょう</rt></ruby>）で伝わったんだけど、最初は事件や出来事を語りかける**叙事詩**から始まった。しかも、そこには神々がいっぱい出てくるよ。前8世紀に描かれた**ホメロス**の叙事詩『**イリアス**』や『**オデュッセイア**』には、多くの神々が人間とともに戦ったり、ときにイジワルをしたり、**神と人がさまざまな形でかかわっている**様子が描かれている。ただ、ずっと神ばっかりを描いてたわけじゃない。その後現れた**ヘシオドス**は自分の経験を詩にしちゃった……。彼の描いた『**労働と日々**』って、貴族に賄賂を贈って財産を横取りした弟に、**神の正義と労働の大切さを教える**ために書いた詩だ。悪い弟を持つと大変だな……😤。まぁ、ヘシオドスには神々の系譜を描いた『**神統記**<ruby>神統記<rt>しんとうき</rt></ruby>』って作品もあるんだけどね。

そしてポリスが出現したあと、前7世紀になると人間の個性に目覚めた人びとは、**個人の感情を詩に描き始めた**んだ。これが**叙情詩**だね。恋愛詩で有名な**サッフォー**は、**ギリシア唯一の女流詩人**ってとこを、しっかり覚えておいてね。叙情詩のテーマに多いのはズバリ「恋愛！」。こういうとこは、現代と一緒だね😆。

◀ ポリスあげての祭典といえば……演劇コンクールだ！

古代ギリシアでは多くの優れた**演劇**がつくられ、**ポリスの祭典で競演されて勝敗が決められた**。そりゃ作家も本気になる。しかもアテネでは演劇を見るのは**市民の義務！**　だって、市民の団結を図るのが目的だもん。この演劇コンクールで何度も優勝していたのが**三大悲劇詩人**と呼ばれる**アイスキュロス**、**ソフォクレス**、**エウリピデス**だよ。基本的に彼らの作品は神話を題材とするものが多いんだけど、内容はとんでもなくドロドロだったり、かなり激しい感情のぶつかり合いがあったりと、人間の感情を鋭く描いている。ほかには、現実のパロディみたいな**喜劇を通じて当時の社会を風刺・批判**した**アリストファネス**<ruby>風刺<rt>ふうし</rt></ruby>もいるよ。だって、彼の有名な喜劇『**女の平和**』は教科書だと反戦劇って書いてあるけど、中身は**ペロポネソス戦争**にうんざりしたアテネとスパルタの女性たちが、戦争をやめるまではダンナと寝ない……うーん、はっきり言っちゃうとセックス・ストライキ戦術で男どもを屈服させて、戦争を終わらせるって話😳！……ありそうでない話だね。

◀ 自然哲学の出現。すべてのものは何からできてるんだろう？

さて、「人間中心」っていっても、みんなが恋愛やらドロドロの悲劇ばかりに向かったわけじゃない！　アゴラで議論をしているうちに「この世界はいったい何からできてるんだろう？」って、自然現象への疑問がわいてきた。そしたら誰かが「神が創ったから、わかんない」とか言ったんだろう。そこに「ちょっと待て！ 神じゃないだろ」ってツッコミが入った！　「じゃあ、何？」ってとこから「**万物の根源を考えよう**」っていう自然哲学が現れたよ。前6世紀ころ**イオニア地方の植民市**から起こったから、**イオニア学派**とか**イオニア自然哲学**って呼ばれている。中心都市は**ミレトス**だ。

最初の自然哲学者（「哲学の父」）は、「万物の根源は**水**」と考えた**タレス**だ。ちょっと伝説的だけど、皆既日食を予言したり、ピラミッドの高さを測定したともいわれている。その後、万物の根源は**数**とした**ピタゴラス**や「**万物は流転する**」の言葉で有名な**ヘラクレイトス**などを経て、**デモクリトス**の原子論が出てくるよ。最初はあくまでも「自然を神じゃないところ、つまり合理的に考えよう」っていう哲学だったけど、だんだん自然科学に向かっていくよ。あとは、西洋医学の父と呼ばれる**ヒッポクラテス**も一緒におさえておこう。

◀ アテネの民主政の発展で、ソフィストが登場！

前5世紀になると、アテネでは**ペリクレス**が登場して民主政が完成し、**民会**が最高議決機関になったね。でも、参加者の多い民会では演説が上手くないと誰も聞いてくれない。そこで登場したのが**ソフィスト**だ。彼らはポリスの市民としてどうしたら民会や法廷で上手に話せるかを教えた演説の先生たちだよ。でもね、相手を納得させるためには「こじつけ」でもなんでもOKってことになってきた😅。例えば有名なソフィストの**プロタゴラス**の言葉「**万物の尺度は人間**」っていうのは、どんなことでもみんな自分中心で判断する（**相対主義**）から、「真理に絶対はない」ってことだ。これを批判したのが哲学者の**ソクラテス**だ。

◀ 三大哲学者の登場！──ソクラテス・プラトン・アリストテレス

続いて**三大哲学者**だよ。ペロポネソス戦争に突入してアテネが衰退し始めると、ソフィストのいうような相対主義だと**市民がバラバラになって**、ますます弱くなっちゃう。「これじゃあマズい」って思った**ソクラテス**は、市民の団結を図るためには「**すべての人やモノに共通するような真理（普遍の真理）**」を探り、よりよい生き方（徳）を目指さなきゃいけない（**知徳合一**）って主張した。彼は人びとに「**無知の知**」（自分の無知を知ること）を教えるための**問答法**を実践しながら、普遍的・客観的な真理を探ったんだけど、**衆愚政治**に陥ってしまう民主政治には反対だった。だから、市民を惑わしたとして**民衆裁判で死刑**にされたんだね😢。友人たちは脱走を勧めたんだけど、ソクラテスは「**悪法も法なり**」といって、死刑を受け入れた。そんな**ソクラテス**の弟子が**プラトン**だ。

第2章 古代の地中海世界
第3章 古代の東アジア
第4章 中世ヨーロッパ
第5章 東アジア世界の変容
第6章 イスラーム世界
第7章 近代ヨーロッパの幕開け

　プラトンは、ソクラテスの思想を『対話篇』に残しつつ、自分が考えるイデア論に基づいて、**理想的なポリスのあり方を**『国家』**に書いた。イデア**とは簡単に言うと「理想」のことだよ。プラトンは、「人に"理想"があるように、国にも"理想"がある。今のアテネは衆愚政治で、まるで理想的じゃない。では、理想の国家にするにはどうすればいいのか？」って考え、「**理想の哲学者が政治をやれば、理想の国家になる（哲人政治）**」という結論にたどり着いた。うーん、理想の哲学者ってどんな人だろ😅。さらに、プラトンはアテネ郊外に**アカデメイア**っていう学校を開いて弟子たちに哲学を教えたよ。彼の弟子が**アリストテレス**だ。

　アリストテレスは、**古代の学問を集大成した天才！**　彼の一番の功績は、これまでぐちゃぐちゃに混ざっていた哲学・論理・心理から歴史・政治・経済、さらに自然科学まで、**あらゆる学問を体系化、つまり整理した**ことだ。これって文系・理系に関係なく全部わかってるってことだよ。だから、「**万学の祖**」っていわれている。

　彼の功績はすごすぎて入試でも全部を聞くのはとても無理😵！。だから**プラトンとの比較で、政治の分野だけ**はおさえておこう。アリストテレスは「**イデア**」ではなく「**実体**」を見た。だからいくつものポリスの**政治体制を調べて（『アテナイ人の国制』）、それらを分類して長所や短所を分析し、どのような政治をおこなうべきかを「実体」から説いた（**『政治学』**）。ほら！　現代にも通じる政治学になってる。それから、彼もまたアテネに**リュケイオン**という学校をつくって、弟子たちに学問を教えたよ。

🔊 歴史の書き方もいろいろだ！──ヘロドトスとトゥキディデス

　次は歴史学だよ。古代ギリシアに起こった大きな二つの戦争は、それぞれ歴史書に描かれているよ。この二つは特徴が全然違うから、比較しておさえてね。

　まず、**ペルシア戦争を描いた**『歴史』**を書いたのが**「**歴史の父**」と呼ばれる**ヘロドトス**だ。ヘロドトスは、自分が旅行したときの見聞も織り交ぜながら話を進めている。でも、ペルシア戦争って大国ペルシアにギリシアが勝った戦争だから、書いている途中で相当盛り上がった😤。だからヘロドトスの『歴史』は、歴史書というよりも**物語みたい**なんだよ（**物語的歴史記述**）。ほら、サッカーの中継とかで、解説者がやたら盛り上がってたりするでしょ。あれと同じ感覚ね。

　これに対して、**ペロポネソス戦争を描いた**『歴史』**を書いたのが**トゥキディデス**だ。彼は開戦直後に、この戦争がこれまでにない大戦争になることを予感して、**さまざまな史料を集めまくった**。そして、それを分析しながら「なんでこんな戦争が起こったんだろう🤔」って考えて、本にまとめたんだ。残念ながら**未完に終わってし**まったんだけど、彼の『歴史』は最初の**科学的歴史記述**といわれているよ。

🔊 調和と均整、ギリシアの芸術はバランスが重要！

　ギリシアの最後は芸術だよ。ギリシア人が理想とした人間像は「**いろいろな分野にバランスよく能力を発揮できる**」ことだから、芸術の分野でも**調和と均整**、バラ

ンスの取れた美しさが重視された。この時代には神々の彫刻が多くつくられたんだけど、**神は理想的な人間像**なんだよ。有名なのは、アテネのアクロポリスにある**パルテノン神殿**の再建工事の監督も務めた**フェイディアス**だ。彼は神殿の本尊として**アテナ女神像**もつくった。ほかに彫刻で有名な人物として**プラクシテレス**がいるね。

　それから、ギリシアの**神殿建築**もおさえておこう。神殿の建築様式は柱の形によって区別され、時代が進むにつれて細かい文様が彫られるようになった。最初はほとんど飾りのない**ドーリア式**、次に渦巻き型の装飾がついた**イオニア式**、最後にアカンサスの葉をモチーフとする装飾がついた**コリント式**へと発展した。よく問題になるのはパルテノン神殿がドーリア式ってとこね。

ここに注目してね。
だんだん装飾が増えるよ

〈ドーリア式〉　〈イオニア式〉　〈コリント式〉
▲ギリシアにおける神殿建築の柱の3様式

5 ▷ ヘレニズム文化

◀ アレクサンドロスの遠征で世界が変わった！

　アレクサンドロスの東方遠征を思い出してみよう。大王の遠征で、**いきなり巨大な世界帝国ができた**よね。これって、「国＝ポリス」と考えるギリシア人にとっては「いきなりポリスがむちゃくちゃデカくなった！」ってことになる。つまり「**ポリス社会から世界帝国へ**」の変化だ。こうなると、ポリス中心のギリシア人の意識も当然変化を迫られる。こうして二つの思想的な潮流が生まれたよ。

　一つ目は**世界市民主義【コスモポリタニズム】**だ。これまでギリシア人は「ポリスの一員」って意識を強く持っていたから、いくらデカくなってもポリスはポリス。小さなポリスの枠を超えて「**世界中の人は同じ巨大なポリスの一員なんだ**」って考えた。現代だと「地球人」って感じかな。普段「オレって地球人だよなぁ」て思うことってある？　たぶん「はっ？　意味わかんね😑」って思ったでしょ。そういう感覚になるとしたら……宇宙人襲来のとき😵。その感覚は当時も同じだよ。だからもう一つの考え方が出てくるってわけね。

　二つ目は**個人主義**だ。簡単に言うと「ポリスがデカすぎてわけわかんない」ってことだ。彼らは悩んだけど、最後は開き直った😌。「どっちにしても自分は自分だから、何も変わらん！」。つまり、**ポリスよりも自分自身を優先する**ってことね。こうして現れたヘレニズム文化の思想的な潮流「**世界市民主義**」と「**個人主義**」から、新たな哲学が生まれたんだ。

第1章　オリエント・インドの古代文明

第2章　古代の地中海世界

第3章　古代の東アジア

第4章　中世ヨーロッパ

第5章　東アジア世界の変容

第6章　イスラーム世界

第7章　近代ヨーロッパの幕開け

◀ ヘレニズム時代の哲学の目標は「心の平静」だ！

　それじゃあ、哲学の二つの流れについて見ていくよ。どっちも個人の平穏な生き方や心の平静さを求めたのが特徴だ。アレクサンドロスの遠征による戦乱の時代が終わったから落ち着きたい！っていうのが、みんなの正直な気持ちだもんね。

　まずはゼノンが創始したストア派だ。ストア派は「禁欲主義」がキーワードだよ。禁欲っていっても、お寺で修行……みたいな感じではないよ😅。感情に流されず、理性に従って自分の欲求を少し我慢することで、人と対立をせずに心の平静を保とう！ってことだ。この考え方は世界市民主義から現れた。簡単に言うと「みんな同じ世界の一員だから、ケンカとかしないほうがいい」ってことだ。

　もう一方はエピクロスが創始したエピクロス派。エピクロス派は「快楽主義」がキーワードだよ。とはいっても、好き勝手に生きるって意味じゃない。彼は、死ぬことを恐れて苦しむのではなく、自分の感覚に従ってつつましく生きようって主張した。エピクロスは、「私たちが存在するときに死は存在しないし、死が存在するときに私たちは存在しない」、つまり死を実感することはないのだから恐れなくていい、って考えたんだよ。こうして心が落ち着いてくることを、最高の「快楽」って考えた。こっちは個人主義的だ。

合否の分かれ目　ヘレニズム時代の哲学の違い

- ●ストア派（ゼノンが創始）　◀世界市民主義から発生
  - ▶禁欲主義が特徴……感情に流されず、理性に従って生きる
- ●エピクロス派（エピクロスが創始）　◀個人主義から発生
  - ▶快楽主義が特徴……自分の感覚に従って、つつましく生きる

◀ 自然科学の発達。地動説も地球球体説もあった！

　ヘレニズム時代には古代ギリシアの学問がまとめられて、特に自然科学が発達したよ。エジプトのアレクサンドリアには図書館も備えた大研究機関ムセイオンがつくられて、学問の中心となったんだ。特に、この時代には太陽中心説（地動説）を唱えたアリスタルコスや、地球を球体と考えて、その周囲の長さを計測したエラトステネスなんかも現れたよ。ただ、このあと地動説も地球球体説も否定されてしまうからね……。科学って、必ずしも一方通行で進歩していくわけじゃないんだね。

　さて、次回はローマだよ。「すべての道はローマに通じる（"All roads lead to Rome."）」くらい重要な範囲だ！　ついでに英語のことわざも覚えちゃおう😄。

第6回 ローマ共和政

さあ、それでは「古代の地中海世界」の3回目、いよいよ大きなヤマ場のローマについて学習するよ。今回は、ローマがなぜ共和政から帝政へと変わっていくのかがポイントだよ。その経緯をしっかりつかもう！

・大きくつかもう！・

1 都市国家ローマ　　　　　96ページ

2 身分闘争　　　97〜98ページ

3 イタリア半島の統一　　　99ページ

4 ポエニ戦争とローマ社会の変化　　100〜105ページ

5 「内乱の1世紀」　　　105〜109ページ

ローマの政治・社会・文化は、現在のヨーロッパにも大きな影響を与えているんだ！

ローマではもともと貴族が政治を独占して平民を支配していたんだ。しかし貴族と平民の対立が起こり、それを解決しながら、同時期に領土を拡大してイタリア半島を統一すると、今度は半島の外に新しい領土を獲得！　その支配を通じて大国に発展していくよ。そして、地中海世界を統一したとき……ローマは世界帝国になっていたんだ。

それではローマの歴史の第1幕、ローマ共和政の始まり〜😆。

1　都市国家ローマ

◀ ラテン人がイタリアにやってきた！

　イタリア半島に最初に文明をつくった**エトルリア人**は、**ギリシア人の影響**を受けて、前8世紀ころにはいくつもの都市を形成し、そこに北から**インド＝ヨーロッパ語系イタリア人**の一派である**ラテン人**が南下してきた。彼らは前7世紀末には**エトルリア人の王に支配**され、この時代に**大土地所有者の貴族【パトリキ】**と**中小自作農の平民【プレブス】**などの階級が形成された。さらに、エトルリア人の支配下で**フォルム（広場）や神殿・集会所**などを持つ都市がつくられた。そして前6世紀末には、**ラテン人がエトルリア人の王を追放**して、**ローマは貴族共和政になった**。

　当時の状況をもう少し補足しよう。西地中海では、**北アフリカを拠点とするカルタゴ（フェニキア人）**の勢力が強大で、さらに**イタリア南部やシチリア島**には、多数の**ギリシア人のポリス**が建設された。そして、**北イタリアを中心にエトルリア人の文明**があって、そこに割りこんだ**ラテン人が都市国家ローマ**を樹立したんだね。

～ ＋α ちょっと寄り耳♪

　ローマの建国は**ウェルギリウス**の叙事詩『**アエネイス**』に語られているよ。ミケーネに滅ぼされたトロイアの王族アエネイスが、祖国の祭祀を復活するために地中海世界を放浪したのち、ラテン人の王の娘と結婚し、新しい都を建設したんだって。ここまでが『アエネイス』の話だ。そして伝説では、その200年ほど後に、アエネイスの子孫の娘を軍神マルスが犯してしまい、そのときに産まれた双子の男の子が捨てられた。これがロムルスとレムスだ。二人は狼に助けられ、成長したのち、新しい街を建設したが、どちらが支配者になるかをめぐって対立、レムスが殺されてロムルスが支配者となった。こうしてロムルスの街「ローマ」ができたんだ。もちろん伝説だよ😆。

◀ 貴族共和政って何？

　貴族共和政とは、「**貴族だけが政治を独占する状態**」だよ。この時期のローマの政治の中心は**元老院**で、ここが**最高立法機関**だ。元老院には公職経験のある**300名の貴族**がいて絶大な権威を持ち、さらに**貴族のなかから2名のコンスル【執政官】**が**兵員会**（民会の一つ）で選ばれた。コンスルは、今で言う大統領。2人いるってことは、話し合い（合議）で政治や軍事を指揮するよ。**コンスルは元老院で選ばれるわけではないから気をつけよう！**　そして、戦争などの非常時には**ディクタトル【独裁官】**が指名され（元老院の提案でコンスルが指名）、全権を握った。でも任期はたった**の半年！**　貴族たちは独裁者がキライなんだ。ただ、圧倒的に人口が多いのは**参政権のない平民**だから、平民が貴族に文句を言いたくなる気持ちもわかる。こうして、参政権を求める平民と貴族の対立、いわゆる**身分闘争**が始まったよ。

第**1**章 オリエント・インドの古代文明

第**2**章 古代の地中海世界

第**3**章 古代の東アジア

第**4**章 中世ヨーロッパ

第**5**章 東アジア世界の変容

第**6**章 イスラーム世界

第**7**章 近代ヨーロッパの幕開け

2 身分闘争

クローズアップ　身分闘争（貴族と平民の対立）

●護民官、平民会の設置［前５世紀初め］
　▶護民官はコンスル、元老院の決定に拒否権を持つ
●十二表法［前450頃］……ローマ最初の成文法。慣習法の成文化
●リキニウス・セクスティウス法［前367］
　▶コンスルのうち１名を平民から選出
　▶公有地の占有制限
●ホルテンシウス法［前287］……貴族と平民の法的平等を達成
　▶平民会の決議が元老院の承認なく国法となる

◀ 平民が参政権を求めて立ち上がった！……結果は？

　ローマ軍のなかで、平民は武器自弁で重装歩兵となって活躍していた。でも、貴族が政治を独占していたから、ついに前５世紀初め、平民たちは貴族に対して「参政権をくれないなら、ローマから出て行ってやる😤」って軍役を拒否するストライキ（聖山事件）を起こした。焦ったのは貴族たちだ。平民が重装歩兵として参戦してくれないと、軍団が維持できないからね😫。そこで貴族は「政治に参加させてやるから戻ってこい😁」と、平民たちを呼び戻したらしい……。

　この事件は伝説なんだけど、このときに設置されたと伝えられるのが、護民官と平民会だ。護民官は平民を保護する官職だ。彼らは平民の代表として神聖不可侵なものと誓約されて、元老院やコンスルの決定に拒否権を持っていたから、これで貴族は勝手な法律をつくれなくなった。でも平民会ではローマ全体を規定する法（国法）はつくれない。貴族にも決定に従ってもらうためには、再度元老院で決議する必要があった。つまり、元老院が上、平民会が下っていう上下関係があったんだ。

　そうはいっても、制限付きながら平民の政治参加が拡大したから、平民にも政治の進め方がわからないとマズい！　だから平民にも法が公開された。これがローマ初の成文法である十二表法だ。アテネでいうとドラコンの立法と同じ「慣習法の成文化」だね。でも内容は貴族が優位だから平民は納得しないよ。例えば、貴族と平民の結婚は禁止！　その後、この条項はカヌレイウス法で撤廃されるけどね。

◀ 平民の政治参加が拡大！　リキニウス・セクスティウス法の制定だ！

　同じころ、ローマでは領土拡大が進み、それにあわせて有力者による公有地の占有、簡単に言うと大土地所有が拡大していた。そして、各地を結ぶ交易の発展で平民の貧富の差が拡大し、商工業で富裕となった平民も増加していたから、彼らは

「もっと政治参加させろ😤」って貴族に要求した。だって、領土拡大の戦争で活躍しているのは**重装歩兵**として参戦している**平民たち**だもん。一方で、経済の発展から乗り遅れた平民たちは、**有力者に土地を奪われて没落**した。ここからはアテネと比べよう！　起きている問題は似てるけど、解決の仕方が違うよ。

　こうした問題を受けて、前367年に**リキニウス・セクスティウス法**が制定された。リキニウスとセクスティウスは**護民官**だ。内容は「**2名いるコンスルのうち1名を平民から選出すること**」と「**公有地の占有制限**」の2点だよ。なんか平民の政治参加が拡大したみたいに見えるよね。だって、コンスルだけを見たら「**貴族が1名、平民が1名**」。ほら平等でしょ？　でもね……騎士としての従軍経験がないとコンスルにはなれない……。騎士になるのって、現代なら高級外車を買うようなもんだ。しかも、**コンスルは無給**！　ほら、**貧乏人はコンスルにはなれない**でしょ😤。

◀ ホルテンシウス法で平民と貴族が対等に！……でも実際は？

　平民からもコンスルが選ばれるようになって、最後に残された差別、つまり**元老院**と平民会の上下関係も、前287年の**ホルテンシウス法**で解消されるよ。ホルテンシウスは**ディクタトル**だ。この法では、**平民会の決議が元老院の承認なく国法となる**ことが決められた。ちょっと難しい言い回しだけど、これで**元老院と平民会が政治的には対等**となり、どちらで決めた法もローマの全体の法（国法）となる、つまり**貴族と平民の法的な平等**が達成されたってことだね。

　これでローマの民主共和政が完成だ。ただ「やった～、平等だ😄」って手放しでは喜べない😤。公職に就いても給料は出ないから、実際に平民会に入れたのは**富裕な平民**だけだ。なんだよ～、結局は金持ちが貧乏人を支配するのか😤。しかも、元老院が相変わらず権威を持ち続け、**富裕な平民と一部の有力な貴族は手を組んで政権を独占**した。こうして形成された階級が**ノビレス【新貴族】**だ。この部分が、本当に全市民を平等に政治参加させたアテネとの違いだよ。

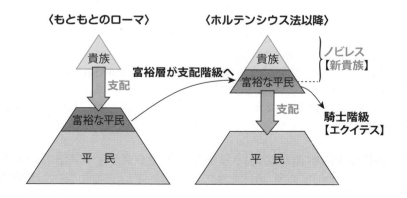

3 イタリア半島の統一

◀ ローマがイタリアを統一だ！

じゃあ、**身分闘争**と同じ時期の、ローマの領土拡大を見ていこう。ローマは国内不満のはけ口を国外に求めて、**積極的な領土拡大**をおこなった。前4世紀後半から、イタリア中部で他のラテン人の都市を従えて（ラテン都市同盟の解散）、さらに**中・南部のサムニウム人を屈服させ（サムニウム戦争）**、前3世紀に入ると、**北部のエトルリア人**も征服して、残すは半島南部の**ギリシア人植民市**だけになった。このギリシア人都市も、前272年の**タレントゥムの陥落**ですべて征服されたよ。こうしてローマがイタリア半島統一を完成させたんだね。

〈ローマのイタリア半島統一〉

ただ、ギリシア人を征服したローマは、**文化的に最先端**のギリシア人都市を見て「ギリシア人の文化には勝てない😫……だったら全部もらっちゃえ」って思った。だから**ローマ文化の多くはギリシアのパクリ**、試験では「模倣」って書いてね。

◀ 分割統治で反乱を防げ！ さすがローマは政治上手

ローマは征服した**イタリア半島の各都市を分割統治**によって支配した。これは「半島全部の都市が団結したら勝てないかもしれないから、**団結しないようにすればいい！**」ってつくった制度だよ。征服された各都市はそれぞれ「**植民市・自治市・同盟市**」と区別されて、**権利と義務に差がつけられた**。差をつけることで団結を防ごう、って作戦だ。さらにこれらの都市を軍道で結んで、戦争や反乱のときはすぐに軍隊を送れるようにしたよ。有名な**アッピア街道**はサムニウム戦争の際に建設が始まり、全長540キロにもなった。きちんと石畳で舗装された道路だから、現在でも使えるところもあるよ😲。 ローマの建築技術はすごいね。

+α ちょっと寄り耳↑

ここで**分割統治**を説明しておこう。**植民市**はローマ人の植民による都市だから、**完全な市民権**を持っていたのに対し、**自治市**は、自治権はあったけど**市民権の一部が制限**されて、私法上の市民権、つまり領内を自由に旅行したり、普通に商取引はできたけど、**参政権（裁判なども含む）は認められず**、納税の義務もあったんだ。**同盟市には市民権を一切認めなかった**うえ、戦争になると軍役義務を課した。かなり差があるね。

第1章 オリエント・インドの古代文明

第2章 古代の地中海世界

第3章 古代の東アジア

第4章 中世ヨーロッパ

第5章 東アジア世界の変容

第6章 イスラーム世界

第7章 近代ヨーロッパの幕開け

4 ポエニ戦争とローマ社会の変化

クローズアップ　**ポエニ戦争**

- ●背景……**西地中海の覇権をめぐる**ローマとカルタゴの対立
- ●**第1回ポエニ戦争**［前264～前241］……◎ローマ vs. ×カルタゴ
  - ➡シチリア島が**最初の属州**となる
- ●**第2回ポエニ戦争**［前218～前201］
  - ▶カンネーの戦い［前216］……×ローマ vs. ◎カルタゴ（ハンニバル）
  - ▶ザマの戦い［前202］
    - ……◎ローマ（大スキピオ）vs. ×カルタゴ（ハンニバル）
- ●**第3回ポエニ戦争**［前149～前146］
  - ……◎ローマ（小スキピオ）vs. ×カルタゴ
  - ➡カルタゴ滅亡。**ローマが西地中海の覇権を握る**

◀ ポエニ戦争って、なんで起こったんだろう？

　いよいよ**ポエニ戦争**、**ローマ**とフェニキア人の**カルタゴ**との戦争だ。この戦争の背景には、**西地中海の覇権をめぐる対立**があるから、そこから解説していこう。

　カルタゴは、もともと**ティルス**が建設した植民市だったけど、母市のティルスがアッシリアに征服されたあとは自立して、北アフリカを拠点に**西地中海の海上交易で圧倒的な地位**を占めていた。一方、カルタゴのライバルだった**南イタリアのギリシア人諸都市を征服したローマ**が海上進出を目指すことになると、いよいよ**カルタゴとの対立は避けられなくなった**。最初の対決の舞台は**シチリア島**だ。シチリア島の内紛をきっかけに、いち早く出兵したカルタゴに対し、「カルタゴにシチリア島を取られるわけにはいかない😡」と思ったローマもあとを追うように出兵した。こうして**ポエニ戦争**［前264～前146］が勃発したんだ。

◀ 第1回［前264 ～ 前241］──ローマが勝って、シチリア島を獲得！

　さて、カルタゴと戦うといっても、当時ローマは海軍を持っていなかった。イタリア半島征服は全部陸続きだから、陸軍しか必要なかったからね。でも**カルタゴは当時の地中海では最強の海軍国**。うーん……、悩んでいても仕方ない。「よし！みんなでお金を出し合って軍艦をつくろう😆」と、**海軍を新設**して出兵した。これが**第1回ポエニ戦争**だ。実はローマ軍の新設した軍艦には、相手の船に乗り移れる跳ね橋がついていたんだよ！　これ、秘密兵器😎。そして苦戦はしたものの、**ローマはカルタゴに勝利してシチリア島を獲得**し、**最初の属州**としたよ。

◀ 第2回［前218 ～ 前201］──ハンニバルvs.スキピオ、宿命の対決！

　第1回ポエニ戦争で敗れた**カルタゴ**には、ローマへの復讐を固く心に誓った将軍

がいた。これが**ハンニバル**だ。彼の父ハミルカルは第1回ポエニ戦争ののち、イベリア半島にカルタゴ゠ノウァを建設し、ローマに復讐を果たすために軍事力を強化していた。そして息子ハンニバルに神殿で誓いをたてさせた。「お前はここで一生をかけてローマへの復讐をすると誓え」ってね😫。そして父の死後、司令官となった**ハンニバル**はイベリア半島を征服して大軍を集め、ローマに進撃を始めたんだ。これが、**第2回ポエニ戦争**、別名**ハンニバル戦争**の始まりだよ。

〈ポエニ戦争〉

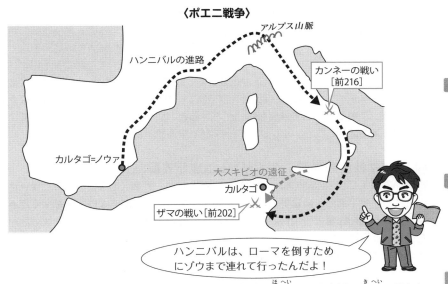

ハンニバルの進路
アルプス山脈
カンネーの戦い［前216］
カルタゴ゠ノウァ
大スキピオの遠征
カルタゴ
ザマの戦い［前202］

ハンニバルは、ローマを倒すためにゾウまで連れて行ったんだよ！

　ハンニバルは**ローマを奇襲**するために4万人近い歩兵、1万人近い騎兵、それにゾウの軍団まで連れて**アルプス越え**を決行し、かなりの損害を出しつつも、ローマへの奇襲に成功して連勝した。ハンニバルの戦術に翻弄された**ローマ**は、南イタリアの**カンネーの戦い**で、騎兵を重視した包囲戦術に全くついていけずに**完敗した**。このとき、7万人近いローマ兵が戦死、あるいは捕虜になったといわれている。これは歴史的にも稀な完敗だな😖。

　しかし、この危機的状況がかえってローマ市民の愛国心を奮い立たせた。市民はすすんで徴兵に応じ、貴族たちは奴隷までも軍隊へと提供したよ。そして、若年ながら実力と人気のある（**大**）**スキピオ**がコンスルに抜擢された。彼は「やられたら、やり返すまでだ！」と、ハンニバルの戦術を徹底的に研究して騎兵隊をつくり、カルタゴの本国である**北アフリカへと逆襲**！　対するハンニバルは慌てて帰国したんだけど、時すでに遅し😫。（**大**）**スキピオ**率いるローマが**ザマの戦い**で決定的な勝利を収めた。この圧勝、ローマがハンニバルに大敗したのと同じ包囲戦術を使ったんだよ。この時点で**ポエニ戦争は事実上ローマが勝利した**といってもOKだ。だってカルタゴは、全海外領土を奪われ、多額の賠償金を課せられたんだもん。

第1章　オリエント・インドの古代文明

第2章　古代の地中海世界

第3章　古代の東アジア

第4章　中世ヨーロッパ

第5章　東アジア世界の変容

第6章　イスラーム世界

第7章　近代ヨーロッパの幕開け

◀ ローマがギリシア世界も制圧！

　ポエニ戦争と前後して、**ローマはギリシア世界にも遠征**している。これは、ギリシア人国家マケドニアがカルタゴを支援したのがきっかけだ。ローマは、前168年には**アンティゴノス朝マケドニアを征服**して**東地中海への進出**を始めたんだけど、ローマ人の頭に引っかかっていたのは、実は**カルタゴ**なんだ。

◀ 第3回 [前149 ～ 前146] ──ついにカルタゴ滅亡……

　第２回ポエニ戦争ののち、**カルタゴ**は事実上ローマの支配下に置かれたけど、実際は**地中海貿易で繁栄**して、**復興**が進んでいた。これを見た当時の元老院議員のカトーは「カルタゴは危ない！　滅ぼすべきだ😤」と強硬論を説いていた。そして同じことを考えていたのが（大）スキピオの孫の**小スキピオ**。こうして前149年、**第3回ポエニ戦争**が始まり、小スキピオが率いるローマ軍が市街地を徹底的に破壊、前146年**カルタゴを滅亡**させた。これでローマは**西地中海における覇権を確立**し、いよいよ東地中海への進出を本格化させると、同じ年にギリシア人の商業都市**コリントス**も滅ぼした。いよいよ、ローマが地中海統一に向かうよ！

◀ ローマ社会の変質……ポイントは属州支配だ！

　続いてポエニ戦争以降のローマの社会の変化だよ。まずポエニ戦争以降でローマが「**イタリア半島外**」に獲得した新たな領土が**属州**だ。属州には**自治権を全く認めず**、貴族を**属州総督**に任命して支配し、さらに**徴税請負人**に委託して税を集めたんだけど、彼らは属州の人びとからとんでもない**搾取**をした。どんな搾取かというと、例えば10万円でいいはずの税金を「30万円払え！」ってだまし取って、20万円は自分たちのフトコロに入れちゃう。単なるボッタクリだな😏。

> ここからは社会変化、ちょっと複雑だけどしっかり理解してね！

　こうしてむちゃくちゃ金持ちになった**有力者は、新たな支配階級を形成**していった。すでに前４世紀ころから富裕な平民は、古くからの**大貴族【パトリキ】**と組んで**ノビレス【新貴族】**という支配階級を形成し、**元老院にも進出**していた。実は元老院議員の定員って「**300人→600人（スラの時代➡P.106）**」に増えるんだよ。また、同じころに徴税請負などでボロ儲けした新興の富裕平民は**騎士階級【エクイテス】**と呼ばれ、土木事業などの国家事業を請け負ってさらに富を蓄え、**商人や資本家**となって活躍した。そもそもローマでは元老院議員は商業活動を禁止されていたから、騎士階級が商業でボロ儲けできたんだね。

　あの手この手で富裕となった有力者は、戦争続きで没落していた**中小農民の土地を次々と買収**した。彼らはイタリア半島の土地をどんどん買い占めて大土地所有者となると、前２世紀ころには「**大土地所有を背景に、奴隷を使用して商品作物を栽**

培（果樹栽培）する大土地経営」を始めた。これがラティフンディア【ラティフンディウム】だ。ここでポイントになるのは奴隷！　当時は戦争捕虜を奴隷にしていたから、戦争に勝っているローマには大量の奴隷が流入して価格も安くなった。有力者たちは「奴隷を使って商品作物をつくれば、もっと儲かる😄」って思った。ラティフンディアはおもにイタリア半島に広がり、栽培された商品作物は、具体的にはオリーブやブドウが多いよ。ではなんでイタリア半島のラティフンディアで栽培したのは穀物じゃなくて商品作物なんだろう？　それは、小麦などの穀物は「属州から奪いとってくればいい」からだよ。ローマは穀物生産地のシチリア島を属州にしたからね。あっ、だからシチリア島には、穀物を栽培するラティフンディアも拡大したんだけどね。

◀ 中小農民が没落して……ローマはどうなっちゃうんだろう？

　ラティフンディアの発展や属州からの安い穀物の流入は中小農民の没落を加速させた。だって農産物価格の下落で、もはや何をつくっても生活費を稼げない。しかも、戦争の長期化が農民の生活をさらに困窮させた。第2回ポエニ戦争で荒れ果てたイタリアでは、畑の復興もなかなか進まなかったから、中小農民は生活できなくなった。彼らには土地を売却して無産市民【プロレタリー】になる道しかなかったんだ。

　財産を失った無産市民は、仕方なく大都市のローマに流入して建築現場などの労働者になった。これですべてを失った……と思いきや、彼らはローマ市民権を持っているから民会での投票権がある！　これに気づいた有力者は考えた。だって無産市民を見捨てると人

> 「戦争の長期化」「属州からの安い穀物」「ラティフンディア」、この三つが原因で中小農民が没落したんだ

気がなくなって権力が握れない！　だったら反感を買うより、彼らを上手く支持者に取り込もうと、無産市民に「パンと見世物（サーカス）」を提供した。有力者は食糧の配給や剣闘士奴隷（剣奴）のイベントをやって無産市民からの人気を取ろうとしたんだけど、無産市民もこれを逆手にとって、「食糧よこせー！　つまんないから、なんかイベントやれー😆」って要求するようになった。有力者たちも最初は「自分たちは儲かってるからいいか」と思っていたんだけど、実はローマにはとんでもない大問題が起こっていた。それは「ローマ軍の弱体化」だ。

◀ グラックス兄弟が立ち上がった！　しかし結果は……

　これまでのローマ軍は武器を自弁できる中小自作農が重装歩兵として従軍していたんだけど、もはや彼らは武器を買えないただの無産市民に没落していた（これが遊民だ）。それはローマ軍全体の弱体化をもたらし、実際、前135年に起こった20万人にも及ぶシチリアの奴隷反乱を鎮圧するのに、ローマは相当手こずった。もは

第1章　オリエント・インドの古代文明

第2章　古代の地中海世界

第3章　古代の東アジア

第4章　中世ヨーロッパ

第5章　東アジア世界の変容

第6章　イスラーム世界

第7章　近代ヨーロッパの幕開け

や有力者の誰もがローマ軍再建の必要性はわかっていたはずだ。だって、彼らの利益は「戦争で獲得した属州」と「戦争に勝って得た捕虜奴隷」に支えられていたからね。そこで「市民軍を再建しよう！」と立ち上がったのが**グラックス兄弟**だ。

　グラックス兄弟の改革は、まず前133年に兄の**ティベリウス**が**護民官**になったところから始まった。内容は、もともとローマにあった**リキニウス・セクスティウス法**を復活して公有地の占有（大土地所有）を制限して無産市民に土地を再分配して、**自作農を創設**しようとするものだ。彼は有力者たちに言いたかったんだよ。「平民たちが武器を買えるくらいに戻そう。そのために、少しくらい土地が減っても我慢してくれ」ってね。こう言うと、グラックス兄弟は貧乏人？って思うかもしれないけど、実はポエニ戦争で活躍した大スキピオの孫にあたるから、**名門中の名門で、自分も大土地所有者**だ。だから有力者全員にちょっとだけ我慢してほしかった。でも元老院を中心とする有力者は我慢できなかった。結局**ティベリウスは元老院と対立して殺害されたんだ** 😢。

自分の家が儲からなくなっても改革をしようとしたグラックス兄弟。でも殺されちゃった…… 😢

　これですべてが終わったかと思いきや、弟の**ガイウス**が護民官となり、兄の遺志を継いだ。でも、改革を始めるとすぐに元老院と対立し、**混乱のなかで自殺に追い込まれてしまう**。じゃあ、なぜ元老院は反対するのか？　そんなもん、**ラティフンディア経営を続けたいから**に決まってる。要は「このままボロ儲けしたい」っていうワガママだよね。結局、**グラックス兄弟の改革は失敗に終わった**。

◀ 軍の弱体化はどうするんだよ！　答えは……「職業軍人制」だ

　こうして、有力者たちはある問題にぶち当たった。だって、軍を再建しないと属州が維持できないし、戦争に勝てないと奴隷も足りなくなる。つまり、**ラティフンディアが維持できなくなる**んだ。「そんなこと、言われなくてもわかる 😌」ってのが当時の有力者たち。そこで、あっと驚く発想の転換をしたのが**マリウス**だ。

　マリウスは**ヌミディア王ユグルタ**との戦い（**ユグルタ戦争**）の際に、あまりにも軍団が弱すぎたので**兵制改革**を実施し、無産市民を志願兵とする**職業軍人制**を導入した。簡単に言うと「無産市民があふれてるなら、彼らを集めて国費で訓練すればいい！」ってことだ。マリウスは志願兵を集めて訓練すると長期の戦争を戦い、戦後の退役兵には土地を分配した。こうなると、**将軍と兵士の個人的な関係が強まって**、兵士たちは、自分たちを「ローマ軍だ！」って思わずに「マリウス様の軍団だ」って思うようになったってわけ。これが有力者による「**軍の私兵化**」だ。

　有力者たちは、私兵を権力闘争の道具として利用したから、結果的に**ローマでは内乱が激化**した。だって、誰かが軍の私兵化を始めたら、「ならオレも！」という有力者が次々出てくるでしょ。これが「**内乱の1世紀**」だ。

　こうしてローマの有力者は大きく二つの派閥に分かれて抗争した。まず、閥族派【オプティマテス】。こいつらは元老院中心の保守派で、要するに伝統的な大貴族たちだ。もう一方が平民派【ポプラレス】。こっちは新貴族や騎士階級出身の反元老院派で、平民の人気を取って権力を握ろうとした連中だね。

> ### 合否の分かれ目▶ ローマ軍弱体化への対応
>
> - グラックス兄弟の改革……ローマ市民軍の再建を目指す
>   - ▶ 大土地所有制限による自作農の創設（リキニウス・セクスティウス法復活）
> - マリウスの兵制改革……無産市民を志願兵として軍団を編成
>   - ▶ 職業軍人制の導入で、有力者による軍の私兵化が進む

5 「内乱の1世紀」

> ### クローズアップ 「内乱の1世紀」
>
> - マリウス vs. スラ
>   - マリウス（平民派）……ユグルタ戦争の際、兵制改革をおこなう
>   - スラ（閥族派）……同盟市戦争［前91〜前88］を鎮圧
>   - ➡ イタリア半島の全自由民に市民権を付与
>   - ➡ スラの独裁（無期限のディクタトル）［前82〜前79］
> - ポンペイウス vs. クラッスス
>   - スパルタクスの反乱［前73〜前71］……クラッスス、ポンペイウスが鎮圧
>   - ポンペイウスの遠征 ➡ セレウコス朝シリア征服［前63］
> - 第1回三頭政治［前60〜前53］……カエサル、ポンペイウス、クラッスス
>   - ➡ クラッスス戦死［前53］
>   - ➡ ◎カエサル vs. ×ポンペイウス
> - カエサルの独裁［前46〜前44］
>   - ➡ ブルートゥスらによって暗殺
> - 第2回三頭政治［前43］……オクタウィアヌス、アントニウス、レピドゥス
>   - ➡ レピドゥスの追放
>   - ➡ アクティウムの海戦［前31］
>   - ◎オクタウィアヌス vs. ×アントニウス
>   - ➡ オクタウィアヌスが帝政開始［前27］

第1章 オリエント・インドの古代文明

第2章 古代の地中海世界

第3章 古代の東アジア

第4章 中世ヨーロッパ

第5章 東アジア世界の変容

第6章 イスラーム世界

第7章 近代ヨーロッパの幕開け

◀ 内乱を勝ち抜いていったのは誰だ？

　「内乱の1世紀」で最初に権力を握ったのは、兵制改革をやった**平民派**のマリウ
スだ。彼は5年連続でコンスルに選ばれ、ガリア人との戦争（キンブリ・テウトニ
戦争）で活躍した。本当は独裁者が嫌だと思っていた元老院議員たちも、ローマの
危機を救うにはマリウスに頼るしかなかったんだね。

　これに対抗したのがもともとマリウスの副官で、**閥族派**のスラだよ。スラは**同盟
市**が市民権を要求して起こした反乱、いわゆる**同盟市戦争**を**鎮圧**した……まあ、実
のところは、元老院と妥協してイタリア半島の全自由民に市民権を拡大することで
同盟市に譲歩したんだけどさ。そしてマリウスの死後、**スラがマリウス派を武力で
滅ぼし、無期限のディクタトル**として権力を握ると……これがとんでもない恐怖政
治になった。だって、政敵の処刑や追放を繰り返すんだよ。スラに反対すると消さ
れちゃうの😫……うーん、イヤな時代だ。そして、スラの独裁は、**武力が強くて
お金と才能があれば独裁者になれる**っていう見本になったんだ。

　スラが引退して翌年死亡すると、今度はスラの直系で閥族派の**ポンペイウス**や**騎
士階級のクラッスス**が台頭してきたよ。**クラッススはローマで一番の金持ち**だ。そ
して前73年に**スパルタクスの反乱**が起きたよ。これは南イタリアで発生して10万
人にも達した**剣奴**の反乱で、鎮圧にかかわった**クラッススとポンペイウス**が名声を
めぐって激しく対立した。クラッススに名声

を横取りされてムカついたポンペイウスは、
アナトリアのポントゥス王ミトリダテス6世
の反乱（**ミトリダテス戦争**）を平定すると、
さらに地中海東岸で**セレウコス朝シリア**や**パ
レスチナ**（ユダヤ人の**ハスモン朝**）を征服、
一気に武勲で名声を高め、「これでオレの天
下だ😄」って思ったんだ。

カエサルは人気No.1、
ポンペイウスは武勲No.1、
クラッススは金持ちNo.1。
3人のNo.1が手を組んだ！

　しかし、そうはいかない。**ポンペイウスは
元老院に警戒されて孤立**してしまった。これ
を見た**平民派**の**カエサル**は思った。「誰かひ
とりが権力を握ろうとすると、元老院との対立で孤立してしまう。だったら、**元老
院をおさえこむ方法を考えよう**！」ってね。彼自身も、市民にむちゃくちゃ人気が
あったからね。そこでポンペイウスとクラッススに「**3人で手を組んで、元老院の
貴族連中をおさえこもうじゃないか**」って持ちかけて、**第1回三頭政治**を成立させ
たよ。

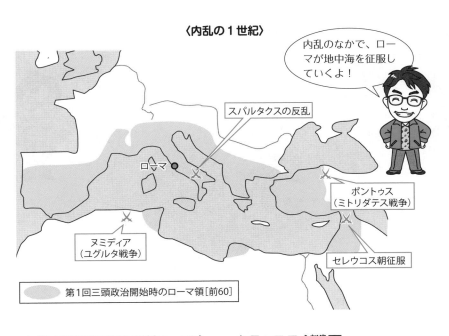

〈内乱の1世紀〉

内乱のなかで、ローマが地中海を征服していくよ！

スパルタクスの反乱

ローマ

ポントゥス（ミトリダテス戦争）

ヌミディア（ユグルタ戦争）

セレウコス朝征服

第1回三頭政治開始時のローマ領［前60］

第1章 オリエント・インドの古代文明
第2章 古代の地中海世界
第3章 古代の東アジア
第4章 中世ヨーロッパ
第5章 東アジア世界の変容
第6章 イスラーム世界
第7章 近代ヨーロッパの幕開け

◀ 第1回三頭政治開始！ でも……クラッススが戦死

　第1回三頭政治が始まると、3人はお互いが対立しないように**勢力範囲を分けた**。カエサルはガリア、ポンペイウスはスペイン、クラッススはシリアをそれぞれ勢力圏として、**カエサルはガリア遠征**（ガリアはほぼ現在のフランス）へ、**クラッススはパルティア遠征**へ出発したまではよかったけど……**クラッススが戦死！**（カルラエの戦い）。これが勢力のバランスを大きく崩したんだ。だって、残ったのが2人ということは、**勝ったほうがローマで一番の権力者になれる**でしょ。

　ここで、カエサルを恐れたのがポンペイウスだ。彼は**元老院と組んでカエサルを追放しようとした**。だって、カエサルの人気は圧倒的だからね。この対応にカエサルは怒り狂った😡。大急ぎで軍勢を率いて**ガリアからローマへ引き返す**と、ルビコン川の手前で**「賽は投げられた」**と一言……カエサルは覚悟を決めた！ カエサルが法的に軍事権を認められたのはルビコン川までだから、軍を解散せずに川を渡ったらローマへの反逆になる。しかし、絶大な人気を背景に兵士をまとめたカエサルは、そのままイタリアに攻め込んだ。びっくりしたのはポンペイウス😲。慌てて逃げても時すでに遅し……**カエサル軍がポンペイウスを破ってエジプトまで進み、ポンペイウスはローマの侵攻に焦ったエジプト人に殺された**。このとき、カエサル**とエジプト女王クレオパトラ**が接近したよ。クレオパトラはエジプトの滅亡を阻止するためにローマの有力者への接近を狙い、カエサルはエジプトの富を狙っている。利害が一致したね。カエサルはエジプトの富で軍団を再編成すると、**アナトリアや北アフリカも制圧してローマに凱旋**し、独裁権を握ったんだ。

〈第1回・第2回三頭政治〉

ゲルマニア

ガリア

カエサル
ガリア遠征

ローマ

カルラエの戦い
（クラッスス戦死）

アクティウム
の海戦

パルティア

アレクサンドリア

ピンクの領域はオクタ
ウィアヌスが死んだ時
点のローマ領だ！

`•••▶` カエサルの進路　`▪▪▪▶` オクタウィアヌスの進路

◀ いよいよ、カエサルの独裁だ！

　カエサルは**インペラトル**（最高軍司令官）、**最高神官**、そして任期10年の**ディクタトル**の地位を占めたんだ。**インペラトルは、英語の皇帝「emperor」の語源**だよ。ちなみに、ドイツ語のカイザーやロシア語のツァーリは「カエサル」だ。こうして独裁権を獲得したカエサルは、**属州の市民権拡大や徴税請負人の廃止**をおこない、さらに部下の騎士や軍人を元老院に送り込んだり（元老院の定員は900人になった！）、退役兵のために植民市を建設したり、穀物を市民に配ったりして**絶大な人気を得た**。また**エジプトの太陽暦を導入して**ユリウス暦をつくるなどさまざまな改革もおこなった。でも、急激な独裁に対して**元老院の貴族は影で反発**していた。カエサルが**終身ディクタトル**となり、さらに「王」の称号を得ようとしているとの噂から、もう我慢できなくなった**ブルートゥス**やカッシウスらは、元老院会議の席上で**カエサルを暗殺**したんだ。ブルートゥスはローマで一番誠実な政治家といわれていたから、カエサルも信頼していたのに、彼に裏切られたカエサルは一言。「**ブルートゥス、お前もか**。ならば、カエサルよ、死ね」。これは**シェークスピア**の書いた戯曲『ジュリアス＝シーザー』のなかの名セリフ！　カエサルが本当に言ったかはともかく、臨場感あふれる作品だよ😆。

七月（July）は「ジュリアス＝シーザー（ユリウス＝カエサル）」の月。ユリウス暦の名残だ！

第1章 オリエント・インドの古代文明

第2章 古代の地中海世界

第3章 古代の東アジア

第4章 中世ヨーロッパ

第5章 東アジア世界の変容

第6章 イスラーム世界

第7章 近代ヨーロッパの幕開け

◀ 第2回三頭政治が始まったけど……

　カエサルの死を民衆も兵士もむちゃくちゃ悲しんだ。それを利用して権力を握ろうとしたのが**カエサル派の武将アントニウス**だ。そしてカエサルの部下レピドゥスの仲介で、**カエサルの養子で19歳のオクタウィアヌス**と手を組み、第2回三頭政治が成立した。彼らは**ブルートゥスらを追放**すると、カエサルを神格化して権力を握り、やがて**レピドゥスが政界から追放**されると、戦争上手なアントニウスと、すごく頭がいいオクタウィアヌスの対立となった。

　最初は**西をオクタウィアヌス、東をアントニウス**と勢力圏を分けた。だけどエジプトに行ったアントニウスがクレオパトラに惚れ込み、しまいには結婚しちゃった😫。しかも、結婚祝いがローマの東方領土全部😱！さすがにローマ市民も呆れ果てた。これを見た**オクタウィアヌス**は「アントニウスがローマを裏切った」として、元老院議員たちを味方につけて**エジプトへ侵攻**すると、前31年の**アクティウムの海戦でアントニウスとクレオパトラの連合軍を破った**んだ。翌年、アントニウス、クレオパトラが自殺して、**プトレマイオス朝エジプトが滅亡**、エジプトもローマに併合された。これで、アレクサンドロス帝国が分裂して成立した**ヘレニズム諸国**が、全部ローマの支配下に入ったことになる。つまり、ギリシア人世界が全部ローマに飲み込まれたってことだ。これがローマによる「**地中海世界の統一**」だよ！　では、最後に年号 check！

> 頭はいいけど病弱だったオクタウィアヌスには、戦争上手な親友アグリッパがいたんだよ！

!!! 年号 のツボ

- ●**リキニウス・セクスティウス法** [前367]（貴族はコンスルから**去ろうな**）
- ●**ホルテンシウス法** [前287]（**庭なき平民** 貴族と平等）
- ●ローマの**イタリア半島統一** [前272]（**無難に**イタリア統一）
- ●**ポエニ戦争勃発** [前264]（**踏むよ**カルタゴ）
- ●**ザマの戦い** [前202]（**無礼に怒った** 大スキピオ）…前漢の建国と同じ年
- ●**グラックス兄弟の改革** [前133～]（**一家で散々** グラックス家）
- ●**第1回三頭政治** [前60]（三頭で**群れつくる**）
- ●**アクティウムの海戦** [前31]（アクティウムに**前見て行こう**）

　このあと、オクタウィアヌスは**アウグストゥス帝**となって「**元首政（前期帝政）**」を確立していくよ。次回はいよいよローマ帝国だ！

ローマ帝国とキリスト教

いよいよ、古代の地中海世界の総まとめとなるローマ帝国だ！　だって、<u>地中海一周、どこを見ても全部ローマ帝国の領土</u>なんだよ。これってすごいことだよね。

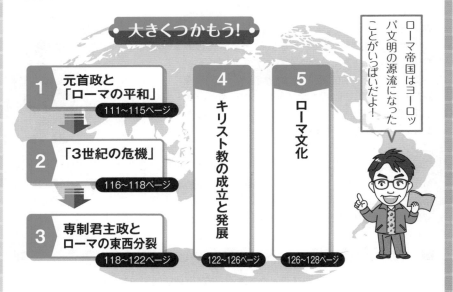

• 大きくつかもう！ •

1 元首政と「ローマの平和」
111〜115ページ

2 「3世紀の危機」
116〜118ページ

3 専制君主政とローマの東西分裂
118〜122ページ

4 キリスト教の成立と発展
122〜126ページ

5 ローマ文化
126〜128ページ

ローマ帝国はヨーロッパ文明の源流になったことがいっぱいだよ！

帝政ローマ時代は大きく前期帝政（元首政）と後期帝政（専制君主政）に分かれるんだけど、<u>その間に混乱期が挟まる</u>から、三つに分けて考えてみよう。三つの時代で<u>帝国がどのように変わっていくのか</u>をしっかり比較してね。さらに、ローマ帝国の支配下では<u>キリスト教</u>が成立して、<u>のちのヨーロッパに大きな影響を与えていく</u>よ。

さぁ、それではローマ帝国の始まり〜😆。

第1章 オリエント・インドの古代文明

第2章 古代の地中海世界

第3章 古代の東アジア

第4章 中世ヨーロッパ

第5章 東アジア世界の変容

第6章 イスラーム世界

第7章 近代ヨーロッパの幕開け

1 元首政と「ローマの平和」

> **クローズアップ** 「パクス＝ロマーナ」
>
> - **オクタウィアヌス**が帝政開始［前27］
>   - ▶元老院から**アウグストゥス**の称号を得る
>   - ▶自らは**プリンケプス**（市民のなかの第一人者）と自称
> - **ネロ帝**［位54～68］……ローマの大火の際、**キリスト教徒を迫害**
> - **五賢帝時代**［96～180］……ローマ帝国の全盛期
>   - **ネルウァ帝**［位96～98］
>   - **トラヤヌス帝**［位98～117］……**ダキアの獲得** ➡ローマ帝国の最大領域
>   - **ハドリアヌス帝**［位117～138］……**ハドリアヌスの長城**を建設
>   - **アントニヌス＝ピウス帝**［位138～161］
>   - **マルクス＝アウレリウス＝アントニヌス帝**［位161～180］
>   - ▶ストア派の**哲人皇帝**（著書『**自省録**』）。『**後漢書**』に登場する**大秦王安敦**

◀ オクタウィアヌスが全権力を掌握。ついに帝政開始だ！

　オクタウィアヌスはエジプトを滅ぼすと、その富を手に入れてローマに凱旋し、**名声も人気も実力も圧倒的**となった。元老院の貴族たちは「オクタウィアヌスがカエサルと同じような独裁者になる😩」って心配したんだけど、そんな心配はあっという間に吹っ飛んだ。だって、オクタウィアヌスはエジプト遠征のために与えられていた全権を国に返そうとしたんだもん。これには貴族たちも脱帽！　そこで、元老院は彼に「**アウグストゥス**（尊厳者）」という称号を贈ったんだ。さらにオクタウィアヌスは、**インペラトル**（**最高軍司令官**）、全属州総督としての命令権、コンスル、護民官職権、最高神官など、**共和政時代の最高官職のほとんどに就き**、国家のほぼ全権を手に入れた。もはや彼にはライバルはいない。こうして**ローマでは共和政が終わり、帝政が始まった**よ。あれ？　これじゃあ独裁者だ。ローマの貴族は独裁者がキライなんじゃないの？

◀ オクタウィアヌスが始めた「元首政」ってなんだろう？

　歴史的には、オクタウィアヌスが元老院から**アウグストゥス**称号を得た前27年に、ローマは帝政になったとされる。ここからが**元首政**【**プリンキパトゥス**】だ。でもね、元首政を教科書や用語集で調べると、「実態として」とか「事実上」って言葉が次々と出てくる。この“事実上”って言葉がポイントだよ。

　カエサルの暗殺を見ていた**オクタウィアヌス**は、「独裁者だと思われてしまったら、どれだけ人気と実力があっても、多くの貴族を敵に回して潰される」ってこと

に気づいていた。まして、皇帝とか国王（つまり君主）になってしまったら、ますますその反感が強くなってしまう。権力を握るためには、**「独裁者に見えないような演出が必要だ！」**って思ったんだ。

　具体的に話すと、彼は**ディクタトル**にはならず、元老院（げんろういん）にも出席して意見を聞き、民会にもちゃんと選挙をやらせたよ。さらに、アウグストゥス（尊厳者（そんげんしゃ））の称号を得たのちも、本人は**プリンケプス**（市民のなかの第一人者）と称した。だって自分をアウグストゥスって呼んだら、それこそ「オレを尊敬しろ！」って言ってる「The 独裁者」😖。でも、**プリンケプス**と自称すれば、「あなた方も私も市民、たまたま私が一番ですね」って意味になる。プリンケプスって、本来は「元老院の第一人者」って意味だから、ポエニ戦争で活躍した（大）スキピオなんかもプリンケプスと呼ばれていた。ほら「昔と何も変わってませんよ」ってわけ。独裁者に見せない演出。さすがは天才オクタウィアヌスだ😄。これが**元首政【プリンキパトゥス】**だよ。教科書で、「名目上、共和政の伝統を維持しながら、実権を掌握」って説明される理由がわかったかな。

　そして、彼の地位は養子の**ティベリウス帝**に受け継がれて帝位が世襲（せしゅう）され、共和政には戻らなかった。こうして、**ローマ皇帝の圧倒的な権力によって、以後約200年間は非常に安定した平和な時代が続いた**よ。これが「**パクス゠ロマーナ【ローマの平和】**」だ。あとでじっくり解説するからね。ちなみに、**ティベリウスはイエスが処刑されたときの皇帝**だよ。

◀ ゲルマン人に屈辱的敗戦。アグリッパが死んじゃったからだな……

　ただ、晩年のアウグストゥス（オクタウィアヌス）には、予期せぬ災いが降りかかってきた。ライン川を越えた現在の北ドイツあたりで、**ローマ軍がゲルマン人に大敗して壊滅し**（トイトブルクの森の戦い［後9］）、ローマはライン川以北の領土を放棄した。あんなに強かったのに……とはいっても、彼の親友で軍事的な天才だったアグリッパはすでに亡くなっている……😢。この結果、**ローマとゲルマン人の国境はライン川・ドナウ川の線となった**よ。

◀ 平和と繁栄のなかで……暴君ネロが登場！

　ゲルマン人に敗北したとはいえ、ローマ帝国はすでに周辺諸国を圧倒し、**経済的にも繁栄していた**。ただ、繁栄のなかで**混乱する時代**もあった。それが**ネロ帝**の治世だ。「ネロ」といったら、暴君（ぼうくん）の代名詞！　どんな皇帝だったんだろう？

　弱冠17歳で皇帝に就任したネロは、ストア派哲学者の**セネカ**の補佐を受けて**最初はよい皇帝だった**。ところが、よかったのは最初の5年だけ😅。セネカを自殺させたり、母親や奥さんまで殺したり、政治はほったらかして、趣味の歌や演劇にのめりこんだりと、だんだん本性を現して暴君になった。そして、64年の**ローマの大火**の際に、放火犯として**キリスト教徒を迫害（はくがい）した**。このとき、**ペテロやパウロが処刑された**といわれている。そんなネロも、最後は失脚して自殺に追い込まれた。

◀ ローマ帝国の全盛期、「パクス=ロマーナ」って何？

　帝政開始から五賢帝時代までの約200年間は「パクス=ロマーナ」と呼ばれる繁栄期だ。この時代は、**ローマ皇帝の強大な権力を背景に、地中海世界の平和が維持された**んだ。簡単に言うと、皇帝が一番強い軍隊を持っていて、誰もかなわなかった、ってことだ。この時代は**経済史**もポイントだよ。ちょっと難しいかもしれないけど、難関大を狙うならしっかりイメージをつくっておこう！

　まず、皇帝の持つ軍事力によって交通路の安全が確保された。地中海は「**ローマの内海**（地中海の周り全部がローマの領土）」となって、海賊が一掃され、陸上では、帝国全土に道路網が整備されるとともに山賊も討伐された。「**すべての道はローマに通じる**（All roads lead to Rome.）」っていわれるくらい道路がつくられて、しかも安全に行き来できる。こうして帝国全体で商業・交易が発達し始めた。だって、海賊や山賊が出るようなところで商売したくないでしょ😣。そして地方にも「交易で儲けたい💰」って人がいたから、**属州では農業生産や手工業が発達**、つくられたものがローマへと運ばれて消費された。こうして**地方にも富裕な市民が現れ**、各地で都市が建設されたよ。

　多くの場合、属州の都市って**最初は軍団駐屯地**だったんだけど、それがだんだんと**ローマ風の都市に発展**していくよ。だって、ローマは憧れの都だもん、別格だ！人口も余裕で100万人を超えて、大規模な建築事業によって、日々発展を続けている。だから、各地の富裕になった人びとは、みんなでお金を出し合って、憧れの都ローマみたいな都市をつくろうとしたんだね。この時期に建設された都市には、**ロンディニウム**（現：ロンドン）・**ウィンドボナ**（現：ウィーン）・**ルテティア**（現：パリ）・**ルグドゥヌム**（現：リヨン）・**メディオラヌム**（現：ミラノ）などがあるよ。こうして、帝国全土にギリシア・ローマ文化の融合した都市的な文化が広がったんだ。そして帝国政府の政策もあって、ラテン語が全国に普及したよ。

　さらに、この時期には**インド洋の季節風貿易**やイランを経由した**シルクロードの隊商交易**によって、アジアから**香辛料・絹・貴金属・宝石**などが、地中海に運ばれてきたよ。イランとインドのところで話したのを覚えてるかな？　パルティアやサータヴァーハナ朝が繁栄したのは、この時代のローマと後漢を結ぶ交易の発展が背景だよ。中国の歴史書『**後漢書**』西域伝に記された大秦王安敦（マルクス=アウレリウス=アントニヌス帝だ！）の使者が日南郡に入貢するのも、この時代だ。

　こうして、帝国全土で経済活動が活発になり、整備された交通網によって、各地を結ぶ盛んな交易がおこなわれるようになった。ちょっと難しい言い方をすると、「**帝国全土が一つの広域経済圏**」になった。そして、属州各地に建設された都市がこの繁栄を支えたから、帝国内での**属州の地位が向上**していくんだ。

第1章 オリエント・インドの古代文明

第2章 古代の地中海世界

第3章 古代の東アジア

第4章 中世ヨーロッパ

第5章 東アジア世界の変容

第6章 イスラーム世界

第7章 近代ヨーロッパの幕開け

◀ 五賢帝時代——ローマの全盛期だ！

　では政治史に戻るよ。ネロ帝の死後、政治的には不安定な状況が続いた。経済的には繁栄していたけど、さすがに混乱が続くのはマズい！　そこで元老院が皇帝に選んだのが、70歳近い**ネルウァ**だ。ここから約100年間がローマ帝国の全盛期だよ。混乱から一転、「人類史上至福の時代」と讃えられる**五賢帝時代**だ。**ネルウァ帝**は優れた将軍**トラヤヌス**を養子にして帝位を相続させた。その後の皇帝もこれを手本にしたから、**優れた皇帝が5人続いた**んだね。これが五賢帝だよ。

　トラヤヌス帝は、スペイン出身で**初の属州出身**の皇帝だ。すでに帝国内での**属州の地位は向上**しているし、何よりトラヤヌスは強い😎。後継者に選ばれたときもゲルマニアに遠征中だったしね。彼は、即位後も積極的な対外遠征をおこない、東方では**パルティア**を破って**アルメニア**（黒海東岸）や**メソポタミア**を獲得、さらには**ドナウ川を越えてダキア**まで制圧したよ。これが**ローマ帝国の最大領域**だ！　ちなみにダキアにはローマ人が入植したから、現在まで「ローマ人の地」という意味で**ルーマニア**（公式国名は "Romania" ね）と呼ばれている。

　こうしてローマ帝国は、北はブリタニア、南はサハラ砂漠の北端、西は大西洋岸、東はメソポタミアに至る大領土を支配した。それだけじゃなくて、トラヤヌスはローマ市の整備や貧民の救済もやったから**「最善の元首」**って称賛されたんだよ。

　しかし、この大領土は維持するだけでも大変だ。トラヤヌスには実子がいなかったから、**トラヤヌスの養子**として帝位に就いた**ハドリアヌス帝**は、ブリタニアに**ハドリアヌスの長城**を建設したり、トラヤヌスの獲得した領土の一部を放棄したり、かなり現実的な**国境防衛政策**をとって、平和を維持した。さらに官僚制の整備や属州各地の視察など国内の安定に尽くしたんだ。とはいっても、**彼の時代からローマ帝国は守勢に転じる**わけだから、ここは時代の転機だね。

～+α ちょっと寄り耳♪

　ネルウァが即位する直前って、帝位をめぐる対立から、皇帝の暗殺や自殺、病死などが相次ぎ、特に先帝は反対派を次々に告発して弾圧する恐怖政治をやっていた。だから、即位後のネルウァは、まず元老院との協調に努めて、追放された人たちを全員助け出した。そして、貴族の対立を収めると、後継者探しを始めたよ。だって、もう70歳のじーさんだもん。言い方は悪いけど、いつ死んでもおかしくない……死ぬ前に貴族たちが納得する後継者を決めておかないと、また帝国が混乱に戻っちゃう。そこで、元老院にも軍隊にも人気の出そうな優秀な将軍トラヤヌスを後継者に指名して養子にした。ネルウァに子どもがいなかったのもローマにとってはラッキーだった、ってことだね。

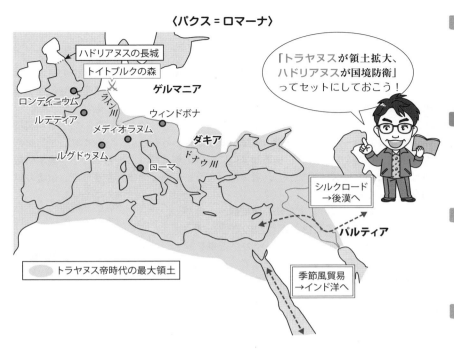

〈パクス＝ロマーナ〉

ハドリアヌスの長城
トイトブルクの森
ゲルマニア
ロンディニウム
ルテティア
ライン川
ウィンドボナ
メディオラヌム
ダキア
ルグドゥヌム
ドナウ川
ローマ

「トラヤヌスが領土拡大、ハドリアヌスが国境防衛」ってセットにしておこう！

シルクロード
→後漢へ

パルティア

季節風貿易
→インド洋へ

トラヤヌス帝時代の最大領土

　そして、**ハドリアヌスが養子に選んだ**のは、温厚で誠実な**アントニヌス＝ピウス帝**だ。「ピウス」ってのは、「敬虔な人」とか「孝行者」って意味の称号ね。しかも、彼の時代は書くことがないくらい平和😊。だから内政を重視して、貧民の救済や属州の負担軽減などの社会政策をやったんだ。

　そして、アントニヌス＝ピウスの後継者が、五賢帝最後の皇帝**マルクス＝アウレリウス＝アントニヌス**だ。子どものころからストア派哲学を学んでいたから**哲人皇帝**って呼ばれている。彼は人格者で教養もあったから、平和な時代だったらどんなによかったことか……でも、世の中そう上手くはいかない😣。彼の時代に**ローマは外敵の侵入に悩まされた**。東からは**パルティア**が、北からは**ゲルマン人**が次々と侵略してきて、悲しいかな、温和な哲人皇帝が**治世の大半を戦場で過ごす**ことになってしまった。さすがに悩むよ😫。だって、彼の趣味は「読書」だから、戦争はキライだもん。彼は戦いに追われながら、自らの思いや悩み、皇帝としての責任、人としての生き方などを**ギリシア語で書き記した**。これが有名な『**自省録**』だ。

　五賢帝のこれまでの４人は帝位を継ぐ息子がいなかったから養子相続になったけど、**マルクス＝アウレリウス＝アントニヌスは自分の息子に帝位を継がせた**。ただ、皇帝の器じゃなかったんだ。**ここからローマは混迷の時代に入る**よ。

2 「3世紀の危機」

◀ ついにローマが負け始めて……

　五賢帝時代の前半まで、**ローマは周辺諸国を圧倒して**、トラヤヌス帝の時代には最大領域となった。でも、マルクス゠アウレリウス゠アントニヌス帝の時代から外敵の侵入が激しくなり、彼は治世のほとんどを戦場で過ごすはめになったよね。

　では、なんで皇帝が各地に出兵するんだろう？　それは、元首政のもとでは**国境防衛軍よりもローマにいる皇帝の軍隊のほうが強かった**から、危なくなったら皇帝が援軍を出したんだよ。でも援軍がすぐに国境に着くわけじゃないから「国境防衛軍は強くないとマズい！」って、考えた。こうして多くの傭兵を使って、**辺境の軍団を強化**したんだ。

　でも、これだけ**広い領土と長い国境線**……金が掛かりすぎる😫。これは、どっかの軍団を削るしかない。「仕方ないから、**ローマの皇帝軍を縮小しよう**」ってことになった。だって、首都ローマの周りは全部帝国領だから、いきなり外敵には攻め込まれないでしょ。こうして皇帝の持つ**イタリアの軍団よりも辺境の軍団のほうが強くなっちゃったんだ。

> 皇帝の軍隊が一番強いっていう原則が崩れちゃった……

◀ しかも、経済力まで辺境が逆転！

　同じころ、イタリアでは農業の問題も深刻になっていた。トラヤヌス帝以降、**征服戦争が終わり、戦争捕虜**がほとんど入ってこなくなった。こうなると、困るのは農場主たちだ。これまで**奴隷を使用していたラティフンディア【ラティフンディウム】**が、もはや経営困難！　最初は、貧乏人やら捨て子やら、あの手この手で奴隷をかき集めたんだけど、全然足りない。困り果てた奴隷所有者たちは、奴隷を結婚させて産まれた子どもを奴隷にしようとした。というか、結婚できるようになった時点で人間扱いだから、もう奴隷じゃない！　これが**解放奴隷**だ。

　さらに奴隷たちは反乱を起こし、激しい場合には奴隷主を殺害した。奴隷主は怖くてたまらない。こうして、**農場での奴隷の使用が縮小してラティフンディアが崩壊**し、かわって拡大したのが**コロナトゥス【コロヌス制】**だよ。これは解放奴隷や没落農民、ゲルマン人などを**隷属的な小作人（コロヌス）**とする土地経営のことね。あっ！　コロヌスは、最初は**人格的な自由を認められていた**から注意してね。

　さて、ここで一つの問題が起こっている。それは「**イタリア半島の経済的没落**」だ。ラティフンディアはイタリア半島を中心に広がっていたから、ラティフンディアの崩壊は、そのままイタリア半島の農業の崩壊ってことになる。こうして、**農業生産でもイタリアは辺境に逆転された**んだ。

◀️ イタリアの地位が低下……ついに全帝国に市民権が拡大！

　軍事力も経済力も地方がイタリアを上回ると、「重要なのは共和政の伝統ではない、強い軍団だ！」と主張して、アフリカ出身のセプティミウス＝セウェルスが皇帝になった。彼は兵士の人気を集めるために給料を上げ、かわりに元老院の貴族を処刑して財産を没収した。もはや「共和政の伝統」の中心だった元老院には、なんの権威もない。そしてついにイタリアの権威もなくなるよ。

　セウェルス帝の跡を継いだ長男の**カラカラ帝**は、212年に**アントニヌス勅令**（ちょくれい）を出して、**帝国内の全自由民に市民権**を与えた。これでイタリア半島と属州の区別がなくなり、ローマは本当の意味での「世界帝国」として、今までローマ市民権を持つ人にしか適用されなかった法（**市民法**）は、**すべての民族に適用される万民法**になった。かといって、市民の地位は上がらない……。カラカラ帝は、属州に「市民権やるから税金上げても文句言うな」って言ったの😆。ちなみに勅令の名前にある「アントニヌス」は彼の本名ね。「カラカラ」は彼がよく着ていた上着からついたあだ名だ😳！。

　あと、カラカラ帝は市民の人気を集めるために、空前の規模の**大浴場**（だいよくじょう）（**カラカラ浴場**）を建設したよ。大浴場ってのは、今で言うと「**温泉＋スポーツジム＋ネットカフェ＋図書館**」みたいな総合娯楽センターだ。今でもローマに残っている遺跡から、大げさな人気取り政策だとわかるよ。でも、そんなんじゃローマ史上随一の暴君といわれる彼の悪評は消えない😑。残忍な性格だったカラカラは、親衛隊の兵士によって殺されたんだ。

> カラカラ帝の本名は、マルクス＝アウレリウス＝セウェルス＝アントニヌス……紛らわしい😅。入試では要らないけど

◀️ 地方軍団の反逆……軍人皇帝時代に突入！

　セウェルス帝とカラカラ帝が「共和政の伝統」も「イタリアの権威」も全部ぶっ壊したから、地方の軍団の暴走を止めるものは何もなくなった。もはや**軍事力も経済力も辺境のほうが強い**から、辺境各地の軍団は「一番軍隊が強いヤツが皇帝になればいい！」として、**次々と皇帝の廃位や擁立を繰り返した**。こうして、約50年間で26人もの皇帝が次々と入れ替わる**軍人皇帝時代**が始まったんだ。

　軍人皇帝時代は**マクシミヌス帝**の即位［235］から始まり、彼が暗殺された238年には、5カ月で6人も皇帝が乱立した。正統な皇帝だけじゃなく、勝手に"皇帝"を名乗ったヤツも何人もいて、現れては消える、ひどい時代だ😑。こんなに皇帝いるけど、覚えておくべき皇帝は、**サッサン朝のシャープール1世**と戦って捕虜（ほりょ）になった**ウァレリアヌス帝**［位253〜260］だけ。一人でOKだよ😄。

第1章 オリエント・インドの古代文明

第2章 古代の地中海世界

第3章 古代の東アジア

第4章 中世ヨーロッパ

第5章 東アジア世界の変容

第6章 イスラーム世界

第7章 近代ヨーロッパの幕開け

◀「3世紀の危機」

　政治的には**軍人皇帝時代**となったローマは、文字通り「**3世紀の危機**」を迎えていた。軍事力強化のために軍事費は年々増大し、そのしわ寄せが**都市への重税**となった。文句を言った都市は**自治権を圧迫され**、自由な経済活動ができないから**商工業は衰退し**、帝国の財政も悪化した。さらに、ゲルマン人やササン朝の侵入によって交通路の安全が失われると**遠隔地商業が衰退**し、帝国内の経済圏は縮小した。もはや儲（もう）からなくなった商人たちは「今あるお金で土地を買って、田舎に移住しよう」と、田園へと生活基盤を移したから、帝国各地の**都市文化も失われた**。この衰退は特に帝国の西側のほうがひどかったから、**経済の中心は東方へと移った**んだ。

　しかも、軍団内部では徐々に**ゲルマン人傭兵（ようへい）**が増えていた。これは大問題だ！ゲルマン人が攻めてくるのをゲルマン人傭兵で守っているんだから、**ローマ軍が弱体化**するのも無理はないよ😫。

　さて、「**3世紀の危機**」はわかったかな？　ここは**ローマ帝国内で起こっていた社会の変化**だから、なかなかイメージしにくいところだね。少し難しいかもしれないけど、元首政が崩壊して**専制君主政**へと変わっていく背景だから、しっかりと流れをつかもう。それじゃあ、専制君主政に進むよ！

1〜2世紀が「パクス＝ロマーナ」、そのあとが「3世紀の危機」だ。時代のイメージをつくろう！

3 ▶ 専制君主政とローマの東西分裂

🖥 クローズアップ ▶ 専制君主政【ドミナトゥス】

● **ディオクレティアヌス帝**［位284〜305］
　▶ 四帝分治制【テトラルキア】……東西の正帝・副帝の4人で、帝国を分担統治
　▶ 皇帝崇拝（すうはい）の強制 ➡ 拒否した**キリスト教徒を大迫害（だいはくがい）**
● **コンスタンティヌス帝**［位306（副帝）／324（単独皇帝）〜337］
　▶ ミラノ勅令（ちょくれい）［313］……**キリスト教の公認**
　　➡ ニケーア公会議［325］……**アタナシウス派を正統、アリウス派を異端（いたん）**
　▶ ビザンティウムに遷都［330］ ➡ コンスタンティノープルと改称
● **ユリアヌス帝**［位361〜363］……ミトラ教を信仰（「背教者（はいきょうしゃ）」）
● **テオドシウス帝**［位379〜395］
　▶ キリスト教国教化……すべての異端・異教信仰の禁止［392］
　▶ ローマ帝国東西分裂［395］……テオドシウスの死後

3 専制君主政とローマの東西分裂　119

第1章　オリエント・インドの古代文明

第2章　古代の地中海世界

第3章　古代の東アジア

第4章　中世ヨーロッパ

第5章　東アジア世界の変容

第6章　イスラーム世界

第7章　近代ヨーロッパの幕開け

◀ 最後の軍人皇帝、ディオクレティアヌス帝の登場だ！

　3世紀後半に登場した最後の**軍人皇帝**が**ディオクレティアヌス帝**だよ。彼は親衛隊長から帝位に就くと、混乱を収拾するために手段を選ばない**皇帝権の強化**をおこなった。まず、軍事力を倍増して皇帝の軍団を強化した。さらに帝国全土を一人で統治するのは無理と判断して、**帝国の四帝分治制【テトラルキア】**を採用したよ。これは**帝国を東西に分け、それぞれ正帝と副帝を置いて、帝国統治を4人で分担する**という制度だ。つまり、すでにバラバラに分裂している帝国を、せめて四つにしておきたいってことだ。彼自身が**東の正帝**になったのは、**帝国の中心が東に移って**いたからだよ。さらに官僚機構を強化して、国内の支配を安定させたんだ。

　さらにディオクレティアヌス帝は**ローマの伝統的な宗教（多神教）**を再興して、自分を**ユピテル神**（ゼウスのことね）の子として、ペルシア風に皇帝の前で跪く儀式（跪拝礼）を強制した。これが**皇帝崇拝の強制**だよ。もはや元老院なんぞは相手にしない。共和政の伝統なんて完全無視！　国民だって例外じゃない。もはや「ローマ市民」じゃなくて、「皇帝の臣民」だ。こうして、**名実ともに皇帝の独裁体制**ができあがった。この体制が**専制君主政【ドミナトゥス】**だよ。

◀ ローマ史上、最後にして最大のキリスト教徒迫害！

　「ローマ伝統の宗教を信仰しろ、皇帝も崇拝しろ😊」って言われたところで、**伝統的な多神教**を信仰していた人には、大した変化はない。皇帝崇拝も多神教の一部と考えて、「皇帝も、今まで信仰していた神様も、両方崇拝します」でOKだ。問題は**キリスト教徒**……だって**一神教**だよ。信仰するのは唯一神のみだから、**伝統宗教や皇帝崇拝は拒否する**に決まってる。これに対し、ディオクレティアヌス帝はローマ帝国史上、**最後にして最大のキリスト教迫害**をおこなったんだ！

　でもね、**キリスト教の根絶は絶対に無理**……😓。だって、キリスト教って、死後に天国に行きたいって信仰なんだもん。迫害された人は神のために死んだことになるから、100%天国に行ける！　だから**キリスト教徒は隠れて信仰を続け**、しかも迫害でキリスト教が有名になると、殉教者の話も信仰を守った美談となって広まる。こうして改宗者が増え、**下層民などを中心にかえってキリスト教徒が増えた**。一説には、この時期のローマ帝国の全人口約6000万人のうち500万人前後はキリスト教徒だったといわれている。こりゃ、迫害はあきらめるしかないよ。

◀ ついに、政策転換。コンスタンティヌス帝がキリスト教公認！

　ディオクレティアヌス帝が皇帝を引退したあとの帝位をめぐる混乱を収めたのが**コンスタンティヌス帝**（副帝から西の正帝になった）と**リキニウス帝**の連合だ。すでに帝国内では、迫害にもかかわらず**東方を中心にキリスト教が拡大**しているから、全部を敵に回したら、かえって混乱がデカくなる。しかも、帝位をめぐる対立勢力は、キリスト教徒の迫害を続けている。コンスタンティヌス帝は「**キリスト教を認めてしまって、こいつらを味方にしたほうが得だ😄**」と考え、東方のリキニウス

帝との連名で、313年ミラノ勅令を発布してキ
リスト教を公認した。こうして、帝国統治の宗
教的な基盤として、**キリスト教が利用される**よ
うになったんだ。注意してほしいのは、このと
きコンスタンティヌス帝はキリスト教徒じゃな
い！　公認したのは**帝国統治を有利に進める**た
めだから、この時点では「**キリスト教、伝統的
な宗教、どちらを信仰しても OK**」だよ。

キリスト教を公認した
のは、好きだからじゃ
なくて、帝国支配に使
うためだ！

　そして、コンスタンティヌス帝は公認後のキ
リスト教徒を保護したから、急速に**キリスト教
徒が増えた**。さらに迫害中に没収した財産も教会に返還した。これも、キリスト教
迫害を再開した東のリキニウス帝より自分のほうがいい皇帝だ！って見せるためだ
よ。一方、キリスト教の側も皇帝に接近し、教会史家の**エウセビオス**は皇帝を神の
代理人とする**神寵帝理念**を打ち出しているよ。
　その後、東のリキニウス帝を倒した**コンスタンティヌス帝が帝国を再統一**すると
[324]、翌年ニケーア公会議を主催して、**アタナシウス派を正統、アリウス派を異
端としてキリスト教の教義を統一**した。これもキリスト教を使って帝国を統合する
ためだ。だから、どっちに統一されてもよかった。だって、コンスタンティヌスは
死の直前に洗礼を受けたけど、彼自身はアリウス派らしい！　てか、異端だよ😖。

◀ 都が「コンスタンティヌスの街」へ！

　コンスタンティヌス帝は、帝国の首都をギリシア人の植民市だった**ビザンティウ
ム**に遷した。すでに**帝国の中心が東方へと移り、しかも伝統的な多神教の影響が残
るローマ**は、もはや名ばかりの首都にすぎなかったからね。彼はキリスト教的な装
いの新たな都をつくった。新都は「**コンスタンティヌスのポリス（コンスタンティ
ノポリス）**」、一般的には**コンスタンティノープル**、現在の**イスタンブル**だね。
　帝国統治が確立されるにつれて皇帝の**専制化**がさらに進み、官僚機構が強化さ
れ、**国民の職業も固定化された。コロヌスの移動禁止**（コロヌス土地緊縛令）が決
められて、コロヌスは住所も身分も変えられなくなった。これが**中世農奴制の原型**
だよ。
　それから、コンスタンティヌスは非常に純度の高い**ソリドゥス金貨**を発行して、
安定した通貨制度をつくった。**この金貨が以後の基軸通貨となって国際的に流通**
し、ビザンツ帝国でも**ノミスマ**の名で鋳造され続けたんだ。ドルの記号「＄」が
「D」じゃなくて「S」を使っているのは、ソリドゥス金貨みたいに信用の高い通
貨になるように、っていう願いからだよ。

◀ 「背教者」ユリアヌス。背教って……本当に裏切りなの？

　キリスト教が公認されたあとも、すべての皇帝がキリスト教徒だったわけでもな

い。361年に登場した**ユリアヌス帝**は、イラン経由で伝わった古代アーリヤ人の太陽神**ミトラ**を信仰した。超まじめだったユリアヌスは、「正統だ、異端だ」とキリスト教徒同士が敵対し合い、権力と結びついた教会に嫌気が差していた😖。堕落した信仰を嫌ったユリアヌスが、一番純粋な信仰を持っていたんだね。そして、弾圧したわけでもないのに、教会は彼を裏切り者の「**背教者**」と呼んだ。そんな彼も、即位からわずか2年でササン朝への遠征中に戦死してしまったんだ。

◀ 帝国の統一はすでに限界……ついにローマ帝国が東西分裂！

375年、**西ゴート人**が移動を開始し、翌年**ドナウ川**を越えてローマ領内へと侵攻してきた。こうして始まった**ゲルマン人の大移動**に対し、ローマは防衛を**ゲルマン人傭兵**に頼るしかなかったんだから、なんとも心もとない。

この危機の時代に皇帝となった軍人出身の**テオドシウス帝**は、**帝国の統合をキリスト教**に頼った。すでに、キリスト教徒は帝国内の全人口の半数にも達している。だったら、全国民をキリスト教徒にして、皇帝がキリスト教の支配者となり、帝国を再建しようとしたんだね。こうして、392年、**すべての異端・異教への信仰が禁止**され、**キリスト教が国教化**されたよ。これ以後、ローマ帝国内の人民は全員、正統派のキリスト教徒でなければ処罰されることになった。

合否の分かれ目 ▶ キリスト教公認と国教化の違い

- **キリスト教公認（コンスタンティヌス帝）[313]**
  - ▶ ニケーア公会議以降、**キリスト教の異端は排除された**
  - ▶ ただし、まだ**伝統的な多神教信仰は禁止ではない**
- **キリスト教国教化（テオドシウス帝）[392]**
  - ▶ すべての異端・異教信仰の禁止
  - ➡ 以後、**伝統的な多神教信仰も禁止**となる

それでも、もう限界だ😫。395年、**テオドシウス帝**の死後、二人の息子がそれぞれ東西の皇帝となって**ローマ帝国は東西分裂**してしまったんだ。

長子の**アルカディウス**が継いだ**東ローマ帝国【ビザンツ帝国】**は、**東方が政治・経済・軍事の中心**だったから再び勢力を盛り返し、ここから1000年以上も続くよ。これに対し、次子の**ホノリウス**の継いだ**西ローマ帝国**は、次々と侵入してくるゲルマン人に悩まされ、分裂後100年も経たない476年、**ゲルマン人傭兵隊長オドアケル**に滅ぼされた。西ローマ帝国最後の皇帝の名前は「ロムルス（ロムルス＝アウグストゥルス）」。都市国家ローマの伝説上の建国者から取った名前だ！　歴史って皮肉だね😭。

第1章　オリエント・インドの古代文明

第2章　古代の地中海世界

第3章　古代の東アジア

第4章　中世ヨーロッパ

第5章　東アジア世界の変容

第6章　イスラーム世界

第7章　近代ヨーロッパの幕開け

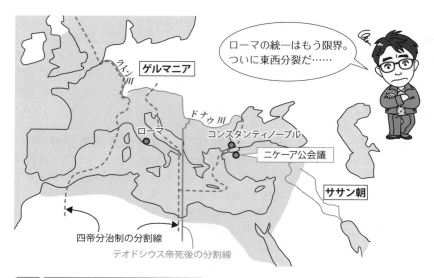

ローマの統一はもう限界。ついに東西分裂だ……

ライン川
ゲルマニア
ドナウ川
ローマ
コンスタンティノープル
ニケーア公会議
ササン朝

四帝分治制の分割線
テオドシウス帝死後の分割線

4　キリスト教の成立と発展

◀ ユダヤ教徒の苦難が続いて……

　キリスト教はユダヤ教から生まれた宗教だから、まずはユダヤ教のポイントをちょっとだけ確認！　ユダヤ教は、ヤハウェを唯一神として、選民思想や戒律主義、メシア待望などを特徴とする宗教だ。でもユダヤ人しか救われないっていう民族宗教だから、世界中に広がることはなかった。しかも多神教が優勢ななかで、一神教は異質だったから迫害されたんだね。では、ローマとユダヤ教の関係を見ていこう。

　ローマが地中海統一を目指していたころ、ユダヤ人はパレスチナにユダ王国を復活していたんだけど（ハスモン朝）、ポンペイウスに征服され、その後ローマの属州とされた。ローマの支配下のユダヤ人はさまざまなグループに分かれ、「再び、神がわれわれに試練を与えている」と思い、ローマに抵抗しながら徹底的に戒律主義を守ろうとするパリサイ派や、ローマと友好的な関係を保って権力を維持したい上層司祭のサドカイ派などが対立していた。こうしたなか、ナザレにイエスが現れたんだ。

◀ イエスの登場！　彼はメシア？　それとも危険人物？

　イエスはそもそもユダヤ人なんだけど、ユダヤ教の選民思想やパリサイ派の戒律主義を「神への信仰ではなく堕落だ！」と批判した。イエスは、神の愛は身分や貧富とは関係なく、すべての人におよぶこと（神の絶対愛）、さらに神を信じて自分と同じように隣人を愛し、敵のためにも祈るべきであること（隣人愛）、などを説き、社会の下層で差別された人たちをいたわった。そして、「神の国の到来は近

い！　差し迫った**最後の審判**の際に、**神を信じる人は神の国に至る**」って宣言した。これを聞いた民衆はイエスをメシアだと信じたから、信者が徐々に増えていったんだ。

　ただ、この思想は、**パリサイ派やサドカイ派**にとっては自分たちの存在を否定するものだったから、司祭たちはイエスを捕らえ、ローマへの反逆者としてローマのユダヤ総督**ピラト**【ピラトゥス】に告発、**イエスは十字架にかけられ処刑された。**

◀ キリスト教の成立。「イエスの復活」を信じる？　信じない？

　「処刑から３日後、イエスは復活した！」。

　「そんなわけない😖」って思った？　それとも「もちろん、イエス様は復活する😆」って思った？　「どっちでもいいよ」かな😅。**キリスト教の信仰**って最初は**「イエス様が復活したから、神はいる」**ってとこから始まるんだ。でも、イエスが宣言した神の国はまだこない。自分たちがイエスの教えを守り、広げなければいけないと思った弟子たち（**使徒**）は**伝道**を始めたよ。12人の直弟子がいるから**12使徒**だね。

　使徒の最高位とされる**ペテロ**は、パレスチナからアナトリア・ギリシアの都市を回って**ユダヤ人への伝道**をおこなった。こうしてキリスト教初期の教会が生まれたんだ。もう一人の有名人が**パウロ**だね。彼はもともとパリサイ派だったけど、イエスの復活を見て**回心**し、**ユダヤ人以外の人びと**（**異邦人**）への伝道をおこなったから、**「異邦人の使徒」**と呼ばれているね。あっ、パウロはあとから使徒に加えられた人ね。この二人は、**ネロ帝のキリスト教迫害で殉教**したっていわれている。ちなみに、ペテロやパウロって名前は、意外とよく耳にする名前だよ。気づいてないかもなぁ……ペテロは英語読みだと「Peter（ピーター）」、パウロは「Paul（ポール）」だよ。

　それから、特にパウロの思想はのちのキリスト教の教義にも、大きな影響を与えたよ。例えば、**「信仰によってのみ救われる」**という言葉や、イエスの十字架刑によってすべての人間の罪が赦されたという思想は、パウロが説いたものだよ。

◀ 初期のキリスト教は、迫害の歴史！

　ローマの信仰は**多神教**だった。例えば、ギリシアの**オリンポス12神**やエジプトのオシリス神話の神**イシス信仰**、古代アーリヤ人の**ミトラ教**などだ。そこに現れたキリスト教は単なる新興宗教だったから、人びとはユダヤ教との区別もあまりつかず、キリスト教のほうが危ない宗教と思われていた。しかも、**一神教は多神教信仰のローマでは異質な存在**だから、ネロ帝の迫害の標的となったんだ😵。

　その後、ユダヤ人が反乱を起こしてイェルサレムから追放され、各地に離散すると（**ディアスポラ**）、反乱に加わらなかった**キリスト教徒がユダヤ人とは区別される**ようになった。でも、キリスト教徒は危険！という認識は大して変わらなかったから、**ディオクレティアヌス帝**の**大迫害**まで、キリスト教徒は迫害されるんだ。

　こうした迫害のなかでもキリスト教徒は隠れて信仰を続けていたよ。**カタコンベ**

第1章 オリエント・インドの古代文明

第2章 古代の地中海世界

第3章 古代の東アジア

第4章 中世ヨーロッパ

第5章 東アジア世界の変容

第6章 イスラーム世界

第7章 近代ヨーロッパの幕開け

っていう地下墓所をつくり、そこを**避難所や礼拝所として使いながら**少しずつ仲間を増やした。実はローマの大規模なカタコンベ35カ所の回廊（かいろう）の長さを全部あわせると、なんと延べ500km以上！　もはや隠れてない😵。しかも、彼らは**神の前での平等**を唱えたから、下層民や女性、奴隷（どれい）など、社会で差別された人びとに救いを与え、**ギリシア人やユダヤ人を中心に信者が増加して、徐々に教会の組織もつくられていった。**こうして、少しずつ帝国内での影響力が強まっていったんだね。

◀ キリスト教の公認から国教化へ。ポイントは異端（いたん）の排除だ！

　コンスタンティヌス帝によってキリスト教が公認されたのち、**ニケーア公会議**が開かれ**アタナシウス派**が正統、**アリウス派**が異端とされたよね。簡単に説明すると「イエスは神」とする**アタナシウス派**と、「イエスは人」とする**アリウス派**、という違いだ。アタナシウス派は、のちに「父なる神・子なるイエス・聖霊（せいれい）」を一つのものと信じる**三位一体説（さんみいったい）**として確立され、現在まで**カトリック教会やギリシア正教会では正統**だよ。ということは、ここから先に新たな正統思想は出てこないから、覚えるのは異端だけね。**アリウス派**は、帝国の西方・北方の**ゲルマン人**に広まったよ。

　その後、**テオドシウス帝がキリスト教を国教化**すると、皇帝がキリスト教の支配者であり保護者となるから、アタナシウス派以外はすべて異端として排除するよ。まず、431年に東ローマ皇帝テオドシウス2世によって**エフェソス公会議**が開かれ、イエスの神の部分（**神性**）と人の部分（**人性**）を完全に分離する**ネストリウス派**が異端とされた。ネストリウス派は、その後**サvサン朝を中心に東方へと拡大し、唐代（とう）の中国にまで伝わって景教（けいきょう）**と呼ばれた。さらに451年に東ローマ皇帝マルキアヌスが開いた**カルケドン公会議**で「イエスは完全に神」と考える**単性論（たんせいろん）**が異端とされた。単性論は**シリアや北アフリカに拡大**し現在まで残っている。エジプトやエチオピアで独自の活動を続けている**コプト教会**は単性論を信奉しているよ。

　じゃあ、なんで異端となったあとも彼らが活動できるんだろう？　それは、異端とは「**ローマ帝国（もちろん東西分裂したあともね）のなかでは異端**」ということだから、ローマ帝国の外に出てしまえば異端もへったくれもない😄。だから、**帝国外の各地域に拡大**したんだよ。

公　会　議	異　端	異端のその後
ニケーア公会議 [325]	アリウス派	ゲルマン人に広がる
エフェソス公会議 [431]	ネストリウス派	ササン朝に伝わる　➡唐代の中国へ（景教）
カルケドン公会議 [451]	**単 性 論**	シリア、北アフリカへ　➡**コプト教会**など

◀ 正統なキリスト教の教義や組織をつくろう！

　キリスト教の拡大にあわせて、**教義や教会組織**もつくられていった。初期のキリスト教の礼拝では、**イエスの言葉や使徒の手紙**などの内容を話したんだけど、2世紀ころには『**新約聖書**』にまとめられた。あと、キリスト教はユダヤ教から生まれたので、ユダヤ教の聖典だった『**旧約聖書**』もキリスト教の聖典だよ。

合否の分かれ目 ▶ キリスト教の聖典

- 『新約聖書』……イエス以後の「**新しい契約**」　➡**キリスト教のみ**の聖典
  - ▶ 最初は**コイネー**（共通ギリシア語）で書かれた
  - ▶「**福音書**」（**イエスの言葉**）や「**使徒行伝**」（**ペテロ・パウロ**などの伝道）からなる
- 『旧約聖書』……「新約」に対する「**古い契約**」の意味
  - ▶ もともと**ユダヤ教の聖典**　➡**ヘブライ語**で書かれた

　そして、**教父**（教会の学者）によって、徐々に教義が確立したよ。もともと**ギリシア語（コイネー）**で書かれた『**新約聖書**』や**ヘブライ語**で書かれた『**旧約聖書**』は、**ヒエロニムス**によって**ラテン語訳**が完成された。ラテン語はローマの言葉だね。こうして**ラテン語が教会における共通語**となるよ。さらに、さっき話したコンスタンティヌスの側近**エウセビオス**は、『**教会史**』でイエス死後の使徒の時代から彼にとっての現代（コンスタンティヌス帝時代まで）の教会の歴史をつづり、『**年代記**』で『旧約聖書』に描かれた天地創造から4世紀初めまでの年表をつくった。てか、神の時代の年代を決めるってのは、ちょっと無理があるよね……😅。

　そして、古代ローマ最大の教父が**アウグスティヌス**だ。彼はもともと**マニ教徒**だったんだけど、新プラトン主義の影響を受けて**キリスト教に回心**し、その後は教父として異端と論争しながら、**教義の確立**に力を尽くした。特に有名な本は**西ゴート人のローマ侵入**をきっかけに書いた『**神の国**』だね。略奪を受けて滅亡寸前になったローマでは、「これは、キリスト教を信仰したことに対する伝統的なローマ神々の罰だ」って言ってる人がいたから、反論するためにこの本を書いたんだよ。それから、マニ教徒からキリスト教徒へと回心していく彼の自伝が『**告白録**』だね。

　こんなふうに、ローマの末期からキリスト教の教義が徐々に確立されて、特に中世ヨーロッパでは、**キリスト教は政治にも社会にも大きな影響力を持つ**ようになるよ。まぁ、その辺は中世のところでじっくり話すことにしよう！

　これで**ローマの政治史はおしまい！**　年号 check に続いて、文化史も確認しよう😄。

第1章　オリエント・インドの古代文明

第2章　古代の地中海世界

第3章　古代の東アジア

第4章　中世ヨーロッパ

第5章　東アジア世界の変容

第6章　イスラーム世界

第7章　近代ヨーロッパの幕開け

!!! **年号のツボ**

- **帝政開始**［前27］（<ruby>不<rt>2</rt></ruby><ruby>慣<rt>7</rt></ruby>れな帝政　アウグストゥス）
- **五賢帝時代**の始まり［96］（<ruby>苦<rt>9</rt></ruby><ruby>労<rt>6</rt></ruby>する　五賢帝）
- **カラカラ帝が帝国内の全自由民に市民権拡大**［212］（<ruby>つ<rt>2</rt></ruby>いに<ruby>拡<rt>1</rt></ruby><ruby>大<rt>2</rt></ruby>　市民権）
- **軍人皇帝時代**の始まり［235］（軍人皇帝時代に　<ruby>踏<rt>2</rt></ruby>み<ruby>込<rt>3</rt></ruby><ruby>ん<rt>5</rt></ruby>だ）
- **キリスト教公認（ミラノ勅令）**［313］（<ruby>幸<rt>3</rt></ruby><ruby>先<rt>1</rt></ruby>よいね<ruby><rt>3</rt></ruby>　ミラノ勅令）
- **ニケーア公会議**［325］（会議<ruby>見<rt>3</rt></ruby>に<ruby>来<rt>2</rt></ruby>い<ruby><rt>5</rt></ruby>　ニケーアに）
- **キリスト教国教化**［392］（<ruby>割<rt>3</rt></ruby>く<ruby>に<rt>9</rt></ruby>さ<ruby>け<rt>2</rt></ruby>ない　キリスト教）
- **ローマ帝国東西分裂**［395］（時代錯誤の<ruby><rt>39</rt></ruby><ruby><rt>5</rt></ruby>　ローマ分裂）
- **エフェソス公会議**［431］（<ruby>司<rt>4</rt></ruby><ruby>祭<rt>31</rt></ruby>が禁じた　ネストリウス派）

---

5 ▶ **ローマ文化**

◀ 大帝国をつくったローマ……でも文化はギリシア人のマネだ！

　ローマは、進んだ文化を持つギリシア人を政治的・軍事的には征服したけど、文化面で勝てなかったから、「だったら全部もらっちゃえ😆」って思った。だから、**ローマ文化はギリシア文化の**<ruby>模倣<rt>もほう</rt></ruby>だ。「なんだ、パクリかよ😅」って思っちゃいけない！　ギリシア文化を大帝国の全土に行き渡らせたのはローマだよ。それに、**法律や建築**など、支配に必要な実用的な分野にはむちゃくちゃ優れていたよ。

◀ 文学や思想は、多くがギリシアの模倣だ

　まずは文学だよ。ローマ人は**ギリシア文字**から**ラテン文字（ローマ字）**をつくり、ラテン語を帝国全土に普及させた。このローマ字が現在のヨーロッパ各国の文字に発展したわけだから、その功績は大きい。ただ、内容的にはギリシアの模倣だよ。

　まずは共和政末期。文人政治家の**キケロ**は膨大な著作を残しているけど、多くが**ギリシア哲学をラテン語に**翻訳したものだから、あまりオリジナリティはない。彼は、特にプラトンに共感して**民主政を否定**し、同じタイトルの『**国家論**』を書いたよ。キケロは<ruby>元老院<rt>げんろういん</rt></ruby>中心の共和政を支持していたから**カエサルやアントニウス**と対立して、最後は暗殺されちゃった😵。

　その後、**アウグストゥス時代**は**ラテン文学**の黄金期だね。この時代に、**古代ローマ最大の詩人**といわれる**ウェルギリウス**が出て、ローマの建国伝説を叙事詩『**アエネイス**』に描いた➡P.96。ほかにも、平和な時代になったことを反映して、**ホラティウス**や**オウィディウス**などの叙情詩人も現れたよ。

帝政に入ると**ストア派哲学**が流行した。だって、**世界帝国になったローマ**には「世界市民主義」のほうがあうよね。有名人をあげると、**ネロ帝の教育係にもなった**セネカ、**ギリシア人奴隷出身の**エピクテトス、五賢帝最後の皇帝**マルクス＝アウレリウス＝アントニヌス**がいるね。そして、3世紀になると**プロティノス**がプラトン哲学を復興して、**新プラトン主義**をつくり、プラトンの唱えた**イデアを絶対神の世界**ってことにしたんだ。これが**キリスト教神学と結びついていく**よ。

◀ 国家の発展とともに、歴史学も発展

続いて歴史学だよ。ギリシア人の**ポリビオス**は「どうしてギリシアは衰退したのにローマは発展したんだろう？」って考えた。だって、ローマに負けて悔しいでしょ😸。彼は著書『**歴史【ローマ史】**』のなかで「ギリシアは"君主政➡暴君【僭主】政➡貴族政➡寡頭政➡民主政➡衆愚政"と政治体制が循環したから発展しなかった。でもローマは、君主政（コンスル）・貴族政（元老院）・民主政（平民会）の三つが融合しているから政体が循環せず発展した」って説明した。これが**政体循環史観**だよ。

その後、**アウグストゥスの時代**には、**リウィウス**が『**ローマ（建国）史**』を書いた。彼は**アウグストゥスの側近**だったから、「ローマはすごい！　アウグストゥス最高😆」って書き方だ。また、ギリシア人の**ストラボン**は、ローマの支配する**地中海各地の歴史や伝説**を『**地理誌**』にまとめた。これは、地理的な特徴だけじゃなくて、歴史なども加えて各地域の特徴を著した「地誌」だ。その後2世紀には、ギリシア人の**プルタルコス**が『**対比列伝【英雄伝】**』を書いた。この本はギリシアとローマの似ている人物の伝記を並べて比較しているよ。とはいっても、有名な人物の組み合わせは「アレクサンドロスとカエサル」くらいかな。

◀ 自然科学では……世界観がひっくり返った！

次は自然科学ね。**プリニウス**は全2万項目にもおよぶ百科事典『**博物誌**』を書いて、宇宙科学、地理・人類学、動物・植物学など**当時の科学や文明全般に関する情報**を集めた。でも、知識欲が旺盛すぎて、ウェスウィウス火山の噴火の観察を続けていたら、有毒ガスで死んでしまった😖。学者としては本望かな？

そして、ローマ時代には、**これまでの世界観をひっくり返して、のちの世界観を規定してしまう人物**が現れる。それがギリシア人の**プトレマイオス**だ。彼はこれまでの天文学をまとめて『**天文学大全【アルマゲスト】**』を著し、**天動説**を理論化して完成させた。これが**キリスト教神学と結びついて正統とされ**、こののちずっと天動説が宗教的にも正しい！ってことになったんだ。真正面からこれを否定して**地動説**を主張する人は、16世紀の**コペルニクス**まで現れないからね。

◀ 実用的な技術に優れたローマ人。特に建築はすごい!

　ローマは、大帝国を支配するための**実用的な技術**には優れていた。例えば**ローマ法**はずっと法律の模範とされて、近代まで影響を与えているよ。そして、**カラカラ帝**が帝国内の全自由民に市民権を拡大すると、**世界市民主義**の影響も加わって、ローマ法はすべての民族に適用される**万民法**となっていくよ。

　それから、**実用的な建築技術**が発展したよ。特に**アーチ技法**の発達や一種の**コンクリート建築**の発明によって、巨大な建造物を建てられるようになったんだ。特に首都ローマの**フォルム**(中央広場)の周りには、**パンテオン【万神殿】**、元老院議事堂などが建てられたよ。フォルムってのは**ギリシアでいうアゴラ**と同じ。ほかに有名な建造物として、円形闘技場**コロッセウム**、**ガール水道橋**、**アッピア街道**、**凱旋門**(残っているのは七つ)、**カラカラ浴場**なんかは覚えておこう!

	人　名	時　期	代表作など
文学	キケロ	前1世紀半ば	**『国家論』**。カエサル・アントニウスと対立
	ウェルギリウス	前1世紀後半	『アエネイス』
	ホラティウス	前1世紀後半	『叙情詩集』
	オウィディウス	前1世紀末〜	『転身譜』『愛の歌』
	セネカ	後1世紀前半	**ネロ帝の師**。『幸福論』
	エピクテトス	後1世紀後半	ギリシア人奴隷出身のストア派哲学者
	マルクス=アウレリウス=アントニヌス	後2世紀	**『自省録』**。ストア派の**哲人皇帝**
	プロティノス	後3世紀	**新プラトン主義を創始**
歴史学	ポリビオス★	前2世紀	『歴史』(政体循環史観)
	リウィウス	前1世紀後半〜	『ローマ(建国)史』
	ストラボン★	前1世紀後半〜	『地理誌』
	プルタルコス★	後1世紀後半〜	『対比列伝【英雄伝】』
自然科学	プリニウス	1世紀	『博物誌』
	プトレマイオス★	2世紀	天動説。『天文学大全(アルマゲスト)』
	ガレノス★	2世紀後半	マルクス=アウレリウス=アントニヌスの侍医

★はギリシア人だよ!

　次回からは中国史だよ。頭を漢字モードに切り替えよう!

第3章

古代の
東アジア

第8回 古代中国①（中国文明～秦）

それじゃあ気分を新たに、ここからは中国古代史だよ。これまで見てきたヨーロッパよりも、中国のほうがサイズも人口も、とにかく大きい！　まずは、古代文明から、しっかりイメージをつくっていこう！

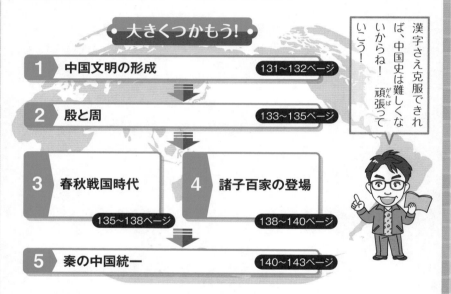

● 大きくつかもう！ ●

1　中国文明の形成　　131～132ページ

2　殷と周　　133～135ページ

3　春秋戦国時代　　135～138ページ

4　諸子百家の登場　　138～140ページ

5　秦の中国統一　　140～143ページ

漢字さえ克服できれば、中国史は難しくないからね！　頑張っていこう！

日本も含む東アジア世界は、みんなも気づかないようなところまで含めて、かなり中国から影響を受けているよ。例えば、僕も普段意識せずに使っている漢字だって、もとをたどれば中国の文字だし、すっかり日本語でも定着している「親孝行」は儒家の思想だったり、お墓参りは祖先崇拝だったり、中国の影響はいろんなところに見ることができる。意外に身近なことも多い中国史！「漢字イヤだー」って思うかもしれないけど、そこさえ克服できれば難しくないよ。まずは、中国文明の形成から秦の中国統一まで、一気に見ていこう！

それじゃあ中国文明の形成、いってみよう〜😆。

1 中国文明の形成

◀ 中国の古代文明の発生。大河と気候に注目してみよう!

中国って、ヨーロッパがすっぽり入ってしまうくらいの大きさだから、地域によって気候が全然違う。大きく分けると黄河流域の華北は雨が少ない乾燥地帯で冬は寒いから、農業は畑作が中心になる。現代では麦などが多いけど、古代文明の時代にはまだヒエやアワなどの雑穀が中心だね。一方、長江【揚子江】流域を中心とする華中、特に長江下流域の江南地方は雨が多くて温暖な気候だから、農業は稲作が中心だ。そして、中国の南北はだいたい淮河を境目に分けられるんだ。中国史の舞台はおもに「華北」と「江南」が中心で、ときどき長江上流域の四川地方が出てくる、って感じだ。まずは中国で重要な川「黄河」「淮河」「長江」の位置と流域の気候を頭に入れておいてね😆。

◀ 黄河流域の文明は、土器で区別しよう!　長江流域は稲作文化だ!

北の黄河流域では、前6000年ころまでに畑作をおこなう新石器時代となり、前5000年ころから気候の温暖化や農耕技術の発達で、数百人くらいが集まるムラが生まれた。黄河中流域を中心とするこの農耕文化は、スウェーデン人のアンダーソンが河南省で発見した代表的な遺跡の名前をとって、仰韶文化と呼ばれている。ほかに陝西省の半坡遺跡などもこの時代の代表的な遺跡だ。彩陶（彩文土器）がたくさんつくられたから彩陶文化とも呼ばれる。彩陶は赤っぽい色の素焼きの土器に色で模様をつけたもので、まだ焼く温度が低かったから厚手でもろいのが特徴だ。これは西アジアの文明でつくられた彩文土器と似ているね😲。また、東北の遼河流域でも狩猟・採集に加えて雑穀の栽培も始まり、前4000年ころから紅山文化が栄えたよ。

前2000年代に入ると各地で大規模なムラが現れるとともに、表面を磨いて仕上げた磨研土器の黒陶がつくられるようになった。高温で焼いた硬い土器だから、表面を磨けるようになったんだね。さらに、この時代には、土器をつくるときにろくろが使われ始めたよ。これできれいに整った形の土器がつくれるね😆。黒陶は遼東半島から長江流域まで広い範囲で見つかっているけど、最初に黒陶が見つかった山東省の遺跡の名前から竜山文化、土器の種類から黒陶文化と呼ばれているよ。ただ、黒陶は磨いて仕上げるのが大変!　だから、日常生活では作りの粗い灰陶が使われたんだ。普段はシンプルなものを使ったんだね。それから、仰韶文化の後期から竜山文化の土器の特徴は、3本の足をつけた三足土器（鬲・鼎）だよ。三足という特徴は殷や周の時代につくられた青銅器にも見られるよ。

第1章　オリエント・インドの古代文明

第2章　古代の地中海世界

第3章　古代の東アジア

第4章　中世ヨーロッパ

第5章　東アジア世界の変容

第6章　イスラーム世界

第7章　近代ヨーロッパの幕開け

　一方、南の**長江**流域は温暖で雨が多い気候だったから、前5000年ころには**稲作を中心とする文明**が出現していた。長江下流域の浙江省にある**河姆渡遺跡**は、だいたい**仰韶文化**と同じ時代の遺跡だね。ほかにも、長江上流の四川省の**三星堆文化**では、目玉が飛び出た個性的（？）な**デザイン**が特徴の**青銅仮面**などが発掘されている。三星堆文化は前2000年ころの青銅器文化だから、少し時代が新しいね。

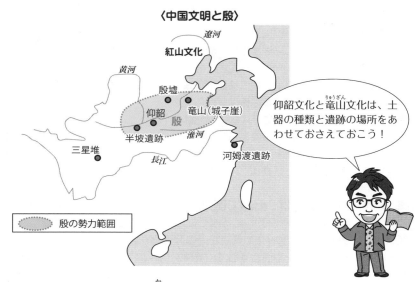

〈中国文明と殷〉

仰韶文化と竜山文化は、土器の種類と遺跡の場所をあわせておさえておこう！

◀ 伝説上の中国王朝……夏王朝って何？

　ここまでの仰韶文化や竜山文化は、まだ「ムラ」の時代だけど、各地でムラとムラが争って集落が大規模になると、やがて小さなクニができた。これが**邑**だよ。邑はまわりを**城壁や濠**で囲まれ、内部には王宮、祭壇、市場や住居もあった。こうした**邑が黄河流域を中心に各地でつくられる**と、やがて抗争のなかで有力となった邑を中心に**連合国家**ができた。こうして、少しずつ中国の古代王朝が姿を現すよ。

　中国の歴史書のなかに最初に出てくる王朝は夏だけど、その**実在はまだ証明されていない**😓。だって、中国の歴史書の最初に出てくる伝説上の帝王「**三皇五帝**」は、戦国時代以降に考えられた「神」で、三皇はどう見ても人間じゃない。例えば、人びとに漁猟を教えた**伏羲**は体が蛇で頭が人だし、農業を教えた**神農**は体が人で頭が牛😵。そのあとの五帝は、漢民族の始祖とされる**黄帝**から理想の君主とされる**堯・舜**までだけど、彼らも暦をつくったとかなんとか、怪しい記述ばっかり😖。これも実在とはほど遠いね。そして、**舜から位を譲られた禹**が建てたとされるのが**夏王朝**だ。現在、殷の時代よりも古い遺跡の発掘が進んでるけど、文字の記録で夏王朝と証明できた遺跡はない。ということで「**伝説上の最初の王朝**」ってところだけおさえておけば OK だ！

第1章 オリエント・インドの古代文明

第2章 古代の地中海世界

第3章 古代の東アジア

第4章 中世ヨーロッパ

第5章 東アジア世界の変容

第6章 イスラーム世界

第7章 近代ヨーロッパの幕開け

2 殷と周

◀ 殷の神権政治は「邑制国家」で理解しよう！

　実在が確認されている最初の王朝は**殷【商】**だよ。商は彼らの自称、殷はのちの周がつけた**蔑称**だ。殷は湯王が夏王朝最後の暴君桀王を滅ぼして建国したことになってるけど、これは伝説だから怪しい😅。ただ、殷後期の都とされる**河南省安陽市小屯村**で発見された**殷墟**からは、**甲骨文字**が刻まれた大量の獣骨や亀甲が見つかって、殷の実在が証明された。さらに**青銅器**や**象牙細工**、硬く精巧な**白陶**のほかに、西域産の玉器、お金として使われた**タカラガイ（子安貝）**なども発掘され、**交易ネットワークの中心**だったことがわかるんだ。特に殷の青銅器は、おもに**儀式のときの酒器や食器**として使われ、悪霊に中身をとられないように**獣面の模様（饕餮文）**で飾られていた。ほかに刀や矛などの武器もつくられたよ。

　では、甲骨文字から読み取れる殷の支配体制について説明しよう！　殷は統一された国というより邑の連合体（**邑制国家**）だから、殷王が全国を直接支配していたわけじゃない。まず、王となった最有力の邑（**王邑**）が商で、王邑は大諸侯の邑（**大邑**）を、**大邑**はその下に中小の邑（**小邑**）を支配して、ゆるやかな連合をつくっていた。つまり、**強い邑が弱い邑を支配**して、支配する邑の数によって強さが決まり、商（殷）が連合のトップだったんだ。

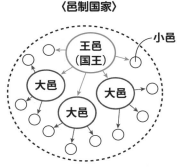

〈邑制国家〉

王邑（国王）　小邑　大邑　大邑　大邑

　じゃあ、殷王はどうやって他の邑を支配していたんだろう？　商は他の邑を**神の序列**で支配したんだよ。邑にはそれぞれ**守護神**が祭られていたから、殷王は「私の邑の神は、お前のところの神よりもエライ！」と言って服属させ、**神をエライ順に並べて商の神を一番**にした。そして、「一番エライ商の神のお告げに従うように」と言って、他の邑に命令を出したんだ。こんなふうに神を使って支配するから**神権政治**だよ。神を祭る祭祀と政治が一体になっているから**祭政一致**だね。そして、神のお告げを聞くために獣骨や亀甲を火であぶり、できたひび割れで神の意思を**占い（占卜）**、結果を文字で残した。これが**甲骨文字**だよ。ちなみに甲骨文字は19世紀末に発見されたのち、**王国維**らの研究で解読され、**漢字の原型**とされているよ。

◀ 殷の滅亡と周の成立

　殷がつくった高度な文化が各地に広がると、支配下の氏族のなかには殷よりも強くなるヤツも出てきたよ。黄河支流の**渭水盆地**を拠点とした周は、**殷に服属していた邑の一つ**で、周辺の異民族を征伐しながら力をつけると、**武王**が牧野の戦いで殷の暴君紂王を破って殷を滅ぼした（**殷周革命**）。またまた最後の君主は暴君だ……😫。前の王朝の最後の王を暴君にするのは、王朝交代を正当化するためだね。「悪いヤ

ツを滅ぼしてやったゼ」的な😁。そして、武王は天命（**天の意志**）を受けて新しい王朝をつくったことにした。だからこれ以後、王朝の支配者を「天子」と呼ぶようになる。天っていうのは「一番エラい神」だと思って OK だよ。
　こうして周は渭水盆地の鎬京を都として、**邑の連合の盟主**になった。鎬京が都だった時代が**西周**だよ。そして、殷から受け継いだ、**青銅器**に文字を鋳込む技術を独占したんだ。この青銅器に刻まれた文字が**金文**だよ。

> **合 否 の分かれ目** ▶ **殷と周……どちらも「邑制国家」だ！**
>
> - **殷**……神権政治
>   - ▶ 獣骨や亀甲を火であぶる**占い**（占卜）で神意を問う
>   - ➡ 結果を甲骨文字に残した
> - **周**……封建制
>   - ▶ 周王を「**天子**」として、**一族・功臣**に封土を与えて世襲の諸侯とする
>   - ➡ 宗族（**同姓の血縁集団**）を基盤にした**氏族的支配**

◀ 周の封建制って、どんな制度だろう？

　周の支配体制は殷と同じ**邑制国家**だけど、殷とは支配の仕方が少し違う。殷の神権政治に対して周は**封建制**だよね。じゃあ、封建制ってどんな制度なんだろう？周王は鎬京周辺の強い邑を直接支配していたけど、それ以外にも王族が重要な役割を持った。例えば、武王の弟とされる**周公旦**は洛邑を支配して、武王の死後も幼い周王の統治を助けた。そして、**一族の有力な族長や異姓の功臣を各地に送り込んで、封土**（支配する邑）を与えて**世襲**の諸侯にしたんだ。さらに各地の有力者も諸侯にして（諸侯にするのが“封じる”って表現だ）、貢納や軍役を課した。そして、諸侯も世襲の家臣である卿・大夫・士に采邑を与えて、やはり軍役や貢納を課したよ。こんなふうに、**封土を与えるかわりに軍役や貢納を負わせる主従関係が封建制**だ。
　封建制では**周王が強い権威を持っていた**よ。簡単に言うと、みんなが「周王は特別な存在だ！」って思っていた。周王は天命を受けた「天子」と称して国内を統治し、一族を中心とする諸侯が周王を支えた。さらに、鎬京や洛邑にくる諸侯に宗教的な儀式をすると、**金文の鋳込まれた青銅器を与えて王の権威を見せつけた**。
　また、同姓の一族（**宗族**）は祖先を祭る儀式を通じて団結し、**宗法**という秩序で強く結ばれて、例えば、本家（**大宗**）と分家（**小宗**）の上下関係や、秩序を維持するために長男が家を継ぐこと（**嫡長子相続**）、同じ姓の人とは結婚しないこと（**同姓不婚**）などが守られた。中国では今でも「同姓の人は同じ一族」という意識が強いよ。こうした一族のなかでの秩序が「**礼**」だよ。そして、周王に封建された異姓の諸侯も、本当は親戚じゃないけど、タテマエでは「**親戚のような関係**」というこ

とにして序列を決めたから、周の統治では「**家柄が大事**」なんだよ。ここは西欧との比較がポイントだ。**中世西欧の封建制**は「**個人の契約**」で主従関係が結ばれるのに対して、周は「**宗族という血縁集団を基盤**」にした**氏族的支配**だね。

第1章 オリエント・インドの古代文明

第2章 古代の地中海世界

第3章 古代の東アジア

第4章 中世ヨーロッパ

第5章 東アジア世界の変容

第6章 イスラーム世界

第7章 近代ヨーロッパの幕開け

3 春秋戦国時代

◀ 周王室が内紛で分裂し、犬戎の侵入でついに西周が滅亡！

　西周時代には、周王が渭水盆地の強い邑を支配して、さらに一族の団結、つまり**血縁関係で支配を強化**していたから、周王が**権力も権威も**両方持っていた。ただ、時代が経つにつれて一族の絆が弱くなり、さらに**周辺異民族が侵入**してくると、封建制は揺らぎ始めた。そして西周は滅亡に向かうんだ😖。

　幽王が殺されて鎬京に新しい王が即位すると、反対した有力諸侯が洛邑に別の王を立て、周は一時分裂した。さらに辺境から侵入した勢力（**犬戎**）に鎬京を奪われると、東の**洛邑**が都になった（**周の東遷**）。西周が滅んだあとが**東周**で、東周時代の前半が**春秋時代**、後半が**戦国時代**だよ。

◀ 春秋時代とは「周王の実力は落ちたけど……まだ権威は強い時代！」

　東周時代に、周王は洛邑のみを支配する地方勢力に転落して、**もはや実力はなく**なったから「これまでか……😖」と思ったら、そうでもなかった😲。実際、ここからの周の政治は**有力な諸侯が中心**だよ。でも、これまで周王室の支配を支えていた諸侯が、**いきなり周王を倒すことはできなかった**。なぜかというと、まだ「**周王は特別な存在！**」という意識、つまり「**周王の権威**」が残っていたからだ。

　春秋時代にはすでに諸侯が自立し始めていたから、周王より強い諸侯はたくさんいたけど、彼らは周王のように特別な存在じゃなく、ただ「強い」だけ。だから、周王の権威を使い、とりあえず周王を立てておいて「みんなで周王を守ろう😤！（**尊王攘夷**）」と唱え、諸侯の同盟（**会盟**）をつくって自分が**盟主**になった。こうすれば「私の命令は周王の命令である！」として、全国を支配できるでしょ。こんなふうに会盟の盟主となった諸侯が**覇者**だよ。

　ただ、諸侯たち全員が「周王を守ろう！」って思ってたわけじゃない。おもに**中原（黄河中・下流域）**の諸侯は、自分はあくまでも「**周王の下でのまとめ役**」と思っていたから**公**（諸侯、つまり家臣の称号ね）を名乗ったけど、南の**楚**や**呉・越**の支配者は「オレ様は周王と同じくらいエライ！」として王を名乗り、特に楚はたびたび中原にも侵攻してきた。最初に覇者に数えられる**斉の桓公**は、諸侯とともに楚を敗退させて会盟したし、次に出てくる**晋の文公**も周王室の内紛を収めたあと、**楚を撃退**

> 春秋の五覇は「オレを中心に周王を助ける！」って言ってるから、登場するのは基本的に一人ずつだよ

して諸侯と会盟した。斉の桓公や晋の文公、ほかに楚の荘王、長江下流で抗争して「呉越同舟」や「臥薪嘗胆」の故事で知られる呉王闔閭（もしくは息子の夫差）、越王勾践などの有力諸侯は、まとめて春秋の五覇と呼ばれているよ。まあ、いろんな説があるから、全員入れると５人じゃ収まらないけどさ……😵。

〈西周と春秋時代〉

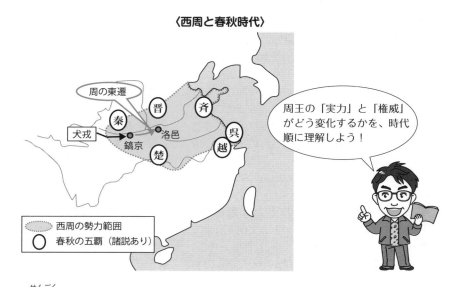

周王の「実力」と「権威」がどう変化するかを、時代順に理解しよう！

西周の勢力範囲
○　春秋の五覇（諸説あり）

◀ 戦国時代とは「周王の実力も権威も、まるでなくなった時代！」

　しかし、諸侯たちの抗争が続くにつれて秩序が崩れ、ついに家臣が主君を倒す日がやってきた。大国だった晋の家臣（卿）たちの内紛から、家臣の韓・魏・趙の３家が晋の領土を３分割し、前403年には、周王に「オレたちを諸侯にしてくれますよね😏」と迫って諸侯になった。これが、戦国時代が始まる大事件なんだよ。

　すでに春秋時代には周王の実力はなくなっていたけど、王の権威だけは残っていたよね。だからみんな「主君と家臣の上下関係はひっくり返しちゃいけない」って思っていた。晋の家臣だった韓・魏・趙も、主君から領土を奪ったからといって「諸侯の家臣（卿）」だから諸侯にはなれない。諸侯とは周王に封建された「周王の家臣」だからね。ところが、周王が韓・魏・趙を諸侯にしたってことは、強い家臣が弱い主君を倒す「下剋上」を周王が認めたことになる。これで「じゃあ、弱い主君は倒していいんだな😎」ってみんなが思ったら……倒されるのは周王だよ😫。だってすでにむちゃくちゃ弱いでしょ！

　こうして、「周王は特別な存在だ」という権威も無くなり、有力諸侯はみんな公然と王と名乗り始めた。戦国時代に強大化した秦・楚・斉・燕・趙・魏・韓の７国は、戦国の七雄と呼ばれているよ。ちなみに、韓・魏・趙だけじゃなく、斉も家臣の田氏が奪って下剋上でできた国だ。そして戦国時代には負けると領土を丸ごと併

合されてしまう😵。春秋時代までは諸侯同士が戦っても「親戚だから滅ぼしちゃマズい……」って意識が多少はあったけど、もはやそんなものはない。勝ったら相手の領地を奪い、負けたら滅ぼされる。だから各国は**領土拡大**と**富国強兵**を進めて、征服地は王の直轄地にした。こうして春秋時代までは残っていた「**邑制国家**」の体制が崩れて「**領域国家**」へと変化し、王権強化が進んでいくんだ。

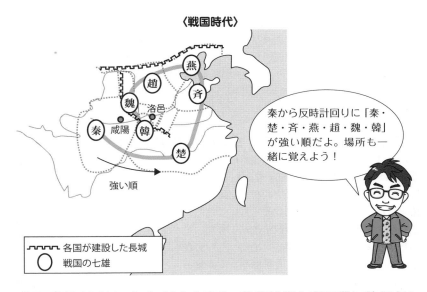

〈戦国時代〉

燕
趙
魏　斉
洛邑
秦　韓
咸陽
楚

強い順

秦から反時計回りに「秦・楚・斉・燕・趙・魏・韓」が強い順だよ。場所も一緒に覚えよう！

～～～ 各国が建設した長城
○ 戦国の七雄

第 1 章 オリエント・インドの古代文明

第 2 章 古代の地中海世界

第 3 章 古代の東アジア

第 4 章 中世ヨーロッパ

第 5 章 東アジア世界の変容

第 6 章 イスラーム世界

第 7 章 近代ヨーロッパの幕開け

◀ **支配階級だけじゃなく、社会も変化。農業技術と商工業に注目だ！**

　この時代、中国の社会全体にも大きな変化が現れていたよ。それが、**鉄製農具**と**牛耕農法**だ。中国では**春秋時代末期**に**鉄器**の使用が始まったけど、鋳型でつくるもろい鋳鉄だったから、最初は武器には使わずに**農具**として使われた。鉄製農具を使うと、より広く、深く、速く畑を耕せるから、**農業生産力が高まる**よね。さらに開墾が簡単になるから**耕地が拡大**するし、大規模な治水や灌漑も進むんだ。ただ、耕地が拡大したことで、これまでみんなで助け合っていたムラ（共同体）のなかから、「我が家は助け合わなくても生きていけるから😊」と家族単位の農業経営を始める小農民が現れた。これがだんだんと**大土地所有の進展**と**共同体の解体**をもたらした。こうなると支配体制も、ムラ（**邑**）を単位とする支配から個々の「家」を単位とする支配に変えないとマズいよね😫。これが**戸籍の作成**や**中央集権化**につながっていくんだ。

　そして、鉄製農具の普及は**手工業の発達**をもたらし、農業生産力の増大で余ったもの（**余剰生産物**）を交換する**商業**も盛んになり、商人層の活躍も目立つようになった。さらに、商工業の発達にともなって**青銅貨幣**がつくられて流通するようになったよ。例えば、北方の燕や斉では**刀銭**が、韓・魏・趙では**布銭**が、楚では**蟻鼻銭**

が、秦などでは円銭【環銭】がおもに使われた。そして、戦国の七雄の都などは、市場や工房などが集まる経済都市としても発展したんだ。斉の都臨淄、趙の都邯鄲、燕の都薊などがその代表だよ。

4　諸子百家の登場

◀ 各国は積極的に人材を登用！ チャンスを求めてさまざまな思想が現れた

　各国の君主が自分の国を強くするために「有能な人材がほしい」と、積極的に人材を集めたから、春秋・戦国時代にはさまざまな思想家が現れて、中国思想の源流が生まれたよ。思想家が「子」、学説が「家」、全部まとめて諸子百家だ。特に戦国時代は実力主義の時代だから、思想家たちは大出世を狙って自分の思想を各国の君主に売り込んだ。中国史上、もっとも思想界がアツイ時代だ！

◀ 周代の家族道徳を重視する儒家。以後の中国思想の中心だ！

　まずは、今でも中国の思想の根本になっている儒家だよ。春秋末期に儒家を創始した孔子は、戦乱を目の前にして「平和だった周代の政治を復活させれば平和に戻せる！」と考えた。これを実践するために魯の政治改革に参加したんだけど失敗したので、諸国をめぐって自分が理想とする統治を説いた。孔子はね、本当なら周代の家族道徳に基づく封建制を復活したかった。でも、すでに「礼」が力を失っていたから、かわりに親に対する「孝」や兄弟に対する

儒家は「仁」と「礼」をしっかりおさえよう！ あとあと，この二つは大事になるよ

「悌」の実践を通じた「仁」（簡単に言うと家族愛）の完成によって、秩序を回復しようとした。彼の思想は「修身・斉家・治国・平天下」という言葉に表されているね。ちなみに、孔子の言葉が記されている『論語』は、孔子が書いたのではなく弟子が編纂したものだから、正誤問題では注意！ あとは孔子による魯の年代記『春秋』が、春秋時代の語源だよ。

　そして、孔子の「仁」をさらに追及して、性善説に基づく徳治主義を主張したのが孟子だよ。性善説っていうのは、「人はみな本性（生まれたときから本来持っている心）は善」という意味で、孟子は「君主が人民を大切に思う道徳的な政治（王道）をすれば人びとは従う！」と主張した。じゃあ君主が悪政をおこなったら？そのときは天命がかわって王朝が交代（易姓革命）する😊。だから国王は「道徳的に優れた人に王位を譲るのがいい」って言ったんだ。これが禅譲だね。逆に「武力で王位を奪い取る放伐はイカン！」と批判したよ。

　これに対し、戦国時代末期に登場した荀子は、孟子の性善説に対し性悪説に基づく礼治主義を主張した。これって「人間の本性が極悪人」って意味じゃない😵。

そもそも、みんな「仁」が大事ってわかっているはずなのに、平和にならないのはなぜだろう？　要するに「わかっちゃいるけど……😅」。だから、社会の秩序を維持するには「君主が"礼"（道徳を決まりにする）を定め」、人びとはそれを尊重して従うべき、と主張した。これを聞いた彼の弟子の韓非や李斯は「決まりをつくるなら、破った人間を罰するべき」と考え、もっと実践的な支配の仕方を重視した。この法家の理論は韓非が大成したよ。法家の重要なポイントは、単に「法が厳しい」ってだけじゃなく、「刑罰」を明らかにして人民を支配するってことだ。

◀ 儒家への批判から墨家や道家が現れた！

このあとの思想史は、儒家を中心に回っていくよ。まず、儒家に対して「支配階級のことしか考えてないじゃないか！」と批判したのが墨子だ。墨子は孔子の仁を差別愛だと批判して、「無差別平等の愛（兼愛）で、民衆にも目を向けなさい！」と主張した。だから、民衆のための「戦争否定（非攻）」、身分によらない任用（尚賢）、さらに支配者が節約する「節用」などの考え方が出てくるんだ。

一方、儒家の「仁・礼」も墨家の「兼愛」も「そんなのワザとらしい！（人為的）」と批判したのが老子だよ。道家を始めた老子は「無為自然」を説き、宇宙や自然の秩序に従って生きることを主張した。これを政治に当てはめると、「君主が社会に干渉せず、ほったらかす」のが理想ってことになるんだ（のちの黄老思想）。一方で、乱世に政治闘争から逃れた人の主張にもなった。さらに、荘子は自然の変化に逆らわずに自由に生きる「遊」を説いた。こうした思想は老荘思想といわれ、のちに民間信仰と結びついて道教の源流になったよ。だって、自然の流れに逆らわずパワーを体内に取り込んで……とかやると、最後に到達するのは仙人……、こりゃ学問じゃなくて宗教だ😳！

◀ その他の諸子百家についても見ておこう！

まず、外交戦術を説いたのが縦横家で、彼らの戦術をまとめたのが『戦国策』だよ。この書名が戦国時代の語源だね。ここはまず、前提として「戦国時代に秦だけが圧倒的に強くなった！」というのを頭に入れておこう！　蘇秦は「秦以外の6国が同盟を結んで秦に対抗する」という合従策を説いて、6国同盟に成功した。対する張儀は、秦に「6国それぞれに秦との個別同盟を持ちかければ合従策を崩せる」という連衡策を持ちかけ、秦に登用されて6国を分断した。でも、王と対立して、張儀も秦を去ったんだ。

続いて陰陽家だよ。これは、天文学や暦学を基本にして、天体の運行と人間社会の関係を説いたんだ。鄒衍が集大成した陰陽五行説は、万物の変化を「木・火・土・金・水」の五つの要素とその循環で説明したんだよ。陰陽っていうのは「太陽（日）と月」だから、これって日本の曜日の名前だよね。ちなみに、東洋の占いで人を水星や金星なんかの星に当てはめるものや風水は、陰陽五行説がもとだよ。孫子や呉子の説いた兵家は、「どうやったら戦いに勝てるか」という兵法や戦略

第 1 章　オリエント・インドの古代文明

第 2 章　古代の地中海世界

第 3 章　古代の東アジア

第 4 章　中世ヨーロッパ

第 5 章　東アジア世界の変容

第 6 章　イスラーム世界

第 7 章　近代ヨーロッパの幕開け

だ。有名な言葉だと「彼を知り己を知れば、百戦して殆うからず」とか、武田信玄の軍旗で有名な「風林火山」も孫子の兵法の一部だよ。あとは、言葉と本質の関係を探る**名家**は、「**白馬非馬論**」で有名な**公孫竜**の名前はおさえておこう。最後に、**農家**は神農の教えを理想として、農民の立場から農耕の重要性を説いた人たちだ。代表的な思想家は許行だよ。

5　秦の中国統一

クローズアップ　秦の強大化と中国統一

● **孝公**の時代〔位前361〜前338〕……**法家**の商鞅を登用して改革（変法）を実施

● 秦の中国統一〔前221〜前206〕　都：咸陽
　● 始皇帝（**秦王の政**）の統一政策……法家の**李斯**を登用
　　▶ **郡県制の全国化**、焚書・坑儒など
　● 始皇帝の対外政策
　　▶ 匈奴討伐　➡ **長城【万里の長城】**の修築・連結
　　▶ 南越遠征　➡ **南海郡**（現在の広州）など３郡を設置
● 秦の滅亡〔前206〕……始皇帝の死後、国内不満が噴出
　● 陳勝・呉広の乱〔前209〜前208〕……**中国史上初の大農民反乱**
　　➡ 項羽と劉邦の台頭　➡ 劉邦による咸陽の占拠〔前206〕

◀ 戦国時代になると、西北辺境の秦が勢力を拡大！

　春秋時代に入ると、西周の故地だった渭水盆地では秦が勢力を伸ばしてきたよ。金文には、秦が「戎」をたびたび破ったことが書いてあるけど、秦も西北の辺境から侵入してきた遊牧民出身の国とも考えられる。田舎だった**秦が戦国の七雄の一つに数えられるほど強くなったのは、法家による改革（変法）に成功したからだ。**

　前４世紀、秦の**孝公**は商鞅を登用して、**法家に基づく中央集権化**を進めたよ。商鞅がおこなった変法は、「国の隅々まで国王の命令がいきわたる」システムをつくることだ。新しく占領した邑を国王直属にするために県を置き、県をいくつかまとめて郡を設置した。「小邑が県、大邑が郡」って感じだよ。これで秦は、「**邑と邑を線で結ぶ**」邑制国家から、**郡県制**によって「**領域を面で支配**」する領域国家にいち早く転換した。さらに農村では治安維持や徴税に連帯責任を負わせる什伍の制を導入したよ。また、出身氏族に関係なく手柄を立てれば出世できる制度（軍功爵）を取り入れた。もちろん失敗すれば左遷されるけどさ……😅。あと、孝公の時代に都が渭水盆地の咸陽に遷された。こうして、商鞅の改革が秦を強国に成長させたんだよ。

第1章 オリエント・インドの古代文明

第2章 古代の地中海世界

第3章 古代の東アジア

第4章 中世ヨーロッパ

第5章 東アジア世界の変容

第6章 イスラーム世界

第7章 近代ヨーロッパの幕開け

◀ ついに秦王政が中国を統一！

　強国となった秦は、韓・魏・趙や四川地方、さらに長江流域へと攻め込み、前256年には、洛邑近辺にかろうじて残っていた周を滅ぼして中原に進出した。その後、**秦王の政**が登場して東方の**6国を次々と征服**すると、前221年には斉を滅ぼして中国を統一した。そして、秦王の政が最初にやったのは、**自分にふさわしい称号**を考えることだった。「これまでの君主の称号 “王” は、しょせん一地域の支配者に過ぎない。もっとすごい名前を！」と彼がたどり着いたのが「皇帝」の称号だよ。「煌々たる（光り輝く）帝王」って意味だけど、これって伝説上の君主「五帝」よりもすごいから、そこに神である三皇の「皇」をつけて「皇帝」ってことだ。もう「三皇五帝」をあわせちゃったくらいすごい名前だ。そして、自分は「始皇帝」と称し、その後は「二世皇帝、三世皇帝……」と続けることになった。

◀ 始皇帝の政策は、制度、単位、お金、思想……「なんでもかんでも統一」だ！

　さて、始皇帝の統一政策を見ていくと、あまり新しいものはない。彼の統一政策は、もともと戦国時代に秦で実施していた制度を全国に広げた、って考えよう！始皇帝は法家の**李斯**の意見を取り入れて、まず全国に**郡県制**を施行した。全国を36郡に分けて郡の下の県を統括させ、各郡には**守**（行政）・**尉**（軍事）・**監**（監察）の３長官を置いた。そして、中央には**丞相**（最高行政官）、**太尉**（軍事の最高官）、**御史大夫**（監察の長官）を置き、その下にある官僚組織を手足のように使って皇帝が**全国を直接支配**したんだ。さらに中央の命令を全国に共通して送るために**文字を小篆や隷書に統一**し、**車軌**（馬車などの車輪の幅）を統一して交通の便をよくした。さらに、交易がスムーズに進むように**度量衡**（現在だと “メートル、グラム、リットル” などの単位）を統一し、貨幣も**半両銭**に統一したよ。

　また、全国に皇帝のすごさを見せつけるために、**咸陽の大改造**をおこなったよ。まず、全国の富豪12万戸を咸陽に移住させると、東西約700m、南北約120m、宮殿内には12mの旗が立てられるほど巨大な**阿房宮**を建設した。東京ドーム２個分くらいだな。これ、現代に持ってきてもビックリするくらいの大宮殿だ。さらに即位した時点から自分のお墓である**驪山陵**の造営を始めているよ。ここには巨大な地下宮殿がつくられ、**兵馬俑**（陶製で実物大の人や馬の人形）も出土しているよ。

　こんなふうにさまざまな統一政策をおこなった始皇帝は、さらに**言論や思想の統一、焚書・坑儒**をやった。これは、皇帝の前で郡県制を批判された李斯の反撃がきっかけだとか、不老不死の仙薬を求めた始皇帝が学者にだまされたのに激怒して、見せしめに殺したとか、理由はいろいろいわれているけど、皇帝の政策に対する批判の根拠になるような書物を一掃するのが目的だよ。そこで、**農業・医学・占い**（卜筮）**以外の書物を焼かせ**、翌年、**儒者を中心に皇帝を非難した460人余りの学者を生き埋め**にしたとされている。「坑」の字は「土に埋めるから “土（つちへん）”」ね。漢字に気をつけよう！　これが、のちの儒学者たちに「焚書・坑儒」と呼ばれるようになった事件だ。

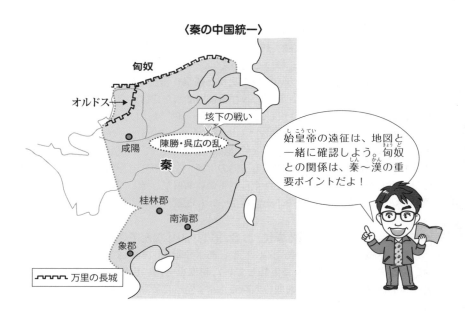

〈秦の中国統一〉

匈奴

オルドス→

垓下の戦い

咸陽

陳勝・呉広の乱

秦

桂林郡

南海郡

象郡

〜〜〜 万里の長城

始皇帝の遠征は、地図と一緒に確認しよう。匈奴との関係は、秦〜漢の重要ポイントだよ！

◀ 辺境防衛を固めろ！　匈奴を討伐して長城を完成だ

　すでに戦国時代から、中国の北方では**スキタイの騎馬文化**（馬にまたがって乗る）を取り入れた匈奴がむちゃくちゃ強くなって、秦の時代には黄河を越えて**オルドス**までに勢力を伸ばしていた。始皇帝は、将軍の蒙恬になんと30万の兵を出させて**匈奴をゴビ砂漠の北方にまで撃退し、オルドスを取り返した**。これ、滅ぼしたんじゃなく、**大軍を送り込んで追っ払った**、って感じだ。そして、戦国時代に北の燕や趙が築いていた長城を**修築してつなげ** ➡P.137、匈奴の侵入に備えたんだ。これが**万里の長城**と呼ばれるようになる防壁だよ。このときにつくられた長城は、旅行ガイドとかで有名な石垣づくりのものじゃなくて、**ただの土の壁**……😔。まあ、馬がいったん止まって時間を稼ぐのと、あとは北や西の遊牧民の世界との境界がハッキリわかるようにすれば OK ね😆。

　さらに、南にも50万もの軍を送って**百越**（たくさんの民族の総称）**を征服**し、**南海郡**（現在の広州だよ）のほか**桂林郡、象郡**の3郡を設置したよ。ここは、華南からベトナム北部に至る地域で、現在だと半分以上が“中国のなか”だね。

◀ 始皇帝の死後、各地で勃発した反乱のなかから項羽と劉邦が登場！

　秦がつくった皇帝を中心とする支配体制（中央集権）は、ここから2千年にもおよぶ中国王朝の支配の原型となり、「中国は一つ」という意識をつくりあげた。これだけ広大な国土が、このあとも統一され続けたのは、始皇帝の影響だよ。でも、これまでバラバラだった地域を短期間で一つにまとめるのは難しかったんだ。旧6

国の人びとは**法家による厳しい支配**をやった秦の政策に反発し、さらに対外遠征や長城・阿房宮の建設などの**大土木工事の負担**は、民衆の生活を苦しめた。そして、始皇帝が病死して**二世皇帝胡亥**が即位すると秦の支配が揺らぎ始め、各地で反乱が起き始めたんだ。

　前209年、長城防衛の兵士として徴発された農民たちによる**陳勝・呉広の乱**が起きると、生活に苦しんだ農民がどんどん集まり、**中国史上初の大農民反乱**になった。陳勝が反乱を起こしたときの言葉「**王侯将相いずくんぞ種あらんや**」は、「エライ地位だって生まれとは関係ない！　力で奪い取って何が悪い😠！」ってことだよね。まあ、この反乱は約半年で崩壊しちゃったんだけど、これにあわせるように各地で次々と秦の打倒を唱える反乱が起きた。

　このなかから有力となったのが、項羽と劉邦だ。もともとは二人ともかつての楚王の末裔を立ててつくった「楚軍」にいたんだ。**項羽は秦に殺された楚の名将の一族出身**で、上将軍として権力を握ると各地で秦軍を破った。ただ、項羽は秦に対する恨みが深すぎたのかな……敵の秦兵20万人を穴埋めにするなど、極端なこともやってるよ😵。一方、**沛**（現在の江蘇省）の農民の家に生まれた劉邦は、もともとムラの警察官（亭長）だったけど逃亡し、そこから群盗の親分になって子分を集めまくった。下級の役人から商人・職人から、それこそチンピラまでみんな子分にするの。こりゃ、趣味「子分集め」だ😆。さらに「法家による厳しい支配をやめて、法三章（殺人、窃盗、傷害は罰せられる）のみにする」と約束して各地に味方を増やし、前206年、ついに項羽よりも早く**咸陽に到達して秦を降伏させた**。遅れて咸陽に着いた項羽は「**鴻門の会**」で一度は劉邦を従えたんだけど、その後二人の直接戦争になって、最後は**垓下の戦い**で劉邦が勝利👊！　これ、**四面楚歌**の故事で有名だね。「騅逝かざるを　奈何すべき　虞や、虞や汝を奈何せん……」って知ってる？　そして前202年、**劉邦が皇帝に即位して漢（前漢）**ができたんだ。

　さて、前漢ができたところで今回はおしまい。最後に年号check！

●**春秋時代の始まり**［前770］（七難を避けて　周の東遷）
●**戦国時代の始まり**［前403］（弱みを握られ　晋分裂）
●**秦の中国統一**［前221］（続いていくよ　中国統一）
●**垓下の戦い（前漢の成立）**［前202］（前には強い　漢の劉邦）

　次回は、**前漢の成立**から**魏晋南北朝時代**までだよ。中国史の勉強では、「**漢字を書きながら**」覚えよう！　漢字さえ克服すれば中国史は難しくないからね😆。

せっかく統一したのに、秦はわずか15年で滅んじゃったね。でも、劉邦が作った漢は、前漢と後漢をあわせると約400年も続くんだ。この違いはどこからくるんだろう？

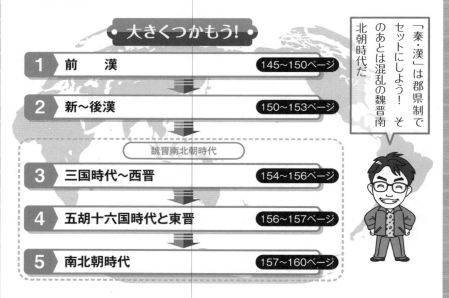

・大きくつかもう！・

1 前　漢　　　　　　　　　145〜150ページ

2 新〜後漢　　　　　　　　150〜153ページ

魏晋南北朝時代

3 三国時代〜西晋　　　　　154〜156ページ

4 五胡十六国時代と東晋　　156〜157ページ

5 南北朝時代　　　　　　　157〜160ページ

「秦・漢」は郡県制でセットにしよう！そのあとは混乱の魏晋南北朝時代だ

　秦は中国を初めて統一したけど、あまりに急激な変化だったから、反発も強かった。このあたりを解決しないと、漢もすぐ滅んじゃうよね。でも、400年も続いたってことは、何かが変わったってことだ。まずは秦と漢の違いをしっかり確認しよう。そして、漢が衰退すると中国は戦乱の時代になるよ。漢が滅んだ後、隋が中国を再統一するまでが魏晋南北朝時代だよ。三国時代を代表して"魏"、そしていったん統一した"晋"を挟んで、南北に皇帝がいる"南北朝"時代、全部あわせて魏晋南北朝って呼ぶんだ。

　それじゃあ、漢から魏晋南北朝時代まで一気に見ていこう😆。

第1章　オリエント・インドの古代文明
第2章　古代の地中海世界
第3章　古代の東アジア
第4章　中世ヨーロッパ
第5章　東アジア世界の変容
第6章　イスラーム世界
第7章　近代ヨーロッパの幕開け

1　前　漢

クローズアップ　前　漢

- ●高祖【劉邦】[位前202〜前195]……急激な中央集権化を避ける
  - ●郡国制の採用……**郡県制と封建制を併用**
  - ●地方の郷村組織は「**郷・亭・里**」（郷里制）
  - ●対匈奴政策……匈奴の冒頓単于に敗北　➡**対外消極策へ**
- ●諸侯勢力の削減
  - ●まず**功臣（異姓）の諸侯**、のちに**劉氏一族（同姓）の諸侯**勢力を削減
    - ➡**呉楚七国の乱**[前154]……**景帝**が鎮圧し、**実質的には郡県制に移行**
- ●武帝[位前141〜前87]
  - ●国内統治……中央集権政策
    - ▶**郷挙里選**……**地方長官**が有徳者を**中央に推薦**する官吏登用制度
    - ▶**五経博士の設置**……**董仲舒**の意見による　➡前漢末頃までに**儒学を官学化**
  - ●対外政策……対外積極策に転換
    - ▶**張騫を大月氏に派遣**……**匈奴挟撃**のために同盟交渉をしたが失敗
    - ▶**匈奴遠征**[前129〜]……将軍**衛青・霍去病**による　➡**河西4郡の設置**
    - ▶**李広利の大宛【フェルガナ】遠征**……「**汗血馬**」を獲得
    - ▶**南越国を征服**　➡**南海9郡の設置**[前111]（南海郡、交趾郡、日南郡など）
    - ▶**衛氏朝鮮を征服**　➡**朝鮮4郡の設置**[前108]（**楽浪郡**が中心）
  - ●財政政策……財政難克服のため国家が商業に介入
    - ▶**均輸法、平準法、塩・鉄・酒の専売**
- ●前漢の衰退・滅亡
  - ●中央集権政策の破綻
    - ▶重税で農民が没落……一部の有力者（豪族）による**大土地所有の進行**
    - ▶宮廷内部の混乱……**外戚や宦官**の権力闘争で、**皇帝権が弱体化**
  - ●前漢の滅亡[後8]……外戚の**王莽**が帝位を簒奪　➡**新の建国**

◀ **劉邦はあえて中央集権を避け、郡国制を採用！**

　前202年、皇帝となって漢（前漢）を建てた劉邦は、咸陽の対岸に新しい都長安を建設した。場所はほぼ同じだね。都の場所だけじゃなく、**前漢の統治制度は秦から受け継いだものが多い**けど、ちょっとだけ制度を手直ししたんだ。だって、何も変えなかったら、秦と同じ理由で滅んじゃうもんね😖。

　まず劉邦は、秦がつくった「皇帝」の称号に加えて、周が使っていた伝統的な「天子」の称号を復活させると、郡国制を採用したよ。これは秦がつくった**郡県制**

を土台にしつつ、**長安周辺は直轄地**（ここは郡県制だ）としたうえで、**地方では皇帝の一族や功臣にも封土を与える封建制を併用**したんだよ。郡単位の領地を与えられたのが「**王国**」で、王には**劉氏一族**（同姓諸侯王）と**功臣**（異姓諸侯王）がいる。「功臣」っていうのは劉邦の子分たちに褒美をあげた、ってことだよ。一言で言うと、郡国制は「**郡県制と封建制の併用**」だ。それから、中国では「国王」っていうのは**地方の支配者**だから、皇帝の臣下だよ。名前にだまされないでね！　そして、農村でも秦のような厳しい統治はやめて、県の下に**郷・亭・里**を置いてムラの有力者（父老）に支配を任せたんだ（**郷里制**）。

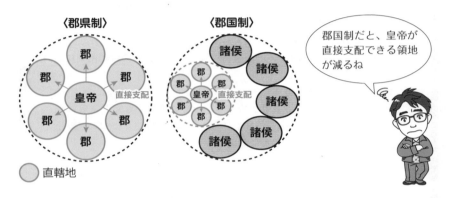

〈郡県制〉　〈郡国制〉

郡　郡　郡　皇帝　郡　郡　郡

諸侯　諸侯　諸侯　諸侯　諸侯

皇帝　直接支配

直接支配

○ 直轄地

郡国制だと、皇帝が直接支配できる領地が減るね

　こんなふうに国内の支配を固めた劉邦だったけど、北方では**匈奴**全盛期の**冒頓単于に白登山の戦い〔前200〕で負けた**から、毎年の贈り物（歳貢）と皇女を単于の奥さんとして送る屈辱的な和約を結んだよ☹。これ以後、**前漢が匈奴に攻め込むことは当分ない**。だって、また負けたらどうしようもないもんね。

◀ 諸王の勢力削減に対し、呉楚七国の乱が起こる！

　最初は郡国制だったけど、やっぱり皇帝が全国を直接支配したいよね🙂。でも、諸侯たちから領地を取り上げるのはなかなか難しかった。ただ劉邦は、晩年になると**異姓の諸侯（子分たち）を次々と潰して、領地を取り上げた**。これはかなりの事件だ😱。劉邦の死後、奥さんだった呂后一族が政治を牛耳ったけど、呂后が死ぬと呂氏一族も潰されて、**諸侯はほぼ劉氏一族（同姓諸侯王）のみになった**。ただ、残っていた諸侯はほとんど独立国みたいになってたんだ。

　第6代の**景帝**は残っていた諸侯を潰しにかかった。これに対し**劉氏一族の7人の王（同姓諸侯王）**たちは「そっちが潰す気なら、その前にこっちから皇帝を倒す😡」とばかりに、**呉王を中心に反乱を起こした。これが呉楚七国の乱だ**。景帝はわずか3カ月でこれを武力鎮圧すると、地方（王国）の支配権を中央から派遣した官僚に置き換え、生き残った諸侯たちも都に移したから、この時点で**前漢は実質的に郡県制になった**んだよ。

◀ いよいよ武帝が登場。中央集権体制を確立した！

　こうして前漢は全盛期を迎え、第7代武帝は皇帝による専制政治と中央集権を確立したよ。まず、諸侯の勢力を復活させないように、封土を必ず分割して相続させる推恩の令を出した。さらに、地方の有能な人材を皇帝の周辺に集めるために、郷挙里選を採用した。これは、地方長官が有能な人物を中央に推薦する官吏登用制度だよ。さらに董仲舒の意見を採用して、秦代の法家にかえて儒学を重視した。これって「子どもが親に従うように、官僚は皇帝に従う」

> 秦がつくろうとしていた郡県制による全国支配は、やっと完成！　いよいよ武帝による中央集権化だ！

って感じに、儒学を皇帝の専制政治と矛盾しないようにして、官僚たちに学ばせようってことだ。だから仁（≒愛）よりも礼（≒秩序）が、さらに君臣関係での「忠」が重視された。だって、皇帝と官僚に愛が芽生えてもしょうがない😅。そして五経博士が設置され（五経それぞれの博士がいるってことね）、皇帝支配にあうような儒学を普及させたんだよ。ちなみに、五経とは『詩経』『書経』『易経』『春秋』『礼記』の五つ。ほら、「礼」が入ってるでしょ！

　以後、中国では秦の焚書・坑儒で失われた経典を復元するために、字句の解釈を研究する訓詁学が発達したよ。それに、「この漢字の意味は何だ😵??」って考えている限り、皇帝に反逆するようなことにはならないもんね。漢字研究の完成形は、後漢の許慎が著した『説文解字』だ。こうして、前漢末ころには儒学が官学化されたといわれているよ（新の王莽期などの異説もある）。

◀ 武帝の積極的な対外進出。一番の敵は匈奴だ！

　高祖以来ずっと、前漢は匈奴に和親策をとっていたけど、国内の支配を確立した武帝は、いよいよ匈奴に対して反撃に出るよ！　まず武帝は、かつて匈奴に敗れて西方に逃げていった大月氏との同盟を狙って、張騫を派遣した。しかし、張騫は大月氏に行く途中で匈奴に捕まった😫。匈奴は張騫に「こっちの味方になれ！」って誘ったんだけど、張騫は10年以上もチャンスを狙ってやっと脱出！　ついに大月氏にたどり着いた。ただ、状況は変わっていたよ。大月氏は中央アジアで勢力を拡大して匈奴への恨みなんか忘れていたから「軍事同盟なんか結ぶ気はありません……😅」と断られ、張騫は同盟を断念して帰国したんだ。この情報を耳にしたのか、ほぼ同じころに武帝は衛青（武帝の義弟）・霍去病（武帝の后の甥）に命じて匈奴遠征を開始すると、オルドスから河西回廊（甘粛地方）に至る地域から匈奴を追い出した。そして、この地域に烏孫を招き入れて匈奴に対抗しようと、再び張騫を派遣して烏孫との同盟を狙ったんだ。でも、やっぱり上手くいかなかったから、武帝は敦煌郡を中心とする河西4郡を設置して防衛を固めた。ただ、武帝に何度も攻め込まれた匈奴も衰退して、ついに東西に分裂したよ（東匈奴・西匈奴）。

〈前漢（前２世紀の世界）〉

　また、張騫が西域からもたらした情報のなかで、特に武帝が心を惹かれたのが大宛の名馬、いわゆる「汗血馬」だ。これまで匈奴の「騎馬」軍団に悩まされてきた武帝は、この「天馬（天を駆けるほどの名馬）」を奪い取るため、**李広利**に命じて６万人もの大軍で小国**大宛【フェルガナ】**を攻撃すると、3000頭以上の馬を得た。ここまでくると、大国の意地だよね。この遠征で漢の力を実感した**西域諸国が次々と漢に服属**し、前漢の西域支配は**タリム盆地**まで拡大したんだ。

　武帝の遠征は北や西ばかりじゃない！　南では秦末に南海郡尉（秦の官僚だから中国人だ）の**趙佗**が独立して**南越国**を建て、漢に対抗していた。武帝は10万の軍勢を送って**南越国**を降伏させ、**南海郡**など９郡を設置（**南海９郡**）し、現在のベトナム中部までを支配したよ。南海９郡のうち、**交趾郡**は現在のハノイ、最南に位置する**日南郡**は現在のフエ【ユエ】だね。一方、東の**朝鮮**では高祖【劉邦】の時代に燕から亡命した衛満が**衛氏朝鮮**を建てていたんだけど、武帝のころには漢に従うこともなく、さらに周辺諸国の漢への入朝を妨害したりしていたんだ。これに怒った武帝は**朝鮮を攻撃して征服**し、**楽浪郡**など**朝鮮４郡**（楽浪、**玄菟**、**臨屯**、**真番**）を設置したよ。武帝は中国から見ると**東西南北すべてに遠征**したことになるね。

◀ 対外遠征による財政難で、国家が商業に介入した！

　対外遠征ってバンバン領土を拡大していくから目立つけど、派手な領土拡大のウラで漢の**財政は傾き**、もはや普通に税金を集めているだけじゃ追いつかなくなった。経済官僚だった**桑弘羊**は、もともと商人の子で計算が大得意！　そこでまず、財政再建策として**塩・鉄・酒の専売**を始めたよ。専売っていうのは、その商品の**製**

造や販売を特定の業者に独占させて（つまりほかでは買えないようにして）、むちゃくちゃ高い消費税をとるシステムだよ。さらに、「物価を安定させる」というタテマエで均輸法と平準法を実施した。均輸法は広大な中国各地の物価の違いを利用して、各地の特産物や豊作になった地方から安い品物を仕入れて（もしくは強制貢納）、物価が高い不足地に売って、国が差額で儲けるシステムだ。一方の平準法は、豊作で穀物価格が下がったときに仕入れておいて、凶作で価格が上がったときに売って、物価を安定させるとともに、これまた差額を国家の収入

このあと「専売制の強化」ってのが、たびたび出てくる。これは「消費税を上げた」って考えてごらん！

にするシステムだ。どっちも商人が儲けてるところに介入して、商人たちの利益を奪って国家が儲けちゃえ！　って作戦だよ。まあ、商人出身の桑弘羊が考えそうなことだ😄。さらに、貨幣をつくる権限を国家が握って、**五銖銭**を鋳造した。むしろ、民間でお金をつくれちゃうなんて、今じゃ考えられないけどね。

　こうした政策は**商人たちの利益を奪う**ものだった。反発した商人たちは「どうせ儲からないから、今あるお金で土地を買おう！」と、**大土地所有者になった**んだよ。

◀ 豪族の台頭や宮廷内部の混乱で、ついに前漢が滅亡！

　結局、軍事費が増えた分は重税となり農民が没落すると、豪族たち（地方の有力者）は小農民を小作人として使用する**大土地所有者**になった。しかも、彼らは**郷挙里選**で中央の政界へと進出したよ。だって、地方長官が推薦すれば官僚になれるでしょ！　だったら、ちょこっと（というかいっぱい）ワイロを贈ればいい😄。こうして、**豪族が政界に進出して台頭**したよ。**哀帝**は、なんとか豪族の大土地所有を制限するため**限田法**を実施しようとしたけど、反対が強くて実施できなかったんだ。

　さらに宮廷内部は、**外戚**や**宦官**の権力闘争で混乱を極めた。**宦官**というのは、もともとは**後宮に仕える去勢した側近**のことね。中国は一夫多妻制だから、後宮の女性はみんな皇帝の奥さんになる。だから世話をするのは男なんだけど、その側近が皇后と浮気して子どもができたらマズい！　だって、次の皇帝になるかもしれないでしょ……😑。そこで、去勢した宦官が後宮に仕えた。宦官は、自分の跡継ぎができないから、とにかく自分が権力を握ることばかり考えて、**次の皇帝になりそうな子を、幼いときから手なずけた**んだよ。

　「宦官に気をつけねば……」と気づいた官僚たちが宦官を抑え込んだんだけど、今度は**外戚**、つまり「皇帝の奥さんの一族」の台頭を招いた。外戚の説明ではこれが一番わかりやすいから「サザエさん一家」を皇帝一族にしちゃおう😄。マスオ

第**1**章 オリエント・インドの古代文明

第**2**章 古代の地中海世界

第**3**章 古代の東アジア

第**4**章 中世ヨーロッパ

第**5**章 東アジア世界の変容

第**6**章 イスラーム世界

第**7**章 近代ヨーロッパの幕開け

が皇帝、奥さんがサザエさんだ。外戚っていうのはサザエさんの親兄弟、つまり波平やカツオね。そして、皇帝マスオが死んじゃったとする……😫。するとタラちゃんが皇帝😆。波平やカツオがタラちゃんを手なずけて……ね、外戚は皇帝を操れるでしょ！

死去
皇✕帝 ┬ 后
幼帝

系図だと、ここが外戚だ！

　さて話を漢に戻すと、わずか9歳の平帝が即位すると、王莽が娘を皇后にして**外戚となり**、西周の周公旦の話をなぞって権力を握った。さらに**平帝を毒殺！**　未来を予言するお告げ（讖緯説）を使って漢を乗っ取り「新」を建国して、**前漢は滅亡**したんだ。

2　新〜後漢

◀ 王莽の政治は周が理想！　ただ、本人が正統かどうかも微妙だよ……

　王莽の政治は儒家の経典である『周礼』に基づいて封建制に戻そうってことだ。でもね……今さら「周」なんていわれたら大混乱だ！　すでに周の建国は1000年以上前、滅んだのも250年以上前だよ。漢から見てもスゲー昔だ😫。

　ただ、彼の政治は儒学を理想として「社会矛盾を改革する」って意味では、画期的な部分もあった。天下の土地をすべて「王田」として**土地の私有を禁止する王田制**や、大商人を抑え込む**商工業の規制**、さらに**奴婢の売買禁止**など、とにかく「みんな平等！」という原則で、貧困層を救おうとしたんだ。でも、自分たちの利益を失うことを恐れた官僚や豪族たちの反対がひどくて、結局は社会を混乱させた。しかも、皇帝になった王莽に対して、「お前は皇帝じゃないだろ😆」という声まで出始め、さらに周辺民族も反抗して、王莽は政権を維持できなくなった。

　そして、山東では大規模な農民反乱が起きた😆。反乱軍の者たちが眉毛を赤く染めていたから**赤眉の乱**だよ。敗れた王莽は、長安に侵入した反乱軍に殺され、**新はあっけなく滅んでしまった。**

◀ 王莽が倒れると、劉氏一族の劉秀が漢を復興！

　新が滅んだのち、**各地で挙兵したさまざまな勢力が争っていた。**そして戦乱のなかから、黄河下流域の豪族の支持で勢力を伸ばした**劉秀**が皇帝に即位し、洛陽に都を定めた。これが**後漢の光武帝**だよ！　**劉秀は漢の劉氏の末裔**だから、漢が続いているって意味で「後漢」だね。

　光武帝はまず**長安で赤眉軍を滅ぼし**、前漢の制度をもとにしつつ、行政や財政を大改革したよ。複雑になりすぎた官僚の数を減らして皇帝に権力を集中し、儒学を学んだ官僚を中心に統治の安定に努めた。ただ、光武帝は豪族たちの協力で漢を復

第1章 オリエント・インドの古代文明

第2章 古代の地中海世界

第3章 古代の東アジア

第4章 中世ヨーロッパ

第5章 東アジア世界の変容

第6章 イスラーム世界

第7章 近代ヨーロッパの幕開け

興したから、地方豪族の力は抑えられないよね。だから、後漢は**豪族連合政権**ともいわれ、地方では彼らの大土地所有が進んでいった。結局、中国の統一を完全に回復するまでに10年以上、さらに周辺の諸民族との関係が安定するまでには20年もかかった。光武帝が即位してから30年、やっと漢の支配が安定を取り戻したんだ。

◀ 後漢の対外政策。初期には消極的だったけど、和帝時代に一気に拡大！

　光武帝は国内の安定を優先し**対外政策には消極的**だったから、大規模な遠征はやらないよ。ベトナム（交趾郡）で起きた**徴姉妹の反乱**を鎮圧したり、倭（日本）の奴国の朝貢に対して「**漢委奴国王印**」を授けたくらいかな。福岡県で見つかった金印は、光武帝からもらったものだね。こんなふうに、周辺諸国が中国の皇帝に**貢物を持った使者を送り**（これが**朝貢**）、かわりに皇帝から国王などの中国の官爵を授かる（こっちが**冊封**）ことで、中国を中心とした国際関係ができた。この冊封体制は歴代の王朝によって完成され、清朝まで続くよ。

　さて、中国の北方では後漢時代になっても**匈奴**が一番強かった。前漢では**武帝**の死後に**西域都護府**を設置してオアシス都市を統括していたけど、王莽の時代に都護の支配が崩れて、再び匈奴が西域に支配を伸ばしていた。ただ、１世紀半ばになると**匈奴（東匈奴）が内紛**で南北に分裂したから、後漢は「大チャンス😀」とばかりに攻撃！　これで**南匈奴**が後漢に服属し、１世紀末には**北匈奴**も衰退して西へと**移動**した。やがて、４世紀には中央ユーラシアで遊牧民の活動が活発になって、フン人の移動などが起きるんだ。

〈後漢（後２世紀の世界）〉

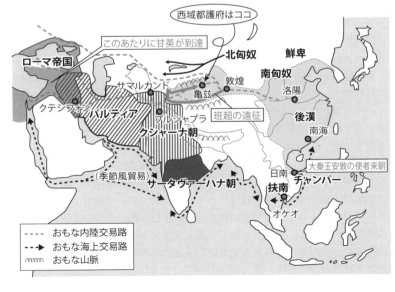

凡例：
- - - - - おもな内陸交易路
- -▶ おもな海上交易路
∿∿∿ おもな山脈

　　和帝時代になると、**後漢は西域支配を回復**するよ。91年には**班超**が**西域都護**に任命されて**亀茲【クチャ】**に都護府を置くと、西域のオアシス都市を次々に服属させた。さらに、部下の**甘英**を**大秦国**（ローマ帝国）に派遣したけど、甘英は条支国（シリアらしい）まで行ったところで「この先の海は危ない😨!」と聞いて、仕方なく引き返したと『**後漢書**』西域伝には書いてある。パルティアの妨害ともいわれているね。

◀ **2世紀はローマと後漢の全盛期。東西交易の発展に注目しよう！**

　　ここで世界全体に目を向けてみよう！　2世紀というと、中国では**後漢が中央アジアまで勢力を拡大**した時代だ。同時代のヨーロッパを見てみると、ローマ帝国の全盛期「**パクス＝ロマーナ**」だよね。つまり、**世界の東西に大帝国があって、その2国を結ぶ東西交易が繁栄**した時代なんだ。

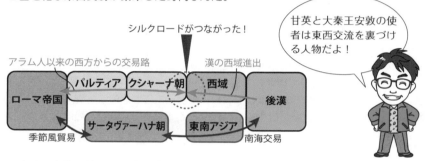

シルクロードがつながった！

甘英と大秦王安敦の使者は東西交流を裏づける人物だよ！

アラム人以来の西方からの交易路　　漢の西域進出

| ローマ帝国 | パルティア | クシャーナ朝 | 西域 | 後漢 |

サータヴァーハナ朝　　東南アジア

季節風貿易　　　　　　　　　　　　南海交易

　　まず、内陸では**アラム人の交易**や**アレクサンドロスの東方遠征**で、西アジアからアラル海に流れ込む**シル川・アム川の流域（ソグディアナ）**まで交易圏が広がっていた。そしてこの地域に前漢の**武帝**が進出してきて、交易圏が中国までつながったんだ。これが一般的に「**シルクロード**」と呼ばれている「**オアシスの道**」だよ。この交易路を**西へと向かったのが甘英**だ。班超が甘英に「大秦国まで行ってこい！」と命じたのは、それだけ東西交易が盛んにおこなわれていたからだ。この東西交易で繁栄した国が、西アジアの**パルティア**、そして中央アジアから北インドを支配した**クシャーナ朝**だから、**両国の全盛期は後漢・ローマ帝国と同じ2世紀**だ。

　　海上交易では、インド洋で**季節風が発見**されて、エジプトから紅海を経てインドに至る**海上交易（季節風貿易）**が発展した。この貿易の様子は、エジプトに住んでいたギリシア人が著した『**エリュトゥラー海案内記**』に描かれているよ。さらに海上ネットワークは**インドから東南アジアを経て中国南部へと至り**、海を通じてもローマと後漢がつながった。この時代に、**大秦王安敦**（ローマ皇帝マルクス＝アウレリウス＝アントニヌスといわれている）の使者が**日南郡**に朝貢してきたという記録が『**後漢書**』に残っているよ。そして、海上交易の中継点にも国家が興り、2世紀には現在のカンボジアに**東南アジア最古の国家である扶南【プノム】**ができた。扶南の港**オケオ**の遺跡からは、漢の鏡やローマの金貨が出土しているよ。さらに、ベ

トナム南部でもチャム人が独立し、**チャンパー【林邑】**ができたんだ。

　東西交易路に位置する国は、ローマと後漢の全盛期（2世紀）に交易の繁栄を受けて発展したけど、**3世紀になるとまとめて衰退してしまう**。それは、**後漢とローマが衰退**したからだよ。ここは同時代を意識しながら確認してね。

◀ 豪族の台頭と宦官の専横で、後漢が衰退！

　東西交易の繁栄のかげで、**後漢は急速に衰退**し始めた。幼い皇帝が続いたから、**外戚や宦官の対立で政治が混乱**し、しかも和帝の死後、チベット系の**羌族**が起こした反乱を鎮圧するのに戦費が膨らんだ。そして地方では、**豪族の大土地所有が進ん**で農民がどんどん没落する一方、**豪族は郷挙里選で中央政界の官僚になった**。これじゃあ、皇帝の力は弱まるばかりだよ。

　2世紀後半には外戚と宦官の権力闘争から、外戚を追放して地位と財産を没収した**宦官の力がむちゃくちゃ強くなった**😫。これに対して儒学を学んだ官僚たちは宦官政治（濁流）を批判して、政治の正常化（清流）を主張し始めた。でもね、宦官はいつも皇帝のそばにいるから、皇帝を動かせる。結局、**宦官にそそのかされた皇帝が儒学派官僚（「党人」）を一斉に逮捕し、公職追放にしたんだ**😵！これが**党錮の禁**

前漢は外戚が、後漢は宦官が権力を握って宮廷が混乱したんだよ

だよ。その後、官僚たちによる宦官批判がさらに激しくなると、**3年後には再び弾圧がおこなわれ、今度は100人以上が処刑されてしまった**。もはや、乱れた政治を正せる人がいなくなっちゃったよ😵。ちなみに、党錮の禁でクビになった官僚のなかには、「もう政治の世界はまっぴらだ」と思って学問に専念した人もいたよ。**訓詁学を大成した鄭玄**もその一人だね。

　こうした政治の犠牲になったのは、貧しい農民たちだよ。**重税と豪族の圧迫に苦しんだ農民たち**は、癒しを求めて新興の宗教教団に集まった。**張角が始めた太平道**や**張陵が始めた五斗米道【天師道】**は、もともとは病気治しの宗教だったはずなのに、困窮した農民たちを吸収して数十万人にまで膨らんだ。そして、184年には、張角が率いる太平道の信者が華北で**黄巾の乱**を起こした。「蒼天已に死す、黄天当に立つべし（青の世が終わり、黄色の世がくる、って意味だ）」をスローガンに、頭に黄色い頭巾をかぶっていたから黄巾の乱だよ。反乱に驚いた宦官たちは、公職追放にしたはずの「党人」を再び官僚に戻し、**曹操や孫堅などの若手将校を使って反乱を鎮圧**したけど、挙兵した官僚や豪族たちは自立して**軍閥**となり、後漢政府の言うことを全く聞かなくなった。例えば、遼東半島の豪族**公孫氏**は独立政権をつくって、楽浪郡の南に勝手に**帯方郡**を設置しちゃうしさ。こうして中国内部はバラバラになり、**後漢の滅亡が決定的**になったんだよ。

3　三国時代〜西晋

〈魏晋南北朝時代の流れ〉

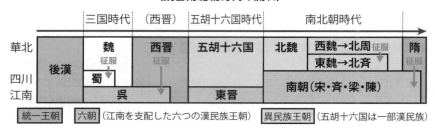

	三国時代	（西晋）	五胡十六国時代		南北朝時代		
華北	後漢	魏 征服	西晋 征服	五胡十六国	北魏	西魏→北周 征服	隋 征服
		蜀				東魏→北斉	
四川 江南		呉		東晋	南朝（宋・斉・梁・陳）		

統一王朝　六朝（江南を支配した六つの漢民族王朝）　異民族王朝（五胡十六国は一部漢民族）

◀ 黄巾の乱後の群雄割拠のなかから、3人の「皇帝」が現れた！

　ここからは、マンガや小説、映画、ゲームでも有名な「三国志」の時代だ。ただ、よく知られているストーリーは、正史（正式な歴史書）の『三国志』をもとに、明代に完成した小説『三国志演義』だから、正史とはちょっと違うよ。

　戦乱だから、家柄や地位に関係なく実力さえあれば活躍できる英雄たちの時代だ！　まず、黄巾の乱を鎮圧する途中で、長安と洛陽の間をさまよっていた献帝（後漢の皇帝）を保護した曹操は、華北の大部分を統一した。同じころ、孫権は長江下流域の物流をおさえて勢力を固め、前漢の末裔を名乗った貧民の劉備は、軍師の諸葛亮や武人の関羽や張飛とともに長江中流の荊州に身を寄せていた。そして、華北を統一して圧倒的な勢力となった曹操が20万人の軍勢を率いて南へと侵攻！「もはやこれまで……」と思いきや、劉備と孫権の連合軍約5万が、長江を下ってきた曹操の大船団を奇策で焼き払い、壊滅させた。これが赤壁の戦いだ。曹操は中国統一に失敗し、しばらく攻めてこなかった。この間に、孫権は江南地方（長江中流〜下流域）を、劉備は四川地方（長江上流域）を固めたんだね。

　そして、曹操の子曹丕が後漢の献帝から禅譲を受けて帝位に就き（文帝）、洛陽を都に魏を建てた。「禅譲」って孟子のところ ➡P.138 で出てきたの覚えてる？　儒家が理想とした「優れている人に帝位を譲る」王朝交代だけど、皇帝がすすんで帝位を捨てるはずがない……。「禅譲しないと、どうなるか知りませんよ😏」って、曹丕は献帝を脅迫したんだよ。こりゃ「無理やり禅譲」だな😵。

　曹丕が即位すると、劉備や孫権も黙ってなかった！　劉備も成都で皇帝に即位して蜀を建国し、孫権も皇帝に即位して呉を建国し、建業を都とした。こうして、魏・蜀・呉の3国がそれぞれ皇帝を称して対立したから、この時代を三国時代と呼ぶんだ。魏以外の2国は建国者と都がちゃんと書ければ、ほぼOKだからね。あとは、曹丕【文

第1章 オリエント・インドの古代文明

第2章 古代の地中海世界

第3章 古代の東アジア

第4章 中世ヨーロッパ

第5章 東アジア世界の変容

第6章 イスラーム世界

第7章 近代ヨーロッパの幕開け

帝】の死後、倭の邪馬台国の女王卑弥呼が魏に朝貢して「親魏倭王」の称号と金印を授かったことが、『魏志倭人伝』【『魏書』東夷伝倭人条】に記されている。日本史ガラミだけど、このくらいはおさえておこう！

◀ 魏のつくった制度が、中国を貴族社会に変えた！

ここで、魏のつくった政治制度に注目しよう。まずは土地制度からだ。曹操は流民や兵士に土地を支給する屯田制を施行したよ。これは、漢代にもあった兵士に土地を与えて食糧を自給させる「軍屯」に加えて、新たに没落した農民を集めて荒れ地を耕作させる「民屯」をつくって、兵士の補給と税収の確保を狙った制度だ。戦乱で荒れ地が増えていた華北の実態をふまえた制度だね。「土地を分配して課税する」という制度は、このあとの王朝にも受け継がれていくよ。

もう一つが官吏登用制度だ。曹丕は郷挙里選にかえて九品中正【九品官人法】を始めたよ。九品中正は、地方の郡に中央が任命する中正官を置き、各地の有能な人物を一品から九品の9段階に分けて中央に推薦する制度だ。九品中正ってホントは「才能のある人物を登用したい！」って思ってつくった制度なのに、いろいろ問題があるよ。だって、郷挙里選と何が変わると思う？ ワイロを贈る相手が中正官に変わっただけでしょ😆。結局、有力な豪族たちは代々中央政界の高官を独占して、しかも有力な家同士が結婚して親戚になり、家柄の高さを誇った。これが門閥貴族だよ。別に曹丕は門閥貴族をつくりたかったわけじゃないのに、中国は貴族社会になるんだ。この状況を嘆いた言葉が「上品に寒門なく、下品に勢族なし」だよ。

合否の分かれ目 ▶ 中国の官吏登用制度

- ●郷挙里選……前漢の武帝が創始
  - ▶地方長官が有能な人物を推薦 ➡地方豪族が中央政界に進出
- ●九品中正【九品官人法】……魏の文帝【曹丕】が創始
  - ▶中央が任命した中正官が有能な人物を9段階に分けて推薦
    - ➡門閥貴族が形成された

◀ 三国で一番強いと思ってたら……魏も司馬一族に乗っ取られた！

魏は華北で勢力を拡大し「よし！ いよいよ中国統一だ〜😊」とばかりに、まずは蜀との戦いが始まった。『三国志演義』のなかでは、司馬懿と諸葛亮の戦いは名場面の一つ！といいつつ、入試ではあまり出ない😅。そして、五丈原の戦いの陣中で諸葛亮が亡くなったのち、息子の司馬昭が蜀を滅ぼした。こんなふうに、魏の国内では軍団をまとめる司馬一族が、着々と力をつけて権力を握ると、ついに司馬昭の息子司馬炎が魏からの禅譲で、晋を建国した（西晋）。またまた、「無理やり

禅譲」で乗っ取られたな。これで、一番強かったはずの魏も滅んじゃったね。そして280年、晋（しん）が呉を滅ぼして**中国を統一**したよ。

三国が滅んだ順は「蜀→魏→呉」。最後は晋が統一だ！

◀ 晋（西晋）は八王（はちおう）の乱で衰退……そして匈奴（きょうど）の侵入で滅亡！

　中国統一を果たした**司馬炎（しばえん）【武帝（ぶてい）】**は、三国の抗争で疲れ切っていた人びとの生活を再建するために軍備を削減し、さらに**占田・課田法（せんでん・かでんほう）**を定めて、**身分に応じて大土地所有を制限（占田法）**するとともに、**農民に土地を割り当てて課税（課田法）**した。税制は**戸調式（こちょうしき）**という**家族（戸）**ごとに絹や綿を収めさせる制度だよ。漢代（かん）までは一人ずつに課される**人頭税（じんとうぜい）**だったから、課税の仕方が変わったね。さらに、官僚には**儒学的な教養**を求め、**一族を各地の王に封じて帝室の友愛に基づく政治**を目指し、長男を皇太子にした。こんなふうに、司馬炎は三国時代にずっと戦争向けだった政治体制を、**平和な時代にあうように戻そうとした**んだ。

　ただ、晋の政治は司馬炎の死後、状況が大きく変わるよ……。即位した長男（**恵帝（けいてい）**）は、政治を**外戚（がいせき）**に任せて何もせず、宮廷は権力闘争で混乱した。そしたら弟たちが「このボンクラ兄貴め」と怒ったから、**一族の諸王が帝位を狙って次々と挙兵する八王の乱**が起きた。この反乱では、各地の王たちが周辺民族に兵力を借りたんだよ。そしたら、「晋はショボいな……」と気づいた異民族が次々に侵入して、晋は急速に衰退した。そして、ついに**匈奴（南匈奴）**が都の洛陽、さらに長安を占領した。この**永嘉（えいか）の乱**で晋はあっけなく滅亡したよ。

　最後に、ちょっとだけ**魏・晋時代の文化史**ね。三国時代以来ずっと戦乱だったから、**知識人たちは現実から逃避して田舎に引きこもった**。そして「聖人に感情はあるのか、ないのか？」とか、「酒と茶はどっちがエライ？」みたいな、「そんなもん、どうでもいいじゃん」みたいな議論をするのが流行（は）った。これが**清談（せいだん）**だよ。議論そのものを楽しむのが目的だから、ウィットを交えたりとか、場の雰囲気のほうが大事にされたよ。教科書的に言うと「**老荘（ろうそう）思想に基づく哲学的論議**」って説明するけど、簡単に言うと「（酒でも飲みながら）結論はどうでもいいことを好き勝手に議論する」って感じね。清談で有名な人たちをまとめて**竹林の七賢（ちくりんのしちけん）**と呼んでいるよ。

4 ▸ 五胡十六国時代と東晋

◀ 華北は異民族を中心とする五胡十六国（ごこ）時代、南は漢民族の東晋（とうしん）だ！

　ここから南北朝時代までの流れは、**➡P.154**の図を参考に、**中国を南北に分けて考えよう！**　基本は「**華北が異民族、南が漢民族**」だ。では、北から説明するよ。も

4 　五胡十六国時代と東晋　　5 　南北朝時代　157

第1章 オリエント・インドの古代文明
第2章 古代の地中海世界
第3章 古代の東アジア
第4章 中世ヨーロッパ
第5章 東アジア世界の変容
第6章 イスラーム世界
第7章 近代ヨーロッパの幕開け

民族　五胡
→　五胡の侵入

晋の都の変遷

ともと後漢に服属していた南匈奴の劉淵が八王の乱のドサクサに紛れて漢（のちに前趙）を建国すると、周辺にいた異民族も次々と華北に侵入して国を建てた。こうして、華北には異民族やら漢民族の国が16コ、次々と現れて争った……ひどい戦乱だな😩。これが**五胡十六国時代**だよ。

五胡と呼ばれる異民族は**北方系（おそらくモンゴル系）の鮮卑、匈奴**と、匈奴の別派の**羯**、さらに**チベット系の羌、氐**だ。彼らが建てた国は知識としては細かいけど、次の一つだけは覚えておこう！　4世紀半ばに氐の**苻健**が建てた**前秦**は、第3代苻堅の時代に**一時華北を統一**して、なんと100万もの兵を送り込んで**江南**に攻め込んだ。「よっしゃ、中国統一😆」って思ったら、南の**東晋**に**淝水の戦い**で敗れ、前秦は崩壊して華北はまたバラバラになった……😨。そして、**中国の南北分裂も決定的**になったんだ。

じゃあ、同じ時代の南はどうなっていたんだろう？　晋が滅んだとき、江南の軍司令官だった皇族の**司馬睿**は、**建康（もとは呉の都建業）**を都に皇帝となり晋を再興した。ここからが**東晋**だ。「南に移ったのに名前が"東"晋？」と思っちゃいけない。地図を見てごらん。もとの都洛陽と比べたら建康は東でしょ。そして、東晋には異民族の支配を嫌った貴族が北から逃げてきたんだけど、彼らは税金なんか払う気ゼロ😑。さらに、貧乏な農民も集団で南に移住して（これが**流民**だね）勝手に村をつくり、「オレたちは、いつかもとのムラに帰るから、税金払わない！」と開き直った。そして、もっと貧乏なヤツらは**江南の豪族や貴族の大土地所有（荘園）**の下に支配されるようになった。有力者は政界の重要な官職を独占して**門閥貴族**となったから、当然税金なんか払わない😫。こうして**税収不足**になった東晋は、戸籍をつくって北から移住してきた人たちからも税を集めようとした。この**戸籍作成が土断法**だ。ただ、この政策で華北からの移住者と江南に住んでいた人の区別がなくなり、**南北王朝による中国の分断が進む結果**になったんだ。

5 　南北朝時代

◀ 華北を北魏が統一して、南北に二つの王朝ができた！

この時代、軍隊が強かったのは北だから、東晋はたびたび北からの攻撃を受けた。そして、420年に東晋が滅ぶと、北からの攻撃を退けた強い将軍が皇帝の座を乗っ取り、建康を都として**宋・斉・梁・陳**と、四つの王朝が交替した。これが**南朝**だ。**南朝の皇帝は家柄の低い軍人**が多かったから、貴族は皇帝の取り巻きになって、オモテでは「皇帝陛下が最高でございます😄」なんて顔しながら、**貴族中心の政治も社会も変えなかった。だから、南朝では典型的な貴族社会が残る**んだ。

一方、華北では五胡十六国の混乱を統一する国が現れた。**鮮卑**を統一した**拓跋珪**

【道武帝】が平城を都に北魏を建国し、遊牧民の部族制を解体しながら、ちょっとずつ中国の制度を取り入れて漢民族への支配も拡大した。こうして強くなった北魏は、439年に太武帝が華北を統一したよ。これで中国には北と南に二人の皇帝が並び立つことになった。これが南北朝時代だよ。

◀ 北魏が華北を統一すると、太武帝は道教を国教にした！

　華北を統一した太武帝は、遊牧民の伝統を残しながら中国風の制度や文化を導入していった。例えば、道教教団（新天師道）をつくった寇謙之を登用して道教を国教化すると、道教の神を使って皇帝の権威を示そうとしたんだ。これって「夷狄（野蛮人）は皇帝になれない」っていう儒学の考え方に対抗したんだよ。こうして太武帝と道教の関係が強くなったんだ。

　ただ、この時代の中国では仏教と道教が対立していたよ。仏教は後漢の初期にはすでに中国に伝わり、五胡十六国時代には仏図澄【ブドチンガ】が洛陽で布教に活躍したり、鳩摩羅什【クマラジーヴァ】が長安で仏典を漢訳したりして、華北で仏教が拡大していた。このあと、仏図澄の弟子だった道安が戒律を整備し、その弟子の慧遠は浄土宗のもととなった白蓮社をつくっている。さらに東晋時代の僧法顕は、長安から陸路を通ってグプタ朝時代のインドに行き、仏典を集めたのちに海路で帰国した。このときの旅行記が『仏国記』だね。こうして、少しずつ教団の形が整ってきた仏教に対抗して、寇謙之は五斗米道【天師道】をもとに、神仙思想や老荘思想を取り込み、仏教の儀礼などの影響を受けて道教教団（新天師道）を形成し、仏教に対抗するために、太武帝に接近した。だから、道教を国教にした太武帝は仏教を弾圧したんだよ。この太武帝の廃仏が、仏教史上有名な「三武一宗の法難」の最初だ。

◀ 「正統な中国王朝になる」、それが孝文帝の漢化政策だ！

　太武帝以降の北魏では、結婚などを通じて北方民族の鮮卑と漢民族が混ざり合い、宮廷にも漢民族の官僚が増えてきた。そして、魏晋南北朝時代で第一の名君といわれる孝文帝が登場したよ。孝文帝はわずか5歳で即位したから、最初は太皇太后（皇帝の祖母ね）が補佐していたけど、北魏は、この時代に正統な中国王朝に変わるための改革を一気に進めたよ。この中国化が「漢化政策」だ。

　まず、農耕民支配を固めるために均田制を実施した。これは、農民に露田や桑田などの土地を支給するかわりに課税する制度で、タテマエでは「均等」に「田」を分配して、一人分の土地の広さを同じにした。ただ、この時代は豪族が強いから「みんな同じ広さなら、私たちから土地を取り上げるのか😡」と怒った。だから、豪族に妥協して妻・奴婢・耕牛にも給田したよ。これなら奴婢や耕牛を持ってる豪

族は大土地所有ができる。さらに、農村では戸籍を整備して**三長制**を施行し、**村の有力者が徴税や治安維持**をおこなった。均田制や三長制は**国家が農民を直接支配する**ための制度だ。

そして、孝文帝は五胡十六国時代と北魏を切り離して、北魏を正統な中国王朝にするために、**制度や文化・風習などの中国化**を積極的に進めたんだ。まず、中国歴代の都である**洛陽**へ遷都して「**後漢➡西晋➡北魏**」を連続する中国王朝だと示し、さらに遊牧民の伝統だった**胡服・胡語・胡姓も禁止**した。胡服は馬に乗るためのズボン、胡語は北方民族の言葉、胡姓は異民族が使っていた「2文字以上の名字」だから、これらを全部捨てて「**中国風の服、漢語、中国風の『1文字の名字』に変えなさい！**」って決めた。だから皇帝の姓も拓跋氏から元氏になったんだ。この漢化政策は、「異民族の五胡十六国と北魏は違う！　**北魏は中国王朝だ**😤」ってことを、制度や風俗から示そうとしたんだ。だから、この時代につくられた仏像は、見た目まで変わったよ。太武帝の死後、**北魏は仏教保護に変わっていた**から、かつての都**平城**の近郊には、西域から伝わった**ガンダーラ様式・グプタ様式**の影響を受けた**雲崗**に**石窟寺院**が建立されていた。それが、**洛陽**に遷都してから、その近郊につくられた**竜門**の石窟寺院では**中国化**しているんだ。要はギリシア顔、インド人顔から中国人顔に変わったってことだよ。

◀ 北朝が分裂して……、北周から興った隋が中国を再統一した！

孝文帝の漢化政策は、遊牧民だった鮮卑の伝統を捨てるものだった。しかも、鮮卑のなかを「洛陽に移住する選ばれた人」と「北方に残された人」という階級に分けてしまったから、特に北に残された連中の不満が高まった。さらに、洛陽に移住してきた鮮卑と漢民族も対立して皇帝権が弱まり、ついに不満が爆発😤。北方の辺境を守っていた軍団（北鎮）が次々と反乱を起こし（**六鎮の乱**）、乱のなかから現れた軍人によって、**北魏は東西に分裂**したんだ。

まず、辺境防衛軍（北鎮）の将軍高歓が、北魏の皇族（孝静帝）を立てて北魏から分裂した（**東魏**）。これに対抗して別の北鎮の将軍宇文泰も、別の皇族（文帝）を立て（**西魏**）、東魏に対抗するために、**漢民族からも徴兵する府兵制**で軍を強化した。そして、**東魏、西魏**はそれぞれ高歓、宇文泰の子に帝位を奪われ、**北斉と北周**になったんだ。そして、**北周が北斉を滅ぼして華北を統一**すると、北周の禅譲を受けた**隋**が南朝の**陳を滅ぼして中国を再統一**するよ。

◀ 4〜6世紀は、内陸アジアの動きと一緒におさえよう！

4世紀以降、ユーラシア大陸の寒冷化の影響で、遊牧民が食料を求めて大規模な移動を始めたよ。まず、西方では**フン人**の侵入で**ゲルマン人の大移動**が起きて、**ローマ帝国が東西分裂**した。そして、中国でも遊牧民の**五胡**が華北に侵入して南の漢民族と対立、北魏の華北統一で**南北朝時代**になった。そして、鮮卑が華北に移住すると、北方は**モンゴル系遊牧民の柔然**が支配するようになった。

第1章　オリエント・インドの古代文明

第2章　古代の地中海世界

第3章　古代の東アジア

第4章　中世ヨーロッパ

第5章　東アジア世界の変容

第6章　イスラーム世界

第7章　近代ヨーロッパの幕開け

　さらに、内陸アジアでは**エフタル**が強大化して周辺諸国を圧迫し、西方との交易が打撃を受けたインドでは**グプタ朝**が衰退した。一方、柔然の支配下から**高車**などの**トルコ系民族（鉄勒）**が自立して勢力を広げ、そのなかから**突厥**が台頭したよ。**突厥はササン朝と同盟してエフタルを滅ぼす**と、隋が中国を統一するころまでには中国北方に勢力を拡大するね。

〈南北朝時代（5〜6世紀の世界）〉

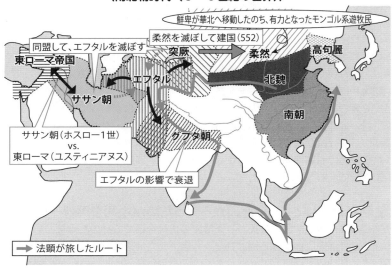

　じゃあ、今回はこれでおしまい。最後に年号 check ！

!! 年号のツボ

- ●**武帝の即位**［前141］（武帝が　^{1 4 1}一番良い皇帝）
- ●**前漢の滅亡／新の成立**［後8］（王莽が　⁸エイッと　漢倒す）
- ●**後漢の成立**［25］（劉秀^{2 5}ニッコリ　漢再興）
- ●**黄巾の乱勃発**［184］（悪政嫌^{1 8 4}よと　黄巾反乱）
- ●**後漢の滅亡（魏の文帝即位）**［220］（^{2 2 0}ついにおしまい　漢滅ぶ）
- ●**西晋の滅亡**［316］（西晋が滅んで　^{3 1 6}さあ十六国）
- ●**北魏の華北統一**［439］（^{4 3 9}予算苦しい　北魏の統一）

　戦乱の時代がやっと終わって、次回は**大帝国の隋・唐**だよ。今回出てきた制度が重要になるからね。しっかり確認してから次回に進もう😆。

　長い戦乱の時代が終わって、隋がやっと中国を統一したね。隋の統一が長く続くわけじゃないけど、その体制を受け継いだ唐が、300年近く続く大帝国になるよ！

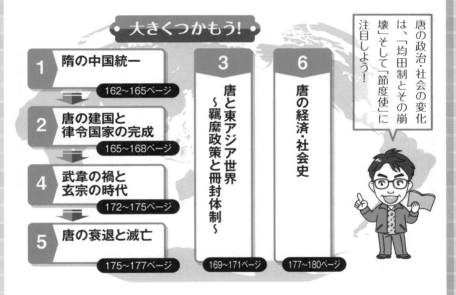

● 大きくつかもう！ ●

1 隋の中国統一
162〜165ページ

2 唐の建国と律令国家の完成
165〜168ページ

3 唐と東アジア世界〜羈縻政策と冊封体制〜
169〜171ページ

4 武韋の禍と玄宗の時代
172〜175ページ

5 唐の衰退と滅亡
175〜177ページ

6 唐の経済・社会史
177〜180ページ

唐の政治・社会の変化は、「均田制とその崩壊」そして「節度使」に注目しよう！

　隋が中国を統一したときに一番問題だったのは、「北朝」と「南朝」の政治や社会がまるで違ったことだよ。北は異民族、南は漢民族だから、民族、そして文化、さらに政治体制……、南北の違いを乗り越えようと思ったけど、隋はあっという間に滅んじゃった😫。ただ、隋がつくりあげた制度を受け継いだ唐が、均田制・租庸調制・府兵制・科挙などの制度を完成させて、300年近くも続く大帝国になったよ。さらに、唐では中国と周辺民族との関係も重要だ。なんで唐が大帝国になったのか？　その秘密も探っていこう！

　それじゃあ、中国古代史の3回目、隋・唐の始まり〜😆。

1　隋の中国統一

クローズアップ　隋

- ●楊堅【文帝】[位581〜604]……楊堅は北周の外戚で、軍閥支配階級の出身
  - ●即位 [581] ➡南朝の陳を滅ぼして中国統一 [589]
  - ●統治政策……門閥貴族を抑えるため、北周の諸制度を受け継ぎ完成させた
    - ▶州県制……州−郡−県の行政区分を改め、郡を廃止。州の下に県を置き、長官を中央から派遣
    - ▶農民支配……均田制・租庸調制・府兵制
    - ▶科挙（選挙）……儒学の学科試験による官吏任用制度
- ●煬帝 [位604〜618]……父の文帝や兄を殺害して即位したといわれる
  - ●国内統治
    - ▶大運河の完成……華北と江南地方を結合させた。通済渠・永済渠など
  - ●対外政策
    - ▶東突厥との和親……突厥は文帝時代に東西分裂、東を臣従させた
    - ▶チベットの吐谷渾を討伐、ベトナムの林邑や流求（台湾）に遠征
    - ▶高句麗遠征 [612・613・614]
      - ➡永済渠を使用。激しい抵抗で遠征は失敗し、各地で反乱が多発
      - ➡煬帝は江南に逃亡したが、殺害された [618]

◀ 北朝出身の楊堅が中国を再統一！

　まずは、隋の建国からだよ。北周の外戚で支配軍閥集団の出身だった楊堅は、北周から禅譲を受けて皇帝に即位し（文帝）、長安に新しく建てた大興城を都に隋を開いた。大興城は「長安」と同じ場所だ。その後、589年には南朝の陳も滅ぼして、中国を再統一した。統一は西晋が滅んでから270年ぶりだよ😁

　建国後の隋にとって一番の問題は「北朝系（異民族）vs. 南朝系（漢民族）」の対立だったから、文帝は政治制度の確立と中央集権化を急いだ。だって、隋は北朝出身だから南朝で力を持っていた門閥貴族は抑えたいけど、漢民族を全部敵にまわすわけにもいかない😣。この「ねじれ」状態を解消するのが、隋の内政だよ。

　まず、律令（律が刑法、令が行政法・民法）をつくって、北朝の制度を基本に南朝の制度もちょっと取り入れて、唐に続く三省六部の原型をつくった。地方は「州-県」の2段階にして、人事はすべて中央で決めることにしたよ。郡県制とほぼ同じだけど、隋以降は州県制と呼ぶんだ。また、中央の官僚機構も整えられて、官僚の登用制度として科挙（選挙）を採用した。これまでの九品中正では中正官が大貴族ばかりを優遇して門閥貴族が台頭したよね。この反省から、有能な人材を幅広く登用するために儒学の知識を問う学科試験に変えたんだ。

1 隋の中国統一　163

第1章 オリエント・インドの古代文明
第2章 古代の地中海世界
第3章 古代の東アジア
第4章 中世ヨーロッパ
第5章 東アジア世界の変容
第6章 イスラーム世界
第7章 近代ヨーロッパの幕開け

合否の分かれ目　官吏登用制度の変遷

- **郷挙里選（前漢・武帝）**……地方長官（郡守）の推薦で登用
 ➡**豪族の中央政界進出が進む**
- **九品中正（魏・文帝【曹丕】）**……**中央から派遣された中正官の推薦で登用**
 ▶中正官が地方の評判によって**9段階に評定（郷品）**
 ➡**家柄中心の官吏登用**がおこなわれ、**門閥貴族が高級官僚を独占**
- **科挙（隋・文帝）**……**学科試験（儒学の知識を問う）で登用**
 ▶門閥（家柄）にとらわれず、幅広く優秀な人材を登用するために導入
 ▶ただし、唐代には**父祖の官位による任官（蔭位の制）**が中心
  ➡**門閥貴族が残存**

　農村では**国家が小農民を直接支配する**システムを確立したよ。これは、北朝がつくったさまざまな制度を組み合わせたものだ。まず、北魏で始まった**均田制**で農民に土地を支給したけど、北魏よりは皇帝の力が強くなってきたから、**文帝は耕牛への給田を停止し、煬帝は妻・奴婢への給田もやめた**。これで、土地（**露田・永業田**）を支給されるのは**成人男性（丁男）**だけになったね。そして、土地を支給された農民には、**租庸調**の税を課した。全員が同じ広さの土地をもらう均田制を基盤にした税制だから、丁男に一律に課税されるよ。租は穀物（粟2石）、調は絹・綿・麻などの布、庸は年20日の**労役**だ。もちろん税だからタダ働きだよ😆。ほかに臨時の労働として**雑徭【徭役】**も課された。さらに、農民は税を負担するだけじゃなくて、**府兵制**で徴兵された。これは**西魏に始まる兵農一致**の制度で、もちろんタダで兵士にされちゃう😫。一応、徴兵期間中は租庸調が免除されたけど、**税と軍役を両方負担する**のは、かなりツラいよね。

◀ 評判の悪い煬帝の政治は、何を目指していたんだろう……？

　さて、文帝の跡を継いだ息子の煬帝は、中国史上でやたら評判が悪く、「暴君」のイメージが定着してるよ😆。これは、即位の前にスキャンダルっぽいクーデタを起こしたのも原因だ。煬帝は、まだ太子の時代に陳の征服で活躍したのち、**兄を皇太子の座から引きずり降ろし、父の文帝も殺害した**といわれてるからね。とはいっても、中国では歴史書を次の王朝が書くから、あとからいろいろいわれたんだろう。でも、そこまで「暴君」といわれるからには、何か原因もあるはずだよ。

　煬帝はこれまでの北方中心の政治から、**江南を重視する政治に変えようとした**んだ。彼は江南の中国的な文化が好きだったから、まわりにも南朝系の人も多く、奥さんも旧南朝の皇女だ……🤓。ただ、煬帝はなんでも自分でやらないと気が済まない性格だったから、やりたい政策を自分中心に全部やっちゃった。こうして始ま

〈隋の中国統一〉

西突厥　東突厥　高句麗

新羅

永済渠　百済

広通渠　太原

山陽瀆【邗溝】

通済渠

大興城　江都　江南河
【長安】　【揚州】

隋

・・・・・ 大運河
◯ 隋の最大領域
→ 煬帝の遠征

大運河の建設は、目の付け
所は良かったけど、建設は
強引にやりすぎたな……

ったのが華北と江南を結びつける**大運河**の建設だよ。乾燥地帯の華北では農業生産を増やそうにも限界があるけど、温暖で雨も多い江南は南北朝時代に開発が進んでいたから、煬帝は「**北で増える人口を支えるには、江南の穀物を持ってくればいい！**」と考えた。「じゃあ、大量の穀物を運ぶ方法は？」って考えると、一番いい方法は船だ。馬車とか牛車じゃ大変だもんね😅。ここで大問題！　船を使うなら海より川のほうが安全なのに、中国って**南北をつなぐ大きな川はない**よね……😵。「それなら**人工の川を掘ってしまえ**」と考えて、大運河の建設が始まった。考えることがデカいね。文帝の時代にも黄河と長安を結ぶ広通渠が建設されていたけど、煬帝は「**黄河と長江を結ぶ！**」という超巨大プロジェクトを開始😲。**通済渠**（黄河〜淮河）と**山陽瀆【邗溝】**（淮河〜長江）の建設に、あわせて100万人以上の農民を動員した。さらに3年後には**永済渠**（涿郡〔北京の近く〕〜黄河）の建設に100万人を集め、その2年後には**江南河**（長江〜杭州）も建設！　完成した大運河は**中国の南北を結ぶ物流の幹線**になって、このあとの王朝も大運河の恩恵を受けるよ。ただね……煬帝はよほどうれしかったのか、開通直後に4階建ての龍舟で**江南の江都【揚州】**までの船旅を楽しんだ😅。これを見た農民は「オレたちをさんざん働かせといて、遊んでるのかよ！」と怒った。しかも、洛陽に新都を建設しようと、さらに200万人も集めたから……もはや農民の負担は限界を超えてるよ。

◀ **高句麗遠征の失敗をきっかけに、全国で数百もの反乱軍が蜂起！**

　さて、続いて隋の対外政策だよ。北方で強かったトルコ系遊牧民の**突厥**は、**文帝の時代に東西に分裂**して、そのうち**東突厥は隋に服属**したよ。さらに煬帝は内モンゴルや西域への影響力を強めようと自ら軍を率いてまわったり、チベットの**吐谷渾**を討伐したりしながら、西方と北方の支配をほぼ固めたんだ。さらに、日本から**厩戸王（聖徳太子）**が**小野妹子**（いわゆる**遣隋使**）を派遣したのもこの時代だね。

　こうして、残すは**朝鮮北部の高句麗**だけになった。6世紀後半の朝鮮半島は**三国時代**で、南には**馬韓**を統一した**百済**、辰韓を統一した**新羅**の2国が、北には**ツング**

ース系の**高句麗**があった。このなかで一番強かった高句麗も含め、三国とも隋が建国するとすぐに朝貢の使者を送って友好関係になったんだけど、**隋が高句麗を直接支配しようとすると状況が変わる**んだ。

隋に反抗した高句麗が、突厥に接近して中国東北部を攻撃すると、煬帝は**高句麗遠征**を始めたよ。ただ、この遠征が隋の命とりになるんだ……😫。煬帝は**3年連続3回の遠征**をやったんだけど、最初の遠征は100万人以上……😵！。でも、**永済渠**には軍があふれて身動きが取れない。結局、高句麗に攻め込んだ30万以上の兵のうち、戻ってきたのはたった2700人……こりゃ惨敗だ😢。高句麗は自分の国を守るのに必死だもん。城壁を固め伏兵を仕込んで、気合も十分😤！これじゃあ勝てない。2回目の遠征は、今度は隋の内部で反乱が起き、3回目は高句麗の降伏ですぐに遠征をやめたんだけど、時すでに遅し……。**各地で反乱が多発！**　なんと200以上も反乱集団があって、それらが20くらいにまとまるんだけど、もはや隋の命運は尽きたよ😆。最後は、**江都【揚州】**に逃げた煬帝を部下が殺害した。まあ、煬帝は江南好きだったから、江南で死んだのがせめてもの救いかな。

📢 **李淵が唐を建国。ただ、国家体制をつくったのは息子の李世民だ！**

隋末の戦乱の影響があまりなかった北方の**太原**（現：山西省）を守っていたのが、**唐を建国する李淵**だよ。李淵は煬帝のいとこで、もとは**北周の支配軍閥集団の出身**だ。北朝から隋・唐は、鮮卑の拓跋氏の系統だから、**拓跋国家**と呼んだりするよ。なんでも「オレがやる！」という煬帝とは違って、李淵は細かいことは気にしない親分肌だったから、自然に人も集まった。でも、ちょっと優柔不断😅。もはや隋が崩壊寸前なのに動く気配がないから、**息子たちが親父をあおって挙兵させた**んだ。こうして、太原から一気に長安に攻め込んで入城し、煬帝の暗殺の知らせを聞くと、**煬帝の孫から禅譲を受けて皇帝に即位**したよ。

ただ、**李淵【高祖】**が即位したとき、**中国全土にはまだ20近くの反乱集団がいた**から、統一にはほど遠い状態だった。全土を統一したのは、次男の**李世民**だよ。父の李淵と皇太子の兄が長安にいる間、李世民は洛陽や山東などの対抗勢力を倒した。でも弟ばっかり活躍すると兄弟の関係はギクシャクし始め、ついに**李世民が兄と弟を殺害するクーデタ（玄武門の変）を決行**😈、父親からも実権を奪った。こうして唐の支配を確立した名君といわれる**太宗【李世民】**が即位したんだ。彼の治世は、理想の君主政治として「**貞観の治**」と呼ばれているよ。

唐の支配を確立した太宗（李世民）の「貞観の治」と、玄宗の「開元の治」。唐には2回ヤマ場があるよ！

第1章　オリエント・インドの古代文明

第2章　古代の地中海世界

第3章　古代の東アジア

第4章　中世ヨーロッパ

第5章　東アジア世界の変容

第6章　イスラーム世界

第7章　近代ヨーロッパの幕開け

クローズアップ　唐

- ●李淵【高祖】［位618〜626］　➡次男の李世民が中国を統一［628］
- ●第2代：太宗【李世民】［位626〜649］……「貞観の治」
  - ●律令国家の完成……律（刑法）・令（行政法・民法）・格・式
    - ▶中央には三省六部を中心に、九寺や御史台を置く、地方は州県制
  - ●隋の制度を継承し完成……均田制・租庸調制・府兵制・科挙
- ●第3代：高宗［位649〜683］……最大領土を達成
  - ● vs. 突厥……太宗が東突厥を滅ぼす［630］
    - ➡高宗時代に西突厥を服属［657］　➡その後、西突厥は他のトルコ系遊牧民の台頭で滅ぶ
  - ●朝鮮政策……新羅と連合　➡百済、高句麗を滅ぼす
  - ●羈縻政策……異民族には実質的な自治を認めて間接統治
    - ➡都護府の設置
- ●武韋の禍……二人の女性が権力を握った時代
  - ●則天武后【武則天】［位690〜705］……高宗の皇后で中国史上唯一の女帝
    - ▶男尊の儒学に対抗して、仏教を保護（州ごとに大雲寺を設置）
    - ▶高宗の死後は、子の中宗・睿宗を次々と廃位し即位（国号は「周」）
      - ➡恐怖政治によって大貴族を弾圧、新興の科挙官僚を重用した
  - ●韋后……中宗の皇后。則天武后の死後、中宗を毒殺して実権を握る
    - ➡李隆基（のちの玄宗）が、韋后を打倒
- ●第6代：玄宗［位712〜756］……「開元の治」（玄宗時代前半［713〜741］）
  - ●軍制の再建……募兵制の採用　➡辺境には節度使を設置
  - ●市舶司の設置……広州に設置された海上貿易の事務機関
  - ●タラス河畔の戦い［751］……アッバース朝のイスラーム軍に大敗
    - ➡製紙法が西伝(異説あり)……イスラーム世界を通じ、ヨーロッパへ
  - ●晩年は楊貴妃を溺愛
    - ➡宰相の楊国忠（楊貴妃一族）と節度使の安禄山が対立
- ●安史の乱［755〜763］……安禄山や史思明らを中心とする節度使の反乱
  - ●唐はウイグルの援助を得て、反乱を鎮圧
  - ●節度使の台頭……節度使が半独立の藩鎮となり、唐は分裂
- ●第9代：徳宗［位779〜805］
  - ●両税法［780］……初期の宰相楊炎による
    - ▶現住地での土地資産に応じて課税。夏（6月）と秋（11月）2回のいずれかで徴収
- ●唐の滅亡
  - ●黄巣の乱［875〜884］　指導者：王仙芝・黄巣（塩の密売商人）
    - ▶反乱軍から寝返った朱全忠や、突厥の援軍によって鎮圧
  - ●唐の滅亡［907］……朱全忠は唐を滅ぼし後梁を建国

太宗は基本的には隋の制度を受け継ぎ、**律**（刑法）・**令**（行政法・民法）・**格**（改正・補充規定）・**式**（施行細目）の法制を整えて、それに基づく統治をおこなった。これが**律令国家**だ。そして、中央には**三省六部**を中心とする官制を整備したよ。三省とは、**詔勅（皇帝の命令）**を起草する**中書省**、審議をする**門下省**、それに基づいて実際に政治をおこなう**尚書省**のことで、尚書省の下には、個別の業務をおこなう**六部**（**吏部、戸部、刑部、兵部、工部、礼部**）が属していた。六部は現在の内閣みたいなもんだね。入試では、見た瞬間に何をやってるかがわかりそうなもの（「兵部は軍事」「工部は土木工事」など）は置いといて、パッと見でわからないやつが要注意だ！「戸」（戸籍）を管理して税を集める**戸部**は**財政担当**、「礼」に従って儀式や教育をやる**礼部**は**科挙試験**を実施するよ。ほかに、特定の業務をやる専門官庁が**九寺**（外務官庁の鴻臚寺など）、役人を監察する機関が**御史台**だ。また、地方では隋以来の**州県制**が施行され、全国を10道に分けて州をまとめたんだ。だから地方は広い順に「**道・州・県**」だよ。

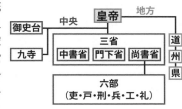

〈唐の統治機構〉

◀ 唐の土地制度と官吏登用制度は……「貴族社会が残る」のがポイント！

　南北朝時代からずっと、**中国では貴族が支配の中心**だったよね。隋は中央集権体制をつくろうといろいろやったけど、あっという間に滅んじゃった😵。これを受けた唐は、隋の制度をもとに支配体制を確立したんだけど、結局は**貴族勢力が残ってしまう**よ。どうしてなんだろう？

　まず**官僚の登用制度**は、隋で始まった**科挙**が整備された。科目は**秀才**（時事策問）、**明経**（儒教の教義）、**進士**（詩文の創作）など6科がつくられ、**地方試験（郷試）**から始まって、**礼部の試験（貢挙）**で選抜され、合格してもさらに厳しい、**吏部の採用試験**が持っていたんだ。科挙では儒学の教養が問われるから、解釈を統一しないとマズいよね。そこで、太宗は**孔穎達**らに**科挙のテキスト**として『**五経正義**』を編纂させたよ（**完成したのは高宗時代**だ）。こうなると官僚になるには『五経正義』を丸暗記しなきゃいけないし、ルールの多い漢詩もスラスラつくれないといけない😫。こりゃ、相当優秀じゃないと合格できないね。つまり、科挙は**才能のある人を登用するための制度**だよ。ただ、そう簡単にはいかないんだ😓。貴族がまだまだ強くて、**父親などの官位によって、科挙を受けずに登用される蔭位の制**が官吏登用の主流で、科挙による登用は一部にとどまったんだ。だから貴族の息子は黙ってても高級官僚になれる。しかも、三省のうち**門下省**は皇帝の命令（詔勅）に対する**拒否権（封駁）**を持っていたから、貴族が皇帝権を牽制できたんだ。うーん、貴族の権力を抑えるのはなかなか難しいね😫。そうはいっても、家柄が低い人でも官僚になる道が開けたことは確かだね。

第1章　オリエント・インドの古代文明

第2章　古代の地中海世界

第3章　古代の東アジア

第4章　中世ヨーロッパ

第5章　東アジア世界の変容

第6章　イスラーム世界

第7章　近代ヨーロッパの幕開け

土地制度にも、貴族勢力が残った原因があるよ。農民支配は隋を継承して、**均田制を基盤に租庸調と府兵制を組み合わせて国家が農民を直接支配する体制を完成**した。まず、**均田制**では**土地国有を原則**に、男性（**丁男・中男**）に**口分田**80畝（死後返還するのがタテマエ）と**永業田**20畝（世襲できるよ）を支給した。そして、隋の時代を引き継いで、**妻・奴婢・耕牛への給田は停止**したから、貴族や地主の大土地所有は抑えられそうに見えるよね。でも、この制度にはウラがある😄。官僚には**官人永業田**、要は役人にボーナスが支給されて、高級官僚だとなんと口分田の100倍😲。つまり、**高級官僚になれ**

「蔭位の制」、「官人永業田」、そして門下省による皇帝権の牽制……この三つがあったから貴族勢力が強いままだよ😓

ば大土地所有者のままだったから、貴族の勢力はほとんど残るんだ。

〈北魏・隋・唐の均田制の比較〉

王　朝	給田年齢	支給する耕地			豪族・貴族への対策
北　魏	15〜69歳	**露田**　男40畝 　　　　女20畝	**桑田**　　20畝 **麻田**　男10畝 　　　　女5畝		妻・奴婢・耕牛にも給田
隋	**丁男**（18〜59歳）	**露田**　男80畝 　　　　女40畝	**永業田**　20畝		**耕牛への給田停止** 煬帝が妻・奴婢への給田停止 身分によって永業田・職分田
唐	**中男**（16〜20歳） **丁男**（21〜59歳）	**口分田**　80畝	**永業田**　20畝		妻・奴婢・耕牛への給田停止 高級官僚に**官人永業田**を支給

　そして、税制は隋から始まった**租庸調制**だけど、隋とは微妙に違うからね。まず、丁男に一律に課税するのは同じで、**租が穀物**（粟2石）、**調が布**（綾・絹・綿・麻）っていうのもほぼ同じなんだけど、**庸がビミョーに変わる**。庸は年20日の**労役、または絹で納める**んだ。「または絹」ってなんだろう？　庸は中央の労働（**役【正役】**）なので、都に行かなきゃいけなくなったから、遠い人は「**絹で代納してもいいですよ**」ってことだ。ちなみに、**地方の労働が雑徭**（年40日）ね。隋の時代には単なる「臨時の労働」だったよね。さらに、農民は**府兵制**によって3年に1度は徴兵されたから、いくら**徴兵期間は租庸調が免除**されるとはいっても、負担はかなり重いね。府兵制では、州ごとに置かれた**折衝府**が農民を徴兵して訓練し、その上にいくつかの州の軍制を統括する都督府も置かれた。この時代には都の警備をする兵士は衛士、辺境防衛をする兵士は防人と呼ばれたんだ。

3 唐と東アジア世界 〜羈縻政策と冊封体制〜

◀ 唐の対北方政策は「唐・突厥・吐蕃」の三角関係だ！

隋の初めに東西に分裂したトルコ系遊牧民の突厥は、7世紀初めには隋末の混乱に乗じて勢力を拡大し、東突厥は中国内部に進出した。突厥がすごく強かったから、唐も突厥の援助を受けて建国した。それが逆転するのが太宗【李世民】時代だよ。

李世民が中国をほとんど統一すると、華北では東突厥と唐が対立する状況になった。李世民兄弟の対立をチャンスと考えた東突厥は、10万の騎馬軍団で唐に攻め込んできた。しかし、皇帝に即位した直後の太宗は、自ら軍を率いて東突厥を破って滅ぼした。これで、突厥は一時滅亡したよ（突厥第一帝国）。唐が突厥を破ると、「こりゃ唐には勝てん😵」と思った突厥支配下の遊牧民は、太宗に遊牧諸民族の上に立つ「天可汗」の称号を贈ったんだ。

ただ、太宗は突厥に対抗するため、チベットを統合した吐蕃と友好関係を持った。「突厥がヤバいから、仲良くしましょう」って、愛が芽生えたわけ😊。だから、吐蕃の建国者ソンツェン＝ガンポの奥さんは、唐から嫁いできた文成公主だ。唐だけじゃなくて、中国王朝は周辺民族と友好関係を結ぶときに奥さんを嫁がせることが多いよ（和蕃公主）。そして高宗時代になると、唐は西突厥も破って服属させ、西域（中央アジア）にまで勢力を拡大したんだ。

〈唐の全盛期（7世紀）〉

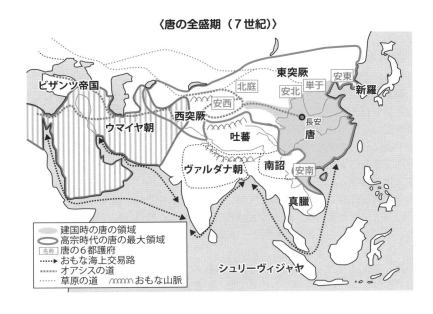

唐の6都護府
おもな海上交易路
オアシスの道
草原の道　おもな山脈

第1章 オリエント・インドの古代文明

第2章 古代の地中海世界

第3章 古代の東アジア

第4章 中世ヨーロッパ

第5章 東アジア世界の変容

第6章 イスラーム世界

第7章 近代ヨーロッパの幕開け

◀ 朝鮮半島は新羅・百済・高句麗の三国時代。唐は新羅と連合！

　朝鮮半島で唐が頭を悩ましていたのは高句麗だよ。当時、朝鮮半島では南の百済と新羅が加耶【加羅】諸国をめぐって争い、新羅が加耶を手に入れると、北方の高句麗とあわせて三国時代になった。3国はそれぞれ中国の北朝・南朝への朝貢や倭（日本）との関係を通じて他の2国を牽制したんだけど、隋が中国を統一すると3国とも隋に朝貢したので、いったん朝鮮半島は落ち着いたように見えた。ただ、高句麗が隋の遠征を撃退して、しかも隋が滅んじゃった😵。唐にとっては「高句麗をどう抑えるか」が大問題だったんだ。

高句麗・新羅・百済の3国に、唐と倭（日本）も絡めた対立関係がポイントだ！

　唐の初期には朝鮮半島の3国がすべて唐に朝貢したから「ひと安心」と思ったら、すぐにこの安定は崩れた😫。東突厥を滅ぼした太宗が高句麗に圧力をかけると高句麗は百済と結び、さらに百済は以前から倭（日本）とも友好関係だったから、新羅は周りが敵ばかり！　どうしようもなくなった新羅は唐に接近して支援を求め、唐と新羅の連合ができた。こうして新羅と連合した唐の高宗は、まず百済を攻撃して滅ぼすと、百済を救援にきた倭（日本）の水軍にも白村江の戦いで勝ったんだ。勢いに乗った唐軍は北上して、新羅とともに高句麗を攻撃した。高句麗も1年にわたって抗戦したものの、持ちこたえられずに滅亡したんだ😓。こうして、隋・唐を悩ませていた高句麗を滅ぼして、唐が朝鮮半島へと支配を拡大したよ🙌。

　じゃあ、その後の朝鮮半島情勢も見ておこう。北方では高句麗遺民とツングース系の靺鞨人を統合した大祚栄が、698年に渤海を建てた。渤海は唐に朝貢して文化や制度を取り入れつつ、唐や新羅に対抗して日本と盛んに交流したよ。また長安をモデルにした王都上京竜泉府を造営したほか、盛んに仏教が信仰されて各地に寺院を建てるなど、中国で「海東の盛国」と呼ばれるくらい繁栄したんだ😆。

　南部では唐の支配を退けた新羅が半島を統一し、その後、唐にも朝貢してさまざまな文化を取り入れたよ。新羅は都を金城【慶州】に置いて、骨品制という独自の特権身分制度に基づいて官僚制を整備したよ。骨品制では、真骨と呼ばれる王族が中央の高級官僚を独占し、さらに金城周辺を本拠地とする氏族が特権を持っていたから、地方出身者や百済や高句麗から投降してきた人びとは、なかなか出世できなかった😖。

　あと、文化史だけど、新羅は仏教を保護したからたくさんお寺が建てられた！なかでも金城にある仏国寺の石造多宝塔や石窟庵の仏教美術は有名だよ😄。

◀ 羈縻政策と冊封体制で、唐は「世界帝国」になった！

突厥や朝鮮半島、ベトナムにまで支配を
拡大した唐は、高宗時代に最大領域を実現
したよ。そして新たに征服した地域には六
つの都護府を置き、服属した民族の族長を
羈縻州の長官（刺史）に任命して、自治を
認めて監視する間接統治をおこなった。こ
れが羈縻政策だよ。「羈縻」というのは馬
や牛をつないでおく手綱という意味だか
ら、「家畜の頭を（＝族長を）つないでお
けば（＝監視すれば）、胴体は（＝周辺民
族は）逃げない（＝支配できる）」ってこ
とだよ。都護府が設置されたのは、ベトナ
ムの安南都護府（ハノイ）、朝鮮の安東都
護府（平壌）、西域の安西都護府（高昌→
亀茲）、外モンゴルの安北都護府、内モン
ゴルの単于都護府、ジュンガリアの北庭都護府の六つだ。

さらに、羈縻政策で支配した地域の外側には、唐からは自立しているけど定期的
に唐に使者を送ってくる朝貢国がある。周辺諸国が朝貢してくると、中国皇帝はそ
の国の君主に対して中国の官爵（国王や郡王など）を与えて、各国の支配を認めた
んだ（冊封）。この「朝貢－冊封」によって結ばれる国際関係が冊封体制だよ。な
かには、単に朝貢だけをして文化を学んだり貿易をしたりする国があったり、周辺
の国が強かったりすると、君臣関係じゃなくて「兄弟（唐が兄！）」ってことにし
てお茶を濁すこともあったりする……😓。吐蕃などがそうだね。それに、朝貢国
には唐が官僚や軍隊を送り込むわけじゃなくて、朝貢する国のほうから使者を送っ
てくるから、唐の領土ってわけじゃないよ。例えば、新羅や渤海や雲南の南詔は唐
から冊封を受けたほか、東南アジアではクメール人のカンボジア【真臘】や中部ベ
トナムのチャンパー【林邑・環王】、スマトラ島のシュリーヴィジャヤ【室利仏逝】
などは唐に朝貢の使者を送っていたよ。日本が送った遣唐使も朝貢の一種だ。

こんなふうに唐の支配は内側から「州県制で直接統治した中国内部」「羈縻政策
で間接統治した征服地」「冊封体制に組み込まれた朝貢国」の三つに分かれてい
て、その中心に唐の皇帝が君臨する「世界帝国」だった。そして、これらの地域に
は唐の政治や文化が大きく影響したよ。例えば、朝鮮や日本のように律令体制や仏
教、漢字などを導入したり、朝貢国の間でも使節の交流や貿易をおこなったりしな
がら、東アジア文化圏が形成されたんだ。

周辺諸国
突厥　渤海
征服地
吐蕃　安北　単于　新羅
中国本土
北庭　皇帝　安東
州県制
南詔　安西　安南　日本
羈縻政策
真臘　シュリー
ヴィジャヤ
冊封体制

―――― 冊封関係
・・・・・▶ 朝貢のみ
・・・・・・ 兄弟関係など（家父長的関係）

第1章　オリエント・インドの古代文明

第2章　古代の地中海世界

第3章　古代の東アジア

第4章　中世ヨーロッパ

第5章　東アジア世界の変容

第6章　イスラーム世界

第7章　近代ヨーロッパの幕開け

4　武韋の禍と玄宗の時代

◀ 則天武后が女帝になった。武韋の禍とは女性が権力を握った時代だ！

　それじゃあ唐の国内問題に戻るよ。唐は高宗時代に最大領域を達成したから「高宗ってどんだけ強いんだ？」って思うかもしれないけど、実際には平凡で病弱な皇帝だった😣。高宗時代に権力を握っていたのは皇后の則天武后【武則天】だよ。

　武后はもともと太宗の後宮（皇帝の奥さんのいる宮殿）にいたから、本来は太宗の奥さんなんだけど、晩年の太宗を看病するうちに高宗が武后に惚れちゃって、今度は高宗の皇后になった。むちゃくちゃ頭のよかった武后は、平凡な高宗の後ろ

> 則天武后の時代をきっかけに、唐の政治も社会も大きく変わっていくよ！

から簾越しにあれこれ指図して政治を動かし、高宗が亡くなったあとは、息子の中宗をわずか2カ月で退位させ、さらに弟の睿宗の時代にも権力を握り続けると、ついに皇帝に即位して国号を「周」とした。彼女は中国史上唯一の女帝だよ。

　皇帝みたいに権力を握った女性はほかにもいるけど、ホントに皇帝になっちゃったのは則天武后だけ。ここから、二人の女性が権力を握った時代が「武韋の禍」だ。

　儒学って男尊女卑だから、「女性が権力を握るなんて許せん😡」と、則天武后はひどく書かれることもあるけど、彼女の政治は評価すべきことも多い。例えば、唐が高句麗を制圧したのは皇后だった彼女の功績だよ。また、男尊の儒学に対抗して仏教を保護して各州に大雲寺を設置すると、自分の即位を弥勒菩薩の下生（この世に再び現れる）になぞらえた。さらに、則天文字という独自の文字（20字くらいあるよ）を使わせたり、全国に大雲経という経典を置いたりして、平和な仏教国ができたことをアピールした。ここまで周到に準備してから、武后は皇帝に即位したんだ。

　そして武后の一番の功績は、唐の政治を新興の科挙官僚中心に変えたことだ。彼女は、仕事がデキる男が好きなんだよ😄。逆に家柄ばかりにこだわる貴族のダメ息子どもが大キライ😡。抵抗する貴族たちは恐怖政治でバッサリ切り捨てて、科挙に合格した優秀な官僚で政権を固めた。こうして唐の政治・社会の中心にいた門閥貴族は排除され、科挙官僚を中心に中央集権体制が強化されたんだ。

　ただ、さすがの武后も年齢には勝てず、クーデタで幽閉されて息子の中宗が再び皇帝に即位した。でも、中宗も頼りない男だった😅。そしたら、権力欲のかたまりだった奥さんの韋后が、「ワタシも則天武后のように権力を握りたい！」と、邪魔になった中宗を毒殺して権力を握ろうとしたんだ。でも、韋后は則天武后ほど才能がなかったの😣。身勝手な韋后に対する不満が爆発して、中宗の甥だった李隆基（のちの玄宗）が挙兵して韋后らを殺害すると、中宗の弟だった父の睿宗を復位させ、父に禅譲を迫って皇帝に即位したよ。これが玄宗だ。

◀ 玄宗の前半は、唐の最盛期といわれる「開元の治」だ！

　玄宗の治世は45年間で唐の皇帝で一番長いんだけど、そのうち最初の約30年間は「開元の治」と呼ばれる唐の全盛期だ。とはいっても、この時代を支えたのは**則天武后の時代に登用された優秀な科挙官僚**たちだよ。だから、武后がいなかったら「開元の治」はなかったんだよ……😵‍💫！。ほら、武后の功績は評価してもいいでしょ。そして、29歳と若かった玄宗は唐朝の再建に燃えていたんだ。

　まず玄宗が手をつけたのが、**辺境防衛の再建**だよ。則天武后の時代って優秀な科挙官僚によって国内政治は安定したんだけど、基本的に内向きだったから周辺民族が自立していった。内モンゴルでは唐に抑え込まれていた**突厥が自立し（突厥第二帝国）**、東北部では契丹族が反乱を起こして、さらに**高句麗の遺民は渤海**をつくった。しかも、**府兵制は解体寸前**で、辺境軍の防人や都を警備する衛士はほとんど機能していない。そこで玄宗は、府兵制にかえて傭兵（健児）を雇う**募兵制**を採用すると、都には禁軍を置き、辺境には募兵軍団の司令官として**節度使**を任命した。すでに睿宗の時代には河西節度使が設置されていたけど、玄宗はそれを**10ヵ所に増やして辺境防衛を固めた**。府兵制の崩壊については、あとでじっくり説明するね。

　また、節度使以外にもこれまでになかった官庁がいくつかつくられたよ。南海貿易の繁栄を背景に、**広州**には**海上貿易を管理する市舶司**が設置された。さらに律令には定められていない官職（令外の官）として、**専売制を管理する塩鉄使**などもつくられた。こんなふうに「開元の治」はさまざまな改革が進められた時代だ。

◀ 玄宗の末期には、唐を揺るがす安史の乱が勃発！

　即位してから約30年、すでに玄宗は60歳になっていた。愛妃の死ですっかり心が折れていた玄宗は、息子の嫁だった**楊貴妃**にすっかり心を奪われ、ついには自分の妻にしちゃった！　ていうか、息子の奥さんを取っちゃったのかよ……😑。以来、**楊貴妃にのめり込んだ玄宗は政治のことなどホッタラカシ**。そのころ、辺境では唐軍がアッバース朝のイスラーム軍に**タラス河畔の戦い**で敗れるなど、辺境支配にほころびが見え始め、政界でも**楊貴妃一族から出た宰相の楊国忠**と**節度使の安禄山**の権力闘争が始まった。楊国忠は大した家柄でもないただの遊び人だったけど、楊貴妃の一族ってだけで玄宗に気に入られて宰相となった。一方の**安禄山は突厥人とソグド人の混血**で、節度使になったのをきっかけに玄宗と楊貴妃に取り入ると、なんと楊貴妃の養子にしてもらい、**3節度使を兼任**するまでになった。これを警戒した楊国忠が安禄山の追い落としを狙うと、怒った安禄山は「宮廷を牛耳る奸臣、楊国忠を討つ😆」と宣言してついに挙兵、**安史の乱**が始まったんだ！

> タラス河畔の戦いの際に「製紙法が西伝」したといわれていたけど、最近は異説もあるよ

第**1**章　オリエント・インドの古代文明

第**2**章　古代の地中海世界

第**3**章　古代の東アジア

第**4**章　中世ヨーロッパ

第**5**章　東アジア世界の変容

第**6**章　イスラーム世界

第**7**章　近代ヨーロッパの幕開け

〈安史の乱と唐の衰退（8世紀）〉

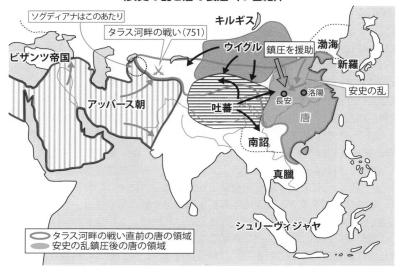

　節度使として強い辺境防衛軍を指揮する**安禄山**は、一気に洛陽まで攻め込んで**大燕皇帝**と名乗ると、そのまま**長安に攻め込んで占拠した**。玄宗、楊貴妃、そして楊国忠が、都を守っていた禁軍の兵士の一部をつれて長安を脱出したけど、兵士たちは「楊国忠を殺せ、楊貴妃も同罪だ😡」と叫んで楊国忠を血祭りにあげた。これを見た**玄宗はやむなく楊貴妃の殺害を命じ**、最後は**四川の成都**まで逃げた……って、悪いのは玄宗だろ😅。72歳にもなって、ジタバタしすぎだな。そしてこの逃避行を題材に、**白居易【白楽天】**は『**長恨歌**』をつくったよ。

　その後、安禄山は息子の安慶緒に殺され、さらに安慶緒を殺した**史思明**が皇帝を称したけど、彼も息子に殺されるなど反乱軍の足並みが乱れるなか、唐はトルコ系遊牧民の**ウイグル【回紇】**の援軍を得て長安を奪還し、ついに**反乱を鎮圧**したよ。

　安史の乱は唐の政治や社会を大きく変えてしまった。もう反乱前のような政治には戻れないよ😣。反乱鎮圧のために、唐は**内地にも節度使を設置**したんだけど、彼らは**中央政府の言うことをまるで聞かない**。特に、反乱軍から寝返って鎮圧に協力した連中は、**節度使の地位を世襲して半独立の藩鎮**になった。彼らは集めた税金を中央に送らなかったから、**唐は財政難**にも苦しんだ。さらに、**周辺異民族の侵入**も激化したよ。チベットの**吐蕃**は、**乱に乗じて長安を占領**したし、反乱鎮圧を支援したウイグルは、見返りに**絹馬貿易**の利益を得て強くなったんだけど、ときに唐への反抗を援助する場合もあったんだよ。そのたびに唐はウイグルに金品を贈ってなだめた。そして、則天武后の時代から進んでいた**貴族の没落が安史の乱で決定的**になった。だって、戦乱で活躍するのは軍人だもん、軍が強いほうがエラい！　こうして唐は**支配体制を転換する**必要に迫られたってわけね。

5 唐の衰退と滅亡 175

第1章 オリエント・インドの古代文明

第2章 古代の地中海世界

第3章 古代の東アジア

第4章 中世ヨーロッパ

第5章 東アジア世界の変容

第6章 イスラーム世界

第7章 近代ヨーロッパの幕開け

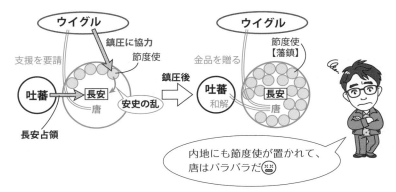

〈安史の乱と藩鎮の自立〉

内地にも節度使が置かれて、唐はバラバラだ😫

5 唐の衰退と滅亡

◀ 戦乱、重税、徴兵……困窮した農民が逃亡して均田制が崩壊！

　ここで、則天武后のころから起きていた唐を揺るがす大問題について見ていこう。

　唐代の農民は、**均田制で国から土地をもらう**と、**租庸調の税**を負担したうえ、3年に1度は**府兵制**で徴兵されるから、生活はいつも苦しかった。「もう飢え死に寸前です😫」って訴えてみても、「国から土地をもらってるじゃないか😠」と怒られるし、「じゃあ土地なんていりません……😢」と泣いたところで、「ダメ、あげる」ってあっさり却下。だって、国が土地を支給したっていうのは、税や兵役を負担させるタテマエだもん。戸籍に登録されたらどうしようもない……と思ったら、一つだけ抜け道があった！　戸籍に登録されてる土地（**本籍地**）から逃げるんだよ😲。要は「夜逃げ」。この**農民の逃亡**（**逃戸**）が**均田制の崩壊**だよ。

　これは支配を揺るがす大問題だ。だって、農民が逃げちゃうと兵士が集められないから**府兵制が崩壊**し、税も集められないから**租庸調も崩壊**しちゃう。しかも、**逃亡した農民の土地を奪って大土地所有をするヤツ**も出てきて、彼らの私有地（**荘園**）に逃亡した農民が吸収されちゃった😫。もはや土地国有の原則はどこかにすっ飛んでしまったんだよ。こうした事態に対して、唐は逃亡した農民を現住地で戸籍に再登録する**括戸政策**をとったけど、まるで追いつかなかったんだ。

「大土地所有」と「農民の逃亡」で均田制が崩壊！　一緒に租庸調と府兵制も崩壊するよ

◀ 均田制の崩壊を前提に、募兵制と両税法ができた！

　もはや、制度を中途半端にかえても解決にならないから、根本的に制度を改革した。兵制は、農民を徴兵する府兵制をやめて、給料を払って兵士を雇う募兵制にした。これなら、**お金さえあれば軍団を編成できる**。そして、**募兵軍団の司令官が節度使**だ。じゃあ、そんな金どこにあるの？　租庸調も一緒に崩壊してるのにさ。

　そこで、**徳宗**時代の宰相**楊炎**は、租庸調とは全く考え方の違う新たな税制として両税法をつくった。まず、土地国有という前提を捨てて**土地私有を公認**したよ。これまではみんなが同じ広さの土地を割り当てられているという前提で、「本籍地で丁男に一律に課税（税額が同じ）」してたよね。でも、**大土地所有が進んで新興の地主が出現**して、**逃亡農民もいっぱい**。そこで、「**現住地で、資産に応じて課税**」することにしたんだ。「現住地」とは「逃げてもムダ。本籍地に関係なく今住んでいるところで課税します」、「資産に応じて」は「いっぱい土地を持っている人からはたくさん税を取ります」ってことだ。厳密に言うと、**耕地面積を基準とする地租**と、**資産評価に応じた戸税**があるんだけど、難しく考えなくていいからね。課税をする対象を**人から土地へ転換**したってことね。そして、小麦の収穫期の夏（6月）か、コメの収穫期の秋（11月）の2回、作付に応じて徴収したから、両税法と呼ばれるんだ。**麦作の普及**も、両税法が施行された背景だよ。

　そして、両税法の施行をきっかけに、**藩鎮勢力から財政権を奪って弱らせようと**したんだけど、両税法施行の翌年に藩鎮の反乱が起きたから、藩鎮の抑制はなかなかうまくいかなかったのが現実だよ……😵 ！。

〈租庸調と両税法〉……論述問題で注意！

	租庸調制	両税法
土地所有	**土地国有**が原則（均田制が基盤）	**土地私有**を公認
課税対象 課税基準	**丁男**（個人）に課す **本籍地で一律に課税**	**戸**ごとに課す 現住地で土地・資産に応じて課税
納税方法	租・調は**物納**、庸は**労役**	戸税は**銭納**が原則（地税は**物納**） 作付により、**夏・秋2回**徴収

◀ 安史の乱からおよそ100年……ついに唐も限界だ！

　安史の乱を鎮圧した後も、国内では40～50の藩鎮が自立してバラバラだったから、もはや皇帝が全国を統一してるなんていえないような状況だった。しかも、中央の政界では皇帝の親衛隊をあやつる宦官が権力を握って、ついに勝手に皇帝をかえるところまできたんだ。しかも、**官僚たちも熾烈な権力闘争を繰り返し**、特に9世紀半ばの派閥抗争は、代表的な人物の姓を並べて牛李の党争なんて呼ばれているよ。こんな状態のまま、唐は100年以上も続いたよ。**安史の乱が起きた755年は、唐の建国から滅亡まで（618～907）のほぼ真ん中**だからね。

第1章　オリエント・インドの古代文明

第2章　古代の地中海世界

第3章　古代の東アジア

第4章　中世ヨーロッパ

第5章　東アジア世界の変容

第6章　イスラーム世界

第7章　近代ヨーロッパの幕開け

じゃあ、こんなにめちゃくちゃな状況なのに、なんで滅びなかったんだろう？それは、唐が生産力の高まった**江南地方**からの収入と**塩の専売**によって国家財政を維持して、**お金で雇った官僚と兵士で国政を運営した**からだよ（財政国家）。

ただ、**塩の専売に頼れば頼るほど民衆の生活は苦しくなった**。だって、10銭の塩に100銭の税を上乗せしたんだよ。これって、消費税1000％じゃん😵！。しかも、どんどん税が上がり、しまいには370銭😫。これじゃあ飢え死にしちゃうよ……。そして、専売の塩があまりも高いから、**塩の密売が横行**したんだ。**密売って安く売るんだよ！**　だって、本来なら10銭なんだから、50銭くらいで売っても大儲けでしょ。しかも「政府はイジワルだから300銭もとるけど、ワタシらは優しいから50銭でいいよ〜ウシシ😎」って言って売れば、民衆には「安い塩をどうもありがとうございました😊」と感謝までされる。そして、**塩の密売人（塩賊）**が唐に**不満を持っている人びとを吸収**して、ついに**王仙芝**や**黄巣**が挙兵して巨大な民衆反乱、**黄巣の乱**が起きたよ。黄巣は長安にまで攻め込んで、国号を大斉として新たな王朝を建てたんだ。

ただ、黄巣軍はしょせん塩賊、つまりは盗賊集団みたいなもんだ。結局は略奪に走って人びとの支持を失い、反乱軍から**朱温（のちの朱全忠）**が寝返って足並みが乱れ、唐が招き入れた**突厥**の援軍に負けて黄巣は自殺、反乱は終わったんだ。朱温は反乱を崩壊させた功績で、皇帝から「**全忠**（全くの忠義者）」という名前と**節度使の地位**をもらったんだけど、もはや唐に従う気などまるでなし😏。結局、節度使となった**朱全忠**は唐の残党を殺害し、さらに**最後の皇帝哀帝から帝位を奪って即位**して、**後梁**を建てた。こうして290年も続いた**唐は滅亡**したよ。

> 黄巣の乱から寝返った朱全忠は、唐も裏切った！　やっぱ、一度裏切った奴は二度目も信用できないね😤

6 　唐の経済・社会史

◀ 農業生産が増えると、商工業も発展。輸送で大運河が活躍！

じゃあ、いったん政治史から離れて、ここからは社会史・経済史を見ていこう！まずは農業の発展からだ。唐の中期になると**麦作が普及**して、華北で粟などの雑穀に加えて冬小麦を裏作にした**二毛作**（あるいは**二年三毛作**）が普及し、江南でも**田植え農法**などの稲作の技術が発達したから、**農業生産が向上**したよ。特に、開発が進んだ江南から華北に穀物を輸送しなきゃいけない！　このときに重要だったのが**大運河**だ。煬帝の政策はここでいきるんだね😄。こうした**交通網の整備**によって各地を結ぶ**物流や交易も盛ん**となり、都市のなかには交易の場所として**市**（長安の**西市・東市**など）がつくられた。ただ、市は**都市の城壁内部にあった**ため、場所や営業時間などが規制され、税も取られたから、なかなか自由な取引はできなかった。

唐末期になると支配がゆるんで**市の制度が崩れた**から、市以外でも勝手に商売をする人や、**城壁の外の非公認の市場（草市）**も現れた。また、商業の発展や、銅銭で納税（銭納）する両税法など、**大量の銅銭を送る必要**が出てきたので、遠隔地への**送金手形制度として飛銭**が生まれたよ。

◀ 東西交易の発展で、長安は国際都市になった！

　唐が西域まで支配を広げ、イスラーム勢力（ウマイヤ朝やアッバース朝）が西アジアから中央アジアまで進出すると、政治的な安定によって陸・海の交通路が安全となり、**東西交易がむちゃくちゃ発展した**よ。海上交易ではインド洋から東南アジアを経て中国の沿岸まで進出した**ムスリム商人（アラブ商人）**が活躍し、華南の海港都市である**広州**や泉州までやってきた。アラブ人は**大食**と呼ばれ、彼らがくる都市には**蕃坊**という外国人居住地も設置されたし、イスラーム教も中国に伝わって**清真教【回教】**と呼ばれた。こうした交易の発展を受けて、**広州には海上交易の事務機関として市舶司が設置された**んだ。

海上交易がムスリム商人、内陸交易がソグド人っておさえておこう！

　一方、内陸ではアラル海に注ぐシル川・アム川に挟まれた地域（ここがソグド人の地「**ソグディアナ**」だ➡P.174地図）を拠点に、**イラン系の商業民族ソグド人【胡人】**が活躍したよ。ソグド人は自分たちの国はないけど、中国の歴史書だと、『後漢書』西域伝にはすでにソグド人の交易の記録がある。そして、6世紀にはトルコ系遊牧騎馬民族の**突厥やウイグルに保護されて、トルコ人の軍事力とソグド人の経済力が結びついた**。さらに、ソグド人は交易だけじゃなく多くの馬を持っていて、**強大な騎馬部隊を編成した**。馬は重要な国際商品であると同時に、強力な武器だよ。これも、突厥やウイグルが強かった理由の一つだよ。そして、中国との間では、おもに**中国からの絹と北方からの馬を取引する絹馬貿易**がおこなわれたんだ。

　東西交易の発展によって、**唐の都長安は国際都市として繁栄**し、人口は100万人を超えたよ。碁盤の目のように区画され（坊）、周囲を城壁で囲んだ大都市の形**（都城制）**は、周辺諸国の都のモデルにもなった。日本の**平城京**（奈良）や**平安京**（京都）も長安がモデルだ。また、ソグド人などの西域商人やインドの僧、東アジア諸国からの留学生など、**多くの人びとが長安を訪れた**。例えば、遣唐使の一員として唐に渡った日本の留学生**阿倍仲麻呂**は、漢詩が上手かったことで玄宗に気に入られて官僚となり、安南節度使にまでなった。ただ、帰国のときに暴風雨にあったりして帰国できなかったんだよ。ツラいな……😢。

　さらに、**西方の宗教も中国まで伝わった**よ。イランの民族宗教だった**ゾロアスター教**は、イスラーム勢力に滅ぼされた**ササン朝から逃げてきたイラン人**が中国に伝え、**祆教**と呼ばれた。ちなみに、**ソグド人はゾロアスター教徒**だ。日本では「拝火

教」って呼んだりするけど、「中国名は？」と聞かれたら「祆教」と答えてね。また、431年のエフェソス公会議で異端となった**ネストリウス派キリスト教**は、**シリアやイラン**を経てイラン人**阿羅本**が中国に伝え、各地に教会（中国では**波斯寺**、のちに**大秦寺**）が建てられた。ネストリウス派は唐では**景教**と呼ばれ、長安の大秦寺には中国での景教の流行を伝える**大秦景教流行中国碑**が建立されたよ。さらに、**ウイグル人**が多く信仰していた**マニ教【摩尼教】**も長安で流行した。**祆教・景教・摩尼教**は、まとめて**三夷教**ともいわれるんだ。

合否の分かれ目 ▶ 中国僧のインド訪問

- **法顕（東晋時代）**……往路は**陸路**、復路は**海路**
  - ▶グプタ朝の**チャンドラグプタ２世【超日王】**時代のインドを訪問
  - ▶旅行記として『**仏国記**』（『**法顕伝**』）を著す
- **玄奘【三蔵法師】（唐・太宗時代）**……往復とも**陸路**
  - ▶**ハルシャ＝ヴァルダナ王【戒日王】**時代のインドを訪問
  - ▶帰国後、『**大唐西域記**』を著す
- **義浄（唐・高宗時代、帰国は則天武后時代）**……往復とも**海路**
  - ▶ヴァルダナ朝衰亡後のインドを訪問
  - ▶帰途、**シュリーヴィジャヤ【室利仏逝】**で『**南海寄帰内法伝**』を著す

◀ 仏教は流行したけど……唐末期には会昌の廃仏で弾圧された！

　隋から唐にかけての時代は、**中国仏教の全盛期**ともいえる時代だよ。隋代に**智顗**が開いた**天台宗**は、高度な仏教教学を持っていたから、宗教というより経典を研究する学問だ。天台宗は**最澄**が日本にも伝えたね。そして、中国仏教は玄奘や義浄のインド訪問によって一気に発展するんだ。

　玄奘は、**太宗時代に国禁を犯して命がけで西域に出国**し、**陸路を経由してハルシャ＝ヴァルダナ王【戒日王】**時代のインドを訪れ、**ナーランダー僧院**で学んだ。ハルシャ＝ヴァルダナは仏教を保護していたから、優秀な留学僧がいると聞いて、玄奘の講義を受けたらしいよ😊。そして、たくさんの経典を手に入れた玄奘は、**再び陸路を経由して帰国**し、帰国後は**仏典の漢訳**に励み、**法相宗**を開いた。彼が書いた旅行記が『**大唐西域記**』だね。その後、**高宗時代の僧義浄**が、すでに交易で発展し始めていた**海路**を通ってインドを訪れ、同じように**ナーランダー僧院**で学んだよ。残念ながら、義浄のころにはすでにインドが混乱期になってたんだ😵。そして、帰りも**海路**を通って**シュリーヴィジャヤ**に立ち寄り、そこで『**南海寄帰内法伝**』を著したよ。さらに唐中期には、インド僧が伝えた**密教（真言宗）**が急速に普及したり、中国独自の仏教として、より実践的に宗教的空想（座禅）をおこなう禅

宗や、阿弥陀仏にすがって極楽浄土を願う浄土宗なども生まれた。こうした仏教の発展は中国の思想界にも影響していくんだ。

　中国では前漢以来、儒学が皇帝の専制政治や異民族に対する優位（華夷思想）を裏づける思想だった。もちろん、唐代の中国でも儒学が官学なんだけど、『五経正義』が完成しちゃうと「皇帝の決めた内容はコレ！」っていうふうに解釈が固定され、思想的には停滞した。もはや、儒学は「覚えたらオシマイ」で、新しい思想は発展しなくなった。だから、貴族や頭のいいエリートは「儒学はツマらん😆」と思ったんだ。エリートって今の日本で例えると、東大にトップで合格するような人だから、「趣味が勉強」みたいな優秀な人だもん、難しい内容ほど燃える🔥。彼らは仏教の整然とした経典に興味を持ち、「儒学は皇帝が決めた政治思想、仏教は研究する学問」と考えた。こうして、中国では仏教の研究が盛んになったんだ。

　でもね、貴族が仏教を保護するようになると仏教の腐敗が始まり、お寺が大土地所有や税金逃れを始めて、しまいには逃亡農民をかくまったりしたから、唐の財政難をさらに悪化させていた。しかも、唐朝は老子の姓が帝室と同じ「李」だったこともあって、道教を保護していたから（「道先仏後」）、仏教とライバル関係だった道教教団が「仏教を潰したほうがいい！」って皇帝を動かした。こうして、第15代皇帝の武宗によって中国史上最大の仏教弾圧、会昌の廃仏がおこなわれて仏教は壊滅的な打撃を受け、外来の三夷教（祆教・景教・摩尼教）も一緒に弾圧された。このあと、中国で復興した仏教は、士大夫に流行した禅宗と、庶民に流行した浄土宗くらいだね。そして、禅宗の影響を受けた士大夫が、新しい儒学をつくるよ！

　今回はこれでおしまい。最後に年号 check だ！

!! 年号のツボ

- ●隋の中国統一［589］（公約果たして　隋の統一）
- ●唐の建国［618］（李淵は　無理イヤ）
- ●タラス河畔の戦い［751］（紙が　無きゃ来い　アッバース）
- ●安史の乱［755］（節度使が　何度も交互に　反乱起こす）
- ●両税法［780］（質屋を訪ねて　税払う）
- ●黄巣の乱［875］（やなこと始まる　黄巣の乱）
- ●唐の滅亡［907］（唐の滅亡　連絡くれなきゃ）

　さて、中国史はここで一段落して、次回からは中世ヨーロッパ史に進むよ。しばらく漢字頭だったから、いったんカタカナ頭に戻ろう😊。

第 **4** 章

中世ヨーロッパ

第11回

ゲルマン人の移動とフランク王国

ゲルマン人の移動でローマ帝国が分裂すると、いよいよヨーロッパ史は中世に入るよ。ローマ帝国による地中海世界の統一が崩れたあと、ヨーロッパはどんなふうに変わっていくんだろう？

大きくつかもう！

1 ゲルマン人の移動と西ローマ帝国の滅亡 `183～186ページ`

2 東西教会の対立とフランク王国の発展 `186～193ページ`

3 フランク王国の分裂と神聖ローマ帝国の成立 `193～196ページ`

カールの戴冠とオットー1世の戴冠が、中世ヨーロッパ史を理解する第一歩だよ！

ローマ帝国が東西に分裂すると、侵入したゲルマン人たちが次々と国をつくり、100年も経たずに西ローマ帝国は滅亡しちゃった。一方で、ローマ帝国時代に国教となったキリスト教は着実にヨーロッパに広がっている。ゲルマン人の国はバラバラだけど、教会組織は一つ。しかも東ヨーロッパには東ローマ帝国【ビザンツ帝国】が強いまま残っているし、7世紀に成立したイスラーム勢力も北アフリカから西ヨーロッパまで攻めてきた。こうして地中海世界が大きく変化するなかで、西ヨーロッパでは新しい皇帝が現れるんだ。今回のポイントは「フランク王国と教会」の関係だよ。のちの西ヨーロッパ世界で問題になる「皇帝と教皇」の関係がどうやってできたのか、しっかり理解してね！

それじゃあ、ゲルマン人の移動とフランク王国の始まり～😆。

第1章 オリエント・インドの古代文明

第2章 古代の地中海世界

第3章 古代の東アジア

第4章 中世ヨーロッパ

第5章 東アジア世界の変容

第6章 イスラーム世界

第7章 近代ヨーロッパの幕開け

1 ゲルマン人の移動と西ローマ帝国の滅亡

◀ ゲルマン人ってどんな人たちなんだろう？

　前6世紀頃からヨーロッパに住んでいた**ケルト人**を圧迫しながら勢力を拡大した**インド＝ヨーロッパ語系のゲルマン人**は**ライン川・ドナウ川の北側**に入ってきてローマと境を接するようになり、**狩猟や牧畜**を中心とする生活をしながら、約50くらいの部族国家（**キヴィタス**）をつくった。この時期のゲルマン人の様子は**カエサル**の『**ガリア戦記**』や**タキトゥス**の『**ゲルマニア**』などに描かれているよ。ゲルマン人社会では、**貴族・平民・奴隷**という身分があって、重要なことは成人男性全員が参加する**民会**で決められた。一応、全会一致がタテマエだったけど、議決は貴族中心だ😏。そして、**有力な貴族は平民を保護する**（自分の屋敷に住まわせるとか）**かわりに忠誠を誓わせ、従士として配下の兵士にした**よ。これが、のちの封建制のもとになる**従士制**だ。

　その後、ゲルマン人社会で**農耕**が発達して**人口が増加**すると、耕地不足となったゲルマン世界から、少しずつ**ローマ領内に移住**する人も現れた。ローマ帝国も外敵の侵入で兵力が足りなかったから、多数のゲルマン人を**傭兵**として使ったり、大土地所有者のもとでコロヌスとなるゲルマン人も現れた。こんなふうに、帝政末期のローマには、**多くのゲルマン人がコロヌスや傭兵として居住**していたよ。ただ、あくまでも家族単位での引っ越しだから、民族移動とはいわない。もっと大規模に、民族ごとゴッソリ移動するのが「ゲルマン人の移動」だ！

合否の分かれ目　原始ゲルマン世界の記録

●**カエサル**（**共和政期**）……『**ガリア戦記**』
　▶**ガリア遠征の際に書かれた覚書　➡客観的**に書かれた、**ラテン語の名文**
●**タキトゥス**（**帝政期**）……『**ゲルマニア**』
　▶**ローマの貴族への批判**から書かれた　➡未開のゲルマン人が**道徳的**と強調

◀ 東からフン人の圧迫を受けて、ゲルマン人が移動を開始！

　ローマの影響を受けたゲルマン人世界は、**戦士中心**の社会に変わってきたよ。ローマで傭兵となった人は、帰国後、「あの人は強い戦士だ😆」と人びとの尊敬を集めて軍団の指揮権を握り、ほかの軍団と抗争しながら権力を強めた。そして権力闘争を勝ち抜いた首長を中心に、**ゲルマン人は10こくらいの大部族（シュタム）に統合**された。4世紀後半に大移動を始めるのは、この大部族だよ。民族移動の内的な原因は**耕地不足**、直接のきっかけは**フン人の西進**だ。

　ヴォルガ川を越えて南ロシアに進出してきた**アジア系騎馬遊牧民**の**フン人**は、黒

海北岸で**東ゴート人**を破って服属させるとさらに西進して、**黒海西岸**にいた**西ゴート人**を圧迫した。「征服されるのはイヤだ😫」と思った西ゴート人は南に逃げ、**ドナウ川を渡ってローマ領内に侵入**した。ここから、約2世紀にわたる**ゲルマン人の移動**が始まったんだ。そして、ローマ軍と衝突した西ゴートは**アドリアノープルの戦い**で勝利😆。仕方なくローマは西ゴートを「帝国の同盟者」として、ローマへの軍事的な支援と引き換えに定着を認め、弱体化した**ローマ帝国**は、395年に**東西に分裂**したよ😥。

〈ゲルマン人の移動〉

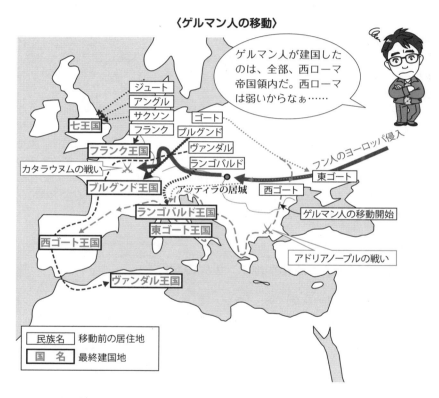

ここで気づいたかな？　民族移動っていうのは、単なる集団引っ越しじゃないからね😵。まず戦争で移動できるところを確保して、そのあとで民族がみんなで引っ越すんだよ。まずは「**民族移動は戦争だ**」っていうイメージを持っておこう！
　では、**フン人**を先に見ちゃおう！　西へと進出して**ドナウ川中流のパンノニア**（現在のハンガリー）に拠点を置いたフン人は、**大王アッティラ**の出現で一気に勢力を拡大😩！　**中央アジアから現在のドイツまでを支配する大帝国**を建設すると、ついに西ヨーロッパに侵入した。「このままじゃヤバい😫」と思った**西ローマ・西ゴート・フランクは連合**して、**カタラウヌムの戦い**でアッティラの進軍を撃退し

た。翌年、アッティラは**イタリアにも侵入**したけど、**ローマ教皇レオ1世に説得されてローマ侵入を断念**した。ホンマかいな……😅。その帰り道で、アッティラは急死😢。フン人の帝国も、彼の死後まもなく崩壊したよ。

こうした混乱のなかで、西ローマ帝国の命運も尽きた😢。476年、ゲルマン人の傭兵隊長**オドアケル**が、最後の皇帝ロムルス゠アウグストゥルスを退位させ、西ローマ帝国は滅亡した。とはいっても、この時点ですでに西ローマ帝国はゲルマン人の侵入でバラバラに分断されて、皇帝にはなんの権力もなかったんだけどね😆。

🔊 ゲルマン人が次々に建国。建国地は、旧西ローマ帝国領内だ！

東西分裂したローマ帝国は、正反対の運命をたどることになるよ。そもそも、**分裂前から経済・軍事の中心だった東ローマ帝国は皇帝権も強く**、コンスタンティノープルを中心に勢力を維持して、ゲルマン人たちの欲望を上手く西へと向けた。一方、**西ローマ帝国は分裂前から衰退していた地域**だから、国境防衛が弱体化してゲルマン人の侵入を防ぐことができなかった。「民族移動は戦争だ」というのを理解していれば、**弱い西ローマ領内にゲルマン人が建国した理由**もわかるよね😃。

5世紀に入ると、**ゲルマン諸部族はライン川を突破**し、次いで西ゴート人が**アラリック王**に率いられてバルカン半島からイタリア半島へと侵入、410年には**ローマを略奪**した。このとき、異教徒が「ローマの多神教の神々が怒った😡」とキリスト教徒を批判したから、反論するために**アウグスティヌス**は『**神の国**』を書いたよ。ただ、西ゴート人はイタリアにはとどまらず、トロサ【トゥールーズ】を都に**南ガリア（南フランス）**で**西ゴート王国**を建国したんだ。その後、6世紀にはフランク王国のクローヴィスに敗れ、イベリア半島に移動して**トレド**を都に王国を再建した。**西ゴートの最初の建国地はイベリア半島じゃない**から気をつけよう！　その後、6世紀末には、アリウス派から**アタナシウス派に改宗**したよ。

フン人に服属していた東ゴート人はアッティラが死ぬと独立し、**テオドリック王**が東ローマ皇帝からオドアケルの討伐の命を受けてイタリアに攻め込むと、**ラヴェンナ**を都に**東ゴート王国**を建てた。東ゴートは、最初はローマの同盟者としてローマ文化を受容しながら、**一時はゲルマン人国家で最も繁栄**したんだ。

ヴァンダル人は、エルベ川の東からガリアを横断して**イベリアに定着**した。イベリア半島の南部の**アンダルシア地方**は「ヴァンダルの国」が語源だよ。その後、南ガリアに進出してきた**西ゴートに敗れる**と、ガイセリック王はヴァンダル人を率いて**北アフリカ**に渡り、**カルタゴの故地（現在のチュニジア）**に**ヴァンダル王国**を建国したよ。ただ、ヴァンダル王国と東ゴート王国はどちらも、ローマ帝国領の回復を狙う東

> イタリア半島だけを見ると、「西ローマ帝国➡オドアケルの国➡東ゴート王国➡東ローマ帝国➡ランゴバルド王国」の順だよ！

第1章　オリエント・インドの古代文明

第2章　古代の地中海世界

第3章　古代の東アジア

第4章　中世ヨーロッパ

第5章　東アジア世界の変容

第6章　イスラーム世界

第7章　近代ヨーロッパの幕開け

ローマ帝国の**ユスティニアヌス帝**に征服されちゃったんだ😵!。

ブルグンド人は、**ライン川中流域**に建国したんだけど、南北を西ゴート王国とフランク王国に挟まれて圧迫を受け、最後は**フランク王国に征服された**よ。南フランスの**「ブルゴーニュ」**に、ブルグンドの名前が残っているね。

ランゴバルド人は現在の**南ドイツ**あたりに定住していて、6世紀初めにほかのゲルマン人よりも遅れて移動を開始し、イタリアに侵入して**東ローマ帝国を破り**、**ランゴバルド王国**を建てた。ただ、**アリウス派**を信奉していたから**ローマ系住民やローマ教会と対立**したよ。北イタリアの地名**「ロンバルディア」**はランゴバルド（ロンバルド）からついた名前だね。

ユトランド半島から北ドイツにかけて居住していた**アングル人・サクソン人・ジュート人**は、5世紀半ばには北海を渡って**ブリタニア（ブリテン島）**に侵入して、20くらいの小国を建てた。三つの民族をまとめて**アングロ＝サクソン人**だ。ブリタニアっていうのは、先住の**ケルト系ブリトン人**（アングロ＝サクソン人と戦った**ブリトン人の英雄が「アーサー王」**だ）からついた名前だね。その後、少しずつ国が統合されて七つになったから**七王国【ヘプターキー】**って呼ぶんだ。そして9世紀になると、**ウェセックスの王エグバート【エグベルト】**が**七王国を統一**して、**イングランド王国**になったよ。

そして、ゲルマン人国家のなかで最有力となったのが**フランク王国**だよ。フランク王国はこのあとじっくり話すから、ここでは名前だけ出して終わりにしよう😁。

2 ▶ 東西教会の対立とフランク王国の発展

◀ ローマ帝国における「皇帝権と教皇権の関係」を理解しよう!

中世ヨーロッパ史で「わけわからん……」となるのがキリスト教史だね。「東西教会の対立」とか「皇帝と教皇の対立」といわれても、どうもピンとこない😓。ローマ帝国末期の**キリスト教国教化**とローマ帝国の**東西分裂**が理解できていないと、途端にわけがわからなくなるんだ。じゃあ、図→P.187を見ながら進めるよ!

392年、**テオドシウス帝がキリスト教を国教化**したけど、これって「帝国内の人は全員アタナシウス派キリスト教になれ!」ってことだ。そして、**ローマ皇帝は教会を支配・保護**することで、**教会組織を利用して帝国を支配**したんだ。だって、キリスト教徒は日曜日には教会に礼拝に行くから、教会を通じて信者（＝つまり帝国内の住民）を管理できるでしょ。それこそ、誰が、何人、どこに住んでいるかってことも、教会を使って知ることができる。一方、教会側も異端や異教徒に教会が略奪されたりしないように、皇帝に守ってもらえるよね。もう一度確認するけど、キリスト教国教化で**「皇帝が教会を支配・保護」**する関係ができたんだよ。

ただ、**ローマ帝国が東西に分裂**すると、話がややこしくなる😵。まず、帝国が分裂したっていうことは**東西に二人の皇帝**がいて、住民（信者）も「西ローマの住民」と「東ローマの住民」っていうふうに**政治的には二つに分かれて**、東西の皇帝

は、それぞれの領内の住民を支配するのに教会を利用したんだ。

　問題は「帝国が二つに分かれても**教会は二つに分かれない**」ってことだ。教会組織は、ローマ、コンスタンティノープル、**アンティオキア、アレクサンドリア、イェルサレム**の五つの有力な教会（**五本山【総大司教座】**）を中心に、大司教、司教、司祭という**階層制【ヒエラルキー】**になっていた。そのうち、東西ローマの都が置かれて皇帝と結びついた**ローマとコンスタンティノープル**が「どっちが上か？」という**首位権**をめぐって対立したんだ。

　すると、ペテロの墓所（サン＝ピエトロ大聖堂は「聖ペテロ」の大聖堂だ）のある**ローマ**が「イエスの弟子（使徒）の最高位だった**ペテロの後継者**だから、ローマ教会のほうがエラい！」と首位権を主張して、ローマ司教が**教皇**と称した。そして初代教皇**レオ１世**は、カルケドン公会議で、東ローマ領内（エジプトやシリア）に多い単性論を異端として、「私が東側の教会にも力を持っている！」と、**教皇としての正統性**を主張した。まだ**西ローマ帝国滅亡の前**だから、東ローマ皇帝も「やれやれ😵」と思ったんだけど、西ローマ帝国が滅亡すると状況が変わるよ。

　ローマ教会を保護していた**西ローマ皇帝がいなくなり**、皇帝は東ローマ皇帝だけになったから、コンスタンティノープル教会は「西ローマ帝国がなくなったんだから、こちらが上だ😤」と言い始めた。ローマ教皇は反論したかったけど、西側にはゲルマン人の国が乱立して、異端の**アリウス派**が多い。仕方なく、**ローマ教皇は東ローマ皇帝に保護を求めた😵**。ただ、どちらも「自分のほうが上だ！」と思ってるから、東西教会の首位権をめぐる争いが激化したんだよ。

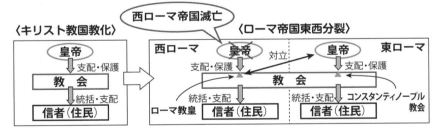

〈キリスト教国教化〉　　**西ローマ帝国滅亡**　〈ローマ帝国東西分裂〉

◀ 聖像禁止令をきっかけに、ローマ教皇とビザンツ帝国が激しく対立！

　こうなると、アリウス派が多いゲルマン人をアタナシウス派に改宗させるしかない！　このゲルマン人への布教に活躍したのが修道院だよ。６世紀になるとベネディクトゥスが中部イタリアの**モンテ＝カシノ**に修道院をつくり、「**祈り、働け**」をモットーとする厳しい戒律（**聖ベネディクトゥスの戒律**）を課して、理想的な聖職者の生活を追い求めた。こうして**西ヨーロッパ全体に広がった修道院運動**を背景に、教皇**グレゴリウス１世**は修道院を拠点に**ゲルマン人への布教**を進め、ブリタニアの**アングロ＝サクソン人**や**西ゴート人の改宗に成功**したよ。ただ、布教のときに使っていた**聖像**（イエスや聖者の絵や彫像）が、**教皇とビザンツ【東ローマ】皇帝の対立を決定的**にするんだ（７世紀以降の東ローマ帝国は一般に「ビザンツ帝国」と呼

ぶよ 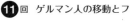）。

　東方からイスラーム勢力の圧迫を受けていた**ビザンツ皇帝レオン３世**は、**偶像崇拝を厳格に禁止するイスラーム教徒に対抗して、726年、聖像禁止令を出した**。これは「イスラーム勢力に勝てなかったのは、ビザンツ帝国が聖像崇拝をしていたからだ。だから聖像は禁止！」という意味で、本来はビザンツ帝国の法令だから西側とは関係ないはずだった。でも、**ローマ教皇はビザンツ皇帝に保護してもらってる**でしょ。皇帝レオン３世は教皇に「キミが異端や異教徒にやられるのは、聖像なんかを使っているからですよ😁」とイヤミを言ってきた。これに対し、**ゲルマン人への布教で聖像を使いたい**教皇は「**ビザンツ皇帝と手を切りたい😠**」と思った。この**聖像崇拝論争**が激しくなると、ローマ教皇は、「ビザンツ皇帝に頼らないためにも、**新たな教会の保護者としての"皇帝"をつくりたい！**」と、新たな政治権力との連携を探り始めたんだ。

◀ アタナシウス派のフランク王国にローマ教皇が注目！

　教皇がいくら連携を探ったところで、**アタナシウス派（正統派）の国としか組めない😠**。ゲルマン人は、異端のアリウス派や古くからの自然崇拝をしている人が多かったから、連携は難しいよね。そこに登場したのが**フランク王国**だよ。**フランク人**は、ローマの支配下にあった**ガリアに侵攻**し、ライン川を越えてセーヌ川からロワール川の流域に南下すると、**クローヴィス**がフランク諸部族を統合して、**フランク王国を建てた**。クローヴィスの家系が**メロヴィング朝**だよ。

> フランク王国はゲルマン人で最初のアタナシウス派の国になったんだね！

　全フランクの王となったクローヴィスは、アタナシウス派の信者になっていた奥さんの勧めもあって、3000人もの兵士たちとともに**アタナシウス派キリスト教に改宗**した。これは、戦いで負けそうになっていたときに「神」に助けを求めたら逆転勝利したかららしいけど……ちと怪しい😁。まあ、そのあたりはともかく、**クローヴィスの改宗で旧ローマ系住民との宗教的な対立がなくなり**、さらにアリウス派が多いゲルマン諸部族のなかでいち早く改宗したことで、ローマ末期から都市を支配していた**司教たちと協力**できるようになり、国内を支配しやすくなったんだ。

　ただ、クローヴィスの死後、**フランク王国は分裂・統合を繰り返した**。メロヴィング家の後継者たちは抗争に明け暮れ、その結果、**王権が弱体化**する一方で、バラバラになっていたフランク王国のなかから**カロリング家が力を持ち始めた**。カロリング家は、東部・西部・南部の３国に分かれたフランク王国のうち東部（アウストラシア）の有力な貴族で、宮廷ナンバー２の**宮宰【マヨル＝ドムス】**の地位を世襲していた家系だよ。そして、7世紀末には**カロリング家が中心になってフランク王**

第1章 オリエント・インドの古代文明

第2章 古代の地中海世界

第3章 古代の東アジア

第4章 中世ヨーロッパ

第5章 東アジア世界の変容

第6章 イスラーム世界

第7章 近代ヨーロッパの幕開け

国を再統一して、「カロリング家のほうが強い！」という名声を得たんだ。

```
クローズアップ ▶  フランク王国の発展

● メロヴィング朝［481〜751］
  ● クローヴィス［位481〜511］……フランク諸族を統一
    ▶ クローヴィスの改宗［496］……アタナシウス派（正統派）キリ
                                   スト教に改宗
    ➡ 宮宰【マヨル＝ドムス】を務めるカロリング家の台頭
  ● カール＝マルテルの活躍［688頃〜741］……カロリング家の宮宰
    ▶ トゥール・ポワティエ間の戦い［732］……イスラーム勢力（ウ
                                   マイヤ朝）を撃退
    ➡ カロリング家とローマ教皇が接近
● カロリング朝［751〜987］
  ● ピピン【ピピン3世】［位751〜768］……カロリング朝の創始［751］
    ▶ ピピンの寄進［756］……ランゴバルド王国を破りラヴェンナ地
                             方を教皇に寄進
  ● カール大帝【カール1世／シャルルマーニュ】［位768〜814］
    ▶ ランゴバルド王国の征服、ザクセン人の討伐
    ▶ アヴァール人の撃退、イスラーム勢力（後ウマイヤ朝）を攻撃
    ▶ 内政……全国を州に分け伯を任命、監視のため巡察使を派遣
             カロリング＝ルネサンス（古典文化の復興運動）
    ▶ カールの戴冠［800］……教皇レオ3世にローマ皇帝の冠を授けられた
```

　そして、カロリング家の台頭を決定づけたのが、**イスラーム軍に対する勝利**だよ。7世紀にムハンマドがアラビア半島でイスラーム教を創始すると、イスラーム勢力は瞬く間にシリア・エジプトを征服し、さらにササン朝も滅ぼして勢力を拡大した。そして、ウマイヤ朝の時代には**北アフリカを一気に征服**すると、さらにイベリア半島へと侵入！　711年には**西ゴート王国を征服**し、ピレネー山脈を越えて**フランク王国まで攻め込んできた**。カロリング家の宮宰カール＝マルテルはイスラーム騎兵隊の侵入の知らせを受けると、新しく騎兵隊を編成し、重装歩兵軍とともに出陣させて、これを迎え撃った。この**トゥール・ポワティエ間の戦い**で、フランクの重装歩兵は盾を持って、まさに壁のようにピクリとも動かずに騎馬隊を食い止め、**イスラーム軍を撃退**したんだ。この戦いはギリギリの勝利とはいえ、**フランク王国を守った**という意味だけではなく、教会にとっては「異教徒からキリスト教世界を守った戦い」ということになるから、教皇は大感動😆。ここから、**ローマ教皇のカロリング家への接近**が進むんだよ。

〈フランク王国の発展〉

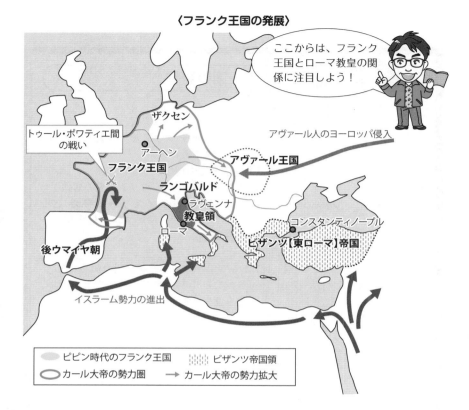

ここからは、フランク王国とローマ教皇の関係に注目しよう！

ザクセン

トゥール・ポワティエ間の戦い

アーヘン

フランク王国

ランゴバルド

ラヴェンナ

教皇領

ローマ

後ウマイヤ朝

イスラーム勢力の進出

アヴァール人のヨーロッパ侵入

アヴァール王国

コンスタンティノープル

ビザンツ【東ローマ】帝国

⬤ ピピン時代のフランク王国	▒ ビザンツ帝国領
⬭ カール大帝の勢力圏	→ カール大帝の勢力拡大

◀ カール゠マルテルの息子ピピンが国王となり、カロリング朝創始！

　こうして**カール゠マルテル**は**フランク王国内での権力を完全に握り**、家臣たちに領地を与えて騎兵隊を編成し、軍事力を強化するとともに教会に接近して、「**カロリング家が西方キリスト教世界の守護者だ**😤」という空気をつくりあげた。こうして、カール゠マルテルの息子ピピンの国王即位が準備されたんだ。

　カール゠マルテルの死後、**ピピン【ピピン３世】**は教皇ザカリアスに「メロヴィング朝の王を廃して王朝を交替しますが、いかがですか？」と意見を求め、教皇も「力のある者が王になればよい」と王朝交替を支持した。**教皇から権威の裏づけをもらったピピンは、メロヴィング朝の王を廃位して国王に即位し**、カロリング朝を開いたんだ。これを見た教皇は、さっそくピピンに救援を要請したよ。当時イタリア半島では、異端のアリウス派を信仰する**ランゴバルド王国**が、ビザンツ帝国からラヴェンナを奪い、さらに南下してローマを狙っていた。危機になった教皇はピピンに、「この目ざわりな異端をなんとかしてくれ！」と頼むと、ピピンは**イタリアに遠征してランゴバルドを破り**、奪い取った**ラヴェンナ地方を教皇に寄進**したんだ（**ピピンの寄進**）。これが、19世紀まで続く**教皇領**の起源だね。こうしてカロリン

グ朝が「**ローマ教会の保護者**」としての地位を確立したよ。

◀ ピピンの息子カールが、フランク王国を大帝国にした！

カールの倒した敵は、異端か異教徒ばっかりだね。そりゃローマ教皇は感動するよ😆

　ピピンの跡を継いで国王になったのが、有名な**カール大帝【カール１世／シャルルマーニュ】**だよ。ただ、帝冠を授かる前に大帝って呼ぶのも変な感じがするから、とりあえずカールと呼ぶね。カールは父ピピンの遺志を継いで「**ローマ教会の保護者**」となり、同時に**フランク王国の領土を一気に拡大**した。まず、教会を圧迫する**ランゴバルド王国**を征服すると、**中部イタリアは教皇領**にした。まあ、北部は**フランク王国に併合**しちゃったけどね😖。また、北ドイツでは**ザクセン人**を討伐してフランク王国に組み込むと、**アタナシウス派キリスト教**に改宗させた。こうして、カールは**エルベ川まで支配を拡大**したよ。さらに、ドナウ川中流域のパンノニアに王国を建てていた**モンゴル系遊牧民**の**アヴァール人**を撃退したり、イベリア半島のイスラーム勢力（**後ウマイヤ朝**）を攻撃して、**ピレネー山脈を越えた地域まで支配**し、奪った領土に**スペイン辺境伯領**を設置したんだ。こうしてカールの王国は支配領域で比べても、**ビザンツ帝国に負けないくらいの強国**になった。

　内政でも、カールは広大な領土を支配するために集権的な体制をつくったよ。全国を**州【管区】**に分けて、各地の有力な豪族を州の長官である**伯**に任命して政治・軍事を担当させたんだけど、彼らはもともとその地域を支配していた有力者だから、いつ裏切るかわかったもんじゃない😫。だから**カール自身が全国各地を巡って伯とのつながりを確認**して、さらに**伯を監視**するために**巡察使**を派遣して、宮廷の命令を伝えなきゃいけなかった。カールの時代って、国王がつねに同じ場所にいるわけじゃないから、「**都**」はない。カールが一番気に入っていたのは**アーヘン**だから、一応アーヘンが中心都市っていわれるだけね。

　そしてカールは、アーヘンの宮廷を**ローマ文化（古典文化）**と**キリスト教文化の中心**にした。この文化運動は**カロリング＝ルネサンス**と呼ばれている。カールは「自分がキリスト教世界を支えている😊」という自負が強かったから、宮廷の聖職者を中心に教会を発展させようとしたんだ。特に、ブリタニアから招いた聖職者**アルクイン**は、ローマ時代の古典研究やキリスト教の教義や儀礼をまとめたことでも有名だね。さらに、**修道院・教会に付属する学校**を置いて、聖職者を養成するシステムをつくったり、**カロリング小字体**という文字をつくらせて、正しいラテン語の写本をつくらせた。アルクインのあとには、『**カール大帝伝**』を書いた**アインハルト**なども活躍するよ。カロリング＝ルネサンスは、のちの西ヨーロッパ文化の土台になるよ。

第**1**章　オリエント・インドの古代文明

第**2**章　古代の地中海世界

第**3**章　古代の東アジア

第**4**章　中世ヨーロッパ

第**5**章　東アジア世界の変容

第**6**章　イスラーム世界

第**7**章　近代ヨーロッパの幕開け

◀ カールの戴冠によって中世西ヨーロッパ世界が誕生した！

　こうしてカールは、政治・軍事・文化などさまざまな面で、「西方キリスト教世界の統一」を実現したから、自分でも「西の皇帝は私しかいない😎」と思っていた。もちろん教皇も「ビザンツ皇帝に対抗してローマ教会を守れるのはカールしかいない！」と思っている。両方がそう思っているのに、すんなりと進まないんだ。それは「皇帝と教皇のどちらが上か？」という問題があったからだ。カールはかつてのローマ帝国やビザンツ帝国のように「皇帝は教会の支配者だから、皇帝が上だ」と思っている。でも、教皇は「カールを教会の保護者にして、自分が優位に立ちたい」と思っている。そして799年、暗殺者に襲われてカールのところに逃げ込んで保護を受けた**教皇レオ3世は、ある策略を思いついたんだ。**

～ +*α* ちょっと寄り耳 ↑

　カールの時代には北アフリカからイベリア半島までイスラームが勢力を拡大していたから、カール大帝とイスラームの関係にまつわる内容も、入試でいろいろ出てくる。騎士道文学**『ローランの歌』**は、**カールがイスラーム軍と戦ったスペイン遠征が題材**だけど、もともと口承文学だから、歴史的な事実とはかなり違う。モデルになった話は、殿軍を務めたブルターニュ伯ローランが、イスラーム軍の襲撃で討ち死にしたことなんだけど、これを膨らませて、白髪の老王カールがイスラーム軍を壊滅させて、敵討ちする話になった。実際には、このときカールは30歳くらいだから白髪の老人のはずはないのにね😵！それに、ベルギーの歴史家アンリ゠ピレンヌの「ムハンマドなくしてシャルルマーニュなし」の言葉も有名だね。ピレンヌは、「イスラーム勢力の地中海支配によって、ヨーロッパは地中海交易圏・文化圏から切り離されて、内陸部を中心に独自の歴史を歩むことになった」と説明しているよ。ただ、ムスリム商人の交易圏の拡大でイベリア半島までがアジアとひと続きの交易圏になって、フランク王国の経済発展を促した、っていう見方をする学者もいる。有名な言葉だけがひとり歩きしてる感じだね。

　いわゆる**カールの戴冠は800年のクリスマスの日**だよ。「800年ちょうどだから年号が覚えやすい！」って思ったかもしれないけど、これはたまたまじゃないよ！西暦はイエスの誕生とされる年（本当は違うけど😅）が元年だから、800年といえば「イエスの生誕800周年」。この年のクリスマス・ミサのために**ローマのサン゠ピエトロ大聖堂**にやってきたカールに、**教皇レオ3世は不意打ちでローマ皇帝の帝冠を授け、「西ローマ帝国の復活」を宣言**した。これまで誰もやらなかった**教皇が皇帝をつくった瞬間だ。つまり「教皇が上」**と示したことになる。

　それじゃあ、**カールの戴冠の意義**を考えてみよう。政治的には、これまで西ヨーロッパに分立していた**ゲルマン人諸国がフランクによって統合**され、ビザンツ帝国

に匹敵する「**西ローマ帝国が復活**」したことだ。「皇帝」は西欧を統一する支配者って意味だよ。宗教的には、**フランク王国を保護者としたローマ教皇がビザンツ皇帝から自立して、西方キリスト教世界における教皇権の優位を示す**ことにもなった。これで、**事実上東西教会が分裂**（正式な分裂は1054年）したから、以後、西の教会を**ローマ゠カトリック教会**、東の教会を**ギリシア正教会**と呼ぶね。そして文化的には、「ゲルマン人」のカールが「キリスト教」の保護者として「ローマ」皇帝となり、カロリング゠ルネサンスなどを通じて、**ローマ・ゲルマン・キリスト教文化が融合**した。こうして東西ヨーロッパ世界はそれぞれ独自の歴史を歩み始め、**地中海世界は西ヨーロッパ・東ヨーロッパ（ビザンツ帝国）・イスラーム世界の三つに分かれた**。つまり、カールの戴冠の意義を一言で言うと「**中世西ヨーロッパ世界の誕生**」だね。

合否の分かれ目▶　名前は似ているけど別人だ！

- **レオン3世**［位717～741］……聖像禁止令を発したビザンツ皇帝
  - ▶ビザンツ皇帝なので、ギリシア語で「レオン」と呼ぶ
- **レオ3世**［位795～816］……カールに戴冠したローマ教皇
  - ▶ローマ教皇なので、ラテン語で「レオ」と呼ぶ

---

3 フランク王国の分裂と神聖ローマ帝国の成立

◀ カール大帝の死後、フランク王国はまたも分裂

　フランク王国では、**カール大帝の死後、王国の相続をめぐって激しい抗争が起き**たんだ。ちょっと細かいけど、系図➡P.194を見ながら進めよう。

　カール大帝は「皇帝」であると同時に「フランク王」だったから、「皇帝」の称号も領地もすべて、たまたま一人しか生き残っていなかった息子**ルートヴィヒ1世**が相続したんだけど、彼の死後、**フランク王国は3人の息子によって分割相続された**。まず、843年の**ヴェルダン条約**で、長男のロタール1世が**中部フランク（イタリアを含む）**王位と皇帝位を相続し、弟の**ルートヴィヒ2世**と**シャルル2世**が、それぞれ**東フランク**、**西フランク**の王になった。ただ、皇帝位を持っていた兄のロタール1世が亡くなると、東西フランクの王だった弟二人が**イタリアを除く中部王国**の領土を勝手に併合し、870年の**メルセン条約**で東西フランクの国境を決めたんだ。これが、現在の**フランス・ドイツ・イタリア**の原型になった国だよ。

第1章　オリエント・インドの古代文明

第2章　古代の地中海世界

第3章　古代の東アジア

第4章　中世ヨーロッパ

第5章　東アジア世界の変容

第6章　イスラーム世界

第7章　近代ヨーロッパの幕開け

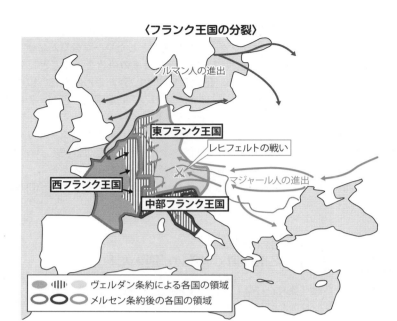

〈フランク王国の分裂〉

〈フランク王国系図〉

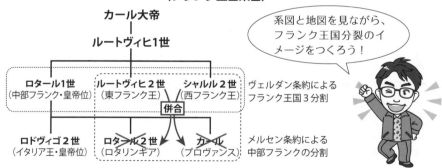

系図と地図を見ながら、フランク王国分裂のイメージをつくろう！

◀ 分裂したあとのフランク王国では、カロリング朝が次々に断絶！

　3国に分裂したフランク王国では、次々と**カロリング朝が断絶**（後継者がいなくなること）するよ。まずは**イタリア**だ。分裂後まもなく、**イタリアではカロリング朝が断絶**し、さらに**南からはイスラーム勢力（ファーティマ朝）が、北からはマジャール人が侵入**してきたから、もう大混乱😵。諸侯たちは「自力で外敵から領地を守るしかない！」と考えて農村に城壁をつくり、各都市も軍を雇ったり城壁をつくったりしたから、**諸侯や都市の自立が進んでバラバラになった**😓。

第1章　オリエント・インドの古代文明

第2章　古代の地中海世界

第3章　古代の東アジア

第4章　中世ヨーロッパ

第5章　東アジア世界の変容

第6章　イスラーム世界

第7章　近代ヨーロッパの幕開け

10世紀に入ると、今度は東フランク王国でもカロリング朝が断絶した。このとき、国内の4人の有力諸侯（部族大公）が王位をめぐって対立したのち、フランケン大公コンラート1世が国王に選ばれたよ。カロリング家が国王じゃなくなったから、これがドイツ王国の成立だ。ただコンラート1世は、東から攻め込んできたマジャール人に対処できずに倒れ、死ぬ間際に「あとは頼んだ……😖」と、ザクセン家のハインリヒ1世を後継者に指名、こうしてザクセン朝が成立したよ。

さらに10世紀後半、西フランク王国でカロリング朝が断絶すると、パリ伯ユーグ＝カペーが国王となって、カペー朝ができた。ユーグ＝カペーはノルマン人を撃退して名声を高めたロベール家の血統だよ。これがフランス王国だよ。

合否の分かれ目　カール大帝とオットー1世……戴冠した教皇と撃退した異民族に注意

- **カール大帝**……カロリング朝の**フランク王**
  - ▶モンゴル系（アルタイ語系）のアヴァール人を撃退
  - ▶戴冠［800］……教皇レオ3世による
- **オットー1世**……ザクセン朝の**ドイツ王**
  - ▶ウラル語系民族のマジャール人を撃退……**レヒフェルトの戦い**［955］
  - ▶戴冠［962］……教皇ヨハネス12世による

◀ ドイツ王オットー1世が皇帝となり、神聖ローマ帝国が成立！

ドイツ王となったハインリヒ1世は、一時は西フランク王国に併合されたロートリンゲン（ロレーヌ）を奪い返し、さらにマジャール人やスラヴ人の侵入に備えて国境にマルク【辺境領】を設置すると、実際に攻め込んできたマジャール人も撃退した。こうして王国の基礎を固めたハインリヒ1世は、次男のオットーだけに王位を継承させることを決めたんだ。これで分割相続に悩まされなくなったね😊。

こうしてザクセン朝第2代の王となったオットー1世は、父の政策を受け継いでドイツの東と北に新たなマルク【辺境領】を置いて国境の守りを固めた。そして、マジャール人をレヒフェルトの戦いで破ったよ。こうして名声と権威を一気に高めたオットーは、ドイツやイタリアの司教に王領地を寄進して大諸侯の勢力を抑え、聖職者の任免権を握って教会組織を帝国支配に組み込む帝国教会政策をとった。また、周辺の異教徒（スラヴ人など）のキリスト教化を進めて教会への影響力を強め、さらにマジャール人の侵入やランゴバルド人諸侯の自立に苦しむイタリアの司教たちの要請を受けてイタリアに遠征し、教皇を援助した。これは、間違いなく教会の保護者だよ😊。そして、教皇ヨハネス12世はオットー1世の求めに応じて、ローマ皇帝の帝冠を授けた。これ以後、ドイツ王になった者が皇帝となる慣例が生まれたから、オットー1世の戴冠は神聖ローマ帝国の成立とされるんだ。

　ただこの国は、名前と実態がかけ離れてるよ😌。皇帝とは本来、**ローマ＝カトリック教会の保護者**で、**西ヨーロッパ世界全体の普遍的な支配者**という意味だけど、**実態は「ドイツ王」**😅。ヨーロッパ全体に影響力を持つには、教皇の権威を借りるしかないよ。オットー1世は「これだけ助けてやったんだから、**皇帝が優位だ😤**」ということを教皇にも認めさせたけど、**皇帝の権威の裏づけは教皇から帝冠を受けること**だから、教皇のほうも「私がいないと皇帝になれないくせに……😌」と思っている。だから、歴代の皇帝は教皇に対する優位を保つためにつねにイタリアに目を向け、必要なときは遠征もやった。これが**イタリア政策**だ。そしてこのあと、「どちらが優位か？」をめぐって**皇帝と教皇が直接対決**する叙任権闘争(じょにんけん)も起こるよ。

　今回はこれでおしまい。最後に年号 check ！

!! 年号のツボ

● **ゲルマン人の移動開始**［375］（ゲルマン移動は　みなゴート ₃₇₅）

● **西ローマ帝国滅亡**［476］（死ぬなら無駄だ　ローマは滅亡 ₄₇₆）

● **クローヴィスの改宗**［496］（クローヴィスが　仕組む改宗 ₄₉₆）

● **聖像禁止令**［726］（なじむ聖像　今日から禁止 ₇₂₆）

● **トゥール・ポワティエ間の戦い**［732］（波にもまれた　カール＝マルテル ₇₃₂）

● **カロリング朝創始**［751］（なんと強引　ピピンの即位 ₇₅₁）

● **ピピンの寄進**(きしん)［756］（なごむ教皇　ラヴェンナ寄進 ₇₅₆）

● **カールの戴冠**(たいかん)［800］（カール大帝　晴れて王冠 ₈₀₀）

● **ヴェルダン条約・メルセン条約**［843・870］（早よう三つに　離ればなれ _{843　870}）

● **オットー1世の戴冠**［962］（苦労に苦労の　オットー1世 ₉₆₂）

　しばらくは中世ヨーロッパ史が続くよ。次回は**封建社会の形成やキリスト教の発展、ノルマン人の移動**など、今回の範囲と関連するテーマだ！
　しっかり確認してから次に進もう😆。

第12回 封建社会の形成とカトリック教会の発展

　カールの戴冠で西ヨーロッパ世界が誕生したけど、フランク王国は分裂して新たな民族移動にも巻き込まれちゃうんだ。西ヨーロッパはどうなっちゃうんだろう？

・ 大きくつかもう！ ・

1 ノルマン人の移動　198〜201ページ

2 封建社会の形成　202〜205ページ

3 カトリック教会の発展と教皇権の確立　205〜209ページ

今回のキーワードは「ノルマン人」と「教皇権」だよ！

　フランク王国が分裂したころから、西ヨーロッパは第2次民族移動とも呼ばれるノルマン人とマジャール人の侵入の影響を受けるよ。ノルマン人の侵入で特に注目してほしいのはイギリスとフランスの関係だ！　英仏の対立が始まるのがこの時代だよ。そして、このあとのヨーロッパ世界の基盤となる封建社会も成立する。さらにもう一つ！　「どうも苦手😫」って人が多い中世のキリスト教史だけど、ローマ帝国時代から丁寧に理解していけば、絶対に大丈夫！まずはしっかりとイメージをつくろう！

　それじゃあ、封建社会の形成とカトリック教会の発展、いってみよう〜😃。

1　ノルマン人の移動

◀ 外民族の侵入が激化して、包囲される西ヨーロッパ

　9世紀ころから、西ヨーロッパは東西南北すべての方向から次々と攻め込まれて、しかも**フランク王国が分裂**しちゃったから王権が弱く、外敵の侵入を防ぎきれなかった。まず、北方・西方からは**ヴァイキング**と呼ばれて恐れられた**ノルマン人**、東方からは**マジャール人**が侵入してきた。これは、ゲルマン人の移動に続く**第2次民族移動**だよ。マジャール人は、**第11回**で出てきた**オットー1世の戴冠**にも影響したよね！　さらに南方ではアラビア半島で興った**イスラーム勢力**が地中海沿岸に支配を広げ、イベリア半島は**コルドバ**を拠点とする**後ウマイヤ朝**に支配され、北アフリカの**ファーティマ朝**は**シチリア島や南イタリア**へと進出してきた。こんなふうに四方を外敵に囲まれたから、まさに「**包囲された西ヨーロッパ**」だよ😫。

〈第2次民族移動と包囲された西ヨーロッパ〉

地図を見ながら、包囲された西ヨーロッパのイメージをつくろう！

◀ ノルマン人ってどんな人たちだろう?

　ノルマン人っていうのは、**スカンディナヴィア半島やバルト海の沿岸**にもともと住んでいた**北方ゲルマン人**のことで、原住地に建てた国で分けると**ノルウェー王国**を建てたノール人、**デンマーク王国**を建てた**デーン人**、**スウェーデン王国**を建てたスウェード人がいるよ。ノルマン人の原住地である北欧はむちゃくちゃ寒くて、**平地の少ない地形**だから、農耕をやるのは難しいよね😫。そうなると生活の中心は**狩猟や牧畜、漁業**になるから、生活に必要なもの（穀物など）を得るには**交易をするしかない**。でも、交易が上手くいかないときは「**取引できないなら、略奪だ！**」とばかりに、**海賊になったんだ**😵。しかも、そのうち略奪遠征がメインになったから、西欧では**ヴァイキング**と呼ばれて恐れられた。最初は夏の間に略奪をやって海が荒れる冬になる前に北方に帰っていたけど、そのうち略奪していた地域で冬を越すようになり、しまいには**定住して各地に国を建てた**。

　ここでちゃんと理解しておいてほしいのは、ノルマン人はただの海賊じゃなくて**本来は交易者**だから、彼らが進出したところは**交易路や交易の拠点**だよ😄。

> ノルマン人はただの海賊じゃなくて、交易者だ！建国して安定すると、交易を活発化させるよ

◀ ルーシの進出で、ロシアの起源となるキエフ公国ができた!

　それじゃあ、各地に進出したノルマン人の動きについて見ていこう！　**ヴォルガ川**や**ドニエプル川**を通じた交易が盛んだった**ロシア方面**には、スウェード人の一派**ルーシ**【ルス／ヴァリャーグ人】が交易をしながら進出し、9世紀には首領の**リューリク**が**ノヴゴロド国**を建てたよ。部族対立が激しかった**東スラヴ人**が、抗争を終わらせるために統治者としてルーシを招いた、っていう言い伝えもあるけど、これは彼らがすでに**ロシア方面に拠点**を築いていたってことだね😵。リューリクの兄弟が各地に進出して支配を拡大したから、彼らの部族名「**ルーシ**」が「**ロシア**」の**語源**になるんだ。そして、リューリク一族のオレーグはさらに南に遠征し、ドニエプル川中流に**キエフ公国**を建てた。キエフは**ドニエプル川を通じたビザンツ帝国**【**東ローマ帝国**】との交易拠点だったから、ノヴゴロドよりも交易の条件のよいキエフに拠点を移した、ってことだね😄。

　その後、少数派だった**ルーシは先住民と同化してスラヴ化**し、10世紀末には**ウラディミル1世**がビザンツ帝国の援軍要請に応じたことから、**ビザンツ皇帝バシレイオス2世の妹と結婚**し、**ギリシア正教に改宗して国教にしたんだ**。こうしてロシアは、ビザンツ文化の影響を受けた独自の文化圏を形成するよ😄。

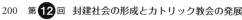 ノルマン人の進出で、複雑な英仏関係が形成された！

　西フランク王国（フランス）にも9世紀後半からノルマン人が進出し、沿岸部だけではなく、**セーヌ川を上ってパリなどの内陸の都市でも略奪をしていた**。しかも、西フランクでは短命の王が続き、ノルマン人の進出に対処できなかった😖。ノルマン人は「今がチャンス！」とばかりに激しい略奪をおこない、しまいには**河口付近に定住を始めた**んだ。仕方なく、西フランク王シャルル3世はノルマンの首領ロロに対して、カトリックの洗礼を受けることと引き換えに**セーヌ川下流域の領有を認め、臣下として封じた**よ。これが**ノルマンディー公国**だ。これで略奪はひとまず収まり、同じようにノルマン人（おもにデーン人）の進出していたイングランドとの交易や人材交流を盛んにおこなったんだ。

　七王国が成立していたブリテン島（イングランド）には、ノルマン人の一派デーン人が島の東北部に進出し、アングロサクソン人の国を支配下に組み込んでいった。対するアングロサクソン人も、**エグバート**が829年に**七王国を統一してイングランド王国**を成立させると、9世紀後半には**アルフレッド大王**がデーン人を撃退してイングランドの独立を守った🙂。ただ、その後のイングランド王はデーン人にお金を払って休戦するといった消極的な政策しかとらなかったんだ。

　そして、11世紀に入ると状況が一変するよ😲。**デンマーク王が直接指揮するデーン人の大軍がイングランドを襲う**と、これに対処できなかったイングランド貴族たちは、デンマーク王子**クヌート【カヌート】のイングランド王即位**を認め、**デーン朝**が成立したよ。クヌートはその後、デンマーク王・ノルウェー王にも即位したから、彼の国は北海をぐるっと取り囲む「**北海帝国**」になった。

　クヌートの死後、ノルマンディーに亡命していたエドワードが帰国して王となり、**アングロサクソン系の王朝が復活**したけど、後継者がいなかったから王位継承をめぐる争いが起きた。エドワードの死後、王位継承を約束されたと主張する**ノルマンディー公ウィリアム【ギヨーム】**がイングランドに攻め込み、イングランド王を名乗るウェセックス伯ハロルドが率いるアングロ＝サクソン歩兵軍を**ヘースティングズの戦い**で破った🙂。こうして**ウィリアムはイングランド王に即位してノルマン朝**を開いたよ。これが**ノルマン＝コンクェスト【ノルマンの征服】**だ。

　ノルマン＝コンクェストで即位した**ウィリアム1世**は、敗れたイングランドの貴族の勢力を抑え込み、**大陸と同様に封建制を導入**して、信頼できる家臣にイングランドの領地を与えた。さらに全国的な検地をおこなって、**ドゥームズデー＝ブック**という土地台帳をつくったんだ。こうしてイングランドでは、**王権の強い独自の封建制**ができたよ。

　ただ、イングランド王に即位したとはいえ、ウィリアムは**フランス王によってノルマンディー公に封じられた諸侯**だから、フランス王の家臣だ。そうはいっても、見方によっては「国王と国王だから同等」と考えることもできる。どっちが偉いんだろう😵。

　では、もう一つ質問！　**ノルマンディーはイングランド領？　フランス領？**　ど

っち？　答えは……**ウィリアムの支配地**だ😆。答えになってないと思ったでしょ（笑）。でもね、イングランド王になったあとも**ウィリアムの本拠地は相変わらずノルマンディー**だから、イングランドがノルマンディーの属領になったとも考えられる。ノルマンディーを「**大陸のイギリス王領**」って呼んだりするけど、フランス王は「オマエは私の家臣だろ😆」と思っている。この領土問題や封建関係をめぐる**フランス王とイングランド王（を兼任するノルマンディー公）**の対立は教科書などでは「**複雑な英仏関係**」って書かれている。確かに複雑だな😅。

〈ノルマン＝コンクェストと英仏関係〉

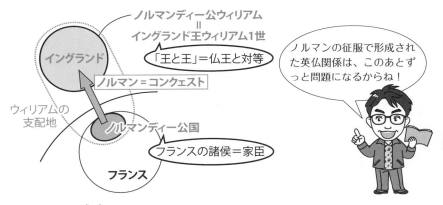

◀ ノルマン騎士が南イタリアにあふれて、両シチリア王国ができた！

　最後に南イタリアだよ。イタリア南部とシチリア島は、**イスラーム勢力・ビザンツ帝国・神聖ローマ帝国**の支配がごちゃごちゃと入り乱れ、10世紀末には**南イタリアがビザンツ帝国、シチリア島はイスラーム勢力**の支配下にあった。政情不安定なイタリアでは、相続する領地のないノルマンディー公国の**ノルマン騎士たち**（だいたいは次男以下）が**傭兵**になっていたんだけど、彼らは**略奪**なんかをしながら少しずつ南イタリアに支配地を拡大していった。11世紀後半には、ノルマン騎士集団を率いる**ロベール＝ギスカール**が**南イタリア（ナポリ）**を、ロベールの弟**ルッジェーロ1世**が**シチリア**をそれぞれ征服し、その後、ルッジェーロ1世の息子**ルッジェーロ2世**が**シチリアと南イタリア（ナポリ）の支配権を確立**した。これが**両シチリア王国【ノルマン＝シチリア王国】**だよ。これは正式な国名じゃなくて、**シチリア王国**と**ナポリ王国**の両方が、一人の王に支配されているときに両シチリア王国って呼ぶんだ。

　こうして南イタリアを支配することになったノルマン人は、歴代の支配者たちが残した文化を捨てなかった。シチリア島の**パレルモ**の宮廷には**ギリシア人**もいれば**イスラーム教徒**もいて、**キリスト教世界とイスラーム世界の接点**として、カトリック文化・ビザンツ文化・イスラーム文化の混ざり合った独自の文化が栄えたよ。

第1章 オリエント・インドの古代文明

第2章 古代の地中海世界

第3章 古代の東アジア

第4章 中世ヨーロッパ

第5章 東アジア世界の変容

第6章 イスラーム世界

第7章 近代ヨーロッパの幕開け

2 　封建社会の形成

◀ 西欧で成立した主従関係「封建制」ってなんだろう？

　中国史のところで「周の封建制」ってのが出てきたよね。同じ「封建制」って言葉を使っているから同じもの？って思うかもしれないけど、共通点は、「**土地を仲立ちとする主従関係**」ということだけで、ほかの部分はいろいろと違う。それじゃあ、西欧の封建制とは何か？　周と違う部分も確認していこう！

　西ヨーロッパの封建制は古代ゲルマン人の従士制と古代ローマの恩貸地制が結びついてできた、っていわれている。ゲルマンの従士制は、平民が貴族などの有力者に保護してもらうかわりに、従士として忠誠を誓うという制度だから、「**個人と個人の契約**」で結ばれた主従関係だね。ローマの恩貸地制は、土地所有者が自分の土地を守るために、**有力者に土地をあげたことにして、改めて借り受ける**制度だよ。場合によっては、主君が家臣に軍役などの奉仕を求めるかわりに、土地の使用権を貸し与えたりするから、こっちは「土地を与える」ことで結ばれる主従関係だ。この二つが結びつくと、主君が家臣（諸侯・騎士）に封土を与えるかわりに、家臣は主君に忠誠を誓って、**軍役や貢納の義務を負う**という主従関係ができた。これが**封建的主従関係**だ。

　この関係は国王と諸侯、騎士の間の**個人的**（１対１で結ぶ）で**双務的**（両方に契約を守る義務がある）な契約関係だから、**国王は自分と契約を結んだ家臣にしか命令できない**し、時には裏切るのも OK で、**複数の主君に仕えることも可能**だった。「えっ？　裏切るの😨？」って思ったかもね。ここが周の封建制との違いだ。周は**血縁関係を基盤**に、**家族道徳で主従関係を維持**したよね。血縁関係は切ることができないから、基本的に**世襲**だ。一方、西欧の**個人的な契約**による主従関係では、「**この人は信用できる！**」っていうことが重要になるから、**勇武と信義、弱者へのいたわり**など、騎士として持つべき道徳（**騎士道精神**）が生まれたんだよ。

　じゃあ、どうして封建制ができたんだろう？　それは、**外敵の侵入がきっかけ**だよ。８世紀ころから、西欧には**ノルマン人やマジャール人、イスラーム勢力が次々**と攻めてきた。カール大帝みたいにむちゃくちゃ強い国王がいればいいけど、そうもいかない😔。**フランク王国の分裂**で王権が弱くなると、地方領主は、自分の領地を自分で守らなきゃいけなくなった。そこで、「強い人に守ってもらおう😥」って考えた領主は、有力者に自分の土地を託して「敵がきたら私も戦いますから、家臣にしてください」と頼んだ。こうして、**多数の家臣を従えて台頭した有力者が諸侯**になった。そして、有

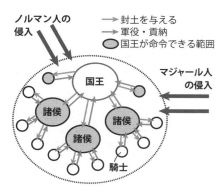

ノルマン人の侵入

→ 封土を与える
→ 軍役・貢納
◯ 国王が命令できる範囲

マジャール人の侵入

国王
諸侯
諸侯
諸侯
騎士

力な諸侯たちのなかで最上位となった国王が諸侯との主従関係を結んで、国王・大諸侯・中小諸侯・騎士、という身分構成（**階層制【ヒエラルキー】**）ができたんだ。

こうして成立した封建制では、それぞれの領地の支配権はそのまま領主（諸侯や騎士）が持っていたよ。というより、国王が諸侯に「封土を与える」っていうのは、ほとんどの場合、諸侯に「それぞれの領地の支配権を認める」ということだ。国王も結局は大諸侯の一人にすぎないから、国王が諸侯の領地に住む人びとに課税することはできないし（不輸）、役人を送り込んで支配することもできなかった（不入）。これが領主の持つ**不輸不入権【インムニテート】**だよ。もしかすると「これじゃあ、国王が全然エラくないじゃないか！」って思ったかもしれないね。……大当たり😆。

◀ 領主たちは所領をどんなふうに支配していたんだろう？

ここまでは主君と家臣の主従関係（**せまい意味での封建制**）について見たから、ここからは領主たちによる所領の支配（**荘園制**）だ。荘園はおもに農村にあり、領主はそこに住む農民を支配したんだけど、**農民は農奴と呼ばれる不自由身分**だった。これは**古代ローマのコロナトゥスが原型**だね。

荘園は、**領主が直接経営する**（収穫が全部領主のものになる）**領主直営地【直営地】**と農奴に貸して小作させた（収穫の一部は農奴の手元に残る）**農民保有地【保有地】**、そのほかに共同利用地（**入会地**）などから成り立っていて、農奴は**直営地で週に2日くらいタダ働きする賦役【労働地代】**や、保有地を借りるかわりに**収穫した生産物の一部を収める貢納【生産物地代】**を負担しなきゃいけなかったんだ。共同利用地っていうのは、山林や川、湖な

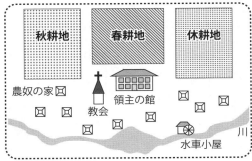

〈中世の農村（荘園）〉

秋耕地　春耕地　休耕地

農奴の家　領主の館　教会　水車小屋　川

どだよ。そして、第2次民族移動の混乱のなかで、**農民たちはだんだんと領主の城や館の周辺に集まって住むようになった**。領主たちは、農民を搾取する一方で、領内の治安維持や外敵の侵入を防ぐ軍事的な保護者でもあったんだね。

ただ、賦役や貢納の負担が重かったから農奴たちの生活は貧しかったし、ハッキリ言ってタダ働きなどやる気が出るわけがない😩。だって、みんなだって「給料が出ないバイトして」って言われたら「やってらんねぇ😤」って思うでしょ。だから、**直営地での賦役は生産性が低かった**んだ。こうして、フランスでは11世紀ころから、イギリスでも14世紀ころには領主が**直営地を農奴に分割して保有地にした**から、農奴の負担は貢納【生産物地代】だけになった。保有地だけになった荘

園が**純粋荘園【地代荘園】**だ。

　しかも、領主による農奴支配はこれだけじゃないんだよ😊。農奴は賦役や貢納のほかに、**結婚税や死亡税**、**水車小屋やパン焼き窯などの使用料**まで領主に取られた。そして、**教会にも十分の一税**（収穫の10分の１を納める）を支払わなきゃいけなかったから、経済的な負担だけでもずいぶんあるね😓。しかも、**身分の自由も制限され**、家や家族を持つことや、農具の所有権なんかは認められたけど**土地所有権はなく、移転や職業選択の自由もなかった**。さらに、農民に対する裁判権は領主が持っていたから（**領主裁判権**）、領主には逆らえないよ😫。

◀ 農業技術の発達で、封建社会が変化し始めた！

　こうして形成された封建社会にも10〜11世紀ころには変化が起き始めるよ。背景は**農業技術の発達、三圃制と重量有輪犂**の普及だ！

　まずは三圃制から解説するよ。近代以降の農業では、肥料を撒いて畑に栄養分を加えたりするけど、この時代にはそんなものはなかった。だから毎年同じ畑で連続して作物を育てると土地がやせて、収穫が少なくなっちゃったんだ。そこで、**畑を二つに分けて半分を休耕地として毎年休ませた**。これがもともとおこなわれていた**二圃制**だ。ただ、これだと畑の半分には作物を植えないことになるから、収穫が少ない😞。そこで畑を**秋耕地・春耕地・休耕地**の三つに分けて、秋耕地では小麦・ライ麦などの冬麦（秋播き作物）を、春耕地では大麦や燕麦などの夏麦やエンドウ豆（春播き作物）をそれぞれ栽培することにした。これで**休耕地が減って**、収穫できる畑が３分の２になるから収穫が増えるんだ😄。これが**三圃制**だ。

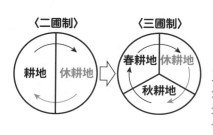

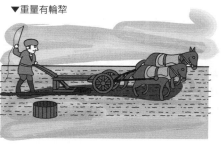

▼重量有輪犂

　重量有輪犂は、鉄製の犂に車輪をつけ、牛や馬に引かせて畑を耕す道具で、今で言うならトラクターだな。これで、畑を深く耕すのも、新しく開墾するのも楽ちんだ😁。ただ、牛や馬を使って一気に畑を耕すには、農地を仕切っている柵や垣根がないほうが楽だから、柵や垣根を取り払って**開放耕地制**にしたんだ。

　農業技術の発達によって**農業生産が増大**すると、西ヨーロッパでは**人口が一気に増えた**。そして人口が増えた分だけ農地が足りなくなるから、12世紀ころから**大規模な農地の開拓（大開墾運動）**が始まったんだ。**オランダの干拓**が進んだものこの時代だ。さらに、人口増加を背景に、西ヨーロッパ世界は外に向けて拡大を始め

第**1**章
オリエント・インドの古代文明

第**2**章
古代の地中海世界

第**3**章
古代の東アジア

第**4**章
中世ヨーロッパ

第**5**章
東アジア世界の変容

第**6**章
イスラーム世界

第**7**章
近代ヨーロッパの幕開け

たよ。ドイツ人は**エルベ川**を越えて東方植民を進め、イベリア半島ではイスラーム教徒から土地を奪い返す**レコンキスタ**【**国土回復運動／再征服運動**】が進み、さらに東地中海のイスラーム世界に直接攻め込む**十字軍遠征**がおこなわれたのも、農業生産の増大と人口増加にともなう**西ヨーロッパの拡大**だね。

　そして、農業生産が増えて**余剰生産物**が生まれると、荘園のなかに経済的な変化も生まれたんだ。中世の封建社会は荘園ごとの自給自足が基本で、各地を結ぶ交易は衰退していた。しかも荘園内部だけでちょこちょこと取引をしていたから、基本は**物々交換**（**現物経済**）だったんだ。でも、余剰生産物が生まれると、それを交換する商業が盛んになるよ。ここは次回、「**商業ルネサンス**」のところで詳しく話すね。

3 カトリック教会の発展と教皇権の確立

◀ 世俗権力の介入で教会の腐敗が進むと、教会改革運動が起きた！

　封建社会が形成された西ヨーロッパでは、**諸侯が分立**して国内がバラバラだったから、王権は弱かった😩。一方で、各地の**教区教会**が布教して信者を増やしたり、その地域の信者をまとめたから、**教会の影響力は強く**なった。そして、教皇を頂点に**大司教・司教・司祭**などの聖職者がピラミッド型の序列（**階層制【ヒエラルキー】**）に組み込まれて、**ローマ＝カトリック教会**の権威が西ヨーロッパ全体におよぶようになると、皇帝や国王など世俗の支配者たちは、教会を味方につけて、**教会の権威を支配に利用**しようとしたんだ。領主たちは自分の所領に教会や修道院を建設して、その聖職者を任命するようになった（**私有教会制**）。さらに歴代の**神聖ローマ皇帝**は、帝国内の司教に領地を与えて任免権を握り、教会組織を支配に組み込む**帝国教会政策**をとって大諸侯に対抗したんだ。こうして、大司教や司教などの高位聖職者は、諸侯と同じように領地を支配する**聖界諸侯**になった。

〈帝国教会政策〉

任命

皇帝

司教

大諸侯

大諸侯

大諸侯

　ただ、皇帝や国王など世俗の支配者が教会に介入すると、本来聖職者ではない人が司教などに任命されちゃうから、**聖職者の結婚**が問題になったり、聖職者の任免権をめぐって教会と対立しないようにお金を払ったり（**聖職売買**）するようになった。こうして**教会の腐敗や世俗化**が進むと、教会の内部から「ちゃんと神に仕えるべきだ😤」という批判が起き、**教会内部の改革**が始まったよ。

　教会の改革は、初期の**修道院**の精神、つまりベネディクトゥスの「**祈り、働け**」の精神を取り戻そうとするもので（**修道院運動**）、中心となったのは**フランス中東**

部のブルゴーニュ地方に建てられた**クリュニー修道院**だよ。もともとはアキテーヌ公という諸侯がつくった修道院だったけど、11世紀以降は教会改革の先頭に立ち、騎士たちの個人的な戦闘（私闘【フェーデ】など）や略奪などを禁止する「**神の平和**」運動や、キリスト教の祝祭など一定の期間を聖なるものとして戦闘を禁止する「**神の休戦**」も進めた。そして、この改革運動は教皇**グレゴリウス7世**の改革（「グレゴリウス改革」）にも影響を与えるんだ。

🔊 ベネディクト修道会とはタイプの違う修道会も出現！

　クリュニー修道院の改革運動のあとも、教会の腐敗に対する批判が次々に出てきて、しかも「まだまだ甘い🐱」と、さらに**厳しい戒律を掲げる修道院**も現れたよ。11世紀末にフランス中部で創設された**シトー修道会**は、ベネディクトゥスの戒律をより厳格に守るため、あえて**荒れ地に修道院を建設して開墾**を進めたんだ。シトー修道会は西欧の**大開墾運動の中心**になるよ。

　13世紀になると、使徒（イエスの弟子）たちと同じように、**修道院の財産所有を一切放棄して、「神の教えを説教する🐱」**という使命に燃えた新たな修道会も生まれたよ。財産を持たず「清貧」に生きるってことは、**信者からの托鉢**（食べ物やお金をもらうこと）だけで生活することだから、金持ちがいっぱいいる都市で活動しないと厳しいよね。この**托鉢修道会**は、**中世都市の発展**にともなって現れるよ。そして、説教活動の裏づけとなる**学問研究**も進められ、大勢に説教するため都市市民の支援で大規模な教会も建てられた。代表的な托鉢修道会は、**フランチェスコ修道会とドミニコ修道会**だよ。

　イタリアのアッシジ出身の聖者**フランチェスコ**は、金持ち商人の息子だったにもかかわらず、**一切の財産所有を否定して都市での布教・説教**に専念し、**フランチェスコ修道会**を創設した。フランチェスコ修道会はイギリスの**オクスフォード大学**での神学研究も指導するなど、学問研究でも活躍したよ。また、**スペイン出身のドミニコ【ドミニクス】**は、南フランスで異端のカタリ派を回心させようと**ドミニコ修道会**を創設し、武力によらない**改宗活動**をやったんだ。そして、**パリ大学の神学研究**を指導するなど、こちらも学問研究で活躍しているね。ちなみに、**カタリ派**は**マニ教の影響**を受けたといわれる**中世の異端**で、カトリック教会とは関係なく個人的な信心で救われるとして、禁欲的な修行をやったりしたグループだ。その一派とされる南フランスの異端が**アルビジョワ派**だ。

シトー修道会は開墾、托鉢修道会は布教・説教と学問研究で活躍したんだよ！

第1章 オリエント・インドの古代文明

第2章 古代の地中海世界

第3章 古代の東アジア

第4章 中世ヨーロッパ

第5章 東アジア世界の変容

第6章 イスラーム世界

第7章 近代ヨーロッパの幕開け

クローズアップ 叙任権闘争

- ● 背景
  - ▶ **帝国教会政策**……**神聖ローマ皇帝が高位聖職者の任免権を持ち、帝国統治に利用**
    - ➡ 教皇**グレゴリウス7世**が、**叙任権の回収**による教会改革を目指す
    - ➡ **ドイツ王（のちの神聖ローマ皇帝）ハインリヒ4世**と対立
- ● カノッサの屈辱 [1077]
  - ▶ 教皇**グレゴリウス7世**が、**ドイツ王ハインリヒ4世**を**破門**
    - ➡ 諸侯が反旗を翻したため、**ハインリヒ4世**が教皇に屈服
    - ➡ **皇帝権に対する教皇権の優位**を示した
- ※**十字軍遠征の開始**……**クレルモン教会会議で十字軍を提唱 [1095]**
  - ▶ 遠征を通じて宗教的情熱が高揚し、教皇の権威が高まる
- ● **ヴォルムス協約 [1122]**……**叙任権闘争が終結**
  - ▶ 教皇**カリクストゥス2世**と皇帝**ハインリヒ5世**が妥協
  - ▶ **聖職叙任権は教皇**が持つが、ドイツ領内の**封土授与権は皇帝**が持つ
- ● 教皇権の絶頂期……教皇**インノケンティウス3世** [位1198〜1216]
  - ▶ 「**教皇は太陽であり、皇帝は月である**」との言葉で、教皇権を誇示
  - ▶ **イギリス王ジョン、フランス王フィリップ2世**などを破門

◀ 教皇と皇帝はどっちが上？ 熾烈な叙任権闘争が起きた！

　修道院について一気に見ちゃったけど、少しだけ時代を戻すよ。**クリュニー修道院**が教会の改革を始めたころ、神聖ローマ帝国のなかでは**叙任権闘争**と呼ばれる皇帝と教皇の対立が起きていた。**聖職叙任権**とは、教会のなかの**高位聖職者（大司教とか司教など）を任命する権限**のことだよ。じゃあ、なんで教皇と皇帝が聖職叙任権をめぐって対立するんだろう？

　オットー1世のころからすでに、**神聖ローマ帝国では皇帝が帝国内の教会組織を支配に利用する帝国教会政策**をとっていたよね➡**P.195**。皇帝が大司教や司教を任命した教会（帝国教会）にはたくさんの領地を寄進して、大諸侯を抑えたり帝国防衛のための軍事力を準備させたりしたから、もはや教会なしでの帝国支配はできなくなっていた。だって、教会の聖職者は世襲できないから（結婚できないじゃん😳）、つねに皇帝の言うことを聞く協力者を任命すればいいもんね。

　しかし、世俗の権力からの「**教会の自由**」を主張して改革を進める**教皇グレゴリウス7世**は、「世俗の権力には司教を任命させない😤」と叙任権を教会が回収することを宣言し、皇帝による教会支配を攻撃した。これに対し、**ドイツ王（のちの神聖ローマ皇帝）ハインリヒ4世**が教皇を廃位させようとしたんだけど、教皇グレゴ

リウス7世は屈せずに王の**破門**（「キリスト教世界からの追放」を宣言すること）を決議し「全キリスト教徒は、ハインリヒに仕えてはならない😡」と告げた。これを聞いて「チャンス！」と思ったのが、**ドイツ王（皇帝）の統治に反抗的だった大諸侯**たちだ。ドイツでは大諸侯の勢力が強く、彼らは「隙あらば国王（皇帝）の足を引っ張ってやる！」と思っていた

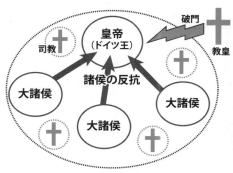

〈カノッサの屈辱〉

から、「1年以内に破門を解かれなければ、ハインリヒを退位させる」と決議した。**諸侯が反旗を翻したことで、ハインリヒ4世は教皇に謝罪して破門を解いてもらわないと、帝国の統治ができなくなった。**こうしてハインリヒが**北イタリアのカノッサ城**の前で、しんしんと雪の降るなか素足でひざまずき、涙を流して3日間も待ち続け、やっと破門を解いてもらったんだ。この事件が「**カノッサの屈辱**」だよ。これで、**ドイツ王権・皇帝権に対する教皇権の優位**が示されたことになるね。

　ここで、しっかり理解してほしいことがあるよ！　カノッサの屈辱では「教皇が優位」ということになるけど、教皇そのものが強いというものでもない。結局のところ、「皇帝と教皇のどちらが強いか」は、「皇帝と諸侯の力関係」で決まるんだよ。だって、**ハインリヒ4世が謝罪したのは諸侯の反抗で帝国支配ができないから**だもん。つまり「諸侯が強い＝教皇権が強い（皇帝が弱い）」ってことね。

＋α ちょっと寄り耳♪

　カノッサの屈辱は、もとはといえばドイツ王ハインリヒ4世のほうが先に仕掛けたものだよ。あまりに「教会の自由」にこだわって「**叙任権**を取り返す！」と息巻く教皇グレゴリウス7世に対して、ハインリヒ4世は自分の味方だったドイツの司教を集めて「教皇を廃位する！」と決議した。内心「思い知れ！」と思ってただろうね。ところが、グレゴリウス7世はこんな圧力に屈しなかった。逆にローマで開いた教会会議で、ハインリヒ4世の破門を決めたんだよ。そしたらドイツ諸侯がハインリヒに反抗した、ってわけ😵！

　実はカノッサの屈辱には後日談もあって、ドイツの反皇帝派が本当に新しい国王を選んじゃったから、ムカついたハインリヒ4世も新しい教皇を選んで仕返ししたんだ。おっと、国王も教皇も二人だ😫。最後は、対立国王と戦って勝利したハインリヒ4世が、ローマまで攻め込んでグレゴリウス7世を追い出したんだよ。教科書には出てこないけど、叙任権闘争って、多分みんなが思ってるより壮絶だよ。

第1章　オリエント・インドの古代文明

第2章　古代の地中海世界

第3章　古代の東アジア

第4章　中世ヨーロッパ

第5章　東アジア世界の変容

第6章　イスラーム世界

第7章　近代ヨーロッパの幕開け

　しかしこのあとも、ハインリヒ4世が再び教皇に反撃をするなど対立は収まらず、1122年、ついに教皇**カリストゥス2世**と皇帝**ハインリヒ5世**が**ヴォルムス協約**を結んで妥協し、叙任権闘争は終わったよ。この協約で、**聖職叙任権は教皇、ドイツ領内の封土授与権（司教領の授与など）は皇帝**が持つことになった。つまり、世俗と教会を分離して、司教を誰にするかという「人」を選ぶのは教皇だけど、帝国内に領地を持つ「諸侯」としては皇帝に従うということだ。うーん、結局どっちが上なの😫？って思ったかもね。ハッキリ言えば、ヴォルムス協約では決まってないから、強いほうが強い😆。ただ、カノッサの屈辱をしっかり理解していればわかるよ。この時点でも**ドイツでは「諸侯が強い」から「教皇権が強い」**けど、皇帝は封土授与権を持っているから、教会に対する影響力が全くなくなるわけじゃないからね。

◀ インノケンティウス3世時代に、教皇権は絶頂になった！

　11世紀末に始まる**十字軍遠征**で、西ヨーロッパでは**宗教的な熱狂**が起こり、それにつれて**提唱者である教皇**の権威も高まっていった。そして、西ヨーロッパ全体にカトリック教会の権威がおよぶようになると、12世紀末に登場した**インノケンティウス3世**の時代に、**教皇権は絶頂**を迎えたんだ。彼は第4回ラテラノ公会議で、有名な「**教皇は太陽であり、皇帝は月である**」との演説で教皇権を誇示し、各国の国王を次々と破門して優位に立った。この時期には、**イギリス王ジョン**、**フランス王フィリップ2世**、神聖ローマ皇帝オットー4世など、主要国の君主はほとんど破門されているよ。また、**托鉢修道会**を認可して民衆への教会の影響力を強めた。さらには「キリストの代理人」と主張して各国の紛争を仲裁するなど、実際の政治にまで介入したよ。ただ、こんな絶頂も長くは続かないからね😅。

　さて、今回はこれでおしまい。最後は年号チェックだ！

‼ 年号のツボ

- **クリュニー修道院創設** [910]（苦闘の末に　クリュニー創設）
　　　　　　　　　　　　　　　　9 10
　　　　　　　　　　　　　　　クトオ
- **ノルマン征服** [1066]（入れろ無理やり　ノルマン征服）
　　　　　　　　　　　　1 0 6 6
- **カノッサの屈辱** [1077]（カノッサに　ハインリヒは入れないな）
　　　　　　　　　　　　1 0 7 7　　　　　　　　　イ
- **ヴォルムス協約** [1122]（皇帝　教皇　いい夫婦）
　　　　　　　　　　　　1 1 2 2

　次回は、いったん西ヨーロッパから離れて**ビザンツ帝国を中心とする東ヨーロッパ世界**だよ。西ヨーロッパと比較して理解しよう😊。

　それじゃあ、今回はいったん西ヨーロッパから離れて、ビザンツ帝国と東ヨーロッパを見ていこう。ローマ帝国が東西に分裂したあと、1000年以上も続いたのはなぜだろう？

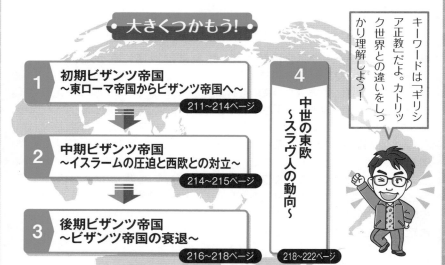

• 大きくつかもう！ •

1 初期ビザンツ帝国
～東ローマ帝国からビザンツ帝国へ～
211～214ページ

2 中期ビザンツ帝国
～イスラームの圧迫と西欧との対立～
214～215ページ

3 後期ビザンツ帝国
～ビザンツ帝国の衰退～
216～218ページ

4 中世の東欧
～スラヴ人の動向～
218～222ページ

キーワードは「ギリシア正教」だよ。カトリック世界との違いをしっかり理解しよう！

　東ローマ帝国は、だいたいビザンツ帝国って呼ばれることが多いよね。なんで「東ローマ」じゃなくて「ビザンツ」って呼ぶんだろうね？　キーワードはギリシア正教なんだけど、それだけじゃなくて、途中からいろんな面で「ギリシア化」が進んでいくよ。それから、後半のスラヴ人を中心とする東ヨーロッパは細かいことが多いけど、特に宗教の分布に注意してね。カトリックになるかギリシア正教になるかによって、歴史の展開が変わってくるよ。このあとの歴史でも東西のヨーロッパの違いはいろいろ問題になるから、この機会にしっかり理解してね。

　それじゃあ、ビザンツ帝国と中世の東欧の始まり～😆。

第1章 オリエント・インドの古代文明
第2章 古代の地中海世界
第3章 古代の東アジア
第4章 中世ヨーロッパ
第5章 東アジア世界の変容
第6章 イスラーム世界
第7章 近代ヨーロッパの幕開け

1 初期ビザンツ帝国 〜東ローマ帝国からビザンツ帝国へ〜

クローズアップ ビザンツ帝国①

- ●東ローマ帝国【ビザンツ帝国】の成立 ➡6世紀には勢力を盛り返す
- ●ユスティニアヌス（1世・大帝）の時代［位527〜565］
  - ●ヴァンダル王国の征服［534］、東ゴート王国の征服［555］
  - ●ササン朝ペルシアのホスロー1世と抗争
  - ●ユスティニアヌス帝の内政
    - ▶『ローマ法大全』の編纂……法学者のトリボニアヌスらによる
    - ▶ハギア＝ソフィア聖堂【聖ソフィア聖堂】の建立……ビザンツ様式
  - ※ユスティニアヌスの死後、周辺諸国の侵入で帝国は混乱
    - ➡軍事的危機……イスラーム勢力の侵攻で、領土を奪われる
- ●ヘラクレイオス1世［位610〜641］……皇帝専制体制を強化
  - ●軍管区制【テマ制】……軍管区の長官に行政権と軍事指揮権を付与
  - ●屯田兵制……徴税・徴兵制度の確立
- ●レオン3世［位717〜741］……政治・宗教的にイスラーム勢力に対抗
  - ●聖像禁止令［726］➡ローマ教会との間で聖像崇拝論争が発生
    - ➡その後、イコンの崇拝は復活（聖像禁止令を解除［843］）
  - ●ギリシア正教会の成立……西方のローマ＝カトリック教会に対する東方教会
    - ▶正式に東西教会分裂（相互破門）［1054］

◀ 東西分裂したローマ帝国の、強いほうだけが東ローマ帝国になった！

　395年、テオドシウス帝が亡くなると、長子のアルカディウスが帝国の東半分を相続して東ローマ帝国【ビザンツ帝国】ができたけど、ローマ帝国が分裂する前から東方は政治・経済・軍事の中心だった。だって、都コンスタンティノープルは東方にあるし、経済的には豊かな穀物生産地であるエジプトも東方だから、そこまで農業生産が衰退したわけでもない。さらに、東方は帝国にとって最大の強敵だったササン朝ペルシアと国境を接していたから、軍隊の中心も東方だったんだよ。東西分裂後は東ローマ帝国のほうが強いのは当たり前だね😄。

　そして、ゲルマン人たちは弱い西ローマ領内にどんどん建国したから、ついに西ローマ帝国は滅亡しちゃった😵。だから東の皇帝が唯一のローマ皇帝として西側の教会やゲルマン人国家にも一定の権威を持ち続け、国内的にも政治的にはローマ帝国以来の専制君主政が続き、経済的には都コンスタンティノープルが「第2のローマ」として商業・貿易で栄え、貨幣経済も維持されたんだ。西ローマが滅亡して、商業や交易も衰退した西方とは対照的だね😆。

◀️ ユスティニアヌス帝は、旧ローマ帝国の復活を目指した！

　6世紀前半、東ローマ皇帝となった**ユスティニアヌス**は、「私が地上で唯一のローマ皇帝だ😌」って思って、領土・政治・文化などさまざまな面で、**ローマ帝国の再興を目指した**。まず、これまでのローマの政治の集大成として、**トリボニアヌス**を中心とする法学者たちに、これまで出された法令をまとめることを命じた。こうしてできた**『ローマ法大全』**は、**勅法集・学説・法概論**の3部からなり、中世の大学ではテキストとして使われたり、現代でもローマ法の教授がいるくらい、のちの法学に大きな影響を与えるんだ😆。

　さらに、ユスティニアヌス帝は**建築事業**にも夢中になった。特に、コンスタンティノープルの**ハギア＝ソフィア聖堂【聖ソフィア聖堂】**は、**大ドーム（円屋根）**と**モザイク壁画**を特徴とする**ビザンツ様式**の傑作だよ。6世紀に高さ54mの教会を建てたのは奇跡的だ😲。これで、キリスト教世界の中心になる教会ができたね。ちなみに、聖堂の周りに**4本の尖った塔（ミナレット）**があるけど、これはオスマン帝国が占領したあとにモスクにするために加えたものだ。

　そして、ユスティニアヌス帝はゲルマン人から領土を奪い返して、**旧ローマ帝国領を回復しようとした**。まず、北アフリカの**ヴァンダル王国**が内紛で混乱したのを見て軍を送り、一気にカルタゴを占領すると、**ヴァンダル王国を滅ぼした**。これで自信を深めると、さらにイタリアの**東ゴート王国**にも攻め込んだ。ただ予想以上に手強くて、**イタリアを奪い返す**のに20年もかかった。さらに、**西ゴート王国**からイベリア半島の南端を奪い、ほぼ地中海一周を支配することに成功したよ😄。また、**養蚕業や絹織物業**の導入や、**開墾や植民**による農業生産の増大で経済的にも発展して、**コンスタンティノープルは地中海交易の中心地**としても繁栄したんだ。

　こうした栄光のウラで民衆の生活には重い負担がのしかかっていたよ😅。せっかく回復したはずのイタリアでは、長い戦争で都市が破壊されて衰退し、ローマ市の人口は500人にまで減ったともいわれている😲。しかも、東方では**ササン朝ペルシアのホスロー1世**との抗争が激しくなった。**戦費負担のために増税が繰り返される**と、人びとは「空から税金が降ってくる😵」と言って「空中税」と呼んだ。しかも、ユスティニアヌス帝の晩年にはコンスタンティノープルで伝染病が流行って大混乱！　彼が死んだあとは大変なことになりそうだよ……。

◀️ もはやローマじゃない……ユスティニアヌス帝の死後、「ビザンツ化」が進んだ！

　ユスティニアヌス帝は、ある意味では最後のローマ皇帝だった。だって、「ローマの栄光を復活する😇」って言ったのは、彼が最後なんだもん。ユスティニアヌス帝の死後、北イタリアには**ランゴバルド人**が侵入して建国し、東方では**ササン朝ペルシア**との抗争がますます激しくなった。しかも、バルカン半島には**スラヴ人**、アジア系遊牧民の**ブルガール人（トルコ系とされる）**や**アヴァール人**まで侵入してくる始末😲。結局、**ユスティニアヌスが拡大した西方領土の大部分から撤退した**んだ。しかも、東方の属州では**単性論**を信奉する人たちが帝国支配に反抗し始めた

😫。さらに**7世紀にはイスラーム勢力に東方領土の多く**を奪われてしまうことになるんだ。

こうして、**支配地域の多くがギリシア人地域になった東ローマ帝国**は、「ラテン人（イタリア）の帝国」というより「**ギリシア人の帝国**」になった。公用語も**ラテン語からギリシア語になり**、教会でのミサもギリシア語でおこなわれたから「**ギリシア正教会**」って呼ぶんだ。でも、歴代の皇帝たちはローマ帝国から受け継いだ「**皇帝**」の地位にはこだわり続け、**皇帝が政治と宗教（ギリシア正教）両面の最高権力者**になった。

こんなふうに、**7世紀ころから東ローマ帝国がさまざまな面でギリシア的**になったから、**都コンスタンティノープルのギリシア人植民市時代の名前「ビザンティウム」**をとって「**ビザンツ帝国**」と呼ぶよ。もちろん、考え方によっては、コンスタンティヌスが遷都した時点で、すでにローマ帝国のギリシア化（ビザンツ化）が進んでいたから、**分裂したところから「ビザンツ帝国」でも OK** だからね😆。

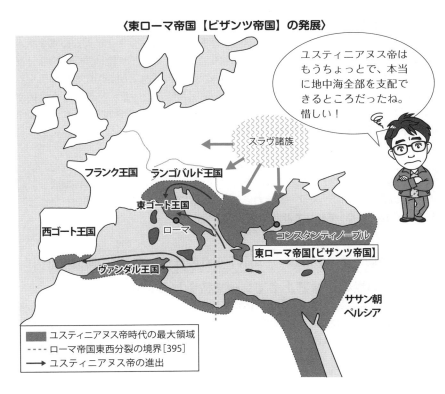

〈東ローマ帝国【ビザンツ帝国】の発展〉

ユスティニアヌス帝は
もうちょっとで、本当
に地中海全部を支配で
きるところだったね。
惜しい！

スラヴ諸族

フランク王国　ランゴバルド王国

東ゴート王国

西ゴート王国

ローマ

コンスタンティノープル

東ローマ帝国【ビザンツ帝国】

ヴァンダル王国

ササン朝
ペルシア

■ ユスティニアヌス帝時代の最大領域
---- ローマ帝国東西分裂の境界［395］
→ ユスティニアヌス帝の進出

第1章　オリエント・インドの古代文明

第2章　古代の地中海世界

第3章　古代の東アジア

第4章　中世ヨーロッパ

第5章　東アジア世界の変容

第6章　イスラーム世界

第7章　近代ヨーロッパの幕開け

◀ 軍制の改革で帝国を復活させたヘラクレイオス1世

　もし、ユスティニアヌス帝死後の皇帝が何もしなかったら、恐らくビザンツ帝国は滅んでいたよ😅。でもそこは1000年も続いた帝国だから、衰退しそうになっても、またよみがえる！　7世紀初めに登場した**ヘラクレイオス1世**は、**ササン朝との戦争を再開する**と、一時はコンスタンティノープルを包囲されるなど危ない場面もあったんだけど、なんとか持ちこたえて反撃に転じ、ササン朝の都クテシフォンに迫って降伏させた。さらに、北から侵入してきた**アヴァール人を撃退**して、帝国の危機を救ったんだ。ただ、時代の流れには逆らえない。同じころ、**ムハンマドがイスラーム教を開く**と瞬く間にアラビア半島を統一し、続く**正統カリフ時代にはビザンツ帝国からシリア・エジプト・メソポタミアを奪った**。これは、軍事力を強化しないとイスラーム勢力は止められないよ😫。

　こうした事態に対して、ヘラクレイオス1世はイスラーム勢力からの防衛のために、**新しい地方統治制度を導入**したよ。それが**軍管区制【テマ制】**だ。もともとビザンツ帝国の地方統治はローマ帝国時代と同じで、属州総督が行政を担当して、軍の指揮権は別にいた将軍（司令官）が握っていた。つまり、行政と軍事がバラバラだったんだよ。そこで、各地の**軍管区【テマ】**の司令官（つまり軍人）に**軍事権と行政権の両方を持たせて**、とにかく軍を強化させた。だから、現地の司令官は「どんな手を使ってでも、軍隊を強くする💪」と思って、「とにかく兵士を集めろ！」って命令したけど……金はない😭。だから**屯田兵制**ができた！　これは**小農民やスラヴ人に土地を与えて、かわりに兵役の義務を課す**か、あるいは**兵士に対して土地を与えて兵役を負わせる**制度だ。屯田兵制で自作農が増えると、農村が復活して徴税や徴兵を安定しておこなえるようになったんだ。

　軍管区制は、イスラームの侵攻っていう非常事態に導入された制度だけど、ひとまず危機を脱したビザンツ帝国は、**軍管区（テマ）を地方行政組織に再編成**したんだ。そして、のちにイスラーム勢力にコンスタンティノープルを包囲されたときも、船を焼く秘密兵器「**ギリシアの火**」も使って撃退したよ！

2　中期ビザンツ帝国　～イスラームの圧迫と西欧との対立～

◀ レオン3世の聖像禁止令でローマ教会との対立が深まる！

　8世紀に入ると、ビザンツ帝国は体制を立て直した。有力な軍管区の長官から皇帝になった**レオン3世**は、各地の軍管区の長官に自分の一族や信頼できる部下を任命して**地方の支配を強化**し、さらに中央政府の官僚機構を再編して皇帝の**専制体制**をつくったんだ😆。そして、再びコンスタンティノープルを包囲したイスラーム勢力を撃退すると、皇帝が教会を管轄下に置いて、宗教政策も主導した。具体的には、皇帝を「神の代理人」として**コンスタンティノープル総主教**（東方の教会のトップ）の任免権を皇帝が持つ、ってことね（皇帝教皇主義と呼ばれていたこともある）。でも、レオン3世の宗教政策が、ローマ教皇との対立を深くするんだ🙄。

726年、やっとの思いで**イスラーム勢力を撃退**したあとに、都コンスタンティノープルは大地震に襲われた。レオン3世は「これは神罰だ……😫」と焦った。当時、ビザンツ帝国では宗教美術だといって教会が**イコン（聖画像）**を崇拝していたから、厳密に見れば『旧約聖書』に書かれている偶像崇拝の禁止に違反している。これに対し、神は**厳格に偶像崇拝を禁じるイスラーム教徒**を使って、帝国に罰を与えている、って考えたんだね。そこでレオン3世は**聖像禁止令**を発布し、イエスや聖母マリアなどの

> 聖像禁止令は解除されるから「聖像崇拝はずっと禁止」は誤文だ！　よく正誤問題で聞かれるから、気をつけよう！

イコン（聖画像）の制作や崇拝を禁止した。もともと東方の教会では「立体の彫像はダメ！」ってことになっていたから、**イコンを禁止すればすべての聖像崇拝が禁止になる**んだよ。この決定がローマ教皇との対立を招いて聖像崇拝論争が起きたよね（第⓫回も確認してね）。そして、ビザンツ帝国ではこののち100年以上も**聖像破壊運動【イコノクラスム】**が続き、聖像破壊派と聖像擁護派の間で激しい対立が起きたよ。ここで正誤問題での注意！　843年には**聖像禁止令が解除**されて、むしろ聖画像破壊のほうが異端になるからね。

ただ、聖像崇拝がOKになったからといって、東西教会の対立は収まらない😓。聖像禁止令が廃止されたのは**カールの戴冠**のあとだから、**事実上東西教会は分裂している**。そして、1054年には**相互破門**によって、正式に**東西教会は分裂**したんだ😫。

◀ 9世紀後半に始まるマケドニア朝は、ビザンツ帝国最後の輝きだ！

聖像破壊運動で混乱した国内をなんとかまとめたビザンツ帝国は、その後本格的に**スラヴ人への布教活動**をおこない、バルカン半島の**セルビア**や**ブルガリア**の改宗に成功した。この時期にスラヴ人への布教をおこなったのが、ギリシア人宣教師の**キュリロス**とメトディオスの兄弟だ（彼らは布教のために**グラゴール文字**をつくったよ）。そして、軍管区制の安定で平和が回復すると農業生産も向上し、**商業や交易も活発**になったから、コンスタンティノープルにはノルマン人やイスラーム商人もやってきたよ。西ヨーロッパではこの時期に商業が衰退したけど、**ビザンツ帝国の商業は衰えていないからね**😆！

そして、9世紀後半に興った**マケドニア朝**の時代に、ビザンツ帝国は各地で領土を回復するよ。まず、**バシレイオス1世**はクレタ島や南イタリア、アナトリアなどを**イスラーム勢力から奪い返した**。さらに10世紀後半には、**バシレイオス2世**がバルカン半島で自立していた**ブルガリア帝国を滅ぼして**、再び帝国領に編入したよ。こんなふうに、ビザンツ帝国って「危機➡再建➡危機➡再建」を繰り返しながら、ここまで持ちこたえてきた。でも、それも少しずつ限界に近づいていくんだ😓。

3　後期ビザンツ帝国　～ビザンツ帝国の衰退～

クローズアップ　　**ビザンツ帝国②**

- ●**マケドニア朝時代**［867〜1056］……ビザンツ帝国の勢力復活
  - ●**バシレイオス1世**［位867〜886］
    - ▶クレタ島、**南イタリア、アナトリア**（小アジア）**の領土奪還**
  - ●**バシレイオス2世**［位976〜1025］
    - ▶**ブルガリアを滅ぼし、領土を帝国に編入**
- ●ビザンツ帝国の危機
  - ●セルジューク朝の台頭
    - ▶**マラーズギルド【マンジケルト】の戦い**［1071］……アナトリア占領
- ●**アレクシオス1世**［位1081〜1118］
  - ●プロノイア制……**貴族などに国有地を管理させ、軍役義務を課す**
  - ●十字軍遠征の要請……教皇ウルバヌス2世を通じて西欧に援軍を要請
- ●**第4回十字軍**［1202〜04］……**コンスタンティノープルの陥落**［1204］
    - ▶ビザンツ帝国は一時対岸に逃れ、**ニカイア帝国**［1204〜61］を建てる
      - ➡のちに**ジェノヴァの協力**を得て、コンスタンティノープルを奪回
- ●帝国の衰亡
  - ●セルビア王国の台頭［14世紀〜］……バルカン半島で台頭し、領土を拡大
  - ●オスマン朝成立［1299（諸説あり）］
      - ➡バルカン半島に進出し、アドリアノープルへ遷都
  - ●**ビザンツ帝国の滅亡**［1453］……**オスマン朝のメフメト2世**による

◀ ビザンツ帝国は再び危機に！　もはや国境防衛の限界なのか？

　11世紀に入ると、ビザンツ帝国は各地で**外敵の侵入**を受けたり、支配下の民族が自立したりと、危機的な状況になった😫！バルカン半島では、**セルビア人が王国を建てて自立**し、一度は征服したはずの**ブルガリアでも反乱**が起きた。さらに、**ノルマン人がシチリア島や南イタリアを征服**したから、ビザンツ帝国はイタリアから撤退するしかなかった。しかも、**東西教会が完全に分裂**したから、教会を通じた影響力もない😢。そして、ヨーロッパ方面の危機だけじゃなく、東方のイスラーム世界ではトルコ人の**セルジューク朝**が一気に勢力を拡大して、**アナトリアまで攻め込んできた**から、さあ大変😫。**マラーズギルドの戦い**で敗れたビザンツ帝国は、ついに**アナトリアを奪われてしまった**んだ。

　この危機的状況を乗り越えるには、皇帝だの貴族だの言ってる場合じゃない！帝国内では、**貴族などによる大土地所有が進んで中小農民が没落**し、もはや屯田兵制によって軍団が維持できなくなっていた。そこで、皇帝**アレクシオス1世**は、有

力な貴族などに国有地の管理を任せて、そのかわりに軍団を編成させる**プロノイア制**を導入して、帝国の防衛力を維持しようとしたんだ。領地を与えて軍役を課すから、一種の**封建制**だね。そして、貴族の持っているお金を軍団の再建に使わせて、貴族全員を政権に巻き込む**貴族連合国家**として危機を乗り切ろうとしたんだ。

合否の分かれ目　ビザンツ帝国の軍制

- **軍管区制【テマ制】**……総督による属州統治を廃して導入
  - ▶領土をいくつかの**テマ（軍管区）**に分け、**長官に行政権と軍事指揮権**を付与
- **プロノイア制**……**一種の封建制**
  - ▶**有力な貴族などに国有地の管理を任せ、代償に軍役義務を課す**
  - ➡ビザンツ帝国は**貴族連合政権**になる

そうはいっても、もはや限界だよ😓。アレクシオス1世は、仕方なく教皇**ウルバヌス2世**を通じて、**西欧に援軍**を頼んだ。相互破門までしたローマ教皇に援軍を頼むのはプライドも何もあったもんじゃないけど、滅ぶ寸前だもん、そんな事は言ってられない！　これが、西欧が**十字軍遠征**を始めるきっかけだ。ただ、これがとんでもない結果を引き起こすよ。

ヴェネツィア商人が主導した**第4回十字軍**が**コンスタンティノープルを占領して****ラテン帝国**を建てたから、やむなく対岸に逃れて**ニカイア帝国**を建てた😔。のちに**ジェノヴァ**の協力でコンスタンティノープルを奪い返したけど、もはやビザンツ帝国に過去の栄光はない😖。これは、思い出にひたるしかないね……。

◀ ついに1000年続いたビザンツ帝国も滅亡！

十字軍遠征ののち、14世紀にはバルカン半島で**セルビア王国**が台頭する一方、アナトリアに現れた**オスマン朝**は**アドリアノープル**を占領して都にすると、**バルカン半島の領土を次々と奪った**んだ。こうしてビザンツ帝国は、**ほぼコンスタンティノープル周辺のみを**

アドリアノープル
セルビア王国
コンスタンティノープル
オスマン朝の進出
1400年ころのビザンツ帝国領

支配するだけの、単なる弱小国になっちゃった😓。そうはいっても、まだコンスタンティノープルは地中海貿易で繁栄していたし、秘密兵器の「ギリシアの火」もあったから、まだ100年ちょっとは滅びないよ。頑張ってるね😤。

しかし、1000年の都コンスタンティノープルも、ついに落ちる日がきた😖。

第1章 オリエント・インドの古代文明

第2章 古代の地中海世界

第3章 古代の東アジア

第4章 中世ヨーロッパ

第5章 東アジア世界の変容

第6章 イスラーム世界

第7章 近代ヨーロッパの幕開け

　15世紀には、**アナトリアとバルカン半島の大半がオスマン朝の領土**になって、ビザンツ帝国は完全に包囲された。そして、オスマン朝のスルタンメフメト2世は、奇策を使ってついに**コンスタンティノープルを占領**したよ。滅亡したビザンツ帝国の皇族や貴族は、同じギリシア正教を信奉していた**ロシア（モスクワ大公国）**に逃れ、「ロシアなんて田舎はイヤだ😖」と思った**学者たちはイタリアへと逃れた**。これが、このあとのロシアやイタリアの歴史に影響するからね！

4 中世の東欧 ～スラヴ人の動向～

◀ まずは、東欧の宗教分布をおさえよう！

　もともとカルパティア山脈の北側からドニエプル川の流域に住んでいた**スラヴ人**は、6世紀ころに侵入してきた**アヴァール人**に圧迫されて、東ヨーロッパ全域（ビザンツ帝国の北側）に移動した。その後、東方から**マジャール人**がドナウ川中流の

パンノニアにまで侵入すると、スラヴ人の居住地域は、マジャール人の建国した**ハンガリー王国**を境に、**ハンガリーの北側**が**西スラヴ人**の、**南側**が**南スラヴ人**の居住地域に分断されちゃった😖。そして、マジャール人が行き過ぎていった**ロシア**には**東スラヴ人**が定着したよ。

　ここで、**スラヴ人の宗教分布**をおさえよう！　東欧史で出題が多いのは、各民族が「**カトリックなのか、ギリシア正教なのか**」という点だよ。ザックリと見ると、**カトリック**を受容したハンガリーを境目に、神聖ローマ帝国の影響が強い**西スラヴ人はカトリック**、ビザンツ帝国の支配下にあった**ブルガリア**（トルコ系ブルガール人が次第にスラブ人と混血）と南スラヴ人の**セルビアはギリシア正教**、ハンガリーが征服した南スラヴ人の**クロアティアとスロヴェニアはカトリック**だ。そして、東スラヴ人の**ロシアは**交易などを通じてビザンツ帝国との関係が深いから**ギリシア正教**だよ😄。

◀ ポーランド人は、ドイツ人の東方植民に悩まされた！

　西スラヴ人のうち、**ポーランド人**は10世紀にピアスト家のもとで国家を形成すると、**カトリック**を受容した。ただ、隣には神聖ローマ帝国があって、**皇帝が教会を通じて影響力を強めようとした**から、反発したポーランドは教皇から王冠を得て、**ポーランド王国**として独立を示した😆。

　その後、宮廷の混乱などで分裂したポーランドは、対外的にも危機を迎えるよ。

第1章 オリエント・インドの古代文明
第2章 古代の地中海世界
第3章 古代の東アジア
第4章 中世ヨーロッパ
第5章 東アジア世界の変容
第6章 イスラーム世界
第7章 近代ヨーロッパの幕開け

　まず、13世紀前半から**バルト海沿岸**に**ドイツ騎士団が進出**してきて、ポーランド人は土地を奪われた。さらに、13世紀半ばには**モンゴル軍が侵入！**　1241年の**ワールシュタット【リーグニッツ／レグニツァ】の戦い**で敗れた😵。その後、モンゴル人は撤退したけど、バルト海沿岸への**ドイツ人**の**東方植民**はどんどん進んで、**ドイツ騎士団領**が拡大したよ😫。

　14世紀になると、**カジミェシュ3世（大王）【カシミール大王】**が現れて**ドイツ騎士団と和解**すると、都の**クラクフ**を中心に貨幣改革や行政改革をおこなって国内を安定させ、ユダヤ人を受け入れて商業を発展させると、さらにポーランド最古の**クラクフ大学**を創設して、学問や文化を保護した。ただ、カジミェシュ3世の死後、ピアスト朝は断絶しちゃった😵。

　同じころ、ポーランドの北東側に住んでいた**リトアニア人**も**ドイツ騎士団の進出**に対抗して**統一**され、**リトアニア大公国**ができた。ドイツ騎士団の進出とモンゴル勢力に苦しんだ**リトアニア大公ヤゲウォ**はカトリックに改宗し、外敵の侵入に対抗するため**ポーランド女王と結婚**して、ポーランド国王を兼任した。こうして**ヤゲウォ朝【ヤギェウォ朝／ヤゲロー朝】（リトアニア＝ポーランド王国）**が成立しドイツ騎士団を攻撃すると、**タンネンベルクの戦い**などで、**たびたびドイツ騎士団を破り**、ついにバルト海沿岸の領土を奪った。ここがのちに**ポーランド回廊**と呼ばれる地域だ。

ちなみにリトアニアはヨーロッパで最後までキリスト教に改宗していなかったんだ

ヤゲウォ家はのちにベーメン・ハンガリー・クロアティアの王位も得て、東欧の強国となったよ😆

〈14世紀のヨーロッパ〉

◀ チェック人のベーメンは、神聖ローマ帝国に編入された！

　西スラヴ人の一派である**チェック人**は、9世紀にはスラヴ人最初の国家となる**モラヴィア王国**（メーレン）を建てた。フランク王国側からの布教によってチェック人は**カトリック**となった。ただ、モラヴィア王国はマジャール人の侵攻で消滅し、スロヴァキアがハンガリー（マジャール人）に奪われてしまったんだ。

　10世紀になると**ベーメン【ボヘミア】**では、**プラハ**を拠点とするプシェミスル家が**カトリック**に改宗し、チェック人を再統一した。その後、ドイツ（東フランク）王国との関係を深めると、早くも**オットー1世**時代には臣従関係となり、**神聖ローマ帝国内の諸侯**になったんだ。ただ、一方的にドイツに臣従するのもイヤだったから、教皇に働きかけてプラハに司教座をつくったんだよ。そして13世紀初頭には神聖ローマ皇帝から王位を認められて**ベーメン王国**となり、**神聖ローマ帝国内の最有力諸侯の一人**になった。王国とはいっても、あくまで皇帝の臣下だからね。

　14世紀に入ってプシェミスル家が断絶すると、**ドイツ人のルクセンブルク家**がベーメン王になったよ（**ルクセンブルク朝**）。ここからのベーメン王国は、神聖ローマ帝国の諸侯で、かつ支配者（国王）がドイツ人になった。そして、14世紀半ばに即位した**カレル1世**は、その後、**神聖ローマ皇帝に選ばれた**んだ（**カール4世**）。こうしてベーメン、特に**プラハ**は神聖ローマ帝国の中心として栄え、東欧最古の**プラハ大学**が創設され、プラハ司教は大司教座に昇格した。さらに王権を強化したカール4世は、七選帝侯による皇帝選出を定めた**金印勅書**を発布し、さらに**アヴィニョンの教皇をローマへ帰還**させたんだよ。

　しかし、15世紀に**ジギスムント**がベーメン王に即位すると、ベーメンでは**フス戦争**が起きた。これは、ジギスムントが神聖ローマ皇帝として主宰した**コンスタンツ公会議**で、ベーメンの改革指導者の**フスが処刑された**から起きた反乱だ。フス戦争は16年間も続いたから王権は弱くなり、ベーメンでは貴族勢力が強くなった。そして、ジギスムントの死後**ルクセンブルク朝が断絶**すると、ヤゲウォ家の支配などを経て、16世紀には**ハプスブルク家**に支配されることになったんだ。

> フスの処刑は、ベーメンの民族運動にも影響を与えたよ。フス戦争は「ローマ教会からの自立」「ドイツ人支配からの独立」の両面から考えてみよう！

◀ 東欧を二つに分けたハンガリーは、オスマン帝国の侵攻で分断された！

　黒海の北側からアジアに侵入した**マジャール人**は、**ドイツやイタリア**に攻め込んだけど、**レヒフェルトの戦い**でオットー1世に敗れて、ドナウ川中流の**パンノニア**に定着したよ。これが**ハンガリー**だ！　その後、神聖ローマ皇帝が派遣した宣教師による布教で**カトリック**が広がると、10世紀末には**イシュトヴァーン1世**が教皇から王号をもらって、**ハンガリー王国**ができた。さらに、チェック人のモラヴィア

王国を破って**スロヴァキア**を併合すると、11世紀には王家の断絶した**クロアティア**にも進出して、アドリア海にまで領土を広げたんだ。

しかし、13世紀には**バトゥ**が率いる**モンゴル軍**の侵入を受けて、国土が荒らされた😫。バトゥがロシアまで引き返したときには、**ハンガリーはかなり破壊されていた**んだよ。その後、国土再建のために、荒れ地には**ドイツ人やルーマニア人などを入植させる**と、ハンガリーの民族構成は、ますます複雑になったんだ。

そのあとしばらく王位継承が混乱したけど、14世紀後半には皇帝カール4世の息子**ジギスムント**がハンガリー王になった。ただ、この時期にはバルカン半島で**オスマン朝が勢力を拡大**していて、1396年にはジギスムントが率いるヨーロッパ連合十字軍が**ニコポリスの戦い**で**オスマン朝**の**バヤジット1世**の軍に敗れた😔。その後、ジギスムントは神聖ローマ皇帝としてコンスタンツ公会議を主宰（しゅさい）したり、ベーメン王としてはフス戦争に直面したりしたね。そして、ジギスムントの死後ルクセンブルク家が断絶すると、対オスマン帝国戦で活躍した貴族の息子**マーチャーシュ1世**が王に即位した。彼がルネサンス文化を導入するなど、中世ハンガリー王国は全盛期になったんだ。

神聖ローマ帝国　ポーランド王国
スロヴァキア
ウィーン　トランシルヴァニア
クロアティア　ハンガリー　モルダヴィア
ワラキア
モハーチの戦い　セルビア　イスタンブル
ブルガリア
ギリシア
● 16世紀半ば[全盛期]のオスマン帝国領

でもね、ハンガリー王国に危機が訪れるよ😵。16世紀に入ると、**オスマン帝国が一気に勢力を拡大**し、1526年には**ハンガリー王ラヨシュ2世**が**モハーチの戦い**で敗れると、ハンガリーの中・南部は**オスマン帝国の直轄領**、東部のトランシルヴァニア侯国はオスマン帝国の属国、そして**北部（スロヴァキア）・西部・クロアティアはハプスブルク家の支配地**に、3分割されてしまったんだ。

◀ 一時、大国をつくったセルビア人。コソヴォは民族の屈辱の地だ！

バルカン半島に南下した**南スラヴ人**の多くはビザンツ帝国に服属して、**ギリシア正教**になった。そのうち**セルビア人**は11世紀には王国を建て、12世紀のステファン＝ネマーニャがセルビアのほぼ全域を統一して、**ビザンツ帝国から独立**したよ。

その後、着実に領土を拡大した**セルビア王国**は、14世紀前半、国王ステファン＝ドゥシャンがマケドニアやギリシアなど**バルカン半島南部を奪って全盛期**となったんだ。しかし王の死後、**国内の諸侯が分裂する内紛状態**となり、これに乗じた**オスマン朝**はバルカン半島への侵攻を開始、1360年にはアドリアノープルを占領し、さらに1389年、**コソヴォの戦い**でセルビアの諸侯連合軍に圧勝すると、オスマン朝のバルカン半島での優位は決定的になった。こうして、**セルビアはオスマン朝の支配下**に置かれることになったんだ😔。

◀ アジア系と南スラヴ人が混血したブルガリアは、ビザンツ帝国を苦しめた！

　7世紀にバルカン半島に侵入した**アジア系（トルコ系）**遊牧民の**ブルガール人**は、先住民の**南スラヴ人**を征服して建国したよ（スラヴ＝ブルガール／のちの**第1次ブルガリア帝国**）。最初は支配階級のブルガール人が南スラヴ人を支配下に組み込んだんだけど、だんだんと人数の多い**スラヴ人に同化**しちゃった😓。これが**ブルガリア人**と呼ばれる人びとだよ。

　9世紀には**ボリス1世**が**ギリシア正教**に改宗・国教化した。ただ、ビザンツ帝国への従属を嫌って、**スラヴ語の公用語化**（教会でのスラヴ語典礼）や**スラヴ文字（キリル文字）**の普及に努めたよ。そして、ボリス1世の息子**シメオン1世**がビザンツ帝国軍を破ると、ブルガリア教会を大主教として独立させ（ブルガリア正教会）、さらに「皇帝」を意味する「**ツァール**」と称して全盛期になった。しかし彼の死後、**ビザンツ帝国のバシレイオス2世**の攻撃で敗れて**滅亡**した。ちなみに、このときバシレイオス2世はブルガリア兵捕虜1万5000人を盲目にするなど虐待したから、「**ブルガリア人殺し**」というあだ名がついたんだ😵。

　しかし、セルジューク朝の侵攻やノルマン人の南イタリア侵入などで**ビザンツ帝国が衰退**すると、12世紀後半にはビザンツ軍を破った**アセン1世**がツァールとなって、**再び独立を達成した**（**第2次ブルガリア帝国**）。ただ、13世紀に入ると**モンゴル軍の侵入**や**ビザンツ帝国の介入**、さらには**セルビア王国の強大化**などで衰退し、諸民族の自立や諸侯の台頭で国内がバラバラとなり、内部から崩壊し始めた。そして、14世紀末には**オスマン朝**の支配下に入ったよ。

　さて、今回はこれでおしまい！　東欧は細かい部分までいろいろ説明したけど、まずは基本的なことをしっかりおさえてね😊。それじゃあ、最後に年号check！

```
!!! 年号のツボ

●ローマ帝国東西分裂［395］（時代錯誤の　ローマ分裂）
                        39 5

●聖像禁止令［726］（なじむ聖像　これから禁止）
            7 2 6

●東西教会の完全分裂［1054］（統合したい　東西教会）
                    10 5 4

●ラテン帝国の成立［1204］（ラテン帝国　人には知らせよう）
                  1 2 0 4

●ヤゲウォ朝成立［1386］（ヤゲウォの結婚　いざやろう！）
                1 3 8 6

●ビザンツ帝国の滅亡［1453］（一夜で降参　ビザンツ帝国）
                  ヒトヨ 1 4  5 3
```

　次回は西ヨーロッパに戻って、十字軍遠征からだよ！　十字軍をきっかけに、西欧世界はいろいろと変化するからね。じゃあ、次回も頑張ろう〜😊。

じゃあ今回は、十字軍遠征とその後の西ヨーロッパだよ。約200年間もおこなわれた遠征ののち、西ヨーロッパ世界には大きな変化が生まれるんだ！

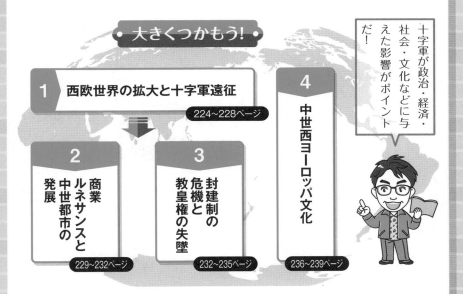

● 大きくつかもう！ ●

1 **西欧世界の拡大と十字軍遠征**
224～228ページ

2 **商業ルネサンスと中世都市の発展**
229～232ページ

3 **封建制の危機と教皇権の失墜**
232～235ページ

4 **中世西ヨーロッパ文化**
236～239ページ

十字軍が政治・経済・社会・文化などに与えた影響がポイントだ！

十字軍が始まった11世紀ころ、西ヨーロッパには少しずつ変化が起きていたよ。キーワードは「西欧世界の拡大」だ。ノルマン人、マジャール人、イスラーム教徒など、さまざまな外敵に悩まされていた時代から一転、西ヨーロッパが反撃を始める時代だね。その代表が十字軍遠征だ！　十字軍って約200年も続いたから、その後のヨーロッパに大きな影響を与えるよ。「商業ルネサンス」「教皇権の失墜」「封建制の危機」など、ヨーロッパ全体に起きた変化を一つ一つ確認しながら、全体をつなげよう。

それじゃあ、十字軍と封建社会の変容の始まり～😊。

1　西欧世界の拡大と十字軍遠征

◀ 包囲された西ヨーロッパから一転して、西欧世界の拡大が始まる！

　10世紀までの西ヨーロッパは、北からの**ノルマン人**、東からの**マジャール人**、南からの**イスラーム勢力**などの外敵に包囲されていた😫。でも、11世紀になると外敵の侵入も収まり気候も温暖になって**社会が安定**し、さらに、**三圃制**や**重量有輪犁（すき）**など農業技術の発達や、**シトー修道会を中心とする大開墾運動**の影響で農業生産力が上がって、**人口も増えた**んだ。こうして、西ヨーロッパは逆襲を始めるよ😤。イベリア半島での**レコンキスタ【国土回復運動／再征服運動】**の本格化、ドイツ人の**東方植民**、**十字軍遠征**は、「**西欧世界の拡大**」として、まとめて理解しよう！

　さらに11〜12世紀になると、西欧で**聖地巡礼**が流行して、カトリック教徒とイスラーム教徒との接触が増えた。キリスト教徒にとって一番重要なことは**死んだあとに救われる**ことだから、「聖地に行けば救われる」と信じた人びとが、こぞって**三大巡礼地（ローマ・イェルサレム・サンチャゴ＝デ＝コンポステラ）**に向かったんだ。でも、**ローマ以外はイスラーム教徒の影響が強い地域**だ😁。キリスト教徒がいっぱいきたら、イスラーム教徒も警戒するよね。

神聖ローマ帝国

ドイツ人の東方植民

サンチャゴ＝デ＝コンポステラ

レコンキスタ

ローマ

十字軍

イスラーム勢力

イェルサレム

◀ セルジューク朝の台頭で困ったビザンツ帝国が、西欧に援軍要請！

　11世紀後半のビザンツ帝国では、**軍管区制【テマ制】**と**屯田兵制（とんでんへい）**が崩壊して軍事力が弱くなり、同じ時期にアナトリアに進出してきた**セルジューク朝**を抑えられず、**マラーズギルド【マンジケルト】の戦い**で負けた😵。ビザンツ帝国は**プロノイア制**を導入して軍を再建しようとしたけど、セルジューク朝にアナトリアを奪われて、しかも聖地イェルサレムも占領された。どうにもならなくなったビザンツ皇帝**アレクシオス１世**は、教皇を通じて西欧に援軍を要請したんだよ。

　これを受けた教皇**ウルバヌス２世**は、**クレルモン教会会議【宗教会議】**で「イスラーム教徒に奪われた聖地イェルサレムを取り戻そう！　十字軍に参加した者には**贖宥（しょくゆう）**（救われるってことね）を与えよう！」と聖地回復のための十字軍を提唱し、1096年、**十字軍**が始まったんだ。でもね、すでに**東西教会が分裂して教皇とビザンツ皇帝は仲が悪い**んだから、別に助けなくてもいいはず……😁。だから、十字軍のウラには聖地回復以外の何かがあるよ！　大人の事情だな、これ。

◀ **十字軍遠征のウラには、何が……?　それは「東方進出の欲求」だ!**

　十字軍は、表向きはビザンツ帝国を助けてイェルサレムに向かうわけだから、西ヨーロッパから「東方」に向かうわけだよね。だから、十字軍のウラには、提唱した教皇、参加した諸侯や騎士、さらにはスポンサーの商人たちにも、それぞれ**東方に行きたい理由**があるんだよ。**教皇は東西教会を統合するチャンス**と考えた。だって、憎たらしいビザンツ帝国が「助けて～😫」って言ってるんだよ。これで「自分のほうが上だ」と示せるわけだ。**国王や諸侯は「新しい所領やら戦利品を奪えば儲かるぜ😄」**と思っているし、十字軍に行けば必ず救われるから一石二鳥だ。**救いを求める民衆も十字軍についてきた。**そして、スポンサーになった**商人たちは「東方貿易を拡大して大儲けできるぜ😄」**と思っている。金儲けには、相手なんて誰でもいいんだ。行きにイスラーム教徒と戦う兵士を運んで、**現地でイスラーム教徒の商人（ムスリム商人）と取引する**くらい、なんとも思わない😆。「なんだ、儲け話かよ!」って思わないでね。これまで西ヨーロッパはさんざん包囲されて、交易が停滞してたんだからさ。

クローズアップ　　**十字軍遠征**……それぞれの特徴をおさえよう!

● **第1回十字軍**……**フランス・イタリアの諸侯**が中心
　➡ **聖地を奪還**し、**イェルサレム王国**[1099～1291]を建国

● **第2回十字軍**……ドイツ皇帝とフランス王が参加　➡ **失敗**

● **第3回十字軍**……**英・仏・独の君主が揃ったのは3回だけ!**
　▶ **アイユーブ朝**の**サラーフ = アッディーン【サラディン】**がイェルサレムを占領
　▶ フランス王**フィリップ2世**　➡ アッコン奪還後に帰国
　▶ 神聖ローマ皇帝**フリードリヒ1世**　➡ **不慮の事故死**
　▶ イングランド王**リチャード1世**　➡ 単独でサラーフ = アッディーンと戦うが講和し、**失敗**

● **第4回十字軍**……教皇**インノケンティウス3世**が提唱
　▶ **ヴェネツィア商人**が主導し、**コンスタンティノープル**を占領
　▶ **ラテン帝国**を建国[1204]　➡ ビザンツ帝国は対岸に**ニカイア帝国**を建てる

● **第5回十字軍**……神聖ローマ皇帝**フリードリヒ2世**が外交で聖地奪還に成功

● **第6回・第7回十字軍**……どちらもフランス王**ルイ9世**(聖王)による
　▶ 第6回は**エジプト**を攻撃したが失敗、第7回は**王がチュニスで病死**

第1章　オリエント・インドの古代文明

第2章　古代の地中海世界

第3章　古代の東アジア

第4章　中世ヨーロッパ

第5章　東アジア世界の変容

第6章　イスラーム世界

第7章　近代ヨーロッパの幕開け

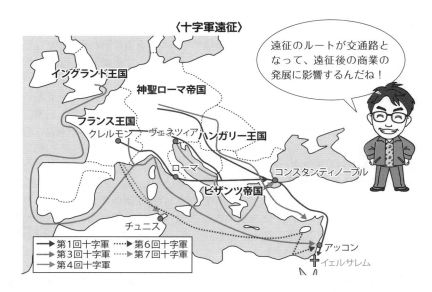

〈十字軍遠征〉

遠征のルートが交通路となって、遠征後の商業の発展に影響するんだね！

イングランド王国
神聖ローマ帝国
フランス王国
クレルモン　ヴェネツィア　ハンガリー王国
ローマ
ビザンツ帝国
コンスタンティノープル
チュニス
アッコン
イェルサレム

→ 第1回十字軍　┈▶ 第6回十字軍
→ 第3回十字軍　┈▶ 第7回十字軍
→ 第4回十字軍

◀ 第1回十字軍で聖地を奪還！　でも、イスラーム教徒に奪い返された……

　それじゃあ、遠征の経過を見ていこう。第1回十字軍は「聖地巡礼団を中心とする軍事遠征」だから、巡礼のためについてきた民衆もあわせて総勢10万人以上！ただ、騎士は数千人で、歩兵を入れても兵士は全体の4分の1くらいだった。しかも、西欧各国の国王が破門されていて参加できなかった😣。だから、遠征軍の中心はフランスやイタリアの有力諸侯だよ。遠征軍は、まずコンスタンティノープルに集合したあと、陸路でシリアの主要都市を占領し、1099年にはイェルサレムを奪還しイスラーム教徒を大虐殺すると、現地にイェルサレム王国などの十字軍国家を建国した。ただ、イェルサレムはイスラーム教の聖地でもあるから、イスラーム側だって「ゼッタイ取り返す！」って思うよね。これに対してキリスト教徒側では、聖地にとどまって巡礼者の保護や聖地の防衛をおこなう宗教騎士団がつくられた。この時期につくられたのは、テンプル騎士団とヨハネ騎士団だね。

　ただね、第1回十字軍が簡単に聖地を奪還できたのは、セルジューク朝が分裂してイスラーム側がバラバラだったからだ😅。だから、すぐにイスラーム側の反撃を受けて十字軍国家はどんどん領土を失い、これを再び取り返すために約200年も遠征が続けられた。でも上手くいかない😣。第2回十字軍は仲の悪いドイツ皇帝とフランス王が参加したけど、両方とも相手と協力する気などまるでなし😩。アッコンまで行ってすぐに帰国したから、成果なしだ……。

イスラーム側は「十字軍＝理不尽な虐殺者」だと思った。このイメージは今も残っているんだ

第1章　オリエント・インドの古代文明

第2章　古代の地中海世界

第3章　古代の東アジア

第4章　中世ヨーロッパ

第5章　東アジア世界の変容

第6章　イスラーム世界

第7章　近代ヨーロッパの幕開け

◀ 第3回十字軍は、十字軍史上最大の遠征！　果たして結果は……？

　12世紀後半、**イスラーム側の反撃**が始まった！　エジプトに**アイユーブ朝**を建てた**サラーフ゠アッディーン【サラディン】**がシリアに進出し、**聖地イェルサレムを奪回**した。西欧もこれに対抗し、イングランド王**リチャード1世**（獅子心王）、フランス王**フィリップ2世**（尊厳王）、神聖ローマ皇帝**フリードリヒ1世**（バルバロッサ）が参加する**十字軍史上最大の遠征、第3回十字軍**がおこなわれたんだ。

　ただ、この十字軍もどうも上手くいかない😫。だいたい、**英仏は領土などの問題でむちゃくちゃ仲が悪い！**　だから、**フランス王フィリップ2世**は、アッコンを奪還すると「十字軍などやってる場合じゃない！」とさっさと帰国し、イングランドとの戦争に備えた。しかも、**フリードリヒ1世は不慮の事故死**……。川を渡る途中で、甲冑（鎧）を着たまま川に落ちて溺れ死んだらしいよ😵。これで**ドイツも遠征から脱落**したから、**サラーフ゠アッディーンと戦ったのはイングランド王リチャード1世**だけ。でも、彼の留守中に弟のジョンが本国で反乱👿！「このダメ弟め😤」と怒ったところで、帰国するしかない……。結局、**リチャード1世も講和して帰国**したから、**第3回十字軍も失敗**だ。ちなみに、この遠征の途中で**ドイツ騎士団**が結成されているね。現地では大した活躍はしてないけど、十字軍が終わると**東方植民で活躍**するからね！

◀ 第4回十字軍は、ヴェネツィア商人に乗っ取られた！

　こうして十字軍が始まってから約100年経ったけど、ほとんど成果はなかった。この時期はちょうど**教皇権の絶頂期！**　教皇**インノケンティウス3世**は、エジプトのアイユーブ朝を攻撃する**第4回十字軍**を提唱したんだけど、これがとんでもない結果になるよ😨。遠征軍は**フランス諸侯を中心**に結成され、兵士の輸送は**ヴェネツィア商人**がやることになったんだけど、諸侯たちの持ち金を全部あわせても、払わなきゃいけない船賃が足りなかった😫。ヴェネツィア総督のダンドロは「だったら、ワシらの言う通りに攻撃をしてもらいまっせ、ウッシッシ😏」とフランス諸侯をそそのかし、ビザンツ帝国が帝位継承でモメているドサクサに紛れて、**コンスタンティノープルを占領**して暴行と略奪を繰り広げたあと、現地に**ラテン帝国**を建てたんだよ。もちろん、インノケンティウス3世がこんなことを許すわけはない！　「お前たち、全員破門じゃ😤」と怒り狂ったけど、ヴェネツィア商人たちには、まるで関係なし😨。破門よりも、**地中海貿易の中心地コンスタンティノープルを取ること**のほうが魅力的だったんだ。これで**ビザンツ帝国は一時滅亡**し、対岸に逃れて**ニカイア帝国**などの亡命政権を建てるしかなかったんだね😓。

◀ 十字軍は、その後も失敗が続いて……目的を達成できないまま終結

　第4回のあと、十字軍はずっと失敗続きだよ😫。例えば、正式な十字軍には数えないけど、フランスやドイツでは、「神から手紙を渡され、聖地を取り返せとお告げを受けた」と話す少年に率いられた**少年十字軍**が起こったけど、途中で多くの

者が死んだり、そのまま奴隷として売られたりと、かわいそうな結果に終わった😢。

　しかし、時代の流れを読んで、**外交で聖地の奪還に成功したのが第5回十字軍**だ。もともとシチリア王だった神聖ローマ皇帝**フリードリヒ2世**は、反乱に苦しむアイユーブ朝のスルタンを助けるかわりに、イェルサレムなどを回復する協定を結んだ。**シチリア王国はビザンツ文化やイスラーム文化の影響が強かった**から、フリードリヒ2世はイスラーム側の立場を理解していたんだね😊。でも、せっかく外交交渉で聖地を奪還したのに、教皇はフリードリヒ2世を攻撃する命令を出した！さらにイスラーム側の反撃で、再び聖地はイスラーム教徒の手に落ちたんだ😫。

　こうなると黙ってられなくなったのが、敬虔すぎるキリスト教徒で聖王と呼ばれたフランス王**ルイ9世**だ。彼は**第6回十字軍**を起こして**海路でエジプトを攻撃した**けど、現地で遠征軍に疫病が流行って、降伏するしかなくなった。そこでルイ9世は、イスラーム勢力を挟み撃ちするために、東方で台頭するモンゴルとの提携を狙って、**ルブルック**をカラコルムに派遣したけど、まんまと断られた。いきなりそんなことを頼んでも無理だよ……😅。その後ルイ9世は、再び**第7回十字軍**を起こして**海路でチュニスを攻撃した**けど、**本人が病死して遠征軍も壊滅した**😢。これ以後、大規模な遠征がおこなわれることもなく、1291年には十字軍の拠点だった**アッコン【アッコ】**が陥落して、約200年にわたる十字軍遠征は終わったんだ。

◀ 十字軍によって、西ヨーロッパ世界に大きな変化が生まれた！

　それじゃあここで、十字軍の影響をまとめておこう。特に論述を使う人は、しっかり説明できるようにね！　十字軍は約200年にもわたっておこなわれたのに、結局は失敗に終わったから、**教皇の権威は後退**した。しかも、自腹で遠征をやった**諸侯や騎士は経済的に困窮し没落**した。もちろん、国王もお金を使ってるから、ホントなら国王も没落……と言いたいところなんだけど、十字軍で儲かった商人たちが「早く国を統一して、商売しやすいようにしてくださいよ」と国王に経済的に協力したことや、戦費調達を名目に徴税制度を整備したことで、**相対的に王権が強化**されたんだ。しかも、**諸侯や騎士の没落で荘園制・領主制も動揺**して、封建制は崩壊に向かっていくよ。

　そして、十字軍は西ヨーロッパに経済的な変化をもたらすよ。**北イタリアの都市を中心に東方貿易が発展**し、さらに長期の遠征で交通路が**発達**すると**遠隔地商業や貨幣経済が発展**し、中世都市も発達した。こうした動きを**商業ルネサンス**と呼んでいるよ。さらに、東方から流入したイスラーム文化や古典文化（ギリシア・ローマ文化）の影響で、中世ではさまざまな文化も発展した。これが「**12世紀ルネサンス**」だ。

> 「商業の発展」「封建制の崩壊」「教皇権の後退」……詳しい内容は、後半で説明するからね😄

第1章 オリエント・インドの古代文明
第2章 古代の地中海世界
第3章 古代の東アジア
第4章 中世ヨーロッパ
第5章 東アジア世界の変容
第6章 イスラーム世界
第7章 近代ヨーロッパの幕開け

2　商業ルネサンスと中世都市の発展

◀ ムスリム商人、ノルマン人、十字軍が、西欧の商業を復活させた！

　ここからは経済の変化を見ていくよ！　10世紀ころの農業技術の進歩（三圃制や重量有輪犂）で農業生産力が上がると、食べる分以上に生産ができるようになったから、**人口が増加**して、余った作物を取引する交易も活発になった。そして、西ヨーロッパを取り囲むように交易をしていた**ムスリム商人やノルマン人**の影響も受けて、貨幣経済も普及したんだ。中世前半には西欧だけが商業で取り残されていたけど、十字軍の影響で**交通路が発達**すると、ノルマン人やイスラーム教徒の交易圏と西欧の交易が一つにつながり、**遠隔地商業**の発展をもたらした。これが「**商業ルネサンス【商業の復活】**」だよ。ローマ帝国時代に発展していた商業が、**中世前半**にいったん衰退して再び活発化したから「ルネサンス（復活）」だ。

◀ 都市の市民たちは自治権を獲得！　都市内部ではギルドがつくられた

　中世初期に西ヨーロッパにあった都市の多くは、もともと**ローマ時代**に建設されたものや、**司教座教会や君主の城**などを中心にしたものが多かった。一方、中世にできた都市は商業都市だよ。10世紀ころから農業生産が増えると、余った穀物（**余剰生産**）などを交換するため、各地で市が開かれた。最初は日にちが決まっていない不定期市だったけど、その後、**決まった日に商人や手工業者が集まる定期市**になったよ。ほら、今でも「♪20日、30日５％ off〜♪」みたいなのあるよね。決まった日に集まったほうが取引はスムーズだもんね。そして、定期市の場所は**商人や手工業者が集まって住む中世都市**に発展し、11世紀ころから人口も増え始めた。さらに十字軍をきっかけに**遠隔地商業**が発達すると、都市もますます発展したんだ。

　こうなると、諸侯や司教などの教会の支配下にいた都市は、「諸侯や教会から自立したい😤」と思うようになった。ただ、諸侯たちは「都市を支配すれば儲る！」と思っているから、そう簡単に自立できるわけじゃない😖。

　そこで、都市の大商人たちは、いろんな手を使って**自治権**の獲得を目指した。**自治都市**になる方法は２パターンあって、一つは皇帝や国王などにお金を払って**特許状**をもらうパターンだ。特にドイツでは、都市が皇帝からの特許状で自治権をもらい、「皇帝直属」になって諸侯に対抗した。こうした**帝国都市【自由都市】**は、諸侯と同格扱いだよ。そして、都市の自由が強まった中世末期には、「**都市の空気は自由にする**」ということわざも生まれた。これは、**都市が領主から自由になった**という意味で、領主の支配下にいた**農奴**が、**都市に逃げ込んで１年と1日経てば自由になれた**んだよ。もう一つが、**諸侯などの領主との対立抗争をしながら自治権を獲得**していくパターンだ。この**コミューン運動**は、北フランスやイタリアではかなり激しい抗争になり、運動を通じて自治権を獲得した都市のなかには、周辺の農村を支配して完全に独立したものもあるよ。こうした都市は**コムーネ【自治都市】**と呼ばれ、一種の**都市共和国**になったんだ。

　都市は周囲を壁（**市壁**）に囲まれていて、独自の**都市法を制定**するなど、周辺の農村と一線を引いた共同体意識を持っていたんだ。また、12〜13世紀ころのドイツでは、諸侯たちが大商人を集めて都市を建設させることも多かった。こうした都市は、「自治権をあげるから、都市を建設しなさい！」といって商人を集めたから、最初から大幅な自治権が認められていたよ。

　続いて、都市の内部の状況を見ていくよ。都市の政治は**参事会**が管理していて、**最初は大商人たちが市政を独占**していた。大商人たちは排他的な**商人ギルド**をつくって、加盟していない商人を取引に参入させなかった。だって、同じ種類の店がたくさんあると、1軒あたりの利益は減るでしょ😆。そして、**商人ギルドに参加している大商人が参事会の運営を独占**したんだよ。

　これに対して手工業の親方たちは「オマエたちだけで、勝手に決めるな😠」と怒って、**商人ギルドに対抗して同職ギルド【ツンフト】を結成**した。そして、商人に対する**ツンフト闘争**を経て、14世紀ころには市政に参加するようになったんだ。

> 商人ギルドが先で、あとから同職ギルドができたんだ。順番が大事だよ😆

　ただ、同職ギルドに参加できたのは親方（ドイツ語だとマイスター）だけで、その下で働く修行中の人たちは、**徒弟制度**という厳しい規律の下に置かれたよ。もし「職人になりたい！」って思っても、まずは給料の出ない無給の見習い（**徒弟**）になって修行を積んだのち、売り物になる商品をつくれるようになって初めて給料の出る**職人**になれた。でも、ここからはなかなか上にはいけない……😫。ギルドに加盟できないと店は開けないんだけど、ギルドに入るには「親方」として認められないとダメなんだもん。そもそも、**新規参入を阻止して自由競争をしないようにするためにギルドをつくった**んだから、親方になるのはすごく難しかったんだ。

◀ 中世の遠隔地交易は「地中海」「北海・バルト海」が二大交易圏だ！

　続いて、西ヨーロッパの交易圏（商業圏）を見ていくよ。地図 →P.231 も確認しながら、特徴をおさえよう！　地中海では、十字軍をきっかけに**北イタリアの港市**による**東方貿易**が発展したよ。この**地中海交易圏**では、ムスリム商人が**インド洋交易**で持ち込んだ**香辛料**や、13世紀に形成された**モンゴルのネットワーク**を通じて流入した中国産の**絹織物**など、**アジアからのぜいたく品**がヨーロッパに運ばれ、かわりに**南ドイツの銀**や、フィレンツェ産の**毛織物**などが東方に送られた。イタリア商人たちは香辛料や絹など「軽くて高いもの」をヨーロッパで売って儲けたんだね。そして、北イタリア諸都市は**イタリア政策**で攻め込んでくる神聖ローマ皇帝に対抗して、**ミラノ**を中心に**ロンバルディア同盟を結成**😆、なんと**フリードリヒ1世の軍を破った**😆。

〈中世西ヨーロッパの交易圏〉

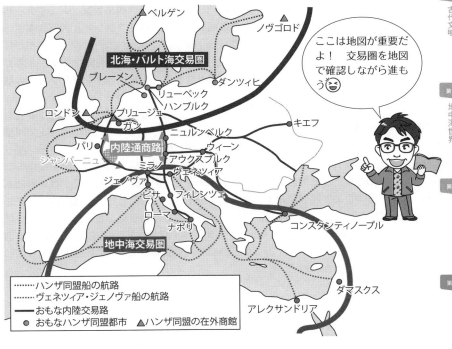

ここは地図が重要だよ！　交易圏を地図で確認しながら進もう😆

ハンザ同盟船の航路
ヴェネツィア・ジェノヴァ船の航路
おもな内陸交易路
● おもなハンザ同盟都市　▲ ハンザ同盟の在外商館

〈地中海交易圏（北イタリア）で繁栄した都市〉

ヴェネツィア	●アドリア海に面した港市。「アドリア海の女王」 ●第4回十字軍を主導して以降、東方貿易を拡大して繁栄 　➡エジプトとの交易で、インドや中国からの物産を入手
ジェノヴァ	●ヴェネツィアの最大のライバルであったが、のちに敗北 　➡黒海経由でモンゴルのネットワークと結びつき、西アジア・中国と交易
ミラノ	●ロンバルディア地方の中心都市。ロンバルディア同盟の盟主 ●アルプス以北との中継貿易などで繁栄
フィレンツェ	●中部イタリア・トスカナ地方の中心都市 ●毛織物生産と貿易・金融業で繁栄。15世紀にはメディチ家が支配

　北方では、**海産物や木材、フランドルの毛織物**などの**生活必需品**を扱う交易が繁栄したよ。この**北海・バルト海交易圏**では、北ドイツの100以上の都市が**リューベック**を盟主に**ハンザ同盟【都市ハンザ】**を結成し、**共通の貨幣や取引法、**さらに**陸軍や海軍まで持っていた。**そして14世紀には、デンマークの海軍を破って**バルト海制海権を握る**まで発展したよ。加盟都市では**ハンブルク**、**ブレーメン**、ケル

第1章　オリエント・インドの古代文明

第2章　古代の地中海世界

第3章　古代の東アジア

第4章　中世ヨーロッパ

第5章　東アジア世界の変容

第6章　イスラーム世界

第7章　近代ヨーロッパの幕開け

ン、ダンツィヒなんかが有名だね。また、ハンザ同盟は重要な貿易拠点となる**ロンドン**（イングランド）、**ブリュージュ**（フランドル地方）、**ベルゲン**（ノルウェー）、**ノヴゴロド**（ロシア）の4都市に在外商館を置いた。特に**フランドル地方**は中世における**毛織物生産**の中心地として、ブリュージュ、ガン（ヘント）などの都市が発展し、15世紀になると**アントウェルペン【アントワープ】**が毛織物生産と北海貿易の中継点として繁栄した。さらに、原料となる**羊毛生産地のイングランドとの取引も活発になる**んだ。

　そして、**南北の交易圏を結ぶ都市**も発展して、**内陸通商路**が形成された。フランスのパリ東南に位置する**シャンパーニュ地方**では、トロワ、プロヴァンなどの4都市で年に6回**国際定期市**が開かれ、ヨーロッパ中から商人が集まった。さらに南ドイツでは、**中世ヨーロッパ最大の銀の産地**だった**アウクスブルク**や、商業拠点のニュルンベルクなどが繁栄した。アウクスブルクを支配した大商人が**フッガー家**だよ。

　最後に、中世の交易では**北イタリアと北ドイツ**、そしてそれらを結ぶ**南ドイツ**が発展していた。つまり、イタリア半島とユトランド半島を結ぶライン（ヨーロッパの真ん中だから、あえて言うなら「**中央ヨーロッパ**」）が交易の中心だった。地図 ➡**P.231**を見ながらイメージをつくっておくと、大航海時代以降の商業の変化が、しっかり理解できるからね！

合否の分かれ目　政治を左右した大商人

- **メディチ家**……フィレンツェの大商人
  - ▶**金融業で繁栄**し、15世紀前半に市政を掌握。**ルネサンスの保護者**となる
  - ▶資金力を背景に、教皇や各国の王妃を出す。
    教皇**レオ10世**や、フランス王妃**カトリーヌ＝ド＝メディシス**など
- **フッガー家**……アウクスブルクの大商人・金融業者
  - ▶**南ドイツの銀山経営**で富をなし、皇帝や教皇にも強い影響力を持った。
    特に神聖ローマ皇帝の選挙では、多額の資金を提供した

3　封建制の危機と教皇権の失墜

◀ 自然の脅威がヨーロッパを襲った14世紀。「封建制の危機」だ！

　13世紀までのヨーロッパは十字軍の影響で商業が活発になり、**経済発展にともなって人口も増えた**。そして、商業の発展にともなって**貨幣経済**が広がると、農奴の負担も生産物地代から定額の**貨幣地代**に変化して、領主と農民の関係はだんだん**ただの契約関係（小作人）**に近くなった。さらに貨幣の普及で、農民も貯金できる"**可能性**"が出てきた。まあ「可能性」があるだけね😆。この時期の農民は貧乏だ

から、できたとしても１日10円くらいだけど、あとで一気に貯金が増えるよ。

　14世紀になると、ヨーロッパは危機に襲われた😵。現代では地球温暖化が問題になってるけど、当時は「**寒冷化**」が問題だ！　天候不順が続いて凶作になり、たびたび**飢饉**になった。しかも、14世紀半ばには、ヨーロッパ全土で**黒死病【ペスト】**が大流行😫。一説には、全ヨーロッパで全人口の約３分の１が死亡したらしいよ。さらに、英仏百年戦争のような**戦争**が続いて、さらに人口が減少した。こりゃ「飢饉・黒死病・戦争」のトリプルパンチだ😵！

◀ 「封建制の危機」で、イギリスではヨーマンが多数出現した！

　この時期に問題になったのが、**農村人口の激減**だ。だって、人口が３分の１も減ったら、単純計算だけど３分の１の土地がほったらかしになって、**領主の収入（つまり地代）も激減**するでしょ。「じゃあ、地代を上げればいいじゃん😏」って考えちゃいけない！　例えば、減った人口が10%くらいだったら、地代を10%上げればなんとかなるのかもしれないけど、さすがに４割近くも人口が減ったんだよ。地代を40%も上げたら、農民はみんな夜逃げだ😫。そしたら、ますます

> さすがに４割も人口が減ったら異常事態だよ！　これが農民の地位が上がるきっかけだ😄

農民がいなくなって、もっと収入が減っちゃうよ……。そこで領主たちは「どうやったら農民が逃げないか」を本気で考え、地代を下げたり、領主裁判権を甘くしたり、農民が保有地を売買するのを認めたり、とにかく**農民を優遇**した。「大事にしてあげてるんだから、逃げないで😄」ってことだね。

　さて、ここで思い出そう！　貨幣の普及で、農民も貯金できるようになってたよね。これまでは１日10円みたいな貯金しかできなかったけど、**地代を下げてもらった農民**のうち「余ったお金はためておこう😆」と考えた連中は、一気に貯金を増やした！　さらに、たまったお金で土地を買えば収入が増えるから、もっとお金がたまる。反対に領主は収入が減って、どんどん貧乏になった。困り果てて、「地代20年分くらい一気に払ったら自由にしてやる！」と自棄になる領主も出てきたから、貯金がある農民は「領主様、地代20年分です。今日から自由になります😆」と、本当に払っちゃうヤツも出てきた。こうして、**自分の土地を獲得して領主の支配から自立したのが独立自営農民**だ。この動きは特に**イングランド**で進み、**ヨーマン**と呼ばれる独立自営農民がたくさん現れたよ。

◀ 領主が逆襲する封建反動に対して、農民一揆が起こった！

　こうなると、領主はますます貧乏になるよね。しかも、戦争続きでますますお金がない。困った領主たちは、「やっぱり地代を上げる！　オマエら農奴は**賦役**をやるのじゃ〜😈」と、農奴への支配を強化し始めた。これが**封建反動**だよ。でも、

第１章　オリエント・インドの古代文明
第２章　古代の地中海世界
第３章　古代の東アジア
第４章　中世ヨーロッパ
第５章　東アジア世界の変容
第６章　イスラーム世界
第７章　近代ヨーロッパの幕開け

いったんなくなった賦役を復活されたり、下がった地代を上げられたら、農民も我慢できない。こうして各地で激しい農民一揆が起こったんだ。

　フランスでは、百年戦争の戦費を調達するために重税がかけられたことをきっかけに、ギヨーム゠カールを指導者とするジャックリーの乱が起き、ノルマンディーなど北フランスに広がった。あっ！　ジャックリーは人名じゃなくて「農民っぽい名前」の代表ね。日本だと権兵衛みたいな感じ😊。さらに同じ時期にパリ市民の反乱（エティエンヌ゠マルセルの反乱）まで起きた。

　同じように百年戦争の戦費に困ったイングランドでも、人頭税をかけたことをきっかけにワット゠タイラーの乱が起きた。ワット゠タイラーは指導者の名前だよ。この反乱にはロンドン市民や、「アダムが耕しイヴが紡いだとき、だれが貴族であったか」と演説したことで有名なジョン゠ボールらも合流して、大反乱になった。困った国王は農民たちの要求する農奴制の廃止などを受け入れる、って約束したんだけど、最後はタイラーがダマされて殺され、鎮圧されちゃった😵。でも、イングランドではその後も各地で反乱が続き、結果的にはヨーマンが急増することになるよ。

「農村人口の激減➡農奴を優遇➡封建反動➡農民一揆」の流れをおさえてね！

　反対にドイツでは、封建反動が成功して農奴制が再編され（再版農奴制）、領主たちは賦役労働を強化した大土地経営を維持したんだ。こうした大農場では、16世紀以降、西欧向けの輸出用穀物がつくられた。これがグーツヘルシャフトだよ。

　さらに、同じ時期のヨーロッパでは騎士が不要になった。14世紀ころから火砲（大砲や鉄砲）の使用が始まって戦術が変化すると、戦いは歩兵による鉄砲隊が中心になった。こうなると甲冑を着て馬に乗る騎士は時代遅れだよね。しかも鉄砲隊は日々訓練しなきゃいけないから、兵士は傭兵が中心になる。騎士たちは、新たな道に進むしかないね……😫。有力な諸侯たちは宮廷貴族として国王の取り巻きになったけど、地方の弱小貴族は宮廷の下級官僚になったり、もはやただの地主になった。こうして形成された平民の地主階級を、イングランドではジェントリと呼ぶんだ。

◀ 王権強化が進んで教皇が屈服！　教皇権は大きく動揺した

　続いて教皇の話にいこう！　十字軍遠征の影響で王権強化が進み、ついに王権が優位に立つときがやってきた！　イングランドとの戦争にお金が必要だったフランス王フィリップ4世は、新たな財源として聖職者に課税することにした。この政策は間違いなく教皇との対立を引き起こすけど、すでにフランスは王権強化に成功している。強気のフィリップ4世は「破門されても、諸侯の反乱さえ起きなければ問題ない！」と考えて、聖職者・貴族・平民からなる全国三部会（三部会）を招集すると、「オレ様が教皇に破門されても、教皇に味方するんじゃないぞ😠」と国内の

第**1**章　オリエント・インドの古代文明

第**2**章　古代の地中海世界

第**3**章　古代の東アジア

第**4**章　中世ヨーロッパ

第**5**章　東アジア世界の変容

第**6**章　イスラーム世界

第**7**章　近代ヨーロッパの幕開け

支持を確認したうえで、部下に命じてローマ近郊のアナーニで教皇**ボニファティウス8世**を襲い、幽閉させた。このとき、教皇は顔面を殴打され、その後発狂して憤死したんだ😵。この**アナーニ事件**は、**教皇権が没落して王権の優位が明らかになった事件**だね。

さらに、ボルドー出身の教皇**クレメンス5世**のときには、**教皇庁が南フランスにあった教皇領のアヴィニョンに移され**、以後70年近く「**教皇のバビロン捕囚**」と呼ばれるような状態になった。これね、教皇を無理やりローマから連れてきたというより、ローマが政情不安だったから、教皇のほうからすすんでアヴィニョンにきたんだけどさ😅。その後、1378年に神聖ローマ皇帝**カール4世**によって**教皇庁はローマに戻さ**

アナーニ事件

国王

全国三部会で支持を確認

聖職者

教皇

貴族

貴族

貴族

平民

ここはカノッサの屈辱の逆だよ！「諸侯より国王が強い」から、「教皇より国王が強い」ってわけだ

れたけど、ドイツやイングランドが支持する**ローマの教皇**に加えて、再びアヴィニョンにも教皇が立てられて、ついに**教皇が2人**になっちゃった😵❗これがローマとアヴィニョンに教皇が分立する**教会大分裂【大シスマ】**だ。こうなるとどっちが正統かわかんないよね。しかも、ピサ教会会議では、分裂を収めるはずが失敗して、ついに**教皇が3人**になった！　こりゃいかん😫。

最終的には、1414年に神聖ローマ皇帝**ジギスムント**が開いた**コンスタンツ公会議**で、3人の教皇をいったん全員辞めさせて新しい教皇を選び、やっと**大シスマは終わった**。そして、教皇権を回復するために異端の取り締まりを強化したから、イングランドの**ウィクリフ**が異端とされ、ベーメンの**フス**が火刑になった。この二人は、どちらも**教皇権や教会制度を批判**したから、のちの宗教改革の先駆者だね。**ウィクリフ**はイングランドのオクスフォード大学神学教授で、「聖書に書いてあることだけが正しい！」っていう**聖書中心**の立場から、イングランド教会の教皇からの独立を主張して、**聖書の英訳**をやった人だけど、この時点ですでに亡くなっていたから「異端」とされただけね。一方、**フスはベーメンのプラハ大学神学教授**で、ウィクリフと同じような教会改革を主張して**聖書のチェコ語訳**を進めたよ。そして、フスの「**ベーメン教会の教皇からの独立**」って主張が、当時ドイツ人に支配されていたベーメンの民族運動に影響して、「教会だけじゃなく、ベーメンも独立する😤」って主張し始める人もいた。だから、フスを処刑したジギスムントがベーメン王になると、**ベーメンのフス派住民の反乱**が起きたよ。これが**フス戦争**だ。ここは、第**13**回の東欧史もあわせて確認してね😊。

4　中世西ヨーロッパ文化

◀ 「哲学は神学の婢」。学問はとにかくキリスト教中心だ！

　教会史が一段落したところで、文化史も見ておこう！　**中世の西ヨーロッパ文化はキリスト教中心**で、**「哲学は神学の婢」**といわれるくらい、すべての学問のなかで**神学が一番**だった。まず、カロリング＝ルネサンスをきっかけに、教会や修道院に付属学校（スコラ）が次々とつくられて研究が進み、キリスト教の教義を学問的に体系化しようとするスコラ学が生まれたんだ。キリスト教の世界観では、「どんな学問でも神が決めたもの」ということになるんだけど、ここで問題になったのが、ギリシア哲学に出てくる「普遍（すべての人や物に共通のもの）」や「個物（一人一人それぞれ）」なんだよ。

　当時の考え方だと「ギリシアの哲学者も神の創造物だから、聖書と矛盾するはずはない」ということになるんだけど、ギリシア哲学ではキリスト教のことなんか何も考えていない。だって、まだキリスト教は成立してない😅。ソクラテスもプラトンもアリストテレスもポリス社会を前提にものを考えたから、「普遍」や「個物」は**「ポリスのなかでの普遍や個物」**ということだ。でも、これを**キリスト教神学に当てはめると大変なことになる**。例えば、キリスト教の教義である「イエスの処刑によって"すべての人の罪"が贖われた」というのが「個物」だとすると、「イエス個人の死」と、例えば「うちのおじいちゃんの死」が同じになっちゃう😫。これは神学の根底を覆す大問題！　こうして普遍論争が始まったんだ。

　普遍論争では実在論と唯名論、ちょっと乱暴な説明かもしれないけど、「神はいるのか、いないのか？」が問題になった。イングランドのカンタベリ大司教アンセルムスに代表される実在論は、「神（≒普遍）は実在し、神が人（≒個物）より先にある」として、**すべてに信仰が優先する**、っていう立場だ。これに対してフランスのアベラールに代表される唯名論は「神（≒普遍）は名ばかりで、実在するのは人（≒個物）だから、人が先にあった」として、**信仰よりも理性を優先する**、っていう立場だよ。これはいつも問題になるわけじゃなくて、学問研究が信仰と矛盾したときに

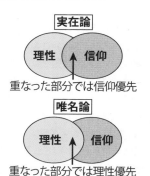

実在論

理性　信仰

重なった部分では信仰優先

唯名論

理性　信仰

重なった部分では理性優先

「理性を優先するか、信仰を優先するか」っていう問題にぶち当たる。しかも、この議論は永遠に終わらない……😅。実在論の人が「神が人間を創ったんだから、信仰が優先！」っていうと、唯名論の人は「信仰すべきものに人が"神"と名づけたんだ」と反論する。すると「その人間は神が創った」という反論がきて、それに対して「その神は人間が名づけた」ってまた反論😆。これが100年以上も続き、「こりゃ決着はつかないな」と思った**イタリアのドミニコ派修道士**トマス＝アクィナスが、**アリストテレス哲学**のなかに見つけた「普遍は事物の前、中、後に存在す

る」という言葉で論争を終わらせ、神学を中心に
すべての学問を体系化しようと、壮大な『**神学大
全**』を書いたんだよ。これが**スコラ学の大成**だ
ね。これでみんなが納得するかっていうと……す
るわけない😆。だって、「結局、神（≒普遍）と
人（≒個物）はどっちが先なの？」っていう疑問
は解決していないもんね。

トマス＝アクィナスは、
終わるはずのない論争を
ウヤムヤにしようとした
んだろうね😫

　だから神学以外の学問をやりたい人は、「納得
いかない😫」って思った。だって**実在論だと学
問は成立しない**んだよ。「これはなんだろう？」
って疑問を投げかけると、「それは神が知っています」って答えが返ってくる😆。
こうして、唯名論の人たちは「私たちは好きなように学問をやります！」とばかり
に、**信仰と理性の分離**を主張し始めた。イングランドでは**ドゥンス＝スコトゥス**や
ウィリアム＝オブ＝オッカム【ウィリアム＝オッカム】が唯名論の立場から信仰と
理性、神学と哲学を区別して、**学問のときには理性を優先**し始めた。そして、**ロジ
ャー＝ベーコン**は神に頼らない学問の方法論として、**実験や観察などの経験を重視**
したよ。これはあとに出てくる経験論の先駆とも考えられるね。

◀ 都市に大学が生まれて、学問の中心も都市に移った！

　商工業が盛んになって都市が発展すると、都市には**大学**が誕生して学問の中心に
なった。大学っていっても、みんながイメージするような「キャンパスがあって、
大きな校舎に学生が通う」みたいな感じじゃなくて、最初は**教授や学生がつくった
組合（ギルド形式）**だった。簡単に言うと、教授に弟子入りして、教会や教授の家
なんかに集まって、講義を聴いたんだよ。それから、現代みたいにバラエティに富
んだ学部があったわけじゃなく、まずは一般教養として**人文学部**で**ラテン語**（下級
３科）や算術・幾何・天文・音楽（上級４科）という**自由7科**を学び、修了すると
「**神学・法学・医学**」の三つの学部に進むことができた。代表的な大学には、法学
で有名な**北イタリアのボローニャ大学**、医学で有名な**南イタリアのサレルノ大学**、
神学ではフランスの**パリ大学**やイングランドの**オクスフォード大学**があるよ。ま
た、大学に決まった建物があるわけじゃないから、大学の自治が守れないときに
は、教授と学生が別の都市に移動しちゃうこともあったよ。オクスフォード大学の
教授と学生の一部が移動して作ったケンブリッジ大学なんかが一例だね。

◀ キリスト教の発展にともなって、教会建築も発達した！

　西欧中世の美術は**教会建築やその壁画**などが中心になるよ。初期には、ビザンツ
帝国の教会建築をマネして**ドーム【円屋根】**と**モザイク壁画**を特徴とする**ビザンツ
様式**の教会がつくられていたんだけど、だんだんと西欧独自の教会建築も現れたん
だ。

第**1**章 オリエント・インドの古代文明

第**2**章 古代の地中海世界

第**3**章 古代の東アジア

第**4**章 中世ヨーロッパ

第**5**章 東アジア世界の変容

第**6**章 イスラーム世界

第**7**章 近代ヨーロッパの幕開け

　11世紀ころに生まれたロマネスク様式（ローマ風って意味だ）は、太い柱と分厚い石壁、半円アーチと小さな窓が特徴だよ。石のブロックを積み重ねて壁や屋根をつくり、屋根の重みを壁全体で支えているから、窓を大きくすると屋根ごと落っこちる😵。だから窓が小さいんだ。イタリアのピサ大聖堂やドイツのヴォルムス大聖堂、それに教会改革で有名なクリュニー修道院の建物もロマネスク様式だよ。

▲ロマネスク様式の教会

　その後、12世紀に入ると建築技術の発達で、教会の建て方が変わるよ！　柱を先に組み、あとから壁や天井をはめる技術で尖頭アーチや穹窿天井をつくり、壁を薄くしたり窓を大きくしたりできるようになった。大きな窓はステンドグラスで飾り、光で神の世界を表現したんだよ。これがゴシック様式だ。フランスのサン＝ドニ修道院に始まり、その後の西ヨーロッパの教会は、だいたいゴシック様式で建てられた。フラ

▲ゴシック様式の教会

ンスのノートルダム大聖堂（パリ）やシャルトル大聖堂、イングランドのカンタベリ大聖堂、ドイツのケルン大聖堂などが代表だね。

◀ 学問はラテン語だけど、文学では口語を使った騎士道物語が生まれた！

　中世の封建社会では騎士が社会の中心だったから、文学でも騎士の活躍する姿や、英雄の伝説などを題材にした騎士道物語が生まれたよ。ほかにも騎士と貴婦人の恋愛を歌う叙情詩を、吟遊詩人（南フランスではトゥルバドゥール、ドイツではミンネジンガー）たちが宮廷や貴族の館を訪れて歌った。これらの文学は教会に文句を言われることも少なくなかったから、生き生きとした人間の感情を表現したものが多いよ。フランスではカール大帝の対イスラーム戦を舞台にした『ローランの歌』、イギリス（ウェールズが中心）ではケルト人の伝説的な英雄を中心とする『アーサー王物語』が生まれ、ドイツではブルグンド人の歴史や伝説を題材とする民族叙事詩『ニーベルンゲンの歌』ができた。ちなみに、19世紀のドイツの作曲家ヴァーグナー【ワグナー】は、この話をもとに楽劇『ニーベルングの指環』を作曲したよ。

◀ 中世西ヨーロッパ文化が発展した「12世紀ルネサンス」ってなんだろう？

　西ヨーロッパの文化史は12世紀を区切りに理解しよう！　この時代の文化の発展を「12世紀ルネサンス」と呼ぶんだけど、ルネサンスっていうのは「復活」だ。じゃあ、何が復活なんだろう？

ヨーロッパで古典文化というとギリシア・ローマ文化のことなんだけど、中世西ヨーロッパではキリスト教以前の古典文化はいったん衰退した。もちろん、アリストテレスみたいに別格扱いされたものもあるけど、それでも「聖書や神学の枠内で」という制約が多かった。ところが、イスラーム教徒が征服した地域では、イスラーム教徒が古典文化のすごさに気づき、その多くが保存され、「知恵の館」でアラビア語訳された➡P.324。さらに征服地（つまりヨーロッパ）の学者たちにも「研究するならアラビア語にしろ！」と命じたから、研究を続けたい学者たちは必死になって古典文化をアラビア語に翻訳した。さらに、ギリシア化したビザンツ帝国ではギリシア文化が守られた。こうして、古典文化はビザンツ帝国やイスラーム世界に保存され、研究されたんだ。

そして、十字軍遠征や東方貿易（地中海貿易）によってイスラーム世界との交流が盛んになると、東方に保存されていた古典文化が西ヨーロッパに再び流入したよ。一度はイスラーム世界に組み込まれたイベリア半島のトレドやシチリア島のパレルモでは、アラビア語文献がラテン語に翻訳され、西ヨーロッパに紹介された。特にシチリア島は、ビザンツ帝国やイスラーム勢力の支配を受けたため、ビザンツ文化やイスラーム文化の影響がかなり色濃く残っていたしね。こうした影響から、西欧ではスコラ学が盛んとなり、各地に大学も誕生して哲学・神学が発展した。同じ時期にロマネスク様式建築が完成するとともにゴシック様式建築が現れるなど、中世西ヨーロッパ文化は大きく発展した。これが「12世紀ルネサンス」だよ。

〈「古典文化～12世紀ルネサンスの流れ」の一例〉

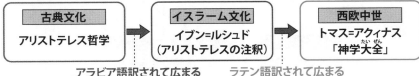

古典文化	イスラーム文化	西欧中世
アリストテレス哲学	イブン＝ルシュド（アリストテレスの注釈）	トマス＝アクィナス「神学大全」

アラビア語訳されて広まる　　ラテン語訳されて広まる

じゃあ、今回はこれでおしまい。最後に年号 check だ！

年号のツボ

- **十字軍遠征開始** [1096]（人は苦労の　十字軍）
- **ラテン帝国成立** [1204]（ラテン帝国　人には知らせよう）
- **十字軍終結（最後の拠点アッコン陥落）** [1291]（イスラム憎い　十字軍失敗）
- **アナーニ事件** [1303]（坊さんおっさん　穴に落ち）
- **ジャックリーの乱** [1358]（ジャックリー　貧民小屋で　豆をまく）
- **ワット＝タイラーの乱** [1381]（一味や一揆だ　タイラーだ）

次回は中世西欧の各国史だよ。ここまでの内容をふまえて頑張ろう😆。

第1章 オリエント・インドの古代文明
第2章 古代の地中海世界
第3章 古代の東アジア
第4章 中世ヨーロッパ
第5章 東アジア世界の変容
第6章 イスラーム世界
第7章 近代ヨーロッパの幕開け

第15回 中世の西ヨーロッパ諸国

ここまでは中世ヨーロッパの全体に関係する話をしてきたけど、今回は各国の歴史だよ！　イングランド（イギリス）・フランス・ドイツ・イタリア・スペインなど、みんながよく耳にする国は、どうやってできたんだろう？

・大きくつかもう！・

1 中世のイングランドとフランス
241～244ページ

2 英仏百年戦争とバラ戦争
245～247ページ

3 中世のドイツとイタリア・北欧
247～251ページ

4 レコンキスタとスペイン王国の成立
251～252ページ

イングランド・フランスは「百年戦争」、ドイツ・イタリアは「イタリア政策」がポイントだ

ここまでは民族移動、教皇権、十字軍、商業の発達など、ヨーロッパ全体にかかわる話をしてきたけど、そういった動きにあわせて各地では、現在にまでつながる国が形成されていったんだ。ノルマン征服からずっと続く<u>イングランド（イギリス）とフランスの対立</u>は、ついに<u>百年戦争</u>を引き起こすよ。また、オットー１世の時代から続く<u>イタリア政策</u>によって<u>ドイツとイタリアは統一が進まず</u>、近代までバラバラだったのもこの時代に原因があるよ。さらに、イスラーム勢力の支配下にあったイベリア半島では、<u>レコンキスタ</u>を進めるなかでスペイン王国ができた。こんなふうに、現在のヨーロッパの国の枠組みができたのが中世ヨーロッパだよ。一国一国ていねいに確認してね。

それじゃあ、中世の西ヨーロッパ諸国の始まり～😆。

1 中世のイングランドとフランス

クローズアップ 中世の英仏関係史

●イングランド（プランタジネット朝）　　●フランス（カペー朝）

●ヘンリ２世［位1154〜89］　←領土
　▶**フランスの西半分を支配**
　　➡**イングランドの強大化**　　　　　●フィリップ２世［位1180〜1223］
　　　　　　　　　　　　　　　　　　　▶第３回十字軍に参戦したが途
　　　　　　　　　　　　　　　　　　　　中帰国
●リチャード１世［位1189〜99］　　　　　　➡帰国後、中央集権化に努めた
　▶第３回十字軍に参戦
　　➡帰国後、**対フランス戦で戦死**
●ジョン王（**欠地王**）［位1199〜1216］　▶**英王ジョン王から大陸所領を**
　▶フランス王フィリップ２世に連敗　　**奪う**　←領土
　▶教皇インノケンティウス３世が破門　▶アルビジョワ十字軍開始
　※**大憲章【マグナ＝カルタ】**を　　　　　　［1209］
　　承認［1215］
●ヘンリ３世［位1216〜72］　　　　　　●ルイ９世（**聖王**）［位1226〜70］
　▶シモン＝ド＝モンフォール議会　　　▶**第６回、第７回十字軍を派遣**
　　［1265］　　　　　　　　　　　　　▶アルビジョワ十字軍の完成［1229］
　　イングランド議会の起源
●エドワード１世［位1272〜1307］　　　●フィリップ４世［位1285〜1314］
　▶模範議会［1295］……国王が招集　　▶全国三部会（三部会）招集［1302］
　　イングランド身分制議会の確立　　　　➡アナーニ事件［1303］
　　　　　　　　　　　　　　　　　　　▶教皇のバビロン捕囚［1309〜77］
　　　　　　　　　　　　　　　　　　　　教皇庁を南仏アヴィニョンに移転
●エドワード３世［位1327〜77］　　　　●**カペー朝断絶**
　▶フランス王位継承権を主張　　　　　　➡フィリップ６世即位［位1328〜50］

百年戦争［1339〜1453］

◀ 王権の強いイングランドと弱いフランス……ノルマン征服後の英仏関係は?

　それじゃあ、まずは**イングランド（イギリス）**と**フランス**から始めよう!
第**12**回で話したように、イングランドの**ノルマン朝**は、**ウィリアム１世**がイング
ランドを征服してできたから、**最初から王権が強かった**。これは、ノルマン朝が本
拠地のフランス側に領地を持っていることが背景だ。しかも、ノルマン朝が断絶し
た後にイングランド王位を継承した**ヘンリ２世**（**アンジュー伯アンリ**）は、父からア

ンジュー伯領を、母からノルマンディー公領
を、妻からアキテーヌ公領を継承した。こう
してできたプランタジネット朝は、イングラ
ンドに加えてフランスの西半分を領有する大
勢力になった！　こりゃ、イングランドvs. フ
ランスは「1：1」じゃなくて「1.5：0.5」だよ

プランタジネット朝成立時の英領[1154]
エドワード 3 世即位時の英領[1327]

。こうして、イングランドの王権はさら
に強くなったけど、英王の大陸側の領地（在
仏所領）をめぐってフランス王と対立するよね。
　一方、フランスのカペー朝は王権が弱かっ
た。だって、パリ伯だったカペー家は北
フランスの一部を支配していただけの弱小勢力だ。しかもノルマンの征服のあと
は、大諸侯のノルマンディー公が言うことを聞かなくなり、その後大諸侯のアンジ
ュー家がイングランド王位を継承したから、ますます王権が弱くなった。まず
は「王権の強いイングランド」と「王権の弱いフランス」というのをおさえよう！
　じゃあ、この状態がどうなっていくんだろう？　結論から先に言っちゃうと、イ
ングランドは王権が弱まり、フランスは王権が強くなる！　といっても、原因は同
じだよ。「フランスがイングランドから領地を奪い返す」と、領地を奪われたイン
グランドが弱くなって、奪ったフランスが強くなったんだもん！。だから、中世
の英仏は、同時代を一緒に見ていくと、流れがわかりやすくなるよ。

◀ 英王ジョンがフランスに敗北！　英仏両国への影響は？

　イングランドでは、ヘンリ 2 世の息子たちが領地の相続をめぐって対立していた
よ。しかも、領地を取り返したいフランス王フィリップ 2 世が策略を練って、イン
グランド王家を混乱させた。そして、ヘンリ 2 世のあとにイングランド王となった
息子リチャード 1 世がフランス王フィリップ 2 世と一緒にやった第 3 回十字軍が、
英仏関係を大きく変えるきっかけになったんだ！。
　第 3 回十字軍で、リチャード 1 世はサラーフ＝アッディーンと戦ったのに、一方
のフィリップ 2 世は早々と帰国して、イングランドから領地を取り返す戦いを始め
ると、リチャードの弟ジョンを「ボクはキミの味方だよ」とそそのかして、兄
に反抗させた。リチャード 1 世は仕方なく講和して帰国したんだけど、帰途にオー
ストリア大公の捕虜になるなど、ひどい目に遭った。しかも、やっとの思いで帰国
したあと、フィリップ 2 世との戦争中に流れ矢に当たり、この傷がもとで戦死した
んだよ。
　こうして、リチャード 1 世の死後ジョン（欠地王）がイングランド王になると、
フィリップ 2 世は手のひらを返して、ジョンの結婚問題をきっかけに「フランス国
内の領地を没収する」と宣言し、ノルマンディーに攻め込んできた。ジョンが
国王になったのは、フィリップ 2 世の思惑通りだしね。結局ジョンはフィリップ 2

世に敗れ、大陸側（フランス国内）の領地の多くをフランスに奪われた。残ったのはわずかに**ギュイエンヌ【ギエンヌ】**だけ😅。仕方なくジョンは、これまで本拠地だった大陸から撤退した。以後、イングランド王の拠点は名前の通り「イングランド」になった。これまでは、むしろフランスにいることのほうが多かったからね。

> ジョン王は、領土を取られて、教皇にも破門され、おまけに課税……そりゃ、貴族の不満も爆発するよ😤

さて、ジョンはこのあとも踏んだり蹴ったりだ😅。**カンタベリ大司教の任免権**をめぐって教皇**インノケンティウス3世**と対立すると、破門されちゃった😵。しかも、教皇への謝り方が「イングランド全土を封土<small>ほうど</small>として、教皇様に臣従します😌」って……イングランドあげてどうすんだよ😅。まあ、なんとか教皇はなだめたんだけど、フランスに反撃するための軍事費を貴族たちに払わせようとしたら、「いい加減にしてください😡」と、ついに**貴族の不満が爆発**！　貴族たちはジョン王に、**新たな課税に高位聖職者と貴族の会議の承認を必要とする**ことや、**不当逮捕・投獄の禁止**などを内容とする**大憲章<small>だいけんしょう</small>【マグナ＝カルタ】**を認めさせた。大憲章は、これまで**貴族が持っていた特権を国王に再確認**させたもので、このあとに発展していくイングランドの立憲政治の基礎ともいわれるね。

こんなふうに、**イングランドでは王権が動揺して貴族の反抗**が起きたけど、逆に領土を奪ったフランスは、**フィリップ2世**の下でやっと国内の統治が安定してきたよ。

🔊 イングランドでは、国内の動揺を受けて身分制議会ができた！

ジョン王の死後、息子の**ヘンリ3世**がイングランド王になった。彼の目標はズバリ「**フランスから領地を取り返す**😤」ってことだ。ただ、ちゃんと貴族の同意を取らずに遠征を決め、しかもその費用を貴族に課税しようとしたから、「**大憲章を無視するな～**😡」と、貴族が怒った！　反国王派の貴族たちは**シモン＝ド＝モンフォール**を中心に**反乱を起こし**、国王を破って捕虜にすると、以前からあった**高位聖職者・大貴族の会議**に**州騎士（中小領主）**と**都市の市民代表**も加えて、国政を話し合った。この**シモン＝ド＝モンフォール議会**が、**イングランド議会の起源**だ😄。

次の国王**エドワード1世**（ヘンリ3世の子）は、なんとか国内の混乱を収めると、ブリテン島の統一を目標に、まずは**ウェールズを征服**したよ。さらにスコットランドを狙うと**スコットランドはフランスに接近**したから、両国との戦争が始まったんだ。こうなると戦争費用が足りなくなる😣。そこでエドワード1世は、「**すべての階層にかかわることは、すべての人に同意されるべきである！**」と、**聖職者や貴族**を招集し、さらに各州の長官には**州騎士と都市からそれぞれ2名ずつの代表**を派遣するように命じて、**国内のすべての身分の代表からなる議会**を開催した。これが、のちに**模範議会**と呼ばれるようになるよ。そして、14世紀半ばには、高位聖

第1章　オリエント・インドの古代文明

第2章　古代の地中海世界

第3章　古代の東アジア

第4章　中世ヨーロッパ

第5章　東アジア世界の変容

第6章　イスラーム世界

第7章　近代ヨーロッパの幕開け

職者と大貴族を代表する上院【貴族院】と、州と都市を代表する下院【庶民院】の二院制になった。のちに、州騎士は平民階級のただの地主（ジェントリ【郷紳】）になって、下院の有力な勢力になっていくんだ。

合否の分かれ目▶ イングランド身分制議会の確立

- シモン゠ド゠モンフォール議会[1265]……**イングランド議会の起源**とされる
  - ▶ヘンリ3世に対する貴族の反発　➡**武力衝突（反乱）**に発展[1264]
    - ➡王を破り、**聖職者・貴族**の会議に**州騎士**と**都市代表**を加えて国政を協議
- 模範議会[1295]……**エドワード1世**が招集
  - ▶聖職者・貴族のほか、**各州の騎士2名**と**各都市代表の市民2名**で構成された
    - ➡イングランド**身分制議会の確立**

◀ 王権が伸張したフランスでは、身分制議会を通じてさらに王権を強化！

　フィリップ2世がイングランドから領土を奪って王領地を拡大すると、このあと、**フランスでは王権強化が進む**よ。13世紀前半に国王になった**ルイ9世**は、マジメなキリスト教徒だったから「**聖王**」って呼ばれた。まず、フィリップ2世が始めた南部の異端**アルビジョワ派**（カタリ派の一派）を討伐する**アルビジョワ十字軍**を進めたよ。異端を保護していたのは国王に反抗的な諸侯だったから、この十字軍を通じて**南フランスまで王権が拡大**した。ほかにも、パリ大学にソルボンヌの神学部をつくり、**第6回、第7回十字軍**もやったよね。こうしてルイ9世は、キリスト教的な功績から聖人に列せられたんだ。これはフランス王の権威をさらに高めたよ。

　そしてついに、**フランス王は教皇と対決**するんだ。大陸に残っているイングランド王領をめぐってイングランド王エドワード1世と戦っていた**フィリップ4世**は、軍事費を確保するために聖職者への課税を強行した。そうしたら、教皇**ボニファティウス8世**が「おぬし、破門してやろうか😤」と怒った。そこでフィリップ4世は**聖職者・貴族・市民代表**からなる**全国三部会**（三部会）を招集して**国内の支持を確認**すると、**アナーニ事件**を起こして教皇ボニファティウス8世を屈服させ、その後、教皇庁は南フランスのアヴィニョンに移った（「**教皇のバビロン捕囚**」）。よく考えてみると、聖職者も教皇の屈服に加担してるよね😎。これは**フランス教会が国王を最高君主と認めて、王権に屈服した**ことを認めたことになる。これが**ガリカニスム【国家教会主義】**だよ。こうして自信を深めたフィリップ4世は、**テンプル騎士団を解散**させて、没収した財産を王室の財源にして、中央集権化を進めたんだ。

　さて、英仏両国で**身分制議会**ができたけど、政治状況は正反対と思えるくらい違うよね。「**王権が動揺したイングランド**」「**王権強化が進んだフランス**」それぞれの状況をしっかり理解してね😄。

2 英仏百年戦争とバラ戦争　245

第1章 オリエント・インドの古代文明
第2章 古代の地中海世界
第3章 古代の東アジア
第4章 中世ヨーロッパ
第5章 東アジア世界の変容
第6章 イスラーム世界
第7章 近代ヨーロッパの幕開け

2 英仏百年戦争とバラ戦争

◀ 百年戦争の背景は、領土問題、経済問題、さらに王位継承問題だ！

　いよいよ英仏対立は百年戦争に突入するよ😵。ここで対立の背景を整理しよう！まず、ノルマン征服以来の領地をめぐる対立だ。いまだギュイエンヌ地方が大陸側のイングランド王領だったから、フランスは大陸からイングランドを一掃したいし、イングランドも大陸領を回復したい。経済的な対立もあるよ。ギュイエンヌはぶどう酒（ワイン）の産地だから、ここを支配すれば儲かる。さらに、毛織物生産の中心フランドル地方の大部分はフランス領だったけど、原料の羊毛を輸入しているイングランドとの関係も深い。こりゃ、取り合いになるよ😵。

　そしてカペー朝が断絶してヴァロワ家のフィリップ6世がフランス王に即位すると（ヴァロワ朝の成立）、イングランド王エドワード3世が「私に王位継承権がある😤」と主張して、フランスに攻め込んだ。これが百年戦争の勃発だ！

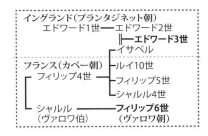

◀ 百年戦争前半は英が優勢！ しかも、仏国内にはさまざまな問題が……

　百年戦争の戦場になったのはすべてフランス領内だから、イングランド軍が大陸側に上陸して戦った。ということは、守っているフランスのほうが有利なはずなんだけど……初期にはイングランド軍が優勢になった😁。北フランスでのクレシーの戦いでは、エドワード3世率いるイングランド軍が、長弓兵（歩兵長弓隊）の一斉射撃戦術を使ってフランスの重装騎士と弩隊（十字弓隊）に圧勝したよ。イングランド軍の長弓兵は1分間で10射以上の矢を放って、フランス軍に矢の雨を降らせたんだって😵！さらに、エドワード3世の長男エドワード黒太子が、中部フランスでのポワティエの戦いで大勝利を収め、なんとフランス王ジャン2世が捕虜になったんだ😫。

　しかも、この時期のフランスでは黒死病【ペスト】の被害がひどく、さらにジャックリーの乱などの民衆反乱が相次いで、国内は危機的な状況になった。そして14世紀後半、フランスの貴族たちがブルゴーニュ派とアルマニャック派に分かれて争うと、ブルゴーニュ派と同盟を結んだイングランド軍がノルマンディーに侵入し、アザンクールの戦いでフランス軍に大勝した。そして、1420年のトロワ条約では、英王ヘンリ5世のフ

ランス王位継承権を認めた。もはや、フランスの命運は尽きたかに見えたんだ😌。

◀ 形成逆転！ 勝利したフランスでは王権強化が進んだ

　フランス北部を支配したイングランド軍は、フランス中部の**オルレアン**を包囲した。「もはやこれまで……」と思ったそのとき、農民の少女**ジャンヌ＝ダルク**が登場し**オルレアンの包囲を破った**😆！こうして、ヴァロワ家のシャルルは反撃を開始！　ランスで戴冠
式（たいかんしき）をおこない、フランス王**シャルル７世**として即位した。のちにジャンヌはイングランド軍によって火刑となったけど、**シャルル７世がブルゴーニュ派と和解して**フランス軍が優勢となった。同盟者がいなくなったイングランド軍は追い詰められ、ついに**カレー**を残して撤退！　**百年戦争はフランスの勝利**に終わったんだ😊。

「フランスを救うのだ！」って神のお告げよ……オルレアンに行かなくては！

　フランスでは、この長期にわたる戦争で諸侯（しょこう）や騎士（きし）が没落する一方で、百年戦争後半に即位したシャルル７世は、大商人の**ジャック＝クール**を財務官に登用して財政を再建し、官僚制や常備軍を整備して、王権強化を進めたんだ。続くルイ11世の時代には、百年戦争でイングランドと同盟してフランスを苦しめたブルゴーニュ公に勝利して、その領地を併合したよ。これで、フランスはほぼ中央集権を確立したことになる。そして、**シャルル８世**はナポリ王位継承権を主張してイタリアに攻め込むなど、いよいよ対外進出まで始めたんだね。この**イタリア戦争**は、のちにヴァロワ家とハプスブルク家の対立になるからね。

◀ 敗れたイングランドでは、王位継承争いに乗じてバラ戦争が起こった！

　百年戦争中のイングランドでは、エドワード３世の息子の家系にあたる**ランカスター朝**が王位を継いでいたけど、百年戦争終結の直後に、国王ヘンリ６世が発狂して、政治ができなくなった😫。すると、同じくエドワード３世の息子の家系にあたる**ヨーク家**と、これを支持する貴族たちは、ヨーク家を国王にして政治の主導権を握ろうとしたから、**ランカスター家とヨーク家の王位継承争い**が起きたんだ。

　このとき、**イングランド国内の大貴族たち**は「百年戦争で負けて損した分を、国内で対立している貴族を倒して取り返そう🤑」と考えて、**ランカスター派とヨーク派に分かれて内乱**を始めた。これが**バラ戦争**だよ。この名前は、両家の紋章が**赤バラ（ランカスター家）**と**白バラ（ヨーク家）**だったという伝承から19世紀についたんだけど、そんなことより大事なのは「**バラ戦争で貴族が自滅した**」ことだよ！

　そもそも貴族たちは、自分の勢力を拡大したいだけ😏。最初はヨーク派が優勢で、エドワード４世が即位して**ヨーク朝**ができたけど、ランカスター派も「オマエら、絶対ぶっ潰す😡」と反撃した。こうして貴族たちが潰（つぶ）し合うなかで、内乱を

勝ち抜いた**ランカスター系のヘンリ＝テューダー**が国王となり（**ヘンリ7世**）、**ヨーク家の娘と結婚**して王家を統合すると、「もう対立する理由はない。王家は一つだ！」として内乱を収めた。これが**テューダー朝**の成立だよ。

　ヘンリ7世は没収した領地を王領地として財政を強化すると、国王評議会に特別法廷をつくって（のちにヘンリ8世が**星室庁裁判所**（せいしつちょう）として整備）、反対派を抑えた。こうして大貴族勢力が潰れて王権が強まったよ😆。

> フランスは百年戦争の勝利で、イングランドはバラ戦争で貴族が自滅して、王権強化だ！

3 中世のドイツとイタリア・北欧

◀ 神聖ローマ皇帝は、イタリア政策ばかりでドイツも統一できず！

　歴代神聖ローマ皇帝は**イタリア支配の強化**を目指し、さらに**大諸侯を牽制**（けんせい）するために、教会組織を使って帝国を統治する**帝国教会政策**を進めた。だから、教皇に対する優位を保つため**イタリア政策**をおこなった。ただ、皇帝がイタリアに遠征すると、大諸侯は「皇帝がいない間に勢力拡大😆」と考えたから、**ドイツの政治的な分裂は深まった**。しかも同じ時期に起きた**叙任権闘争**（じょにんけん）では、大諸侯は皇帝（ドイツ王）に反抗し、**ハインリヒ4世**の時代に**カノッサの屈辱**（くつじょく）が起きたよね。皇帝と教皇の対立はますます諸侯を自立させ、さらに大諸侯の対立で帝国は混乱したんだ。

　こうしたなか、**シュタウフェン朝のフリードリヒ1世**（バルバロッサ）は、大諸侯に特権を与えて（帝国諸侯）、彼らの協力で帝国を安定させ、神聖ローマ帝国をほかのヨーロッパ諸国を圧倒する勢力にまとめ上げた。ただ、古代ローマのような皇帝を目指して熱中したイタリア政策では、北イタリアの**ロンバルディア同盟軍**に負けちゃった😫。しかも、**第3回十字軍**で不慮（ふりょ）の溺死（できし）……。なんかイヤな予感がするね😓。

　その後、フリードリヒ1世の孫にあたる**フリードリヒ2世**は、母親がシチリア国王の娘だったから、幼いころからシチリアで育ち、皇帝になったのちもほとんど**シチリア島**にいた。彼の時代に**ドイツの教会（聖界諸侯）や諸侯・都市は特権を認められて自立**し、ドイツの分裂はさらに深まった。しかも、フリードリヒ2世が**第5回十字軍**で教皇と対立すると、こともあろうか長男が反逆😫。仕方なく息子を処罰して死に追いやった。シュタウフェン朝は、もはや神に見放されたのか😭？

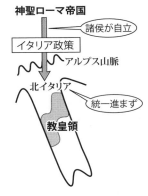

神聖ローマ帝国

諸侯が自立

イタリア政策

アルプス山脈

北イタリア

統一進まず

教皇領

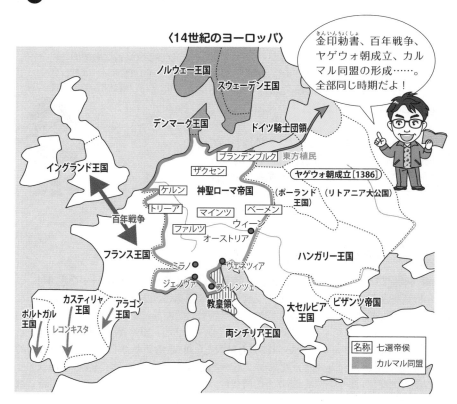

〈14世紀のヨーロッパ〉

金印勅書、百年戦争、ヤゲウォ朝成立、カルマル同盟の形成……。全部同じ時期だよ！

ノルウェー王国
スウェーデン王国
デンマーク王国
ドイツ騎士団領
ブランデンブルク　東方植民
ザクセン
ヤゲウォ朝成立 [1386]
ケルン　神聖ローマ帝国　（ポーランド　（リトアニア大公国）
トリーア　　　　　　　王国）
マインツ　ベーメン
ファルツ
ウィーン
オーストリア
イングランド王国
百年戦争
フランス王国
ミラノ
ジェノヴァ
ヴェネツィア
フィレンツェ
教皇領
ハンガリー王国
大セルビア
王国
ビザンツ帝国
ポルトガル
王国
カスティリャ
王国
アラゴン
王国
レコンキスタ
両シチリア王国

名称　七選帝侯
カルマル同盟

◀ ドイツに皇帝がいない？　大空位時代、そして金印勅書を発布！

　こうしてフリードリヒ2世の死後、**シュタウフェン朝が断絶**すると、誰を皇帝にするかでドイツは混乱し、統一国王を選ぶことができずに**事実上皇帝不在の大空位時代**になった。この時点で、皇帝を選ぶ権限はほぼ7人の大諸侯になっていて、彼らは「**自分の勢力のジャマにならない皇帝を選ぶか**」ということばかり考えていたから、ますます諸侯の自立が進んだんだ😊。この間、「ドイツ王」（ドイツ王が皇帝になるよ）に選ばれたのは、オランダ伯、イングランド貴族、カスティリャ王なんだけど、ドイツにほとんどいないし、しかも外国の勢力だ😵！さすがにマズいと思ったのか、1273年、大諸侯たちはスイスに拠点を置いていた弱小諸侯**ハプスブルク家**の**ルドルフ1世**をドイツ王に選び、**大空位時代は終わった**んだ。

　このときルドルフが選ばれた理由は、大諸侯たちが「自分よりも弱い」と思ったからだ。あっ！　ハプスブルク家と聞くと、ヨーロッパ有数の王家っていうイメージかもしれないけど、まだむちゃくちゃ弱かった。でも、神のいたずらかな？　国王になってすぐにオーストリアを手に入れて、のちにヨーロッパの歴史を彩る**オーストリア＝ハプスブルク家が誕生した**。とはいっても、まだ**皇帝位を世襲する**わけじゃないから、いろんな家系から皇帝が選ばれて混乱が続くんだ。

その後、1356年に**ルクセンブルク朝**の神聖ローマ皇帝**カール４世**が**金印勅書【黄金文書】**を発布して、皇帝選挙権を７人の**選帝侯**（**マインツ・トリーア・ケルン大司教、ファルツ伯、ザクセン公、ブランデンブルク辺境伯、ベーメン王**の７人）に与えて、その多数決で決まったドイツ王が教皇の認可なしで皇帝となることを決めたんだ。一方で、選帝侯にはさまざまな特権が認められて領邦君主になった。だからこのあと、**ほぼ独立国になった選帝侯や大幅な特権**

「金印勅書」によって、神聖ローマ帝国の選帝侯は、ほぼ独立国になっちゃった😣

を認められた諸侯の**領邦**が、それぞれの領内で独自に中央集権化を進めることになるよ。そして、1438年から**ハプスブルク家が帝位を世襲**するんだけど、ハプスブルク家も自分の領地の支配を優先したから、ドイツは統一が進まないんだね。

◀ ドイツ人の東方植民は、東欧に変化をもたらした！

まず、**東方植民**とは「ドイツ人が**エルベ川**を越えて東方に進出して領邦や村落を建設する動き」のことだ。ドイツ人の東方への進出は、すでにザクセン朝の時代から始まっていたけど、これはどちらかというと**マジャール人やスラヴ人からドイツを守る**という意味のほうが強かった。ただ11世紀ころから、**三圃制・重量有輪犂**の普及で農業生産力が上がり人口も増加すると、ドイツ人がスラヴ人やマジャール人の住む東方に進出して、領邦（諸侯国）や村落を作る**東方植民が本格化**するよ。

じゃあ、東方植民でできた領邦を確認しよう！　オットー１世がつくった北部辺境領に諸侯が封じられて、12世紀には**ブランデンブルク辺境伯領**になった。さらに13世紀になると、第３回十字軍で結成された**ドイツ騎士団**がバルト海沿岸に進出して、**ドイツ騎士団領**をつくった。これら二つの領邦は、のちに**ホーエンツォレルン家**が支配して**プロイセン**に発展するよ。また、もともと**マジャール人からドイツを守る**ために設置された辺境領**オストマルク**にも諸侯が封じられて**オーストリア**となり、13世紀後半には**ハプスブルク家**の支配地になったんだ。

こうした領邦では**現地のスラヴ人をドイツ人が支配**するとともに、**シトー修道会**によって開墾が進み、**ドイツ人農民の移住やスラヴ人のキリスト教化**が進められたため、**スラヴ人との対立**を引き起こした。また、東方植民によってできたリューベックやダンツィヒなどの都市は**ハンザ同盟都市**となり、北海・バルト海の制海権を握ったよ。さらに、**ベーメン**などにも**ドイツ人の移住**が進んだよ。ここは、第**13**回（中世の東欧）もあわせて確認しよう！

◀ バラバラなイタリア。北イタリアでは激しい党派争いが起きた！

続いてイタリアだよ。**西ローマ帝国滅亡後、イタリアはまともに統一されたことがない**😖。さすがに、中部にできた**教皇領**には手を出せないから、教皇領を挟ん

第 **1** 章　オリエント・インドの古代文明

第 **2** 章　古代の地中海世界

第 **3** 章　古代の東アジア

第 **4** 章　中世ヨーロッパ

第 **5** 章　東アジア世界の変容

第 **6** 章　イスラーム世界

第 **7** 章　近代ヨーロッパの幕開け

で北と南が分断されちゃうんだもん。北部には、ヴェネツィア、ジェノヴァ、フィレンツェ、ミラノなどの都市国家があり、十字軍以降は東方貿易（とうほう）が繁栄して、ヨーロッパでもっとも都市化が進んだ地域になった。でも、国家統一は進まない😫！　だって、統一しようとしてもドイツから神聖ローマ皇帝が攻め込んでくるんだよ。このイタリア政策をめぐって、イタリア内部ではギベリン【皇帝党】とゲルフ【教皇党】の対立が激化した。もともとは皇帝と教皇の対立を背景に、皇帝と結びついた貴族や領主にギベリンが多く、皇帝に反対する都市の商人にゲルフが多かったんだけど、両派は都市ごとに分かれているわけじゃなくて、一つの都市のなかに両派がいるような状態だ。しかも、対立が激しすぎて理由も原因もどこかにすっ飛び、憎しみが憎しみを呼ぶような状態になっちゃった😫。

＋αちょっと寄り耳♪

　ギベリンとゲルフの対立ってどんなだろう？　この疑問に答えてくれるのがシェークスピアの戯曲『ロミオとジュリエット』だよ。この話は、北イタリアのヴェローナの支配層が繰り広げた抗争が題材だ。両想いの恋におちたロミオとジュリエット……でも、二人が結ばれるのは無理だよ！　「おお愛しのロミオ、あなたはどうしてロミオ様なの……」とジュリエットがつぶやいたのはなぜか？　それはロミオの家（モンタギュー家）がギベリンで、ジュリエットの家（キャピュレット家）がゲルフだからだよ。両家は憎しみ合って、血で血を洗うような対立抗争をしているんだもん。そして結末は……二人の死😭。一人息子を失ったモンタギュー家と、一人娘を失ったキャピュレット家は、大切な跡継ぎを失って悲嘆にくれて、やっと和解するんだ。運命に引き裂かれる悲しすぎる恋だね。

◀ 支配者が次々にかわる南イタリア。ただし、みんな外国勢力だ！

　南イタリアの両シチリア王国（シチリア王国とナポリ王国）は、ノルマン人のルッジェーロ２世の娘との結婚で、シュタウフェン朝が支配することになった。ただ、フリードリヒ２世の死後、教皇がフランス王ルイ９世の弟アンジュー伯（はく）シャルルをシチリア王にしたから、今度はフランス系のアンジュー家が支配した。でもアンジュー家の過酷な支配に怒ったシチリア島の住民が、フランス人を大量虐殺する事件が起きた😡。この「シチリアの晩鐘（ばんしょう）」でアンジュー家はシチリア島から逃げ出し、アンジュー家の支配地はナポリ王国だけになった。その後、シチリア島は反乱を支援したアラゴン家が支配したから、シチリア王国とナポリ王国の支配者が別々になり、両国は激しく争った😫。この抗争は100年近くも続き、15世紀半ばにアラゴン家がナポリ王国を征服して再び支配者が同じになった。そして、アラゴンとカスティリャが合併するとスペイン領になり、16世紀前半にはスペイン王位を継いだハプスブルク家の支配地になったんだよ。

◀ ドイツの周辺に位置する北欧やスイスはどうなっていたんだろう？

ちょっと細かいけど、ドイツの周辺にある**北欧3国**（**デンマーク、ノルウェー、スウェーデン**）と**スイス**の状況も見ておこう。北欧3国は、デンマーク王女マルグレーテを中心に連合するよ。デンマーク王女マルグレーテはノルウェーに嫁いで王妃となっていたんだけど、**次々と彼女のもとに王位が転がり込んでくるんだ**😮。まず、父（デンマーク王）の死後、一人息子を**デンマーク王**として、さらに夫（ノルウェー王）の死後は**ノルウェー王**とすると、**マルグレーテが両国の摂政として実権を握った**。さらに隣国スウェーデンで国王と対立する貴族たちと手を組んでスウェーデン王を破ると、息子の死後に養子とした姉の孫を**デンマーク・ノルウェー・スウェーデン3国の連合王**につけたんだ。こうして、**マルグレーテを事実上の国王とする連合王国、カルマル同盟【カルマル連合】**ができたよ。この背景には、バルト海の覇権をめぐるハンザ同盟との対立もあるんだ。カルマル同盟は、各国の政府（政治制度）は別々だけど国王は同じっていう「**同君連合**」で、16世紀にスウェーデンが独立するまで続くんだ。

続いてスイスだ。スイスは**ハプスブルク家**からの独立を目指して何度も戦うよ。もともとハプスブルク家はスイスから興った諸侯だから、オーストリアを支配するようになったあとも、**スイスにはハプスブルク家領が多かった**。対するスイスの原初3州（ウーリ・シュヴィーツ・ウンターヴァルデン）は永久同盟を結び、このあと200年にもわたって、自由と自治を守るために戦った。その後、周辺の都市や州がさまざまな同盟を結びながら13州の連合となり（スイス盟約者団と自称）、15世紀末には**ハプスブルク家を破って、事実上の独立を勝ち取った**（シュワーベン戦争）。その後、1648年の**ウェストファリア条約**で、国際的に独立を承認されるんだ。

4 レコンキスタとスペイン王国の成立

◀ イスラーム教徒が征服したイベリア半島で、レコンキスタが始まる！

711年、北アフリカから侵入した**イスラーム勢力**（**ウマイヤ朝**）が西ゴート王国を滅ぼした後、イベリア半島はイスラーム教徒の支配下に入った。以後、半島の北部のキリスト教徒は、すでに8世紀から約800年にわたって**イスラーム教徒に取られた領土を取り返すレコンキスタ【国土回復運動／再征服運動】**を進めるよ。10世紀ころにはレオン王国、ナバラ王国などのキリスト教国が現れてイスラーム勢力と戦ったけど、南部の**後ウマイヤ朝**や**ムラービト朝**が強かったから、あまり進まなかったんだ。

ただ、11世紀になると状況が変わってくるよ。ここは十字軍遠征やドイツ人の東方植

ナバラ王国
カスティリャ王国
アラゴン王国
サラゴサ
ポルトガル王国
マドリード
バルセロナ
リスボン
トレド
地中海進出
コルドバ
グラナダ
大西洋進出
ナスル朝

■ 12世紀末のイスラーム勢力
‥‥‥ スペイン王国成立直前の国境[1479]

民とあわせて、「西欧世界の拡大」でひとまとめにしよう！　十字軍の影響でキリスト教的な熱狂が起きるのにつれて、イベリア半島でもカスティリャ王国、アラゴン王国、ポルトガル王国の3国を中心にレコンキスタが本格的に進むよ。カスティリャ王国は11世紀後半にトレドを奪還し、さらに南下しようとしたらムラービト朝に阻止された😫。ここからコルドバの占領まで約150年もかかるよ。その後13世紀初めに、カスティリャ・アラゴン・ナバラが連合してムワッヒド朝を破り、イベリア半島のイスラーム勢力は半島の一番南のナスル朝だけになった。こうなると、アラゴン王国にはもはや敵がいない😆。だからアラゴンは地中海への進出を進め、13世紀には「シチリアの晩鐘」をきっかけにシチリア王国を、その後サルデーニャ島、ナポリ（南イタリア）など地中海各地を支配する海洋帝国になって、バルセロナなどが地中海貿易で繁栄した😊。ポルトガル王国は、12世紀にカスティリャ王国から独立すると、早くも13世紀にはレコンキスタを終えて、大西洋への進出を始めるよ。14世紀後半になると、ジョアン1世の息子「航海王子」エンリケが登場してアフリカ西岸を探検！　もう大航海時代だよ！

◀ カスティリャ王国とアラゴン王国が合併してスペイン王国ができた！

　14世紀に黒死病【ペスト】が流行すると、人口の減少や反ユダヤ運動の激化などで社会が混乱し、さらに王権強化に反対する貴族の反発などで、カスティリャ王国、アラゴン王国両国は混乱していた。さらにカスティリャ王国では王位継承でも混乱していたんだ。そこで、アラゴン王子フェルナンド（のちのフェルナンド2世）とカスティリャ王女イサベルが結婚して両国が統合され、国王夫妻が共同統治するスペイン王国【イスパニア王国】が成立したよ。ちなみに、この二人は「カトリック両王」って呼ばれるね。そして1492年、スペインはナスル朝の都グラナダを征服してレコンキスタを完成させた。同じ年にはコロンブスが西インド諸島に到達して、スペインも大航海時代に突入するんだ🤠。

　さて、今回はこれでおしまい。最後に年号 check しよう！

!!! 年号のツボ

- **プランタジネット朝成立**[1154]（いい腰　プラプラ　プランタジネット）
- **大憲章【マグナ゠カルタ】**[1215]（大憲章で　人に一言）
  - ➡ 50年後がシモン゠ド゠モンフォール議会[1265]、さらに30年後が模範議会だ[1295]
- **英仏百年戦争**[1339〜1453]（いざ炸裂して　一夜で降参）
- **大空位時代**[1256]（大空位は　いつごろ終わる？）
- **金印勅書**[1356]（皇帝の　人を見込む　金印勅書）
- **カルマル同盟**[1397]（一切苦難の　カルマル同盟）

　これで中世ヨーロッパ史は終わり！　次回からは、再び中国史だよ😊。

第5章

東アジア世界の変容

大帝国だった唐が滅亡して、中国では五代十国の混乱期になったけど、そのなかから出てきた宋が中国を再統一するよ！ 唐とは何が変わったんだろう？

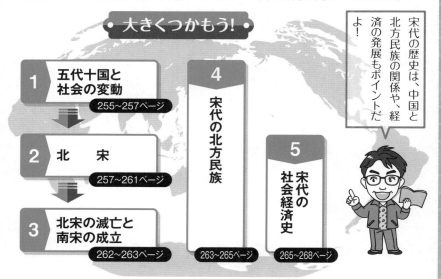

大きくつかもう！

1 **五代十国と社会の変動**
255〜257ページ

2 **北 宋**
257〜261ページ

3 **北宋の滅亡と南宋の成立**
262〜263ページ

4 **宋代の北方民族**
263〜265ページ

5 **宋代の社会経済史**
265〜268ページ

宋代の歴史は、中国と北方民族の関係や、経済の発展もポイントだよ！

唐の後半から、中国では節度使が自立してバラバラになっていたよね。唐が滅亡すると、節度使が次々に国や王朝をつくる五代十国時代になり、その後約60年の戦乱を経て宋が中国を再統一するんだ。でも、北方ではキタイ【遼】や西夏が強くなって、国境を脅かすよ☹。それからこの時代は、経済史や社会史がよく問題になるね。中国では唐代の支配階級だった貴族が没落して新しい社会が生まれたから、「唐宋変革」なんて呼ばれるし、宋代には農業・商業・工業などの産業が発展して、対外交易も盛んにおこなわれた。政治史と違ってイメージしにくい分野かもしれないけど、経済史や社会史は点差がつきやすい分野だから、頑張ってついてきてね。

それじゃあ、宋代の中国史、題して「中華世界の変容」の始まり〜😄。

1 五代十国と社会の変動

クローズアップ 五代十国時代〜北宋

- ●五代十国時代［907〜979］……強大化した藩鎮による政権抗争の時代
  - ●五代［907〜960］……都：汴州【開封】(後唐のみ洛陽)
    - ▶後梁➡後唐➡後晋➡後漢➡後周
    - ▶後晋は、建国の際にキタイ【契丹】の援助を受け、代償に燕雲十六州を割譲
  - ●十国……江南・華南では藩鎮がそのまま独立国家を形成
- ●宋（北宋）［960〜1127］……建国：趙匡胤【太祖】　都：開封【汴京】
  - ●第2代：太宗（趙匡胤の弟）が、中国の再統一を完成［979］
- ●北宋初期の統治政策……君主独裁権の強化を目指す
  - ●文治主義【文人政治】
    - ▶藩鎮の解体　➡文人官僚による政治に切り替える
  - ●君主独裁権の強化
    - ▶殿試の採用……科挙の最終段階で、皇帝が試験官として最終審査をおこなう
  - ●北宋の対外政策
    - ▶澶淵の盟［1004］……北宋とキタイ【契丹／遼】が結んだ和約
    - ▶慶暦の和約［1044］……北宋と西夏（タングート【党項】）が結んだ和約
- ●王安石の改革［宰相 任1070〜76］……王安石は神宗［位1067〜85］の宰相
  - ●王安石の新法
    - ▶財政再建……均輸法・青苗法・市易法・募役法
    - ▶軍事力強化……保甲法・保馬法
- ●官僚の派閥抗争
  - ●新法党（新法を支持する官僚）vs.旧法党（新法に反対した保守派官僚）
    - ➡旧法党の司馬光が宰相となり、新法の多くを廃止
- ●北宋の滅亡
  - ●靖康の変［1126〜27］……金（女真族）による開封の占領
    - ➡上皇の徽宗、皇帝の欽宗が北方に連行され、北宋滅亡［1127］
    - ➡欽宗の弟高宗が江南地方に逃れる＝南宋の成立　都：臨安【杭州】

第1章　オリエント・インドの古代文明

第2章　古代の地中海世界

第3章　古代の東アジア

第4章　中世ヨーロッパ

第5章　東アジア世界の変容

第6章　イスラーム世界

第7章　近代ヨーロッパの幕開け

◀ 華北(かほく)では有力武将が次々に帝位を奪う「五代(ごだい)」に突入！

黄巣(こうそう)の乱から寝返って唐の節度使となった朱全忠(しゅぜんちゅう)は、「オレのほうが皇帝より強いだろ😠」と、またまた裏切って唐を滅ぼすと、汴州(べんしゅう)【開封(かいほう)】を都に後梁(こうりょう)を建てた。だからといって、朱全忠が中国全体を支配できたわけじゃない。だって、唐末期には全国に40〜50の藩鎮(はんちん)（自立した節度使）があって、軍事権だけじゃなく民政権や財政

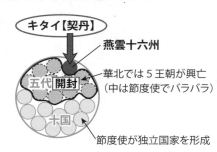

権も握って半独立になり、唐の言うことさえ全然聞かなかった😤。そんな連中が、「ハイそうですか」と朱全忠の言うことを聞くわけないでしょ。結局、藩鎮が国内でバラバラに分裂している状態は、何も変わらなかったんだよ。

それでも華北の節度使は「オマエが皇帝ってことにしといてやるか……」と思ったから、パッと見だと統一されているように見える。ただ、皇帝が弱くなった瞬間「オレ様のほうが強いから、皇帝の座はいただく😏」と王朝が交替して、華北では後梁(こうとう)、後唐(こうとう)、後晋(こうしん)、後漢(こうかん)、後周(こうしゅう)の5王朝が興亡した。これが五代だよ。五代のポイントは、真ん中の3王朝（後唐、後晋、後漢）の建国者がトルコ系（突厥沙陀部(とっけつさだ)）出身、都は基本的に汴州【開封】、ただし後唐だけは洛陽(らくよう)が都ってことね。

この時代、軍事力さえ強ければ皇帝になれるから、手っ取り早く軍隊を強くして帝位を奪うヤツも現れた。後晋の建国者石敬瑭(せきけいとう)は、北方のキタイ【契丹(きったん)】に軍隊を借りた見返りに、燕雲十六州(えんうん)を割譲(かつじょう)して臣下の礼をとった。燕雲十六州は万里の長城(じょう)の内側だから、こんなところを割譲したら「どんどん攻めてきてください！」って言ってるようなもんだ😫。ただ、五代最後の後周では、第2代の世宗(せいそう)が禁軍（皇帝直属軍）の強化や財政改革、さらに寺院の財産などを没収する仏教弾圧（廃仏(はいぶつ)）で皇帝権を強め、唐末以来の混乱を終わらせようとしたんだ。

一方で、華中(かちゅう)・華南(かなん)を中心とする地方では、皇帝が現れても「オマエなどは皇帝じゃない😠」と節度使がそのまま自立して、約10の国が興亡した。これが十国だ。そして、華北を中心とする「五代」と地方の「十国」をあわせて、この時代を五代十国時代と呼ぶんだ。

五代十国時代は武人出身の皇帝政権が次々と興亡したけど、文人の官僚機構はほとんど変化なく維持された。というのも、この時期の皇帝は、軍人やもともとの身分が低い者が多かったから、文人官僚の協力なしでは国を統治できなかった。例えば、後唐から後周までずっと宰相(さいしょう)として活躍した馮道(ふうどう)は、その代表だよ。

> 結局、北も南も節度使でバラバラだ😫

◀ 節度使を中心とする武断政治で、貴族社会が完全に崩壊！

　五代十国時代には中国の社会が大きく変化したよ。各地にバラバラに分立した藩鎮（節度使）は、自分の国を強くするために領内の産業、特に農地の開発や治水事業などをやったから、長江流域を中心に農業が発展し始めた。さらに、黄河と大運河の接点にあたる汴州【開封】が都になったことで、江南地方から華北への物流が盛んになり、江南地方の経済的な重要性が大きくなった。

　そして、経済発展によって金持ちとなった連中は、唐後半に税制が両税法となり土地私有が認められたこともあって、土地に投資した。こうして現れた新興地主は、私有地（荘園）のなかで佃戸と呼ばれる農奴のような小作人を使い、地域社会での影響力を強めるとともに、藩鎮を支配する武将とも手を組んだ。この新興地主層が形勢戸だ。一方で、唐後半期から衰え始めていた貴族階級は五代十国時代に完全に没落した。だって「武力が強ければエライ！」っていう武断政治の時代だから、貴族たちは戦乱のなかで土地を守ることさえできなかったんだ。

2 ▶ 北　宋

◀ 後周の武将だった趙匡胤が宋を建国。目標は「君主独裁権の強化」だ！

　後周の世宗は北方に遠征して燕雲十六州の一部を奪還し、さらに長江流域にも遠征した。ただ、「五代十国の混乱が終わるかもしれない」と思っていたところで世宗が病死し、あとに残されたのはわずか7歳の恭帝……😣。しかも、こんな大変なときにキタイの大軍が南下してきたというニュースが伝わってきた。このとき出陣したのが、禁軍の総司令官趙匡胤だよ。彼は部下たちに「このままキタイと戦ったら負ける！　趙匡胤さまが皇帝になるべきだ😎」と言われ、さらに弟（のちの太宗）の勧めもあって皇帝に即位した。こうして宋（北宋）ができたんだ。

　即位した太祖【趙匡胤】には大きく二つの政治課題があった。一つは中国を再統一することだ。太祖が南方にあった十国の多くを滅ぼし、第2代太宗（趙匡胤の弟）が残った地域にも攻め込んで、最後は北漢を征服して中国を再統一したよ。

　そしてもう一つが、皇帝権を安定させて、君主独裁権を強化することだ。だって、節度使による王朝交替を終わらせたい！　じゃあ、どうしたらいいんだろう？　それには、子どもみたいな答えかもしれないけど、「節度使をなくしちゃえばいい😄」。そこで、節度使から権力を奪って藩鎮を解体することにしたよ。節度使が死亡すると文官を派遣して、藩鎮が支配していた州県を皇帝が直接支配できるようにした。さらに、節度使から行政権や財政権を回収して権限を縮小し、節度使の持っていた強い軍隊を皇帝直属の禁軍に集め、地方の防衛も禁軍にやらせた。もちろん、禁軍の司令官の権力も分散して、

節度使をなくして皇帝権強化だ！

クーデタが起きるのも防いだよ。こうして**文人官僚**による**統治**で中央集権化を進めた。これが**文治主義**だ。

　さらに、財政でも中央の権限を強めた。この時代には塩・鉄・酒などに加えて**茶の専売**も始まって、専売制による国家の収入がむちゃくちゃ増えていたから、中央政府に財政を統括する塩鉄司（専売）・度支司（支出）・判戸司（収入）などを置いて、管理を強化した。もちろん管理するのは文人官僚だ。

　ここでちょっと考えてみよう！　宋代に入って、さんざん「文人官僚を重視する」って説明したけど、もし文人官僚が皇帝の言うことを聞かなかったら、皇帝権の強化にはまったくならないよね😤。そこで太祖は、官僚の登用試験である**科挙**を改革したんだ。宋代には、**地方でおこなう州試、中央の礼部がおこなう省試**のあと、**最終段階で皇帝自ら試験官となる殿試**を設けた。これね、皇帝がつけた科挙の合格順位が出世を大きく左右するんだよ。こうして、上位で合格した官僚たちを「皇帝さまが自分を高く評価してくれた😆」と感動させて、「皇帝の門下生」として忠誠を誓わせたんだよ。

合否の分かれ目　唐の科挙と宋の科挙

- ●**唐**
  - ▶「**郷試**（地方）、**貢挙**（中央の礼部）」の2段階のあと、吏部の採用試験がある
  - ▶科挙よりも**蔭位の制**を重視　➡**門閥貴族**が政治の中心
- ●**宋**
  - ▶「**州試**（地方）、**省試**（中央の礼部）、**殿試**（皇帝が試験官）」の3段階
  - ▶**官吏任用の中心を科挙とする**　➡**文人官僚**（科挙合格者）を重視

◀「唐宋変革」——唐から宋への大きな社会の変化と、統治制度の変革

　それじゃあここで、**唐後半から宋にかけての変化**、いわゆる**「唐宋変革」**についてまとめておこう！　さっきも話した通り、**安史の乱**をきっかけに唐では**門閥貴族が没落**し、貴族にかわって**新興地主階級（形勢戸）**が現れたよね。実は、科挙に合格して官僚になった人の多くは**形勢戸**なんだ！　科挙ってむちゃくちゃ難しい試験だから、合格までに何十年も浪人する覚悟……というか、その間に何もせずに生活できる収入がないと受けられない。こりゃ地主くらいしか無理だな😅。だから、科挙合格者を出した**官戸**の多くは形勢戸で、まとめて「**官戸形勢戸**」ともいうんだ。

門閥貴族の没落と士大夫の台頭がポイントだよ！

第1章 オリエント・インドの古代文明

第2章 古代の地中海世界

第3章 古代の東アジア

第4章 中世ヨーロッパ

第5章 東アジア世界の変容

第6章 イスラーム世界

第7章 近代ヨーロッパの幕開け

　そして、**宋は文人官僚（科挙合格者）を重視**して、皇帝の独裁体制をつくったよね。唐では、三省のうち門下省が皇帝権をけん制していたけど、宋では**中書省と門下省を中書門下省**に一本化して門下省の権限を弱め、さらに殿試によって**官僚の忠誠心を高めた**。こうなると、高位の官僚全員が科挙を受けていないと困るから、**科挙を官吏登用の中心**として、ほぼ唯一の高級官僚への道とした。そして、いろいろ特権を持つ官僚は、「こんなオイシイ特権は手放せない……息子にも科挙を受けさせねば😤」と考えて、息子にひたすら受験勉強をさせた。つまり、たいてい官僚の家は親子そろってむちゃくちゃ頭がいい🤓！こうした**知識人階級**を**読書人**って呼ぶんだ。まとめると、政治的に「官僚」になった人は、社会的には農民を支配する「**形勢戸（地主）**」で、さらに文化的には頭のいい「**読書人（知識人）**」だ。彼らが**士大夫**だよ。唐宋変革とは、**政治・経済・文化**などさまざまな分野の中心が**門閥貴族から士大夫**になって起きた、大きな変化のことだよ。

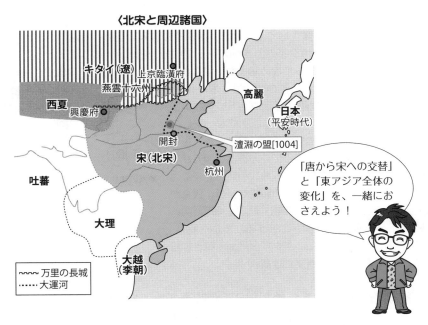

〈北宋と周辺諸国〉

キタイ（遼）　上京臨潢府
燕雲十六州
西夏　興慶府
高麗
日本（平安時代）
開封
澶淵の盟[1004]
宋（北宋）
杭州
吐蕃
大理
大越（李朝）
〰〰〰 万里の長城
‥‥‥ 大運河

「唐から宋への交替」と「東アジア全体の変化」を、一緒におさえよう！

◀ 唐が滅亡すると、東アジア全体で独自の動きが起きた！

　唐の滅亡で**東アジアの国際秩序**が崩れると、これまで中国文明の影響を強く受けていた周辺諸国でも独自の文化が生まれ、新しい政権をつくる動きも進んだんだ。
　8世紀半ばから豪族の自立が進んでいた**朝鮮半島**では、918年に地方豪族の**王建**が**開城**を都に**高麗**を建国し、**新羅・後百済を滅ぼして朝鮮半島を統一**した。高麗は、中国から**科挙**などの制度を導入して中央集権化を進めたんだけど、官僚たちは官位・官職を世襲して**両班**という特権階級になった。また、**仏教を護国の宗教**（国

教）として高麗版大蔵経を刊行したり、**世界最古の金属活字**を発明したり、宋磁の技法を発展させた高麗青磁を製作するなど、独自の文化も発展したんだ。

　そのほか、雲南では南詔の滅亡後、白蛮系豪族の段氏が大理を建国すると、宋に朝貢して中国文化を導入した。またベトナム（大越）では、宋の侵攻を破った李朝が中国王朝の支配から独立し、北ベトナム初の独立王朝になった。日本では政権は交替しないけど、**仮名文字や大和絵**など日本独自の文化（**国風文化**）が現れたよ。

◀ モンゴル高原ではキタイが台頭！ 困った宋はお金を払って国境を維持した

　東アジア全体で独自の動きが起こるなかで、**モンゴル高原でも大きな変化が起き**たよ。唐後期に強かったウイグルが**キルギス**に滅ぼされると、**ウイグル人（トルコ人）が中央アジアへと移動**し、モンゴル高原ではモンゴル系部族の活動が活発となった。そのなかから台頭したキタイ【契丹】は、五代十国の騒乱のドサクサに紛れて華北に進出し、**後晋の建国を援助して燕雲十六州を獲得した**。そうなると、キタイは燕雲十六州を拠点に中国に攻めてくるよね。しかも、宋は徹底的な文治主義をとって**わざと辺境の軍隊を弱くした**から、キタイの侵入は止められない。そして1004年には、ホントにキタイの大軍が南下してきたんだ😫。

　そこで宋は「お金を払って攻め込まないでもらう」ことにした。宋の真宗とキタイの聖宗の間で結ばれた澶淵の盟では、**宋を兄、キタイを弟**として、宋は毎年絹20万匹・銀10万両を歳幣（身分の上下じゃないから歳「幣」）としてキタイに贈ることになった。宋にとってはそれほど大きな金額ではないけど、キタイにとっては大金だよ。さらにこのあと、西方からチベット系**タングート族**の西夏も攻め込んできた。仕方なく、宋は西夏とも**慶暦の和約**を結び、**西夏が臣礼**をとることで、宋は毎年絹13万匹、銀5万両、茶2万斤を**歳賜**（君から臣にあげるから歳「賜」）として贈ることになった。キタイ・西夏・金との和約のうち茶が入るのは西夏だけだよ！

◀ 財政難を克服するため、王安石が改革をおこなった！

　文治主義をとった宋ではどんどん官僚の人数が増えて、官僚に支払う給料が膨大になり、また都に置いた100万近くの**禁軍**を維持するのに相当な費用がかかった。さらに北方のキタイや西夏に対する歳幣や防衛費もバカにならないから、**宋は深刻な財政難**になったんだ。これって、国境防衛が弱くなったことも背景だよね。このままいくと、「お金がないし、軍隊も弱い😫」から、宋は滅亡しちゃうよ。

　この危機を克服するための改革を始めたのが、**神宗**時代に宰相になった王安石だ。王安石は**財政再建**をするだけじゃなく、根本的な解決のためには**軍事力も強化**しないとマズいと思っていたんだ。でも金はない……😭。それをなんとかしちゃ

ったのが**王安石の新法**だよ。

まず財政再建策として、**各地の特産物を政府が買い上げて不足地に転売する均輸法**をおこなった。これって、漢でも出てきたよね。また、**小農民に安い利子で融資する青苗法**は、農民を地主の高利貸しから救った。当時、地主は年4割くらいの利息を取ってたからね。とはいっても、青苗法だって2割くらいは利息を取る😅。何気に高いよな😅。同じように、**中小商人を大商人の高利貸しから守ったのが市易法**だ。これには、大商人

財政再建しながら軍事力強化！ 王安石は難しい改革を上手くやったね😆

による市場の支配や価格操作を防ぐ目的もあったよ。さらに、これまで労役奉仕を免除されていた**官僚（官戸）やお寺からも免役銭を徴収する募役法**で、政府のおこなう工事などで雇う人の給料を確保した。ほかに、耕地の善し悪しで地税を5等級に分ける方田均税法も実施した。

次に軍の再建策だよ。お金さえあれば簡単に軍隊を強くできるけど、宋は深刻な財政難だ😫。そこで、**農民を徴兵する保甲法**を始めたよ。これって唐代の府兵制の復活だね。保甲法は農業が忙しい時期には訓練ができないけど、**農民を徴兵するからお金はかからない**。もう一つが**農民に軍馬を貸し出す保馬法**だ。これは「貸した馬は農耕とかに使っていいよ😄」と言いながら、エサ代を農民に払わせておいて、**戦争が始まったら貸した馬をかき集めるの**。セコいと思ったでしょ😅。でも、このくらいやらないと、お金をかけずに軍事力を再建するのは無理だよ！

◀ 王安石の改革に対して、保守派の官僚たちが怒った！

王安石の新法のおかげで、宋の財政は立ち直ってきた。でも、改革が進めば進むほど、**激しい政治的対立が起きたんだよ**。だって、**新法は大地主や大商人の利益を直接奪うんだもん**。例えば、青苗法や市易法をやると、高利貸しをやっていた地主や大商人は儲からなくなる。均輸法は大商人の利益を奪うものだし、募役法は官僚から新しい税を取るようなもんだ。そして、**大地主（形勢戸）の多くは科挙を受けて官僚になっているから**、「地主の反発＝官僚の反発」だよね。こうして、「私たちの利益を奪うつもりか😡」と、**保守派の官僚たちが怒ったんだ**。

いつの時代にも、旧法党みたいな連中はいるよね😑

結果、**王安石の新法を支持する新法党**と、**新法に反対する旧法党**が対立し、激しい反発がイヤになった**王安石は田舎に帰っちゃった😭**。そして神宗の死後、旧法党の**司馬光**が宰相となり**新法の多くが廃止された**。これじゃあ、宋は財政難と軍事力弱体化に逆戻りだね。ちなみに、旧法党には、**蘇軾、蘇轍、曾鞏**、宋学の**程顥・程頤**など、文化史上の有名人がいっぱいいるよ。

3 ▷ 北宋の滅亡と南宋の成立

◀ 北方から攻めてきた金が開封を占領し、ついに北宋が滅亡した！

　宋では、その後も**激しい党争**が続いて政治が混乱し、しかも芸術好きの徽宗のムダ遣いで人民の負担は重くなった😫。農村では**自作農の没落**が加速して**地主の大土地所有**が進み、農民の反乱も起き始めた。例えば、江南地方で起きた方臘の乱は、この時期の代表的な農民反乱だよ。

　そして同じころ、中国の北方ではキタイの支配下にいた**女真族**が**金**を建国して、勢力を拡大していた。これを見た**徽宗**は「燕雲十六州を取り返す大チャンス🤑」と思って金と交渉し、これまでキタイに払っていた歳幣を金に払うなどの条件で、**金と同盟を結んだ**。こうして南から宋軍が、東から金軍がキタイに攻め込むと、金は連戦連勝なのに**宋軍はキタイに逆襲されて連敗**を重ねたんだ。どうしようもなくなった宋が金に助けを求めたら、金軍はあっという間に燕京を攻略しちゃった😵！

　こうして宋は、金の助けで燕雲十六州の一部を取り返したけど、約束を破って金からさらに領土を奪おうとしたから、「ダマしやがったな😡」と怒った金が開封に攻め込んできた。これが**靖康の変**だよ。このとき、徽宗は「私はもう知らん😤」と息子の**欽宗**に丸投げして皇帝をやめたんだけど、もはや金の怒りは収まらない……。結果、**金は上皇の徽宗、皇帝の欽宗などを北方に連行し、宋（北宋）は滅亡**したんだ。

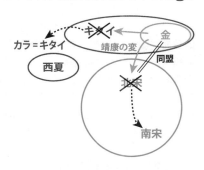

◀ 江南に逃れた高宗が宋を再興したけど、主戦派と和平派が対立！

　金が開封を占領すると、江南に逃れた欽宗の弟**高宗【趙構】**が即位し、長江の南側の**臨安【杭州】**に都を置いて**宋**を再興したよ（**南宋**）。ただ、その後も金がどんどん華北に支配を伸ばしたから、武将の**岳飛**は「開封を取り返す😤」と抗戦！　宰相の**秦檜**が撤退を命じても無視した。こうして岳飛を中心とする**主戦派**と秦檜を中心とする**和平派**が激しく対立したけど、ついに秦檜が主導して**紹興の和議**を結び、**淮河**を国境とすること、**南宋が金に対して臣礼**をとり、南宋が**絹25万匹、銀25万両を歳貢**（臣が君にあげるから歳「貢」）として金に贈ることなどが決められた。そして、主戦派の勢いを封じるために**岳飛が処刑**されたんだ。

　以後、金に対抗して**南宋は江南の開発**を進めたから、中国経済の中心は長安や洛陽などを中心とした華北から、江蘇・浙江などの南方に移動した。この経済発展は、金の支配を嫌った**漢民族が江南に移住**して、華北の進んだ技術が江南に導入されたことも背景だよ。そして、南宋時代には中国の南北の人口が逆転して、南のほうが多くなった。江南が発展したから、**華北を失っても南宋は滅びなかった**んだ！

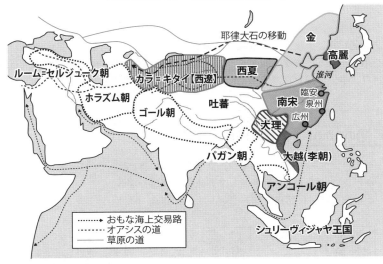

〈12世紀の世界〜南宋と周辺諸国〜〉

第1章 オリエント・インドの古代文明

第2章 古代の地中海世界

第3章 古代の東アジア

第4章 中世ヨーロッパ

第5章 東アジア世界の変容

第6章 イスラーム世界

第7章 近代ヨーロッパの幕開け

4 　宋代の北方民族

◀ **燕雲十六州と北方を支配したキタイ【遼】は、二重統治体制を始めた！**

　モンゴル系**キタイ【契丹】**族を統合した**耶律阿保機【太祖】**は、**上京臨潢府**を都に**キタイ**（帝国）を建てると、タングートやウイグルに親征し、さらに東にあった**渤海**を滅ぼして、万里の長城の北側をほぼ支配する大勢力になったよ。その後、第2代の**太宗【耶律堯骨】**は、**五代の後晋の建国を援助**するかわりに**燕雲十六州**を獲得し、さらに華北に進出した。以後、中国風の「**遼**」を国号とする時期もあるよ。ただ、華北支配は維持できず、その後、1004年にはキタイの聖宗が北宋と**澶淵の盟**を結び、**北宋を兄として歳幣を受け取り**、国境を維持することを約束したよね。

　そして、この時期にキタイの国家体制ができた。そもそも、**人口も経済力も圧倒的に中国王朝のほうが大きい**から、下手すると中国文明に飲み込まれちゃう。ほら！　かつて華北を支配した**北魏**は、漢化政策で中国人に同化しちゃったでしょ😅。そこでキタイは、**遊牧民と農耕民を別々の体制**で支配することにしたんだ。これが**二重統治体制**だよ。だって、遊牧民は草原地帯で年に何度か家畜のエサ場を求めて移動（遊牧生活）しているから、住所で管理するのはムリだし、中国内部の農耕民は畑のあるところに定住してるから、中国王朝は民衆を戸籍で管理していた。どっちかにあわせるのは難しいから、**遊牧民は部族制、農耕民は州県制**にして、支配される側から見ればこれまでと変わらない体制で支配することにした。遊牧民を支配したのが**北面官**、農耕民を支配したのが**南面官**だよ。さらに法律も南北で別々のものを制定し、支配地域を五つに分けてそれぞれに中心都市を置く**五京の制度**で統治したんだ。

こんなふうに、「オレたちの**民族の独自性を維持しよう🙋**」って意識が強かったから、独自の**契丹文字**を制定するなど、**文化的にも中国に対抗**した。でも、中国人のほうが遊牧民の住む北方に進出してきて、だんだんと遊牧民の伝統のほうが崩れてきた。そして、支配下から**女真族の金**が独立して**北宋と同盟**し、金の**完顔阿骨打**に都を落とされて、**キタイは滅亡**したんだ。このあと、キタイの王族**耶律大石**は西方に逃れ、中央アジアでカラ＝ハン朝を滅ぼして**カラ＝キタイ【西遼】**を建てたよ。

合⚫否の分かれ目　北方民族の文字

- **契丹文字**……**漢字**と**ウイグル文字**を母体に作成
- **西夏文字**……漢字を模倣して作成した**複雑**な字体
- **女真文字**……**契丹文字**と**漢字**をもとに作成

𛰋𛰊	𛱛𛱜	𛲄𛲅
◀契丹文字	◀西夏文字	◀女真文字

◀ チベット系タングート人の西夏は、キタイと北宋の対立を利用して台頭！

チベット系タングート族は、中国からオアシスの道（シルクロード）に抜ける**河西回廊**をおさえて勢力を拡大すると、1038年に**李元昊**が皇帝を称して**興慶府**を都に定め、国号を**大夏**とした。普通は中国側から見た**西夏**という名前で呼ばれるね。こうして北宋時代には、**北宋・キタイ・西夏の3国が国境を接して争った**よ。

李元昊は中国に対抗して**西夏文字**など独自の文化を育てるとともに、軍事力を強化して**北宋に攻め込む**と、**慶暦の和約**を結んだよ。ただ、和約を結んだあともたびたび宋を攻撃した。そして金がキタイと北宋を滅ぼしたのち、**西夏は金と友好関係を維持**して、東西交易の利益を背景に繁栄したよ。ただ、モンゴルの登場で状況が変わり、**チンギス＝ハン（カン）**によってあっけなく滅ぼされてしまったんだ。

◀ 華北まで支配した金も、二重統治体制をとった！

キタイの東北部に住む**女真族**は、完全な遊牧民ってわけじゃなくて、狩猟や農耕で生活していた。そして、**女真族を統一した完顔部の阿骨打（完顔阿骨打）**が**上京会寧府**を都に**金**を建国し、**北宋と同盟**してキタイの勢力を一掃したんだ。さらに、第2代の**太宗**は北宋を滅ぼし（**靖康の変**）、さらに南宋と**紹興の和議**を結んで、**淮河**を国境と定めて歳貢を受け取ることになったよね。

こうして、**華北まで支配を伸ばした金**は、キタイと同じように**二重統治体制**をとった。**猛安・謀克**という**部族制**で女真族を結集する一方、華北の漢民族には宋と同じ**州県制**を維持して、科挙を実施するなど中国風の統治を変えなかった。そして、

第1章 オリエント・インドの古代文明

第2章 古代の地中海世界

第3章 古代の東アジア

第4章 中世ヨーロッパ

第5章 東アジア世界の変容

第6章 イスラーム世界

第7章 近代ヨーロッパの幕開け

　第4代の海陵王は、燕京（現在の北京）に遷都して**中都大興府**と改称したんだ。

　文化的には、金も独自の女真文字をつくったほか、支配下の華北では、宋代から続く儒教・仏教・道教を融合する動きから、道教の王重陽が全真教を開くと、同じ時期に南部の江西省で広がった正一教（五斗米道の流れ）と対立したよ。

5　宋代の社会経済史

◀ 江南の稲作が発展して、「蘇湖【江浙】熟すれば天下足る」といわれた！

　五胡十六国時代の戦乱や、キタイや金の支配を嫌った人びとが華北から江南へ移住して、宋代を境に中国では南北の人口が逆転した。そして、人口の移動を背景に、新興地主（形勢戸）は佃戸を使って農地を拡大し、長江下流域では**囲田**や圩田・湖田などの干拓で水田の面積が急速に拡大したよ。新しい耕地には日照りに強い早稲種（育つのが早い）の占城稲が導入されて、さらに田植え農法の普及などで収穫も安定した。また、稲の1年二期作や稲・麦の1年二毛作も発達して、穀物の生産量が増えた。こうして「蘇湖【江浙】熟すれば天下足る」といわれるように、長江下流域（長江デルタ）の江蘇・浙江（蘇州・湖州）が中国の穀物生産の中心地（穀倉地帯）となり、中国経済の中心は江南になったよ。

　穀物生産が拡大すると、「穀物よりも儲かるものをつくろう！」と各地で**商品作物**の栽培が発展した。特に、長江下流域では茶の栽培が盛んになって、**喫茶の習慣**が普及したよ。同時に茶の専売も始まって、周辺民族にも輸出された。だから西夏は歳賜で茶をもらったんだね。

> 「穀物生産の拡大➡商品作物栽培や手工業の発達➡商業交易の発展」という流れでおさえよう！

◀ 商業・工業が発展し、鎮・市などの新興都市も生まれた！

　穀物や商品作物の生産が拡大するのにあわせて、手工業も発展したよ。**石炭の使用**が普及して生産性が上がると、江西省の景徳鎮などを中心に陶磁器生産が発展した。宋の陶磁器（**宋磁**）といえば、青磁・白磁など単色で清楚な磁器が有名だね。唐代の鮮やかな唐三彩と比べるとシンプルで、教科書的に言うと「理知的な美しさ」の陶磁器だ。また、大運河沿いの蘇州は絹織物・綿織物の手工業都市として発展した。ほかにも各地で製塩業や製糖業なんかも発達したよ。

　こうした各地の特産物を輸送する河運（大運河を使った輸送）が発展すると、黄河と大運河の接点だった開封は100万都市になった。この繁栄を描いた絵巻物が「清明上河図」だよ。また、唐代に商業を規制していた**市制も廃止**されて、商人たちは都市の内外で自由に取引できるようになった。地方では、唐末期に現れた草市（城壁外の市場）や、新しい都市として鎮や市ができて、**遠隔地商業も発達**した。さらに、都市の内部では商人の行や手工業者の作などの同業組合もつくられたよ。

ヨーロッパでいう**ギルド**だね。そして、繁華街（瓦市）には劇場（勾欄）や飲食店（酒楼）、喫茶店（茶館）などもできたんだ。

◀ 対外交易が発展し、貨幣経済の発展にあわせて紙幣も生まれた！

　宋代には、中国の経済発展を背景に、北方での**遊牧民との交易**と南方での**海上交易**がともに繁栄したよ。内陸を中心とする**絹織物**の輸出に加えて、宋磁の技法が発達して**陶磁器**の輸出も増えたんだ。陶磁器は重いから、多くは船で輸送するよね。この時期には、中国式の大型外洋船**ジャンク**が建造されて、**中国商人が東南アジアやインド洋海域との海上交易に進出しはじめた**。こんなふうに、陶磁器が交易の中心になった「**海の道**」は、別名「**陶磁の道【セラミック＝ロード】**」とも呼ばれるよ。また、**臨安【杭州】、広州、泉州、明州**（のちの寧波）などの海港都市も繁栄した。そして、唐代には広州にしかなかった**市舶司**が、**宋代には各海港に設置され**、関税の徴収や専売品の買い上げで、国家財政を支えるほどの利益を上げたんだよ。また、北方遊牧民とは、国境に設置された**互市場【榷場】**で国家管理のもとで貿易がおこなわれ、おもに**中国からは絹や茶が輸出され、北方からは馬や羊が輸入**されんだ。

　そして、商工業・交易の発展は**貨幣経済の進展**を促した。宋代では大量に鋳造された**銅銭**が全国で流通したんだけど、商人たちはかさばる銅銭を取引に使うのが面倒だった😩。しかも、政府も銅銭をつくる銅が足りなくて困っていたから、**北宋**では民間業者が銅銭の預り証として発行していた**交子**を引き継いで、紙幣にした。これが**世界初の紙幣**だよ。そして、さらに銅が不足した**南宋**では**会子**と呼ばれる紙幣が本格的に発行された。同時期に、華北の**金**も**交鈔**という紙幣を発行したよ。紙幣の使用で余った銅銭は、特に**平氏政権**が**日宋貿易**をすすめた日本などに輸出されたんだ。

市舶司は、唐では広州のみ、宋では各海港に増えたよ！　紙幣は北宋の交子、南宋の会子、金の交鈔。王朝ごとに覚えよう！

◀ 士大夫が社会の中心となり、儒学が哲学的に発展した！

　ではここで、**宋代の社会と文化のつながり**を見ておこう！　宋代には政治や社会の中心になった士大夫が、思想や学問の面でも中心になった。そして、**儒学も新たな展開を見せる**よ。唐代の仏教弾圧（**会昌の廃仏**）で仏典研究ができなくなった知識人たちは「新しく学ぶものはないのか？」って考えながら座禅をしていた。唐の末期には士大夫の間で**禅宗**が流行していたからね。そして彼らは気づいたんだ。「私たちは儒学を単なる字句解釈（**訓詁学**）だと決めつけて、これまで、経典そのものの内容を考えたことがないじゃないか😵」ってね。彼らが儒学の経典の本質に迫ろうとしたから、**宋学**と呼ばれる新しい儒学が生まれたんだよ。

宋学の開祖である北宋の周敦頤は、**道教や陰陽五行説など**の影響も受けながら、宇宙万物の原理を説明する『**太極図説**』を著し、孟子以来なくなっていた「**聖人の道**」の伝統を復活させたよ。聖人っていうのは「孔子みたいに優れた人」のことだ。そして弟子の**程顥・程頤**が、万物が生成する原理である"**理**"や万物を生成する"**気**（すべての物の素材になるガスみたいなもの）"を説いて宋学を発展させ、南宋の**朱熹【朱子】**が「理」と「気」の二つを万物の根源（**理気二元論**）と考えて、**宋学を集大成**した。これが**朱子学**だよ。

朱熹は、"宇宙の理"を人間のなかに宿らせた状態（これが「**理性**」ね）が本当の人間の姿だって考えた（**性即理**）。そして「理性を身につけるためには学びが必要だ」って説いたんだ。だって、赤ちゃんに理性はないでしょ😆。理性はあとから身につくものだから、「儒学の経典を学んで、そのなかから"理"を一つ一つ極めなさい」と説いた（**格物致知**）。まとめると、「**儒学の知識に基づいて、理性で客観的に判断しなさい**」ってことね。だから朱熹は、五経よりも深い考察が必要な『**大学**』『**中庸**』『**論語**』『**孟子**』の4冊を重視して、**四書**って呼んだんだ。

こうなると、儒学の古典に出てくる**中華思想**（中国は世界の中心、周りは野蛮という世界観）が、異民族にやられまくっている宋代の現状とあわないよね😅。だから、「**漢民族のほうが異民族より優越**😤」とする**華夷の区別**や、主君と家臣の間の身分秩序や道徳を守る**大義名分論**が強調されたよ。そして朱熹は、大義名分論を貫いて書かれた**司馬光**の歴史書『**資治通鑑**』を使って、歴代の王朝の正統性を示す『**資治通鑑綱目**』を書いたんだよ。

一方、朱熹に対して「**結局は経典の丸暗記じゃないか！**」と批判したのが**陸九淵**だ。陸九淵は、「"理"は生まれたときから人間のなか（"心"）にある」という「**心即理**」説を説き、自分の内にある良心をもとに「**主観的、あるいは主体的に考え、実践すべき**」って言ったんだ。この考え方を明の**王守仁【王陽明】**が受け継ぎ、「**知行合一**（認識と実践を統一する）」や「**致良知**（内なる良心を完成させる）」を説く**陽明学**に発展したよ。儒学史は➡P.268にまとめたので、確認してね！

さて、宋代はこれでおしまい。最後に年号 check だ！

‼ 年号のツボ

- ●**高麗の建国**［918］（高麗建国　悔いはなし）
      9 1 8
- ●**北宋の建国**［960］（苦労を重ねて　北宋建国）
      9 60
- ●**澶淵の盟**［1004］（金を取れよと　遼がたかる）
      1 0 0 4
- ●**王安石の新法**［1069］（新法守れと　銃を向く）
      10 69
- ●**靖康の変**［1126］（戦意にむなしく　北宋滅ぶ）
      1 1 2 6

次回はモンゴル帝国のもとで、世界が一つにつながるよ！　お楽しみに😆。

第1章 オリエント・インドの古代文明

第2章 古代の地中海世界

第3章 古代の東アジア

第4章 中世ヨーロッパ

第5章 東アジア世界の変容

第6章 イスラーム世界

第7章 近代ヨーロッパの幕開け

〈儒学史のまとめ〉

訓詁学 （漢～唐）	経典の字句解釈を目的とする学問
	●漢代……儒学の官学化により、訓詁学が発展
	●劉向［前漢］……宮廷所蔵の書物の分類・整理をおこなった
	●鄭玄［後漢］……**党錮の禁**を受けたのち、**訓詁学を大成**。馬融の弟子
	●**『説文解字』**……後漢の許慎が編纂した**中国最古の字書**
	●唐代……科挙の開始。経典の解釈を固定化したため、儒学は停滞
	●**『五経正義』**……五経の注釈書で、**科挙のテキスト**となった
	▶**太宗**の命で**孔穎達**らが編集。完成したのは**高宗**時代
宋学 （北宋・南宋）	道教や禅宗の影響を受け、儒学が哲学的に発展
	●宋学の創始・発展（北宋）
	●周敦頤……宋学の祖。宇宙万物の本質を探り、**『太極図説』**を著す
	●**程顥・程頤 ➡理気二元論**
	▶宇宙の根本原理を"理"、万物を形成する元素を"気"とする
	●宋学の完成（南宋）＝**朱子学**
	●朱熹［朱子］……**理性**に基づく**客観的**な判断を重視
	▶**「格物致知」**（学問・知識の完成）
	▶**「性即理」**説（理性が人間の本質である）
	➡**"華夷の区別"**や君臣関係を強調した「**大義名分論**」を展開
	▶**「四書」**（『大学』『中庸』『論語』『孟子』）を重視
	▶著書：**『資治通鑑綱目』**
	●**「心即理」**説の出現……禅宗の影響を受けて、朱熹の「性即理」に反発
	●陸九淵【陸象山】［1139～92］……**主観的**な倫理学的立場
	▶人間の心性を重視した「心即理」説を唱える
陽明学 （明）	陸九淵の「心即理」を発展、主観的な立場から実践を重んじた
	●王守仁【王陽明】［1472～1528］……明の学者・政治家。陽明学の完成
	▶**「知行合一」**（認識と実践の統一）、**「致良知」**（人間の良心を突き詰める）
	●李贄【李卓吾】……陽明学左派
	▶孔子や儒教経典を不完全な偽善として否定
考証学 （明末～清）	儒学の経書の文献学的批判をおこなう
	●明末清初……黄宗羲（『明夷待訪録』）や顧炎武（『日知録』）が創始
	●清代……清の思想統制に対し、政治論議を避けて訓詁の学も復活
	●銭大昕……**史学研究法を確立**（『大清一統志』の編纂）
	●戴震（『孟子字義疏証』）、段玉裁（『説文解字注』）は訓詁の学で有名

いよいよ今回はモンゴル帝国の時代だよ。ユーラシア大陸の大半を支配して、世界全体に大きな影響を与えたモンゴル帝国って、どんな国だったんだろう？

大きくつかもう！

 1 モンゴル帝国の成立 270～275ページ

 2 元の中国支配 276～277ページ

3 世界の一体化と東西交易の発展 277～279ページ

4 元の衰退と明の成立 279～280ページ

ヨーロッパの歴史とアジアの歴史がひとつにつながるよ。13世紀は「モンゴルの世紀」だ！

　西ヨーロッパがイスラーム世界への十字軍をやっているころ、チンギス＝ハンは諸部族を統一して遠征を開始したよ。このあと、わずか半世紀で<u>ユーラシア大陸の大半を支配下に置くモンゴル帝国</u>ができた。史上空前の大帝国の出現は、東アジア・東南アジアからイスラーム世界、ヨーロッパにまでさまざまな影響をもたらすんだ。モンゴル帝国はユーラシア全域に交通路を整備して交易も保護したから、この時代は「交易と交流の時代」なんだよ。軍隊の強さや残虐さが強調されたりすることもあるけど、ほとんどが負けたほうがあとから勝手につくったイメージだ。実際、モンゴル人は宗教や民族を理由に弾圧なんかしなかったんだもん。草原を馬に乗って駆け抜けるモンゴル人をイメージしながら、歴史を考えてみよう！

　それじゃあ、モンゴル帝国の時代の始まり〜😆。

1　モンゴル帝国の成立

クローズアップ　モンゴル帝国の成立とモンゴルの遠征

- ●チンギス＝ハン（カン）【成吉思汗】(太祖)[位1206〜27]
  - ……クリルタイでハン位を得る[1206]
  - ●大モンゴル国【イェケ＝モンゴル＝ウルス／モンゴル帝国】の成立
    - ▶**千戸制**……全国の遊牧民を95の千戸集団に再編成
  - ●遠征……**オアシスの道【シルクロード】を征服**
    - ▶**ナイマン部の征服**[1218]
    - ▶**ホラズム＝シャー朝【ホラズム朝】の打倒**[1220]　➡**西北インドに侵入**
    - ▶**西夏の征服**[1227]　➡遠征途上で病死[1227]
- ●オゴデイ【オゴタイ】(太宗)[位1229〜41]
  - ●都:カラコルム【和林】の建設[1235]　➡駅伝制【ジャムチ】整備を始める
  - ●遠征……**草原の道を征服**
    - ▶**金の征服**[1234]……オゴデイ自らが親征
    - ▶**バトゥの大西征**[1236〜42]
      - ➡**中央アジア〜黒海北岸を制圧、ロシア諸国を倒しキエフ公国も征服**
      - ➡**ハンガリー、ポーランドへ侵入**
      - ➡**ワールシュタット【リーグニッツ／レグニツァ】の戦い**[1241]
        - ……ドイツ・ポーランド連合軍を破ったとされる
    - ▶**キプチャク＝ハン国【ジョチ＝ウルス】を建国**
- ●モンケ(憲宗)[位1251〜59]
  - ●遠征……**西アジア遠征と南宋征服作戦の開始**
    - ▶**フレグ【フラグ】の西アジア遠征**……モンケの弟
      - ➡**バグダードの攻略**[1258]……アッバース朝滅亡
      - ➡**イラン地方に、イル＝ハン国【フレグ＝ウルス】を建国**[1258]
    - ▶**クビライ【フビライ】の遠征**……モンケの弟。大理を征服
    - ▶**高麗の屈服**[1259]　➡高麗では**三別抄の乱**が起きる
- ●クビライ【フビライ】(世祖)[位1260〜90]……華北をおさえ皇帝に即位
  - ●即位をめぐる後継争い……末弟の**アリクブケ**との対立
    - ➡**カイドゥ【ハイドゥ】の乱**[1266〜1301]……長期にわたる内紛
  - ●クビライの東アジア征服
    - ▶**南宋征服**[1276／1279]……**臨安を占領**[1276]
    - ▶ビルマのパガン朝に遠征➡パガン朝は衰退し、やがて滅亡
  - ※**失敗した遠征**……日本（「元寇」）、大越（陳朝）、ジャワ

◀ モンゴル高原の分裂抗争のなかから、チンギス＝ハンが登場！

　9世紀に**ウイグル**が滅亡したあとの**モンゴル高原**では、キタイや金が**遊牧民の部族対立**をあおったから、トルコ系やモンゴル系のさまざまな部族の抗争が続いていたよ。ここで、遊牧民の**部族国家**について説明しておこう。というのも、遊牧民の国家の形がわからないと、モンゴル帝国の支配がわからなくなっちゃうからね😩。

　まず、**遊牧**というのは羊や馬などの家畜を引き連れて、**季節ごとにエサ場を求めて移動する生活**のことだ。遊牧国家の説明でよく出てくる**部族**というのは、まとまって遊牧をしている「**人の集まり（集団）**」のことだよ。集団の大きさは大小まちまちだけど、戦争をするときには、それぞれの集団のリーダーが自分の部族をまとめて軍団をつくった。こうした部族がモンゴル高原の各地にたくさんあって、部族のリーダーたちのなかから誰かが王に選ばれると諸部族が統一されたことになり、国ができるんだ。逆に、統一した王が選ばれていないと、部族はいっぱいあっても「国はない」ことになる。「王が部族のリーダーたちをまとめる」っていう部族同士の人のつながりで支配するのが、遊牧民の**部族制**だ。こうした国家体制は、突厥やウイグル、キタイ、金などで少しずつ完成したものだよ。もう一度確認するけど、遊牧民の国は、領土じゃなくて「**人のつながり**」で国家がつくられるからね😆。

遊牧民の国のかたちは「部族制」。わかったかな？領土じゃなくて「人のつながり（集団）」だよ！

　では、モンゴル帝国の話に戻るよ。12世紀後半にモンゴル高原の中央部に進出した**モンゴル部**から現れた**テムジン**は、ケレイト部やナイマン部を破って**モンゴル高原を統一**すると、1206年に**クリルタイ**（部族のリーダーの会議）で**ハン**（カン／王）に選ばれて即位し、**チンギス＝ハン（カン）**と名乗った。こうして**大モンゴル国**（モンゴル語で「イェケ＝モンゴル＝ウルス」）ができたんだ😆。

　チンギス＝ハンが最初にやったのは、**部族の再編成**だよ。部族国家では「人のつながり」が最も重要だから、まず、支配下の遊牧民を95の**千人隊【千戸】**（約1000人の兵士を出せる集団）に再編成して、政治・社会・軍事すべての基礎にした。これが**千戸制**だよ。そして、**千人隊を息子や弟たちに与えて**それぞれに遊牧地を割り当て、**ウルス**（部族集団からできた国）を形成させたんだ。モンゴル帝国は、**チンギス＝ハン一族のウルスが連合してできた国**だから、チンギス＝ハンの一族に権力が集中することになる。さらに、信頼できる部下の息子たちから精鋭軍（親衛隊【ケシク】）を編成して、自分の下に置いた。こうしてチンギス＝ハンは、10万を超える<ruby>騎<rt>き</rt></ruby><ruby>馬<rt>ば</rt></ruby>軍団を動かせる**史上最強の遊牧国家**をつくりあげたんだ😳！

第1章　オリエント・インドの古代文明

第2章　古代の地中海世界

第3章　古代の東アジア

第4章　中世ヨーロッパ

第5章　東アジア世界の変容

第6章　イスラーム世界

第7章　近代ヨーロッパの幕開け

◀ チンギス＝ハンは中央アジアに進出して、オアシスの道を制圧した！

　モンゴルの遠征は、東西交易路とセットで理解しよう！　当時、東西交易路は大きく「オアシスの道（シルク＝ロード）」「草原の道」「海の道（セラミック＝ロード）」の三つがあって、モンゴルの遠征に関係があるのは、騎馬軍団で行ける「オアシスの道」と「草原の道」だ。**チンギス＝ハン**は10万以上の騎馬軍団を1日で約70kmも進めるような機動力で、一気に「**オアシスの道**」を制圧したんだ。

　チンギス＝ハンが最初に攻めたのは金だよ。中都（燕京）を攻略された金は、黄河の北側を捨てて開封に逃げた。その後、**チンギス＝ハン**は西方に向かい、中央アジアで**カラ＝キタイ【西遼】**を乗っ取ったトルコ系の**ナイマン部**を倒すと、ブハラ・サマルカンドなど中央アジアの主要都市を制圧し、**ホラズム＝シャー朝【ホラズム朝】**を打倒すると、西北インドにも侵入した。そして、ホラズム遠征への参加を拒否した西夏を征服したんだけど、この遠征の最中に亡くなったんだ😔。こうして「オアシスの道」の大半がモンゴルの支配下に入り、征服地の人びとを吸収してモンゴルの「ウルス」はどんどん大きくなった。

〈モンゴル帝国の発展〉

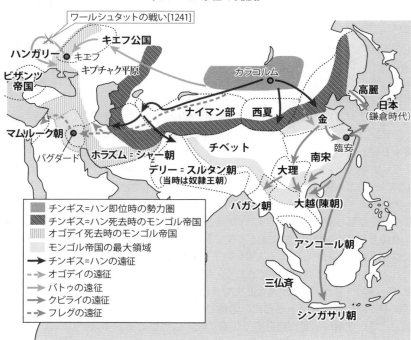

第1章 オリエント・インドの古代文明

第2章 古代の地中海世界

第3章 古代の東アジア

第4章 中世ヨーロッパ

第5章 東アジア世界の変容

第6章 イスラーム世界

第7章 近代ヨーロッパの幕開け

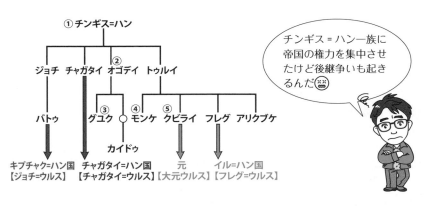

チンギス＝ハン一族に帝国の権力を集中させたけど後継争いも起きるんだ😫

◀ 第2代オゴデイは自ら金を滅ぼし、バトゥの遠征で「草原の道」を制圧！

　チンギス＝ハンが亡くなると、その遺産と軍団は末子のトゥルイが受け継いだんだけど、クリルタイで即位したのは第3子の**オゴデイ【オゴタイ】**だった。ただ、この時点ではトゥルイのほうが持っている軍団も財産も圧倒的に多かった。オゴデイの即位は、ちょっと陰謀のニオイがするね……😏。

　即位してすぐに、オゴデイはトゥルイと一緒に金を滅ぼしたんだけど、遠征の帰りにトゥルイが病死した😵。こうして、まんまと帝国の支配権を握ったオゴデイは、モンゴル高原の真ん中に**中国風の都カラコルム【和林】**を建設し、さらに全土に向けて**駅伝制（えきでんせい）【ジャムチ】**を整備する大事業を開始して、カラコルムを中心とする支配体制をつくると、**帝国全体の皇帝の称号としてカアン（大ハーン）**を名乗った😃。他の王族が名乗る「ハン」とは違うからね。

　その後、甥（おい）の**バトゥ（チンギス＝ハンの長子ジョチの子）**を総司令官として**ユーラシア西北に遠征**させた。バトゥは中央アジアの**トルコ系遊牧民（キプチャク）を吸収して軍団を拡大しながら西に進み、南ロシアのルーシ諸国を征服して、キエフ公国を崩壊**させると、中央アジアから南ロシアに至る広大なキプチャク平原を制圧した。さらに、一隊をポーランドに遠征させると、**ワールシュタット【リーグニッツ／レグニツァ】の戦い**でドイツ・ポーランド連合軍を破ったとされる。また、本隊は**ハンガリーに侵攻**してウィーン郊外に迫ったんだけど、バトゥのもとに**オゴデイの死**の知らせが届いた😢。仕方なくバトゥは兵を引き、ヴォルガ川の流域に**キプチャク＝ハン国【ジョチ＝ウルス】**を形成したんだ。

◀ 第4代モンケは、弟のクビライとフレグに遠征を任せた！

　オゴデイが亡くなると、息子の**グユク**がクリルタイで即位したんだけど、これにバトゥが反対した。グユクは自分に反逆したバトゥに軍を向けたんだけど、遠征の途中に亡くなった。これまた陰謀のニオイ……😏。結果的に、モンゴルで最大実力者バトゥの支持で、**モンケ（トゥルイの長子）がカアン（大ハーン）に即位**した。バトゥの遠征で一緒に戦ったから、モンケとバトゥは仲が良かったんだよ！

　モンケは弟たちに命じて、世界征服計画のような遠征を始めたよ😵。まず、**ク
ビライ【フビライ】**には中国を中心とする東方攻略を任せた。クビライは雲南の**大
理**を滅ぼして、**チベット**とベトナムにも侵攻したんだけど、このときチベットで見
たラマ教が気に入ったの😄。これ、あとで大事だからね！

　一方、**フレグ【フラグ】**には**西方（西アジア）**に遠征させたよ。フレグは**イラン
のシーア派勢力**を屈服させると、**バグダード**を占領して**アッバース朝**を滅亡させた。
このとき、アッバース一族はエジプトのカイロに亡命したらしい😅。こうしてイ
ランには**イル＝ハン国【フレグ＝ウルス】**が形成されたんだけど、その後シリアに
侵攻したときに、フレグのもとに**モンケの死**の知らせが届いた😵。モンゴルの遠
征ってオゴデイ、モンケの死で一時ストップしたんだけど、もし二人の皇帝の死ぬ
タイミングが少しずつ遅かったら、歴史は変わっていただろうね。

◀ クビライの即位をきっかけに、大ハーン位をめぐる争いが起きた！

　時代をちょっとだけ戻すよ。中国遠征を任されたクビライは、華北の支配をじっ
くり固めてから南宋に攻め込む作戦だった。でも、南部まで一気に制圧したい**モン
ケ**は自ら南宋遠征に向かい、この途中で病死したよ😵。

　こうなると、カラコルムで留守を預かっている末弟の**アリクブケ**が帝位を継ぐの
が順当なんだろうけど、遠征途中の**クビライ**は長江中流域まで侵攻して華北の大半
をおさえると、自分の味方だけを集めたクリルタイで**カアン（大ハーン）**に即位し
た。これって、ある意味クーデタだよ😅。対する**アリクブケ**も**カラコルム**で即位
して、両者の対立は戦争に発展した😫。そして、４年間にもわたる**抗争に勝利し
たクビライ**が、正式に**カアン（大ハーン）**になったんだ。

　ただこのあとも、オゴデイの孫**カイドゥ【ハイドゥ】**がクビライに反対し、**キプチ
ャク＝ハン国**、**チャガタイ＝ハン国**と連合して戦い続けた（**カイドゥの乱**）。この
内紛は、カイドゥが亡くなるまで40年近くも続くんだよ😅。

◀ 各地の「ハン国」はチンギス＝ハン一族が支配するウルスだ！

　ここで、ユーラシア各地にできた**ハン国**について説明しよう。「〜ハン国」とい
うのは、**チンギス＝ハン一族が支配するウルス**のことだから、明確な国境があるわ
けじゃないし、完全な独立国というわけでもな
いよ。**モンゴル帝国**は皇帝としての**カアン（大
ハーン）**を中心とする**ウルスの連合体**だから、ク
ビライが**大都（現在の北京）**に遷都し、さらに**元
【大元ウルス】**と改称したあとも、元の皇帝を帝
国全体の**カアン**としてゆるやかにまとまってい
た。つまり、各地にハン国ができたり、カイド
ゥの乱が起きたからといって、モンゴル帝国が
バラバラになったってわけじゃないからね。

モンゴル帝国は諸ハン
国（ウルス）の連合体
だ。決してバラバラっ
てわけじゃないよ

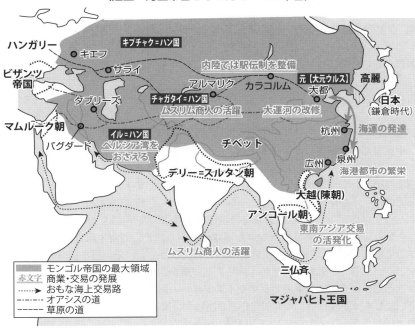

〈陸上・海上帝国となったモンゴル帝国〉

凡例：

- モンゴル帝国の最大領域
- 赤文字　商業・交易の発展
- ┄┄► おもな海上交易路
- ─·─·─ オアシスの道
- ───── 草原の道

第1章　オリエント・インドの古代文明

第2章　古代の地中海世界

第3章　古代の東アジア

第4章　中世ヨーロッパ

第5章　東アジア世界の変容

第6章　イスラーム世界

第7章　近代ヨーロッパの幕開け

　では、各地のハン国を見ていくよ。**チャガタイ家**は、中央アジアの**アルマリク**を都に**チャガタイ゠ハン国【チャガタイ゠ウルス】**を形成し、カイドゥの乱ののち、**オゴデイ家の勢力**（オゴデイ゠ハン国とも呼ばれる）**も吸収**した。その後、14世紀には**東西に分裂**して、そのうち**西チャガタイ゠ハン国**から**ティムール**が登場するよ！　**ジョチ家**は、**バトゥの遠征**で中央アジアから黒海北岸までを制圧し、**サライ**を都に**キプチャク゠ハン国【ジョチ゠ウルス】**を形成した。支配下のトルコ系遊牧民にイスラーム教徒が多かったから、14世紀の**ウズベク゠ハン**時代には**イスラーム教を受容**したよ。15世紀には、支配下のロシア諸侯のなかから**モスクワ大公国**が自立するね。最後に**フレグ家**は、西アジアに**イル゠ハン国【フレグ゠ウルス】**を形成したよ。フレグは、西アジアを制圧したのちに**エジプトに遠征**したけど、**マムルーク朝に負けちゃった**😫。また、初期にはネストリウス派を保護し、支配地をめぐるキプチャク゠ハン国との対立からヨーロッパに接近を図ったけど、のちに全盛期の**ガザン゠ハン**がイスラーム教に改宗したよ。この時代の**イラン人宰相ラシード゠アッディーン【ラシード゠ウッディーン】**による**『集史』**は史上初のユーラシア世界史で、モンゴルの重要な史料だね。

2　元の中国支配

◀ クビライは中国南部・東南アジア・インド洋へ進出し、交易圏を海にも拡大！

　カアン（大ハーン）に即位したクビライ【世祖／フビライ】は、さっそく南宋への侵攻を始めた。クビライは長期戦に備えて食料や武器を大量に集めると、回回砲（投石器）という新兵器も使って都市を攻略していった。モンゴルの大軍を見た南宋軍は、「もはや勝てない😫」と1276年に臨安を開城して降伏したんだ（南宋の滅亡）。このあと、南宋軍の一部は船に乗って福州、さらには広州湾内に逃げ込んで抵抗したけど、1279年の崖山の戦いで敗れて完全に滅亡したよ。

　中国南部まで制圧したクビライは、さらにアジア各地に侵攻した。すでに服属していた高麗で続く元への抵抗（三別抄の乱）を鎮圧すると、高麗の水軍も動員して日本遠征、いわゆる元寇をやった。1回目（日本では文永の役）は、クビライにとっては「日本が南宋と組んで反抗しないように……」程度の遠征だったけど、日本にとっては大ピンチ😵。鎌倉幕府の執権北条時宗は九州に武士たちを集めて抵抗し、幸運な暴風雨もあってモンゴル軍は撤退した。そして南宋滅亡後の2回目（日本では弘安の役）は、南宋の残党を集めておこなった。ただ、日本側は頑丈な石垣をつくって守りを固めていたし、またまた台風がきてモンゴル軍は撤退したよ。

　さらにクビライは、東南アジアやインド洋への進出も狙った。雲南から陸路で遠征したビルマではパガン朝を弱体化させたけど、艦船を使った遠征は失敗だよ😓。やっぱり、馬じゃないとダメだな😵。ベトナム（大越）では陳朝の激しい抵抗にあって撤退し、ジャワにも遠征したけど撃退された。このときジャワでは、元軍がくる直前にシンガサリ朝の王が内紛で殺されて、元を撃退した指導者がマジャパヒト王国を建てるんだ。ただ、東南アジア遠征は、貿易を拡大したいムスリム商人が仕掛けたものだから、遠征後にほとんどの国が元に朝貢して貿易が活発になったから、目的は達成したのかもね😄。

フビライは、馬で行けない海上交易まで視野に入れたけど、艦船を使った遠征は失敗だ……

◀ モンゴル人優位の中国支配だけど、官吏登用は実務能力を重視！

　元の中国支配は、システムだけを見ると宋や金とあまり変わらず、基本的には中国風の官僚制だから、中央政府に中書省（行政）、枢密院（軍事）、御史台（監察）が置かれ、中書省の下に六部を置いた。そうはいっても征服者であるモンゴル人はもちろん優位だよ😄。モンゴル語が公用語となり、政府の高官や地方長官にはモンゴル貴族をあてた。そして、「関係が長くて深い人ほど大切にする」っていう意識から、早い段階で服属した中央アジアのウイグル人やタングート人、イラン系ムスリムなどの色目人（いろいろな種類の人という意味だ）は、財政や文化を担当す

る高官として厚遇されたんだ。

　じゃあ、**漢民族**はどうなんだろう？　旧金朝支配下の人びとは**漢人**、旧南宋支配下の人びとは**南人**とされたんだけど、彼らがひどく差別されたってわけじゃなく、元に従うのが遅かったから遅かったなりの対応をされただけだよ。元は一旦**科挙を停止**したけど、例えば、**授時暦**をつくった**郭守敬**とか実務能力が高い「仕事ができる人」なら民族や宗教に関係なく登用した。**高級官僚は家柄（世襲）で決めることが多かっ**

漢民族が元に厳しく差別されたっていうイメージは、中華思想からくる誇張だよ

たけどね。ただ、中国の統治には膨大な官僚が必要だから、第4代の仁宗は科挙を**復活**させた。まあ、宋と比べると合格者も少なくて、**漢人や南人の合格者の枠はモンゴル人・色目人と同数**とされたから、人口が圧倒的に多い江南の士大夫には不利な条件だったけどね😫。

　それから、むちゃくちゃ強い騎馬軍団のイメージから、「元の支配は厳しいのでは？」って思うかもしれないけど、**実際の支配は結構ゆるかった**。元は国内を12地域に分けて中央政府と直結する行政機関の**行中書省【行省】**を置き、各地の旧政権（金、南宋、西夏など）の支配の仕方をほとんど変えなかった。例えば税制は、**華北では人頭税**の形だったけど、**江南では両税法**のままで、地主中心の社会も変わらなかった。ちなみに、**行中書省が現在の中国の行政区画である「省」の起源**だよ。

3 世界の一体化と東西交易の発展

◀ モンゴル帝国の交易保護で、ユーラシア大陸全体の交易が活発化した！

　それじゃあ、ここからはユーラシア大陸全体に目を向けてみよう。前の地図➡**P.275**も見ながら確認していってね😊。モンゴル帝国では、**元朝を中心に各地のウルスが連携**しながら、**交通路の整備や治安維持**に努めた。チンギス＝ハン（カン）の時代から整備が始まった**駅伝制【ジャムチ】**で帝国全域が結ばれると、旅人は**牌符【牌子】**さえ持っていれば安全が保障されて、**站（駅）**で馬や食料をもらいながら、**ユーラシア大陸全体を簡単に旅行することができた**。そして、クビライは**草原地帯**（「草原の道」）と中国の接点にあたる**大都**（現在の北京）に都を置き、なんと内陸にある大都の真ん中に港をつくったんだ😲！そして、大運河を改修するとともに**大都まで運河を伸ばし**、天然の川も使って現在の**天津**とつなぐと、**華北と江南を結ぶ海上航路**を開き、杭州や上海、泉州、広州などの海港都市と直接結びつけた。江南は中国経済の中心だから、江南の物産を北に輸送する必要もあるしね。

　中国の南北を結ぶ**海運**が発達すると、**海港都市も発展**した。この時期に最も繁栄したのは**泉州（ザイトン）**で、ほかにも南宋の都だった**杭州（キンザイ）**、広州（カンフー）なども交易で栄えたよ😊。また、クビライの遠征の影響で東南アジア

　諸国が元に朝貢すると、**南シナ海からインド洋の交易が活発**となり、さらにイル＝ハン国がイランを支配したことで、**インド洋からペルシア湾に至る海上ルートも**モンゴル帝国がおさえた。こうして、**ペルシア湾〜インド洋〜東アジアを結ぶ海上交易**が、モンゴル帝国の支配によって内陸交易や中国の河運（大運河や川の物流）と結びつき、ユーラシア大陸を循環する広域経済圏が出現したよ😶。

◀ モンゴル帝国の経済発展を支えたのは、「銀」と「ムスリム商人」だ！

　この時代、モンゴル帝国全域では銀が共通の**通貨**として使われたよ。もちろん世界中の銀の流通量は限られているから、クビライは金にならって**交鈔**という**紙幣を発行**し、中国内部での取引には銀を使わせないようにした。また、貨幣が足りない分を塩引（塩の引換券）を銀や交鈔との交換で発行し、**塩の専売と結びつけて銀を集めた**。さらに、交鈔を使うことで余った**銅銭は日本など東アジア各国に輸出**され、各地で貨幣経済が進展したんだ。

　帝国全域での交易活動を支えたのが、内陸交易に従事したウイグル人、内陸・海上交易で活躍した**ムスリム商人**だ。特に内陸では、唐代に交易で活躍した**イラン系のソグド人**が、中央アジアのイスラーム化の影響で、ゾロアスター教から**イスラーム教に改宗**し、モンゴル帝国に協力した（**イラン系ムスリム商人**）。帝国内のハン国は元から送られてくる銀をムスリム商人（王族との協力関係から「**オルトク**〔仲間〕商人」と呼ばれた）に投資し、彼らはその銀を使って入手した**絹や陶磁器**など中国の物産を西方で売りさばいた。この時期につくられた**染付**は、交易でもたらされたイラン産のコバルトを使って焼かれた陶磁器だよ。こうして**中国物産との交換で中国に銀が流入**し、元はその銀を専売や税で集めて西方に送った。この帝国内での**大きな銀の流れ**によって、世界全体で銀を通貨とする交易が維持されたよ。

◀ 交通路の発達で西方の人びとが元に来朝し、文化の交流も盛んになった！

　帝国支配のもとで交通路が発達すると、**人の移動も活発**になった。特に13世紀は、ヨーロッパで十字軍がおこなわれていた時代だから、教皇や国王たちは、**イスラーム教徒を挟み撃ちしようとモンゴルに外交使節を送った**。だから、カトリックの宣教師（みんな**フランチェスコ会**だ）が次々とやってくるよ。教皇インノケンティウス4世の使節としてやってきた**プラノ＝カルピニ**はグユクに親書を渡し、**フランス王ルイ9世**が派遣した**ルブルック**はカラコルムでモンケに謁見して、十字軍への協力を要請した。でも、まんまと断られたけどね😭。その後やってきた**モンテ＝コルヴィノ**は初代の**大都大司教**となり、**中国で初めてカトリックを布教**したよ。

　宣教師以外にも、多くの**旅行家や商人**が元を訪れた。ヴェネツィアの商人**マルコ＝ポーロ**は、大都にやってきて**クビライに仕えた**といわれてるね。このときの見聞をまとめたのが『**世界の記述【東方見聞録】**』だよ。また14世紀には**モロッコ出身のイスラーム教徒のウラマー、イブン＝バットゥータ**も元にやってきた。彼の旅行記が『**大旅行記【三大陸周遊記】**』だ。

第1章 オリエント・インドの古代文明

第2章 古代の地中海世界

第3章 古代の東アジア

第4章 中世ヨーロッパ

第5章 東アジア世界の変容

第6章 イスラーム世界

第7章 近代ヨーロッパの幕開け

合否の分かれ目　元に来朝した宣教師

- プラノ=カルピニ [1182〜1252] ……教皇の使節だから**イタリア人**だ！
  ▶ **教皇インノケンティウス4世の使節** ➡グユクに親書を渡した
- ルブルック [1220〜93] ……仏王の使節だから**フランス人**だ！
  ▶ **フランス王ルイ9世が派遣** ➡カラコルムでモンケに謁見
- モンテ=コルヴィノ [1247〜1328] ……教皇の使節だから**イタリア人**だ！
  ▶ **中国最初のカトリック布教者。初代の大都大司教** ➡後任がマリニョーリ

+α ちょっと寄り耳♪

　実在も含めて諸説あるけど、ヴェネツィア商人の**マルコ=ポーロ**は、中央アジアを通る**陸路（天山南路）**を通ってカンバリク（大都）にやってきて、クビライに仕えたとされ、各地で見聞を広めて、のちに泉州から**海路**でイル=ハン国を経て帰国した。その後、ジェノヴァとの戦争で捕虜となった際に旅の話をして、これを聞いた著述家が『**世界の記述**』にまとめたらしい。このなかには当時のアジアの状況がいろいろ書かれている。例えば**ザイトン**（サルコン／**泉州**）は「アレクサンドリア（西方で最大の貿易港）の100倍も船がくる**世界の二大海港の一つ**」と紹介され、ほかにも**キンザイ**（キンセー／**杭州**）、**カンフー**（**広州**）など、当時繁栄していた海港の記述もあるよ。また、日本も「**黄金の国ジパング**」として「莫大な金を産出し、宮殿や民家は黄金でできている」と記されている。こうした「豊かなアジア」というイメージが、のちにヨーロッパ人たちを大航海時代に駆り立てるんだ。

4 元の衰退と明の成立

◀ 元の衰退の原因は「異常気象」「皇位継承」「ラマ教」「交鈔」だ！

　強大な軍事力で中国を征服した元朝だったけど、**支配できた期間は100年間もない**。14世紀には北半球の気候が寒冷化して天候不順が続き、さらにモンゴルによる交易圏の拡大から、**世界各地でペスト（黒死病）が流行**した。この「**14世紀の危機**」の時代に、中国でも異常気象による**飢饉**、**黄河の大氾濫**、**地震**などが起こって社会不安が広がり、それに宮廷の混乱が重なった😵。元は伝統的なクリルタイでの皇位継承をずっと続けたから、跡継ぎをめぐる混乱がたびたび起きたんだ。

　さらに、**国家財政の悪化**も問題だよ。クビライが、パクパ文字をつくったことでも知られる**ラマ教の僧パクパ【パスパ】**を重用して以来、元朝では皇帝や貴族が競い合うように金ピカの豪華な寺院を建てたんだ。この**ラマ教**（チベット仏教）の狂信による浪費で国家財政が破綻すると、**重税や専売制の強化**で民衆は飢え死に寸前

😫。極めつきは**交鈔の濫発**だよ。交鈔って紙幣だからいくらでも増やせる。こうしてお金だけが増えすぎたから、**猛烈なインフレーション**になったんだ。

◀ 紅巾の乱のなかから朱元璋が登場し、明を建国！

　天候不順の影響は、江南でもかなりひどかった。14世紀半ばには「10年のうち９年は飢饉」なんて状態が続いて、「もう限界だ😫」と思った農民たちは各地で反乱を起こし始めた。この反乱は「弥勒菩薩さまがこの世に復活して（**弥勒下生**）人びとを救ってくれる」と説く**白蓮教**のもとにまとまり、「天下大乱、弥勒下生」を唱える**韓山童**（のちに息子の**韓林児**）を中心とする大反乱になった。この**紅巾の乱**のなかから現れたのが、**明を建国**する**朱元璋**だよ。

　朱元璋はもともと超貧乏な農民だったから、「飯が食えるんじゃないか？」と思い、寺に入って僧になった。でも托鉢僧だから、結局飯なんか食えない😑。そんなとき、紅巾の乱を見てそのまま反乱軍に入ったんだよ。朱元璋は一部の仲間とともに**現在の南京に移動**すると、反乱のなかで勝手に新しいグループをつくって台頭した。すると、**彼のリーダーシップに期待する知識人や地主たち**が「元にかわる新しい国をつくってくれるのでは……」と集まり、朱元璋に朱子学などの教養を教えたんだ。朱元璋も彼らの理念を取り入れて「**儒学に基づく中華王朝をつくる**😤」と唱えると、ついには紅巾の乱の指導者韓林児を倒した😵。こうして1368年、朱元璋は現在の**南京**で皇帝に即位し（**洪武帝**）、明を建国した。

　ただ、**この時点では元は滅んでいない**😑。明は江南をおさえただけで、**大都**を中心とする**華北**はまだ元の支配下だ。しかし、塩の専売が国家財政を支えていた元は、その産地だった**江南**を失って急速に衰退したよ。そして、洪武帝【朱元璋】が北へと軍を向かわせて大都を奪うと、**元**【**大元ウルス**】はモンゴル高原に逃げた（**北元**）。さらに、20年後に洪武帝が北方を攻撃し、**北元を滅ぼした**んだ。

　今回はこれでおしまい。最後は年号 check だ！

> ## !!! 年号 のツボ
>
> ● **大モンゴル国の成立** [**1206**]（人にはムカつく　チンギス＝ハン）
> ● **金の滅亡** [**1234**]（1.2.3.4で　金滅ぶ）
> ● **クビライ、国号を元と改称** [**1271**]（元と改称　人にナイショ）
> ● **南宋の滅亡（臨安攻略）** [**1276**]（いつになろうか　臨安攻略）
> ● **紅巾の乱** [**1351**]（いざ来い　紅巾反乱軍）
> ● **明の建国** [**1368**]（勇むや　明の朱元璋）

　次回はついに中国王朝の最後となる明・清だ！　ついにここまできたね😆。

第18回 中華帝国の繁栄（明・清）

ひさびさに漢民族が建てた明は伝統的な中華王朝の復活を目指し、異民族王朝の清が中華帝国の伝統を受け継いで、中国史上最強の王朝になるんだ！

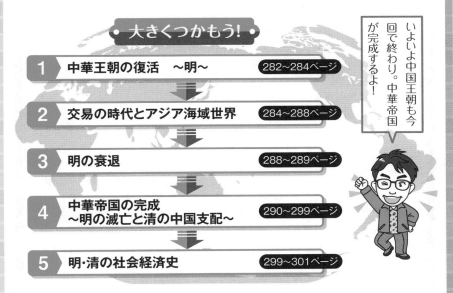

・大きくつかもう！・

1	中華王朝の復活　〜明〜	282〜284ページ
2	交易の時代とアジア海域世界	284〜288ページ
3	明の衰退	288〜289ページ
4	中華帝国の完成 〜明の滅亡と清の中国支配〜	290〜299ページ
5	明・清の社会経済史	299〜301ページ

いよいよ中国王朝も今回で終わり。中華帝国が完成するよ！

　元を北方に退けた明は、中国史上唯一、江南地方から興った統一王朝だ。農業・工業だけじゃなく、元の時代に発展した海上交易も江南が中心だったよね。でも、明は貿易を制限しちゃうから、自由に交易をやりたい連中が明に反発し始める。こいつらが明を弱らせ、明が滅んだあとに中国本土を支配したのは、異民族王朝の清だ。これまで、北魏、キタイ【遼】、金、元など、さまざまな異民族王朝が中国を支配してきたけど、清はこれまでの王朝とは違って、中国の伝統を重視した「中華帝国」として君臨した。これまでの王朝の失敗を踏まえたんだね。こうして、明・清を通じて伝統的な中華王朝が完成したよ。

　それじゃあ、いよいよ中国前近代の最終章、明・清の始まり〜😆。

1 中華王朝の復活　〜明〜

クローズアップ　明［1368〜1644］

- ●洪武帝【太祖】［位1368〜98］……**中華王朝の再興と君主独裁権の強化**
  - ●中央官制……中書省の廃止（六部の皇帝直属）、**五軍都督府、都察院**も皇帝直属
  - ●儒学的支配の復活……朱子学の官学化、六諭の制定
  - ●農村の再編……「民戸」（里甲制で編成）と「軍戸」（衛所制で編成）を分ける
    - ▶民戸の掌握のため、魚鱗図冊や賦役黄冊を作成
- ●靖難の役［1399〜1402］……建文帝を打倒して永楽帝が即位
- ●永楽帝【成祖】［位1402〜24］
  - ●国内統治
    - ▶内閣の設置……内閣大学士が皇帝を補佐
    - ▶北京に遷都［1421］
  - ●対外政策
    - ▶モンゴル親征［1410〜24］➡万里の長城を修築・補修
    - ▶ベトナム遠征　➡**一時、ベトナムを支配下に置く**
    - ▶鄭和の南海諸国遠征［1405〜33（計7回）］➡**明への朝貢国が激増**
- ●北虜南倭……明の貿易制限に対する北方・南方からの反発
  - ●北虜……北方からのモンゴル系部族の侵入
    - ▶オイラト【瓦剌】……**エセン＝ハンのもとで全モンゴルを統一し台頭**
      - ➡土木の変［1449］……エセン＝ハンが明の正統帝【英宗】を捕虜とした
    - ▶タタール【韃靼】……ダヤン＝ハンの出現によって強大化
      - ➡**アルタン＝ハンが北京にまで侵入・包囲した【庚戌の変】**［1550］
  - ●南倭……倭寇の襲撃（おもに武装集団と結びついた日明間の密貿易）
    - ▶前期倭寇［14世紀中心］……**日本人が中心とされる**
      - ➡明の永楽帝は日本（足利義満）に朝貢（勘合貿易）を認める［1404］
    - ▶後期倭寇［16世紀中心］……**中国人が中心とされる**
    - 倭寇は再び活発化　➡**明は海禁を緩和**［1567］
- ●万暦帝【神宗】［位1572〜1620］
  - ●張居正の改革
    - ▶対外的にはタタールの**アルタン＝ハンと講和**
    - ▶国内的には戸口調査や全国的な検地をおこない、**一条鞭法を普及**
  - ●豊臣秀吉の朝鮮侵略［1592〜98］➡朝鮮への援軍で、**財政難が深刻化**
- ●党争の激化……東林派 vs. 非東林派
- ●崇禎帝【毅宗】［位1627〜44］
  - ●各地で農民反乱が起こる➡**李自成の反乱軍が北京を占領し、明は滅亡**［1644］

◀ 漢民族王朝の復活！　明は史上初の江南から興った統一王朝だ！

　明の中国統一は、北宋の滅亡以来、約250年ぶりに中国が異民族支配を排除した瞬間だ😊。しかも、**史上初めて江南から興った統一王朝**だね。だから、明を建国した朱元璋【洪武帝／太祖】の目標は「伝統的な中華王朝の復活！」つまり漢民族中心に戻すことだ。ちなみに「洪武帝」という呼び方は、明が採用した**一世一元の制**（皇帝１代に対して元号も一つ）によるもので、以後、皇帝は元号で呼ぶよ（「洪武」が元号ね）。日本でも、明治以降は一世一元の制だね。

　伝統的な中華王朝では**皇帝が世界の中心**だから、洪武帝は「すべてオレ様が中心😁」ってことにした！　中央では中書省とその長官である**丞相（宰相）**を廃止して、**六部を皇帝直属**にすると、最高軍事機関の**五軍都督府**や中央の監察機関である**都察院**も皇帝直属にした。さらに地方の**各省**まで皇帝直属😲！。とにかく、なんでもかんでも自分で命令を出すことにした。こりゃ、寝る時間もなくなるよ……😫。これね、洪武帝の猜疑心の強い性格も問題なんだよ。彼は官僚たちが「農民からの成り上がりのくせに……😤」とバカにしてるのでは？　とか、部下が皇帝の座を狙っているのでは？　と疑って、誰も信用しなかった。洪武帝自身が紅巾の乱で、さんざん人をだましたけどさ。だから、怪しいと思った臣下を次々と処刑する恐怖政治をやった……こりゃ、やり過ぎだよ�。

　ほかにも唐以来となる律令（**明律・明令**）を整備し、**大義名分**（君臣の礼など、上下関係をハッキリさせる）を重視する**朱子学を官学**にして、内容を**科挙に出題**して官僚を登用した。さらに農民にも朱子学を教え込むために**六諭**を定めて、「父母に孝順なれ〜、長上（年上）を尊敬せよ〜」って毎月６回も唱えさせたんだよ😲！。

　農村支配では、「**民戸**」（税だけ負担）の戸籍と「**軍戸**」（徴兵のみ）の戸籍を分け、全国規模で人口を調査して**魚鱗図冊**（地図つきの土地台帳）と**賦役黄冊**（戸籍・租税台帳）をつくると、民戸を**里甲制**で編成した。これは**110戸を１里**としてそのなかを10グループ（１里長と10甲首）に分け、毎年１グループに徴税や治安維持などの里甲正役をやらせた。10年に1回しか里甲正役がまわってこないから、農民の負担は軽くなる。一方、軍戸は**衛所制**で編成して、**兵農一致**の軍団をつくったんだ。

富農１戸（里長）

貧農10戸（甲首）×10グループ

この11戸が１グループで、10グループで1里にするのが里甲制だ

◀ 明帝室の内紛！　靖難の役で永楽帝が帝位に就いた

　江南を拠点に、現在の**南京**（当初は応天府、金陵は古名だよ）を都にした洪武帝は、北方防衛のために息子たちに軍団を与え、北方の王とした。そのうち最も強かったのが**燕王**となった第４子の**朱棣**、のちの**永楽帝**だ。彼は**北平**（のちの北京）で軍事演習に明け暮れて、むちゃくちゃ強くなった！　一方、都にいた読書好きの皇

第1章　オリエント・インドの古代文明

第2章　古代の地中海世界

第3章　古代の東アジア

第4章　中世ヨーロッパ

第5章　東アジア世界の変容

第6章　イスラーム世界

第7章　近代ヨーロッパの幕開け

太子の朱標は、洪武帝よりも先に亡くなった……😢。洪武帝は悩んだ末に、またまた読書好きな孫（朱標の息子）を後継者にした。これが第2代建文帝だ。

即位後の建文帝は、側近の儒学者たちが「各地の王、特に燕王は、今のうちにお取り潰しを！」とすすめたから、各地の王の勢力を潰そうとした。これに反発した**燕王朱棣**は、「君主の難を靖んじる」（皇帝側近の奸臣たちを取り除く）と宣言！北平にいる**全軍を率いて南京に攻め込み、帝位を奪った。**これが靖難の役だよ。

こうして即位した**永楽帝は北京**（北平から改称）への遷都を決めた。だって、南京は居心地が悪すぎる😅。建文帝派の儒学者たちは「燕の賊が帝位を奪った」と号泣するし、無理に従わせようとすると自殺……😫。こうなったら対外戦争で「建文帝よりもオレ様のほうがすごい！」と見せつけるしかない。永楽帝は、中国皇帝としては異例の**モンゴルへの親征**（皇帝が軍を率いる遠征）を5回もやって**東のタタール部や西のオイラト部を撃退**すると、石垣造りで堅牢な**万里の長城をつくって（修築）、**「もはやモンゴルなど怖くはない！」と見せつけた。さらに南方では**ベトナム**で陳朝の王位を奪った胡朝に攻め込み、**北ベトナムを直接支配した。**そして、**鄭和に南海への大遠征**（南海諸国遠征）をおこなわせて、**各国の朝貢を促した**んだ。

> 鄭和の大航海は、領土を取る気はない！ 明の強さを見せつければOKだ！

国内では、皇帝を補佐する**内閣**を設置し、優秀な人物を**内閣大学士**（大臣）にしたよ。**主席の大学士が実質的な宰相**だ。ただ、官僚たちには建文帝派が多かったから自分の側近である**宦官**を重用して、反対する者は処罰した。永楽帝は宦官を使って恐怖政治をやったんだ。やっぱ洪武帝の息子……血は争えないね😅。ほかに、科挙の新しい基準として『**四書大全**』『**五経大全**』『**性理大全**』をつくったよ。

---

2 交易の時代とアジア海域世界

🔊 **明は朝貢・冊封関係を軸に、海禁政策をとった！ 海禁ってなんだろう？**

宋代以降、中国商人が海上交易に進出して南部の港市が栄え、**元が海上交易も保護した**から、**アジア海域全体で交易が発達した。**でも、別の問題も起きていた。14世紀になると、日本では鎌倉幕府が衰退して**南北朝の動乱**となり、都から遠い**西国（九州）**の支配がゆるんで、勝手に交易したい商人や、政府の言うことを聞かない武士たち（悪党）が**海賊や略奪**なんかをやり始め、しまいには**高麗や中国の沿岸部まで襲う**ようになった。これが初期の倭寇（**前期倭寇**）だよ。

明の**洪武帝**は、**すべての貿易を国家が管理して倭寇を抑え込もうとした。**そこで、**民間の貿易をすべて禁止して密貿易を取り締まる海禁政策をとった**んだ。ん？民間じゃない貿易ってなんだ？ それが**朝貢貿易**だよ。「朝貢」と「朝貢貿易」は

微妙に違うから、ちゃんと理解してね。「**朝貢**」とは**中国の周辺諸国**が、表向きでは「**皇帝の徳を慕って**」貢物を持って皇帝に挨拶にくることだ。このときに朝貢の使者は、皇帝に臣下の礼をとる。すると中国の皇帝は山盛りのお土産をくれる。これは「**中国は大国！**」って示す意味もあるよ。ただ、明もお金がかかるから**回数は制限**したし、ニセ朝貢がくると困るから**入港地も決めた**けどね。そして**朝貢にきた国の君主に中国の官位や爵位をあげる**（だいたいが○○国王）。これが**冊封**だ。「**朝貢と冊封はセット**」というのを理解してね。

では、「**朝貢貿易**」ってなんだろう？　朝貢の使者には**商人がついてきて OK** だから、使者が都に行ってる間に、中国政府が許可した特許商人と貿易ができた。このときに、**絹や陶磁器、茶**など、あとで転売して儲かる物をいっぱい買い込んでおく。つまり、**正式の使者がやる朝貢とついてきた商人がやる貿易をあわせて朝貢貿易**だ。明の海禁政策では海外との貿易を朝貢貿易だけに制限して、政治的な関係だけじゃなく、**貿易も国家が管理**した。これが、明がつくろうとした**冊封体制**だ。

〈明とアジア海域 [15世紀]〉

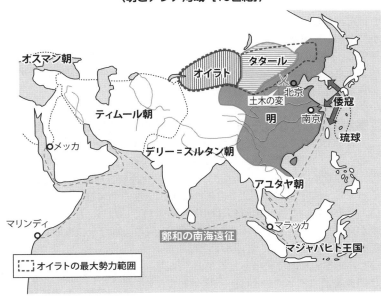

◀ 鄭和の大航海で朝貢国が急増！　琉球やマラッカは朝貢貿易で栄えた

朝貢貿易がわかったら次に進もう。明を頂点とする**冊封体制をアジア海域全体に広げたい永楽帝**は、朝貢国をもっと増やすために、**イスラーム教徒の宦官鄭和**に命じて大艦隊を**南海諸国に派遣**した。第1回遠征では62隻の船に2万8000人の乗組員を乗せて各国をまわり、絹や陶磁器などの中国物産を各国の君主にバラまきながら、「**明に朝貢せよ🖐**」と宣伝した。鄭和の**南海諸国遠征**は全部で7回おこなわれ、

第1章　オリエント・インドの古代文明

第2章　古代の地中海世界

第3章　古代の東アジア

第4章　中世ヨーロッパ

第5章　東アジア世界の変容

第6章　イスラーム世界

第7章　近代ヨーロッパの幕開け

東南アジアからインド洋沿岸、遠くはアフリカ東岸（**マリンディ**など）まで訪問したよ。ムスリム商人が交易の中心だったインド洋への遠征に、イスラーム教徒の鄭和は打ってつけの人選だね。そして、この遠征でお土産をもらった国は「明はスゴい！」と思って朝貢したから、**朝貢国が急増して南海貿易が活発化**したんだ。

　そして、明への朝貢貿易で特に発展したのが、**琉球とマラッカ**だよ。15世紀前半に**中山王尚巴志**が統一した**琉球王国**は、**明に朝貢して冊封を受ける**と、**朝貢貿易**で絹や陶磁器などの中国物産を持ち帰り、**日本や東南アジア諸国と取引して繁栄**した。琉球王国の位置は東シナ海と南シナ海の境目で、アジア海域のどこでも交易できるから、**中継貿易**にはもってこいの場所だ。しかも、琉球は冊封体制の基盤となる「礼」の秩序をきちんと守ったから、「**守礼の邦**」として明にもむちゃくちゃ信頼されて、勘合（証明書）なして朝貢できる特権をもらったんだよ。

　一方、**マラッカ王国**は、**鄭和の南海遠征に協力して発展**した国だよ。15世紀前半、北から**タイのアユタヤ朝から圧迫を受けたマラッカ**は、**明に朝貢して鄭和の南海遠征に港を提供**した。鄭和も「ここは遠征の基地にちょうどいい😄」と思って艦隊の拠点を置き、アユタヤ朝に「マラッカをイジメるのはやめなさい😠」と圧力をかけた。こうしてマラッカはアユタヤ朝から自立したんだ。さらに王がイスラーム教に改宗して**東南アジア初の本格的なイスラーム国家**となると**ムスリム**商人も多数来航し、中国の物産、マルク諸島【モルッカ諸島】の香辛料、インドの綿布などが集まる**東南アジア最大の貿易拠点**になった。こんなふうに、海禁政策のもとでも、朝貢貿易はむちゃくちゃ発展していたんだよ😄。

◀ 貿易ができなくなった商人は海禁に反発。倭寇は密貿易だ！

　ここで思い出してほしいんだけど、**海禁政策では民間貿易は禁止**だから、これまで貿易をやっていた民間商人は、貿易ができなくなる。例えば、日本の商人が「生糸がほしいのですが」と中国に行くと、「朝貢じゃないなら帰れ😡」と追い返される。そして、「民間」には中国人も含まれるから、「生糸や陶磁器を輸出すれば儲かるのに」と思っていても、**中国商人は出国できない**。しかも、日本では中国産生糸の需要が高いから、貿易をすれば絶対儲かる！　「こうなりゃウラ取引だ」と、中国海商と日本の博多商人などが組んで密貿易を始めると、もちろん取り締まられるから、「だったら悪党を連れてってやる😠」と密貿易に武装集団を連れていき、取り締まりに武力で反撃した。これが**倭寇**の実態だよ。よく「**前期倭寇は日本人が中心**」って説明されるけど、**武装集団に日本人が多かっただけ**で、密貿易をやってるのは**中国人と日本人の両方**だからね。

　倭寇に困った明は、日本の**室町幕府**に取り締まりを求めた。すると、室町幕府の**足利義満**は

倭寇は単なる海賊じゃなくて、「**武装した密貿易集団**」だ。しかも国が傾くほど強いんだ……🤔

「朝貢貿易をするチャンス😄」とばかりに、倭寇の取り締まりを約束して**明に朝貢**し、永楽帝から「日本国王」として冊封され、**勘合貿易**によって中国物産を手に入れた。ちなみに、勘合貿易って日本だけがやっているわけじゃない。朝貢ではふつう、勘合符を使って使節が本物かニセモノかを調べるんだけど、日本は、倭寇が紛れていないかを念入りにチェックされたってわけ😵。こうして室町幕府が日本側で密貿易や悪党を取り締まったから、倭寇は収まったように見えたんだ。

　ただ、密貿易を続けたい商人は、こんなもんじゃあきらめない😏。彼らは、**台湾**や日本の**平戸**、**五島列島**などを拠点に取引を続けた。しかも、16世紀に日本の**石見銀山**で灰吹法が導入されて銀が大量に産出されるようになると、**日本銀**と中国物産、特に**生糸**の取引はむちゃくちゃ儲かるようになった。でも日本側の取り締まりが厳しい😫。そしたら、中国商人が「武装集団はこっちで集める😄」と言い出して、再び日明間の密貿易と結びついた倭寇が活発になった。これが**後期倭寇**だ。よく中国人が中心って説明されるけど、**武装集団の多くが中国人になっただけ**ね。16世紀に倭寇の頭領だった**王直**は、密貿易で巨富を築いたよ。

◀ 北方民族も交易をしたい！　明は北虜南倭に苦しんだ

　貿易制限に対する反発は、倭寇だけじゃない！　北方でも朝貢貿易をしていた**モンゴル人が貿易の拡大を要求**してきた。15世紀半ば、モンゴル高原西方の**オイラト【瓦剌】**は、ムスリム商人を保護しながら強大化し、**エセン＝ハン**のもとで一時期モンゴルを統一すると、**明に朝貢貿易の拡大を求めた**。モンゴル人も中国全土を支配する野望は捨てたの😅。これに対し、明が貿易の拡大を渋ると、「ふざけるな！」と怒った**エセン＝ハンは明に侵入！**　河北省の土木堡で明の**正統帝【英宗】**を捕虜にして「皇帝を返してほしかったら貿易を拡大しろ😡」って要求したんだ（**土木の変**）。

　16世紀になると、今度は東方の**タタール【韃靼】**が強大となり、**アルタン＝ハン**は「中止されている朝貢貿易を再開させろ😡」と明への侵入を繰り返した。この時期は、ちょうど**後期倭寇が激化した時期と同じ！**　これら北方と沿岸で起きた明の貿易制限に反発する動きが、まとめて**「北虜南倭」**だよ。

　北虜南倭に困り果てた明は、**貿易制限をゆるめた**。タタールとは講和して朝貢貿易の再開を認め、海上交易では1567年に**海禁を緩和**して、**日本との貿易を除く民間の対外交易（互市）を認めた**。すると、あっという間に**倭寇は収まったんだ😵**！堂々と貿易ができるなら、海賊をやる意味がないもんね。ただ、一番儲かる日本との貿易が禁止だったから、**中国海商と日本商人**は、「日明間を行き来しなきゃいいんだろ😆」と開き直って**東南アジアに拠点をつくり、そこで貿易をした（出会貿易）**。日本の江戸幕府も、家康の時代には朱印船貿易を奨励してたからね。だから、東南アジア各地に**日本町**や**華人街**ができたんだね。ただね……そのうち東南アジアに行くのが面倒になって、日明間の直接取引もしちゃうけど。一方、明は北虜南倭への対応で軍事費が膨らみ、王朝が傾くほどの財政難になったんだ😫。

第1章　オリエント・インドの古代文明

第2章　古代の地中海世界

第3章　古代の東アジア

第4章　中世ヨーロッパ

第5章　東アジア世界の変容

第6章　イスラーム世界

第7章　近代ヨーロッパの幕開け

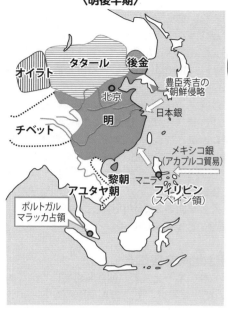

〈明後半期〉

オイラト

タタール　後金

チベット

北京

明

日本銀

豊臣秀吉の
朝鮮侵略

メキシコ銀
（アカプルコ貿易）

黎朝

アユタヤ朝

マニラ

フィリピン
（スペイン領）

ポルトガル
マラッカ占領

日本銀・メキシコ銀の
流入で、銀の流通量が
増えた。一条鞭法は、
実施の背景と内容をし
っかりおさえよう！

一条鞭法とは？
適当な数字を当てはめてみるね！

人頭税（家族の人数で変わる）
1人：10万円　×　壮丁4人
➡この家の人頭税は40万円

＋

土地税（土地の広さで変わる）
1ha：10万円　×　5ha
➡この家の土地税は50万円

この家の税の総額は……
人頭税40万円＋土地税50万円
➡90万円分の銀で一括払い

3　明の衰退

◀ 傾きかけた明を建て直せ！　張居正が改革を始めた

　王朝が傾いてるのに、明の皇帝はまるでやる気なし……😫。でも、官僚のなか
には改革を進めよう！ってヤツもいたよ。わずか9歳で即位した万暦帝【神宗】に
かわって改革をやったのが、主席内閣大学士（宰相）の張居正だ。彼は、対外的に
はタタールのアルタン゠ハンと講和して軍事費を減らし、全国的な検地をおこなっ
て戸籍に登録されていない農地を摘発すると、すでに江南で始まっていた新しい税
制の一条鞭法を全国的に普及させて、確実に税を集めることで財政を再建したんだ。
　ここで両税法にかわって導入された一条鞭法について説明しよう。元の末期に交
鈔の濫発で通貨制度が大混乱したのを見た洪武帝は、貨幣を信用せずに、税は基本
的に「現物」（生糸・布や穀物）で取り、さらに労役を課していた。しかも、商人
たちには「銀を貨幣として使うな😡！」とむちゃくちゃな要求をして、民間では
紙幣（宝鈔）を使わせたんだけど、商人たちは紙幣を信用せず、銀をお金として使
っていた。だって、朝貢貿易や密貿易（倭寇）では中国物産の代価として銀を受け
取っていたから、銀がかなり流通していたんだもん。そして、16世紀前半から日
本銀が大量に中国に流入して、民間では銀を通貨とする貨幣経済が広がった。「も
はや銀経済を止められない」と思った明は、あらゆる税を銀に一本化する一条鞭法
を導入した。詳しく言うと、これまで現物で集めていた土地税（田賦）と労役で負

担させていた**人頭税（丁税）**の金額を計算して、その分の**銀**で**一括納入**させたんだ。

　ただ、全国の農民たちが税金を納めるときに銀に両替すると、絶対に銀が足りなくなる……😓。と思ったら、この時期に**スペイン人**がメキシコの**アカプルコ**から大量に銀を持って、フィリピンの**マニラ**にきた（**アカプルコ貿易【ガレオン貿易】**）🤓。この**メキシコ銀**が中国人海商などの交易を通じて大量に中国に流入したから、一条鞭法を実施しても銀が足りたってわけだ。

◀ 張居正が亡くなると、党争が激化。対外危機も重なって、危機的状況に！

　張居正が権力を握っていたとき、明の財政は黒字だった。でも、強引に**中央集権的な改革**を進めたから、中央と地方が対立して**地方の有力者（郷紳）**の反発が強まり、厳しい徴税で農民の生活はどんどん苦しくなった😣。これが明の財政再建の実態だ。しかも張居正の死後、万暦帝は「うるさいオヤジが消えた😄」とばかりに浪費を始めたから、明の財政はあっという間に赤字に逆戻り……😫。

　そして、明の財政難に追い打ちをかけたのが、末期に重なった**対外危機**だよ😤。モンゴル人の将軍ボバイの反乱や南部で起きた楊応竜（貴州省の土官）の反乱などもあるけど、明を危機的状況に追い込んだのは**豊臣秀吉の朝鮮侵略**だ。この事件は、日本では**文禄・慶長の役**、朝鮮では**壬辰・丁酉倭乱**と呼ばれるね。日本の統一を果たした豊臣秀吉は、「次は明を征服する😤」として、明の朝貢国だった朝鮮に「明に攻め込むから、手伝え！」と言ったら、まんまと断られた。怒った秀吉は朝鮮に出兵し、1回目の遠征では、最新型の**火砲**を駆使してわずか1カ月で**漢城（現在のソウル）**を占領したよ。でも、宗主国である**明が朝鮮に援軍**を送ってきて、さらに朝鮮水軍の**李舜臣**は**亀船【亀甲船】**を使って海上をおさえた。結局、2度にわたって出兵したものの豊臣軍は苦戦し、**豊臣秀吉が死ぬ**と日本軍は朝鮮から撤退したんだ。ただ、明はこの援軍のための戦費で財政が破綻、瀕死の状態にトドメを刺されたんだよ😫。

> 秀吉の朝鮮侵略のときに連れてきた陶工が伝えた技術で、九州などで陶磁器生産が盛んになったんだ

　もはや改革は待ったなし！　なのに、明の内部では**激しい党争**で改革どころじゃない😓。張居正の死後、地方からの改革を主張した**顧憲成**が政府を批判すると、彼のつくった**東林書院**に改革派の官僚が集まった。彼らの主張に共鳴した**朱子学派**の官僚たちが**東林派**だよ。彼らに対し、宦官の**魏忠賢**はワイロで人事を決めたから、東林派に反対する**非東林派**は魏忠賢と組み、**東林派を次々と粛清する恐怖政治**を展開した。これじゃあ、明は滅びるしかなさそうだな😅。

第1章 オリエント・インドの古代文明

第2章 古代の地中海世界

第3章 古代の東アジア

第4章 中世ヨーロッパ

第5章 東アジア世界の変容

第6章 イスラーム世界

第7章 近代ヨーロッパの幕開け

4 中華帝国の完成　〜明の滅亡と清の中国支配〜

クローズアップ　アイシン【後金】[1616〜36]／清[1636〜1912]

- ●ヌルハチ【太祖】[位1616〜26]……女真族を統一して後金【アイシン】を建国
  - ●八旗の創設……女真族を統合して満洲八旗を創始
- ●ホンタイジ【太宗】[位1626〜43]
  - ●チャハルを平定[1635]　➡国号を「清」と改称[1636]
    - ▶理藩院を設置……のちの藩部支配の原型
  - ●朝鮮（李朝）を服属[1637]
  - ●八旗の増強……蒙古八旗【モンゴル八旗】、漢軍八旗を編成
- ●順治帝【世祖】[位1643〜61]
  - ●中国支配の開始……明の降将呉三桂らの協力で北京に入城、遷都[1644]
    - ➡呉三桂らを藩王として封じ、華南に三藩が成立
- ●康熙帝【聖祖】[位1661〜1722]
  - ●中国平定と対外政策
    - ▶三藩の乱[1673〜81]……雲南の呉三桂の反乱を鎮圧
    - ▶鄭氏台湾の平定[1683]……鄭成功の息子鄭経の死後、清軍に敗れた
    - ▶ネルチンスク条約[1689]……ロシアのピョートル1世と国境を画定
      スタノヴォイ山脈【外興安嶺】とアルグン川を国境とする
    - ▶ジュンガルへの親征　➡外モンゴルを清朝に加える
    - ▶チベットの服属[1720]　➡以後、ラマ教を手厚く保護
- ●雍正帝【世宗】[位1722〜35]
  - ●対外政策
    - ▶キャフタ条約[1727]……ロシア（ピョートル2世）との国境画定条約
    - ▶青海を平定[1724]
  - ●国内統治……軍機処の創設、地丁銀の普及、キリスト教布教の全面禁止
- ●乾隆帝【高宗】[位1735〜95]
  - ●対外政策……清朝の最大領域を達成
    - ▶ジュンガルの討伐、回部（ウイグル人）の服属　➡新疆と命名[1759]
- ●嘉慶帝【仁宗】[位1796〜1820]
  - ●白蓮教徒の乱[1796〜1804]……河南・湖北・四川省を中心とする農民
    反乱
  - ●天理教徒の乱[1813]……一時、北京の紫禁城に乱入したが失敗

◀ **ヌルハチが女真族を統合して後金を建国。明を破って台頭した！**
　同じころ、北方辺境で戦争が多発するようになると、明は軍事費として大量の銀

を送り、この銀によって辺境の交易が盛んになった。東北にいた**女真の諸部族**は特産の毛皮や薬用人参の交易で富を蓄えて自立し、そのうち**女真族建州部**のヌルハチはまず建州部の周辺をまとめてマンジュ【満洲】国とし、さらに**女真族全体を統一**して**後金【アイシン】**を建国したんだ😆。ヌルハチは、新しい部族制度として**八旗**を創設した。これは**政治や社会も含めた統治制度**で、女真族を1旗あたり7500人の兵士からなる八つの軍団に再編成して（**満洲八旗**）、軍団に属する者（**旗人**）には土地（**旗地**）を与えた。こうして体制を整えたヌルハチは、1619年に**サルフ【サルホ】の戦い**で明を破り、**瀋陽**を都に東北部の支配を固めたんだ。

ヌルハチの跡を継いだ**ホンタイジ【太宗】**は、**内モンゴルに進出**して、**元**の大ハーンの直系を名乗る**チャハル**を平定した。こののち、ホンタイジは女真という民族名を正式に**満洲**と改め、さらにクビライ以来の大ハーン位を継ぐ者として皇帝を称し、国号を**清**と改称したよ。

> チャハル征服➡清と改称➡朝鮮【李朝】の服属。時代順に気をつけよう！

こうなると、明と清の両方に皇帝がいることになる😵。そこでホンタイジは、明の朝貢国のうち1位の**朝鮮（李朝）**に攻め込んで服属させ、明への朝貢を止めさせた。**朝鮮を清に朝貢**させて「清が正統だ！」って見せつけたんだ。そして、満洲八旗に加えて、モンゴル諸部族からなる**蒙古八旗【モンゴル八旗】**と、漢人移民や明からの投降兵からなる**漢軍八旗**をつくって**八旗を増強**すると、さらに内モンゴルの部族を統括するために**理藩院**を設置した。これが多民族を複合的に支配する「**藩部**」の原型だよ。

◀ 明は李自成の反乱軍により滅亡！ 直後に清の中国支配が始まった

まだ、明は滅んでないからね😅。明最後の皇帝となる**崇禎帝【毅宗】**は宦官の**魏忠賢**を切り捨て、**徐光啓**らの官僚を用いて改革しようとしたけど、手遅れだよ。後金（清）が強大化して軍事費が膨らみ、重税に苦しむ民衆は飢え死に寸前！ 各地で**納税を拒否する農民による反乱**が起きた。そのうち**李自成**の反乱軍は洛陽・西安を占領して数十万人にまで拡大し、ついに**北京にまで侵入**😫、どうにもならないことを悟った**崇禎帝が自殺して明は滅亡**したんだ😖。

一方、清はホンタイジが皇帝を名乗ったときから**中国統一を狙っていた**んだけど、気づけば李自成によって明が滅んじゃった😵。じゃあ、一気に中国進出か？というと、一つ問題がある。それが、**明と清の国境（山海関）**にいて明の精鋭軍を指揮する将軍**呉三桂**だよ。山海関の守りは固いから、そう簡単には落ちない……。ただ、呉三桂も「農民などに従えるか！ 明の皇帝の恨みを晴らすため、李自成を討つ😡」と思っていたから、**清に投降**することにした。本当は「恋人を李自成軍に奪われた恨み」らしいけど……愛の力だね😌。こうして呉三桂に先導された清軍が**北京に入城**して、清の中国支配が始まったんだ。

第1章 オリエント・インドの古代文明

第2章 古代の地中海世界

第3章 古代の東アジア

第4章 中世ヨーロッパ

第5章 東アジア世界の変容

第6章 イスラーム世界

第7章 近代ヨーロッパの幕開け

◀「三藩の乱」と「鄭氏台湾」を制圧して、康熙帝が中国を平定した！

　清の皇帝**順治帝**が北京に移ると、「清は明の後継者！」って立場を強調したから、清の中国支配に対する抵抗は少なかった。ただ、なかには江南に逃れて明の皇族を立てたグループ（「南明政権」）もいたから、清は呉三桂らの**武将**を使って明の**残存勢力を倒す**と、中国皇帝の地位も受け継いだ。この功績から、呉三桂ら３人の武将は**雲南・広東・福建**に領地をもらって**藩王**になったんだ。これが**三藩**だよ。

　そして「南明政権」が倒れたあとも、「**反清復明**」運動を続けたのが**鄭成功**だ。鄭成功は**中国沿海の海商**と組んで、福建沿岸を拠点に清に抵抗したから、清は**海禁令**を出し、さらに福建など沿岸部の住民を内陸に移住させる**遷界令**を発した。海上で孤立した**鄭成功は台湾に向かい**、なんと２万5000人もの兵士を集めて**オランダ人**の拠点**ゼーランディア城**を占拠した。こうしてオランダ人から奪った台湾を拠点に、福建や広東からの移民も集めて清に抵抗を続けた。これが**鄭氏台湾**だよ。

　ただ、漢民族の清への抵抗は、**康熙帝【聖祖】**のときにすべて平定されたよ。まず、康熙帝が気になっていたのは**三藩の自立と強大化**だ。特に雲南の**呉三桂**はモンゴル（チベット経由）やインド洋（ビルマ経由）と交易したり、独自に銅山を開発して銅銭を発行したりと、**ほとんど独立政権**になっていた。これを警戒した康熙帝が「**三藩を廃止する**😆」と言いだすと、**呉三桂は清朝に対して挙兵**し、残り二つの藩王も同調して**三藩の乱**が起き、これにあわせて鄭氏台湾も沿海部を攻撃してきた。ただ、**呉三桂が病死**すると三藩の勢いは衰え、1681年には鎮圧された。そして、**三藩の乱を平定**した清軍の攻撃で**鄭氏台湾も降伏**し、清は歴代の**中国王朝史上初めて台湾を直轄地**にした。そこで清は**海禁を解除**し、港市に**海関**（税関）を設置して民間貿易を認めたんだ。

> 三藩の乱の鎮圧と鄭氏の降伏で、漢民族地域の支配を確立したよ

＋α ちょっと寄り耳♪

　鄭成功は中国人と日本人のハーフで、父は鄭芝龍、母は平戸の商人田川氏の娘だ。鄭芝龍は福建沿岸で1000隻近い船団を持つ海上勢力のリーダーで、日明間の交易をほぼ独占していたけど、明が滅ぶと清に降伏した。しかし、息子の鄭成功は清に屈服せず、明の皇族を助けたから、明の皇帝の姓である「朱」姓をもらったんだ（だから「**国姓爺**」ね）。でも、清の圧迫で福建を離れるしかなくなった。ちなみに台湾へと移るとき、鄭成功は航海の神（媽祖）に「台湾を奪えたら、お礼に大きなお寺を建てます」と祈願し、オランダを破って上陸に成功した。現在、鄭成功が上陸した台南市（台湾南部）には、媽祖を祭る大きなお寺があるよ。そして、鄭成功が病に倒れて亡くなったあとも、息子の鄭経が遺志を継ぎ、三藩の乱に呼応して挙兵するんだ！　この話は、江戸時代の日本でも、近松門左衛門の『国性（姓）爺合戦』で知られていたよ。

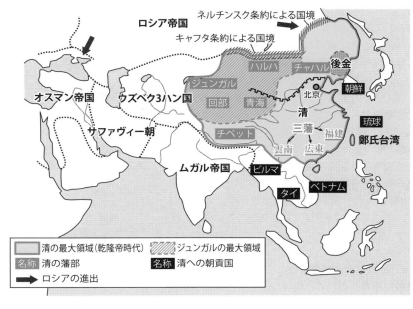

〈清〉

清の最大領域(乾隆帝時代)	ジュンガルの最大領域
名称 清の藩部	名称 清への朝貢国
➡ ロシアの進出	

◀ 清朝の領土拡大。康熙・雍正・乾隆の3皇帝が世界帝国をつくった！

　中国を平定した**康熙帝**は、いよいよ周辺への領土拡大を始めるよ😤。当時、ピョートル1世のもとでシベリア進出を進めていた**ロシア帝国**が黒竜江の沿岸まで南下してきた。中国を平定した康熙帝は軍を送り、ロシアを抑えて優勢になっていたんだけど、「ロシアと戦ってる間に、ジュンガルが勢力を拡大するのでは……😓」と気がかりだった。そこで、**康熙帝はロシアと関係を修復して**ネルチンスク**条約**を結び、**スタノヴォイ山脈【外興安嶺】とアルグン川を国境に**通商を許可した。この条約は清とロシアが対等な立場で結んだ条約なんだけど、このとき、イエズス会の宣教師が通訳をして、ヨーロッパの国際法にあわせて条約を結んだよ。

　同じころ、モンゴル人などの間にラマ教が広がって、その教主ダライ=ラマの権威が高まり、**オイラトの1部族から強大化した**ジュンガル**はダライ=ラマの保護権**を得ようとしたから、清と激しく対立した。そこで**康熙帝はジュンガルに親征し、**ガルダン=ハンを破って弱体化させると、**外モンゴル**を奪って清領に組み込んだんだ😄。このあと、ジュンガルがチベットに攻め込んだときには、康熙帝も出兵して**チベットを服属させ、以後、「ダライ=ラマの保護者」としてラマ教を手厚く保護したんだ。

　中国史上最も長い康熙帝の治世［位1661～1722］のあと、雍正帝【世宗】が即位したよ。康熙帝やこのあとの乾隆帝が「対外遠征の皇帝」だとすると、雍正帝は「内政の皇帝」だから、対外的にはロシアとキャフタ条約を結んで、新たに国境を決めたことと、青海を平定したくらいかな。内政はあとでまとめて話すね。

　続く皇帝が乾隆帝【高宗】だよ。乾隆帝はついにジュンガルを滅ぼし、さらにジュンガルの勢力下にあった東トルキスタンにも軍を送って、タリム盆地の回部（ウイグル人）を制圧すると、ジュンガルと回部をあわせて「新疆（"新しい領域"という意味だ）」と名づけた。こうして清朝は最大領域を達成し、その支配下には満洲人（満）、漢民族（漢）、モンゴル人（蒙）、ウイグル人（回）、チベット人（蔵）の５族がいて、その頂点に清の皇帝が君臨することになった。ただ、清はそれぞれの民族固有の支配制度をあまり変えなかった。まず、満洲では「八旗体制の頂点（女真の長）」、中国本土と台湾では儒学を基盤とする「中華帝国の皇帝」となって、ここまでは直轄地だ。そして、内陸アジアではモンゴルの王侯、チベットのダライ＝ラマ、ウイグル人有力者（ベグ）などに大幅な自治を認める藩部として理藩院が統括し、「元の後継者としての大ハーン」「ラマ教の保護者」として君臨した。さらに中国の伝統にのっとって、朝鮮・琉球・ベトナム・タイ・ビルマなどの朝貢に対して冊封し、伝統的な冊封体制も維持したんだ。清朝の皇帝は、複合多民族国家の支配者として、いろんな顔を持っていたんだね😵!。

ジュンガルと回部をあわせて新疆だ！　ジュンガルだけ、回部だけでは新疆とはいわないからね

◀ 清朝の中国統治は「懐柔策」と「威圧策」を上手に使い分けた！

　それじゃあ、清の中国統治を見ていこう！　清は基本的に明の制度を変えず、明に仕えていた官僚をそのまま登用した。「異民族は中華じゃない😡」って文句を言う学者に対して、清は「中国文化を保護するのが中華」と反論し、特に康熙帝は中国の伝統を尊重して、重要な官職では満洲人と漢民族の官僚を同じ人数にする満漢併用制をとり、朱子学を官学として科挙も実施した。さらに、中国文化の保護者であることを示すために、たくさんの書籍を編纂させたよ。この政策は雍正帝・乾隆帝にも受け継がれ、『康熙字典』（康熙帝）や中国史上最大の百科辞典である『古今図書集成』（康熙帝～雍正帝）、すべての書物を集めた『四庫全書』（乾隆帝）、伝統的な形式で書かれた正史『明史』（康熙帝～乾隆帝）などがつくられたんだ。

　一方で、大多数の漢民族を少数の満洲人が支配する体制だから、漢民族には「清に逆らいません」ということを示させた。男子には北方民族の風習である辮髪を強制し、従わないヤツには「髪を切るのか、首を切るのか、どっちだ😡」という二択を迫った。そりゃ髪を切るよ😆。さらに、清朝に反抗する思想を厳しく取り締

4 中華帝国の完成 ～明の滅亡と清の中国支配～ 295

第1章 オリエント・インドの古代文明
第2章 古代の地中海世界
第3章 古代の東アジア
第4章 中世ヨーロッパ
第5章 東アジア世界の変容
第6章 イスラーム世界
第7章 近代ヨーロッパの幕開け

まり（文字の獄）、満洲人の支配を否定するような書物は発刊禁止（禁書）にした。これね、違反すると死刑😵。かなり厳しいね。こんなふうに清は、漢民族や中国文化を重視する「懐柔策」をおこなう反面で、厳しい「威圧策」もやりながら、中国を支配したんだね。

　具体的な統治制度は基本的には明と同じだけど、清朝独自の制度もあるよ。中央では内閣、六部なんかはそのままだったけど、雍正帝はジュンガルへの遠征のために、より早く情報を集め、より早く命令を伝えるために、軍機処を設置したよ。もともと軍事機密を扱う機関だったけど、それが軍とは関係ない命令も扱うようになり、実質的に軍事行政の最高機関になった。軍制では、満洲人の制度である八旗を正規軍として重要な拠点に置いたほか、漢民族で緑営を編成して治安維持にあたらせた。緑営は、明の軍団を再編成して、警察みたいな組織にしたのが始まりだ。

　そしてもう一つ、清では明以来の一条鞭法にかえて、新しい税制である地丁銀が導入された。ここは背景もしっかりおさえてね！　中国を平定したのち、康熙帝は江南や華南の状況を自ら視察したんだけど、このとき、税金逃れのために戸籍に登録しない人が多いことにショックを受けた😵。そこで、課税に対する人びとの不安や不満を消すために、康熙帝の即位50周年にあたる1711年の人口で人頭税の額を固定し、これ以後に増加した人口については盛世滋生人丁として、課税しないことにすると、最終的には地域ごとの人頭税の総額を計算して、その分、ちょっとずつ土地税を値上げした。つまり、人頭税を土地税の中に入れちゃったってことね。こうして中国では人頭税が廃止され、地税に一本化されたよ。これが教科書で「丁銀（人頭税）を地銀（土地税）に繰り込んで、一括して銀納する」って説明される地丁銀だよ。「人頭税がないから、家族の人数が増えても大丈夫😊」と、人びとは安心して子どもを産めるようになった。だって、農村では子どもが重要な労働力だもん。こうして18世紀以降の清では、爆発的に人口が増えたんだ。

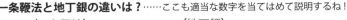

一条鞭法と地丁銀の違いは？……ここも適当な数字を当てはめて説明するね！

〈一条鞭法〉

人頭税（家族の人数で変わる）
1人：10万円　×　壮丁4人
➡この家の人頭税は40万円

＋

土地税（土地の広さで変わる）
1ha：10万円　×　5ha
➡この家の土地税は50万円

⇩

この家の税の総額は……
人頭税40万円＋土地税50万円
➡90万円分の銀で一括払い

〈地丁銀〉

人頭税を廃止
税収が「－40万円」になる

⇧

人頭税を廃止した40万円分を，
土地税に割り振って値上げ
（40万円÷5ha＝8万円値上げ）

⇩

この家の税の総額は……
1ha：18万円　×　5ha
＝　土地税のみ90万円
➡90万円分の銀で一括払い

中国にこの1軒しか家がないと考えてみよう！

◀ 清朝とヨーロッパ人。典礼問題が起きるとキリスト教布教が禁止された！

　ポルトガルなどヨーロッパ各国のアジア進出にあわせて**イエズス会**は積極的な海外布教を進め、中国にも明代後半から宣教師がやってきた。ただ、中国ではヨーロッパ式の布教は受け入れられなかったから、イエズス会の宣教師たちは**中国名（漢字）を名乗り中国風の服を着て**、まずは**西洋技術を紹介しながら中国の知識人たちに布教**した。このとき、**典礼**（中国の伝統儀礼）を認めて、「キリスト教徒になっても孔子廟の儀式やお墓参りに行っても OK です」ってことにしたんだ。まあ、中国人が興味あったのは「西洋技術」のほうなんだけどさ😅。

　こうして、明末には**イタリア人のマテオ = リッチ【利瑪竇】**や、ドイツ人の**アダム = シャール【湯若望】**が中国人官僚の徐光啓と親交を持ち、マテオ = リッチは**中国初の世界地図「坤輿万国全図」**や、ユークリッド幾何学の漢訳『**幾何原本**』をつくった。また、アダム = シャールは『**崇禎暦書**』というカレンダーをつくると、清では**欽天監の監正**（天文台の長官）となり、『崇禎暦書』を「**時憲暦**」として実施した。清代に入っても宣教師は次々とやってきて、**フェルビースト【南懐仁】**はアダム = シャールを助けて**大砲の鋳造**などを紹介し、ルイ14世の命で来朝した**ブーヴェ【白進】**は康熙帝に仕えて、**レジス**とともに**中国初の実測中国地図「皇輿全覧図」**をつくった。さらに、康熙・雍正・乾隆の３人の皇帝に仕えた**イタリア人カスティリオーネ【郎世寧】**は宮廷画家となり、**西洋画法を紹介**し、北京に造営された**バロック式の離宮円明園を設計**したよ。

　こんなふうに、イエズス会宣教師が宮廷で活躍していたけど、布教に対する清朝の姿勢は「**中国の伝統（典礼）を重視するなら布教しても OK**」というスタンスだ。ただ、**中国での布教方法をめぐるカトリック教会の内部対立**、いわゆる**典礼問題**が起きた😫。まず、イエズス会が典礼を認めて布教しているのに対して、「神以外を信仰させているのは、異端だろ😤」と**フランチェスコ会やドミニコ会**が怒って教皇に訴えた。すると、**教皇クレメンス11世**は「神以外を信仰するとは何事だ😡。**典礼は禁止である**！」と決めたんだ。ていうか、キリスト教側から見ると、イエズス会は間違ってる😅。最終的に、中国の典礼は正式に異端とされたよ。こうなると、さすがにイエズス会も典礼を認めることができなくなった😵。

　これに対する清朝側の対応は何も変わらないよ😄。つまり「**典礼を認めれば布教 OK**」だ。変わるのはヨーロッパ側だからね！　**最初はイエズス会だけが典礼を認めていた**から、康熙帝は**イエズス会以外の布教を禁止**した。その後、典礼が異端になって**イエズス会も典礼を認めなくなった**から、雍正帝は**キリスト教布教を全面的に禁止**した。ただ、日本のような厳しい弾圧はしなかったから**殉教者はいない**よ。その後、学問や芸術に功績のある宣教師以外はマカオに追放された。まあ、カスティリオーネみたいに気に入られていると、清に残ったんだけどね😄。一方で、イエズス会宣教師がヨーロッパに伝えた中国の様子は、**啓蒙思想家**たちに影響を与えたよ。ヴォルテールは朱子学に感動したけど、モンテスキューは「中国はしょせん皇帝の専制だろ」と否定的だったりね。

◀ アジア海域では、清朝を中心とする冊封体制が完成した！

　明代に永楽帝がつくろうとしたアジア海域の秩序は完成しなかったけど、17世紀に明と清が交替すると東アジア世界にも変化が生まれ、清朝のもとでヨーロッパ諸国まで含めた**冊封体制**が完成するよ。まずは17世紀の東アジアの動きを見てみよう。

　日本では、豊臣秀吉の死後に江戸幕府が成立すると、初めは対外貿易にも熱心で、各国の船に**朱印状**を与えて貿易を認めた（**朱印船貿易**）。しかも、秀吉の朝鮮出兵で悪化した明との関係を改善しようと、対馬の宗氏の仲介で朝鮮との国交を回復して、両国はたびたび使節を交換した。日本にきた朝鮮の使節が**朝鮮通信使**だよ。一方で、薩摩の**島津氏**が**琉球王国**を征服したんだけど、江戸幕府は「中国とのパイプを残したい」と考え、薩摩も「独自の貿易ルートがあれば儲かる！」と思ってたから、**琉球には朝貢を続けさせた**。これが清の時代にも続き、**琉球は日本と清の両方の属国（両属体制）**になった。その後、江戸幕府はキリスト教と農民一揆などが結びつくことを恐れて**キリスト教を禁止**し、さらに**海禁政策（「鎖国」）**をとった。ただ、貿易ルートは残されていて、長崎でオランダ・中国と、対馬経由で朝鮮と、琉球経由で中国と、松前藩経由でアイヌと、それぞれ交易や交流がおこなわれた（「**四つの口**」）。

　朝鮮では、豊臣秀吉の朝鮮侵略のときに援軍を送ってくれた**明に対する恩義の気持ちが強くなる**一方、北にいる女真族を「しょせん北方の野蛮人だ😆」と思っていた。そしたら女真族が**後金【アイシン】**を建て、さらには**清**と改称して朝鮮に攻めてきた😵。こうして、清に敗れた朝鮮は仕方なく清に朝貢したんだけど、ウラでは「この野蛮人め！」って思っていた。そして明が滅んだあと、「清のような"夷（野蛮人）"に汚された中国に

これまで中国王朝と一緒に話した朝鮮史を、クローズアップ ➡P.298 にまとめたから確認してね！

は、中華はない😆。**明を継承する正統な中華文明は朝鮮にある！**」という「**小中華**」の意識をもって、ことさらに儒教的な儀礼を強調するようになったんだ。

　こうして東アジアでは、朝鮮・琉球・ベトナム・タイ・ビルマなどが朝貢国となって**冊封体制**が形成されたんだけど、鄭氏が降伏したのち、1684年に**海禁が解除**されて**民間貿易（互市貿易）**が活発になったから、清は開港地に**海関（税関）**を置いた。しかも生糸・陶磁器・茶などの中国物産の需要が世界中で高まり、18世紀半ばには**ヨーロッパ諸国との交易も一気に増えた**んだ。そこで乾隆帝は、治安維持の観点からヨーロッパとの交易を管理するために**ヨーロッパ商船の入港地を広州1港に限定**して、**公行【広東十三行】**（中国側の特許商人「行商」の組合）としか取引できないことにした。この「**カントン・システム**」では、朝貢していないヨーロッパの国も"**政治的な交渉は一切しない**"という条件の「**互市貿易**」を認めた。ただし、取引品目、値段などは、**中国側が一方的に決めていい**ことになってたからね。これを、19世紀になってイギリスが戦争まで起こして打ち破ろうとしたんだ。

第 1 章　オリエント・インドの古代文明

第 2 章　古代の地中海世界

第 3 章　古代の東アジア

第 4 章　中世ヨーロッパ

第 5 章　東アジア世界の変容

第 6 章　イスラーム世界

第 7 章　近代ヨーロッパの幕開け

クローズアップ　朝鮮半島の統一王朝（新羅〜朝鮮）

- ●新羅［4世紀半ば／統一は676〜935］　都：金城【慶州】
  - ●骨品制……出身氏族によって官職や位階を定めた**特権的な身分制度**
  - ●文化……仏教を保護。都の慶州に仏国寺を建立
  - ●衰退・滅亡……9世紀には、各地で豪族勢力が台頭し、分裂状態となる
    - ▶豪族の王建が高麗を建国　➡新羅・後百済を滅ぼし、半島を統一
- ●高麗［918〜1392］　建国：王建　都：開城【開京】
  - ●官制・統治体制……宋に朝貢し、科挙など唐・宋の制度を導入
    - ▶両班の成立……**文班・武班**からなる特権身分の官僚制度
  - ●変遷
    - ▶武臣政権の誕生［12世紀後半〜］……崔氏政権［1196〜1258］
    - ▶**モンゴルの侵入**を受けて屈服し、**モンゴル帝国に服属**［1259］
      - ➡三別抄の乱［1270〜73］……三別抄とは、崔氏が組織した高麗の精鋭軍
  - ●衰退・滅亡……倭寇の被害に苦しみ、徐々に衰退［14世紀半ば〜］
    - ▶元の衰退と明の建国　➡**親明派の**李成桂が高麗を滅ぼし、朝鮮（李朝）を建国［1392］
  - ●文化……仏教を護国の宗教として保護
    - ▶高麗版大蔵経……前後2回刊行。第2回はモンゴルの退散を祈念して復刻
    - ▶高麗青磁……宋磁の技法から学ぶ。独自の技法（象嵌青磁）も発展
    - ▶世界最古の金属活字を使用
- ●朝鮮（李朝）［1392〜1910］　建国：李成桂　都：漢城（現ソウル）
  - ●官制・土地制度……科挙を実施し、明にならった官制を整備
    - ▶科田法……李成桂が定めた官僚への土地支給法
    - ▶両班支配の確立……高麗時代に続き、政治的・社会的特権階級となる
  - ●変遷
    - ▶豊臣秀吉の朝鮮侵略【壬辰・丁酉倭乱】［1592・97］
      - ➡明の援軍と、李舜臣の水軍の活躍で撃退したが、国土は荒廃
      - ➡のちに日本（江戸幕府）とは通交を持ち、朝鮮通信使を派遣
    - ▶清のホンタイジに敗退　➡清に服属［1637］
  - ●文化
    - ▶朱子学の官学化……李成桂が明にならって官学化
    - ▶銅活字の普及……世界史上初めて実用化
    - ▶訓民正音［1446］……第4代世宗によって制定された、朝鮮文字
    - ▶李朝白磁……宋磁の技法から発展

第1章 オリエント・インドの古代文明

第2章 古代の地中海世界

第3章 古代の東アジア

第4章 中世ヨーロッパ

第5章 東アジア世界の変容

第6章 イスラーム世界

第7章 近代ヨーロッパの幕開け

◀ 乾隆帝の末期から、清朝にも衰退の予兆が……

　18世紀前半に世界最強だった清朝も、18世紀末にはだんだんと衰退が始まったよ。乾隆帝時代に盛んにおこなった**対外遠征で財政が悪化**し、また**急激な人口増加**で**食糧危機**が起きた。さらに、開墾のために森林を伐採しすぎて環境破壊が進み、社会不安が高まっていた😫。そして、乾隆帝が退位して**嘉慶帝**の時代になると民衆の反乱がたびたび起き、四川・湖北の山間部では「**弥勒菩薩が復活する**😆」と説く白蓮教が広がり、信者となった農民による**白蓮教徒の乱**が10年近くも続いたんだ。また、19世紀初めの天理教徒の乱では、反乱軍が北京の紫禁城にまで乱入した。さらに、地主に対して**佃戸**が反乱を起こし（**抗租**）、ついには**地主が納税を拒否し始めた（抗糧）**。清朝の正規軍はこうした反乱を鎮圧できず、地方では有力者（**郷紳**）が**団練**（自衛団のこと）をつくって鎮圧に協力したんだ。

　一方で、江南地方や四川など南部では「清朝を倒せ😠」という動きが活発となり、華南沿岸部の**天地会**や四川など内陸部の**哥老会**など「**反清復明**（清を倒して漢民族の国を復活させる）」を主張する秘密結社が盛んに活動し始めた。こうした動きは、辛亥革命までずっと続くことになるよ。

---

5 ▷ 明・清の社会経済史

◀ 江南開発がさらに進み、農業の中心も長江中流域に移動した！

宋代以降、長江下流域（蘇湖）が中国の穀物生産の中心地（穀倉地帯）となって

いて、明代になると肥料の使用（施肥）や品種改良、二毛作などの技術の発達で穀物の生産性が上がった。ただ、16世紀までに蘇湖（江南デルタ）はほぼ開発しつくされて、新しい農地は拡大しにくくなった。しかも、銀の使用が広がって貨幣経済が浸透すると、農民たちは現金収入を求めて家での副業として**綿花**や**桑**を栽培して**綿織物**や**絹織物**をつくるようになった。これは、洪武帝が「貧乏だの、死にそうだのという前に、綿花でも植えて内職しろ！」と綿花栽培を勧めたこともきっかけなんだけど、16世紀になると、長江下流域では**水稲耕作から綿花や桑栽培に切り替える農家**も増えた。こうして中国では長江下流域（蘇湖）での水稲耕作の比重が減少し、かわって**長江中流域（湖広）が穀物生産の中心地**になり、明代後期には「**湖広熟すれば天下足る**」（湖広は**湖北省・湖南省**の総称）といわれるようになったんだ。

　手工業の発展は都市でもおこり、綿織物や絹織物のマニュファクチュアも出現、

松江や上海の**綿織物工業**や蘇州・杭州では**絹織物工業**が発展し、清代には**重要な輸出品**になったよ。これまでも絹織物は多かったけど、綿織物も**南京木綿**として海外にも**輸出**された。また、四川や福建では**茶**の栽培も拡大し、清代には**イギリスなどヨーロッパ諸国にも盛んに輸出**されるようになった。さらに陶磁器生産では白磁に藍色の絵模様を描いた**染付**や、5色の絵模様を描いた**赤絵**が**景徳鎮**などで盛んに製作され、国際商品として、**日本やヨーロッパにも輸出**されたんだ。こうした産業技術を図版入りで解説したのが『**天工開物**』だ。

模様が赤1色ってわけじゃなくて、「赤も入ってる」のが赤絵だよ！

　経済発展によって都市が発達すると、**生活の拠点を都市に移す地主や土地を買って地主になる商人**も現れて大土地所有が進み、一方で生活に苦しむ農民（**佃戸**）による**抗租**の運動（小作料の不払い運動）がたびたび起きた。抗租はときにとんでもない大反乱に発展することもあって、15世紀半ばに福建省で起きた鄧茂七の乱は数十万人にまで膨らんだよ。また、清の初めには都市の労働者による**民変**や家内奴隷による**奴変**など、都市での暴動も起きるようになった。

◀ 商工業の発展で客商が出現し、さらに南洋華僑も増加した！

　綿織物・絹織物・陶磁器などの手工業製品や農産物は、**山西商人**や**徽州商人【新安商人】**などの**客商（遠隔地商人）**によって全国に流通したよ。彼らは明の政府と結びついて、山西商人は万里の長城一帯に軍糧を輸送し、安徽省出身の徽州商人は塩の専売で莫大な利益を上げた。彼らは、全国の大都市に**会館**や**公所**を建てて、同郷出身者や同業者で集まって助け合ったり、親睦を深めたりしたよ。

　また、明代・清代の海禁を犯して**密貿易**をおこなっていた海商のなかには、**台湾**に移住したり、あるいは**東南アジアに移住**して居留地をつくり、そこを拠点に交易をおこなったりしたヤツもいた。こうした移民が**華僑（南洋華僑）**だよ。この時期の華僑は**福建や広東出身の商人**が多く同郷意識も強かったから、出身地の商人たちと密かに交易を続ける場合も多かった。ちなみに、華僑が進出した街には中国国内と同じように会館や公所がつくられたよ。今でも会館はあって、日本だと、横浜や長崎の中華街にはあるんだよ。

◀ 「地丁銀」「アメリカ大陸原産作物の普及」を背景に、清代には人口が急増！

　清代の康熙帝〜乾隆帝の時代はとても平和な時代だったから、経済も発展して、さらに**爆発的に人口が増えた**。明末期にはすでに1億人を超えていた漢民族の人口は、18世紀末（乾隆帝末期）にはなんと3億人！　これは、**地丁銀の実施で人頭税がなくなった**ことに加えて、**アメリカ大陸原産の作物**が普及したことが背景だよ。大航海時代以降、中国でも華北で**トウモロコシ**、江南で**サツマイモ**の栽培が普

及して、食糧生産が拡大した。しかも、これらの作物は**荒地や山地でも栽培できる**から、これまで開発が進んでいなかった**内陸部の開墾**も進んで、人口増加を支えたんだ。ただ、人口増加のペースが速すぎて、山間部や辺境では農業生産が追いつかなかった。だから、貧乏な人たちは「都市のほうが豊かになれるかな……」「沿岸部は儲かるって噂だよ……」と期待して都市部や沿岸部に移動した。そして、人口があふれた沿岸部、とくに**福建や広東**からは、先に移住した同郷者を頼って**台湾や東南アジアへの移住**が増加した。これも**華僑**だよ。

　華僑は、明代には**商人（つまり金持ち）が中心**だったけど、清代後半、特に19世紀に入ると貧困層もかなり多くなった。19世紀といえば、ちょうど**欧米で奴隷貿易が禁止**されて、世界的に奴隷にかわる低賃金労働者の需要が高まっていたから、契約移民「**苦力**」となる人も急増したんだよ。

　さて、近代以前の中国史はこれでオシマイだよ。最後に年号 check ！

!! 年号のツボ

- ●**明の建国**［1368］（勇むや　明の朱元璋）
- ●**朝鮮（李朝）の建国**［1392］（李成桂が　いざ国づくり）
- ●**靖難の役**［1399］（悲惨　窮々　建文帝）
- ●**永楽帝の即位**［1402］（威信をつけた　永楽帝）
- ●**後金の建国**［1616］（ヌルハチは　いろいろづくった　八旗も文字も）
- ●**明の滅亡**［1644］（疲労して死ぬ　崇禎帝）
- ●**三藩の乱勃発**［1673］（呉三桂も　色なさず）
- ●**ネルチンスク条約**［1689］（一路躍進　ネルチンスクへ）
- ●**乾隆帝の即位**［1735］（人並み超えた　乾隆帝）

　次回は東南アジア史だよ。イメージがつきにくい範囲だけど、中国史やイスラーム史とのつながりがわかれば、スッキリするよ！　頑張っていこう😆。

第1章　オリエント・インドの古代文明
第2章　古代の地中海世界
第3章　古代の東アジア
第4章　中世ヨーロッパ
第5章　東アジア世界の変容
第6章　イスラーム世界
第7章　近代ヨーロッパの幕開け

第19回 東南アジア世界

東南アジアの歴史って、なかなかイメージがつかみにくいかもしれないけど、各国バラバラに考えるんじゃなく、全体像をしっかりつかもう！

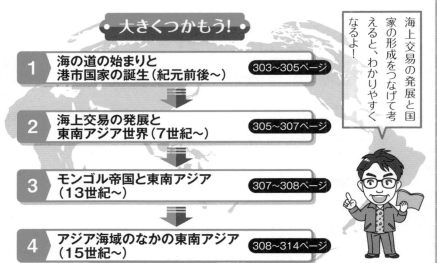

・大きくつかもう！・

1 海の道の始まりと港市国家の誕生（紀元前後〜） 303〜305ページ

2 海上交易の発展と東南アジア世界（7世紀〜） 305〜307ページ

3 モンゴル帝国と東南アジア（13世紀〜） 307〜308ページ

4 アジア海域のなかの東南アジア（15世紀〜） 308〜314ページ

海上交易の発展と国家の形成をつなげて考えると、わかりやすくなるよ！

東南アジアに最初の国家が形成されたのは、中国の後漢とローマの交易が発展した2世紀だ。その後、東南アジアに変化が訪れるのは、中国の唐にムスリム商人が訪れ始めた7世紀、全世界がモンゴルの遠征の影響を受けた13世紀、そして、明の永楽帝がアジア海域に進出しようとした15世紀、そしてヨーロッパ人が来航するようになった16世紀以降だ。よく考えてみてね。東南アジアって、南シナ海〜インド洋の海上交易が変化する時期に、大きな変化を迎えているんだよ！　だから、海上交易の状況を考えながら、それぞれの時代のイメージをつくっていこう！　タテ（地域別）の流れは最後に表でまとめたから、確認してね。

それじゃあ、東南アジア世界の始まり〜😆。

1 海の道の始まりと港市国家の誕生（紀元前後〜）

◀ 東南アジアの自然と「海の道」

今、このページを開いて「ウゲェ😫」って思ってるんじゃないかな（笑）。東南アジアってイメージがつかみにくかったり、「どうせ、マニアックなんでしょ？」ってね。確かに「陸からの視点」だとわかりにくいけど、「海からの視点」を持つと、東南アジア世界は一気に違って見えるよ！ **東シナ海・南シナ海**に広がる**東アジア世界とインド洋世界**を結びつけるのが、東南アジアだ。いつもは歴史を陸から見るかもしれないけど、海上交易をする商人のような気持ちになって、東南アジア世界を見てみよう。

〈東南アジアの国と自然〉

インドから中国に船で行こうとすると、大きな半島（**インドシナ半島・マレー半島**）が目の前に迫り、その周辺には大きな島（**スマトラ島・ジャワ島・ボルネオ島【カリマンタン島】**）と、さらに東側には**フィリピン諸島**が浮かんでいる。そこを抜けて北上すると、**台湾から琉球列島、さらに日本列島へと連なる島々**があって、それを越えると東シナ海、つまり中国沿岸に至る。古代の航海では**陸地に沿って船を進め**、各地の港市に立ち寄りながら水や食料を補給して航海をしたんだよ。

こう考えると、東南アジアで国家が形成されるところが見えてくる😆。安全な航路の目印になる場所、航海の中継点になる場所、陸路と海路の接点になる場所など、**航海に関係する場所に国家が栄える**ことが多い。それから、農業生産にかかわって大河の流域に国家ができることも多いから、川の場所も一緒におさえておこう！ 西から**エーヤワディー川【イラワディ川】**、**チャオプラヤ川**、**メコン川**、**紅河**だ。エーヤワディー川はビルマ（ミャンマー）、チャオプラヤ川はタイ、メコン川の下流はカンボジア、紅河は北ベトナムだから、地域と川はセットにしておこう！

◀ 東南アジアの古代文明と「海の道」の始まり

東南アジア世界では、前4世紀ころから各地にスキタイ文化や中国文化の影響を受けた**青銅器文化**、**ドンソン文化**が生まれたよ。ドンソンは、初めて青銅器が発見された**ベトナム北部の遺跡**の名前だ。この文化の特徴である青銅製の太鼓（打楽器）「**銅鼓**」には、稲作の様子などの文様が描かれているから、すでに**稲作文化**が広がっていたってことだね。ドンソン文化は、インドシナ半島・マレー半島に加え

て、スマトラ島やジャワ島など**東南アジア全体に広がり**、これらが海や川のルートで結ばれて各地に小国家ができた。もう一つ、南シナ海やタイ湾の沿岸に**漁業を中心とする人びとの文化**である**サーフィン文化**が広がっていたよ。この文化は、世界史上でも珍しい海から生まれた文化で、フィリピン諸島などにも同じような特徴が見られるから、島々が海上ルートで結ばれていたことがわかるね。

　ここで、東南アジアに大きな影響を与える「海の道」の話をしていこう！　**東南アジア世界の国家形成は、海上交易と大いにかかわっている**。だって、インド洋と南シナ海・東シナ海を結ぶのが東南アジアだもんね。**インド洋交易**では、紀元前後から南インド諸国が香料などを求めて来航し始め、同じころ、すでに**前漢の武帝が南越を征服**して、ベトナム北部には**交趾郡**、中部には**日南郡**を設置したよね。この時期には、まだマラッカ海峡（マレー半島とスマトラ島の間）を通る船はそれほどなく、**マレー半島を陸路で横断するルート**で南インド～**華南**を結び、南インドに中国商人が到達した、って記録もあるよ。さらに、2世紀後半には、ローマ皇帝**マルクス＝アウレリウス＝アントニヌス【大秦王安敦】**の使者を名乗る人物が、日南郡に入貢した。こんなふうに、2世紀には「海の道」が開通していたんだ😲！。

〈2世紀の東南アジア〉

後漢　南海郡　日南郡　扶南　チャンパー【林邑】　オケオ　主要交易路

　そして、1世紀末には東南アジアで本格的な国家形成が始まった。ユーラシア大陸の西ではローマ帝国が全盛期を迎え（**パクス＝ロマーナ**だ！）、中国でも後漢が繁栄し、二つ**の大国を結ぶ交易の中継点**として東南アジアの沿岸に**港市国家**が誕生した。カンボジア南部（メコン川下流域）には**扶南**が建国され、港町**オケオ**の遺跡からはマルクス＝アウレリウス＝アントニヌス帝の肖像と刻印がある**ローマの金貨**や、**中国製の銅鏡**、**インドの神像**などが出土している。これは、ローマと中国、インドを結ぶ交易がこの地でつながっていた証拠だ。さらに2世紀末には、南ベトナムでは**チャム人の国チャンパー【林邑】**ができた。ただ、**ベトナム北部は中国王朝が支配**していたから、4～5世紀になっても中国の南朝の影響力が強かったんだ。

　一方で、4～5世紀になるとインドでサンスクリット語などの古典文化が完成し、**インドの船が盛んに東南アジアに来航**したこともあって、東南アジアの国の多くがヒンドゥー教や仏教、サンスクリット語などの**インド文化**を取り入れた（**「インド化」**）。これがのちに東南アジアで盛んにヒンドゥー寺院などが建てられた背景だ

よ。そして、6世紀にはメコン川中流域で**クメール人**の**カンボジア**【**真臘**（しんろう）】が興（おこ）り、**扶南を滅ぼした**。カンボジアはヒンドゥー教の影響がむちゃくちゃ強いよ。

2 海上交易の発展と東南アジア世界（7世紀〜）

◀ マラッカ海峡を抜ける海上交易の発達！

　7世紀以降、東南アジア世界は大きく発展するよ。中国では**唐**が成立して**長（ちょう）安（あん）**や**洛陽（らくよう）**などの大都市が栄え、西から**内陸交通路を通じたヒトやモノの交流**が盛んになった。そして、隋代に開通した**大運河**によって、華北の大都市と華南の港市が交通路で結ばれた。一方、ユーラシア大陸西方では**イスラーム勢力**が遠く**イベリア半島**から**北アフリカ**、**西アジア**を経て**中央アジア**まで支配を拡大し、**アッバース朝**の時代には都**バグダード**を中心に都市文明を発展させていた。こうして、世界の東西で都市文明が発展すると、東西世界を結ぶ海上交易が一気に発展して、**アラブ系（大食（タージー））**の**ムスリム商人**が**中国まで来航**するようになった。この時代、これまで通過するのが危険であんまり船が通らなかった**マラッカ海峡**に中継点となる港市がつくられ、安全に通行できるようになったから、「海の道」を通って西アジアから中国まで直接こられるようになったんだ😄。

　こうした影響から、東南アジア各地で交易の中継点となる国家の形成が進んだ。マレー半島にある**マレー人**の港市国家が連合して**シュリーヴィジャヤ**【**室利仏逝**（しつりぶっせい）】

〈7世紀の東南アジア〉

南詔　唐　広州
安南都護府
ピュー
ドヴァーラヴァティー　陸真臘（りくしんろう）　チャンパー【環王】
カンボジア
水真臘（すいしんろう）
主要交易路
パレンバン
シュリーヴィジャヤ【室利仏逝】　ボロブドゥール

を建て、**スマトラ島**の**パレンバン**を都にマラッカ海峡を支配したよ。当時、シュリーヴィジャヤの都パレンバンは**東南アジアの仏教の中心拠点**になって、**大乗（だいじょう）仏教**の研究や布（ふ）教（きょう）が発展した。だから、唐僧（とう）の**義浄**は帰路に**7年**も滞在し、この地で『**南海寄帰内法（なんかいききないほう）伝（でん）**』を書いたんだね。その後**8世紀**になると、**ジャワ島**のマレー人が**シャイレンドラ朝**を建て、香料の産地**マルク【モルッカ】諸島**とマラッカ海峡を結んで発展して、**9世紀**までシュリーヴィジャヤを

支配したらしい。この王朝は、ジャワ島に**大乗仏教寺院**の**ボロブドゥール**を建てたことをおさえておこう！　また同じころ、ジャワ島中部の盆地には、ジャワ人が**マタラム朝（古マタラム）**を建てて稲作で発展したよ。この国は**ヒンドゥー教国**で、

第1章　オリエント・インドの古代文明

第2章　古代の地中海世界

第3章　古代の東アジア

第4章　中世ヨーロッパ

第5章　東アジア世界の変容

第6章　イスラーム世界

第7章　近代ヨーロッパの幕開け

プランバナン寺院群を建立したことで有名だね。

　その後、10世紀になるとマレー半島からスマトラ島にかけての港市国家がいくつかの連合をつくって、宋に朝貢したよ。中国の歴史書では三仏斉と記された国がいくつも出てくるけど、これはシュリーヴィジャヤを引き継いだ港市国家の総称と考えられているよ。ちなみに11世紀ころ、南インドから攻めてきたチョーラ朝が、三仏斉の中心になったこともある。そして、三仏斉と交易をめぐって争っていたのが、ジャワ島東部のクディリ朝だよ。クディリ朝ではインド文化の影響を受けて、ワヤン＝クリ（影絵芝居）などのジャワ文化が確立したんだ。

◀ インドから稲作技術が伝わり、大陸部でも国家形成が進んだ！

　7世紀ころにインドから伝わった直播きの稲作技術によって、東南アジアの内陸部でも稲作が可能となり、国家の形成や統合が進んだよ。カンボジア【真臘】では、北部の平原地帯とメコン川下流域に連合国家ができて、平原の連合国家（陸真臘）は陸路を通ってベトナム北部の安南都護府とつながり、メコン川下流域の連合国家（水真臘）は、海上ルートを通じて中国と交易した。そして、9世紀初めに成立したアンコール朝（クメール王国）がこの二つの地域を統合し、都として大都市アンコール＝トムを建設したよ。アンコール朝といえば、12世紀のスールヤヴァルマン2世が建てたアンコール＝ワットが有名だね。最初はヒンドゥー教寺院だから気をつけてね！　仏教寺院になったのは、15世紀にタイのアユタヤ朝に占領されたあとだ。

　エーヤワディー【イラワディ】川の流域（ビルマ）では、チベット＝ビルマ系のピュー人の連合国家が成立して、雲南とビルマを結ぶ陸路を支配した。ピューではインド文化、特に上座部仏教が広まったよ。また雲南でも、ビルマに通じる内陸ルートをおさえた南詔が繁栄し、9世紀にはピューを攻撃したんだ。このころから、南詔の支配下にいたビルマ人がエーヤワディー川に沿って南下してきて、11世紀になるとビルマ人最初の統一王朝パガン朝を建てた。パガン朝はスリランカから上座部仏教を導入して、多くの仏教寺院を建てたから「建寺王朝」とも呼ばれるよ。

　チャオプラヤ川沿い（現在のタイ）ではモン人の港市国家が連合してドヴァーラヴァティーができたよ。タイ人は、まだここにはいないからね。最初、タイ人は中国南部（広西省とベトナムの境界あたりといわれてるよ）に住んでいて、8世紀ころから移動してチャオプラヤ川の上流〜中流あたりで稲作を始めた。その後、アンコール朝が発展させた内陸交易に刺激を受けて、各地でタイ人が自立し始めるよ。

◀ やっと中国王朝から独立して、北ベトナムに国家が生まれた！

　北ベトナムは「海の道」から少し奥まったところに位置していて、ほかの国がほしがるような特産物もあまりなかったから、海上交易は発展しなかったんだけど、10世紀に唐が滅んで五代十国時代になると、北ベトナムは中国王朝の侵攻を撃退して独立した。ただ、初期にあったいくつかの政権はあっという間に滅んでしまっ

て、短命政権が続いたんだ。そして11世紀初めに、李公蘊がハノイを都に李朝を開き、国号を「大越【ダイベト】（国）」（ダイベトは"大越"のベトナム語読み）とした。ここから黎朝までは、国号が「大越（国）」、都は現在のハノイだよ！

　国際交易ルートから外れていた李朝は、紅河（ホン川）デルタを開拓して、農業を中心とする国をつくった。そして、北宋に朝貢して大乗仏教・儒教・道教など中国文化を学び、中国の官僚制度や科挙も導入したよ。

3 モンゴル帝国と東南アジア（13世紀〜）

◀ モンゴルの遠征——東南アジア世界にクビライが攻めてきた！

〈13世紀の東南アジア〉

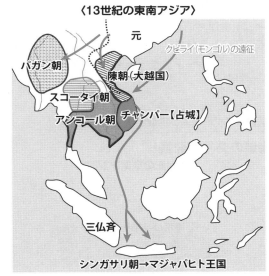

13世紀には、東南アジアもモンゴルの遠征の影響を受けるよ。南宋を征服したクビライは、中国人から造船技術や航海の知識を手に入れると、「東南アジアの通商ルートも取る」と、東南アジアからインド洋への進出を始めたんだ。

　まず、陸路で雲南とつながるビルマでは、クビライの遠征を受けたパガン朝が弱体化して、やがて滅亡し、このあと、北部のシャン人（アヴァ朝）や南部のモン人（ペグー朝）が抗争する長い分裂時代に突入するよ。一方、各地でクメール人（アンコール朝）の支配から自立し始めたタイ人は、現在のタイ北部にスコータイ朝を建てた。これはタイ人が初めて半島部に建てた国家だよ。その後、モンゴルの遠征の影響で周辺の小国がスコータイ朝の保護下に入り、第3代のラームカムヘーン王【ラーマカムヘン王】の時代には、多数の小国を従属させて全盛期になった。また、ラームカムヘーンはタイ文字【シャム文字】を制定して碑文に刻んだほか、上座部仏教を導入したよ。

◀ 元を撃退したベトナムとジャワ

　クビライは、陸上ルートを使ったビルマへの遠征には成功したけど、海上ルートを使った遠征には失敗した😢。ベトナム（大越国）で13世紀前半に成立した陳朝は、紅河デルタを大開拓したから、農業生産が増えて人口も増加していた。そこに、3次にわたるクビライの攻撃を受けたんだ。ただ、陳朝の水軍は海から攻め込

第1章　オリエント・インドの古代文明

第2章　古代の地中海世界

第3章　古代の東南アジア

第4章　中世ヨーロッパ

第5章　東アジア世界の変容

第6章　イスラーム世界

第7章　近代ヨーロッパの幕開け

んできた元軍を破り、その後、陸路からの攻撃もゲリラ戦術で撃退した。こうして元を撃退した陳朝では「オレたちはすごい😆」と民族意識が盛り上がり、ベトナム独自の文字である字喃【チュノム】がつくられたり、独自の歴史書『大越史記』が編纂されたりしたよ。さらに陳朝は、南シナ海の海上交易に進出するために、チャンパーを攻撃してベトナム南部に領域を拡大していったんだ。

　一方、ジャワ島東部では、13世紀前半にクディリ朝の王位を奪ってシンガサリ朝が成立したんだけど、シンガサリ朝の王は、朝貢を求める元の使者の顔に刺青をして追い返したらしい……😑。怒ったクビライがジャワに遠征軍を送ったところ、元軍が到着したとき、すでにシンガサリ朝は内紛で滅んでいた。このとき、王族のウィジャヤは元軍に協力するふりをして、「あいつらが悪いヤツです😆」と元を利用して対抗勢力を破り、その後、元軍をジャワから追い出した。元は見事に利用されたってわけだ😵！こうしてウィジャヤがマジャパヒト王国を建て、元とは和解して朝貢した。そして、14世紀にはスマトラ島やマレー半島なども支配する一大海上帝国を形成したんだ。マジャパヒト王国は、クディリ朝以来のジャワ文化を継承したジャワ島で最後のヒンドゥー教国だよ。

4　アジア海域のなかの東南アジア（15世紀〜）

◀ 鄭和の大遠征でアジア海域の交易が発展！

　モンゴルの遠征のあと、東南アジア世界が再編成されていくのが15世紀だよ。この時代、中国では明の永楽帝がアジア海域を冊封体制に組み込むために、鄭和が率いる大艦隊を東南アジアに派遣したよね。この遠征のあと、東南アジアの多くの国が明に朝貢したほか、明の海禁政策も東南アジアに影響するよ。

　鄭和の遠征の影響を一番受けたのは、マラッカ王国とタイだよ。タイでは、14世紀半ばにスコータイ朝から自立したアユタヤ朝が勢力を拡大し、海上交易をおさえるため

〈15世紀の東南アジア〉

明
鄭和の南海遠征
黎朝(大越国)
アユタヤ朝
チャンパー【占城】
カンボジア
マラッカ王国
マラッカ
マジャパヒト王国の最大領域【14世紀】
マジャパヒト王国
スンダ海峡

にマレー半島への進出を狙っていた。アユタヤ朝の圧迫に困っていたマラッカ王国は、鄭和の大艦隊が来航すると明に朝貢し、その保護を受けた。実際、マラッカ王

が鄭和に「タイのアユタヤ朝が圧迫してくるので困っています😵」と訴えると、明はアユタヤ朝に「マラッカをイジメるのはやめなさい」と言ったから、アユタヤ朝はマラッカへの支配をやめた。こうして**タイの支配から脱したマラッカ**は、海上交易の重要拠点であるマラッカ海峡をおさえてインド洋交易の覇権を握ったんだ😎。さらに国王がイスラーム教を受容したことで**ムスリム商人**もたくさん来航し、**東南アジアのイスラーム教布教の中心**にもなった。すると、香料貿易ルートに沿ってジャワ島の北岸にイスラーム教が広がり、イスラーム教を受容したジャワ島北部の港市とマラッカがネットワークを形成したから、**ヒンドゥー教国のマジャパヒト王国は急速に衰退**したよ。こうしてマラッカは**東南アジア最大の交易拠点**となり、ムスリム商人が香辛料・宝石・銀を、中国商人が**陶磁器**や**絹**を、さらにジャワの商人が**モルッカ諸島**から香辛料をもたらして、各地の物産の集積地になった😄。

一方、タイの**アユタヤ朝**も明に朝貢すると、内陸の物産を中国や琉球などに運ぶ交易で発展したよ。そして15世紀にはタイの北部にまで支配を伸ばすと、**上座部仏教を保護**して、現在のタイにつながる国家を形成したんだ。

🔊 ポルトガルがマラッカを征服すると、アジア海域の交易ルートが変化！

16世紀初め、インド総督のアルブケルケが率いる**ポルトガル軍**が**マラッカを征服**すると、**東南アジアの海上交易ルートが変化**するよ。マラッカ国王はマレー半島の南端にジョホール王国を建て、ムスリム商人を集めてポルトガルを孤立させた。すると、マラッカ海峡を通っていたムスリム商人は**スマトラ島の西岸を南下**して、**スマトラとジャワの間のスンダ海峡**を抜けるルートを開拓したんだ。だから、スマトラ島北端の**アチェ王国**、ジャワ西部の**バンテン王国**、ジャワ中部の**マタラム王国**などの**イスラーム教国**が繁栄したよ。

ポルトガル人に対抗したのは、ムスリム商人だけじゃないよ。タイの**アユタヤ朝**もアジア各地との交易を積極的におこなった。マラッカと交易していたイスラーム諸都市との交易を進めると同時に、**明の海禁政策が緩和される**と**中国商人**（華僑）に王室の貿易を任せるなど、**南シナ海での交易も拡大**したんだ。すると、明と直接交易ができなかった**日本人も朱印船**で進出してきた。こうしてアユタヤなどの港市には**華人街**（中国商人の拠点）や**日本町**ができたよ。この時期にリゴール太守として活躍した日本人が**山田長政**だね。さらにアユタヤ朝は、16世紀には**ポルトガル**と、17世紀になると**オランダ・イギリス・フランス**とも通商をおこなって商業国家として繁栄した。さらに、東南アジア各地の港市に**コメを輸出**するなど、自国の産物の海外輸出も進めたよ。

🔊 タイとビルマの抗争！ 勝つのはどっちだ？

パガン朝の滅亡後、**分裂状態だったビルマ**では、16世紀前半に**タウングー朝【トゥングー朝】**がビルマを再統一したよ。タウングー朝は**内陸部とベンガル湾を結ぶ交易で繁栄**して、16世紀後半には**タイのアユタヤを占領**して台頭したんだけど、

第1章 オリエント・インドの古代文明

第2章 古代の地中海世界

第3章 古代の東アジア

第4章 中世ヨーロッパ

第5章 東アジア世界の変容

第6章 イスラーム世界

第7章 近代ヨーロッパの幕開け

国内の分裂や**タイの再独立**などで衰退して、最後は**モン人**の**ペグー王国**によって滅ぼされ、ビルマは分裂状態に戻っちゃった😫。そして、再独立したタイの**アユタヤ朝**は商業国家として繁栄し、半島部の最強国になった。

　18世紀半ばになると、ビルマでは内陸部から現れたアラウンパヤーが**コンバウン朝【アラウンパヤー朝】**を建て、モン人の勢力や清朝の侵攻を退けて勢力を拡大すると、さらにタイにも侵攻して**アユタヤ朝を滅ぼした**。こうして現

〈17世紀の東南アジア〉

在のビルマ（ミャンマー）とほぼ同じ領域を支配して、**半島部の最強国になった**んだ。ただ、このあとインドの**アッサム地方**に攻め込んだら、インド支配を固めていた**イギリスと戦争になった**😵。この**イギリス゠ビルマ戦争【ビルマ戦争】**に敗れて、コンバウン朝はイギリスに滅ぼされたんだ。

　一方、アユタヤ朝が崩壊した後のタイでは、アユタヤ朝の武将たちがコンバウン朝に清が攻め込んだのに乗じて自立し、そのなかから現れた**チャクリ【ラーマ1世】**が**ラタナコーシン朝**を建てて、**バンコク**を都にしたよ。建国後はビルマのコンバウン朝の侵攻を撃退し、**上座部仏教**を支柱にした国づくりに努めたんだ。

◀ ベトナム（大越国）では黎朝が南進政策を進めたけど……

　陳朝が豪族の反乱で滅亡すると（**胡朝**の成立）、「陳朝を復活させる！」という口実で明の永楽帝が攻めてきて、**ベトナムは明の支配を受けた**んだ。ただ、すぐに**黎利**が明を撃退して独立を回復して、**黎朝**ができたよ。黎朝は、中国風の官僚制度や**儒学**を導入して国家体制を整備すると、南部への進出をすすめて**チャンパーを併合**した。こうして、ほぼ現在のベトナムと同じ地域まで支配を拡大したんだ。

　ただ、16世紀ころから軍人の力が強まって国内が分裂した。北部では**鄭氏**がハノイを拠点に実権を握り、南部では鄭氏に対抗して**阮氏**がユエで自立、ベトナムは鄭氏の**大越国**（北部）と阮氏の**広南国**（南部）に分裂しちゃった😫。どちらの勢力もポルトガルやオランダ、さらには朱印船で来航する日本人とも交易していたから、中国で清朝が鄭成功を孤立させるために**遷界令**を発すると、中国沿岸から追われた**華人**たちがベトナム南部に逃げてきて、都市を建設し始めたんだ。

　その後、18世紀になると状況が変わるよ。中南部の**帰仁**では北方から逃れてき

た農民（流民）が、**阮氏３兄弟**（広南国の阮氏とは別だよ）のもとで武装集団をつくっていたんだけど、これに権力闘争に敗れた官僚や、阮氏の支配を嫌う地方の有力者が合流して**広南国（阮氏政権）**に対して反乱を起こした。この**西山の乱**は広南国の阮氏政権と北の鄭氏を破り、かろうじて残っていた黎朝の国王も清に亡命して滅亡した。こうして西山の阮氏政権ができた（**西山政権**）。

　しかし、敗れた広南阮氏出身の**阮福暎**はタイに亡命し、ラタナコーシン朝のラーマ１世に保護された。さらに、この地にいたフランス人にも救援を頼み、西山政権に圧迫された中国系商人たちも味方につけた。こうして、交易ネットワークで結ばれた**タイ・フランス・華人**と広南阮氏が組んで、フランス人宣教師**ピニョー**の義勇軍やタイ軍の**協力**で西山政権を滅ぼすと、**フエ【ユエ】**を都に**阮朝**を建てた。このときに国号となった「**越南（国）**」が「**ベトナム**（"越南"のベトナム語読み）」という国名のおこりだよ。

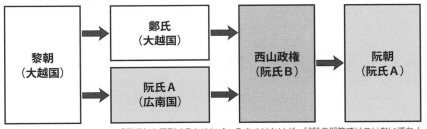

〈黎朝〜阮朝へ〉……同じ姓でも「阮氏A」と「阮氏B」は別の一族なので注意！

※「阮氏」を区別するためにA・Bをつけたけど、試験の解答ではつけないでね！

　さて、これで東アジア・東南アジアと中国王朝との関係が深い地域はおしまいだよ。次はイスラーム史に進むよ。苦手な人が多いかもしれないけど、現代の政治でもよく話題になっているよね。頑張っていこう〜😆。

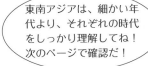

東南アジアは、細かい年代より、それぞれの時代をしっかり理解してね！次のページで確認だ！

第2章　古代の地中海世界
第3章　古代の東アジア
第4章　中世ヨーロッパ
第5章　東アジア世界の変容
第6章　イスラーム世界
第7章　近代ヨーロッパの幕開け

東南アジア各地の「タテ」の流れ

〈北部ベトナム〉

中国王朝の支配	●前漢：武帝が南海9郡を設置 ▶交趾郡（現：ハノイ）、日南郡（現：フエ）など ●唐：高宗が安南都護府を設置（現：ハノイ） ➡唐末～五代の混乱期に乗じて、北ベトナムに独立王朝が成立
李朝（大越[国]） [1009～1225] 都：ハノイ【昇竜】 (タンロン)	▶宋軍を撃退[1075～76]　➡のちに北宋に朝貢 ▶中国官制を導入（科挙を実施）。大乗仏教・儒教・道教の三教を崇拝
陳朝（大越[国]） [1225～1400] 都：ハノイ	▶元のクビライの遠征軍を撃退　➡民族意識が高揚 ▶字喃の作製……漢字をもとにしたベトナム独自の文字 ▶『大越史記』……南越から李朝までの歴史を記述した（漢文）
明の支配	▶永楽帝の遠征により、明の支配下に入る
黎朝（大越[国]） [1428～1527、 1532～1789] 都：ハノイ	▶建国者：黎利 ▶チャンパーを併合し、ほぼ南北ベトナムを統一 ▶17世紀以降、南北分裂 　　北部では鄭氏が実権を握り、南部では阮氏の広南国が台頭
西山政権 [1778～1802]	▶西山の乱[1773～]……北の鄭氏、南の阮氏を滅ぼす ➡西山の阮氏3兄弟が、国を3分支配
阮朝（越南[国]） [1802～1945] 都：フエ【ユエ】	▶広南阮氏一族の阮福暎が建国。国号を「越南(国)」とする 　　建国時にフランス人宣教師ピニョーの義勇軍やタイ軍の援助を得る ➡建国後は清に朝貢

〈メコン川下流域（カンボジア）〉

扶南【プノム】 [1世紀末～7世紀]	▶クメール人が建てた東南アジア最古の本格的な国家 ▶仏教やヒンドゥー教などインド文化を受容 ▶港市：オケオ……ローマ金貨、漢の鏡、インドの神像などが出土
カンボジア 【真臘】 [6～15世紀]	▶扶南を滅ぼす。インド文化の影響を受け、ヒンドゥー教が繁栄 ▶8世紀には南の水真臘、北の陸真臘に統合された ●アンコール朝（クメール王国）[802頃～1432]……カンボジアを統合 ▶都：アンコール＝トムを造営[9世紀末] ▶スールヤヴァルマン2世（位1113～52頃） 　　……アンコール＝ワットを建立 ▶支配下のタイ人が自立して衰退 ➡15世紀に、タイのアユタヤ朝の攻撃で衰退

〈チャオプラヤ川流域（タイ）〉

ドヴァーラヴァティー [7～8世紀]	▶ **モン人**の国家
タイ人の移動	▶ 8世紀頃から、中国南部（広西・雲南）のタイ人が徐々に移動
スコータイ朝 [1257頃～1438]	▶ タイ人が初めて半島部に建国した国家 ▶ アンコール朝からタイ人が自立して建国　➡ 元に朝貢 ▶ 全盛期：**ラームカムヘーン王** ……**タイ文字**の制定。**上座部仏教**を導入 ▶ 15世紀半ばには、南部に興ったアユタヤ朝に従属
アユタヤ朝 [1351～1767]	▶ アンコール朝を破り、スコータイ朝も併合 ▶ **上座部仏教を国教**とする ▶ 鄭和の艦隊が来訪し、**明の冊封**を受ける ▶ 交易保護……**中国商人**（華僑）や、**朱印船貿易**で日本人も進出 ➡ **日本町**の形成（リゴール太守として**山田長政**が活躍） ▶ ビルマのタウングー朝の侵入で一時断絶［16世紀末］ ➡ のちに、ビルマのコンバウン朝により滅亡［1767］
ラタナコーシン朝 [1782～現在]	▶ 建国：**ラーマ1世【チャクリ】**　都：**バンコク** ▶ ビルマのコンバウン朝と清の抗争に乗じて建国 ➡ のちに、清に朝貢

〈エーヤワディー【イラワディ】川流域（ビルマ）〉

ピュー [8～11世紀]	▶ チベット＝ビルマ系ピュー人の国家 ▶ インド文化を受容し、上座部仏教やヒンドゥー教が繁栄 ▶ 南詔の攻撃で衰退［9世紀］　➡ ビルマ人のパガン朝に吸収された
パガン朝 [1044～1299]	▶ ビルマ人最初の統一王朝 ▶ 上座部仏教を導入、多くの仏教寺院を建立【建寺王朝】 ▶ 元のクビライの遠征により弱体化し、やがて滅亡［1299］ ➡ ビルマは分裂状態となる
タウングー朝 【トゥングー朝】 [1531～1752]	▶ パガン朝滅亡以来の分裂状態を終結 ▶ タイの**アユタヤ朝**と抗争し領土を拡大 ➡ ベンガル湾と内陸部を結ぶ交易で発展 ▶ ヨーロッパの進出、明や清の侵攻で弱体化 ➡ **モン人のペグー王国**よって滅亡
コンバウン朝 【アラウンパヤー朝】 [1752～1885]	▶ タイの**アユタヤ朝を滅ぼす**［1767］ ➡ 清の侵攻を撃退後、清に朝貢 ▶ イギリス＝ビルマ戦争　➡ イギリスが征服［1885］

第1章 オリエント・インドの古代文明

第2章 古代の地中海世界

第3章 古代の東アジア

第4章 中世ヨーロッパ

第5章 東アジア世界の変容

第6章 イスラーム世界

第7章 近代ヨーロッパの幕開け

〈マレー半島・スマトラ島・ジャワ島〉

シュリーヴィジャヤ [7〜18世紀]	▶マレー半島の港市国家が連合 ▶スマトラ南部の**パレンバン**を中心に海上帝国を形成（室利仏逝） ▶大乗仏教を導入　➡義浄が来朝、『南海寄帰内法伝』を記述
シャイレンドラ朝 [8〜9世紀]	▶ジャワ島東部に建国 ▶ジャワのマレー人が建て、シュリーヴィジャヤを支配 ▶**大乗仏教を保護**　➡**ボロブドゥールに仏教寺院を造営**
三仏斉 [10世紀頃〜]	▶いくつかの国家連合が宋に朝貢 ▶11世紀、南インドの**チョーラ朝**が侵攻し、三仏斉の中心となる
クディリ朝 [928頃〜1222]	▶ジャワ文化（インド文化の影響）確立……**影絵芝居【ワヤン＝クリ】**など ▶**三仏斉と交易をめぐって抗争**
シンガサリ朝 [1222〜92]	▶元軍が遠征したが、来島直前に内紛で滅亡
マジャパヒト王国 [1293〜1520頃]	▶ジャワにおける**最後のヒンドゥー教国** ▶元に朝貢。その後、**鄭和の南海遠征**で明に朝貢 　➡15世紀以降、イスラーム教徒の侵入で衰退
マラッカ王国 [14世紀末〜1511]	▶鄭和の南海諸国遠征に**協力**　➡**明に朝貢し保護を得る** ▶**ムスリム商人が来朝、本格的なイスラーム国家となる** 　➡**モルッカ諸島との香料貿易**の拠点として繁栄 ▶**ポルトガルがマラッカを武力征服[1511]**……インド総督：アルブケルケ ▶マラッカ王家はマレー半島南部に逃れ、ジョホール王国を建設
ポルトガルの進出後	▶ムスリム商人は新たな交易路を開拓 　スマトラ島西岸を南下し、ジャワ島との間の**スンダ海峡**を通る ▶新たな交易路に**イスラーム国家**が成立 　**アチェ王国**（スマトラ）、**バンテン王国・マタラム王国**（ジャワ）

第6章

イスラーム世界

第20回 イスラーム世界の形成

イスラームってあまり身近じゃないかもしれないけど、世界に大きな影響力を持つ宗教だ。イスラームはどんなふうに世界に広がっていったんだろう？

● 大きくつかもう！ ●

1 イスラーム教の成立〜正統カリフ時代 317〜320ページ

2 ウマイヤ朝とアッバース朝 321〜324ページ

3 3カリフの並立とイスラーム世界の変容 324〜328ページ

4 地方政権の興亡 329〜332ページ

まずは、世界にイスラーム教が広がる時代だよ。イスラーム世界の土台になる範囲だ

　アラビア半島から現れたイスラーム教は、あっという間にイベリア半島から中央アジアに至る広大な地域に広がり、今では世界の三大宗教の一つに数えられるほどになった。でも、キリスト教や仏教とはちょっと違うんだ。イスラームって政治と宗教が一体で、『コーラン』のなかには政治・経済から普段の生活にかかわる身近な問題など、「これって宗教で決めるようなものなの？」ってことまで決められている。カリフ、スルタン、ジハード、シャリーア……いろいろ耳慣れない言葉が出てくるけど、一つ一つ理解しながら進んでね。

　それじゃあ、イスラーム世界の形成の始まり〜😊。

第1章　オリエント・インドの古代文明
第2章　古代の地中海世界
第3章　古代の東アジア
第4章　中世ヨーロッパ
第5章　東アジア世界の変容
第6章　イスラーム世界
第7章　近代ヨーロッパの幕開け

1 イスラーム教の成立～正統カリフ時代

◀ アラビア半島の交易路が発達し、メッカが繁栄した！

　アラビア半島はほとんどが砂漠だから、**アラブ人**たちは地下水を灌漑（かんがい）に利用できるオアシスの周辺で農業をやっていた。特に、南西部の**イエメン**はわりと農業が盛んで、**インド洋と地中海を結ぶ紅海貿易**の中継点にもなったから、古くは「幸福のアラビア」って呼ばれていたよ。一方で、半島の砂漠地帯に住む**遊牧民（ゆうぼくみん）（ベドウィン）**は、ラクダや羊などの家畜を飼育しながら移動生活を送り、なかにはラクダを使った**隊商貿易（たいしょう）**をやっている人たちもいた。

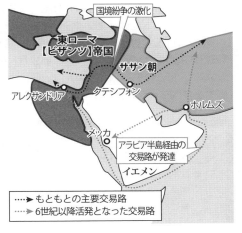

国境紛争の激化
東ローマ【ビザンツ】帝国
ササン朝
アレクサンドリア
クテシフォン
ホルムズ
メッカ
アラビア半島経由の交易路が発達
イエメン

┈▸ もともとの主要交易路
┈▸ 6世紀以降活発となった交易路

　ただ、アラビア半島は交易路の中心ではなかった。だって砂漠を横断するのは大変でしょ😫。それが6世紀後半に**ササン朝と東ローマ【ビザンツ】帝国の抗争**が激しくなると、東西を結ぶ「オアシスの道」が国境紛争の舞台となり、商人たちは「戦争を避けて、ルートを変更しよう😀」と考えた。こうして、これまでのメソポタミアを通って運ばれていた商品が、**アラビア半島西部のヒジャーズ地方**を経由するようになった。この交易路の変化によって、**メッカ**の大商人は国際的な**中継貿易**でむちゃくちゃ儲けた（もう）。メッカでは農業ができず、食料を手に入れるには交易をするしかないから商業都市となり、メッカの住民（**クライシュ族**）は何かしら商業にかかわっていた。

　最後に、イスラーム教ができる前のアラビア半島の宗教について話しておこう！アラビア半島にはすでに**ユダヤ教やキリスト教**も伝わっていたけど、住民である**ア**（た）**ラブ人**の多くは**多神教徒（たしんきょう）**だった。**メッカ**はその聖地の一つで、**カーバ神殿**（イスラーム教では**カーバ聖殿**）にはもともと多神教のいろんな神が祭られていたんだよ。

◀ 預言者（よげんしゃ）ムハンマドが登場して、イスラーム教ができた！

　6世紀後半にメッカのクライシュ族の**ハーシム家**に生まれた**ムハンマド**は、両親と祖父の死によって、幼いときに孤児になり、隊商貿易をやっている父方の親戚に引き取られて**隊商貿易**に従事し、結婚して幸せに暮らしていた。ところが、40歳ころから思い悩むようになり、メッカ近郊の洞窟にこもって瞑想（めいそう）していると、ある晩、天使ガブリエルによって神**アッラー**の啓示を受けたんだ。こうして「私は神から言葉を預かった者（**預言者**）」として人びとに**唯一神アッラーへの帰依（ゆいいっしん）**を説いた。これが**イスラーム教**の始まりだよ。ここから20年以上にわたってムハンマド

が授かった神の言葉をまとめたのが、聖典の『コーラン【クルアーン】』だ。

　では、イスラーム教の特徴を先に見ておこう。まず、**偶像崇拝は厳格に禁止**され、メッカの**カーバ聖殿**の黒石に神が宿ることにした。さらに、部族や人種に関係なく**イスラーム教徒（ムスリム）は絶対平等**で、神と人の間に立つ聖職者の存在も認めず、ムスリムには「アッラー・天使・コーラン・預言者・来世・天命」への信仰（六信）と、「信仰告白・礼拝・断食・喜捨・巡礼」（五行）を義務づけた。これが**六信五行**だよ。例えば、**ラマダーン（断食月）**の昼間は、食べ物だけじゃなくて水も飲めない。ほかにも『コーラン』は、政治・経済・社会・文化などの内容を含み、「豚肉を食べちゃダメ」など、ムスリムの生活全般を規定しているんだ。

🖥 クローズアップ　ムハンマド〜正統カリフ時代

- ●ムハンマド[570頃〜632]……メッカの**クライシュ族**（ハーシム家）出身
- ●メッカでイスラーム教を創始 [610頃]
- ●ヒジュラ【聖遷】[622]……メディナ【ヤスリブ】に逃れ、ウンマ（イスラーム共同体）を形成
  - ➡その後、**メッカを無血征服** [630]。さらに**アラビア半島統一**
- ●正統カリフ時代[632〜661]　都：メディナ➡クーファ（アリーが遷都）
  - ●初代：**アブー＝バクル**[位632〜634]……アラビア半島を再征服
  - ●第2代：**ウマル**[位634〜644]
    - ▶**ビザンツ帝国からシリア・エジプトを奪う**
    - ▶**ニハーヴァンドの戦い**[642]……**ササン朝**を破る
      - ➡ササン朝は事実上崩壊
  - ●第3代：**ウスマーン**[位644〜656]……『コーラン』が現在の形に完成
  - ●第4代：**アリー**[位656〜661]……シリア総督**ムアーウィヤ**との内乱が勃発
    - ➡**アリー暗殺**により、ムアーウィヤがウマイヤ朝を開く

◀ メッカで迫害されたムハンマドは……とりあえずメディナに逃げた！

　ただ、メッカの人びとにとってムハンマドはイヤな存在だった。だって、先祖代々の多神教の神を否定するし、さらに**大商人の富の独占を批判**したから。メッカの支配者たちは「こいつは危険人物だ😣」とムハンマドを迫害し、ついにはハーシム家さえ彼を守らなくなった。仕方なく、ムハンマドはわずか70人のムスリムとともにメッカを離れ、622年に**メディナ【ヤスリブ】**に逃れた（**ヒジュラ【聖遷】**）。この年を元年とする純粋な**太陰暦**（1年が354or355日）が**イスラーム暦**だよ。

　メディナに逃れたムハンマドは、この地で**イスラームの信仰共同体「ウンマ」**をつくった。この時点から**イスラーム教は政治と宗教が一体**で、すべてのムスリムはウンマに属し、ウンマを防衛するために**武装して戦う義務**が課された。こうして、

ムハンマドが率いるイスラーム軍はクライシュ族との戦いに突入し、メディナに攻め込んできたメッカの勢力を破ると、**アラビア半島の諸部族と同盟して**味方を増やした。1万人にまで膨れ上がったムハンマドの軍を見たとき、「こりゃ勝てない😫」と戦意を失った**メッカのクライシュ族は降伏**したんだ。

　630年に**メッカを無血征服**したムハンマドは、さらに周辺の部族にも大勝して、ついに**アラビア半島を統一**してメディナに戻った。しかし、数万人の信者とともにメッカに巡礼したあとで病に倒れ、632年に死去した。ムハンマドのお墓はメディナにあるから、**メディナは第二の聖地**だよ。

◀ 信者の総意で選ばれたムハンマドの後継者が「正統カリフ」だ！

　ムハンマドの死後、ウンマ（イスラーム国家）には後継者が絶対に必要だった。だって軍隊があるし、異教徒との戦い（**ジハード【聖戦】**）も進めなきゃいけない。でも、ムハンマドは後継者を選ばずに亡くなったから、有力者の話し合い（選挙制）で**アブー＝バクル**を後継者（**カリフ**）に選び、忠誠を誓った。**信者の総意で選ばれた最初の4人のカリフが正統カリフ**だ。カリフは**ウンマの指導者**だけど、カリフに神の啓示はない（**ムハンマドが最後の預言者**だ！）ので、**宗教的な権限はない**。あるのは、軍団を指揮する**政治的な権限**と、教団のリーダーとしての**社会的な権限**だよ。

　ただ、アブー＝バクルがカリフに選ばれると、アラビア半島の諸部族は「オレたちはムハンマドと同盟しただけ！　イスラーム教は信仰しても、政治的には従わない😝」と言ってきた。アブー＝バクルは「政治だけの自立は認めない😤」と討伐軍を送って、**アラビア半島を再征服**した。ほら、イスラーム教って政治と宗教が一体でしょ！　このあと「**アラブの大征服**」と呼ばれる領土拡大が始まるよ。アラビア半島の北方では、国境紛争を続けていた**ササン朝と東ローマ帝国がかなり弱っていた**から、アラブのイスラーム軍が対外発展するお膳立てができていたんだ。

　こうして**ウマル**（第2代正統カリフ）の時代、ウンマは一気に拡大したよ。まず、**東ローマ帝国を破ってシリアを奪う**と、アレクサンドリアにも攻め込んで**エジプトを征服**した。さらに、**ササン朝の都クテシフォンを攻略**して王を敗走させると、642年には**ニハーヴァンドの戦い**で圧勝😁。**ササン朝を崩壊**させて、**イラクからイラン高原まで**を支配下に置いた。そして、征服地には**クーファ、バスラ、フスタート**などの**ミスル**（**軍営都市**）を建設して、支配を固めていった。

　こんなふうに一気に広大な地域を征服できたのは、アラブ人が征服地の統治体制をほとんど**変えず**、税金（人頭税の**ジズヤ**、土地税の**ハラージュ**）さえ払えば宗教や文化、慣習にも干渉

> 領土が拡大したウマルの時代に、カリフの権力はむちゃくちゃ強くなった！　こりゃ権力闘争のニオイがするよ😫

第1章　オリエント・インドの古代文明

第2章　古代の地中海世界

第3章　古代の東アジア

第4章　中世ヨーロッパ

第5章　東アジア世界の変容

第6章　イスラーム世界

第7章　近代ヨーロッパの幕開け

しなかったから、征服された人びとの反発が少なかったからだ。特に、一神教を信じる**ユダヤ教徒やキリスト教徒**は「啓典の民」として、ジズヤさえ払えば信仰の自由が保証されたんだ。

　征服活動の結果、これまでアラビア半島だけだったウンマは、**いきなり世界帝国になった**。そして「世界帝国の統治者」となったカリフの権力が強まり、その地位をめぐって権力闘争が起きた。ウマルに続いてカリフになったのは**ウマイヤ家**の**ウスマーン**だよ。彼は、領土拡大によって『コーラン』の内容を口承で伝えるのが難しくなったから、**ムハンマドの教えをテキストにまとめて**各地に送った。これが現在の『コーラン』だよ。ただ、ウスマーンには反発も強かった。彼は**クライシュ族**とはいえ、**メッカ征服まではムハンマドに敵対**していたメッカの有力家系**ウマイヤ家**の出身で、しかも同族ばっかり優遇した。これじゃあ、ムハンマドと一緒にヒジュラをやったり、メディナでムハンマドに従った古くからの信者は面白くない。こうしてウンマは**内乱**となり、ウスマーンは暴徒に襲われて暗殺されてしまった。そして、古参のムスリムの支持で**アリー**（ムハンマドの従弟で、娘ファーティマの夫）が**カリフとなり、クーファ**に遷都した。でも、今度は**ウマイヤ家のシリア総督ムアーウィヤ**が反発して内乱が続き、アリーに対抗してカリフを名乗った。アリーは内乱を終わらせようとしたんだけど、ムアーウィヤとの和解に反対する連中（ハワーリジュ派）が**アリーを暗殺**したんだ。

> ウマイヤ家と古参のムスリムの内乱は、イスラーム教の分裂を引き起こすよ

〈イスラームの発展〉

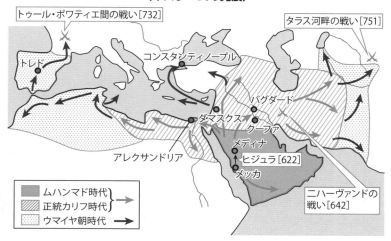

トゥール・ポワティエ間の戦い[732]

タラス河畔の戦い[751]

トレド

コンスタンティノープル

バグダード

ダマスクス

クーファ

アレクサンドリア

メディナ

ヒジュラ[622]

メッカ

ニハーヴァンドの戦い[642]

■ ムハンマド時代
▨ 正統カリフ時代
░ ウマイヤ朝時代

2 ウマイヤ朝とアッバース朝

第1章 オリエント・インドの古代文明
第2章 古代の地中海世界
第3章 古代の東アジア
第4章 中世ヨーロッパ
第5章 東アジア世界の変容
第6章 イスラーム世界
第7章 近代ヨーロッパの幕開け

クローズアップ ウマイヤ朝～アッバース朝

- ●ウマイヤ朝[661〜750]……都：ダマスクス【ダマスカス】
  - ●建国者：ムアーウィヤ[位661〜680]……**クライシュ族**の名門**ウマイヤ家**出身
    - ▶のちに**カリフ位を世襲化** ➡イスラーム教の分裂を招く（**スンナ派・シーア派**）
  - ●アラブ人の特権化 ＝「**アラブ帝国**」
    - ▶**政治、社会をアラブ化**。アラブ人は**アター（俸給）**受給や**免税**の特権を持つ
  - ●領土拡大……ワリード1世[位705〜715]時代以降
    - ▶北アフリカを西進しイベリア半島に侵入 ➡**西ゴート王国征服**[711]
    - ▶トゥール・ポワティエ間の戦い[732]……**フランク王国に敗北**
- ●アッバース朝[750〜1258]……建国者：アブー＝アルアッバース[位750〜754]
  - ●建国……**シーア派や非アラブ人改宗者**（**マワーリー**）の不満を利用
    - ▶**建国後はスンナ派を保護し、シーア派を弾圧** ➡シーア派の不満
    - ▶**イスラーム教徒間の不平等を解消** ＝「**イスラーム帝国**」
  - ●第2代：**マンスール**[位754〜775]
    - ▶新都**バグダード**建設[762]➡新都を起点に、主要街道に**駅伝制**を整備
    - ▶統治機構の整備と中央集権体制の確立……**イラン人官僚**を多数登用
  - ●第5代：**ハールーン＝アッラシード**[位786〜809]……アッバース朝の全盛期
    - ▶学芸を奨励……**イスラーム文化の黄金時代**
    - ▶東西交易が発展し、**ムスリム商人**が海路を中心に活躍。中国では**大食（タージー）**
  - ●第7代：マームーン[位813〜833]……バグダードに「**知恵の館（やかた）**」設立

◀ ムアーウィヤがウマイヤ朝を開くと、イスラーム教は2派に分裂！

　661年、ムアーウィヤはダマスクス【ダマスカス】で正式にカリフになった。ムアーウィヤは各地の有力者に「次のカリフは息子に継がせる😏」と認めさせ、ここからカリフ位が世襲になるからウマイヤ朝だ（「〜朝」っていうのは世襲の王朝だよ）。ただ、アリーを支持してきたグループは納得がいかない😡。そこで、アリーの息子を立てて対抗したんだけど、ウマイヤ朝に攻撃されて負けちゃった😢。以後、アリー支持派は「**アリーとその子孫（しそん）**」のみを正統な後継者（**イマーム**）として、ウマイヤ朝を認めない反体制派になった。これが**シーア派**だ。これに対して、**ウマイヤ朝と代々のカリフを正統**と考えて、共同体の統一を重視する多数派（体制派）が**スンナ派【スンニー派】**だ。ただ、スンナ派も「ムアーウィヤ大好き〜！」ってわけでもなくて、どちらかというと「早く内乱を終わらせて😩」と考えている人たちだ。ちなみに「スンナ派」はムハンマドの言行（スンナ）に従うってことね。

> ### 合否の分かれ目　スンナ派とシーア派
>
> ● **スンナ派【スンニー派】**……**多数派**。親ウマイヤ派
>   ▶ **ウマイヤ朝と代々のカリフを正統**
> ● **シーア派**……**少数派**。反ウマイヤ派。シーア＝アリー（アリー支持）の意味
>   ▶ **アリーの血統（アリーとその子孫のみ）を正統**
>   ▶ シーア派の最高指導者は「**イマーム**」

　シーア派の反発が強まると、再び各地で内乱が起きたんだけど、これを収拾した第5代のアブド＝アルマリクは、秩序を回復するために**カリフ権を強化**するとともに、**政治・経済・社会のアラブ化**を進めたんだ。**アラビア語**を公用語にして、行政の命令はすべてアラビア語で出すことになった。貨幣もアラビア語が刻印された**金貨（ディナール）や銀貨（ディルハム）**に統一したんだけど、これは金貨を使っていた旧東ローマ【ビザンツ】帝国の経済圏と、銀貨を使っていた旧ササン朝の経済圏を結びつけて、交易を活発にしよう！ってことだよ。

◀ ウマイヤ朝の領土拡大につれて、征服地の不満が高まった！

　8世紀に入ると、ウマイヤ朝のイスラーム軍はさらに征服戦争を進め、東方ではアム川を越えて**中央アジアのソグディアナ地方**（マー＝ワラー＝アンナフル、「川向こう」って意味だ）に侵攻し、西方では**北アフリカのマグリブ地方を征服**すると、ジブラルタル海峡を渡って**イベリア半島に攻め込んだ**。このとき、騎馬軍団を持っていなかった**西ゴート王国**はあっけなくイスラーム軍に敗れ、711年に**滅亡**した。その後、ピレネー山脈を越えて北上したんだけど、**トゥール・ポワティエ間の戦い**で**カール＝マルテルのフランク王国軍に撃退された**。とはいってもウマイヤ朝は、イベリア半島から中央アジア、現在のパキスタンまでイスラーム世界を拡大したよ。

　領土が拡大すると、征服された人びとのなかには「ジズヤを払うより、イスラーム教に改宗しちゃったほうがいいや😆」と考える人も出てきて、**マワーリー（改宗者）**が増えていった。ただ、みんなが改宗しちゃうと税収が減っちゃうから困るよね。だからウマイヤ朝は、**マワーリーからジズヤ（人頭税）とハラージュ（土地税）を取り続けた**。ジズヤっていうのは、本来は「信仰の自由を保証してもらうための税」だから、イスラーム教に改宗したのに取り続けるのはおかしい。しかも征服者であるアラブ人は、国から**アター（俸給）**をもらったうえに**免税😆**。これじゃ、マワーリーが怒るのも無理はない。しかも『コーラン』には「**ムスリムはみんな平等**」って書いてあるんだもん、「ウマイヤ朝は『コーラン』の教えに背いているじゃないか😡」と反発を強めたんだ。

　これらの不満を吸収したのが、**アッバース家の革命運動**だよ。アッバース家の勢

力は「ムハンマドの家系が統治権を持つべきだ🐣」という革命運動を進めて、ウマイヤ朝に不満を持つ**マワーリー**や**シーア派**を吸収して**ホラーサーン**で挙兵！　ついに**ウマイヤ朝を倒した**😆。そして、ムハンマドの叔父の家系である**アブー＝アル＝アッバース【サッファーフ】**がカリフとなり、**アッバース朝**が開かれたよ。

◀ アッバース革命でムスリムの平等が実現！

　シーア派の協力で成立したアッバース朝だったけど、**建国後はスンナ派を保護してシーア派を弾圧した**。だって、シーア派って「アリーの血統が正統な後継者」って考えてるでしょ！　アッバース家はアリーの子孫じゃないから、シーア派の思想は危険だよ。まんまと裏切られたシーア派は、アッバース朝に対して反乱を起こしたけど鎮圧された。ただね、シーア派を敵にしたうえに、もしマワーリーの不満が解消しなかったら、アッバース朝もすぐ滅んじゃうよ……😥。だから、**アッバース朝はマワーリーの不満を解消するために税制を改革**し、**マワーリーのジズヤを免除した**（『コーラン』の理念にあうように、ウマイヤ朝末期から、アラブ人の土地所有者にもハラージュを課すようになっていた）。アラブ人だけが特権を持っていたウマイヤ朝を「**アラブ帝国**」、ムスリムの平等を達成したアッバース朝を「**イスラーム帝国**」って呼ぶこともあるよ。

〈ウマイヤ朝とアッバース朝の税制〉　　〇は課税　✕は免税

税　　　制	ウマイヤ朝			アッバース朝		
	イスラーム教徒		異 教 徒	イスラーム教徒		異 教 徒
	アラブ人	改 宗 者		アラブ人	改 宗 者	
ジズヤ（人頭税）	✕	〇	〇	✕	✕	〇
ハラージュ（土地税）	✕※	〇	〇	〇	〇	〇

　　　　　　　　　　　↖ 不平等 ↗　　　　↖ 平等 ↗

※ウマイヤ朝末期から、アラブ人にもハラージュを課すようになった。

　第2代**マンスール**は新たな国づくりを進め、新王朝にふさわしい都として**ティグリス川**の流域に**バグダード**（「平安の都【**マディーナト＝アッサラーム**】」）を建設した。ここはマンスール自身も「ティグリス川とユーフラテス川の両方を使って、各地の物産を集められる！」と語っているくらい交易に適した場所だから、バグダードは最初から国際都市にするつもりで建設された。中央の円城にある四つの門（ホラーサーン門、バスラ門、クーファ門、シリア門）から帝国全土に街道を延ばして**駅伝制**を整備すると、イラクで農地開発を進めて食糧生産の中心地にした。そして、メソポタミアが帝国支配の拠点になると、**イラン人の改宗者を積極的に登用**して官僚機構を整備した。**ワズィール**（宰相）職も新たに設けられ、**ディーワーン**（中央官庁）ではイラン人の書記がたくさん働いていたよ。これって、イラン人の帝国（アケメネス朝やササン朝）のシステムを取り入れて中央集権化を進めたって

第1章 オリエント・インドの古代文明

第2章 古代の地中海世界

第3章 古代の東アジア

第4章 中世ヨーロッパ

第5章 東アジア世界の変容

第6章 イスラーム世界

第7章 近代ヨーロッパの幕開け

ことだね。また、ウラマー（知識人）たちが、『コーラン』に基づいて政治・経済から人びとの日々の生活までを規定するイスラーム法【シャリーア】を整備していったんだ。

　こうしてアッバース朝は、第5代ハールーン＝アッラシードの時代に全盛期を迎え、交易や農業の発展に支えられて、バグダードは人口100万人を超える大都市に発展した。東西交易ではアラブ系ムスリム商人が海路を中心に活躍し、遠くは中国にも至って大食（タージー）と呼ばれた。また、学芸を奨励したこともあって、イスラーム文化も黄金期を迎え、ハールーン＝アッラシードはバグダードにギリシア語の文献を集めてアラビア語に翻訳させたんだ

ハールーン＝アッラシードは、『千夜一夜物語』の中に何度も登場するよ！

けど、それが第7代マームーンのときに「知恵の館（やかた）【バイト＝アルヒクマ】」と呼ばれる機関に発展した。ここでは哲学・数学・医学・天文学などの文献がアラビア語に翻訳されて、ムスリムの学者たちはこれをもとに、さまざまな学問を発展させたんだ。

◀ トルコ人の軍人奴隷（どれい）（マムルーク）が軍の中核になった！

　751年、アッバース朝がタラス河畔（かはん）の戦いで唐（とう）を破ると中央アジアにイスラームが広がり、さらに9世紀後半にはウイグルが滅亡して、中央アジアにトルコ人が多数移動してきた。こうした状況下で、9世紀ころからアッバース朝はマムルークと呼ばれるトルコ人奴隷（きば）出身の軍人で強力な騎馬軍団を編成し、カリフの親衛隊をつくった。彼らはイスラームに改宗してカリフに絶対の忠誠を誓ったから、トルコ人のイスラーム化が進んだよ。ただ、奴隷といっても強制労働をするわけじゃないよ。マムルークは君主の側近で、実力が認められると司令官や総督になる支配階級だ！

　強大化したマムルーク軍団は、カリフを廃立するなど政治に介入し始め、自立して王朝を建てるヤツも出てきた。これじゃあカリフの権力はどんどん弱くなるよ😫。それでもやっぱり強かったから、マムルークの使用はイスラーム世界でどんどん広がっていった。そして、イスラーム世界は分裂の時代を迎えるんだ。

3 　3カリフの並立とイスラーム世界の変容

◀ 西方で自立した政権がカリフを名乗り、カリフが3人になった！

　まずは西方の動向からだよ。アッバース朝に滅ぼされたウマイヤ朝の一族のうち、なんとか生き延びたアブド＝アッラフマーン1世はイベリア半島に逃れ、コルドバを都に後（こう）ウマイヤ朝を建てた。この王朝は当初カリフを名乗らず、地方の将軍という意味のアミールを名乗った。これは、イスラーム教徒が「ウンマは一つで、ウンマの指導者がカリフ」って考えていたからだよ。さらに、モロッコにもアリーの子孫がイドリース朝を建てたけど、こっちもカリフは名乗らなかった。

　でも、10世紀になると「シーア派の反撃」が始まった！　アッバース革命に協力したのに、建国後に弾圧されたシーア派のなかから「アッバース家はカリフ位を盗んだ！」と主張する過激な**イスマーイール派**が現れ、秘密運動でチュニジアの**ベルベル人**の支持を集めて**ファーティマ朝**を建てると、君主は「自分はムハンマドの娘ファーティマの子孫である😁」と主張し、アッバース朝の正統性を否定して**カリフを名乗った**。すると、後ウマイヤ朝の**アブド＝アッラフマーン3世**も「バカを言うな😁！　私こそウマイヤ家のカリフだ！」と、**カリフを名乗った**。こうしてイスラーム世界には、**3人のカリフが並び立った**んだ。

　その後、ファーティマ朝は**エジプト**を征服して首都**カイロ**を建設し、地中海とインド洋を結ぶ**紅海貿易**を支配して繁栄した。また、首都カイロに建てられたアズハル＝モスクのなかに、**イスラーム世界最古の大学**（マドラサ）**アズハル学院**が設立された。この学院はファーティマ朝のもとでは**シーア派の学問の中心**だけど、**アイユーブ朝以降はスンナ派神学の中心**になるよ。

クローズアップ　　**イスラーム王朝の興亡①（イラン・イラク地域）**

- **ブワイフ朝**［932〜1062］……**イラン系シーア派**
  - ▶**バグダード**に入城［946］　➡カリフより**大アミール**に任命される
  - ▶**イクター制の創始**……軍人・官僚に**土地の管理権と徴税権**を与える
- **セルジューク朝**［1038〜1194］……**トルコ系スンナ派**
  - ●**トゥグリル＝ベク**［位1038〜63］……**ホラーサーン地方**でセルジューク朝建国
    - ▶**バグダード**に入城［1055］　➡アッバース朝カリフから**スルタン**称号を受ける
  - ●**アルプ＝アルスラーン**［位1063〜72］
    - ▶**マラーズギルドの戦い**［1071］……**ビザンツ帝国**軍を破る
      - ➡ビザンツ帝国は**アナトリア**を失い、西欧に援軍要請＝**十字軍遠征の背景**
  - ●**マリク＝シャー**［位1072〜92］……セルジューク朝の全盛期
    - ▶イラン人宰相**ニザーム＝アルムルク**が活躍
      - ➡主要都市に**ニザーミーヤ学院**設立。**イクター制**を整備
- ●**セルジューク朝の分裂**
  - **ルーム＝セルジューク朝**［1077〜1308］……アナトリアに建国
  - ●**ホラズム＝シャー朝**［1077〜1231］……セルジューク朝のトルコ人奴隷により成立
    - ▶イラク支配を続けていた**セルジューク朝を滅ぼす**［1194］
- ●**イル＝ハン国**［1258〜1353］　都：**タブリーズ**
  - ●**フレグの遠征**……モンゴルの遠征軍が**バグダード**占領［1258］
    - ▶**アッバース朝を滅ぼし、イル＝ハン国を建国**
  - ●**ガザン＝ハン**［位1295〜1304］……即位直後に**イスラームに改宗、国教とした**
    - ▶イラン人宰相**ラシード＝アッディーン**を任命

第1章　オリエント・インドの古代文明

第2章　古代の地中海世界

第3章　古代の東アジア

第4章　中世ヨーロッパ

第5章　東アジア世界の変容

第6章　イスラーム世界

第7章　近代ヨーロッパの幕開け

9世紀

後ウマイヤ朝
イドリース朝
バグダード
サーマーン朝
アッバース朝

アラブ系　イラン系
斜体下線 シーア派

9～10世紀は、「イラン人の自立と台頭」の時代だよ！

10世紀

後ウマイヤ朝
バグダード
サーマーン朝
カラ＝ハン朝
ブワイフ朝
ファーティマ朝
アッバース朝

アラブ系　イラン系　トルコ系　*斜体下線* シーア派

10世紀は「シーア派の反撃」の時代だね！

11世紀

ムラービト朝
セルジューク朝
カラ＝ハン朝
ガズナ朝
ファーティマ朝

アラブ系　トルコ系　ベルベル人　*斜体下線* シーア派

10～11世紀は「トルコ人の自立と台頭」、そして「スンナ派の逆襲」の時代だ！

◀ 東方でも異民族の自立が進み、バグダードが軍事政権に奪われた！

　一方、東方でも自立の動きが進み、**イラン人**勢力を中心に次々と独立政権が現れて、アッバース朝は急速に衰退したよ。イラン東部では鍛冶職人だったヤークーブが**イラン系最初のイスラーム王朝サッファール朝**を建国し、バグダードを目指して西方に進出した。ただ、中央アジアから興った同じ**イラン系**の**サーマーン朝**がサッファール朝を滅ぼし、**ホラーサーン地方の全域**を支配した。追い打ちをかけるように、南イラクでは**黒人奴隷**の**ザンジュの乱**が起きて、国内はますます混乱したんだ。

　そして、10世紀半ばにカスピ海南西から現れた軍人政権の**ブワイフ朝**は、イラ

ン人歩兵軍団に加えてトルコ人マムルークも率いて**バグダード**に入城し、カリフから**大アミール**の職に任命されて、**イラクとイランの統治権**を得た。ブワイフ朝は、バグダードに入城したときに俸給（アター）を支払おうとしたんだけど、アッバース朝は財政難だったからバグダードの金庫がすっからかん🤑。そしたら軍人や官僚が暴動を起こしそうになったから、**土地の管理権と徴税権（イクター）**を与える**イクター制**を始めたんだ。イクター制は、この後のイスラーム王朝でも採用されるよ。ちなみに**ブワイフ朝**は**シーア派**だから、東方でも「シーア派の反撃」が起きたってことだね。

クローズアップ　イスラーム王朝の興亡②（中央アジア）

- **サッファール朝**[867〜903]……**イラン系最初のイスラーム王朝**
- **サーマーン朝**[875〜999]……サッファール朝に続く**イラン系**。ブハラを都とした
- **カラ＝ハン朝【カラハン朝】**[10世紀中頃〜12世紀中頃]
  - ▶**中央アジア最初のトルコ系イスラーム王朝**
    - ➡トルコ化・イスラーム化が進行
- **カラ＝キタイ【西遼】**[1132〜1211]……**遼の王族**の**耶律大石**が建国
  - ▶内紛で衰退、**ナイマン**によって滅亡
    - ➡ナイマンは**チンギス＝ハン（カン）**により滅亡

◀ 各地で自立したトルコ人が勢力を拡大し、イスラーム世界を飲み込んだ

　中央アジアの**サーマーン朝**はマムルークを多数抱えていたから、宮廷内でトルコ人の力が強まった。同じころ、中央アジアのオアシス地帯のトルコ人のなかには、マムルークではなく**独自にイスラーム教を受容**する部族も現れ、ムスリム商人の活動とも結びついてイスラーム教が広がった（**イスラーム化**）。こうして**トルコ人のイスラーム化**が進み、10世紀半ばには、**中央アジアで最初のトルコ系イスラーム王朝**である**カラ＝ハン朝【カラハン朝】**が現れた。この王朝は、モンゴル高原から移動してきた**ウイグル人**の一部が建てたといわれているよ。そして、10世紀末にサーマーン朝を滅ぼすと、**中央アジアのトルコ化**（トルコ語を話すようになること）が一気に進んだ。だからこの地を「トルキスタン」と呼ぶようになるんだ。アフガニスタンでも**サーマーン朝のマムルーク**だった**アルプテギン**が**ガズナ朝**を建国し、10世紀末から**インド侵入**を繰り返した。これが、**インドがイスラーム化するきっかけ**だよ。こうして、中央アジアからアフガニスタンがトルコ系イスラーム王朝の支配下に入ったんだ。

　そして、トルコ人の優位を決定づけたのが**セルジューク朝**だよ。**トゥグリル＝ベク**に率いられてイランの**ホラーサーン地方**に興ったセルジューク朝は、ニーシャープールを中心都市として勢力を拡大し、**ガズナ朝やブワイフ朝からイランの支配権**

第1章　オリエント・インドの古代文明

第2章　古代の地中海世界

第3章　古代の東アジア

第4章　中世ヨーロッパ

第5章　東アジア世界の変容

第6章　イスラーム世界

第7章　近代ヨーロッパの幕開け

を奪った。そして、アッバース朝カリフに「いつでも軍を派遣する準備はできています」と伝えると、カリフは「ブワイフ朝が混乱している。すぐにバグダードにくるように」と派兵を要請、**セルジューク朝は**バグダードに**入城して**ブワイフ朝を追放し、アッバース朝カリフから正式にスルタン（支配者）の称号を受けたんだ。セルジューク朝はスンナ派だから、シーア派に対する「**スンナ派の逆襲**」だね。これ以後、カリフの権威を背景に**セルジューク朝が政治的な支配権を持つことになる**よ。その後もセルジューク朝は拡大を続け、**マラーズギルドの戦い**でビザンツ帝国を破って**アナトリア（小アジア）に侵攻**し、トルコ化・イスラーム化を進めた。これに危機感を抱いた**ビザンツ帝国が西欧に援軍を頼んだこと**が、十字軍遠征の背景だね。

　セルジューク朝は11世紀後半の**マリク＝シャー**時代に全盛期を迎え、軍ではマムルークを採用し、官僚としてはイラン人を登用してペルシア語を公用語とするなど、統治機構を整備した。この時代の**イラン人宰相ニザーム＝アルムルク**は、正しい君主のあり方を『統治の書』に著すと、領内の主要都市に**ニザーミーヤ学院**（マドラサ）をつくって神学や法学の育成に努め、またブワイフ朝から受け継いだ**イクター制を発展**させたよ。ただ、11世紀末には**各地の軍団が分裂**し、アナトリアの**ルーム＝セルジューク朝**のほか、イラン・アフガニスタンを支配した**ホラズム＝シャー【ホラズム】朝**、イラク北部の総督から自立した**ザンギー朝**などができた。セルジューク朝が分裂したから、第1回十字軍に負けたんだね。さらに12世紀には**中央アジアでも、カラ＝ハン朝が**カラ＝キタイ【西遼】に滅ぼされた➡P.264。

12世紀のイスラーム世界は分裂時代。そして西欧から十字軍が攻めてきた！

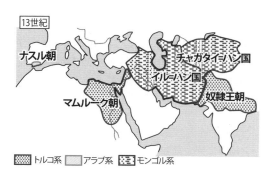

13世紀は、全世界が「モンゴルの遠征」の影響を受けた時代だよ！

4 地方政権の興亡

◀ 北アフリカ〜イベリア半島では、ベルベル人の王朝が誕生！

　10世紀にブワイフ朝やファーティマ朝が成立してシーア派が台頭すると、「アッバース朝カリフを中心に**スンナ派を復興しよう**！」という運動が起きた。この宗教運動を背景に、イスラーム教に改宗した北アフリカの**ベルベル人**が、ファーティマ朝に対抗して**ムラービト朝**を建て、後ウマイヤ朝が滅亡したあとの**イベリア半島に進出**すると、**レコンキスタ**を進めるキリスト教徒に対抗してイスラーム世界を防衛した。一方で、サハラ砂漠を越えて**ガーナ王国を征服**し、金と岩塩を取引するサハラ交易をおさえたから、都**マラケシュ**には大量の金が流入して繁栄したんだ。

　その後、ベルベル人の間で新たなイスラーム改革運動が起こり、**ムワッヒド朝**が建てられ、イベリア半島にも進出した。ただ、13世紀には**キリスト教徒におされて衰退**した。こうして、イベリア半島の大半がキリスト教徒の支配下に入り、イスラーム勢力は南端の**ナスル朝**だけになった。その後、レコンキスタを進める**カスティリャ王国とアラゴン王国**が統合されて**スペイン王国**が成立すると、1492年には都の**グラナダ**を征服されて滅亡したんだ。こうして、ムスリムと、イスラーム王朝の支配下で信仰を認められていたユダヤ教徒が半島を追われることになった。ちなみに、ナスル朝がグラナダに建てた**アルハンブラ宮殿**は、イスラーム建築の傑作だよ！

クローズアップ　イスラーム王朝の興亡③（北アフリカ西部・イベリア半島）

- ●後ウマイヤ朝［756〜1031］……都：コルドバ
  - ●**アブド＝アッラフマーン3世**［位912〜961］……**カリフを称す（西カリフ国）**［929］
- ●**ムラービト朝**［1056〜1147］……都：**マラケシュ**
  - ▶**マグリブ地方の先住民ベルベル人がモロッコに建国**
- ●**ムワッヒド朝**［1130〜1269］……ベルベル人の王朝。都：**マラケシュ**
- ●**ナスル朝**［1232〜1492］……都：**グラナダ**
  - ▶レコンキスタ【国土回復運動】を推進する**スペイン王国に敗れて滅亡**［1492］

◀ カイロの繁栄。バグダード陥落後は、イスラーム世界の中心となる！

　エジプトでは十字軍の攻撃に苦しむファーティマ朝への援軍として派遣された**クルド人武将サラーフ＝アッディーン【サラディン】**が、ファーティマ朝の宰相（ワズィール）となって実権を握ると、ファーティマ朝を滅ぼして**アイユーブ朝**を建てた。スンナ派を復興したサラーフ＝アッディーンは、軍団を再編成してジハードを宣言し**イェルサレムを回復**した。これに対し西欧側は**第3回十字軍**を派遣、サラーフ＝アッディーンはイングランド王**リチャード1世**との激しい攻防の末に講和し、シリア

の大部分を確保して紅海貿易をおさえたよ。また、エジプトにイクター制を導入する一方で、マムルーク軍団を強化したから、だんだんと彼らに権力を握られたんだ。

アイユーブ朝が衰退すると、**トルコ系マムルーク出身のアイバク**がスルタンの妃と組んで**マムルーク朝**を建てた。建国後まもなく、**フレグ**が率いる**モンゴル軍**がバグダードに侵攻して**アッバース朝を滅ぼし**、さらにシリアに攻め込んできた。これに対して、マムルーク出身の将軍**バイバルス**はパレスチナ付近で**モンゴル軍を撃退**し、シリアまで領土を広げたんだ。バイバルスはこの功績からスルタンとなり、アッバース家の末裔を都カイロに迎えてカリフとすると、さらにメッカ、メディナを保護下に置いて、イスラーム世界の盟主になった。さらに、**カーリミー商人を保護して紅海〜インド洋を結ぶ香辛料貿易を独占**、モンゴルに破壊されたバグダードにかわって、**カイロがイスラーム世界の政治・経済・文化の中心地**になったんだ😊。

クローズアップ　イスラーム王朝の興亡④（エジプト）

- **トゥールーン朝**［868〜905］……アッバース朝のエジプト総督が自立して建設
- **ファーティマ朝**［909〜1171］……シーア派の過激派（**イスマーイール派**）が建国
  - ▶**チュニジアで建国**、アッバース朝に対抗して**カリフを称す（中カリフ国）**
  - ➡**エジプトを征服**。新都：**カイロ**を建設［10世紀］……**アズハル学院**を設建
- **アイユーブ朝**［1169〜1250］……建国者：**サラーフ゠アッディーン【サラディン】**
  - ▶エジプトの実権を奪い、**イェルサレムも回復**して、**第3回十字軍**と戦った
- **マムルーク朝**［1250〜1517］……**アイユーブ朝のトルコ系マムルーク**が建国
  - ▶**バイバルス**［位1260〜77］が**モンゴル軍を撃破**
    - ➡アッバース家の後裔をカイロに擁立、さらに**メッカ、メディナを保護下に置く**
  - ▶**カーリミー商人**を保護し、紅海〜インド洋の**香辛料貿易を独占**

◀ イスラーム化が進行して、ついにインドでイスラーム王朝が誕生！

アフガニスタンで興った**ガズナ朝**はインドへの侵入を繰り返し、さんざん略奪をやりまくった。北インドは小王国の分立でバラバラだったから、イスラーム軍の侵攻に対抗できる国がなかったんだね。その後、ガズナ朝がセルジューク朝の圧迫で衰退し始め、そこから自立した**ゴール朝**が**ガズナ朝を滅ぼす**と、**インドに侵攻して北インドの大半を支配**したんだ。

そして、**ゴール朝のマムルーク出身の武将アイバク**が**デリー**に侵攻して拠点にすると、自立して新しい王朝を建てた。この王朝はインドのなかで成立した「**インド**

最初のイスラーム王朝」で、初期の王が**マムルーク（奴隷）**出身だったから**奴隷王朝**って呼ばれるよ。奴隷王朝のあと、**ハルジー朝**、**トゥグルク朝**、**サイイド朝**、**ロディー朝**とデリーを都とする王朝が続き、この5王朝をまとめて**デリー＝スルタン朝**と呼ぶんだ。最低限、王朝の順番はおさえてね！　あとは、基本的には**トルコ系王朝**で、最後のロディー朝だけ**アフガン系**ということと、ティムールの侵攻を受け、さらに**イブン＝バットゥータ**がきたのが**トゥグルク朝**ということは覚えておこう。

　デリー＝スルタン朝は、圧倒的に人口の多いヒンドゥー教徒を支配するために、**ヒンドゥー教徒の小国家に自治権を認めて**、もともとのインド社会にほとんど手をつけなかった。一方で、**スーフィズム（神秘主義）**の活動が活発になったこともあって、**インドではイスラーム教徒が増えていった**んだけど、この時期、イスラーム教徒とヒンドゥー教徒は平和に共存していたよ。

クローズアップ ▶ **イスラーム王朝の興亡⑤（北インド・アフガニスタン）**

●ガズナ朝 [962/977～1186] …… **トルコ系。サーマーン朝のマムルーク出身者**が建国
　　▶10世紀末から**インド侵入**を繰り返し、インドのイスラーム化への道を開いた
●ゴール朝 [1148頃～1215] …… **イラン系・トルコ系など諸説ある**
　　▶ガズナ朝を滅ぼして**インド侵入**を繰り返し、ヒンドゥー諸王国を破る
●デリー＝スルタン朝 [1206～1526] …… おもに**トルコ系**
　　▶デリーを都とする、**北インドのイスラーム5王朝の総称**
　●奴隷王朝 [1206～90] …… **インド最初のイスラーム王朝**
　　▶ゴール朝のマムルークだった**アイバク**が建国
　●ハルジー朝 [1290～1320] …… 地租の金納化などの経済改革
　●トゥグルク朝 [1320～1414] …… **ティムール軍の侵入**で衰退
　●サイイド朝 [1414～51] …… **ティムールの武将**が建国
　●ロディー朝 [1451～1526] …… **アフガン系**

◀ アフリカの古代王国と、アフリカのイスラーム化

　アフリカでは前10世紀ころ、ナイル川上流（エチオピア）に最古の黒人国家**クシュ王国**が興り、一時はエジプトを支配したこともあったけど、**アッシリアの攻撃**を受けて撤退し、メロエを都にした（**メロエ王国**）。さらに、紀元前後のころエチオピア高原に**アクスム王国**が興り、**紅海貿易**で繁栄したよ。その後メロエ王国を滅ぼすと、さらに**単性論派のキリスト教**が伝わって、国教になった（**コプト派**）。

　また西アフリカでは、4世紀ころから**ラクダ**を使って**サハラの岩塩**と西アフリカ（ギニア）の**金**を取引する**サハラ交易（塩金交易）**が発展すると、7世紀ころから**ニジェール川流域**で黒人国家**ガーナ王国**が繁栄した。交易の発展によって**イスラー**

第1章 オリエント・インドの古代文明

第2章 古代の地中海世界

第3章 古代の東アジア

第4章 中世ヨーロッパ

第5章 東アジア世界の変容

第6章 イスラーム世界

第7章 近代ヨーロッパの幕開け

ム教の流入が始まり、北アフリカから侵入したムラービト朝がガーナ王国を征服すると、イスラーム化が一気に進んだよ。

〈前近代のアフリカ〉

サハラ交易
カネム＝ボルヌー王国
トンブクトゥ
クシュ王国
アクスム王国
マリンディ
モザンビーク
変遷
ガーナ王国
マリ王国
ソンガイ王国
大ジンバブエ
モノモタパ王国

　13世紀には、**イスラーム教を受容した**黒人（**マンディンゴ人**）が**マリ王国**を建てた。この国もサハラ交易で発展し、特にニジェール川中流域の**トンブクトゥ**が交易の中継点として繁栄したよ。大量の金を供給したマリ王国は「黄金の国マリ」として知られ、全盛期の王**マンサ＝ムーサ**は、エジプト経由でメッカに巡礼した際に金を使いまくって豪遊したから、エジプトの金相場が暴落したらしい😵。そして、マリ王国を滅ぼした**ソンガイ王国**も黒人のイスラーム国家で、トンブクトゥに**黒人による最古の大学（マドラサ）**を創設するなど、学問の面でもアフリカのイスラーム教学の中心になったんだ。また、チャド湖周辺では**カネム＝ボルヌー王国**が成立した。

　アフリカ東岸では、**インド洋交易**をやっていたムスリム商人が住み着いて**モガディシュ**、**マリンディ**、**モンバサ**、**ザンジバル**、**キルワ**、**モザンビーク**などの港市が繁栄した。特に**マリンディ**は、鄭和の艦隊やヴァスコ＝ダ＝ガマが立ち寄ったことでも有名だね。この地域では、アラビア語と現地のバントゥー語が混ざって**スワヒリ語**が生まれ、イスラーム文化と黒人文化が融合した**スワヒリ文化**も生まれたよ。

　また、スワヒリ文化圏の南側には、土着の黒人が**モノモタパ王国**を建て、金の産出とインド洋交易で繁栄した。また、**大ジンバブエ**（「石の家」の意味）の壮大な石造遺跡からも、ムスリム商人の交易やこの地域の繁栄がわかるんだ😄。

　さて、今回はこれでおしまい。最後に年号 check ！

‼年号のツボ

- ●**ヒジュラ【聖遷】**［622］（ムハンマド　ヒジュラで　浪人になる）
- ●**ウマイヤ朝成立**［661］（無理無理言うな　ムアーウィヤ）
- ●**アッバース朝成立**［750］（シーア派なごまる　アッバース革命）
- ●**ファーティマ朝成立**［909］（カリフ位くれくれ　ファーティマ君）
- ●**ブワイフ朝、バグダード入城**［946］（ブワイフ朝に　カリフ苦しむ）
- ●**セルジューク朝、バグダード入城**［1055］（入れGOGO　バグダード）

　次回は、モンゴルの遠征後のイスラーム世界だよ。頑張っていこ～う😊。

第21回 イスラーム専制帝国の繁栄

モンゴルが衰退した後のイスラーム世界は、ティムール朝、オスマン帝国、サファヴィー朝、ムガル帝国と、大帝国が支配する時代になるよ！

● 大きくつかもう！ ●

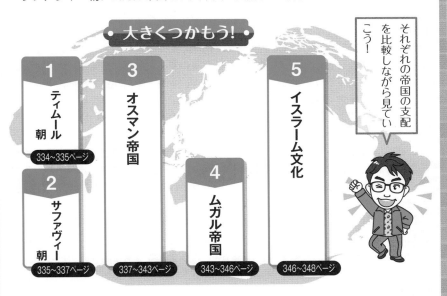

それぞれの帝国の支配を比較しながら見ていこう！

1 ティムール朝 334~335ページ

2 サファヴィー朝 335~337ページ

3 オスマン帝国 337~343ページ

4 ムガル帝国 343~346ページ

5 イスラーム文化 346~348ページ

モンゴルが出てくる前のイスラーム世界は、各地に地方政権がバラバラにあってちょっと複雑だったかもしれないけど、ここからは大帝国4つだけだよ。まず、14世紀にティムールが登場して、モンゴル衰退後のイスラーム世界で一気に領土を拡大した。そして、ティムールが衰退したのち、16世紀以降はオスマン帝国、サファヴィー朝、ムガル帝国という3つの帝国が並び立つ、イスラーム専制帝国の時代になるよ。トルコ人でスンナ派の盟主になったオスマン帝国、イラン人でシーア派の教団がつくったサファヴィー朝、そしてヒンドゥー教徒との融和を図ったムガル帝国、それぞれの特徴をしっかりおさえてね。

それじゃあ、イスラーム専制帝国の繁栄の始まり～😆。

1　ティムール朝

◀ モンゴル帝国が衰えると、中央アジアからティムールが勢力拡大！

　中央アジアでは、支配階級だった**モンゴル人**に**トルコ語の使用**（トルコ化）と**イスラーム教への改宗**（イスラーム化）が進んだよ。そして14世紀半ばにモンゴル帝国が衰えると、中央アジアを支配していた**チャガタイ＝ハン国【チャガタイ＝ウルス】は東西に分裂**し、東西それぞれで部族の内紛が起きた。そのうち、**西チャガタイ＝ハン国**出身の**ティムール**はこの争いを勝ち抜き、**チンギス＝ハン（カン）の後継者**（チャガタイ家直系の娘の「婿」だから、本人は直系じゃないよ）を称して政権に就いた。これが**ティムール朝**だ😆。

　都**サマルカンド**で政権に就いたティムールは、「私はチンギス＝ハンの後継者である😎」と遠征して各地の勢力を倒し、**征服地の多くを一族に与えていった**んだ。これって、モンゴル帝国の伝統だよね！　まず、中央アジアからカスピ海北岸に進出し、**キプチャク＝ハン国【ジョチ＝ウルス】**全域に影響力を伸ばした。一方で、**イル＝ハン国【フレグ＝ウルス】が滅亡したあとのイラン**にも攻め込んで支配下に組み込むと、黒海とカスピ海の間に位置する**アルメニアやグルジア**にも軍を進めたよ。さらに**西北インドに侵入してデリーを占領**したから、このときの略奪で**トゥグルク朝**が衰退した。その後シリアに向かい、ダマスクスやバグダードを占領して**アナトリアに進撃**すると、**オスマン朝**のスルタン、**バヤジット１世**を**アンカラの戦い**で破って捕虜とし、**オスマン朝を一時中断させた**んだ。

　ただティムールは、オスマン朝の本拠地バルカン半島には興味ないし、アナトリアもオスマン朝に領地を奪われた旧支配者にあげちゃった😅。むしろ、ティムールの関心は、モンゴル宗家の元を北方に追いやった仇敵の**明**を倒すことだった。そこでサマルカンドに戻って軍を再編成すると**明への遠征**に出発！　ただ、こんなところまでチンギス＝ハンのマネしなくてもいいんだけど、中国への遠征の途中、**中央アジアのオトラルで病死**したんだ😵！

〈ティムール朝の発展〉

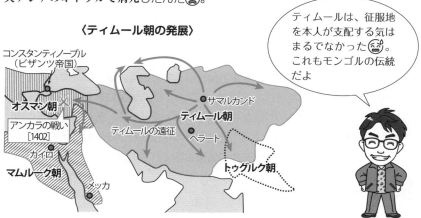

ティムールは、征服地を本人が支配する気はまるでなかった😅。これもモンゴルの伝統だよ

◀ ティムールの死後、各地に封じられた一族が権力を争った！

　ティムールの死後、一族のなかで有力だった息子**シャー＝ルフ**が権力を握ったから、彼の本拠地だった**ヘラート**がティムール朝の都になった。シャー＝ルフは、サマルカンドを占領して内紛を鎮圧すると、息子のウルグ＝ベクにサマルカンドの統治を任せてヘラートに戻り、対外的には**明やオスマン帝国**に「うちのオヤジが迷惑かけました😫。もう攻め込みません」と**対外関係を修復**して、交易や文化を保護した。こうしてヘラートやサマルカンドなどの都市では、イル＝ハン国のもとで発展した文化、例えば細密画【ミニアチュール】が普及したり、トルコ語の文学作品がつくられたり、さらに即位前の**ウルグ＝ベク**が**サマルカンドに天文台を建設**して、当時もっとも精密な『ウルグ＝ベク天文表』を作成するなど、**トルコ＝イスラーム文化**が栄えたよ。また、中央アジアのオアシス都市は、**東西交易の一大拠点**として繁栄した。ただ、シャー＝ルフの死後、一族の王子たちが各地で独立し、シャー＝ルフの息子**ウルグ＝ベク**が即位したけど、すぐに暗殺されてしまった😣。

　こうして混乱したティムール朝に、かつてのキプチャク＝ハン国から現れた**トルコ系ウズベク人**【遊牧ウズベク】（トルコ化したモンゴル部族）が侵入してきた😫。ウズベク人のシャイバーニーはブハラを拠点にシャイバーン朝（**ブハラ＝ハン国**）を建てると、ティムール朝を滅ぼした。さらに別の部族が**ヒヴァ＝ハン国**を建て、18世紀にはブハラ＝ハン国から**コーカンド＝ハン国**が分かれて、西トルキスタンには**ウズベク人の3ハン国**が並び立った。**ウズベク3ハン国**は、イランと中国、インドを結ぶ内陸交易で栄えた。また、ウズベク人が去った草原地域には、トルコ系遊牧民の**カザフ**が国をつくったよ。これらの国は、19世紀後半までにはすべて**ロシア帝国の支配下**に入ることになるよ。

2 ▶ サファヴィー朝

◀ シーア派の宗教教団が建てた国が、サファヴィー朝だ！

　ティムール朝が分裂したあとのイランでは、過激なシーア派神秘主義の**サファヴィー教団**が**トルコ系遊牧民**（キジルバシュ）に信者を増やし、教主**イスマーイール1世**はキジルバシュの軍事力を結集して、**タブリーズ**で**サファヴィー朝**を建国した。そして、中央アジアで勢力を拡大していたウズベク人を破ってイランの支配を固めると、過激な思想を排除して**シーア派**の穏健派である**十二イマーム派**を国教に、イランでの布教を進めた。いつまでも神秘主義で国を支配するのは難しいもんね😅。

　ただ、サファヴィー朝は建国当初から厳しい状況に置かれていた。というのも、すでに西方では**トルコ系スンナ派のオスマン帝国**がバルカン半島の支配を固

サファヴィー朝は、建国当初からオスマン帝国に押され気味だ……😫

め、西アジアにも勢力を拡大してきたからね。そこで、サファヴィー朝の君主は**イランの伝統的な君主の称号**である「**シャー**」を名乗り、**イラン民族**を結集してオスマン帝国に対抗しようとしたんだ。でも、オスマン帝国は強かった😩。アゼルバイジャンをめぐる抗争では、**チャルディラーンの戦いで火器で武装したオスマン帝国軍（セリム1世）**に敗れ、さらには都の**タブリーズ**も**占領**されちゃったんだ……。しかも、中央アジアではウズベク人に反撃されて、領土がどんどん狭まっていたんだ。

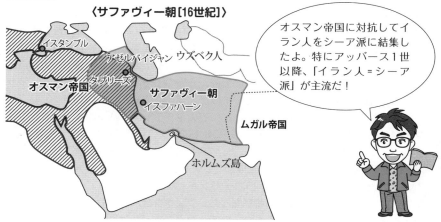

〈サファヴィー朝[16世紀]〉

オスマン帝国に対抗してイラン人をシーア派に結集したよ。特にアッバース1世以降、「イラン人＝シーア派」が主流だ！

◀「イスファハーンは世界の半分」。アッバース1世がサファヴィー朝を復興！

　オスマン帝国にやられっぱなしのサファヴィー朝だったけど、第5代**アッバース1世**のもとで勢力を回復するよ😄。アッバース1世は、これまでトルコ系のキジルバシュに頼っていた軍団をグルジアやアルメニア出身の**奴隷兵（ゴラーム）**の騎兵隊に切り替え、さらに**鉄砲や大砲を扱う部隊**もつくるなど軍備を改革した。「これで準備完了！　反撃開始だ🤺」と、オスマン帝国から**アゼルバイジャン、イラク、タブリーズ**などを奪い返し、さらにイギリスの協力も得てポルトガルを**ホルムズ島**から追い出し、**ペルシア湾の交易路を確保**すると、建国当初と同じくらいまで支配領域を回復したよ。さらに、官僚組織も整備して中央集権体制を確立したんだ。

　こうして国内支配が安定し、**交易路の整備やキャラバンサライ**（隊商宿）の増設など、商業の発展に努めたこともあって、アッバース1世が遷都した**イスファハーン**は急速に発展した。王宮を中心とした市街地には「**王の広場【メイダーン】**」を中心にモスクやマドラサが建てられ、なかでも青や黄色のタイルで装飾された「**王のモスク（イラン革命後に"イマームのモスク"と呼ばれるようになる）**」は、イスラーム建築の傑作といわれている。また**アルメニア教徒（キリスト教の一派）の商人の活動**で国際商業が活発となり、生糸や絹織物を求めてイスファハーンにきたヨーロッパ人たちは「**イスファハーンは世界の半分**」と称賛したんだ。当時、イスファハーンの人口は50万人を超えて、イスラーム世界ではイスタンブルと並ぶ大

都市だった。これって、世界的に見ても江戸や北京に次ぎ、パリやロンドンと肩を並べるくらいだ。ちなみに18世紀の江戸の人口は100万人を超えてたんだよ😆。

◀ サファヴィー朝が衰退すると…イランはトルコ人王朝が支配した！

アッバース1世が亡くなったあと、17世紀にはほとんど戦争もなくサファヴィー朝は平和で安定していた。前近代のイランでこんなに戦争がなかったのはこの時代だけだよ。ただ、**18世紀に入ると各地で経済が悪化**し始めた。これって、**ヨーロッパ諸国がアジアに進出**したことで、サファヴィー朝の国際交易が衰退してきたことも一因だよ。こうした経済危機で王室の財政も悪化し、各地で反乱や暴動がたびたび起こると、ついに、**アフガン人**に**イスファハーン**を占領されちゃった😫。

都を追われて権力を失ったサファヴィー朝は、トルコ系アフシャール人のナーディル゠シャーに滅ぼされた。ただ、ナーディル゠シャーが建てた**アフシャール朝**も安定せず、アフガン人がドゥッラーニー朝を建てて自立するなど、各地で地方政権ができた。そして18世紀末、**トルコ系**のアーガー゠ムハンマドが、テヘランを都に**ガージャール朝**を建ててイランを統一した。このときの**ガージャール朝の支配領域がほぼ現在のイラン**で、ドゥッラーニー朝の支配領域がほぼ現在のアフガニスタンだよ。

3　オスマン帝国

◀ アナトリアのトルコ系小国家のなかから、オスマン朝が現れた！

11世紀に**アナトリア（小アジア）**に進出したトルコ人戦士たちは、セルジューク朝から分かれた**ルーム゠セルジューク朝**にまとまった。ただ、13世紀に**モンゴルの遠征**を受けて王朝が崩壊すると、アナトリア各地にはたくさんの**トルコ人戦士の小国家（ベイリク）**ができた。このなかから現れた**オスマン1世**がアナトリア西北部に**オスマン朝**を建てた。「オスマン帝国」って呼び方が出てくるけど、この時点では、まだ小さな「戦士集団」くらいのもんだよ😅。

〈初期の都と領域〉
コンスタンティノープル
アドリアノープル
ブルサ
建国時の領域

オスマン朝が発展するきっかけは、第2代のオルハンがビザンツ帝国から**ブルサ**を奪ったことだ。ビザンツ帝国にとってはただの田舎町だったブルサは、オスマン朝の「都」になった😊。ここを拠点に**アナトリアのビザンツ帝国領を次々と奪いながら**、トルコ人のイスラーム戦士だけじゃなくキリスト教徒も、宗教に関係なく戦士として受け入れた。このあたりの柔軟さも、オスマン朝が発展した背景だね。

アナトリアの一弱小諸侯が大帝国になるなんて、誰も予想しなかっただろうね

第1章　オリエント・インドの古代文明

第2章　古代の地中海世界

第3章　古代の東アジア

第4章　中世ヨーロッパ

第5章　東アジア世界の変容

第6章　イスラーム世界

第7章　近代ヨーロッパの幕開け

クローズアップ　オスマン帝国

- ●オスマン1世……オスマン朝建国［1299（年代は諸説あり）］
- ●オルハン［位1326〜62］……ビザンツ帝国から奪った**ブルサ**を都とする
- ●ムラト1世［位1362〜89］
  - ▶アドリアノープル（**エディルネ**）占領［1362］➡**遷都**［1366］
  - ➡**コソヴォの戦い**［1389］……セルビア・ボスニアなどのスラヴ人を破る
  - ▶イェニチェリの創設……**スルタン直属の奴隷身分**による**常備歩兵軍団**
- ●バヤジット1世［位1389〜1402］……バルカン半島とアナトリアを征服
  - ▶ニコポリスの戦い［1396］……**ハンガリー王ジギスムントの率いるヨーロッパ連合十字軍（英仏独など）を撃破**
  - ▶アンカラの戦い［1402］……**ティムール**に敗れ、**バヤジット1世が捕虜となる**
  - ➡**オスマン朝は一時中断**［1402〜13］
- ●メフメト2世［位1444〜46／51〜81］
  - ▶コンスタンティノープル征服［1453］＝ビザンツ帝国滅亡［1453］
  - ➡コンスタンティノープル（のちのイスタンブル）に**遷都**
  - ▶バルカン支配の確立、黒海北岸への進出（**クリミア＝ハン国の服属**）
- ●セリム1世［位1512〜20］
  - ▶**サファヴィー朝を破って、東アナトリアを獲得（チャルディラーンの戦い）**
  - ▶マムルーク朝征服［1517］➡**メッカ・メディナの保護権も獲得**
- ●スレイマン1世［位1520〜66］……**帝国の全盛期**
  - ●対外政策……ハプスブルク家の**神聖ローマ皇帝**カール5世との対決
  - ▶**モハーチの戦い**［1526］……ハンガリーの大半を征服
  - ▶第1次ウィーン包囲［1529］➡陥落寸前に**寒気の到来で撤退**
  - ▶イラン、イラクに遠征　➡タブリーズ、バグダードの攻略［1534］
  - ▶プレヴェザの海戦［1538］……**スペイン・ヴェネツィア・教皇の連合艦隊を撃破**
  - ➡ほぼ**全地中海の制海権**を握る（クレタ島・マルタ島を除く）
  - ▶仏王フランソワ1世と同盟し、慣例的に通商特権（**カピチュレーション**）を付与
- ●帝国衰退の予兆
  - ●レパントの海戦［1571］……**スペイン・ヴェネツィア・教皇の連合艦隊に敗北**
  - ●第2次ウィーン包囲［1683］➡失敗
  - ➡カルロヴィッツ条約［1699］……**オーストリアにハンガリーを割譲**
  - ●アフメト3世［位1703〜30］……チューリップ時代

◀ バルカン半島に進出！ ヨーロッパ側で勢力を拡大したんだけど……

アナトリア側のビザンツ領をほとんど征服すると、第3代ムラト1世はいよいよバルカン半島に進出したよ。狙ったのは守りの堅い首都のコンスタンティノープルでなく、ビザンツ第2の都市アドリアノープルだ。これまでイスラーム軍は、何度もコンスタンティノープルに攻め込んじゃ撃退されてきた。「だったら2番でいいじゃないか😏」と攻め込んだら、この作戦が大当たり！ このあと、アドリアノープル（トルコ語でエディルネ）がオスマン朝の都になるよ。さらにラッキーだったのは、この時代のバルカン半島には強力な国家がなかったことだ。セルビアとの抗争でブルガリアは弱体化していたし、セルビアも分裂状態😣。ここに攻め込んだオスマン軍はセルビア・ボスニアなどの連合軍をコソヴォの戦いでメッタメタに撃破した。ただ、ムラト1世はこの戦いの最中に暗殺されちゃった……😵。

領土拡大をしながら、ムラト1世はイスラーム法学者（ウラマー）を登用して宰相制度を整備し、君主を中心とする支配体制をつくった。さらに新しい常備軍として創設されたのがイェニチェリだ。これはマムルークなどの奴隷軍人の制度をモデルに、バルカン半島のキリスト教徒の少年を強制的に集めてつくった奴隷身分の常備歩兵軍団だよ。奴隷といってもスルタンの直属軍だから、出世すれば将軍になったりもする。ちなみに、キリスト教徒を奴隷としてイスラームに改宗させて人材を徴用するシステムは「デヴシルメ」といって、特に頭がよくてカッコいいヤツは、兵士でなくスルタン側近の宮廷奴隷になった。これが、将来的に宰相につながる超エリートコースだ😆。

ムラト1世に続くバヤジット1世は、「稲妻」とも呼ばれた軍の天才で、一気にバルカン半島とアナトリアの各地を征服した。焦ったヨーロッパ側は、ハンガリー王ジギスムントを中心にヨーロッパ各国が参加する連合十字軍を結成し、ドナウ川に近いブルガリア北部でオスマン軍と衝突した。このニコポリスの戦いでヨーロッパ軍は完敗し、集団戦法をとるイェニチェリ軍団の脅威を思い知らされた😫。以後、オスマン朝の君主はスルタンの称号で呼ばれるよ。

ただ、バヤジット1世は足をすくわれた😨。アナトリアでオスマン朝に領土を奪われた君侯たちに助けを求められて、ティムールがアナトリアへと侵攻！ そして、アンカラの戦いでティムール軍に敗れたバヤジット1世は捕虜となり、オスマン朝は一時中断したんだ。

> アンカラでまさかの敗戦😫。でも、約10年でオスマン朝は復活するよ！

◀ オスマン朝はバルカン半島を中心に復興し、ビザンツ帝国を滅ぼす！

アンカラの戦いから約10年で復活したオスマン朝は、ここから半世紀かけてバルカン半島の領土を回復したよ。バヤジット1世時代は、領土拡大のペースが速すぎて地方支配の体制が何もできていなかったから、じっくり統治を固めたわけだ。

第1章 オリエント・インドの古代文明

第2章 古代の地中海世界

第3章 古代の東アジア

第4章 中世ヨーロッパ

第5章 東アジア世界の変容

第6章 イスラーム世界

第7章 近代ヨーロッパの幕開け

　そして**メフメト2世**は、ずっと夢見ていた**コンスタンティノープル**の征服を進めた。**歩兵のイェニチェリ**に加えて、**ティマール制**（かつてのイクター制とほぼ同じだよ）で統制された**トルコ人騎兵のシパーヒー**、さらに多くの艦船を動員して攻撃し、ついに**ビザンツ帝国を滅ぼす**（ビザンツ帝国滅亡）と、**コンスタンティノープルに都を移した**（以後、一般的に**イスタンブル**と呼ばれるよ）。こうしてオスマン朝はローマ帝国を受け継ぐ国となり、**スルタンはローマ皇帝の後継者を自称した**。まさに「**オスマン帝国**」になったわけだ！　メフメト2世は首都イスタンブルに**トプカプ宮殿**を造営したり、**ハギア＝ソフィア聖堂をモスクに改築したり**、新しいモスクやマドラサ、スーク【市場】などの大きな建物をつくって、名実ともにオスマン帝国の中心に変えたんだよ。

＋α ちょっと寄り耳♪

　イスラーム軍はこれまで何度もコンスタンティノープルを攻撃したけど、結局落とせなかった。コンスタンティノープルに入る金角湾(きんかくわん)の入り口は鉄の鎖で封鎖され、艦船が近づくと「ギリシアの火」で撃退される。しかも、テオドシウスのつくった二重城壁(じょうへき)は強固で破れない……。メフメト2世は、10万の兵に加えて300隻の軍艦も建造させ、さらにハンガリー人技術者ウルバンを雇って、なんと600kgの巨丸を飛ばせる巨大大砲をつくらせた。対するビザンツ軍はわずかに1万……。メフメト2世は城壁を「巨大大砲」で攻撃すると、さらに敵の背後を襲うために、72隻の艦船を「山越え」させる奇襲作戦を発動！もはや打つ手がなくなって、コンスタンティノープルは陥落したんだ。

　このあともメフメト2世の征服活動は続いたよ。バルカン半島では**ギリシア、セルビア、アルバニア、ボスニアを征服**し、続いて黒海北岸にも進出して**クリミア＝ハン国【クリム＝ハン国】を服属**させると、さらに反抗を続けていた**アナトリア**のトルコ系君侯国も征服して、黒海の周囲をほとんど支配下に置いた。そして支配下の異教徒には、彼らの**信仰を認めた上で自治を許し**、かわりに**帝国への貢納**(こうのう)**の義務**を負わせたんだ。こうして形成された非イスラーム教徒の宗教別共同体が**ミッレト**だよ。ただ、「ミッレト」という言葉は、近代以降にヨーロッパ人たちがムスリムと非ムスリムの共存のシステムを説明するときに使った呼び名だ。ミッレトではユダヤ教徒やギリシア正教徒、アルメニア教徒などの宗教別共同体の最高位の聖職者が、帝国内の各宗派の信者をまとめたんだ。また、オスマン帝国は富裕な商人を宗教に関係なく保護したから、**ユダヤ商人やアルメニア商人**が交易で活躍したよ。

◀ ついにマムルーク朝も滅ぼし、宗教的にもイスラーム世界の盟主(めいしゅ)となる！

　16世紀に入ると、アナトリアの情勢は緊迫し始めた。**イラン**で**サファヴィー朝**が誕生(きば)すると、トルコ系騎馬軍団を率いてアナトリアに勢力を拡大してきた。これ

に対抗したのが**セリム1世**だよ。アナトリアでサファヴィー朝に味方したトルコ系部族の反乱を鎮圧すると、**チャルディラーンの戦いでサファヴィー朝軍を破った**。これで、現在のトルコ共和国が位置する**アナトリアの全域がオスマン帝国の支配下**に入り、各地に行政も担当する裁判官として**カーディー**が派遣されたんだ。

サファヴィー朝を破ったセリム1世は、続いて**シリアからエジプトへと侵攻する**と、カイロを攻略して**マムルーク朝を征服した**。このとき、ヒジャーズまで進出して**メッカとメディナを獲得し**、「二大聖都の**メッカ・メディナを保護するイスラーム世界の盟主**」として、**スンナ派世界の主導権を握った**んだ。ちなみに、18世紀以降にオスマン帝国が主張する「**スルタン＝カリフ制**（オスマン朝スルタンがカリフ位を兼ねる）」は、このときにカイロに亡命していたアッバース家からカリフ位を禅譲された、ってことにしたものだよ。

〈オスマン帝国の発展〉

〈16世紀の国際関係〉

同盟関係にも注目！
カール5世とカルロス
1世は同一人物だよ

◀ スレイマン1世が最大領域を達成。ウィーンまでオスマン軍が攻めてきた!

　東地中海を完全に制圧したオスマン帝国は、**紅海・黒海貿易**などの東西交易を支配して、圧倒的な経済力を持った。スルタンとなった**スレイマン1世**は、バグダードを攻略して**サファヴィー朝からイラクを奪う**と、さらに西方では、中央ヨーロッパへの進出を始めた。スレイマン1世が登場した16世紀の国際関係は、「**ハプスブルク家 vs. オスマン帝国**」を軸に展開するよ。当時、ハプスブルク家のカール5世がスペイン王と神聖ローマ皇帝を兼任していたから、つねに挟み撃ちになるフランスのフランソワ1世は「宗教など関係ない!　オスマン帝国に支援を頼もう😁」と、宿敵ハプスブルク家を倒すために**スレイマン1世に接近**したんだ。対するハプスブルク家は、カール5世の弟と妹を政略結婚させてハンガリーと組んだ。

　そこで、スレイマン1世は北上してドナウ川沿いまで攻め込むと、**モハーチの戦い**でハンガリー王ラヨシュ2世を破り戦死させて**ハンガリーの大部分を征服**し、さらにハンガリーの支配権を主張するハプスブルク家に対しては**第1次ウィーン包囲**で圧力をかけた😆。これを知ったヨーロッパ諸国は震撼したよ。ただ、10月半ばになって、**寒さに耐えられずに撤退**したんだけどね😫。

　また地中海では、最強の海賊だったアルジェリアのバイバロスを登用して海軍を強化し、**スペイン・ヴェネツィア・教皇の連合艦隊をプレヴェザの海戦で破ってほぼ全地中海の制海権を握った**。このときのスペイン王はハプスブルク家のカルロス1世、つまり神聖ローマ皇帝カール5世だから敵は同じだね。さらにインド洋でも、ポルトガルの紅海・ペルシア湾への侵入を防ぎ、地中海貿易を完全に握ったんだ。

　その後もスレイマン1世は、**対ハプスブルク同盟を結んだフランスのフランソワ1世と共同作戦**をとって、カール5世に脅威を与え続けた。また、同盟国フランスには**慣例的に領事裁判権や免税特権などの特権を認め**、のちにこれが通商特権**カピチュレーション**になるよ。カピチュレーションは最初にフランス、その後イギリスやオランダの商人にも与えられ、これで西ヨーロッパとの交易が盛んになったんだ。

　一方、国内統治では**イスラーム法【シャリーア】の枠内での法典（カーヌーン）を整備**し、**官僚機構を整備して中央集権体制を確立**した。さらに、イスタンブルに建築家シナン【スィナン】の設計で**スレイマン＝モスク**を建立するなど、文化も発展させた。こうしてスレイマン1世時代が**オスマン帝国の全盛期**になったんだ。

◀ スレイマン1世の死後、少しずつ帝国衰退の予兆が現れる!

　スレイマン1世が亡くなったあとも、オスマン帝国はヨーロッパへの攻勢を続けたんだけど、少しずつ衰退の予兆が現れ始めた。続くセリム2世の時代には、オスマン海軍撃破に執念を燃やす**スペイン王フェリペ2世**（カルロス1世の息子だ!）が、**スペイン・ヴェネツィア・教皇の連合艦隊を率いて攻めてきて、レパントの海戦**でオスマン海軍を破った。まあ、**オスマン帝国はすぐに艦隊を再建して制海権は保った**んだけど、不敗神話は崩れちゃった。長引く戦争で財政難となったから**徴税請負制**を導入したら、**ティマール制が崩壊**し始めるし、さらに、約100年後の17世紀末に

は第2次ウィーン包囲に失敗して、オーストリアと援軍に駆けつけたポーランド軍などの逆襲を受け、カルロヴィッツ条約でオーストリアにハンガリーを割譲することになった。これは、オスマン帝国が初めて敗戦国として領土を割譲した条約だよ。

とはいっても、このとき失ったのはハンガリーだけだから、広大なオスマン帝国領から見たら、ごく一部にすぎない。18世紀前半のアフメト3世時代には「ヨーロッパもなかなかやるじゃないか」とばかりに、宮廷で西欧趣味が広がった。もはや領土的な野心が無くなってヨーロッパ人を見下す態度もなくなり、「今がよければOK😄」という享楽的な時代になったんだよ。アフメト3世は当時ヨーロッパでブームになっていたチューリップ栽培にはまり、トプカプ宮殿のなかにチューリップを植えまくった。ある意味、文化的には円熟期ともいえるけど、政治的・軍事的には完全に後退だね。この時代は「チューリップ時代」と呼ばれている。そして、オスマン帝国の後退する18世紀後半にはイギリスで産業革命が始まるから、いよいよヨーロッパがオスマン帝国を逆転する時代がもうすぐってわけだ。

4 ムガル帝国

クローズアップ　ムガル帝国

- バーブル[位1526〜30]……ティムールの子孫。母はチンギス=ハンの血統
  - ▶ パーニーパットの戦い[1526]……ロディー朝を破り、デリーを都に建国
- アクバル [位1556〜1605] ……アグラに遷都 [1558]
  - ▶ ラージプート諸王国と融和　➡ ジズヤの廃止 [1564]
  - ▶ 中央集権体制の整備……州県制を採用し、中央集権的な官僚機構を整備
    - ➡ マンサブダール制を採用
- シャー=ジャハーン[位1628〜58]……タージ=マハルをアグラに建立
- アウラングゼーブ [位1658〜1707] ……帝国最大領土を達成
  - ▶ デカン高原を征服し、ほぼ全インドを統一
  - ▶ 厳格なスンナ派イスラーム教徒で、アクバル以来の宗教寛容策を転換
    - ➡ ジズヤの復活[1679]……さらに、ヒンドゥー教の弾圧と寺院の破壊
    - ➡ 各地でムガル帝国への反抗が起こる
      - シヴァージーの抵抗……マラーター王国を建てる [1674]
      - シク教徒の反乱……北西部のパンジャーブ地方で頻発
- 帝国の衰退・分裂……ムガル帝国は、デリー周辺を支配する地方政権に転落
  - ● パンジャーブ地方（北部）……シク王国【シク教王国】の自立
  - ● デカン高原（中部）……マラーター同盟 [1708〜1818]
  - ● 南インド……マイソール王国 [17世紀初頭〜18世紀後半]

第1章 オリエント・インドの古代文明

第2章 古代の地中海世界

第3章 古代の東アジア

第4章 中世ヨーロッパ

第5章 東アジア世界の変容

第6章 イスラーム世界

第7章 近代ヨーロッパの幕開け

◀ ティムールの末裔バーブルが、インドでムガル帝国を建国！

　サマルカンドでウズベク人に敗れた**ティムールの子孫の**バーブルは、**アフガニス タン**に逃れ、**カーブル**を拠点にティムール朝の再興を目指していたよ。当時、ウズ ベク人とサファヴィー朝が中央アジアで抗争していたから、ドサクサに紛れてサマ ルカンドを取り返そうとしたけど失敗して、バーブルはインド進出を考え始めた。 そして、デリー゠スルタン朝最後の**ロディー朝が内紛で**衰退しているのを見て南下 すると、**パーニーパットの戦い**で**ロディー朝を破ってデリーを占領**、**ムガル帝国を** 建てた😀。ムガルっていうのは「モンゴル」のことで、バーブルの母親はチンギ ス゠ハン（カン）の息子チャガタイの子孫だから、ティムールの血統とチンギス゠ハ ンの血統を両方受け継いだバーブルは、スルタンじゃなく「皇帝」と称したんだ。

　バーブルはインドのなかでの領土拡大を進めたんだけど、建国後わずか4年で亡 くなった。続く第２代皇帝のフマーユーンは**アフガン系のスール朝に敗れて**、一時 **サファヴィー朝に亡命**するしかなくなったけど、スール朝が王の死で混乱したのに 乗じてデリーを奪還した。でも直後に事故であっけなく亡くなったんだ😵。

◀ 第3代のアクバル帝は、ラージプートと和解して帝国の統治を確立！

　実質的な建国者である第３代皇帝 **アクバル**が即位したのは、わずか 14歳😳！その後、**アグラ**に都を置 いて親政を始めたとき「帝国を安定 させなきゃ👊」って思ったんだ。 一番の問題は**北インドの各地に小王 国を形成している**ラージプート（ク シャトリヤに属する北インドのカー スト集団）との関係だよ。彼らが反 抗したら帝国はバラバラになる。そ こでアクバルは、**ラージプートの王 女と結婚**し、ラージプートの王族を 高級官僚に登用するなどの**融和政策** をとり、さらにヒンドゥー教徒の**ジ ズヤ（人頭税）を廃止**したんだ。ム ガル皇帝をすべての人びとの長とし

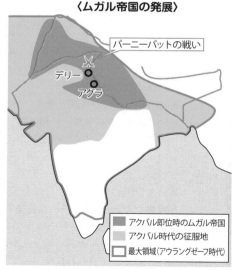

〈ムガル帝国の発展〉

パーニーパットの戦い

デリー

アグラ

■ アクバル即位時のムガル帝国
■ アクバル時代の征服地
□ 最大領域（アウラングゼーブ時代）

て、**ヒンドゥー教徒とイスラーム教徒の共存と融和を図ろう！**って政策だね。さら に神聖宗教【ディーネ゠イラーヒー】を創始して、皇帝を首長に諸宗教を折衷しよ うとした。イスラームだけにとらわれずに「平和な帝国」をつくるのがアクバルの 思いなんだ。

　アクバルの宗教融和政策には、当時インドで起きていた宗教改革運動も影響して いるよ。カーストを批判した**カビール**の影響を受けた**ナーナク**は、**偶像崇拝とカー**

 スト制を否定して人類の平等を説く**シク教**を創始した。これは、**ヒンドゥー教のバ**
クティ信仰とイスラーム教のスーフィズム（神秘主義）が融合した新しい宗教だ。

　またアクバルは、インド各地のイスラーム政権を征服し、**アフガニスタンなどに**
領土を拡大した。領内に**州県制**をしいて中央集権化をすすめ、官僚機構も整備し
た。官僚には官位（**マンサブ**）**に応じた給与を与え**、その額に応じて**騎兵や騎馬を**
準備させるマンサブダール制を実施した。ただ、給与はたいてい現金じゃなく**土地**
（**ジャーギール**）の**徴税権**を与えたよ。また全国の土地を測量して地税の額を決
め、各地にいるヒンドゥー教徒の領主（**ザミンダール**）に徴税を請け負わせた。

◀ ムガル帝国の繁栄……ただ、アウラングゼーブ帝は宗教政策を転換！

　アクバルの死後、第4代ジャハーンギールの時代は、アクバルがつくった体制を
ほとんど変えなかったから統治も安定し、文化も保護されて**インド＝イスラーム文**
化が発展した。続く第5代**シャー＝ジャハーン**は、デカン高原の諸国を併合して南
方に支配を拡大したほか、**デリーに新しい都城を建設**したよ。彼が王妃ムムターズ
＝マハルの死を悼んでアグラに建立した**タージ＝マハル**は、インド＝イスラーム建
築の最高傑作だね。ただ、晩年は息子のアウラングゼーブに8年間もアグラ城に幽
閉され、亡くなったんだ。シャー＝ジャハーンは、死ぬまで毎日、小窓からタージ
＝マハルを覗いて涙したらしい。愛だな……😢。

　そして、第6代皇帝となった**アウラングゼーブ**は、治世の大半を**デカン高原の征**
服に費やして、インド南端の一部を除く**ほぼ全インドを統一**し、**ムガル帝国の領土**
は最大になった。ただ、彼のとった政策はムガル帝国の分裂を早めてしまうんだ。

　厳格なスンナ派イスラーム教徒だったアウラングゼーブは、アクバル帝以来の宗
教寛容策が許せなかった😤。だって、イスラーム国家で当たり前のことがおこな
われていないんだもん。しかも、征服戦争の戦費で財政難になっている。そこで、

〈ムガル帝国の分裂〉

シク王国

ムガル帝国

マラーター同盟

ニザーム王国

マイソール王国

異教徒の**ジズヤを復活**し、**ヒンドゥー寺院の破**
壊などの弾圧をおこなうとともに、**シーア派**も
弾圧した。これが帝国の分裂を招いたんだ。
17世紀後半には、**シヴァージー**がデカン高原
に**マラーター王国**を建てて抵抗し、北西部のパ
ンジャーブ地方では**シク教徒の反乱**がたびたび
起きた。反乱は**ヒンドゥー教徒 vs. イスラーム**
教徒の宗教戦争となって、まるで収まらなかっ
た😩。さらに、領土拡大にともなって官僚の
数が増加すると彼らに与える土地が足りなくな
り、反発が強まった。支配の弱体化で、**各地の**
領主たちはムガル帝国から自立し始めたんだ。

　アウラングゼーブの死後、分裂はさらにひどくなった。デカン高原では、宰相の
アーサフ＝ジャーが自立してニザーム王国【ハイデラバード王国】を建て、ガンジ

第1章 オリエント・インドの古代文明

第2章 古代の地中海世界

第3章 古代の東アジア

第4章 中世ヨーロッパ

第5章 東アジア世界の変容

第6章 イスラーム世界

第7章 近代ヨーロッパの幕開け

ス川中流域でもアワド王国【アウド王国】が事実上独立した。また、北西部のパンジャーブ地方ではシク王国【シク教王国】も自立し、さらにイランのアフシャール朝にデリーを略奪されるなど、ムガル帝国の権威は地に落ちた😫。すると、**マラーター王国が領土を拡大しながら北インドの大半を征服**し、**ヒンドゥー教徒の諸侯たちが連合してマラーター同盟**ができた。南インドでも、ヒンドゥー教の地方政権だった**マイソール王国**が急成長したんだ。こうして、**ムガル帝国はデリーの周辺だけを支配する弱小勢力に転落**してしまったよ。こんなにバラバラだったから、インドはヨーロッパの進出に対抗できなかったんだね。

◀ インド独自のイスラーム文化の発展と、ヨーロッパ人が求めたインド産綿布

ムガル帝国の支配下では、イスラーム文化とヒンドゥー文化の混ざった独自の**インド = イスラーム文化**が生まれたよ。美術では、イランの細密画【ミニアチュール】がインド絵画と融合して**ムガル絵画**に発展し、さらにその影響を受けて、**ヒンドゥー教徒がヴィシュヌ信仰など庶民的な題材を描くラージプート絵画**も発達したよ。また言語では、北インド各地の方言が統合されて**ヒンディー語**が形成され、それが**アラビア語やペルシア語**の語彙を取り入れて**ウルドゥー語**になった。ウルドゥー語は**現在のパキスタンの国語**だよ。ちなみに、ムガル帝国の公用語は、アクバル時代にイラン人の高級官僚が多かったこともあって**ペルシア語**だよ。それから、初代皇帝のバーブルは、ティムール朝の時代の伝統を受け継ぐ文化人でもあったから、彼自身の回顧録『**バーブル = ナーマ**』は**トルコ語**（チャガタイ語）の散文の傑作ともいわれている。ちなみに、アクバルの統治を記録した『**アクバル = ナーマ**』は廷臣のアブル = ファズルが著したもので、**ペルシア語**だから気をつけてね。

それから、17世紀ころからインドでは各地方の経済が発展し、**ヨーロッパ各国がインドに交易で来航**したこともあって、沿岸部には交易都市が発達した。当初、ヨーロッパ人たちはおもに香辛料を求めていたけど、そのうちモスリン（薄くて柔らかい平織り綿布）、キャラコ（カリカットに由来する名の平織り綿布）、サラサ（更紗・多色模様に染めた綿布）などの**インド産綿布**が盛んにヨーロッパに輸出されるようになった。インド産綿布の流入は、ヨーロッパ人の生活に大きな変化をもたらし、この利益をめぐって**各国がインドへの進出を強化**することにもなるからね。

5 ▷ イスラーム文化

◀ 「固有の学問」と「外来の学問」ってなんだろう？

イスラーム世界の学問には、イスラーム法学を中心とした「**固有の学問**」と、ギリシアやインドなどから導入された「**外来の学問**」という二つの分野があった。「固有の学問」は『**コーラン【クルアーン】**』やムハンマドに関する伝承（**ハディース**）に基づいたもので、**アラビア語の文法や詩学**を基本に、**神学・法学・歴史学**などがある。イスラーム法学では、**マドラサ**（大学）で学問をおさめた**ウラマー**（知

識人）が『コーラン』の解釈をおこない、**スンナ派では四つの法学派ができた**。裁判のときには、自分の希望の法学派で裁判を受けられるんだよ。また、歴史学ではアッバース朝の**タバリー**がイスラーム世界初の年代記『**預言者たちと諸王の歴史**』を編纂し、マムルーク朝の**イブン＝ハルドゥーン**は、定住民（都市）と遊牧民の交代で歴史の展開を理論化した『**世界史序説**』を著した。さらに、神学ではセルジューク朝でニザーミーヤ学院の教授にもなった**ガザーリー**が**スンナ派神学を体系化**し、のちに**スーフィズム（神秘主義）**とも融合したから、神秘主義も学問として研究されるようになったんだ。ほかに、『**大旅行記【三大陸周遊記】**』で有名な**イブン＝バットゥータ**は、各地を旅行しながら人びとに知識を教える、典型的なウラマーの一人だよ。

一方「外来の学問」では、おもに**アラビア語訳したギリシア語文献**を中心に、哲学・医学・数学・天文学・錬金術などが発展したよ。特に哲学では**アリストテレス哲学**の研究が進み、サーマーン朝の**イブン＝シーナー【アヴィケンナ（ラテン語名）】**はギリシア・アラビア医学を集大成した『**医学典範**』のほかに、**アリストテレス哲学**の研究でも有名だよ。さらに、ムワッヒド朝のコルドバで生まれた**イブン＝ルシュド【アヴェロエス（ラテン語名）】**は**アリストテレス哲学**の高度な注釈をおこなった。この二人の研究成果はヨーロッパにも伝わって**ラテン語訳**され、**西欧のスコラ学の大成**にも大きく影響するよ。ほかにもインドから伝わった数学をもとに、**アラビア数学**も発展した。特にインドから伝わった**ゼロの概念**や**インド数字**をもとにした**アラビア数字**が、数学や計算の発展に果たした役割は計り知れない。だって、**十進法にはアラビア数字が欠かせない**でしょ？ アラビア数字って「０、１、２……」っていう、普段使う数字だからね😊。アッバース朝のイラン系数学者**フワーリズミー**は、**代数学**を発達させて**アラビア数学を確立**したよ。

◀ イラン人は詩人？ イスラーム文学は、全体的にイランの影響が強いよ！

続いて文学だよ。イスラーム世界では特に詩が発展し、アラビア語の詩だけでなくて、9世紀後半からはペルシア語の詩もたくさんつくられたんだ。というか、全体として、イスラーム文学の有名人は**イラン人**が多いよ！ ガズナ朝出身のイラン人**フィルドゥシー**は、ペルシア文学の最高傑作『**シャー＝ナーメ【王の書】**』を著した。これはイラン建国からササン朝滅亡までを描いた大民族叙事詩で、作中にたくさんの詩がちりばめられているよ。また、セルジューク朝のイラン人**ウマル＝ハイヤーム**は、『**ルバイヤート（四行詩集）**』のなかに刹那主義を表現した美しい詩を残している。ほかに、『**ばら園**』で知られる放浪詩人**サーディー**もイラン人だ。散文では、ペルシア語の説話集のアラビア語訳から発展した『**千夜一夜物語【アラビアン＝ナイト】**』が各地の説話をどんどん取り込んで、16世紀のカイロで完成した。これ、アッバース朝カリフの**ハールーン＝アッラシード**が登場することでも有名だよ。

第1章 オリエント・インドの古代文明

第2章 古代の地中海世界

第3章 古代の東アジア

第4章 中世ヨーロッパ

第5章 東アジア世界の変容

第6章 イスラーム世界

第7章 近代ヨーロッパの幕開け

🔊 イスラーム建築のなかは……偶像崇拝禁止だから、装飾は「アラベスク」だ！

　イスラーム建築は、各王朝で有名なものをいくつかおさえておこう！　ウマイヤ朝の時代には、**イェルサレム**にあるムハンマドが昇天したとされる「聖なる岩」を守るために、**岩のドーム**が建てられた。ここは**イスラーム教の聖地**だから、イェルサレムにはユダヤ教、キリスト教、イスラーム教の聖地がそろっているんだ。また、イベリア半島の**ナスル朝**がグラナダに建てた**アルハンブラ宮殿**は「赤い城」として知られ、華麗なアラベスクで飾られた宮殿は、イスラーム建築の傑作といわれているよ。

　それから16世紀以降の三大帝国は、それぞれ代表的な建築をおさえておこう！オスマン帝国では**イスタンブル**にスレイマン１世が建てた**スレイマン＝モスク**、サファヴィー朝では**アッバース１世**が**イスファハーン**に建てた「**イマームのモスク（王のモスク）**」、ムガル帝国では**シャー＝ジャハーン**が**アグラ**に建てた**タージ＝マハル**ね。**モスク**（イスラーム教寺院）の特徴は、**偶像崇拝が禁止**だから内部に聖像はなく、説教壇とメッカの方角を示す**ミフラーブ**（壁のくぼみ）があるだけで、堂内を装飾するときには、**草の茎や葉をモチーフにした幾何学模様のアラベスク**を描くんだ。さらに、外見の特徴は**ドーム屋根**と**ミナレット**（尖塔・光塔）だよ。ほら、モスクって玉ねぎみたいな形の屋根が多いでしょ😄。それから周囲にある尖った塔がミナレットだ。これ、キリスト教の教会をモスクに改築するときにも追加されるから、例えば、オスマン朝がコンスタンティノープルを征服したあと、**ハギア＝ソフィア聖堂をモスクにするために４本のミナレットを追加**したよ。ちなみに、世界一高いミナレットは、インドの奴隷王朝の建国者アイバクがデリー近郊に建設した**クトゥブ＝ミナール**だ。ミナールってのは、ペルシア語でミナレットのことね。

‼ 年号のツボ

- **オスマン帝国**［1299〜1922］（肉食う国に　おお住まん帝国）
- **ティムール朝成立**［1370］（いざ名をあげよう　ティムールおじさん）
- **アンカラの戦い**［1402］（オスマン軍は　ひ弱になった）
- **サファヴィー朝成立**［1501］（サファヴィー教団　戦後追いこむ）
- **ムガル帝国成立**［1526］（行こう風呂場へ　バーブル〔泡〕で遊ぼう）
- **第１次ウィーン包囲**［1529］（行こう憎き　ウィーンの街）
- **レパントの海戦**［1571］（以後無い　トルコ海軍）
- **カルロヴィッツ条約**［1699］（カルロヴィッツで　広く休戦）

　これで前近代のアジアはおしまい！　次回からヨーロッパの近世史だよ。ルネサンスや大航海時代など、ヨーロッパの転換期だ。気持ちも新たに頑張ろう🙌。

第 **7** 章

近代ヨーロッパの
幕開け

第22回 ルネサンスと大航海時代

　15世紀ころから、ヨーロッパは大きな変化の時期に入るよ。文化や思想ではルネサンス、政治・経済ではヨーロッパが世界に進出を始める大航海時代、どちらも近代ヨーロッパの形成に大きく影響する出来事だ！

・ 大きくつかもう！ ・

ルネサンス

1　イタリア＝ルネサンス　351〜353ページ

⬇

2　西ヨーロッパ諸国のルネサンス　353〜355ページ

大航海時代

3　新航路の発見と大航海時代　355〜361ページ

⬇

4　ヨーロッパ世界の変容　〜商業革命と価格革命〜　362〜364ページ

ルネサンスと大航海時代を経て、ヨーロッパは近代に向けて動き始めるよ！

　キリスト教の世界観に支えられていた中世の社会は、思いっきり「キリスト教」が盛り上がった十字軍遠征をきっかけに変化し始めるよ。「人間」を重視するギリシア・ローマ文化の流入や商業の発展で、イタリアを中心に新しい文化運動「ルネサンス」が開花し、ルネサンスのなかからカトリック教会や教皇の権威を否定する宗教改革につながる動きも出てくるんだ。一方、イスラーム教徒から国土を取り返すキリスト教的な動きだった「レコンキスタ【国土回復運動】」を進めたスペインとポルトガルは、レコンキスタの完成とともに海外進出に乗りだした。ここから始まる大航海時代によって、ヨーロッパ諸国の勢力関係が変化し、経済も中世から大きな転換を迎えるよ。

　ヨーロッパ史の時代の大転換、ルネサンスと大航海時代の始まり〜😊。

1 イタリア＝ルネサンス

◀ そもそも「ルネサンス」ってなんだろう？

　まず、「ルネサンス」という言葉の意味は「再生・復活」のことだから、ギリシア・ローマ時代の古典文化の学問や芸術をモデルにして、**人間の理性や感情を重視する文化を復活させよう！**っていうことだね。中世ヨーロッパではカトリック教会の権威が絶大で、人びとの運命は「神（というか教会）」に握られ、政治から人びとの生活にいたるすべてのことを「聖書を基準に判断しなさい！」と言われていた😓。それが12世紀以降、**北イタリア諸都市による東方貿易**が発展してイスラーム世界やビザンツ帝国との接触が増えると、「古典文化やイスラーム文化のほうがおもしろそうじゃないか！」と刺激を受ける人もいた。しかも、イタリアには古代の遺跡が多く「古代ローマの栄光」はすごく身近なものだったし、さらにオスマン帝国の脅威から逃げてきた**ビザンツ帝国の学者**も古典文化を持ってくるし😄。

　こうして中世の西ヨーロッパでは「**12世紀ルネサンス**」が起き、さらに14世紀になると、ギリシア・ローマの文献を正確に研究することで、**教会や神学にしばられずに人間の精神を追求しようとする「人文主義【ヒューマニズム】」**が現れた。しかも、黒死病【ペスト】の大流行や戦乱で政治も社会も混乱していたから（「14世紀の危機」）、「どんな人間でも必ず死ぬ。"生きること"は価値のあることなんだ。それを大切にするギリシア・ローマ文化はなんてすばらしいんだろう」と感じたことが、中世の価値観にとらわれない考え方を生み出された背景とも考えられるね。

　一方で、こうした動きはあくまでも「**中世の枠内**」で起こったんだ。だって、ルネサンスのパトロン（保護者）になったのは、フィレンツェの**メディチ家**やミラノの**ヴィスコンティ家**といった**中世都市の有力な大商人や銀行家**で、都市（**コムーネ【自治都市】**）の支配者だ。芸術作品の多くは、こうした有力者や、さらには教皇・国王などの注文を受けて制作され、邸宅や教会、宮殿の装飾など、権力を示すために使われたんだよ。

◀ いち早くルネサンスが花開いたフィレンツェ！

　メディチ家を中心に毛織物業や金融業で繁栄したフィレンツェでは、いち早くルネサンスが花開いたよ。貴族出身の詩人ダンテの著した『神曲』は、文学におけるルネサンスの先駆っていわれている。描かれているのは地獄・煉獄・天上界だから神の世界そのものなんだけど、内容が「死別した恋人との再会」って、いきなり人間的だ😄。だからダンテはミサや学問の言語であるラテン語じゃなく、**日常語であるトスカナ語**（イタリア語）を使って書いた。しかも案内役は古代ローマの詩人ウェルギリウスね😄。

> 『神曲』ではクレオパトラやブルートゥスなんかも地獄にいるんだ😲

第1章　オリエント・インドの古代文明

第2章　古代の地中海世界

第3章　古代の東アジア

第4章　中世ヨーロッパ

第5章　東アジア世界の変容

第6章　イスラーム世界

第7章　近代ヨーロッパの幕開け

続いて、**人文主義の先駆者**といわれる**ペトラルカ**は、キリスト教以前の**ラテン語**（ローマの古典）を研究してたらラテン文学にハマり、ついにはラテン語詩集『**アフリカ**』を著した。さらに、恋人にはイタリア語の『**叙情詩集【カンツォニエーレ】**』を捧げたんだ。そして、14世紀後半には**ボッカチオ**が**ペスト**の**流行**を背景に『**デカメロン**』をつくった。ペストから逃れて家にこもった男女10人が退屈しのぎに話をするんだけど、ヒマなときに恋愛話になるのは今も昔も同じだね😆。純潔なはずの聖職者が手を出しちゃったヤバイ暴露話とかも出てくる**風刺小説**で、『**神曲**』に対して「**人曲**」ともいわれるよ！

芸術では、**遠近法**や鮮やかな色彩を使って、人間の表情や肉体を**写実的に描く絵画**がつくられた。こうした作風は**ルネサンス様式**といわれ、「聖フランチェスコの生涯」などを描いた画家の**ジョット**が先駆者だ。さらに、**ドナテルロ**はギリシア彫刻をまねて**ルネサンス彫刻**を確立した。15世紀になるとメディチ家が繁栄し、**コジモ＝デ＝メディチ**が創設した**プラトン学園【アカデミー】**では多くの芸術家が保護され、ルネサンス様式建築の先駆者**ブルネレスキ**や、「春」や「ヴィーナスの誕生」で官能的な女性の美しさを表現した**ボッティチェリ**が活躍したよ😁。

しかし、15世紀末になると**フランス軍**が侵入し（**イタリア戦争**）、それに乗じてドミニコ派の修道士**サヴォナローラ**が政権を握ると、フィレンツェの政治は大混乱😫。この混乱を経験した外交官の**マキァヴェリ**は『**君主論**』を著し、**外国勢力の排除とイタリア統一**のためには「獅子のように勇猛で狐のように狡猾（ずる賢い）な、強大な君主が必要だ！」って主張し、のちにこの政治手法が**マキァヴェリズム**と呼ばれるようになるよ。

◀ イタリア＝ルネサンスの最盛期と、その終焉

15世紀後半から16世紀にかけてイタリア＝ルネサンスは最盛期を迎え、いわゆる「**ルネサンスの三大巨匠**」が活躍するよ。まず、絵画・彫刻・科学・土木などあらゆる分野で活躍した**レオナルド＝ダ＝ヴィンチ**は、ルネサンス期の理想とされた「**万能人**」だ！　絵画では**遠近法を確立**して、ミラノの聖マリア＝デッレ＝グラツィエ教会の壁画「**最後の晩餐**」や、神秘的な微笑みの「**モナ＝リザ**」などを描いた。晩年、**フランス国王フランソワ１世に招かれた**から、「モナ＝リザ」はパリのルーブル美術館にあるよ。続いて、「**ダヴィデ像**」などの彫刻で有名な**ミケランジェロ**は、ローマでは教皇**ユリウス２世**の保護を受け、ヴァチカン宮殿内の**システィナ礼拝堂**の天井に「**天地創造**」に始まる旧約聖書の世界を、正面祭壇には壁画「**最後の審判**」を描いた。ミケランジェロの描く世界はとにかく壮大だ🤪！　そして、少し遅れて登場した**ラファエロ**は、**ルネサンス**

> ダ＝ヴィンチが「**最後の晩餐**」、ミケランジェロが「**最後の審判**」。紛らわしいから気をつけよう！

様式絵画の完成者だよ。26歳の若さでヴァチカン宮殿「署名の間」に描いた「**ア
テネの学堂**」は、古代ギリシア文化のオールスターが登場する圧巻の構図だ！　ち
なみに、プラトンはダ゠ヴィンチ、ヘラクレイトスはミケランジェロがモデルとい
われているよ。ほかにも聖母マリアとイエスを描いた**聖母子画**を多数残している
ね。

　同じ時期に、カトリックの総本山であるローマの**サン゠ピエトロ大聖堂**の改築が
始まったよ。最初は教皇ユリウス２世の依頼を受けた**ブラマンテ**が設計して、彼の
死後**ラファエロ**や晩年の**ミケランジェロ**が引き継いだ。ちなみに、この建築の資金
を集めるために教皇**レオ10世**が贖宥状を販売したことが、宗教改革の原因の一つだ
ね。

　しかし、16世紀に入ると**イタリア戦争の激化**や、**商業革命によるイタリアの地
位低下**、さらに**宗教改革に対抗したローマ教会による規制強化**などで、イタリア゠
ルネサンスは衰退していった。しかも、大商人などが保護した文化運動だったので、
社会運動や宗教改革にも発展しなかったんだね。

2 西ヨーロッパ諸国のルネサンス

◀ 経済力を背景に、ネーデルラントでもルネサンスが始まった！

　北イタリアと並んで**毛織物産業や商工業**が発展したネーデルラントでも、早くか
らルネサンスの動きが始まった。どちらも商業拠点として、交易でのつながりも深
かったからね。特にブリュージュとヴェネツィアは商業覇権を争うライバルだ！

　ネーデルラントでは、14世紀末から**フランドル派**と呼ばれる画家たちが活躍し、
彼らの描く「**リアリズム（写実）**」にあふれた肖像画や風景画は、イタリアの芸術
にも大きな影響を与えた。初期には**油絵技法**を完成させた**ファン゠アイク兄弟**など
が活躍し、16世紀には**農民の日常生活**を描いた**ブ
リューゲル**などが続いた。また、人文主義では「**16
世紀最大の人文主義者**」といわれる**エラスムス**が、
著書『**愚神礼賛（礼讃）**』のなかでカトリック教会
の腐敗を痛烈に風刺し、**宗教改革に多大な影響を与
えた**。ただ、**エラスムス本人は宗教改革には加わら
なかった**。彼はイングランドの**トマス゠モア**と深い
親交があって、『愚神礼賛』は「モアに捧げた」本
だし、主人公の女神の名 "モリアー" は「モア」か
ら連想した名前だ😄。

> 宗教改革は「エラスム
> スが卵を産み、それを
> ルターが孵した」って
> いわれるよ！

◀ ドイツでは、宗教改革の影響もあって聖書の原典研究が進んだ！

　少し遅れてルネサンスが始まったドイツでは、**ルターの宗教改革**にも関係するよ
うな聖書の原典研究が進み、**ロイヒリン**はヘブライ語の『**旧約聖書**』を研究したけ

第1章 古代文明 オリエント・インドの

第2章 古代の 地中海世界

第3章 古代の東アジア

第4章 中世ヨーロッパ

第5章 東アジア世界の 変容

第6章 イスラーム世界

第7章 近代ヨーロッパの 幕開け

ど、ルターを支持しなかった。一方、ヴィッテンベルク大学のギリシア語教授でルターの同僚だった**メランヒトン**は、ギリシア語の古典や聖書の研究をおこなった。

　絵画では、「**四人の使徒**」など聖書を題材とした宗教画で有名な**デューラー**が、版画でも芸術性を高めた。また、**ホルバイン**はエラスムスの紹介でイギリスの**ヘンリ8世の宮廷画家**になったよ。

◀ イングランドでは国民文学が発達！

　ルネサンス運動と同じころ、各国で主権国家体制の形成が進んだのにあわせて、ヨーロッパの共通語として使われてきたラテン語ではなく、**各国の言葉（国語）で思想や文学を表現**することが増えてきた。これが**国民文学**だよ。

　イングランドでは、イタリアで学んだ**チョーサー**がボッカチオの影響を受けて『**カンタベリ物語**』を書いた。この話は、カンタベリ大聖堂への巡礼の途中で、たまたま同じ宿に泊まった人びとが退屈しのぎに話すという、『**デカメロン**』と同じ形式の物語だ。さらに、**エラスムスと深い親交のあった**トマス＝モアは、著書『**ユートピア**』のなかに架空の理想社会（"ユートピア＝どこでもない場所"だ）を描くことで、当時のヨーロッパ社会を批判した。第1次囲い込みを「**羊が人間を食い殺す**」と表現したのは有名だよ。また、イングランドでは演劇も人気で、**エリザベス1世時代**には**シェークスピア**が活躍したよ。『**ハムレット**』『**オセロー**』『**マクベス**』『**リア王**』の四大悲劇や、カエサルやクレオパトラなどの活躍を描いた歴史劇、反ユダヤ主義の喜劇『**ヴェニスの商人**』など有名な作品も多いよね。

◀ フランスでは、宮廷を中心にルネサンスが発展！

　フランス国王**フランソワ1世**は、晩年のレオナルド＝ダ＝ヴィンチを招くなど、ルネサンスを保護したから、フランスでは宮廷を中心に文化が発展したよ。まず、人文主義者**ラブレー**の『**ガルガンチュアとパンタグリュエルの物語**』は、父子二代にわたる巨人のハチャメチャな物語で、登場人物は全員暴走😵！といいつつ、知的なエスプリも効かせてあらゆる権威を笑い飛ばした。中世の上流階級は「笑い＝悪」と考えてたけど、「笑いも人間の本性だ！」って言いたかったんだ。一方、**モンテーニュ**は『**随想録【エセー】**』で自分のことを率直に書くことで人間の生き方を探求し、フランスの**モラリスト（人間批評）文学の基礎**をつくった。また、ボルドー市長として**ユグノー戦争を批判**し、戦争中止に尽くしたことでも知られるよ。

　同じころ、隣の国スペインでは、レパントの海戦に参加して捕虜にもなった**セルバンテス**が、時代錯誤の騎士を描いた『**ドン＝キホーテ**』で没落するスペイン社会を風刺した。有名なドン＝キホーテと風車の対決は、没落するスペインと独立していくオランダの比喩ともいわれているよ。ほかに、クレタ島出身の画家の**エル＝グレコ**は、新教に対する対抗宗教改革を背景とする幻想的な宗教画（この様式が「**マニエリスム**」だ）を多く残した。ちなみに、グレコは"ギリシア"のことだから、エル＝グレコって「ギリシアさん」ってあだ名だよ😄。

◀ 教会の権威が揺らぎ、新しい世界観や科学技術が現れた！

　中世ヨーロッパでは、イスラーム世界から伝わった**占星術**や**錬金術**が盛んにおこなわれていた。これは科学というよりは魔法みたいなものだけど、蓄積された知識は天文学や化学の土台になり、ルネサンス期には**科学・技術が発達**し始めたよ。

　技術面では、ドイツの**グーテンベルク**が金属活字と印刷機による**活版印刷術**を実用化すると、イスラーム世界を通じて伝わった**製紙法**とあわせて、書物の普及をもたらした。さまざまな知識が「本」として大量印刷されると、支配階級や教会は知識を独占できなくなり、**宗教改革も一気に**ヨーロッパ全体に拡大した。また、**中国**で原型が発明され、イスラーム世界を通じて伝わった**火薬**（火器）や**羅針盤**もヨーロッパ世界で改良されると、火薬を使った**大砲や鉄砲**などの**火砲**が出現して戦術が大きく変わり、騎士たちの没落を加速させた（**軍事革命**）。また、羅針盤の実用化で**遠洋航海が可能**になると、ヨーロッパ諸国は競うように海外進出を始めたんだ。

　キリスト教的な世界観も揺らぎ始めた。 教会では**天動説が正統**だったから、地動説を発表すると"異端"になる。そもそも、ヘレニズム時代には**アリスタルコス**が地球の自転と公転や太陽中心説（地動説）を主張していたから、**知識人たちはたいてい地動説を知っていた。** でも教会に弾圧されちゃうから、誰も公表しなかっただけだよ😆。そしたらポーランド人の**コペルニクス**が地動説を体系化して、死の直前に公表したってわけ。彼の著書『**天球回転論**』は、のちにカトリックの禁書目録に入れられるよ。そして、地動説に同調したイタリア人**ジョルダーノ＝ブルーノ**は宗教裁判にかけられ**火刑**になった。さらに、ピサ生まれのイタリア人**ガリレオ＝ガリレイ**も、**自作の望遠鏡で木星の衛星を観察**して地動説を確信したけど、宗教裁判にかけられて投獄され、地動説を放棄させられた。宗教裁判で「それでも地球は動く」ってつぶやいたという伝説もあるけど、さすがにここで言ったら処刑されちゃうから作り話だな😆。ちなみに、この裁判が間違いだったと教会が認めたのは、なんと1992年！　実に、ガリレイの死から350年も経ったあとだよ😭。一方で、ドイツ人の**ケプラー**は長年の観測データから**惑星**（遊星）**運行の法則**を発見し、地動説を数学的にも証明したよ。

3　新航路の発見と大航海時代

◀ アジアへの関心が高まり、ヨーロッパが新たな海外進出を開始！

　十字軍遠征ののち、東方貿易の発展やモンゴル時代の東西交易などによってヨーロッパでは**アジアへの関心**が高まっていた。**マルコ＝ポーロ**の『**世界の記述**【**東方見聞録**】』に描かれた"**黄金の国ジパング**"など「豊かなアジア」への憧れや、もっと直接的には、ヨーロッパで需要が高まっていて**香辛料**や**絹織物**などアジアの物産をもっと手に入れたい！という富への欲望が、ヨーロッパ人を突き動かしたんだ。　ただ、当時はインド洋からヨーロッパへの交易路はムスリム商人が握っていて、特に、**オスマン帝国**が地中海進出を進めて東西交易を支配していたから、「イ

第 1 章　オリエント・インドの古代文明

第 2 章　古代の地中海世界

第 3 章　古代の東アジア

第 4 章　中世ヨーロッパ

第 5 章　東アジア世界の変容

第 6 章　イスラーム世界

第 7 章　近代ヨーロッパの幕開け

ンドと直接交易したい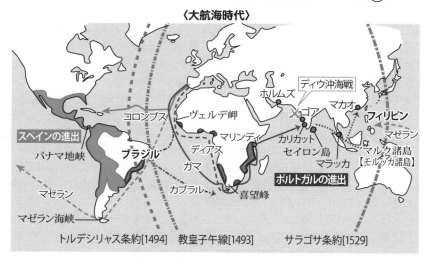」という欲求は大きくなっていったんだ。

そして、イベリア半島の**スペイン**や**ポルトガル**はイスラーム教徒に対する**レコン
キスタ【国土回復運動】**を進めて、1492年にスペインがナスル朝を滅ぼすと、両国
はさらなる**領土の獲得**と**キリスト教世界の拡大**を目指した。そこに、イタリア商人
たちが蓄積した地理学や天文学、造船や航海の技術（**羅針盤**や**カラック船**など）が
加わったとき、空前の航海ブーム、いわゆる**大航海時代**が始まったんだ😄。

〈大航海時代〉

ディウ沖海戦
ホルムズ
マカオ
コロンブス
ヴェルデ岬
ゴア
フィリピン
スペインの進出
マリンディ
カリカット
マゼラン
パナマ地峡
ブラジル
ディアス
セイロン島
マルク諸島
【モルッカ諸島】
ガマ
マラッカ
マゼラン
カブラル
喜望峰
ポルトガルの進出
マゼラン海峡
トルデシリャス条約[1494]　教皇子午線[1493]　サラゴサ条約[1529]

◀ 東回りでインドを目指したポルトガルが、いち早くインドに到達！

13世紀にはすでにイスラームの支配を脱して、14世紀末には**カスティリャ王国**
を破って領土を確定していた**ポルトガル**は、15世紀に入ると**いち早く対外進出を
始めた**😄。ヨーロッパの南西端という地理的に有利な位置だったことも、対外
進出が早かった一因だ。まず、ジブラルタル海峡南岸の都市**セウタ**を攻略すると、
その後、**「航海王子」エンリケ**のもとで地理や航海術の研究を進めて北大西洋のア
ゾレス諸島に到達したほか、**アフリカ西岸の探検**を進めて**ヴェルデ岬**を越えてガン
ビア河口（シエラレオネ）にまで進出したよ。王子は、東方にある伝説のキリスト
教国「プレスター゠ジョン（聖ヨハネ）の国」と組んでイスラームを挟撃したいと
思っていたらしい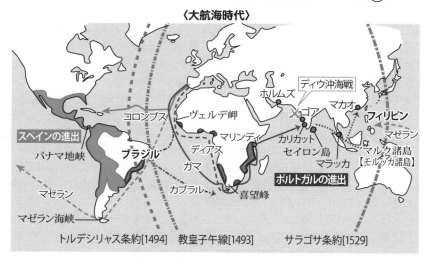。まあ、本人は船酔いがひどすぎて航海はしなかったけど😆。

その後、**ジョアン2世**は「アフリカの南を回ってインドに行くルートを探る！」
という目標を掲げ、命令を受けた**バルトロメウ゠ディアス**がアフリカ西岸を南下。
たまたま暴風雨のなかで**アフリカ最南端の岬**に漂着し、ここを「嵐の岬」と名づけ
た。この報告を受けたジョアン2世は「そんな縁起の悪い名前はいかん！」として
「**喜望峰**（Cape of Good Hope）」という名前に変えさせたんだ😄。

また、アフリカ最南端の喜望峰まで到達したのと同じころ、「**喜望峰を回る航路**

の先はイスラーム商業圏（インド洋）とつながっている」という調査報告がきた。そこで、**マヌエル1世**の命を受けた**ヴァスコ＝ダ＝ガマ**は、喜望峰を通過してアフリカ東岸を北上し**マリンディ**で**ムスリムの水先案内人**を雇うと、1498年、ついに**インド**の**カリカット**に到達した😆。ここで大量の胡椒（こしょう）を買ってポルトガルに持ち帰り、なんと航海費用の60倍もの利益をポルトガル王室にもたらしたといわれているよ。

　これで、ヨーロッパとアジアを直接結びつける**東回りインド航路**が開かれた。ただ、インドの人にとって魅力的なものを持っていけないポルトガルは、平和的にインド貿易に進出できず、以後、**武力による拠点（港市）の確保**を進めることになるよ。

　ポルトガルは1505年に**セイロン島【スリランカ】**に到達すると（コロンボの占領は1518年）、インド洋ネットワークをイスラーム勢力から奪い取るために次々と船団を派遣、**カーリミー商人**を保護する**マムルーク朝と対立**したけど、アルメイダが率いるポルトガル軍は**ディウ沖海戦**でこれを撃破し、さらにペルシア湾の入り口にある**ホルムズ**に要塞（ようさい）を造り、紅海の入り口にも拠点を築いてムスリム商人の動きを封じ込めようとした。インド洋から地中海に抜けるルートは**紅海とペルシア湾**の二つだから、両方取ったら勝ち！　でも、さすがに完全封鎖はできなかった。またインドでは、1510年にアルブケルケが胡椒生産地に近い**ゴア**を占領して総督府（そうとくふ）を置くと、いよいよ**東南アジア進出**に向かったんだ🍴。

クローズアップ　　**ポルトガルの対外進出**

- **インド航路の開拓**
  - **「航海王子」エンリケ**[1394〜1460]……アフリカ西岸の探検
  - **バルトロメウ＝ディアス**[1450頃〜1500]……**アフリカ南端**の**喜望峰を確認**[1488]
  - **ヴァスコ＝ダ＝ガマ**[1469頃〜1524]……インドの**カリカット**に到達[1498]
- **ブラジルの領有**
  - **カブラル**[1467頃〜1520頃]……インドへ向かう途中で遭難し、ブラジルに漂着
- **アジア交易の拡大**
  - **セイロン島【スリランカ】**到達[1505]……セイロン島のコロンボ占領は1518年
    - ➡インド洋交易を保護する**マムルーク朝と対立（ディウ沖海戦**[1509]）
  - **ゴア占領**[1510]……インド総督：アルブケルケが占領　➡総督府を置く
  - **マラッカ占領**[1511]　➡**マルク諸島【モルッカ諸島】**到達[1512]
  - **中国進出**……**マカオ**に上陸し、明から**居住権**を獲得[1557]
  - **日本への進出**……**種子島**（たねがしま）漂着[1543]　➡のちに**平戸**（ひらど）[1550]・**長崎**[1571]へ

第1章　オリエント・インドの古代文明

第2章　古代の地中海世界

第3章　古代の東アジア

第4章　中世ヨーロッパ

第5章　東アジア世界の変容

第6章　イスラーム世界

第7章　近代ヨーロッパの幕開け

◀ ポルトガルは、さらに南シナ海・東シナ海にまで進出！

インドに拠点を確保しても香辛料貿易の覇権が握れるわけじゃない！ だって、胡椒以外の高価な香料（丁子やナツメグ）の多くはマルク諸島【モルッカ諸島】が主産地で、そこからムスリム商人の手によってマラッカに集められていた。ポルトガルは、ゴアに総督府を置いた翌年、マラッカに艦隊を送って占領した。そこでポルトガルが目にしたのは、アジア海域における交易の繁栄だ！ 当時、マラッカ王国は中国の陶磁器や絹、マルク諸島の香辛料が集まる一大交易センター

> ポルトガルは、すでに中国商人やムスリム商人が儲けていた交易ルートに参入したんだよ！

で、ムスリム商人だけじゃなく、中国人海商も来航していた（まだ海禁の時代だから密貿易だ！）。そして中国との交易がむちゃくちゃ儲かることを知ったんだ😸。

まず、1512年にポルトガルは香辛料の産地マルク諸島に到達して要塞を築き、マラッカからマルク諸島に至る交易ルートをおさえたんだけど、ムスリム商人も黙って見ていたわけじゃない。彼らはマラッカ海峡を通らずにスマトラ島の西岸を南下して、ジャワ島との間のスンダ海峡を通るルートを開拓したよ。ここは、第 **19** 回「4 アジア海域のなかの東南アジア」のところも一緒に確認してね。

一方で、ポルトガルは中国貿易に積極的に進出しようとした。1517年には広州に行ったんだけど、朝貢の礼をとらなかったから貿易を拒否された。そこで、密貿易をおこなう中国人海商（倭寇だよ）と組んで中国貿易に参入し、船の座礁を口実にマカオに上陸すると、明から居住権を得て勝手に要塞を建設した（この時点では暫定的な許可ね）。正式な居住権を獲得したのは、約20年後だよ😂。その後、イエズス会の宣教師もやってきて、ポルトガルの冒険商人と宣教師が手を組んで中国への参入を狙ったんだ。こういう文脈で考えていくと、中学の日本史で出てくる「1543年にポルトガルが種子島に鉄砲を伝えた」っていうのは、日本への貿易拡大のためにきた、っていうのがわかるよね。鉄砲なんて単なるオマケだよ……😆。このあと、中国産生糸と日本銀を取引して、莫大な利益をあげたんだ。

◀ スペインのアメリカ大陸進出は、コロンブスの「発見？」からだ！

ポルトガルのリスボンに住んでいたジェノヴァ人の船乗りコロンブスは、トスカネリの地球球体説に基づいてつくった地図を見ながら、「西回りでインディアス（アジア）に向かい、黄金の国ジパングで一攫千金！」という構想をあたためていたんだけど、ポルトガルのアフリカ西岸開拓に焦っていた😣。だって、一攫千金は、最初に到達しないとダメでしょ？ そこでポルトガル王に「西回りプラン」を売り込みに行ったら、「胡散臭い……そんなリスクは不要。帰れ😡」と、まんまと断られた。続いてスペインに売り込みに行ったら、スペイン王室と結びついたジェノヴ

ァの商人団の勧めもあって、**イサベル女王**の支援を受けることに成功した。いよいよレコンキスタが終わりそうだったし、ポルトガルはインド航路開拓に成功しそうだったから、スペインはコロンブスに支援することにしたんだよ。

　1492年、**グラナダが陥落**して**レコンキスタが完成**した年に、**コロンブスはサンタ＝マリア号**ほか３隻で**パロス港**を出港すると、69日の航海の末にカリブ海の**バハマ諸島**の島（**サンサルバドル島**と命名された）に到達したよ。さらに、ジパングと勘違いしたハイチ島を**エスパニョーラ島**（"スペイン"のことだね）と名づけた。ただ、その後４度の航海をおこなったにもかかわらず、コロンブスは「**インディアス（アジア）に到達した！**」と信じて疑わなかったから、先住民は"**インディオ**"（北米では英語読みで"**インディアン**"）、近辺の島々は"**西インド諸島**"と呼ばれるようになった。ホント、勘違いってコワイね 😅。

◀「この大陸はアジアではない！」。そして、世界周航も実現

　「コロンブスがインディアスに到達した！」というニュースが広がると、**イギリス王ヘンリ７世**もジェノヴァの探検家**カボット**に北西航路の探検を命じ、２度の航海で北米沿岸に到達した。フランスも**カルティエ**の探検でカナダに到達したよ。これがのちのイギリスやフランスが北米の領有を主張する根拠になるよ。

　また、コロンブスのインディアス到達以後、ポルトガルとスペインの船団が盛んにアメリカ大陸に進出して対立が激しくなったことから、**教皇アレクサンデル６世**は**植民地分界線【教皇子午線】**を設定し、ヴェルデ岬の西方約550kmの子午線から西側をスペイン領、東をポルトガル領と定めた。ところが「スペインに有利じゃないか😠」と**ポルトガルが抗議**したから、境界を西方に移動させる**トルデシリャス条約**が結ばれて、スペインとポルトガルが勝手に世界を分割した。だから、インドに行く途中で遭難した**ポルトガル人**の**カブラル**が**ブラジル**に漂着すると、トルデシリャス条約のラインよりも東だから**ポルトガルが領有を宣言**したよ。

　その後、多くの探検家が大西洋の向こう側を探検した。ただ、どうも東回りで訪れた「アジア」の情報と合わないところも多い！　そして、**アメリゴ＝ヴェスプッチ**による４回のブラジル探検で、コロンブスが「発見」した土地は「アジア」ではなくヨーロッパ人にとって未知の「**新大陸**」であることが確認された。こうして「新大陸」は彼の名前にちなんで"**アメリカ**"と名づけられた。初めてこの名前を使ったのは、ドイツの地理学者**ヴァルトゼーミュラー**だよ。そうなると、アジアの東側に大きな海がある以上、アメリカ大陸の西側にも大きな海があるはず！　1513年、スペインの**バルボア**が初めて**パナマ地峡を横断**し、大陸の向こう側に大きな海が広がっている

> アメリゴ＝ヴェスプッチの名は「アメリカ」に残ったけど、コロンブスの名が残ったのは南米の国「コロンビア」だよ

第1章　オリエント・インドの古代文明

第2章　古代の地中海世界

第3章　古代の東アジア

第4章　中世ヨーロッパ

第5章　東アジア世界の変容

第6章　イスラーム世界

第7章　近代ヨーロッパの幕開け

のを確認した。彼が「南の海」と命名したのが太平洋だよ。

　アメリカ大陸の西側に海が広がっていることが確認できると、再び西回りでアジアに向かう航路の開拓が始まった。ポルトガル人のマゼラン【マガリャンイス】は、亡命先のスペインで国王カルロス１世に世界周航の援助を受けた。当時、スペインは西回りでマルク諸島【モルッカ諸島】に行きたいと考えていたから、同じことを考えていたマゼランが指揮官に推薦されたんだね。こうしてセビリャを出航してひたすら南米大陸に沿って南下したマゼラン一行は、南米大陸南端の水路（**マゼラン海峡**）を通って太平洋に出た。彼はここを「平穏（平和）な海」と名づけたから、日本語の「太平洋」は「太平（天下太平の " 太平 " ）＋洋」だ。「大（"BIG"）」じゃなくて「太」と書くよね。その後、陸地も見えない単調すぎる航海を経て、ついに1521年フィリピンに到達した。ただ、セブ島の対岸の島（マクタン島）で、現地の抗争に巻き込まれて**マゼランは戦死**し、残された部下18人がわずか１隻の船でスペインに帰り着いた。こうして世界周航が達成され、地球球体説が実証されたんだ。

　このとき、マゼランの遠征隊がマルク諸島に到達したんだけど、東回りでポルトガルも進出していたから、1529年の**サラゴサ条約**でスペインがポルトガルにマルク諸島を売却し、両国の太平洋側の境界線も定められたよ😊。

クローズアップ　アメリカ大陸への進出

- ●スペインの進出
  - ●コロンブス[1451〜1506]……ジェノヴァ出身。スペイン女王イサベルが援助
    - ▶西インド諸島【バハマ諸島】のサンサルバドル島に到達 [1492]
- ●スペインとポルトガルによる大西洋での世界分割
  - ●**植民地分界線【教皇子午線】**[1493]……教皇アレクサンデル６世による
    - ➡ポルトガルがこれに抗議
  - ●トルデシリャス条約 [1494]……植民地分界線を西方に移動させた
- ●アメリカ大陸探検の進展
  - ●**カボット**（父子）……イギリス王の援助で北米沿岸を探検
  - ●アメリゴ＝ヴェスプッチ [1454〜1512]……フィレンツェ出身
    - ▶コロンブスが到達した土地を「**アジア**」でないことを確認
    - ➡ "アメリカ" の名称の由来となる
  - ●バルボア[1475頃〜1519]……スペインの探検家。パナマ地峡を横断し**太平洋に到達**
  - ●カルティエ……フランス王の命で、カナダに到達
- ●世界周航の達成
  - ●マゼラン【マガリャンイス】[1480頃〜1521]……スペイン王カルロス１世の援助
    - ▶フィリピンに到達したが、戦死 [1521]➡**部下が世界周航を達成**

◀ スペインの征服者たちが、アメリカ大陸の社会を破壊した！

　コロンブスの探検後、「エル・ドラド（黄金郷）」を求めるスペイン人の欲望は膨らみ、アメリカ大陸は「**征服者【コンキスタドール】**」に次々と征服された。**コルテス**は、500人程度の兵士とわずかの大砲程度の軍備でメキシコに攻め込んだ。このときメキシコの人びとは「白い肌の神が東からくる！」という伝説から、コルテスを見て「神がきた！」と思ったらしい😆。これを利用して**アステカ王国を征服**すると植民地ヌエバ゠エスパーニャを建設し、テスココ湖に浮かぶ都**テノチティトラン**を破壊して、新たな拠点**メキシコ゠シティ**を築いたんだ。

　「コルテス」「アステカ」、「ピサロ」「インカ」、征服者と滅ぼした国は、字数が同じものがセット！

　一方**ピサロ**も、200人足らずの兵士とわずかの鉄砲しか持たなかったにもかかわらず、「神（インカ／太陽の子）」である皇帝アタワルパをだまして捕えると、部屋いっぱいの黄金を奪うなど利用するだけ利用して、挙句の果てに処刑した。こうして**インカ帝国も征服**された。メキシコ以南のアメリカ大陸はスペイン領となり、スペイン本国から派遣された**副王（国王の代理）**が支配することになった。

　これらの新しい領土には**エンコミエンダ制**が導入され、**キリスト教さえ布教（ふきょう）すれ**ば、植民者にその土地と先住民の支配が委（ゆだ）ねられ、**強制労働**させることもできた。結果、**大農園や鉱山での過酷な労働**や、ヨーロッパ人が持ち込んだ**伝染病**などによって、**先住民の人口は激減した**😵。一説には、5000万人くらいいた中南米のインディオは、スペインの征服から100年で400万人にまで激減したといわれてるよ。こうした事態を見たドミニコ会の聖職者**ラス゠カサス**は、『**インディアスの破壊についての簡潔な報告**』を国王カルロス1世に提出して、エンコミエンダ制を批判した。その後、スペイン政府は**エンコミエンダ制を廃止**したけど、先住民にかわる労働力として**西アフリカから黒人奴隷（どれい）**を大量に輸入することになり、エスパニョーラ島（ハイチ、ドミニカ）やキューバでは、**プランテーション経営**による大規模な**砂糖生産**も始まったよ。また、17世紀以降は**アシエンダ制**と呼ばれる、負債を負って自由を奪われた農民（ペオン）を労働力とする大農場経営が現れたんだ。

　さらに、16世紀半ばに現在の**ボリビア領**（当時は**ペルー副王領**の一部）で世界最大級の**ポトシ銀山**が発見され、**メキシコ**でもサカテカス銀山などの巨大銀山の開発が進んだ。特にポトシでは、旧インカ帝国の制度を利用して**先住民を強制労働**させて、さらには精錬技術の進歩（水銀アマルガム法）によって膨大な**銀**が生産された。この銀がスペインに大きな富をもたらし、世界経済を大きく変えることになるよ！

第1章　オリエント・インドの古代文明

第2章　古代の地中海世界

第3章　古代の東アジア

第4章　中世ヨーロッパ

第5章　東アジア世界の変容

第6章　イスラーム世界

第7章　近代ヨーロッパの幕開け

4 ヨーロッパ世界の変容 ～商業革命と価格革命～

◀ 商業革命——ヨーロッパの国際商業の中心が大西洋沿岸へ

ヨーロッパ各国がアジアやア
メリカ大陸に進出したことで、
ヨーロッパの商業は大きく変化
した。この変化は「商業革命」
と呼ばれる劇的な変化だよ！

中世ヨーロッパの商業は**地中
海交易と北海・バルト海交易**、
それを結ぶ（河川などを使っ
た）**内陸交易**が中心で、最も繁
栄していたのは北イタリアと北
ドイツを結ぶ地域、つまり**中央
ヨーロッパ**だった。そして、モ
ンゴル時代に需要が高まった絹

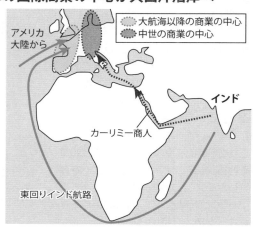

織物や陶磁器などのアジア物産は**ムスリム商人**が地中海まで持ってきて、イタリア
商人による**東方貿易**などの「**ヨーロッパ内の遠隔地交易**」で各地に運ばれたよね。

しかし、ヨーロッパ諸国がアジアやアメリカ大陸に進出したことで、「大洋
(ocean)」を結びつける新しい交易ネットワークが形成されて、「**世界の一体化**」
が始まった。**大西洋**を南下して**喜望峰経由でインド洋に進出する**インド航路**が開拓
され、さらに**アメリカ大陸への進出で**大西洋**にも新しいネットワークが生まれた。
ヨーロッパ人たちは、アジア・アフリカ・アメリカ大陸に直接行って取引するように
なり、**ヨーロッパ人の交易は世界規模に拡大**した。貿易を拡大したのは、大西洋
沿岸のポルトガル・スペイン、のちにオランダ・イギリス・フランスなどだから、
貿易の中心は地中海から大西洋沿岸に移り、**リスボン**（ポルトガル）、ネーデルラ
ントの**アントウェルペン【アントワープ】**（スペイン領ネーデルラント）、のちに**ア
ムステルダム**（オランダ）など、**大西洋沿岸の都市がヨーロッパ国際商業の中心**と
して繁栄した。一方で、地中海貿易（東方貿易）やバ
ルト海貿易の地位が低下して、イタリア諸都市や、ハ
ンザ同盟を形成していた北ドイツ都市の繁栄は失われ
ていった。こうした一連の変化が「商業革命」だ。

貿易の拡大で、取引する商品も**香辛料**、**絹**、**陶磁
器**、さらにアメリカで生産された**銀**や**砂糖**など、種類
も多様化して取引量も増えた。特に、アメリカ大陸で
の銀や砂糖の生産では、西アフリカから運ばれた**黒人
奴隷**が労働力として使われたから、この後、**大西洋に
おける奴隷貿易は急激に拡大**することになるよ。

> 交易の中心が変化
> して、大西洋岸が
> 発展するよ！

◀ 価格革命——物価の上昇で封建領主は没落、市民階級は成長！

　もう一つが「**価格革命**」と呼ばれる**急激な物価の高騰**だよ。スペイン領となったアメリカ大陸で**ポトシ銀山**などから大量の銀が掘り出されると、**安い銀が大量にヨーロッパに流れ込んだ**。大航海時代以前に南ドイツで産出された銀は年間30トンくらいだったのに対し、16世紀後半のスペインには年間200トンを超える銀が流入し、最盛期にはなんと450トン😵！ヨーロッパでは**銀価の暴落**と**物価の高騰**が起こり、16世紀の100年間で物価は3倍以上になった。

　こうした変化は西ヨーロッパの経済を刺激して、大西洋岸の都市では**商業が活発**となり**市民階級が成長**した。ヨーロッパの商人たちは安い銀を持ってアジアと貿易をして、入手したアジア物産でさらに富を増やしたんだ。さらに**貨幣経済の拡大**でお金を手にした人が増えると（**購買力の増大**）、ヨーロッパ、特にフランドルやイングランドでは**毛織物の生産**も拡大して手工業も発展した。こうした商工業の発展によって、ヨーロッパはむちゃくちゃ景気のいい「**繁栄の16世紀**」を迎えたんだよ。

　すると、お金を蓄えて豊かになった一部の農民は領主から自立し、反面で**定額の貨幣地代**に頼っていた**封建領主が没落**し、封建社会の崩壊が進んだよ。また、大航海時代以前には銀の産出で繁栄していた**南ドイツの地位が低下**し、銀山経営で繁栄していた**アウクスブルク**の**フッガー家**も没落したんだ。

　銀の大量供給で変化が起きたのはヨーロッパだけじゃないよ！　**東シナ海・南シナ海**の交易も、銀の大量流入で大きく発展したんだ。スペインは、**メキシコのアカプルコ**から**ガレオン船**で**フィリピンのマニラ**に銀を運び、中国商人との取引で絹や陶磁器を手に入れた。この**アカプルコ貿易**によって、メキシコで鋳造された銀貨（スペインドル、のちにメキシコドルと呼ばれたいわゆる“**メキシコ銀**”）が大量にアジアに流入したんだ。また、これより少し前の16世紀前半、日本で**石見銀山**が発見されると、**中国産生糸**との交換で大量の**日本銀**が中国に流入し、明ではすべての税を銀で納める**一条鞭法**を実施したよね。こうして中国では銀の需要がどんどん高まり、世界で最も銀価が高い国になった。すると、**スペインがアメリカ大陸からヨーロッパにもたらした銀の多く**が、ポルトガルやオランダの商人たちの手で中国やインドへと再輸出され、最終的には一番**銀価が高い**（銀を持っていくとお得な）**中国に銀が集まった**。こんなふうに「銀」からネットワークを考えてみても、「世界の一体化」が進んだことがわかるね。

◀ 商工業が衰退した東欧では、領主たちがグーツヘルシャフトを拡大！

　「商業革命」や「価格革命」で商工業が発展したネーデルラント（オランダ）やイギリス、フランスに対して、**ドイツやポーランドでは商工業が衰退**していった。特に、バルト海交易の地位が低下して**ハンザ同盟【都市ハンザ】は急激に衰退**し、香辛料や絹などのアジアのぜいたく品や西欧で生産された毛織物が、大西洋岸から東欧へと流入するようになった。ただ、都市の商業が衰退する一方で、農村を支配する領主たちは「西欧は、商工業は発展しているけど、ヤツらの国は食糧生産が足

第1章 オリエント・インドの古代文明

第2章 古代の地中海世界

第3章 古代の東アジア

第4章 中世ヨーロッパ

第5章 東アジア世界の変容

第6章 イスラーム世界

第7章 近代ヨーロッパの幕開け

りない！　だったら穀物を売れば儲かるじゃないか😆」と思った。こうしてエルベ川以東のドイツでは、農民たちの賦役労働を復活して（再版農奴制）輸出用穀物を生産するグーツヘルシャフト【農場領主制】が拡大したんだ。結果、ドイツでは商工業都市や市民階級が成長せずに、領主層の力が強くなったんだ。

　こうなると、領主たちは「穀物を輸出するために、港町を確保しよう」とか「都市が弱ってきたから、支配下に入れてしまえ！」と考えて、周辺の都市に支配を伸ばした。結果、ハンザ同盟に加盟していた都市の多くが、こうした領主（領邦）の支配を受けるようになって、自由な交易ができなくなってきた。そこにオランダなどの西欧の商人が進出したから、ハンザ同盟は商業圏を奪われて衰退したよ。

＋αちょっと寄り耳♪

　近代以降の世界経済を説明する理論の一つが、1970年代にアメリカのウォーラーステインが唱えた「近代世界システム」だ。ちょっとヨーロッパ中心主義に偏ってるところもあるけど、簡単に説明しておくね。

　大航海以降、商工業が発展した西欧には富が集まり（「中核」）、のちに資本主義が生まれる一方で、東欧やラテンアメリカは食糧や原材料を西欧に提供するだけの地域（「周辺」）になった。そして「周辺」では、東欧での賦役の復活（再版農奴制）や、ラテンアメリカでは黒人奴隷を使用したプランテーション拡大など強制労働がおこなわれ、社会が発展せずに「中核」に経済的に従属することになる。こうして、世界の各地が相互に依存し合う国際的な分業体制ができるというのが、「近代世界システム」の考え方だ。そして「中核」の西欧からは、17世紀のオランダや19世紀のイギリスのように他国を経済力で圧倒する「覇権国家」が現れ、商業・工業・金融の発展でを背景とする高い競争力を背景に、自由主義を唱えるようになるよ！

今回はこれでおしまい。最後に年号 check しよう！

‼ 年号のツボ

- ●コロンブスのサンサルバドル島到達 [1492]（意欲に燃える　コロンブス）
- ●ガマ、インドのカリカットに到達 [1498]（意欲はまんまん　ガマおじさん）
- ●マゼラン、世界周航に出発 [1519]（行こう行く気さ　世界一周）

　次回は宗教改革だよ。ルター、カルヴァン、イギリス国教会。どうしてカトリックから分かれて新しい教会ができたんだろう？　さらに、早くもイギリスでは絶対王政が確立するよ。お楽しみに😆。

16世紀になると、西ヨーロッパでは宗教改革の嵐が吹き荒れるよ。ルター、カルヴァン、そしてイギリス国教会、宗教改革はどんなふうに進んだのか見ていこう！

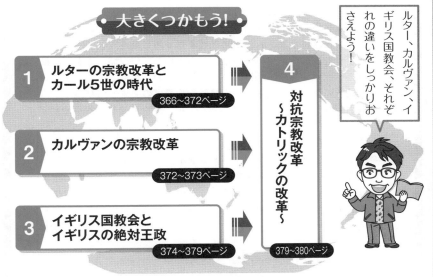

大きくつかもう！

1 ルターの宗教改革とカール5世の時代
366〜372ページ

2 カルヴァンの宗教改革
372〜373ページ

3 イギリス国教会とイギリスの絶対王政
374〜379ページ

4 対抗宗教改革 〜カトリックの改革〜
379〜380ページ

ルター、カルヴァン、イギリス国教会、それぞれの違いをしっかりおさえよう！

「宗教改革」とは「カトリック教会から分かれる」ことだよ。ルネサンスの時代にエラスムスなどが主張していた「カトリック教会の改革」ではなく、カトリック教会やローマ教皇の権威を否定して、それぞれ別の教会をつくったんだ。ルターがドイツで、カルヴァンがスイスで改革運動をおこなうと、それが各地に広がっていくよ。ちょっと違うのがイギリス国教会かな。だって、国王の個人的な問題から宗教改革が始まるからね。今回は、宗教改革とあわせて「カトリックの普遍帝国」をつくろうとした神聖ローマ皇帝カール5世の時代と、イギリスの絶対王政もあわせて確認しよう！

それじゃあ、宗教改革の始まり〜😊。

1　ルターの宗教改革とカール5世の時代

クローズアップ　ルターの宗教改革

- ●ルターが「95か条の論題」を発表［1517］……**教皇権否定ではない**
  - ▶神学上の立場から教皇レオ10世の贖宥状販売を批判
- ●ルターが『キリスト者の自由』を発表［1520］……**教会・教皇権の否定**
  - ▶信仰義認説（"人は信仰によってのみ義とされる"）・聖書第一主義を主張
  - ➡カトリックの教義を批判し、**教皇の権威を否定**
  - ➡**教皇はルターを破門**［1521］
- ●ヴォルムス帝国議会［1521］……神聖ローマ皇帝カール5世が招集
  - ▶**ルター派は禁止され、法的保護を取り消された**
  - ➡**ザクセン選帝侯フリードリヒがヴァルトブルク城にルターを保護**
  - ➡ルターは『新約聖書』のドイツ語訳をおこなう
- ●宗教改革の政治問題化❶……没落騎士や農民の要求と結びつく
  - ●**騎士戦争**［1522］……ジッキンゲン、フッテンが指導した中世的騎士
    の最後の反乱
  - ➡聖俗諸侯の協力で鎮圧
  - ●ドイツ農民戦争［1524］……**西南ドイツ**から始まった農民反乱
  - ▶**農奴制の廃止**などを要求……（トマス＝）ミュンツァーらが指導
  - ➡ルターは**当初農民に同情的**だったが、のちに**反乱鎮圧を支持**
- ●宗教改革の政治問題化❷……皇帝と諸侯の対立に結びつく
  - ●第1次ウィーン包囲［1529］……**オスマン帝国のスレイマン1世**によ
    る侵攻
  - ➡**第1回シュパイアー帝国議会**［1526］……一時、諸侯に**ルター派を容認**
  - ➡**第2回シュパイアー帝国議会**［1529］……**ルター派の再禁止**
  - ➡プロテスタントの形成……ルター派が皇帝に対し抗議文を提出
  - ●シュマルカルデン同盟結成［1530］……ルター派（反皇帝派）諸侯の同盟
  - ➡シュマルカルデン戦争［1546～47］……同盟と皇帝のあいだの内戦
    同盟内の内部分裂などにより**皇帝カール5世が勝利**
- ●カール5世による新教派への妥協
  - ●アウクスブルクの宗教和議［1555］
  - ▶**各諸侯（領邦）に信仰の選択権を与えた**＝個人の信仰の自由はない
  - ▶**カトリック、ルター派の選択のみ**を認めた＝カルヴァン派は除外

◀ 宗教改革前夜のドイツ。教会に搾取される「ローマの牝牛」だ！

　まず、ルターが登場する前のドイツの状況について話そう！　神聖ローマ帝国
（ドイツ）では、大諸侯の勢力が強くて政治的な統合が進まず、皇帝権が弱かっ

た。中世の叙任権闘争のところで話したけど（第**12**回を確認してね！ **→P.207～209**）、皇帝と教皇の力関係は、結局「皇帝と諸侯どっちが強いか？」で決まるから、**諸侯が強いドイツ**は、教会にとって「勝手に搾取しても、皇帝に文句言われない国😆」なんだ。当時、教皇に搾取されるドイツを「**ローマの牝牛**」と呼んでいたよ。「牛乳を搾り取るように、日々搾取できる」ってことだ。

　もちろん、教会に対する批判がなかったわけじゃない。14世紀には、**ウィクリフやフス**が聖書中心主義を唱えて教皇権を否定し、**フスが火刑**となったよね。ただ、ローマ教会の状況はフスのときと大して変わっていないんだよ。

　教皇ユリウス2世がローマの**サン＝ピエトロ大聖堂**の改築を始めると、教皇**レオ10世**は、その改築費用を集めるために**贖宥状**を販売した。だいたいレオ10世は**メディチ家の出身**（ロレンツォ＝デ＝メディチの子）で、ラファエロを保護したくらい「芸術大好き！」。しかも商人の息子だから、「どうやったら金が儲かるかな、ウッシッシ😁」くらいのことは考えている。そこで目をつけたのが、**昔から教会の資金集めによく使われていた**「贖宥状」だよ。当時の人びとは「死後、煉獄で罪を償うために苦しむのだろうか？」とか「私は、神の国に行けるのだろうか？」というような素朴な信仰を持っていたから、かつて十字軍遠征に参加した兵士には「あなたは神のために戦ったから救われます」と言って贖宥状を渡したし、その後もいろんな理由をつけて贖宥状を販売していた。ただ、**レオ10世が贖宥状を大々的に販売**すると、大変な事件に発展するんだ😫。

📢 ルターが「95か条の論題」で贖宥状販売を批判！

　ザクセン選帝侯が支配する小都市**ヴィッテンベルク**の新しい大学に神学教授として赴任した聖書学者マルティン＝ルターは、日々禁欲生活をしながら聖書の研究と修道生活に明け暮れる、超マジメで頑固な「聖書マニア」だった😳。だからルターは、**贖宥状を売っている修道士の話**を聞いて、怒りを覚えた。ヤツらは「箱のなかにお金を入れてチャリンと鳴ればあらゆる罪が赦され、魂は煉獄の火から逃れられるのです」と言って、さらに、どんな罪でも許される「免罪符」という誇大広告までして、人びとからお金を集めていたんだもん😆。ただ、当時の人はお金を入れて贖宥状を嬉しそうにもらっていた。ルターは、この**贖宥状の販売方法に疑問を持ち**、当時、教会ではよくおこなわれていた討論をやろうとテーマを並べたら、95コあった！　これが宗教改革の開始とされる「**95か条の論題**」だ。このときルターは「**教皇を否定しよう**」とか「**教会をひっくり返そう**」なんて大それたことは全く考えていない。ただ、純粋に「贖宥状のおかしな点を、みなさんで議論しませんか？」っていう問題提起をしたんだ。

「95か条の論題」は、贖宥状の“販売”を批判しただけで、教皇権は否定していないよ！

　ところが、これが思いもよらない反響を招いた。ルターの「95か条」は、ラテン語から**ドイツ語に翻訳**されると活字で印刷（**活版印刷**）され、ドイツ全体に広がっていった。そりゃ、ドイツのなかにだって「贖宥状はウサンクサイ……」と思っている人もいるし、教会のなかにだって「俗物教皇レオ10世は、金儲けに熱中してる」と内心は疑問を持っている聖職者だっている。こうした**教皇庁の搾取や腐敗に反発した人びとが支持**したことで、気づけばルターは有名人になっていたんだよ。

　最初は「あの田舎学者め😝」程度に思っていた教皇レオ10世も、黙って見ているわけにもいかず、神学者ヨハン＝エックとルターの討論をセッティングした。このライプツィヒ討論で、ルターは「聖書に書いてあることのみ正しい！」という**聖書主義の立場**をとったんだけど、誘導尋問に引っ掛かり、「あなたの主張は**フスの説と同じではないか！**」と言われて、それを認めたんだよ。つまり、ルターは"異端"ということになっちゃった😫。

　でも、ルターは主張を変えなかった。この討論後、次々と自分の説を論文にまとめ、1520年には宗教改革三大文書とされる『ドイツ国民のキリスト教貴族に与える』『教会のバビロン捕囚について』『**キリスト者の自由**』を発表した。ルターは"**人は信仰によってのみ義とされる（救われる）**"という聖書のなかのパウロの言葉から、**信仰義認説**を主張し、**聖書第一主義**の立場から教会の**位階制度（ヒエラルキー）**や**教皇権を否定**した。こうした主張に対し、**教皇はルターを破門**したんだ。

◀ 皇帝カール5世がルターを弾圧し、宗教改革は政治問題に発展！

　ただ、破門のあと教会がすぐに火刑にするわけじゃない。教会は「異端や破門」を決めるけど、処刑するのは世俗の権力者、ドイツなら皇帝だ。**ハプスブルク家の神聖ローマ皇帝カール5世**は、ルターを**ヴォルムス帝国議会**に呼び出し、「オマエの説を撤回しろ😁」と要求した。しかし、ルターは「聖書に根拠がなければ、何も撤回することはない！」として、要求を拒否した。**カール5世はルター派の禁止を決定**し、ルターを**帝国追放の刑**として**法的保護を取り消す**と発表したんだ。

　実際、ヴォルムス帝国議会ののち、ルターは行方不明になった。このとき、カール5世は「ルターを捕らえたものには、山盛りの報酬を与える」と発表したのに、ルターは見つかる気配もない。というか、実際は**ザクセン選帝侯フリードリヒ**にかくまわれて**ヴァルトブルク城**に保護され、そこで『**新約聖書**』の**ドイツ語訳**をやっていた。ルターのドイツ語訳聖書は、**活版印刷で大量に出版されてドイツで普及**したから、この聖書に使われている言葉が**近代ドイツ語**（つまり、**ドイツの共通語**）になった。政治的にバラバラだったドイツも、言語は共通だったんだね😆。

聖書主義と聖書の翻訳はセット！　ウィクリフは英訳、フスはチェコ語訳、ルターはドイツ語訳だ！

　ここで考えてみよう！　なんで突然ザクセン選帝侯が出てきてルターを保護したんだろう？　これね、ルターの主張する教義・学説・信仰……つまり宗教的なことは何も関係ない。すでに、ルターの宗教改革は「教義うんぬん」じゃなく「**政治問題**」なんだよ。神聖ローマ帝国では、ルターが出てくる前から"帝国を統一したい**皇帝**"と"**勢力を維持したい大諸侯**"、要は「皇帝 vs. 反皇帝派諸侯」という対立があった。神聖ローマ皇帝は教会の保護者だから、教会に破門されて皇帝に弾圧されているルターを保護することは、「皇帝に反抗する口実」だよ。しかも、カール5世はスペイン国王（カルロス1世）も兼ねていたから、**ドイツ国内ではルター派諸侯の反抗**を受け、さらに周辺諸国との激しい対立にも悩まされていたんだ。

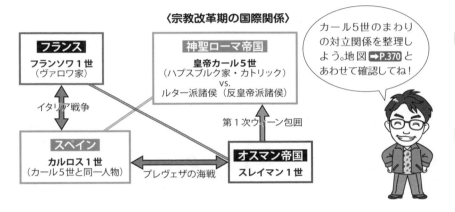

〈宗教改革期の国際関係〉

フランス　フランソワ1世（ヴァロワ家）

神聖ローマ帝国　皇帝カール5世（ハプスブルク家・カトリック）vs. ルター派諸侯（反皇帝派諸侯）

イタリア戦争

第1次ウィーン包囲

スペイン　カルロス1世（カール5世と同一人物）

オスマン帝国　スレイマン1世

プレヴェザの海戦

カール5世のまわりの対立関係を整理しよう。地図 ➡P.370 とあわせて確認してね！

◀ さまざまな敵が皇帝カール5世を悩ませた！

　ここで、**カール5世（スペイン王カルロス1世）**時代の状況を確認しよう。スペイン王国を成立させたカトリック両王（イサベル女王とフェルナンド5世）に男児がおらず、ハプスブルク家に嫁いだ娘フアナも発狂した😫。結果、両王の孫にあたるフアナの長男カルロスが、半ばクーデタでスペイン王に即位、スペイン王カルロス1世になった（**スペイン＝ハプスブルク家**）。そして、カルロスの祖父で神聖ローマ皇帝の**マクシミリアン1世**が亡くなると、皇帝選挙では対立候補の**フランス王フランソワ1世**をおさえて、**神聖ローマ皇帝カール5世**となったんだ😆。

　こうして**スペイン王と神聖ローマ皇帝を兼任したカール5世**の帝国は、一躍ヨーロッパの最強国になった。すでに**スペインはアメリカ大陸への進出**を拡大し、カルロス1世時代には、コルテスがアステカ王国を、ピサロがインカ帝国をそれぞれ征服、マゼランの世界周航を援助してフィリピンにも到達していた。さらにポトシ銀山などの中南米の鉱山から大量の銀を手に入れていた。こうした勢力を背景にして、カール5世はローマ帝国以来の「**キリスト教普遍帝国**」を再興しようとしたんだ。

　ただ、彼の帝国にはさまざまな敵がいた。まずカール5世にもっとも脅威を与えたのは**オスマン帝国**の**スレイマン1世**だよ。スレイマン1世は1526年には**モハー**

第1章 オリエント・インドの古代文明

第2章 古代の地中海世界

第3章 古代の東アジア

第4章 中世ヨーロッパ

第5章 東アジア世界の変容

第6章 イスラーム世界

第7章 近代ヨーロッパの幕開け

チの戦いでハンガリーを破ると、北上してウィーンを包囲した（第1次ウィーン包囲）。さらに、地中海でもスペインと衝突！　**プレヴェザの海戦**でスペイン・ヴェネツィア・教皇の連合艦隊を破ったよね。そして、つねにスペインと神聖ローマに挟まれてムカついた**フランス王フランソワ1世はスレイマン1世と同盟**して、カール5世に対抗したんだ。当時、フランスとハプスブルク家は**イタリア戦争**の真っ最中！　フランソワ1世には宗教なんて関係なかったんだね😆。こうした国際的な対立に加えて、神聖ローマ帝国内ではルター派諸侯が反抗したんだよ。

〈宗教改革期のヨーロッパ〉

皇帝選挙で敗れたフランソワ1世は、オスマン帝国と同盟してカール5世を苦しめたんだ！

◀ 騎士戦争、ドイツ農民戦争……次々と起こる国内問題

　それじゃ宗教改革に戻るよ！　ルターがヴァルトブルク城にかくまわれたあと、ルターにはどうすることもできない政治問題が次々と起こった😵！初期には、**没落した騎士たち**が「ローマ教会に反対する😆」いう口実で大司教領を攻撃したけど、鎮圧された（**騎士戦争**）。これって「領土を拡大して、自分の地位を回復したい！」ってことでしょ。もはやルターは関係ない……😑。

　さらに1524年には、**西南ドイツの農民**がルターに影響されて**ドイツ農民戦争**を起こした。農民たちは、ルターの主張を受けて「キリスト者は自由だ！　神の前では平等だ！」と、**農奴制や十分の一税の廃止**などを要求した（十二カ条要求）。これを聞いた**ルターは、当初「聖書に従う」と主張する農民を支持**していた。しかし、（**トマス＝**）**ミュンツァー**が「貧しい者は神の声を直接聞ける」とか「幼児のときの洗礼は無効である（再洗礼派）」と主張して過激な改革を始めると、**農民戦争**

はドイツの3分の1の地域にまで広がり、戦闘も激しくなったんだ。すると社会の変革に興味がないルターは農民たちを「狂犬」と呼び、**諸侯たちに反乱の鎮圧を求めた**。こうして農民軍は各地の諸侯に鎮圧されて壊滅したんだ。このあと、農民たちは「ルターに裏切られた😡」と思ってカトリックに戻ったから、ドイツでは、農民戦争の中心となった**南部にはカトリックが多く、北部にルター派が多い**んだよ。

◀ ルター派諸侯と皇帝の対立は、内戦にまで発展！

　農民戦争ののち、ドイツの宗教対立は「皇帝 vs. 諸侯」が中心になった。ここは、オスマン帝国との関係を一緒に考えてね！　ドイツ農民戦争と同じころ、**オスマン帝国がバルカン半島を北上**し、農民戦争が終わった1526年にはハンガリーにまで攻めてきた。オスマン帝国に対抗するために諸侯の援助が必要だったカール5世は、**第1回シュパイアー帝国議会**で、諸侯に対して「次の帝国議会までは自らの判断で統治してもよい」と、**期限付きでルター派を認めた**。するとルター派の諸侯は、自分が領内の教会の首長となり、領内の教会を統治に組み込む**領邦教会制**（りょうほう）をつくり始めた。

　しかし、**イタリア戦争でカール5世が優位に立つ**と、**第2回シュパイアー帝国議会**では皇帝（カトリック）側が巻き返し、**再びルター派は禁止**になった。このとき、**ルター派諸侯たちが皇帝に対して抗議（プロテスト）した**から、ルター派のことを**プロテスタント**と呼ぶようになり、のちに「新教」全体を指す呼び名になったんだよ。

　ルター派の再禁止に危機感を持ったルター派諸侯たちは**シュマルカルデン同盟**を結成し、皇帝とカトリック派（皇帝派）諸侯に政治・軍事的に対抗することにした。**オスマン帝国とフランスが同盟を結んだ**こともあって、カール5世はこの動きになかなか手が打てなかったんだ。ただ、フランスとの和約が成立して国際関係が落ち着き、またルターが亡くなったこともあって、**カール5世はルター派諸侯への攻撃に踏み切った**。1546年、**ルター派がトリエント公会議への参加を拒否**したことをきっかけに**シュマルカルデン戦争**（ぼっぱつ）が勃発した。このとき、カール5世は同盟軍を破ったんだけど、その後も内紛が続き、カール5世はすっかり政治にも人生にも疲れ果て、もはや気力が尽き果てた😩。

　こうして、帝国内のカトリック（旧教）派と新教派は和解に向かい、1555年**アウクスブルクの宗教和議**が結ばれた。まず、諸侯に信仰の選択権を与え、各領邦の宗派はそれぞれ諸侯たちが**カトリック、ルター派から選択**することになった。ただ、**個人の信仰の自由はなかった**から、このあと、宗教対立は「諸侯 vs. 住民」ということになるね。さらに、**カルヴァン派は除外**されたよ。ちなみに、都市

アウクスブルクの宗教和議のあと、「諸侯 vs. 住民」が宗教で対立するんだ

第1章　オリエント・インドの古代文明

第2章　古代の地中海世界

第3章　古代の東アジア

第4章　中世ヨーロッパ

第5章　東アジア世界の変容

第6章　イスラーム世界

第7章　近代ヨーロッパの幕開け

には「責任を持って宗派を選べる支配者がいない」という理由で、新旧両教徒の併存を認めたんだ。

このののち、ルター派の領邦では各諸侯が宗教を監督する**領邦教会制**が確立した。神聖ローマ帝国内は**宗教的にバラバラ**となり、これが**政治的な分裂を促す**ことになったんだ。また、ルター派はおもに北ドイツを中心に広がり、そこからデンマーク・ノルウェー・スウェーデンなどの北欧諸国にも拡大していったよ。

2　カルヴァンの宗教改革

◀ カルヴァンよりも前に、チューリヒでツヴィングリが改革を開始！

13世紀末から独立戦争が始まっていたスイスでは、すでに14世紀には**各州や都市が事実上独立**して、連邦国家をつくっていた。都市のなかではかなり民主的な自治がおこなわれていたけど、やっぱり教会の影響力が強く、**ローマ教会や神聖ローマ皇帝の影響力**から完全に逃れることはできなかった😵。だって、スイスはハプスブルク家（＝神聖ローマ皇帝）の支配下だったんだもん。だから、宗教改革は宗教面での**スイスの独立運動**って考えると、イメージがつかめるんじゃないかな。

最初にスイスで宗教改革を始めたのは**ツヴィングリ**だよ。彼は、エラスムスに心酔して盛んに文通していたけど、だんだんと**ルターに影響を受け、聖書主義**に基づいて**贖宥状の販売を批判**した。しかし、ツヴィングリが**チューリヒ**で宗教改革（カトリックからの独立）を進めると、カトリック側の諸州（保守派）が反発して宗教戦争に発展し、彼はルターとも決別して**抗争中に戦死**してしまったんだ😫。

◀ ジュネーヴの改革運動にカルヴァンが招かれた！

カルヴァンは**フランス人**なんだけど、パリで改革を主張したら弾圧されて、**スイスに亡命**してきた。当時、フランス国内で迫害された改革派は、スイスに逃れることが多かったからね。そして、**バーゼル**にたどり着いたカルヴァンは、この地で『**キリスト教綱要**』を出版して有名人になった😃。そして、たまたま立ち寄ったジュネーヴで「あなたのような優れた改革者に指導者になっていただきたい！」と頼み込まれ、のちに招かれて**ジュネーヴ**で宗教改革を始めたんだ。

カルヴァンは、カトリックの司教制にかわる新しい教会制度として、**牧師**とそれを補佐する信者の代表である**長老**で教会を運営する**長老制【長老主義】**をつくり、改革派教会を政治権力から自律させた。そして、市民には、**奢侈（ぜいたく）の禁止や禁欲的生活などの戒律**を守ることを要求し、違反すると処罰したんだ😵！

じゃあ、ここで**カルヴァンの教説**について説明しよう。カルヴァンは、救いは神への「信仰のみ」、信仰のよりどころは「聖書のみ」とする**福音主義**に基づいて、**予定説**を主張した。予定説とは「**人間が救われるか否かは、あらかじめ神によって定められている**」という考え方だよ。詳しく解説しよう！　カトリックでは教会が救いを決めるから、人びとは教会にお金を払ったり（" **善行** "）、贖宥状を買ったり

第**1**章 オリエント・インドの古代文明

第**2**章 古代の地中海世界

第**3**章 古代の東アジア

第**4**章 中世ヨーロッパ

第**5**章 東アジア世界の変容

第**6**章 イスラーム世界

第**7**章 近代ヨーロッパの幕開け

した。ルターはこれを批判して信仰義認説を主張したよね。ただ、カルヴァンは「それも違う！」って思った。"**善行**"はもちろん、「気合を入れて祈る」とか「回数をたくさん祈る」といった信仰の仕方（"**人間の意思**"）では**神の決めた救いは変えられない**。そして神は、それぞれの人を「救われる」か「救われない」か"どちらか"に決めていて、しかも本人にはどっちかわからない。これが「**予定説**」だよ。すると、「どうせ変わらないなら、祈っても意味ない😩」って思う人が出てくる。ていうか、今そう思わなかった🤨。それに対して、カルヴァンはこう答えた。「そう考える人は"**救われない人**"です。神の救いは人間には絶対にわからないから"自分は救われるほうの人間だ"と信じて、神の望むような生活をしなさい。**マジメに働いて、マジメに生活して、ぜいたくは一切禁止！** そういう生活をすれば、テキトーな生活をしている人を見るたびに"あの人は救われないほうで、私は救われるほうだ"という確信が持てるでしょう」ってね。かなり上から目線だな😅。そして、神の栄光を実現するために、自分の職業を神から与えられた**天職**として、マジメに努力しなさいという**禁欲的な職業倫理**を説いたんだ。

　そうなると、もう一つ疑問が出てくる。カトリックでは「**お金は堕落を招くもの**」と考えていて、お金がたまるほど地獄に近づく😫。だから、金融業なんかは絶対に救われない職業だよね。ただ、カルヴァンのいう「マジメに働いて、マジメに生活して、ぜいたく禁止！」をやると、お金が貯まっちゃうよね。そこでカルヴァン派は「**自分の天職にマジメに励んだ結果の"利益"は、神の意思**」として、結果的に**営利・蓄財**を認めたんだ。これって、商人や職人などの市民階級にとっては、自分たちの経済活動が宗教的に認められたことになる。だから**カルヴァン派は新興市民階級に拡大**して、のちの**資本主義発展に貢献する思想**になるよ。この関係を理論化した社会学者が、20世紀初頭に登場する**マックス゠ヴェーバー**（著書『**プロテスタンティズムの倫理と資本主義の精神**』）だよ。

合否の分かれ目▶　各地に拡大したカルヴァン派の呼び名

- スコットランド……プレスビテリアン【長老派】
- イングランド　　……ピューリタン【清教徒】
- フランス　　　　……ユグノー
- オランダ　　　　……ゴイセン

カルヴァン派の考え方をまとめると……
❶**福音主義**（聖書第一主義）に基づく**予定説**
❷職業を**天職**として**禁欲的な勤労**を奨励
➡その結果としての**営利・蓄財**を容認

3　イギリス国教会とイギリスの絶対王政

> ### クローズアップ　イギリス国教会とイギリスの絶対王政

- ●ヘンリ8世［位1509〜47］
  - ●首長法【国王至上法】［1534］……イギリス国教会の成立
    - ▶離婚問題から教皇と対立したため、イングランド教会をカトリックから分離
    - ▶**イギリス国王をイギリス国教会の唯一最高の首長とする**
  - ●首長法に反対した勢力を一掃　➡結果として王権強化につながる
    - ▶修道院の解散……修道院領を没収し、王領地とする
    - ▶大法官トマス＝モアを処刑［1535］
- ●エドワード6世［位1547〜53］
  - ●一般祈禱書の制定［1549］……国教会における教義・制度での改革
    - ▶**教義を新教（カルヴァン派）に近づける**
    - ▶儀式や教会組織はあまり変わらず……**主教（監督）制**
- ●メアリ1世［位1553〜58］……"血のメアリ"
  - ▶スペイン王フェリペ2世と結婚してカトリックを復活し、新教徒を弾圧
- ●エリザベス1世［位1558〜1603］……**絶対王政の確立**
  - ●**イギリス国教会の確立**
    - ▶統一法（厳密には第3回）［1559］……国教会の儀式や礼拝を一般祈禱書に統一
    - ▶信仰箇条［1563］……一般祈禱書を改訂し、国教会の教義を定めた
    - ▶国教忌避者処罰法［1593］……カトリックやピューリタンを処罰する法
      - ➡ただし、法は制定したものの、厳格な処罰はおこなわなかった
  - ●経済政策
    - ▶財政顧問グレシャムによる貨幣改鋳（"悪貨は良貨を駆逐する"）
    - ▶羊毛生産や毛織物工業の育成……第1次囲い込みは黙認
      - ➡救貧法［1601］……囲い込みで増加した貧民を救済
    - ▶東インド会社を設立［1600］……**アジア貿易独占権**を与えられたのちに、イギリスのアジア進出、特にインド進出の中心となる
  - ●対外政策……基本政策は「**大陸ヨーロッパの勢力均衡**」
    - ▶反スペイン・反ハプスブルク政策をとる
    - ▶私拿捕船【私掠船】によるスペイン銀船団の掠奪
    - ▶オランダ独立戦争に介入……オランダの独立を支援
      - ➡スペインの無敵艦隊【アルマダ】を破る（アルマダ海戦）［1588］ドレークやホーキンズが活躍
    - ▶北アメリカ大陸への進出……ヴァージニア植民には失敗

第1章 オリエント・インドの古代文明

第2章 古代の地中海世界

第3章 古代の東アジア

第4章 中世ヨーロッパ

第5章 東アジア世界の変容

第6章 イスラーム世界

第7章 近代ヨーロッパの幕開け

◀ 国王ヘンリ8世の離婚問題から、イギリス国教会成立！

　バラ戦争を経て**テューダー朝**が成立したイギリスでは、**ヘンリ7世**が国内の貴族勢力を抑え、王権を強化した。とはいっても、それはしょせん国内での話だよ。当時のイギリスは、ヨーロッパの二大国である**スペインとフランスに挟まれた弱小国** 😅。ヘンリ7世はスペインと同盟してなんとか生き残りを図ろうと、息子のアーサーと**スペイン王女カザリン**を結婚させた。ただ、アーサーが急死しちゃったから、未亡人となったカザリンと次男のヘンリ（のちの**ヘンリ8世**）を結婚させて、教皇にもなんとか特別の許可をもらったんだ（兄の嫁と結婚するのは、教会法では近親相姦になるんだよね……😅）。

　国王に即位した**ヘンリ8世**は、最初のころは**ルターの宗教改革を批判**する本まで書いて、教皇レオ10世から「**信仰の擁護者**」なんて言われていた。ただ、王妃カザリンに跡継ぎの男子がいなかったから、ついつい宮廷の若い侍女アン＝ブーリンに手を出した😅。そして、彼女と結婚するために**王妃と離婚しようとした**んだけど、**教皇は認めない！**　ていうか、このときの教会をウラで操ってたのはカザリンの甥にあたる**神聖ローマ皇帝カール5世** 😵。もう、離婚できる見込みはない……。てか、障害が大きいほど恋は募る😣。ヘンリ8世は「こうなったら、カトリック教会と断絶する！」と、1534年に議会の承認を得て**首長法【国王至上法】**を定めると、**イギリス国王を唯一の最高首長とするイギリス国教会**を成立させた。これって「イギリスの教会をカトリック教会から分離して、教皇と絶縁する」ってことだよ。もちろん、速攻でカザリンとの結婚そのものを無効にして、**アン＝ブーリンと結婚**したのはいうまでもないよ……😄。

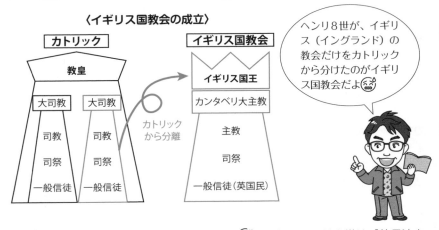

〈イギリス国教会の成立〉

ヘンリ8世が、イギリス（イングランド）の教会だけをカトリックから分けたのがイギリス国教会だよ😅

　こんな形で教会をつくったら反対されるよ😅。でも、ヘンリ8世は「首長法を認めない連中は、反逆者として処刑しろ！」と命じた。このとき、大法官だった**トマス＝モアは処刑**され、イギリス各地にあった**修道院も次々と潰された**。解散させられた修道院はなんと570で、**没収した修道院領**はなんとイギリス全土の**4分の1**！

これを王領地にしたから**王権が強化**されたんだ。その後、没収した王領地の多くは売却され、土地を得た**平民の地主（ジェントリ【郷神】）**が豊かになったよ。

　しかし……、ヘンリ8世のわがままには困ったもんだ😫。のちにアン＝ブーリンも処刑して、生涯で王妃をかえること6人、そのうち2人はロンドン塔で首をはねた。その報いかもしれないけど、皇太子エドワードは病弱で、あとは2人の娘だけ……。テューダー朝は先が思いやられるね。

📢 もっと儲けたいジェントリたちが、「囲い込み」を進めた！

　ここで、宗教の話はいったん置いといて、当時のイギリス社会の変化を見ておこう。**土地を獲得して豊かになったジェントリたちは**「もっと儲ける方法はないだろうか？」って考えていた。そこで彼らが目をつけたのが「**羊毛の増産**」だ。16世紀のヨーロッパは**大航海時代の影響**で景気がよく、**毛織物貿易が急速に拡大**してアントウェルペンへの羊毛や毛織物の輸出が増えた。そこでイギリスでは「もっと羊毛を増産しよう！」と牧羊地の拡大を図る**第1次囲い込み**が進んだ。これは、地主が開放耕地を生垣や塀で"囲い込んで"小作人を追い出し、羊を飼う牧場にしたんだよ。当然、**土地から追い出された小作人は生活できなくなり**、放牧地などに使う共有地がなくなると中小自作農民も生活が苦しくなって、社会不安が増大した。政府は「囲い込みは禁止」にしたけど、なかなか取り締まれない。こうした事態を**トマス＝モア**は『**ユートピア**』のなかで、「**羊が人間を食い殺す**」と批判したんだよ。

📢 イギリスの宗教的混乱。"血のメアリ"がカトリックを復活！

　では次の時代に進もう。**ヘンリ8世の死後、**まだ幼かった**エドワード6世**が即位すると**教義の改革**も進んだよ。だって、ヘンリ8世は「離婚したい！」ってだけで国教会をつくったから、中身はカトリックとほとんど変わらない。そこで、**教義をカルヴァン派に近づける一般祈禱書**を制定した。ただ、**儀式の面はカトリックからあまり変わらず、**組織もカトリックの司教制に近い**主教（監督）制**がとられたんだ。

　その後、病弱だったエドワード6世が亡くなると**メアリ1世**が即位した。メアリはヘンリ8世とカザリンの娘で**イギリス初の女王**だよ。彼女は、お母さんを捨てて不幸のどん底に落とした父親への恨みがかなり深かったから、周囲の反対を押し切って**スペイン国王フェリペ2世**と結婚すると、イギリスに**カトリックを復活**し、プロテスタントを次々と処刑したから"**血のメアリ（Bloody Mary）**"と呼ばれた。ただ、この結婚はイギリスにとっては大失敗だ😫。スペインの戦争に巻き込まれたイギリスはフランスと戦争になり、大陸の最後の領土カレーを失ったんだよ。

> メアリの新教徒処刑は、年下だったフェリペ2世にぞっこんだったから、ともいわれてるんだ

◀ エリザベス1世がイギリス国教会を再建し、絶対王政を確立！

　メアリ1世が跡継ぎを残さずに病死すると、ヘンリ8世とアン゠ブーリンの娘エリザベス1世が即位したよ。エリザベスが即位したとき、メアリ1世時代から続く**宗教的な混乱**でイギリス国内は動揺していた。だって、「国教会のほうがいい」っていう人もいれば、「カトリックに戻したい」っていう人もいる。この状況をどう乗り切るか？　このときに力を発揮したのは、若いころにロンドン塔に幽閉されるなどの苦労を重ねた「リアリスト」、エリザベス1世のバランス感覚だよ😊。

　エリザベス1世は、イギリス人を国教会に取り込むために「**宗教**」よりも「**政治**」を優先した。まず、**首長法を復活してイギリス国教会を復活**させたんだけど、国王を教会の「統治者」にして、あくまでも「**政治権力**」という点を強調し、1559年には**統一法**を制定して**国教会の儀式や礼拝を統一**した。このとき、「儀式」はなるべくカトリック寄りにして、**カトリックを支持する人たちも国教会に取り込んだ**。そして、**国教会の教義（信仰箇条）**を決めるときも、なんとなく曖昧にして「たいていの人が受け入れられる」**イギリス国教会を確立**した。これで、人びとが政治や宗教、文化などの面でイギリス人としてまとまり、イギリスは**主権国家**になっていくよ。ただ、なかには「スペインと組んでカトリックに戻そう」とする人や、「カルヴァン主義を徹底してほしい！」と求める**ピューリタン【清教徒】**もいて、過激な主張をした場合には弾圧された。でも王権に従っている限りは、処罰されなかったんだよ😄。

> 法律があっても、むやみに取り締まらない。リアリストのエリザベス1世方式だ！

　ここで、エリザベス1世の宗教以外の政策も確認しよう！　経済政策では、**グレシャム**を登用し、質の悪い貨幣を品質の高い新貨幣と交換する**貨幣の改鋳**をおこなって、経済を安定させた。「**悪貨は良貨を駆逐する**」というグレシャムの言葉は有名だね。さらに、本当は禁止の囲い込みを「見なかったこと」にして、**羊毛生産や毛織物産業を保護**してイギリスの発展に努めた。これもエリザベス1世ならではの政策だ。ただ、スペインとの対立や、オランダ独立戦争によるアントウェルペンの没落で毛織物の輸出が激減したから、**救貧法**をつくって失業者や浮浪者を救済したよ。

◀ エリザベス1世の対外政策──基本政策は反スペインだ！

　エリザベス1世はスペインに引きずられて巻き込まれた**フランスとの戦争**を、**即位後すぐに終結**させた。しかも、即位直後にフェリペ2世が求婚してきたから、「あなたには利用されないわ……😑」と冷たく断った。するとフェリペ2世は、イギリス国内の貴族と組んで、エリザベス1世を暗殺してスコットランド女王メアリ゠ステュアートを立てる陰謀を計画した。これを知ったエリザベス1世は激怒して、**スペインへの復讐**を始めるんだ。スペインとの関係は最悪だよ😄。

第**1**章　オリエント・インドの古代文明

第**2**章　古代の地中海世界

第**3**章　古代の東アジア

第**4**章　中世ヨーロッパ

第**5**章　東アジア世界の変容

第**6**章　イスラーム世界

第**7**章　近代ヨーロッパの幕開け

イギリスは最初、**ドレーク**や**ホーキンズ**などに私掠特許状を与えて政府公認の海賊（**私拿捕船**（しだほせん））とすると、新大陸から銀を運んでくるスペインの船を襲わせた。ドレークはイギリス人として初めて**西回り世界周航**にも成功した人物、ホーキンズ（父）はイギリスで初めて**黒人奴隷貿易**をやった人物、ってところで区別してね。

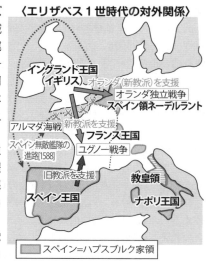

〈エリザベス 1 世時代の対外関係〉

さらに、スペインに対する**オランダ独立戦争**にも**介入**し、イギリスはオランダに援軍を送った。これにはフェリペ 2 世が激怒😡。イギリスに「無敵艦隊」で侵攻することを決めたんだ。

こうして1588年、スペインの無敵艦隊【**アルマダ**】とイギリスの艦隊（とはいっても私拿捕船だけど……）が英仏海峡で衝突した！　この**アルマダ海戦**ではドレークやホーキンズの活躍で**イギリスが勝利**し、無敵艦隊を失ったスペインは急速に衰退していくんだ。ちなみに、このあとのイギリス外交の基本政策は「**大陸ヨーロッパの勢力均衡**」だよ。イギリスはヨーロッパで唯一の島国だから、海軍さえなんとかなればほぼ攻め込まれない。しかも船を使う以上、一度イギリスに軍隊を送ってしまったら帰ってくるのが大変😅。だから、イギリスに侵攻してもなお大軍を持っているような「大陸ヨーロッパの最強国」しかイギリスには攻め込めないんだ。だったらイギリスは、「最強国さえ妨害しておけば安全」ってことだよ。ということで、当面は**反スペイン・反ハプスブルク**がイギリス外交の基本政策だ。

オランダ独立戦争でスペインが負けたあと、大西洋岸では**オランダ・イギリス・フランスの勢力争い**が始まるよ。オランダは積極的に海外貿易を拡大していたから、これに対抗して、イギリスでは1600年に**東インド会社**が設立された。また、北米への植民地建設が試みられ、**ローリ**が**ヴァージニア**に植民してタバコ栽培を始めようとした。まあ、このときは上手くいかなったんだけどね😫。

◀ 最後に、イギリスの絶対王政の特徴をまとめておこう！

イギリスは、エリザベス 1 世時代に一気に絶対王政を確立したから、**統治体制は未発達な部分が多い**よ。例えば、絶対王政といえば「**官僚制と常備軍**」を使って、国王が**中央集権化**を進めるのが普通なんだけど、イギリスは官僚制も常備軍も未発達なままだった。地方では、**ジェントリ**【**郷紳**】（きょうしん）（平民の地主層）を**治安判事**（ちあんはんじ）として各地の行政をまかせ、足りない部分は**国教会の組織で補った**んだ。また、島国だから**陸軍は地方の「民兵」しかいない**し、海軍も、ほとんどは**海賊を私拿捕船**【**私掠船**】として使っていた。こんなふうに未発達な官僚制と常備軍で国をまとめ、そ

して守れたのも、エリザベス1世のバランス感覚のおかげだね。だから彼女は「よき女王エリザベス（"Good Queen Bess"）」って呼ばれていたんだよ😌。

4 対抗宗教改革 〜カトリックの改革〜

◀ 新教の拡大って、歴史的にどんな意味があるんだろう？

ここで、新教の出現と拡大の意味をもう一度考えてみよう！　中世後半になると、教会大分裂【大シスマ】によって教皇権は失墜して、教会を改革しようとする動きが現れていた。さらに、イタリアからルネサンスが始まると、ギリシア・ローマ文化の復興が進み、ヨーロッパ文明の「源泉に帰れ！」を合言葉に、人文主義者たちは「原始キリスト教」を研究し始めた。すると、ラテン語に翻訳される前の、ギリシア語の『新約聖書』や初期の教父たちの著作の影響を受けて聖書中心という視点が生まれ、エラスムスは初期キリスト教をもとにカトリック教会内部の改革を主張し、ルターは聖書中心主義から宗教改革を始めたんだ。

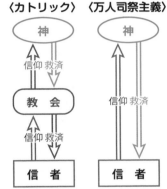

そしてルターやカルヴァンは、まだ教会の組織もできていなかった時代の信仰が「聖書のみ」に基づいて個人が神に直接祈ったように、すべての信者がみな平等に司祭であるという万人司祭主義を唱えた。そして、カトリック教会や教皇の権威を認めずに、新しい教義や教会を創設したのが宗教改革だね。これは、カトリック側から見ると信者を取られたことになるんだ😩。

◀ カトリックの内部改革と新教への反撃、「対抗宗教改革」が始まった！

宗教改革の拡大に対して、カトリック教会の内部では「教会刷新のために公会議を開こう🤔」という声が大きくなってきた。というのも、新教側にツッコまれても仕方ないところが、カトリックの内部にたくさんあったからだ。しかも、すでに中世の封建社会が崩壊してきているから、それにあわせて教会も変わらないといけない！　こうして、1545年から北イタリアのトリエント【トレント】で公会議が開かれ、カトリック教会の体制を立て直す対抗宗教改革が始まったんだ。

トリエント公会議は、もともとカール5世がルター派との妥協を狙ったものなんだけど、新教派が「公会議など聖書に書いていないから認めない」と出席を拒否したから、カトリックの教義・立場の再検討をおこなったんだ。まず教皇の至上権

や、原罪や秘跡【サクラメント】などの教義を確認すると、**教会内部の腐敗を防止するための規律をハッキリさせた**。これが20世紀まで続く近代カトリック教会の体制になるよ。また、**禁書目録**を定めてマキァヴェリやルターなど反カトリックの書物を読むことを禁止したり、**宗教裁判【異端審問】**を強化してカトリックの教義に反する異端への弾圧を強めたんだ。宗教裁判っていうと中世の"魔女狩り"のイメージかもしれないけど、一番激しかったのは**フェリペ2世時代のスペイン**だよ。

◀ 異端への攻撃と海外伝道……厳格な規律のイエズス会が活躍した！

　1534年、ちょうどイギリスでヘンリ8世が首長法を定めたのと同じ年に、このあとのカトリック教会に大きな影響力を持つ修道会、**イエズス会【ジェズイット教団】**ができたよ。のちに初代総長となる**イグナティウス＝ロヨラ**らパリ大学の学友6名がパリで設立したイエズス会は、ロヨラが**スペイン出身の騎士**だったこともあり、教皇の意向を受けて行動するために総長が全権を握る、**軍隊のような規律の組織**をつくった。そして、1540年に教皇**パウルス3世**に認可されると、各地に学校をつくって高等教育をおこない、布教活動を進めて、南ドイツや東欧では**カトリックの勢力の復活に成功**したんだ。

　また彼らは、カトリックの勢力をさらに強めるには、**アメリカ大陸やアジアなどの非キリスト教地域に布教すべき**と考えて、**スペインやポルトガルの交易や植民活動**と組んで、**海外伝道**を進めたんだ。例えば、**フランシスコ＝ザビエル**は日本だけじゃなくインドや東南アジアでも布教活動をしたし、中国には明末期から**マテオ＝リッチ**や**アダム＝シャール**などの宣教師がやってきて、中国の官僚や知識人と交流しながら布教活動を進めたよね。ここは、中国史とあわせて確認してね！ ➡P.296

　今回はこれでおしまい。最後に年号 check ！

!!! 年号のツボ

●**ルターの宗教改革始まる** [1517]（贖宥状は　以後非難　_{1 5 1 7}）
●**ドイツ農民戦争** [1524]（農民はルターを　戦後不信　_{1 5 2 4}）
●**ヘンリ8世、首長法発布** [1534]（イギリスの人降参した　首長法　_{1 5 3 4}）
●**カルヴァンの宗教改革開始** [1541]（ジュネーヴは　以後良い街　_{1 5 4 1}）
●**トリエント公会議** [1545]（一声進行　トリエント　_{1 5 4 5}）
●**エリザベス1世、統一法発布** [1559]（国教会で　以後行く　_{1 5 5 9}）

　次回から、各国での主権国家の確立だよ。それから「旧教 vs. 新教」の宗教戦争がいくつも出てくるから、今回の内容をしっかりおさえてから進んでね😆。

いよいよ、ヨーロッパの絶対王政の時代だよ。まずはスペインからだ！　宗教改革のときに出てきたカルロス1世時代の続きだよ。この時代、ヨーロッパでは「主権国家体制」がつくられていくよ。

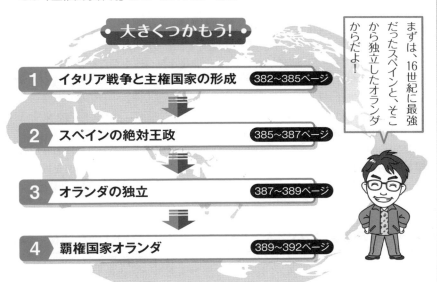

● 大きくつかもう！ ●

1 イタリア戦争と主権国家の形成　382〜385ページ

2 スペインの絶対王政　385〜387ページ

3 オランダの独立　387〜389ページ

4 覇権国家オランダ　389〜392ページ

まずは、16世紀に最強だったスペインと、そこから独立したオランダからだよ！

16世紀のヨーロッパでは、スペインがむちゃくちゃ強かった。広大なアメリカ大陸の植民地だけじゃなくて、ヨーロッパのなかにもいっぱい領土を持っていたからね。そして、スペインを支配するハプスブルク家とフランスのヴァロワ家が覇権を争ったイタリア戦争を経て、ヨーロッパでは徐々に主権国家体制がつくられていくんだ。今回は「主権国家とは何か？」って話もするから、しっかり理解してね。そして、スペインから独立したオランダは、世界各地に進出して「覇権国家」になった。17世紀前半にひとり勝ちだったオランダの対外進出もあわせて見ていこう！

それじゃあ、近世のヨーロッパ、スペインとオランダの始まり〜😊。

1 イタリア戦争と主権国家の形成

◀ 近世ヨーロッパで形成された「主権国家」ってなんだろう？

　それじゃあ「主権国家って何？」ってことを先に説明しよう。主権というのは「ほかの国やさまざまな勢力にジャマされずに、法律などをつくって政治を動かす権限」のことで、「国境線で区切られた領域（国家）」のなかを、最初は**国王が貴族たちをおさえて国内を統一**し、対外的には他の国、ローマ教皇、神聖ローマ皇帝などから介入されない国家をつくっていった。これが主権国家だよ。簡単に言うと、「**国境線で区切られた領域を、一人の支配者が支配する国**」だ。「ん？　そんなの当たり前じゃない？😅」って思ったかもね。だって、近世ヨーロッパでつくられた「主権国家」の形が**現在まで続く国家の基本的な形**だからさ。

　中世の封建国家では、国王は諸侯と主従関係を結んで「オレ様が一番！（主従関係の頂点）」って言ってるだけで、国内には**特権を持つ連中**がたくさんいた。例えば、**貴族や聖職者**だけじゃなくて、**商人や職人のギルドや大学**なども特権を持つ集団だよ。この集団（**社団**）を取りまとめているのが国王で、中世の身分制議会にはこうした社団の代表が集まっていた。近世の国王たちは、自分に権力を集中させて、「**王が国内の最高権力（つまり主権）を持つ！**」と主張したんだ。

　また国際関係においては、国の大小にかかわらず**形式上は「対等」にお互いの主権を認め**ながら、一定のルールを決めて、**勢力拡大のために戦争や外交を繰り返す**ヨーロッパ独自の国際秩序が現れるんだ。この**主権国家体制はイタリア戦争**をきっかけにつくられていくよ。ということで、イタリア戦争に進もう！

◀ イタリア戦争は、ハプスブルク家とヴァロワ家の壮絶な覇権争い！

　百年戦争後に国内の統一が進んだフランスは、いよいよ対外進出を始めるよ。1494年、フランス王**シャルル8世**がナポリ王位継承権を主張してイタリアに侵入し、16世紀半ばまで続く**イタリア戦争**が始まったよ。ナポリ王位は、かつてアンジュー家（仏王ルイ9世の弟アンジュー伯シャルル【シャル ル＝ダンジュー】が創始）からアラゴン家（スペイン）が奪ったから、いちゃもんをつけられたのはスペインだけど、戦争はいろんな国が絡んで複雑になるんだ。

　イタリア戦争は、最初は**フランス国王、スペイン国王、神聖ローマ皇帝**という3人の大国の君主が、**ナポリやミラノ**などイタリアの小国の支配権を奪い合った。とはいえ、イタリアの小国は自分の国が潰されたくないし、教皇は大国を上手いこと戦わせな

最初は、「神聖ローマ帝国」「フランス」「スペイン」の三大国の争いだよ！

がら勢力を拡大したい（教皇も教皇領の君主って考えてね）。この全員が少しでも自分に有利になるように、同盟や裏切り、陰謀、ウラ取引などやりたい放題で、**戦闘と外交が入り乱れた**😫。最初はイタリアに侵入したフランスに対抗して、教皇を中心にスペイン、神聖ローマ帝国、イタリアの小国が同盟したり、その後はフランスとスペインのミラノ争奪戦！　ただ、**神聖ローマ皇帝カール5世の即位**で細かいことは全部吹っ飛んだ。焦ったのは、**フランス王フランソワ1世**だよ😤。

　ハプスブルク家のスペイン王カルロス1世が、フランス王フランソワ1世を皇帝選挙で破って、**カール5世として神聖ローマ皇帝に即位**すると、三大国のうち二つを支配するハプスブルク家が一気に優勢になる！　こうしてイタリア戦争は、**フランスのヴァロワ家とハプスブルク家によるヨーロッパの覇権争い**になった😲！

　このあとは、皇帝や教皇の権威も何も関係なくなるよ。皇帝が強くなりすぎるのを恐れた教皇がフランスと組むと、カール5世はローマを攻撃した（ローマ劫掠）。すると、**カール5世の国（スペインと神聖ローマ）に挟み撃ちされてるフランス**は、ドイツのルター派諸侯と組み、さらに**オスマン帝国のスレイマン1世**とも同盟してカール5世に圧力をかけた。対する**カール5世**は、フランスの宿敵だった**イギリスのヘンリ8世と組んだ**！　ていうか、神聖ローマ皇帝までもが国教会のイギリスと組むなんて、宗教も宗派もあったもんじゃない😫。各国は、自分の国の勢力を拡大することしか考えていなかったんだよ。ただ、カール5世は国内のルター派諸侯との対立にも悩まされて政治がイヤになり、ついに息子の**フェリペ2世**に**スペインとネーデルラント**を、弟の**フェルディナント1世**に**オーストリア・ベーメンと皇帝位**をそれぞれ分けてしまった。そして、スペイン王となった**フェリペ2世**が**フランスを破って優位に立つ**と、長い戦争に疲れ果てたスペインとフランスは、1559年に**カトー＝カンブレジ条約**を結んでイタリア戦争を終わらせた。結果、**フランスはイタリアの支配権を放棄**し、スペインはミラノ・ナポリ・シチリア・サルデーニャなどを獲得したよ。

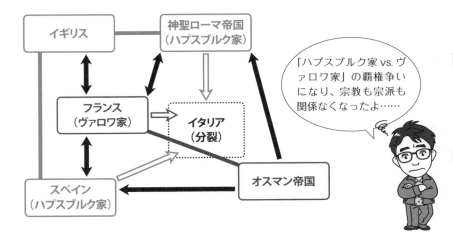

「ハプスブルク家 vs. ヴァロワ家」の覇権争いになり、宗教も宗派も関係なくなったよ……

第1章　オリエント・インドの古代文明

第2章　古代の地中海世界

第3章　古代の東アジア

第4章　中世ヨーロッパ

第5章　東アジア世界の変容

第6章　イスラーム世界

第7章　近代ヨーロッパの幕開け

◀ イタリア戦争は主権国家体制が形成されるきっかけだ！

　それじゃあ、イタリア戦争をきっかけに、ヨーロッパはどんなふうに変わったんだろう。入試でよく出てくる「歴史的意義」ってやつだ。まず、スペイン＝ハプスブルク家がイタリアの支配を確立したから、ハプスブルク家がヨーロッパの覇権を握ることになった。しかも、各国が勢力拡大を目指して、宗教も無視！　教皇や皇帝の権威も無視！　もう、西ヨーロッパにあった「カトリック共同体」のような連携はなくなった。これって、イタリア戦争の時期に宗教改革が進んでいたことも影響しているんだ。しかも、同盟と裏切りがごちゃごちゃに入り乱れたから、各国は相手の国に外交使節を駐在させてたびたび交渉し、一国だけが強くならないよう勢力均衡を図った。こうした交渉によって、のちの国際法につながる戦争や交渉のルールがつくられていった。そして、戦争が続くなかで国境が決まっていくと、国王たちはその国境で区切られた「国」のなかで中央集権化を進めるとともに、戦争のために常備軍も整備されていった。この軍団は小銃や大砲などの火砲を装備していたから、もはや中世のような騎士は必要ない！　こうして軍団の編成や戦術も変わったんだ（軍事革命）。これらを全部ひっくるめて、イタリア戦争は主権国家体制が形成されるきっかけになったんだ😁。あと、イタリア戦争で混乱したイタリアではルネサンスが衰退し、攻め込んできたフランスではルネサンスが始まるんだ。

〈イタリア戦争の意義〉

- ハプスブルク家の覇権確立
- ヨーロッパにおける主権国家体制が形成されるきっかけ
  - ➡宗教と無関係な国際関係を展開。各国が外交使節を常駐させて交渉
- 常備軍の整備で、軍の中央集権化が進む（軍事革命）
- イタリア＝ルネサンスの衰退

◀ 「主権国家体制」がつくられるなかで、絶対王政が出現した！

　それじゃ、ここで絶対王政【絶対主義】についても話しておこう！　さっき、主権国家っていうのは「国境線で区切られた領域を、一人の支配者が支配する国」だ、って説明したけど、最初は支配者のほとんどが国王だから、国王が全国を統一して中央集権にできれば、その国は主権国家ってことになるよね。

　国王一人で全国を支配するには、国王の命令通りに動く役人が必要だから、官僚制が整備され、さらに国王が軍隊を好きなときに動かすために、国王直属の常備軍もつくられた。ただ、官僚制や常備軍がボランティアのはずはない……。給料を払って雇うしかないから、お金がかかるよね😅。そこで、国王たちは財源を確保するために重商主義政策をとった。要するに「どうやったらお金（貴金属の貨幣）がたまるか？」ってことを考えた。例えば、16世紀のスペインならラテンアメリカの植民地で鉱山を掘りまくればOKだよね。これが重金主義（海外植民地での金銀

第1章　オリエント・インドの古代文明

第2章　古代の地中海世界

第3章　古代の東アジア

第4章　中世ヨーロッパ

第5章　東アジア世界の変容

第6章　イスラーム世界

第7章　近代ヨーロッパの幕開け

鉱山開発）だ。ただ、これって運でしょ。家の庭から石油が出るみたいなもんだ😆。

だったら、**輸入より輸出が多ければいい**、ってのが**貿易差額主義**だよ。「輸入を減らす」のは関税を上げたり、国内の貿易会社に**貿易独占権**をあげればいいけど、「輸出を増やす」のは売れるものがないとムリだ😵。そこで、**国内産業を保護**したり、**輸出産業を育てたりする産業保護主義**も出てくるよ。

全国を支配する体制ができると、今度は**国王の権力を正当化**するために**王権神授説**を使ったんだ。「王権は創造神（キリスト教の唯一神）から授けられた」ってことにすれば、「神への責任はあっても、国民への責任はない」ってことになるよね。王権神授説は、**イギリスのチャールズ1世に仕えたフィルマー**や、**フランスのルイ14世に仕えたボシュエ**が唱えたよ。

ただ、絶対王政だからといって、国王が完全に全国を支配できていたかっていうと、実はそうでもない😨。というのも、国内ではいまだに**貴族や聖職者が免税などの特権**を持っていたし、都市の内部には**ギルド**も残っている。少しは力をつけてきた新興市民階級はいるけど、彼らもまだ貴族に対抗して政治を動かせるほど強くはない。だから、中世の身分秩序が残ったまま、**勢力が弱ってきた貴族と成長し始めた平民階級の間のバランスを取りながら**、国王に権力が集中する「**主権国家**」になったのが絶対王政だ。**中世封建社会から近代市民社会への過渡期**だったからこそ、国王による中央集権化ができたっていうのが実態だよ。

絶対王政を支えるのは「官僚制」「常備軍」、その財源は「重商主義」、理論は「王権神授説」だ

2　スペインの絶対王政

◀ 対抗宗教改革を進めたフェリペ2世は、父の敵を討った！

ハプスブルク家の**カルロス1世**（神聖ローマ皇帝カール5世）が退位すると、スペイン王位を継いだ息子の**フェリペ2世**が、スペイン、ネーデルラント、ナポリなどヨーロッパのなかだけじゃなく、**アメリカ大陸の植民地も含めた広大な領土**を継承した。フェリペ2世は「自分は**カトリック世界の盟主**だ😤」という意識を強く持っていたから、「親父の敵討ち！」とばかりに、父カルロス1世を悩ませた新教徒とイスラーム勢力（オスマン帝国）に対抗したよ。

フェリペ2世は**対抗宗教改革**の中心として**新教徒への反撃**を進め、**イギリス女王メアリ1世と結婚**するとイギリスにカトリックを復活させた。また国内では**宗教裁判【異端審問】**を強化して、新教徒を異端として次々に弾圧し、「**禁書目録**」にある書物を学ぶことを一切禁止した。スペインでは学問が衰退したんだけど、フェリペには新教を潰すほうが大事だったんだね😅。さらに、**ゴイセン（カルヴァン派）の多いネーデルラントにカトリックを強制**すると、激しい反発が起きたんだ。

一方、イスラーム勢力に対しては、父カルロス１世がプレヴェザの海戦で敗れた**オスマン帝国への反撃**のために、海軍を大幅に増強したよ。そして**スペイン・ヴェネツィア・教皇**の連合艦隊を編成すると、**レパントの海戦**でついにオスマン帝国艦隊を破った😆。これまで負け続きだったヨーロッパ側がオスマン艦隊に勝利したから、カトリック世界でのフェリペ２世の威信は高まったよ。まあ、オスマン帝国はあっという間に艦隊を再建したけどね😅。「ならばさらに海軍を増強する！」とフェリペは新たな艦船を建造させた。これがあとで出てくる「無敵艦隊」だよ。

クローズアップ　**フェリペ２世時代のスペイン［位1556〜98］**

- ●対抗宗教改革の推進
    - ●イギリス女王メアリ１世と結婚　**➡イギリスにカトリックを復活**
    - ●フランスの**ユグノー戦争**にも介入
    - ●ネーデルラントに**カトリックを強制**　➡オランダ独立戦争
- ●オスマン帝国への対抗
    - ●レパントの海戦［1571］……オスマン帝国艦隊を撃破
- ●「太陽の沈まぬ国」……世界最大の植民地帝国となる
    - ●**アメリカ大陸経営**　**➡ポトシ銀山**などの鉱山開発＝**重金主義**
    - ●フィリピン領有［1571］……マニラを建設
    - ●ポルトガル王位を継承［1580］　**➡世界最大の植民地帝国となった**
- ●スペインの衰退
    - ●オランダ独立戦争［1568〜1609］　➡事実上独立
    - ●無敵艦隊【アルマダ】がイギリス海軍に敗北（アルマダ海戦）［1588］

◀ フェリペ２世時代のスペインは「太陽の沈まぬ国」になった！

この時代、スペインの繁栄を支えたのは**アメリカ大陸から運ばれてくる大量の銀**だ。これが**重金主義**だね。フェリペ２世は、この銀を財源にして強大な歩兵軍団を編成してヨーロッパで優位に立ち、フランスを破って**イタリア戦争**を終結させた。さらに、フランス国内で宗教戦争（**ユグノー戦争**）が始まると、**カトリック側を支援**して介入したんだ。

海外では、かつてマゼラン艦隊が到達した**フィリピン**を領有して**マニラ**を建設すると、**アジア貿易の拠点**にした。こののち、メキシコのアカプルコから太平洋を渡ってフィリピンのマニラに銀を運んで、中国商人と貿易をおこなった。これが**アカプルコ貿易**だよ。さらに、**ポルトガルで王家が断絶**すると、母方からの王位継承権を持っていたフェリペ２世は軍隊を派遣して反発を抑え込み、**ポルトガル王位を継承**した（同君連合）。こうしてスペインは、もともと持っていたアメリカ大陸やフ

ィリピンに加えて、ポルトガルの持っていた**アジアやアフリカの領土**も支配し、つねに領土のどこかに太陽が昇っている「**太陽の沈まぬ国**」を実現した😄。スペイン南西部の**セビリャ**やネーデルラントの**アントウェルペン【アントワープ】**は、アメリカ大陸やアジアとの貿易で繁栄した。特にネーデルラントは新大陸に輸出する毛織物の生産で発展して、その代金として銀が大量に流入し、イギリス、フランス、ドイツの中間に位置するという地の利もあったから、**アントウェルペンが国際経済の中心地**になったんだ😄。

　ただ、繁栄は長くは続かなかった……😒。アメリカ大陸から送られてくる**銀の多くは戦費として使われ**、スペイン本国の産業の発展には使われなかった。しかも、調子に乗って掘りすぎたから産出量も減り始めた。そして、17世紀になると**オランダの独立**と**ポルトガルの再独立**で、スペインは急激に衰退してしまうんだ。それじゃあ、スペインの勢力を傾けるオランダの独立に進もう！

3 オランダの独立

◀ いろいろな面で異なるネーデルラントの「北部」と「南部」

　ライン川の河口付近に位置する**ネーデルラント**は、中世から商工業が栄えた地域で、特に**フランドル地方**は**毛織物生産の中心地**だった。古くは英仏百年戦争で争奪戦になったけど、フランドルは**カルロス1世**の出身地で、当時は**スペイン領**だよ。

　スペイン領ネーデルラントは、ほぼライン川を挟んだ北部と南部で、言語・産業などが異なるんだ。現在のオランダにあたる**北部7州はドイツ系（ゲルマン系）住民**が多く、**海運や造船業、農業が発達した地域**だよ。一方、現在のベルギーにあたる**南部10州**は**フランス系（ラテン系）住民**が中心で、**フランドル地方**を中心に**毛織物産業**が発展していて、**アントウェルペン【アントワープ】はスペイン領時代に国際商業の中心**だった。ネーデルラントでは各州が大幅に自治権を認められていたけど、隣のフランスから**カルヴァン派の新教徒**が入ってくると、商工業者だけじゃなく貴族にも**カルヴァン派**が広がっていったんだ。

北部7州（現在のオランダ）		南部10州（現在のベルギー）
ゲルマン系	民　族	ラテン系
ドイツ語系	言　語	フランス語系
カルヴァン派（ゴイセン）が中心	宗　教	カトリックが中心
造船業、中継貿易、農業	産　業	毛織物産業、牧畜

第1章　オリエント・インドの古代文明

第2章　古代の地中海世界

第3章　古代の東アジア

第4章　中世ヨーロッパ

第5章　東アジア世界の変容

第6章　イスラーム世界

第7章　近代ヨーロッパの幕開け

クローズアップ　オランダ独立戦争

- ●原因……フェリペ2世の圧政
  - ●カトリックの強制　➡北部7州を中心に新教徒が猛反発
  - ●都市への重税、自治権剝奪　➡カトリック教徒も反発
    - ➡カルヴァン派は北部に集まり、南部はカトリック優勢となる
- ●オランダ独立戦争 [1568〜1609]
  - ●開戦[1568]……指導者はオラニエ公ウィレム
    - ▶北部7州（新教派）、南部10州（旧教派）が次々と参戦
      - ➡フェリペ2世の懐柔で、南部10州が脱落 [1579]
  - ●ユトレヒト同盟の結成[1579]……北部7州のみ。中心はホラント州
  - ●独立宣言[1581]……ネーデルラント連邦共和国（事実上は王国）成立
    - ▶初代総督：オラニエ公ウィレム（1世）[位1579〜84]
  - ●イギリスの参戦……エリザベス1世が、スペインの弱体化を狙って参戦
    - ➡イギリスがスペインの無敵艦隊【アルマダ】を破る（アルマダ海戦）[1588]
  - ●休戦条約 [1609]……オランダの独立を、スペインが事実上承認
  - ●ウェストファリア条約 [1648]……正式に独立承認

◀ フェリペ2世の「対抗宗教改革」と「重税」に反発、独立戦争が始まった！

　「自分はカトリックの盟主だ！」って思っているフェリペ2世は、自国の領内に新教徒がいるのが許せなかった。そこで、ネーデルラントにカトリックを強制したからカルヴァン派の貴族たちが反発した。これに対し、フェリペ2世はアルバ公を派遣して厳しく弾圧したから、新教徒たちはますます反発した。さらに、本国政府の財政再建のためにネーデルラントに重税をかけると、カトリック教徒も反発！　しかも、各州が持っていた自治権を奪おうとしたから、北部・南部、新教徒・カトリックに関係なく、フェリペ2世の圧政に対する反発が強まったんだ。

　1568年、オラニエ公ウィレムを指導者としてフェリペ2世に対する反乱が起きた。これがオランダ独立戦争の始まりだよ。戦争が始まると、各地の新教徒が反乱の中心地ホラント州（北部）に集まったから、南部ではカトリックが優勢になった。ただ、重税に対する不満は宗教には関係ないから、ウィレムは各地に働きかけて反乱に加わる州を増やし、北部だけじゃなく南部の州も一緒にスペインに反抗した。ただ、フェリペ2世の巻き返しで、カトリックが強い南部10州は反乱から脱落して、スペインの支配下にとどまったんだ😊。

　北部の連中は「信仰の自由を獲得するまで徹底抗戦だ😤」と奮い立ち、1579年にユトレヒト同盟を結成！　ホラント州を中心に北部7州の結束を固めると、1581年にはフェリペ2世の統治権を否定して独立を宣言し、オラニエ公ウィレム

（1世）を初代総督としてネーデルラント連邦共和国を成立させたよ。

　独立を宣言したからといってスペインは認めないから、戦争はまだまだ続くんだけど、**オランダの独立を支援する国も現れたよ**😆。スペインと敵対していた**イギリスのエリザベス1世**は、オランダに資金と兵士を支援した。ていうか、エリザベス1世はフェリペ2世が大キライ😆。だって、フェリペ2世がイギリス国内のカトリック派と組んでスコットランド女王のメアリ゠ステュアートを立てようとしたんだもん。一方、イギリスのオランダ支援にムカついたフェリペ2世は、「エリザベスめ、思い知らせてやる😡」と**イギリス侵攻作戦を決意**、ついに最終兵器の登場だ！　130隻の大型船に2500門の大砲と2万3000人の兵士を乗せた「**無敵艦隊【アルマダ】**」でイギリス上陸を狙った。これを迎え撃つ**イギリス海軍**は、**ドレーク**や**ホーキンズ**らの**私拿捕船**だよ。スペインの無敵艦隊はすごかったけど、両軍が激突したのはドーヴァー海峡……狭い海峡では、小回りの利く小型船が中心のイギリス海軍のほうが有利で、**スペインの無敵艦隊は大損害を受けた**。この**アルマダ海戦**で**イギリスが勝利**すると、スペインの威信は大きく揺らいだんだ。

　その後、スペインは財政が悪化して戦争を続けられなくなり、1609年には**休戦条約**を結んで**事実上オランダの独立を承認**したよ。オランダの独立が正式に認められるのは、1648年の**ウェストファリア条約**だけどね。豆知識だけど、**反乱が始まってからウェストファリア条約までが80年間**だから、オランダ人はこの戦争を「80年戦争」って呼んでいる。入試ではほぼ聞かれないけど、オランダ独立戦争が始まった年号（**1648年−80年＝1568年**）を覚えるには便利かもね😆。

> 独立したオランダは
> 北部7州だけだ！
> 南部はスペイン領の
> ままだよ

4 ▷ 覇権国家オランダ

◀ 17世紀初めには事実上独立して、対外進出を開始！

　事実上独立したオランダは、ネーデルラントがスペイン領だったときから産業が発展していたから、独立前から世界最先端だった**造船業**をもとに、**北海・バルト海**での交易や漁業で栄えたよ。特にバルト海では**ハンザ同盟を圧倒**して、穀物や木材などの中継貿易でむちゃくちゃ儲けたし、安い木材が流入したことで、造船業はさらに発展した。さらに南部から逃げてきた商工業者たちによって**毛織物業も発展し**たよ。しかも、**独立戦争中にスペインに破壊されたアントウェルペン**から商工業者や金融業者が逃げてきて、アムステルダムに流れ込んだから、中心都市**アムステルダムは国際経済・国際金融の中心**になった。さらに、第2の都市**ロッテルダム**も、海港都市としてだけじゃなく、**オランダ初の証券取引所がつくられる**など、繁栄し

た。それに、**信仰の自由を求めて独立したオランダは宗教に寛容**だったから、各国で宗教的に弾圧された人たちが多数亡命してきて、資本や情報が集まったんだ。

造船業や海運業の発展を背景に、オランダは本格的な対外進出を始めるよ。最初はいくつかの会社がアジア貿易で競争していたんだけど、1600年に**イギリスが東インド会社をつくる**と、「オランダ人同士で競争してる隙に、イギリスにオイシイところを持ってかれる😭」と思ったオランダ商人たちが中小の貿易会社を全部まとめて、1602年に**東インド会社【連合東インド会社】**をつくった。オランダ東インド会社は**株式会社の先駆**で、資本金はイギリス東インド会社のなんと10倍！ この資金で海軍力を強化すると、本格的に海外進出を始めるよ！

クローズアップ 📓 **オランダの覇権［17世紀］**

- ●アジア貿易……東インド会社**【連合東インド会社】**設立［1602］
- ●東南アジア進出
  - ▶**ジャワ島**進出……バタヴィアを拠点［1619～］
  - ▶**アンボイナ事件[1623]**……**マルク諸島【モルッカ諸島】**からイギリスを追放し、**香料貿易を独占**
  - ▶マラッカ占領［1641］、セイロン島占領［1658］
- ●東アジア進出
  - ▶台湾占領［1624］……**ゼーランディア城**を建設
  - ▶日本貿易の独占［1641～］……長崎の**出島**を拠点
- ●ケープ植民地の創設[1652]……**インド洋交易における重要な中継地**
- ●アメリカ大陸進出
- ●**西インド会社の設立**［1621］
- ●北米進出……**ニューネーデルラント**植民地建設を開始［1624］
- ●ラテンアメリカへの進出
  - ▶**ブラジルに進出**し、サトウキビ＝プランテーションを経営
    ➡大西洋で奴隷貿易にも加わる

◀ **香辛料貿易、中国貿易、日本貿易……アジア貿易を固めたオランダ！**

オランダ東インド会社は、ジャワ島の**バタヴィア**に要塞をつくって東南アジア交易の拠点にすると、まずは武力を使って支配地を広げたよ。オランダは**ポルトガルを排除**しながら香辛料貿易の拠点を奪っていった。まず、**クローブ**（丁子）や**ナツメグ**（肉ずく）など珍しい香料の産地だった**マルク諸島【モルッカ諸島】**に進出すると、同じことを考えていたイギリスと衝突！ 1623年の**アンボイナ事件**によって、**マルク諸島からイギリスを追い出した**。このとき、イギリス人だけじゃなくて、雇われていた日本人も含む多数のイギリス商館員が虐殺されたんだ😨。

その後、ポルトガルから東南アジア貿易の重要拠点である**マラッカ**を奪って、イ
ンド洋と南シナ海を結ぶ２本の海峡（**マラッカ海峡**と**スンダ海峡**）をおさえた。２
本とも取ったからオランダの勝ちだよ😆。さらに、ポルトガルから**シナモンの産
地セイロン島**も奪って、オランダは**香辛料貿易を独占した！**　一方、追い出された
イギリスは、インドへと方向転換したよ。

オランダは**東シナ海交易**にも進出したよ。海禁政策をとる中国本土には直接進出
できなかったけど、**日本**に進出して**平戸**に商館を置き、さらに**台湾**を占領して**ゼー
ランディア城**を建設すると、日本と中国を結ぶ中継貿易を始めたんだ。当時の日本
は銀や銅がたくさん採れたから、**日本銀・日本銅**と**中国産生糸**を交換すればむちゃ
くちゃ儲かったからね😊。特に、日本が鎖国を始めるとヨーロッパ諸国で**オラン
ダ**だけが貿易を許されたから、**長崎**の**出島**で貿易を続けた。出島に行ったことあ
る？　あんなに狭いところにおしこめられたのにオランダが怒らなかったのは、「日
本の銀や銅を独占できるなら、儲かるから問題なし😄」って思ったからだ。日本
の鎖国は、世界史の目線だと「オランダが日本貿易を独占した」ってことだよ。江
戸幕府にとっても、「和蘭風説書」は海外を知る重要な情報源だったんだ。ただ、
17世紀後半には**鄭成功**に台湾を奪われてしまう。しかも、17世紀末になるとイギ
リスとオランダが競争しすぎたためにヨーロッパで**香辛料の価格が暴落**😵。もは
や香辛料は珍しくなかったからね。香辛料貿易で儲からなくなったオランダは、**ア
ジア域内貿易**（アジアのなかでの中継貿易）にシフトしていくんだ。

また1652年には、ポルトガルが放棄したアフリカ南端の喜望峰に**ケープ植民地**
を建設した。ここは、大西洋からインド洋に向かう重要な中継地点で、以後オラン
ダは、**喜望峰からインド洋を直航**して、**スンダ海峡**を通ってバタヴィアに行く航路
を開拓したよ。ちなみに**ケープ植民地**に移住したオランダ系の人びとが**ブール人**だ
（ブールはオランダ語で"農民"のことだよ）。

◀ オランダは南北アメリカ大陸にも進出し、大西洋貿易でも繁栄！

17世紀前半のオランダは、誰にも止められない😌。アジア貿易の覇権を握るだ
けじゃなくて、**南北アメリカ大陸**でもオランダは大活躍だ！　オランダは大西洋を
挟んでアメリカ大陸との貿易をおこなう**西インド会社**を設立したんだけど、最初は
交易よりもアメリカ大陸からくる**スペイン船を略奪**してたんだ😵。ただ、略奪だ
けじゃあまり儲からなかったから、その後は植民活動が中心になるよ。

オランダは、北米に**ニューネーデルラント**植民地を領有すると、中心都市として
ニューアムステルダム（現在のニューヨーク）を建設して、先住民とビーバーの**毛皮**
などを取引したよ。さらに、一時ポルトガル領の**ブラジル**を占領して**サトウキビ＝
プランテーション**を経営し、アフリカから黒人奴隷を運ぶ**奴隷貿易**を始めたんだ。
のちにブラジルは放棄したけど、ブラジルの北側（現在のガイアナ）に領土を確保し
て、サトウキビ＝プランテーションを拡大した。18世紀にイギリスがむちゃくち
ゃ儲ける**大西洋三角貿易**だけど、すでに17世紀には**オランダが黒人奴隷貿易とプ**

第1章　オリエント・インドの古代文明

第2章　古代の地中海世界

第3章　古代の東アジア

第4章　中世ヨーロッパ

第5章　東アジア世界の変容

第6章　イスラーム世界

第7章　近代ヨーロッパの幕開け

ランテーションを組み合わせていたんだよ😆。こんなふうに、17世紀前半のオランダは世界中で貿易の覇権を握り、しかも国際金融の中心にもなって繁栄したよ。ヨーロッパは「17世紀の危機」と呼ばれていて、気候が寒く、各地で反乱や革命が起きた時代なんだけど、オランダにとっては「17世紀のひとり勝ち」だよ😄。

〈覇権国家オランダ〉

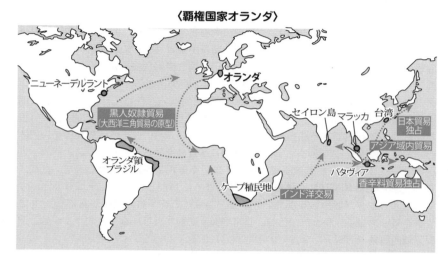

　それじゃあ、今回はこれでおしまい。最後は年号 check だ！

!! 年号のツボ

- ●**レパントの海戦**［1571］（以後ない　トルコ海軍）
- ●**ネーデルラント連邦共和国成立**［1581］（オランダは　以後はひとり立ち）
- ●**アルマダ海戦**［1588］（イギリス海軍　以後ははばたいた）
- ●**アンボイナ事件**［1623］（イギリスは　オランダの**威力**に去った）

　次回は、フランスの絶対王政とイギリスの革命だよ。どちらも同じ時代なんだけど、正反対だね😆。オランダは次回も大事だから、しっかり復習してね！

第25回

近世のヨーロッパ②（イギリス・フランス）

17世紀のイギリスでは議会と国王の対立から革命が起こり、同じころ、フランスは絶対王政を確立していくよ。対照的なイギリスとフランスの状況を見ていこう！

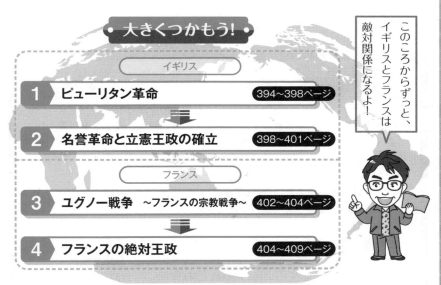

・大きくつかもう！・

イギリス

1 ピューリタン革命　394〜398ページ

2 名誉革命と立憲王政の確立　398〜401ページ

フランス

3 ユグノー戦争　〜フランスの宗教戦争〜　402〜404ページ

4 フランスの絶対王政　404〜409ページ

このころからずっと、イギリスとフランスは敵対関係になるよ！

テューダー朝が断絶したあとのイギリスは、国王の専制政治に議会が反発して内乱となり、イギリス史上唯一の共和政を経験するんだ。でも、すぐに王政に戻ってしまう。その後、名誉革命を経て、現代にまで続く議院内閣制が確立されていくよ。一方、フランスは激しい宗教戦争ののち、ブルボン朝のもとで絶対王政を確立し、有名なルイ14世の時代を迎えるよ。この時代、ヨーロッパは気候が寒冷化して「17世紀の危機」なんて呼ばれている。危機のなかで、英仏両国はどちらも重商主義政策をとって、ひとり勝ちだったオランダに対抗するんだ。

それじゃあ、近世のイギリス・フランスの始まり〜😆。

1　ピューリタン革命

◀ イギリスの革命は「国王と議会の対立」から起こった!

　イギリスの絶対王政では、すでに議会が重要な役割を持っていて、**下院議員の多くはジェントリ【郷紳】**だった。しかも、ジェントリは給料をもらわずに**治安判事**として地方行政を担っていたから、国王が国内を支配する際に、彼らの協力が絶対に必要だった。当時、地主であるジェントリは**第 1 次囲い込み**を進め、さらに毛織物の**マニュファクチュア【工場制手工業】**も経営していたから、国王が一部の特権商工業者だけを保護する**重商主義**に不満を持ち、議会を舞台に国王と対立したんだよ。また、商工業の発達によって新興市民階級も現れ、彼らの間に**カルヴァン派(ピューリタン)**が広がっていたから、議会のなかにもピューリタンが増えていたんだ。

クローズアップ　　ステュアート朝①(ピューリタン革命まで)

- ●**ジェームズ 1 世**[位1603〜25]……**専制政治を強行**
  - ●**王権神授説**　➡ **国教会支配の強化**を図り、**ピューリタンを弾圧**
- ●**チャールズ 1 世**[位1625〜49]
  - ●専制政治の強化……**王権神授説**による専制政治を強化
  - ●**権利の請願**[1628]……議会が可決して、王に提出
    - ▶**議会の同意のない課税、不当逮捕・投獄、軍法裁判の濫用などに反対**
      - ➡国王は**議会を解散**(無議会政治[〜1640])
  - ●**スコットランドの反乱**[1639]……スコットランドへの**国教会強制**が原因
  - ●**短期議会**[1640.4]……王が増税を求めて開催　➡議会が反抗、王は
    議会を解散
  - ●**長期議会**[1640.11〜]……短期議会解散の後、再び増税を求めて開催
    - ➡議会と国王の対立が深刻化し、議会内で**王党派**と**議会派**の対立が激化
  - ●**内戦勃発**[1642] = ピューリタン革命

◀ ステュアート朝が成立すると、国王と議会の対立が始まる!

　エリザベス 1 世が未婚のまま亡くなってテューダー朝が断絶すると、スコットランド国王ジェームズ 6 世が迎えられ、イギリス(イングランド)王**ジェームズ 1 世**として即位し、**ステュアート朝**が成立した(スコットランドとの同君連合)。ただ、いきなり新国王に、エリザベス 1 世と同じバランス感覚を求めるのはムリだよ😅。ジェームズ 1 世は「**国教会体制を強化する**😤」と言ってピューリタンを弾圧したうえに、**王権神授説**を振りかざして議会を軽視し、イギリスの政治で一番大事だった**国王と議会のバランスを無視**したんだよ。しかも17世紀初めのイギリスは、

スペインがアントウェルペンを攻撃して市場が閉鎖されて以来、**毛織物の輸出が激減**してむちゃくちゃ景気が悪く、しかも冬になるとテムズ川が凍っちゃうくらい寒くて、まさに「**17世紀の危機**」だった😫。でも、国王は何の対策もせずに一部の**特権商人を保護**して、財政難を理由に新しい税や特権の拡大などの**重商主義政策**を強化したから、議会との対立はますます深まった。「もうやってられない😩」と思ったピューリタンのなかには、**オランダに亡命**する人も現れた。そこから、さらに**北米へと移住**した人が**ピルグリム゠ファーザーズ**だ。

◀ チャールズ1世が専制を強めると、ついにピューリタン革命が勃発！

ジェームズ1世のあと、息子の**チャールズ1世**が国王に即位したんだけど、彼もまた**王権神授説**を信奉して、議会の同意なしに臨時の税をかけるなど、**専制政治**を強めた。これには議会も黙っていられなくなり、1628年、**権利の請願**を国王に提出して、**議会の同意のない課税、不当逮捕・投獄、軍法裁判の濫用などを禁止**するように訴えた。これは、大憲章【マグナ゠カルタ】などで認められていた**歴史的な権利を再確認**するものだ。ところが国王は「生意気な😠」と逆ギレして**議会を解散**し、11年間にわたって議会を開かなかった。以後、ますます国教会との関係を重視して**反**

大憲章【マグナ゠カルタ】のときは「貴族の同意のない課税」に反対したよね。だって、まだ議会はないよ

対派やピューリタンの弾圧を強めたから、国王と国民の対立は決定的になった。そしてこの時期に、国王に反対するジェントリにピューリタンが広がっていったんだ。

革命の発端は、同君連合だった**スコットランド**から起きたよ！ チャールズ1世が**長老主義（カルヴァン派）**をとるスコットランド国教会を、国王を首長とする**イギリス国教会と同じ主教制に変えようとしたら**（イギリス国教会の強制）、**スコットランドで反乱**が起こった。「鎮圧に軍事費がかかるな……😫」と思ったチャールズ1世は、イギリス（イングランド）に課税しようと、のちに**短期議会**と呼ばれる議会を招集した。しかし、11年間ぶりに開かれた議会では「今さら何を言うのですか😠」と激しい反発が起こったので、アタマにきた国王は**わずか3週間で議会を解散**しちゃったんだよ。

しかし、スコットランドの反乱をおさえられなかった国王は、賠償金を支払うことになった。仕方なく、**再びイギリス（イングランド）で議会を開く**ことになったんだけど、議会にしてみれば「陛下、いい加減にしてください😠」って感じだよ。のちに**長期議会**と呼ばれるこの議会では、国王に反対する議会派が中心になって国王への「**大抗議文**」を提出したから、**チャールズ1世は議会を武力で弾圧する**ことを決意し、ロンドンを離れて戦闘準備に入った。対する議会派も民兵を集めて対抗したから、ついにイギリスでは**内戦が始まった**んだ（**ピューリタン革命の勃発**）。

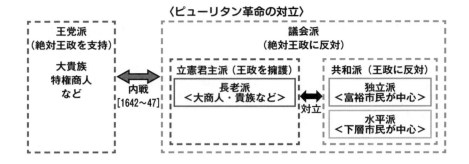

◀ ピューリタン革命は、対立関係をしっかりおさえよう！

　ピューリタン革命は、最初は王党派（宮廷派）と議会派（地方派）の内戦だよ。王党派は国王を支持したグループ、つまり今のままの絶対王政でも OK と言ってる連中で、貴族や特権商人、それに保守派のジェントリがいて、ヨークを中心に北部・西部を基盤にしていた。対する議会派は、ジェントリやヨーマン（独立自営農民）、それに中小の商工業者が中心で、ロンドンを拠点に東部・南部を基盤にしていた。宗教的には、王党派の多くが国教会、議会派の多くがピューリタンだよ。

　内戦が始まってみると王党派のほうが優勢だった。だって、王党派にはもともと司令官だった貴族や騎兵隊がいたのに対して、議会派のほとんどが各地の民兵を寄せ集めた素人集団だもん、いきなり「武器持って戦え！」って言われてもムリだ😫。しかも、どちらの軍も略奪し放題で、一般の民衆にしてみれば「どっちも似たようなもの」だよ。それに、議会派のなかも一つにまとまっていたわけじゃない。「早めに内戦を終わらせよう」っていう長老派もいれば、「徹底的に戦う😤」と言ってる独立派もいる。そこに現れたのが、クロムウェルだよ。

　独立派のクロムウェルは「もっとまじめな、規律正しい軍隊をつくらなきゃいけない😠」と考え、ヨーマンを中心に鉄騎隊をつくった。鉄騎隊っていうのは、鉄製の武器でガチガチに固めたってわけじゃなくて、まじめなピューリタンだけを集めてつくった「鉄の信仰と鉄の規律」を持つ軍隊で、彼らが活躍したマーストン＝ムーアの戦いで王党派を破った。しかも略奪をしなかったから、民衆は「みんな鉄騎隊ならいいのに……😌」と言い始めたんだ。これを見た議会派の指導者たちは「こうなったら、議会軍をすべて鉄騎隊みたいにしよう！」と、クロムウェルを中心に「ニューモデル軍」を編成、国王と妥協しようとする長老派の軍司令官を追放して、素人集団だった議会軍を近代的な軍隊に変えた。そして1645年、ネーズビーの戦いで議会軍が決定的な勝利を収めたんだ😊。国王チャールズ1世はスコットランドに逃亡したんだけど、身柄を議会派に引き渡された。

　しかし、今度は議会派のなかで対立が激しくなった😵。だって、議会派は「国王の絶対王政に反対！」というだけで、それ以外の部分はバラバラなんだもん。貴族や大商人を中心とする長老派は、王政そのものには反対じゃないから立憲君政

（王権を制限する）を主張していたのに対し、**独立派と水平派は国王のいない共和政**を目指していた。ただ、同じ共和派でも、ジェントリや富裕市民を中心とする**独立派**は、選挙権を土地所有者などの金持ちだけに制限したいと思っていたのに対し、中小の手工業者や商人、下層の兵士たちが属する**水平派**は、「参政権は平等だ！（男子普通選挙ってことね）」と主張して独立派と対立した。

そして、独立派の**クロムウェル**は軍を使って**長老派の議員を議会から追放**すると（「プライド大佐の追放」）、**1649年国王チャールズ1世を処刑**した😌。その後、過激な主張を続ける**水平派**も弾圧して**独立派が軍隊と議会の両方を握り、独裁体制**をつくった。こうして、イギリス史上ただ一度の「国王がいない」**共和政**ができた。

〈議会派内部の構成〉

	議員	軍司令官	下層兵士
長老派	◎	―	―
独立派	△	◎	―
水平派	―	△	◎

◎多数派 △少数派 ▨議会 ▨軍

長老派を追放すると、議会と軍の両方で独立派が多数派になるんだ

◀ 共和政にはなったものの……クロムウェルの軍事独裁となる！

権力を握った独立派は軍事行動を続け、クロムウェルを司令官に**アイルランド**を**征服**した。これは、アイルランドのカトリックと組んで革命を潰そうとした**王党派の討伐**が口実だけど、**アイルランド人の土地を没収してロンドンの商人やプロテスタントの地主に与えた**。これがのちの**アイルランド問題**の原因だ😫。さらに、**長老派が強いスコットランドも征服**すると、スコットランド王になっていたチャールズ1世の息子**チャールズ2世はフランスやオランダを転々と亡命**した。

また、ロンドンなどの商人たちの働きかけで、**1651年に航海法を制定**し、**商品の輸送をイギリスと貿易相手国の船だけに制限**した。これは、本国と植民地を結ぶ貿易や、ヨーロッパ諸国とイギリスの貿易から**オランダ商人を締め出す法律**だよ。宗教のことばかり考えてるクロムウェルは、同じカルヴァン派のオランダとは仲良くしたかったんだけど、商人たちにとって、**中継貿易の主導権を握るオランダはただのライバル**だ。航海法の発布をきっかけに、両国の対立は**英蘭戦争【イギリス＝オランダ戦争】**（第1次）に発展した（このあと、**第2次・第3次はチャールズ2世時代**）。

さて、独裁体制となった独立派のなかも、議会、軍隊、教会の考えていることはバラバラだった😫。議会（特に商人たち）は「貿易や産業を発展させたい」し、軍隊は戦争を続けて権力を維持したい。まじめなピューリタンは神のための政治をやりたい……、みんながクロムウェルに「あなたは誰の味方なんですか？」と聞いてくる。うーん、どうしよう😵？　結局、クロムウェルは軍隊を味方につけて**武力で長期議会を解散**し、**1653年、護国卿になって軍事独裁体制**をつくったんだ😲。

クロムウェルの独裁は、人びとに禁欲を強いる**厳しい政治**で、劇場や居酒屋が閉

第1章 オリエント・インドの古代文明
第2章 古代の地中海世界
第3章 古代の東アジア
第4章 中世ヨーロッパ
第5章 東アジア世界の変容
第6章 イスラーム世界
第7章 近代ヨーロッパの幕開け

鎖され、娯楽が禁止された。まあ、クロムウェル自身はまじめなピューリタンだったけど、そんなもん国民全員に強制するようなもんじゃない。人びとは「飲み屋まで閉鎖？　絶対王政のほうがマシじゃないか😖」と反発した。そしてクロムウェルが亡くなると「不満を抑えきれない」と思った息子リチャードは護国卿を辞任、**長老派**を中心に議会が再開されて王政に戻すこと（王政復古）を決めると、亡命先のフランスから**チャールズ2世**を迎えて、**ステュアート朝を復活**させたんだ。

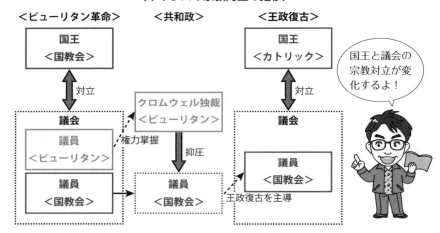

〈イギリスの宗教対立の推移〉

＜ピューリタン革命＞　　＜共和政＞　　＜王政復古＞

国王と議会の宗教対立が変化するよ！

2　名誉革命と立憲王政の確立

◀ 王政復古したものの……今度は国王がカトリック政策をとる！

　クロムウェルの軍事独裁がひどすぎたから、イギリス人は「国王はいたほうがいい！」と思っていたし、チャールズ2世がブレダ宣言を発表して、「革命にかかわった者は処罰しない。信仰の自由も認める。議会は尊重する」って約束していたから、帰国した国王をロンドン市民は歓喜の声で迎えたんだ。最初は議会と国教会を革命前の状態に戻したんだけど、そのうち**チャールズ2世は専制政治を復活**し、革命の指導者数名を処刑した。父王を処刑された恨みだな……。しかも、**カトリックを保護**した😨！なんで？って思うかもしれないけど、チャールズ2世がフランスに亡命したときに世話してくれた**ルイ14世**に、完全に影響された！　しかも、チャールズ2世が「フランスのオランダ攻撃に協力して**第3次英蘭戦争**を起こし、さらに**イギリスにカトリックを復活**する」という**ドーヴァーの密約**を結んだことがバレた！　ちなみに、第2次・第3次英蘭戦争は、チャールズ2世時代だよ。

　こうした国王の動きに対し、議会は法律をつくって対抗した。まず、**審査法**をつくって公職就任者（議員や官僚）をイギリス国教徒に限定し、国王派のカトリック教

徒を公職から排除したんだけど、次の国王の有力な候補だった王弟のジェームズ（2世）がカトリックだったことが判明😳。あの忌まわしいカトリックの国王「血のメアリ」の記憶がよみがえった。そこで議会は、**不当逮捕・投獄を禁止**する**人身保護法**もつくった。不当逮捕・投獄の禁止は、「**大憲章➡権利の請願➡人身保護法**」の3回にわたって確認されているよ。そして、議会のなかでは、「**王弟のジェームズ（2世）を王位継承から排除しよう**🤨」という動きが始まった。だって、このまま国王に即位したらカトリックを復活して、専制政治をやるに違いない！　この運動を進めたグループは**ホイッグ党**（本来は「スコットランドの謀反人」の意）と呼ばれるようになり、王権の制限と議会主権を主張した。これに対し、「王位継承にまで議会が口を出すべきじゃない」と考えてホイッグ党に反対したグループは、**トーリ党**（本来は「アイルランドの無法者」の意）と呼ばれるようになった。

クローズアップ　ステュアート朝②（名誉革命まで）

- **チャールズ2世**［位1660〜85］……王政復古でフランスから帰国
- **絶対王政の強行**……仏のルイ14世と組み、**カトリック復活**を図る
- **英蘭戦争【イギリス＝オランダ戦争】**（2次［1665〜67］・3次［1672〜74］）
  - ▶仏のオランダ侵略戦争に協調し、第3次英蘭戦争を起こす
- **議会側は法整備で対抗**
  - ▶**審査法**［1673］……**公職就任者（議員・官僚）を国教徒に限定**する法
  - ▶**人身保護法**［1679］……**不当逮捕・投獄の禁止**
- **議会内の対立**……**王位継承の承認**をめぐる対立
  - ▶**トーリ党**……ジェームズの王位継承を認める
    - ➡のちに**保守党**に発展
  - ▶**ホイッグ党**……ジェームズの王位継承を認めない
    - ➡のちに**自由党**に発展
- **ジェームズ2世**［位1685〜88］……**カトリック政策**を強行
  - ➡議会が一致して、**国王の退位を決議**
- **名誉革命**［1688〜89］……議会がジェームズ2世の廃位を決定
- **メアリ2世**［位1689〜94］、**ウィリアム3世**［位1689〜1702］の即位（共同統治）
  - ▶**権利の宣言**［1689］……**王権に対する議会の優位**を宣言
  - ▶**権利の章典**［1689］……権利の宣言を法文化　➡**議会主権**の確立

◀ ついに議会が国王の廃位を決定。無血で名誉革命が成功した！

　チャールズ2世が亡くなると、国民の多くが嫌がっていた**カトリックの国王ジェームズ2世**が即位してしまった😫。しかも、国王は予想通りプロテスタントを弾圧する専制政治をおこない、反対する連中を弾圧して逮捕し始めた。こうなると、

王位継承を支持していたトーリ党も「やっぱ、この国王はまずかった😅」と考え始め、ホイッグ党の連中は「オマエたちのせいで専制政治になったじゃないか！」とツッコミ始める。そして、ジェームズ2世の息子（皇太子）が誕生すると事態は深刻になった。だって、ずっとカトリックの国王が続くかもしれない……。

　ついに、トーリ党とホイッグ党は国王を廃位することで一致した。イギリス議会は、ジェームズ2世の娘で国教徒として育てられた**メアリ**と、その夫で**オランダ総督**の**オラニエ公ウィレム3世**に救援を求め、**オランダ軍を率いたウィレム夫妻がイギリスに上陸した**。ジェームズ2世はイギリス軍に「オランダ軍を倒せ😡」と命令したんだけど、軍にも見放されて、誰も国王の命令を聞かなかった。仕方なく、**ジェームズ2世はフランスに亡命した**んだ。もし、このときイギリス軍が動いていたら、また英蘭戦争になっていたよね。危なかった……😥。

　ロンドンに入ったメアリとウィレムは、「王権よりも議会が優越する」という**権利の宣言**を承認して、**メアリ2世、ウィリアム3世**として即位し、共同統治のイングランド王になった。ウィリアム3世は事実上のオランダ王だから、**イギリスとオランダは同君連合**になったんだね。そして、議会は権利の宣言をもとに**権利の章典**を制定し、国王の専制政治、宗教裁判、議会の同意のない課税など、**国王が議会の承認なくおこなったことはすべて違法**とされた。こうして王権に対する議会の優位（**議会主権**）が法律で定められ、イギリスは立憲君主政の原則を確立したよ。さらに、**寛容法**でプロテスタントの信仰の自由も認められた（カトリックはダメだよ）。これら、一連の「革命」は、戦闘なく無血で実現したから「**名誉革命**」と呼ばれているんだ😁。

権利の章典は憲法に匹敵する重要な法として、今でも有効だ！

◀ ウィリアム3世のもとで、英仏植民地抗争が始まった！

　国王になったウィリアム3世のもとで、対外的には**フランスと戦った**。名誉革命の直前、オランダはルイ14世の**オランダ侵略戦争**と、それにあわせた**第3次英蘭戦争**で弱っていたから、ウィリアム3世は英蘭連合でフランスに対抗したんだ。ウィリアムが「フランスがヨーロッパで戦争をしているなら、その隙にフランスの植民地に攻め込もう！」と議会をあおると、ホイッグ党を中心に「おお、それは名案！」と、積極的に対フランス戦争を進め、**北米での植民地抗争**（**ウィリアム王戦争**）が始まった。また、前国王ジェームズ2世がフランス軍の協力でアイルランドを拠点に反撃しようとしたから、ウィリアム3世は軍を派遣してこれを破り、**アイルランドを完全に植民地化**した。また、戦争の費用を調達するために国債制度がつくられ、その引き受け機関として**イングランド銀行**も設立されたんだ（**財政革命**）。

　ウィリアム3世が亡くなったあと、メアリの妹の**アン女王**が即位した（オランダ

との同君連合は解消）。とはいっても、名誉革命以降、**政治的な決定は議会が中心**だからね。アン女王の時代には、スコットランドが併合されて、グレートブリテン王国【大ブリテン王国】ができたよ。これまでは同君連合だったけど、これでスコットランド議会が廃止になって、スコットランドにもイギリス議会の議席が割り振られた。それから、この時代には**スペイン継承戦争**と**アン女王戦争**もあるんだけど、植民地抗争は第㉗回でまとめて話そう！　ただ、アン女王は後継者となるべき子どもを幼くして次々と亡くし、しかも晩年はブランデーの飲みすぎで自分で歩けないほどの肥満になった😵！　アン女王の棺桶は正方形だったらしいよ😓。

◀ **ハノーヴァー朝のもとで「国王は君臨すれども統治せず」の原則ができた！**

　こうして**ステュアート朝**が断絶すると、議会はジェームズ1世の曾孫（ひ孫）にあたるドイツの**ハノーヴァー選帝侯**を国王ジョージ1世として迎えた。これが、現在のイギリス王室につながる**ハノーヴァー朝**だよ。あっ！　今はウィンザー朝ね。第一次世界大戦でドイツが敵となり、1917年に改称したんだよ。

　ジョージ1世は即位したときすでに54歳でイギリスの政治もよくわからなかったし、名誉革命後は議会内の有力者が**内閣**を構成していたので、**ほとんど議会に出なかった**。ジョージ1世は英語がほとんどわからなかったから、「**英語が話せないから、政治に口は出さない**」ってフランス語で大臣に伝えると、大臣は「Oui, Sa Majesté（わかりました、国王陛下）」とフランス語で答えた……てか、伝わっとる😂。だって、当時の外交の共通語はフランス語だから、フランス語で意思疎通はできるんだよ。でも、ジョージ1世は**議会の優越**がわかっていたし、何より**イギリスの政治にあんまり興味がない**😑。すぐにドイツに帰っちゃうから、その間、内閣の中心人物が事実上の**首相**として国王のかわりになった。そのうち、国王がイギリスにいるときも首相に政治を任せるようになり、「**国王は君臨すれども統治せず**」という伝統が生まれたんだ。1721年から長期にわたって政権をとった第一大蔵卿の**ウォルポール**が、事実上の**初代首相**だよ。ここから20年以上もウォルポールが首相だったんだけど、1742年の議会選挙で敗れたから、**ウォルポールは自ら辞任した**。こうしてイギリスでは、**内閣は議会に対して責任を負い**、選挙で負けて議会の支持がなくなれば交代するという、**議院内閣制**【責任内閣制】ができたんだ。これが現在多くの国で採用されている**議会制民主主義の原則**だね。ちなみに、イギリスで「首相」という地位が法律で正式に決められたのは1937年、それまでは第一大蔵卿が事実上の「首相」だったんだよ。

イギリスは、議会政治や内閣制度の伝統が300年近くもあるんだね。ちなみに、現在もイギリス首相は「首相」兼「第一大蔵卿」だよ！

3 　ユグノー戦争　〜フランスの宗教戦争〜

◀ フランスでもユグノー（カルヴァン派）が増加し、ユグノー戦争が勃発！

　いったん頭を16世紀後半に戻そう！　この時代のヨーロッパでは、フランスだけじゃなく各地で「カトリック vs. プロテスタント」の**宗教戦争**が起こったよ。前回やった**オランダ独立戦争**もほぼ同時代だし、17世紀になると史上最大にして最後の宗教戦争である**ドイツの三十年戦争**も起きる。宗教改革が始まってから約半世紀でプロテスタントが拡大し、各地で宗教対立が激化して宗教戦争に発展したんだね。

　フランス国内でも**カルヴァン派（ユグノー）**が急速に広がっていた。フランス人の**カルヴァン**がジュネーヴから改革運動を指導したことも影響して、最初は商工業者から、のちに貴族にもユグノーが増加して、**カトリックとユグノーの対立**が激化した。イタリア戦争の英雄だった**ギーズ公**は**カトリック派**の中心として**ユグノーを弾圧**し、一方で、**ナヴァル王（ブルボン家）**を中心とする**ユグノー派**はこれに対抗、ついに1562年ギーズ公によるユグノーの虐殺事件からフランスの宗教戦争、**ユグノー戦争**が勃発したんだ。本当なら**カトリックの中心**であるはずの王家**ヴァロワ家**は、国王**シャルル9世**がまだ子どもだったから、母親の**カトリーヌ＝ド＝メディシス**が**摂政**として権力を握り、カトリック派とユグノーのどちらにもつかず、両派のバランスの上で王権強化を狙ったんだよ。名前で気づいたかな？　「メディシス」はフランス語で「メディチ」のことで、**メディチ家出身**だよ。でも王家がユグノー・カトリックの間で揺れ動き、かえって王権が弱まって内戦が激化してしまったんだ😫。

〈ユグノー戦争〉

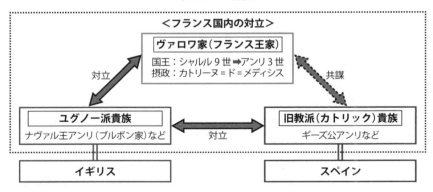

◀ サンバルテルミの虐殺で内戦が激化し、しかも……ヴァロワ朝も断絶！

　そして、1572年には**サンバルテルミの虐殺**が起こり、対立がさらに深刻になった。これはユグノーの首領である**ブルボン家のナヴァル王アンリ**（のちの**アンリ4世**）と、国王の妹マルグリートの結婚によって新旧両教徒の和解を狙ったんだけ

ど、この結婚式でパリに集まったユグノーをカトリック派が虐殺したのをきっかけに、全国で**カトリックによるユグノーの虐殺**が起こったんだ。ユグノーは国王に反発し、カトリック派の貴族も同盟をつくって**教皇やスペイン王フェリペ2世**（ハプスブルク家）に接近した。すると、スペインに対抗した**イギリス**や、ハプスブルク家に反発する**ドイツの新教派諸侯**がユグノーを支援するなど、外国の干渉も激しくなった。

　しかも、内戦の激化に悩んだ**シャルル9世**が過労で倒れて**病死**すると、続いて国王になった**アンリ3世**は、スペインの支援とパリ市民の支持を受けた旧教派の中心**ギーズ公アンリを暗殺**した。しかし旧教派の反発が予想以上に強く、アンリ3世はユグノー派のナヴァル王アンリと同盟して対抗したら、今度は**アンリ3世がカトリックの修道士に暗殺された**😫! こうして、**ヴァロワ家は断絶**したため、**ブルボン家のナヴァル王アンリが王位を継承**、**アンリ4世としてフランス王に即位しブルボン朝が成立**したよ。「ユグノーがフランス王になるのは異常事態だ！」と**ローマ教皇やスペインは反発**、フェリペ2世は軍事介入を強めようとしたんだ。

◀ アンリ4世がナントの王令で宗教対立を収め、ユグノー戦争終結！

　即位したのち、国際紛争の危機と、国内の宗教対立を収めるために、**アンリ4世はユグノーからカトリックに改宗**し、カトリック派の支持を得てパリに戻った。さらにアンリ4世は、1598年に**ナントの王令**を発して、**ユグノーに個人の信仰の自由を認め**、多少の制限はあるものの、新旧両教徒にほぼ平等の市民権を認めた。これは、ヨーロッパで初めて**個人の信仰の自由を認めた法令**だよ。こうして、宗教対立が収まって**ユグノー戦争は終わり**、フランス国内の統合が進んだ。

　しかも、ナントの王令にはオマケもついてきた！　カトリックとプロテスタントの共存が可能になって**国内の統合が進み**、ブルボン朝は王権強化に向かった。しかも、信仰の自由を認められた**ユグノー**(新興市民・商工業者に多い)がフランス国内に**定住**した。だって、宗教的に弾圧されないなら、人口が多くて市場が大きいフランスにいたほうが、商工業者は得だよ😄。これが毛織物工業など**商工業の発展**につながり、国王の**重商主義政策**と結びついて、絶対王政を支える財源になったんだ。

合否の分かれ目 ▶ **独仏の信仰の自由の比較**

- ●**アウクスブルクの宗教和議**（ドイツ）
  - ▶各諸侯（領邦）に**信仰選択権**を与える ➡**個人の信仰の自由はない**
  - ▶カトリックかルター派の選択のみ認める ➡**カルヴァン派は除外**
- ●**ナントの王令**（フランス）
  - ▶ユグノーに**個人の信仰の自由**を認める ➡**ユグノー戦争**を収束

第1章 オリエント・インドの古代文明

第2章 古代の地中海世界

第3章 古代の東アジア

第4章 中世ヨーロッパ

第5章 東アジア世界の変容

第6章 イスラーム世界

第7章 近代ヨーロッパの幕開け

　ユグノー戦争を収めたアンリ4世は、中小の貴族を官僚にして大貴族を抑え、地方にも官僚を派遣するなど**主権国家として**国内の支配を固め、さらにシュリを財務総監にして財政を立て直した。さらに、**東インド会社**を設立して対外貿易をやろうとしたんだけど、これは貿易する前に倒産しちゃった😅。一方で、シャンプランの探検を援助して**カナダ**に進出し、**ケベック**を建設したよ。だからカナダのケベック州では今でもフランス語が公用語だね。

　ただ、**アンリ4世**は、熱狂的なカトリックの信者に「教皇の敵め！」と言われて**暗殺**されてしまったんだ😵。

4 ▶ フランスの絶対王政

◀ ルイ13世を助けた宰相リシュリューが、フランスの王権を強化した！

　アンリ4世の暗殺後、息子の**ルイ13世**が即位したんだけど、わずか8歳😅。だから最初は母親の**マリ゠ド゠メディシス**が摂政として実権を握っていたんだ。ていうか、またまた**メディチ家**出身の奥さんだね😅。ただ、国王が幼いのをいいことに、**貴族たちが王権に反抗**し始めて、フランスの政治は不安定になった。しかもマリ゠ド゠メディシスは、1615年に**全国三部会（三部会）を解散**し、以後1789年まで**全国三部会は開かれなかった**（**全国三部会の招集停止**）。次に開かれるのはフランス革命の直前だ。

　さて、即位したときは子どもだったルイ13世も、成長するにつれて、いつまでも自分を子ども扱いにして権力を握り続ける母親がウザくなってきた。対する母マリ゠ド゠メディシスの権力欲は全く衰えない😤。この**親子の対立**は、実際に戦闘も起きて「**母子戦争**」になった。この対立の調停役となって頭角を現したのが、フランスの絶対王政を確立した**リシュリュー**だ。国王ルイ13世と母親マリ、そして宰相リシュリューの3人の駆け引きのなかで、リシュリューとマリ゠ド゠メディシスが対立したとき、ルイ13世はリシュリューを支持して母親マリを追放した。その後、リシュリューは上手いこと国王を誘導して**王権を強化**していくよ。

　宰相としてリシュリューは、**王権強化**のために大きく二つの政策をとった。一つは国内の**大貴族の勢力を弱らせる**ことだ。国内の**官僚制**を整備して地方を直接支配すると、大貴族の拠点になっていた**高等法院の権限を弱め**、さらに反発する貴族を処刑した。反発した貴族たちが何度もリシュリュー暗殺を計画したんだけど、その度にリシュリューに逆襲されて潰された😵。さらにリシュリューは、**農民蜂起やユグノーの反発も鎮圧**して、国内で王権を確立したんだ😆。

　そしてもう一つが、**反ハプスブルク外交**だ。ブルボン家の力を強めるには、ヨーロッパで最大の王家ハプスブルク家の勢力拡大はなんとしても抑えなきゃいけない。そこで、ドイツの**三十年戦争**では、まずルター派のスウェーデンを支援して、その後は**フランスが直接出兵**して、皇帝とスペインの「ハプスブルク家連合」と戦った。こうして、**カトリック国のフランスがドイツの新教側を支援**したから、三十

年戦争は宗教に関係なくなり「ハプスブルク家 vs. ブルボン家」が覇権を争う国際戦争になった。この戦争はリシュリューの死後まで続くことになるよ。

クローズアップ　フランスの絶対王政（ブルボン朝）

- ●ルイ13世[位1610〜43]……初期は母后マリ＝ド＝メディシスが実権を握る
  - ●全国三部会の招集停止[1615〜]……以後1789年まで停止
  - ●宰相：リシュリュー[任1624〜42]による絶対王政の確立
    - ▶**高等法院の抑圧**……大貴族勢力を抑圧
    - ▶反ハプスブルク外交……ドイツの三十年戦争に**新教側**で介入
    - ▶**アカデミー＝フランセーズの設置**[1635]
- ●ルイ14世【太陽王】[位1643〜1715]……治世前半はマザランが実権を握る
  - ●宰相：マザラン[任1642〜61]……**リシュリュー路線を継承**
    - ▶反ハプスブルク外交の継続……**三十年戦争で優勢を保ち、講和**
      - ➡ウェストファリア条約[1648]……**ブルボン家の優位**が確定
    - ▶フロンドの乱[1648〜53]　➡貴族勢力は完全に無力化し、王権に屈服
  - ●ルイ14世の親政[1661〜1715]……マザランの死後、宰相を置かず
    - ▶王権神授説を採用……ボシュエの説を採用。「朕は国家なり」と豪語
    - ▶財務総監：コルベール[任1665〜83]の重商主義（コルベール主義）
      - ➡**東インド会社の再建**[1664]／西インド会社の設立[1664]
      - ➡**特権マニュファクチュア**……輸出向け毛織物生産などを推進
    - ▶新大陸進出……北米にルイジアナ植民地領有[1682〜]
    - ▶ヴェルサイユ宮殿の建設[1682完成]
    - ▶ナントの王令廃止[1685]　➡ユグノーが国外へ逃亡し、国内産業に打撃
- ●強引な対外遠征……「**自然国境説**」に基づき、周辺諸国へと遠征
    - ▶南ネーデルラント継承戦争[1667〜68]
    - ▶オランダ侵略戦争[1672〜78]……当初、第3次英蘭戦争と連動
    - ▶ファルツ継承戦争【アウクスブルク同盟戦争】[1688〜97]
      - ➡英仏植民地抗争の開始
    - ▶スペイン継承戦争[1701〜13]　◀スペイン＝ハプスブルク家断絶
      - ➡北米では英仏によるアン女王戦争[1702〜13]が勃発
      - ➡ユトレヒト条約[1713]
        フェリペ5世の王位継承を承認（スペイン＝ブルボン家の成立）
        英は仏よりニューファンドランド・アカディア・ハドソン湾地方を獲得
        英はスペインより、ジブラルタル・ミノルカ島を獲得
        スペイン政府との奴隷供給契約【アシエント】が、仏から英へ

第1章　オリエント・インドの古代文明

第2章　古代の地中海世界

第3章　古代の東アジア

第4章　中世ヨーロッパ

第5章　東アジア世界の変容

第6章　イスラーム世界

第7章　近代ヨーロッパの幕開け

　さらにリシュリューは、**文化面でも中央集権化**を進めて、同時に文化人を保護することで国王に有利な世論をつくりあげようと、学術機関**アカデミー＝フランセーズ**を設置したよ。ここでは、**フランス古典文学が保護される**とともに、**近代フランス語が形成された**から、このあと、フランス語はヨーロッパ外交の共通語にもなった。まさに、文化面でもヨーロッパをリードしたってことだね。

　こうしてリシュリューは、**手段を選ばない王権強化**、いわゆる**マキァヴェリズム**で、フランスの絶対王政の確立を目指した。ルイ13世はリシュリューを警戒しつつも、父親を早くに亡くした分、慕ってもいた。だからリシュリューが病気で倒れたとき、ひどく悲しみながら解放感を味わうような複雑な心境だったらしい。そして、リシュリューの死の翌年、あとを追うようにルイ13世もこの世を去ったんだ😢。

◀ 幼いルイ14世を助けたマザランは、リシュリュー路線を継承！

　リシュリュー、ルイ13世が立て続けに亡くなり、即位した国王**ルイ14世はわずか5歳**😲！フランスはどうなっちゃうの？と思いきや、さすがはリシュリューだ。ちゃんと**優秀な後継者**を残していた。それが、**イタリア出身のマザラン**だよ。宰相となったマザランはリシュリューの政策を受け継いで**三十年戦争への介入を続け**、**ウェストファリア条約でアルザス地方を獲得**するなど、**ハプスブルク家に対するブルボン家の優位を固め**、国内でも中央集権化を進めたんだ。これに対し貴族たちは「イタリア人が好き勝手やりやがって😡」と反発し、**高等法院**を拠点にしてマザランに反抗！　貴族を中心に、増税に

リシュリューがマザランを、マザランがコルベールを抜擢したんだよ。本当に優秀な人は、さすが見る目が違うんだろうね

反対するパリ民衆も巻き込んだ**フロンドの乱**が起きた。ただ、反乱軍の内部はバラバラだったから、マザランに反撃されて鎮圧されたんだ。これが**フランス最後の貴族反乱**となり、以後フランスの貴族は王権に屈服した。マザランはあまり人気がなかったけど、彼の手腕でフランスは**絶対王政を確立**し、**ルイ14世の親政**の時代を迎えるんだ。

◀ 「太陽王」ルイ14世時代が、フランス絶対王政の全盛期だ！

　マザランが亡くなったのち、22歳になっていたルイ14世は、大貴族を排除すると、**宰相を置かずに自分で政治を主導する親政**を始めたよ。彼は**ボシュエ**の唱えた**王権神授説（おうけんしんじゅせつ）**を使って王権を正当化すると、「**朕は国家なり**」とかいったらしい😆。ただ、ルイ14世ひとりで絶対的な権力を握ったというより、**官僚制の整備**をさらに進めて、忠実で有能な家臣たちを使って政治を進めたんだ。

　ルイ14世の親政初期には、**平民出身**ながら**財務総監**になった**コルベール**が**重商主義政策（じゅうしょうしゅぎせいさく）**を進め、フランスの産業発展と財政再建に努めたよ😊。まず、ほとんど

4 フランスの絶対王政　407

第1章 オリエント・インドの古代文明
第2章 古代の地中海世界
第3章 古代の東アジア
第4章 中世ヨーロッパ
第5章 東アジア世界の変容
第6章 イスラーム世界
第7章 近代ヨーロッパの幕開け

活動してなかった東インド会社を再建してアジア貿易に進出し、**西インド会社**も設立してアメリカ大陸へも進出すると、北米に**ルイジアナ**植民地を建設した。ただ、当時のフランスは、輸出するものがあまりなかったので、王立の毛織物会社などの**特権マニュファクチュア**を創設して、輸出用の毛織物（ゴブラン織）生産を進めたり、手工業ギルドの保護や武器の製造など国内の産業育成に努めると、その保護のために**保護関税政策**をとった。こうした重商主義政策（**コルベール主義**）のおかげで、フランスの財政は黒字になったんだけど、一方で農民には高い税がかけられていた。しかも、戦争で勢力を拡大したいルイ14世は、「お金がかかる戦争より財政の充実を！」というコルベールがイヤになってきて、だんだん彼を遠ざけるようになった。こりゃ、フランスの財政が傾く予感……。

　というのも、このときルイ14世は超豪華な**ヴェルサイユ宮殿**を建設していたんだ。もともと狩りが大好きだったルイ13世の離宮だったヴェルサイユに、ルイ14世は**バロック様式**の壮大な宮殿を建てた。庭園まで含めた総面積は、東京ドームの約2000倍😲。各部屋は黄金の装飾やバロック絵画で飾られ、なかでも有名な**鏡の間**は、長さが80mもあって同時に1万人が入れる大きな部屋で、一方に黄金で飾られたガラス戸、反対側の壁には当時むちゃくちゃ高価だった鏡を張り、天井には豪華なクリスタルのシャンデリア😄……間違いなくヨーロッ

> コルベールがつくった貯金は、ヴェルサイユ宮殿建設で使い果たし、対外戦争で財政は火の車だ……

パで一番豪華な宮殿だよ。ただ、こんなのつくったらお金がなくなる……😵。こうしてフランスの財政は、再び悪化し始めたんだ。

　コルベールが失脚したのち、さらに**フランスの産業を衰退させる政策**がおこなわれたんだ😫。1685年、ルイ14世はフランスの宗教をカトリックに統一することで王権神授説を徹底しようと、**ナントの王令を廃止**した。フランスはカトリックのままだったけど、**教会を王権の下に組み込む国家教会主義（ガリカニスム）**をとっていたからね。ただ、この政策は大失敗だ！　商工業者に多かったユグノーたちは「信仰の自由がなくなるなら、自由な国に逃げよう！」と、カルヴァン派が中心の**オランダ**やオランダ領の**ケープ植民地**、イギリスなどに移住し始めた。せっかく国内の産業を発展させたのに、**商工業者が国外に逃亡**しちゃったら、もとに戻っちゃうよね。しかも、国外に人が流出してしまったら国内の市場が小さくなり、労働力も足りなくなるから、**フランスの産業は大きな打撃**を受けたんだよ😫。

◀ 「自然国境説」による侵略戦争が、さらにフランスの財政を圧迫！

　ルイ14世はルーヴォワに編成させた**ヨーロッパ最大の常備軍**を使って、ヨーロッパでの覇権を確立しようと、侵略戦争を進めた。このとき、「**ライン川、ピレネー山脈、アルプス山脈が国境だ！**」という**自然国境説**を口実にして、周辺諸国の相

続権を主張して軍を送った。ほんと
ただの口実だけどさ😆。まず、ス
ペイン領ネーデルラントの相続権を
主張して南ネーデルラント継承戦争
を起こすと、イギリスとオランダ・
スウェーデンは同盟を結んで阻止し
たんだけど、この戦争で**フランスと
オランダの対立**が激しくなった。も
ともと、オランダ資本のフランスへ
の進出や関税の引き上げなどで両国
は対立していたんだけど、南ネーデ
ルラント継承戦争でオランダがスペ
インについたから、ルイ14世は「オ
ランダのくせに生意気な！」と怒っ
て、ついにオランダに攻め込んだ！
この**オランダ侵略戦争**では、ドーヴ
ァーの密約を結んだ**イギリスのチャ
ールズ2世**もオランダに攻め込んだ
（**第3次英蘭戦争**）。ただ、イギリス
とオランダが講和し、ハプスブルク
家（スペインと神聖ローマ皇帝）も
反発してきたから、ごく一部の領土
を得ただけだった。

　その後も、ルイ14世は領土拡大
への野望を捨てず、ライン左岸への
進出を狙って**ファルツ継承戦争【ア
ウクスブルク同盟戦争】**を起こした
んだけど、今度はハプスブルク家
（スペインと神聖ローマ皇帝）がス
ウェーデン・イギリス・オランダと
アウクスブルク同盟を結んで対抗
し、しかも名誉革命で**オランダと同
君連合**になった**イギリス**が、**北米の
植民地**に攻め込んできた（**ウィリア
ム王戦争**）。ここから、イギリスと
フランスはナポレオン戦争までずっ
と戦争することになるよ（**第2次英
仏百年戦争【英仏植民地戦争】**）。

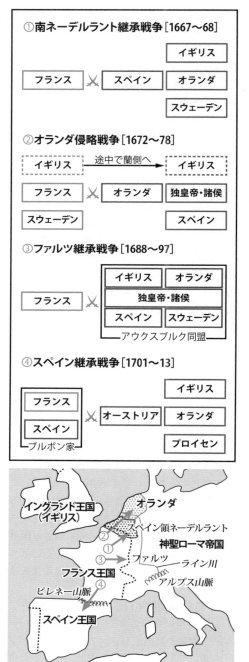

　そして、侵略戦争で大した成果を得られなかったルイ14世に、大チャンスが訪れた！　スペインでカルロス2世が亡くなって**スペイン＝ハプスブルク家が断絶**すると、マザラン時代に結んだピレネー条約でスペイン王女とルイ14世が結婚していたことから、**孫のフィリップ（のちのフェリペ5世）**がスペイン王位を継承した。これに対し各国は「フランスとスペインが合併したら大変なことになる！」と反対して、**スペイン継承戦争**が始まった。各国の反発でフランスはすっかり孤立し、**北米でのアン女王戦争**でもイギリスが優位となった。ただ、かなり苦戦したフランスもなんとか持ちこたえ、1713年の**ユトレヒト条約**で戦争は終わったんだ。この結果、**フランス、スペイン合併の永久禁止**を条件に**フェリペ5世**の王位継承が認められ、**スペイン＝ブルボン家**が成立した。そのかわり、**イギリスはフランスからニューファンドランド島、アカディア、ハドソン湾地方**を獲得し、北米植民地では優位に立った。しかも**スペインからジブラルタルとミノルカ島**を獲得したから、地中海の封鎖まで可能になったんだ。イギリスは、スペイン王位でルイ14世を喜ばせておいて、実際にはかなり有利な条件をフランスにのませたんだね😄。しかも、**神聖ローマ皇帝（オーストリア）**との**ラシュタット条約**で、スペインがヨーロッパのなかに持っていた**ネーデルラント、ミラノ、ナポリ、サルデーニャがオーストリア領**になったから、「スペイン王位」以外に得たものはほとんどなかったんだ😭。

　それじゃあ、今回はこれでおしまい。最後に年号 check ！

!! 年号のツボ

- **ユグノー戦争勃発** [1562]（いつごろにおわる　ユグノー戦争）
- **ナントの王令** [1598]（異国は　信仰自由だぞ）
- **内戦勃発（ピューリタン革命）** [1642]（異論世に満ち　内戦勃発）
- **チャールズ1世の処刑** [1649]（死に顔色よく　国王処刑）
- **航海法** [1651]（オランダを　色濃い排斥）
- **審査法** [1673]（カトリックは　色なさず）
- **人身保護法** [1679]（人を無理なく　保護しよう）
- **名誉革命** [1688]（一路パッパと　名誉革命）
- **ユトレヒト条約** [1713]（スペインに　国王いないさ）

　次回は、絶対王政シリーズの第3弾、ドイツ（オーストリア・プロイセン）とロシアだよ。スペイン、フランス、イギリスとはちょっと違うから、何が違うのかに注目してね！　では、次回も頑張っていこう〜😆。

第1章 オリエント・インドの古代文明／第2章 古代の地中海世界／第3章 古代の東アジア／第4章 中世ヨーロッパ／第5章 東アジア世界の変容／第6章 イスラーム世界／第7章 近代ヨーロッパの幕開け

第26回 **近世のヨーロッパ③（ドイツ・ロシア）**

大航海時代以降、西ヨーロッパのイギリスやオランダ、フランスは商工業が発展して国内の統合も進んでいったけど、ドイツやロシアはどうなったんだろう？

・大きくつかもう！

ドイツ

1	ドイツ三十年戦争	411～415ページ

2	プロイセンとオーストリアの国内統治	415～418ページ

3	オーストリア継承戦争と七年戦争	418～421ページ

ロシア

4	ロシア帝国の台頭	421～427ページ

プロイセン・オーストリア・ロシアは「啓蒙専制君主」がポイントだよ！

　諸侯の力が強くて国内がバラバラだったドイツの神聖ローマ帝国は、17世紀に起きた三十年戦争で国土が荒れ果ててしまっただけではなく、諸侯が事実上独立して、本当にバラバラになっちゃった😆。そのなかからオーストリアとプロイセンの2国が強くなるよ。一方、ヨーロッパの一番東側にあるロシアでは、モスクワ大公国が領土を拡大して、20世紀まで続くロシア帝国ができた。そして、ドイツとロシアでは啓蒙専制君主が現れて近代化を目指すことになるよ。
　それじゃあ、近世のドイツとロシアの始まり～😆。

第1章 オリエント・インドの古代文明

第2章 古代の地中海世界

第3章 古代の東アジア

第4章 中世ヨーロッパ

第5章 東アジア世界の変容

第6章 イスラーム世界

第7章 近代ヨーロッパの幕開け

1 ドイツ三十年戦争

◀ ドイツでは諸侯 vs. 住民の宗教対立が続いた！

　いったん頭を16世紀後半まで戻そう！　まだスペインはハプスブルク家だよ😆。アウクスブルクの宗教和議が成立したあとも、ドイツでは宗教対立が続いていた。だって、信仰って個人が決めるものだから、諸侯に信仰選択権を与えても、諸侯と違う宗派を信仰している人は「なんで自分の宗派はダメなんだよ！」って思うよね。だからドイツでは領邦君主と領民の対立が続くんだ。しかも、選択できたのはカトリックかルター派だけだから、カルヴァン派は選択できない。でも16世紀末には、ファルツ選帝侯などの反皇帝派諸侯にカルヴァン派も拡大して、新教同盟（ウニオン）をつくっていたんだ。こうなると、カトリック側も黙っていられない😤。カトリック派もバイエルン公を中心に旧教同盟（リガ）をつくって対抗した。しかも、新教（プロテスタント）側をオランダが、旧教（カトリック）側をスペインが支援したから、ドイツに当時のヨーロッパの国際対立が持ち込まれていたってことだ😵。

◀ ベーメンの反乱が神聖ローマ帝国全体に拡大！

　ベーメンはフスの出身地だったこともあって、カトリックに反対するフス派の人たちの多くが、カルヴァン派を受け入れていたから、17世紀初めには信仰の自由を認めていた。でも、ベーメン王になったハプスブルク家のフェルディナントが、「プロテスタントは認めない😤」と弾圧を始めたんだ。ハプスブルク家ってことは、「オレ様はそのうち神聖ローマ皇帝だ！　だから、カトリック以外は許さない……😤」ってことなんだろうけどね。ベーメンにはフス戦争以来「ドイツ人 vs. チェック人」という対立もあるから、新教徒を弾圧すると宗教対立と民族対立が結びついて、反発が大きくなる！　ついにベーメン新教徒の不満は反乱に発展したんだ！

　1618年、ベーメンの新教徒貴族がプラハにいた皇帝の代官に対して「これ以上弾圧を続けるなら、お前を窓から落とす😤」と迫り、ホントにプラハ城の窓から突き落としちゃった😲。これをきっかけにベーメンの新教徒が反乱を起こすと、ファルツ選帝侯など帝国内の新教派諸侯がベーメンの反乱軍と手を組んで、フェルディナントに反抗した。しかも翌年、フェルディナントは神聖ローマ皇帝となり（フェルディナント2世）、さらにカトリック側の諸侯と同盟して、この反乱を潰しにかかったから、ベーメンの反乱は神聖ローマ帝国の内戦に拡大したよ（ベーメン・ファルツ戦争）。これが、三十年戦争の始まりだ😵。旧教と新教が争う最後の宗教戦争だよ。フェルディナント2世は「親戚に援軍を頼もう！」と、同じハプスブルク家が支配するスペインと組んだから、戦争はさらに拡大したんだよ。

> ベーメンの反乱が、帝国の宗教内乱となり、さらに外国が介入したんだ！

〈三十年戦争の展開〉

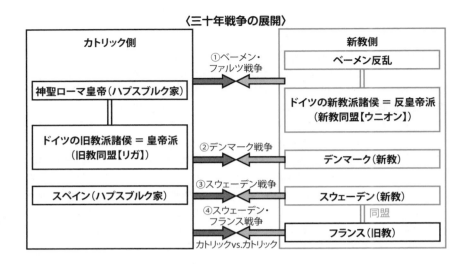

◀ 三十年戦争は、ヨーロッパの覇権をめぐる国際戦争に発展！

皇帝の親戚といっても**スペインは外国**だよ。スペイン軍がファルツを占領すると、「ハプスブルク家の力が強くなりすぎる😫」と焦ったのが**フランス**だ。フランスの宰相**リシュリュー**は「ハプスブルク家を抑えたい😾」と思っていたから、オランダ、イギリス、デンマークに働きかけて同盟を結ぶと、まずは**デンマーク**がドイツに軍を送った（デンマーク戦争）。このときデンマークは、「新教徒を弾圧するとはけしからん😾。スペインが介入するなら、こちらも**新教徒を支援する！**」といって攻めてきたけど、新教徒支援はただの口実だよ。新教側だって、ウラでカトリック国のフランスが動いてる😏。デンマークは、本音は**領土を拡大したいの**😆。ただ皇帝軍の傭兵隊長**ヴァレンシュタイン**の活躍で、**クリスチャン4世**が率いるデンマーク軍は撃退された。一方で「皇帝軍が勝ち続けて皇帝権が強くなるのはイヤ」と考えた選帝侯たちの反発で、ヴァレンシュタインもクビになった。「やれやれこれで終わったか……」と思ったら大間違いだよ！　リシュリューがこの程度であきらめるわけないでしょ😆。

リシュリューは、「ハプスブルク家は絶対に抑え込む！」と決意して、今度はバルト海での覇権を狙う**スウェーデン**と組み、フランスの援助を受けた**スウェーデン王グスタフ゠アドルフ**が、ドイツに侵入した（スウェーデン戦争）。スウェーデンはルター派の国だから「新教徒の支援」が口実なんだけど、フランスと組んでる時点で宗教は関係ない😏。そして、スウェーデン軍は連勝して一気に南ドイツにまで侵入したから、皇帝はクビにした**ヴァレンシュタインを呼び戻した**。連勝していた**グスタフ゠アドルフ**はせっかちで、一人で勝手に突撃していく……😅。そこをヴァレンシュタインに狙われて、**リュッツェンの戦い**では敵陣に勝手に突っ込み、**戦死**しちゃった😵。でもね、グスタフ゠アドルフが死んだあと、独断でスウェー

デンと講和したヴァレンシュタインは「オマエ、裏切ろうとしてるんじゃないだろうな？」と皇帝に疑われて殺されてしまった。そして皇帝軍は、またまたスペイン軍に助けてもらって、スウェーデン軍の進撃を止めたんだよ。ドイツのなかだけならこの時点で終戦だけど、そうはいかない！　ついにリシュリューは「デンマーク、スウェーデンでもダメなら、**フランス軍を出すしかあるまい……**」と、ついに**旧教国フランスが新教側を支援**して進軍してきたんだ。こうなると、タテマエも何もない。三十年戦争は宗教戦争ではなく「**ハプスブルク家 vs. フランス（ブルボン家）**」のヨーロッパの覇権をめぐる**国際戦争**になった。そして、フランス軍が介入し始めると、「これならいける！」と思ったスウェーデンも再び介入し、戦争は泥沼だ😫。結局、疲れ果てた両陣営は1648年にやっと和平を結び、**フランス・スウェーデン（新教側）が優勢**のまま戦争が終わったんだ。

フランスの参戦で、三十年戦争は完全に宗教戦争ではなくなったんだ

🔊 多国間の国際条約、ウェストファリア条約が結ばれた！

　三十年戦争にかかわった国はあまりにも多かったから、和平交渉は大変だ！　約370カ国の君主や代表が**ウェストファリア地方**のミュンスターとオスナブリュックに集まって交渉し、1648年、ようやく**ウェストファリア条約**が結ばれた。これが**ヨーロッパ史上初めての国際会議**で結ばれた**史上初の多国間の国際条約**だよ。

　ウェストファリア条約の内容は、「ドイツの問題」と「国際問題」に大きく分かれるよ。ドイツの問題では、まず**神聖ローマ帝国内の諸侯（領邦）**がほぼ完全な**主権を認められて**、勝手に外国と戦争したり、条約を結べるようになった。これって、**事実上の独立国**だよ。一応タテマエとして「帝国への忠誠に反しない限り」ってことにはなっていたけど、**神聖ローマ帝国は300以上もある領邦国家の連合体**になり、皇帝はその代表くらいの地位になっちゃった😔。こうなると、宗教の問題だって、各領邦が好きに決めていいってことになり、**アウクスブルクの宗教和議が再確認**されて、さらに**カルヴァン派も公認**された。

　国際問題では、おもに領土問題が決められたよ。フランスは**アルザス地方**に加えロレーヌ地方の一部（ヴェルダン・メス・トゥール）を獲得して、部分的とはいえ**ライン川まで進出**した。スウェーデンは**西ポンメルン**など（北ドイツ沿岸やエルベ川の河口付近）を獲得して**バルト海地域で勢力を拡大**した。さらに、フランスとスウェーデンは、**神聖ローマ帝国議会の議席を得て、ドイツの政治に口出しできる**ようになった。あっ！　帝国議会というのは「神聖ローマ帝国内に領土を持つ領邦君主が参加する議会」だから、フランスとスウェーデンが獲得した領土と帝国議会の議席がセットね。そのほか、プロイセンは**東ポンメルン**を獲得して北ドイツで勢力を拡大し、事実上独立していた**オランダとスイス**が、**正式に独立**を認められたよ。

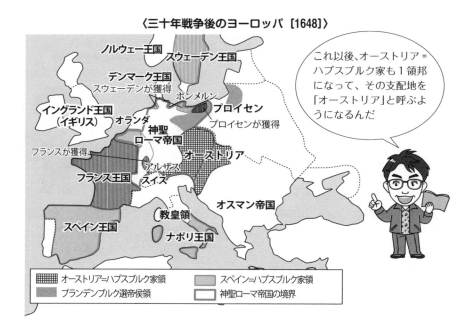

〈三十年戦争後のヨーロッパ【1648】〉

これ以後、オーストリア＝ハプスブルク家も1領邦になって、その支配地を「オーストリア」と呼ぶようになるんだ

ノルウェー王国　スウェーデン王国
デンマーク王国
　スウェーデンが獲得
　　　　　　　　ポンメルン
イングランド王国　　　　　　プロイセン
（イギリス）　　オランダ　　　プロイセンが獲得
　　　　　神聖
　　　　　ローマ帝国
　　　　　　　　　　オーストリア
フランスが獲得
　　　　　アルザス
フランス王国　スイス
　　　　　　　　　　　　　オスマン帝国
　　　　　　教皇領
スペイン王国　　ナポリ王国

▦ オーストリア＝ハプスブルク家領　　▨ スペイン＝ハプスブルク家領
▩ ブランデンブルク選帝侯領　　□ 神聖ローマ帝国の境界

◀ 三十年戦争のあと、ヨーロッパはどうなったんだろう？

　次は、二つに分けて三十年戦争の歴史的意義を考えてみよう！　まずは国際問題からね。ウェストファリア条約は、優勢なまま終戦に持ち込んだフランスの「ハプスブルク家を抑えたい！」って意向が強く反映され、ハプスブルク家に対して**フランス（ブルボン家）**が優位となり、**大陸ヨーロッパでのフランスの覇権**がほぼ確立された。北欧では**スウェーデンが覇権を確立**し、これにより**ハンザ同盟は事実上終焉**を迎えたんだ。もっとも、ハンザ同盟の衰退はスウェーデンの問題よりも、オランダやイギリスの重商主義政策や、ドイツの領邦（諸侯）が強くなってハンザ同盟の都市に支配を伸ばしたことの影響が大きいよ。そして、三十年戦争によってヨーロッパでは**主権国家体制**が確立したといわれる。これは、最後の封建国家だった神聖ローマ帝国がほぼ完全な主権を持つ領邦国家に分裂して**国境が定まった**こと、史上初の国際会議を開いて秩序を回復し、**勢力均衡体制**をつくったことが要因だ。そして、この戦争の惨禍を見た**グロティウス**が『**戦争と平和の法**』のなかで「国家間にもルールがあるべきだ」と主張して**国際法**を提唱し、実際に**ウェストファリア条約という多国間の国際条約**が成立して、近代国際法の出発点になったんだ。

　もう一つはドイツの問題だよ。ドイツでは神聖ローマ帝国が形骸化して、それぞれ主権を持つ約300もの**領邦国家**ができたけど、「統一すれば良い、バラバラだから悪い」って考えないでね。確かにそれぞれの領邦は小さいかもしれないけど、現在のドイツも連邦制国家だし、このあとも神聖ローマ帝国というゆるやかなまとま

りがなくなったわけじゃないからね。それ以上にドイツの被害は深刻だった😖。**傭兵**軍団が敵も味方も関係なく勝手に徴税し、さらに**略奪**を繰り返した。しかも、この時期は「**17世紀の危機**」で気候が寒く凶作が続いたから、飢饉や伝染病なども重なって、ドイツは**人口が約3分の1も減少**したんだ。これじゃあ、ドイツが停滞するのも無理はないよね😅。

　そして、三十年戦争後のドイツでは、多くの領邦国家のなかで**神聖ローマ皇帝位を世襲**している**ハプスブルク家**が支配する**オーストリア**と、北ドイツにあって比較的戦争の被害が少なかった**プロイセン**（ブランデンブルク＝プロイセン）が台頭し始めるんだ。それじゃあ、続いてこの両国について見ていこう！

＋α ちょっと寄り耳♪

　16世紀のヨーロッパは大航海時代で世界各地に進出し、世界的な分業体制もできてヨーロッパ人の商業圏が拡大した。アメリカ大陸から大量の銀が流入したりして、むちゃくちゃ景気も良くて、人口も増えた。この経済成長がストップしたのが17世紀なんだよ。17世紀は気候が寒冷化して、なんとロンドンではテムズ川が凍るほど寒くなった。こうした気候の変化は疫病や凶作をもたらし、ヨーロッパでは人口が停滞し、地域によって減少したから、経済も停滞したんだ。人びとは生活に困窮して反乱を起こしたり、停滞を打破するために各国が争う戦乱の時代になった。そのうち、最大の戦争がドイツの三十年戦争だよ。戦乱はさらに民衆の税負担を重くして、さらに反乱を招く悪循環……この危機的な状態は「**17世紀の危機**」と呼ばれているんだ。ただ、この時期にただ1国だけ海外貿易を拡大して経済が繁栄したのがオランダだよ。

2 プロイセンとオーストリアの国内統治

◀ プロイセンは軍国的な絶対王政を築いた！

　プロイセンのもとになった国は**ホーエンツォレルン家**が支配する**ブランデンブルク選帝侯国**で、17世紀前半には、**ドイツ騎士団領がルター派になって成立したプロイセン公国を継承して同君連合となった（ブランデンブルク＝プロイセン）**。そして、フリードリヒ＝ヴィルヘルム大選帝侯が三十年戦争の際にフランス側で参戦して、ウェストファリア条約で**東ポンメルン**を獲得、さらにバルト海沿岸に領土を拡大すると、フランスから亡命したユグノーを受け入れて、産業の発展をはかった。そうはいっても、オーストリアと比べちゃったら、まだまだ辺境の弱小国だよ😅。だから、こののちプロイセンは官僚制と常備軍、特に**軍隊の強化**によって絶対主義の基盤をつくっていく。軍隊が強けりゃバカにされないもんね😄。

　1701年、**フリードリヒ1世**がスペイン継承戦争で皇帝側を支援したときに「王号を使ってよいぞ！」と皇帝に認められ、**プロイセン王国**が成立した。とはいって

第1章　オリエント・インドの古代文明

第2章　古代の地中海世界

第3章　古代の東アジア

第4章　中世ヨーロッパ

第5章　東アジア世界の変容

第6章　イスラーム世界

第7章　近代ヨーロッパの幕開け

も、「公国➡王国」って名前が変わっただけで、実態は何も変わってない😅。そして、プロイセン王国の地位を一気に上げたのが、「**兵隊王**」というあだ名の**フリードリヒ＝ヴィルヘルム 1 世**だ。彼は**グーツヘルシャフト【農場領主制】**を経営する**ユンカー**（地主貴族のこと）を官僚や将校にして国家体制を確立し、**徴兵制**をしくと国費の大半を軍事費にあてて約 8 万人の**常備軍**を整備した。王は軍隊のことばかり考えていたから、「人生の 3 分の 1 は馬上で過ごした」だの「本を買うはずの金で大砲をつくった」だの言われる始末……😵。これで、人口も資源も少ないプロイセンが、オーストリアに匹敵するような軍団をつくりあげたんだ。

◀ プロイセンを近代化したフリードリヒ 2 世は、啓蒙専制君主の代表だ！

　さて「兵隊王」の息子が啓蒙専制君主の代表とされる**フリードリヒ 2 世**だよ。彼は王太子の時代に「オヤジの脳ミソは火薬と弾丸かよ……」と父に反発、読書と音楽が好きで、**ヴォルテールと文通しながら影響を受け**、のちに宮廷にも招いた。フリードリヒ 2 世は、「マキァヴェリは間違っている！　一番優れた者が君主に選ばれたのだから、君主は人民の幸せのために国家に奉仕しなければいけない」と説いた。これが有名な「君主は国家第一の僕」という考え方だ。でもね、君主でさえ「僕」なんだから、人民も当然「国家の僕」だ😵！ そしてフリードリヒ 2 世は、**宗教寛容令**を出して信仰の自由を認

> フリードリヒがフルートを吹いたら、兵隊王のオヤジは激怒して鞭で叩いたらしい……。そりゃ反発もするよ

め、農民を保護し、マニュファクチュアなどの産業を育て、ベルリン科学アカデミーの復興など教育の奨励なんかを進めたんだけど、結局は、**ユンカーの協力で官僚支配を強化し軍隊を拡大**した。実際、父が始めた徴兵制を続けたし、支配階級であるユンカーの地位を保護したから**農奴は解放せず**、体制はほとんど変わらなかった。

　じゃあ、啓蒙専制君主ってなんだろう？　これね、「絶対王政をやる言い訳」って考えたほうがわかりやすいよ。すでにイギリスでは革命が終わり、フランスでは啓蒙思想が拡大してるから、今さら王権神授説はムリ😣。だから啓蒙思想（特に**社会契約説**）を利用して、「遅れている国を近代化するために国王が権力を握っている」という理論をつくり、君主主導の“上からの近代化”で富国強兵を進めた。これが啓蒙専制君主だ。さらに古い体制を倒すというタテマエで貴族を抑え込み、王権を強めるという意味もあった。どっちにしても言い訳だな……😅。

◀ 三十年戦争のあと、オーストリアは東方の支配を強化した！

　もともと神聖ローマ皇帝位を世襲していた**ハプスブルク家**も、ウェストファリア条約で「ドイツ内の 1 領邦国家」になった。以後、ハプスブルク家が支配している国は**オーストリア**と呼ぶよ。1 領邦国家になったということは、もはやドイツ全体

は支配できないけど、オーストリアは東方にも広大な領土を支配している！　モハーチの戦いのあとハンガリーが支配していた**ベーメン**や**スロヴァキア**などは、ハプスブルク家の領土になっているからね。しかも、1699年の**カルロヴィッツ条約**で**ハンガリー全域**や**クロアティア**をオスマン帝国から獲得して、ドイツでは圧倒的な強国になった。とはいっても、支配下に**11の民族がいる複合民族国家**だから、国家の統合はなかなか難しかったんだよ。

◀ 「女帝」ともいわれるマリア゠テレジアが、オーストリアの国力を維持！

　これまで、各国との**結婚政策**で、断絶した国を相続して勢力を拡大してきたオーストリアだったけど、神聖ローマ皇帝**カール6世**には**男子の後継者がいなかった**。かといって、領土と皇帝位をやすやすと手放すわけにはいかない！　そう思ったカール6世は、娘**マリア゠テレジア**に跡を継がせるために王位継承法をつくり「領土は分割せず、**男子がいないときは女子に相続させる**」と定め、各国の承認を受けた。

　カール6世が生きてるときには黙ってたけど、カール6世が亡くなると**マリア゠テレジアの相続は各国の反対**を受け、**オーストリア継承戦争**と**七年戦争**が起きた。彼女はこの二つの戦争を戦い抜き、なんとかオーストリアの勢力を維持したよ。この二つの戦争は、あとでまとめて話すからね！　マリア゠テレジアは、この戦争の間にオーストリアの改革を進め、**軍の近代化、行政機関の整備、国内産業の育成**や**農奴の賦役軽減**などを次々と実施し、さらに**ベーメンを併合**した。こんなふうにリーダーシップを発揮した彼女を人びとは「女帝」と呼んだけど、**実際には帝位に就いてない**。帝位に就いていたのは夫**フランツ1世**……なんだけど、座ってただけ😵。だって、マリア゠テレジアが「あなたは座っていてくだされればよいの😊」と言って、全部自分で政治をやっちゃうんだもん。

マリア゠テレジア夫婦は、この時代では奇跡の恋愛結婚！　むちゃくちゃ仲がよくて、16人も子どもを授かったんだよ

◀ 息子ヨーゼフ2世は、あこがれのフリードリヒ2世も超えた？

　フランツ1世のあとの皇帝が、息子の**ヨーゼフ2世**だよ。フランツ1世の跡を継いだとはいえ、お母さんのマリア゠テレジアが生きてる間は「あなたは何も心配しないでいいのよ」と言われて座ってただけなんだけど、マリア゠テレジアが亡くなって単独統治となると、**啓蒙専制君主**として一気に改革を進めたんだ。彼は「プロイセンのフリードリヒ2世みたいになりたい😆」って思ってたからね。

　ヨーゼフ2世はまず、カトリックの牙城だったはずのオーストリアで**宗教寛容令**を発布して、**カトリック教徒以外の信仰の自由**も認め、修道院も解散した。彼は神聖ローマ皇帝だよ……こりゃビックリだ😵。さらに、フリードリヒ2世もやっていない**農奴解放令**を出して、**農民の人格的自由**を認め、**貴族の免税特権も廃止**にし

た。これは、フリードリヒ２世より大胆な改革だよ！　ただ、**農奴の賦役労働から
の解放は有償**（お金を払う）だからね。さらに、行政や財政を統合して中央集権化
を進め、**ハンガリーやネーデルラントを統合**しようとしたんだ。こうした政策は大
胆すぎて、ヨーゼフ２世が亡くなると各地での反発を招き、**多くは撤回されちゃっ
た😤**。ちなみに、音楽も大好きだったヨーゼフ２世の宮廷で活躍したのが、**モー
ツァルト**だよ。

合 否 の分かれ目　代表的な啓蒙専制君主

- ●フリードリヒ２世（プロイセン）
  - ▶ヴォルテールと交流し、**宮廷にも招く**
  - ▶「君主は国家第一の僕」 ➡ ただし、**農奴解放はやっていない**
- ●ヨーゼフ２世（オーストリア）
  - ▶農奴解放令を発する……ただし、土地は有償
- ●エカチェリーナ２世（ロシア）
  - ▶**ヴォルテール**と交流したが、**文通のみ**
  - ▶プガチョフの農民反乱を鎮圧後、反動化して**農奴制を強化**

3　オーストリア継承戦争と七年戦争

◀ マリア＝テレジアとフリードリヒ２世…宿命の対決の始まりだ！

　1740年、プロイセンでは**フリードリヒ２世**が即位し、オーストリアでは**マリア＝
テレジア**がハプスブルク家の跡継ぎとなった。同じ年に即位した二人は、**オースト
リア継承戦争、七年戦争**という二つの戦争で対決する宿命のライバルになった！
　まだ23歳のマリア＝テレジアがハプスブルク家領を相続すると、ドイツ領邦の
バイエルンやザクセンは「女性の相続？　ハプスブルク家は断絶だろ😤」と文句
を言って、攻め込んできた。これまで断絶した家の領地を次々と獲得してきたハプ
スブルク家だもん、各国は「広大な領土を奪うチャンス！」と思ったわけだ。こう
して、**マリア＝テレジアの相続をめぐってオーストリア継承戦争**が勃発したんだ。

◀ オーストリア継承戦争で、絶体絶命のマリア＝テレジアは？

　プロイセンのフリードリヒ２世は、当時オーストリア領で地下資源が豊富で人口
も多い**シュレジエン**地方を狙っていたから、戦争が始まるとすぐ「女性の相続を認
めてやるかわりに、領土の一つや二つはいただこう😄ウシシ」と、父が残してくれた
強力な軍団を使って**シュレジエンを占領**した。しかも、**フランスやスペイン**（ブル
ボン家だ！）は「ハプスブルクを潰すチャンス😈」と言って攻めてくるし……。

さらに、バイエルン公が皇帝に選出されて、「絶体絶命か😫」と思いきや、マリア＝テレジアは気が強い！　それに加えてしたたかで美人😏。なんと、喪服姿でハンガリーの議会に乗り込んでいって、「私にはあなた方しか頼む人はいません……助けてください……😢」と涙ながらに訴えた。心打たれたハンガリーはマリア＝テレジアに忠誠を誓い、軍資金と兵士を提供した。ていうか、支配下の民族を泣き落とすなんて、マリア＝テレジアすごいな😤。そして「今がチャンス！」と思ったイギリスは、**オーストリア継承戦争に連動して植民地で戦争開始！**　北米では**ジョージ王戦争**が、南インドでは**カーナティック戦争**が起きたんだ。

〈オーストリア継承戦争〉

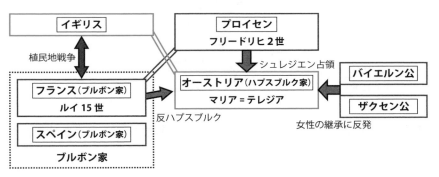

その後、プロイセンはオーストリアの逆襲をなんとか食い止め、イギリスは植民地で優勢となった。こうして戦争は終わり、1748年の**アーヘンの和約**では、**マリア＝テレジアのハプスブルク家領相続**と夫**フランツ1世の帝位**が承認されたけど、**プロイセンのシュレジエン領有**が国際的に認められた。これでプロイセンは、人口が50％も増加して、地下資源や発展した産業も手に入れたんだよ😄。

◀ シュレジエン奪還を狙うマリア＝テレジアの秘策は「外交革命」だ！

「あのシュレジエン泥棒は絶対に許さない😤！」と、マリア＝テレジアは「**どんな手を使ってでもシュレジエンを取り返す**」と固く決意した。役立たずの老貴族どもをクビにして有能な若者を登用し、国制を近代化したのもそのためだ。プロイセンに勝つには、軍隊や教育の改革もやらなければ……。そして、どうしてもやらなきゃいけないのが「**プロイセン包囲網**」をつくることだ！　もしフランスとプロイセンが組んだら、挟み撃ちになるオーストリアは絶対に勝てない😰。「**だったらフランスと組めばいいのよ**……フランス、ロシアと3国でプロイセンを包囲すればいいわ」。考えたマリア＝テレジアは、宰相カウニッツが同じことを考えていたと知るや、すぐにフランスとの同盟交渉に入った。そして秘密交渉を重ねた相手は、**フランス王ルイ15世**の愛人ポンパドゥール夫人😏。こうして、国王の愛人を説得し

第1章　オリエント・インドの古代文明

第2章　古代の地中海世界

第3章　古代の東アジア

第4章　中世ヨーロッパ

第5章　東アジア世界の変容

第6章　イスラーム世界

第7章　近代ヨーロッパの幕開け

てできたのが、「外交革命」と呼ばれるハプスブルク家と宿敵ブルボン家の同盟だ。「どんな手を使う」とはいっても、愛人を使うとは……。さらに、ロシアのエリザヴェータ女帝も巻き込み、墺・仏・露の三国同盟をつくりあげた。

　「何……ハプスブルクとブルボンの同盟だと……😡」。フリードリヒ２世は顔面蒼白……恐怖に震えた😫。もっとも恐れていたことが起きてしまった。こうなったら先手を打つしかない……。イギリスの援助を受けたプロイセンは軍を動かした。こうして七年戦争が勃発したんだ。

〈七年戦争〉

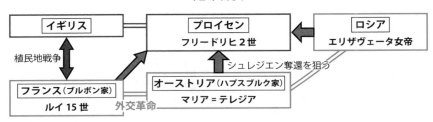

◀「ドイツの戦争」と「英仏植民地戦争」、七年戦争はどちらも壮絶だ！

　緒戦こそ健闘したものの、プロイセンは追い込まれた。そりゃ、３方向から挟み撃ちされたら、いつ負けてもおかしくない。実際にフリードリヒ２世の乗った馬には２度も弾丸が当たった……。彼自身は辛くも助かったけど、自殺を考えるくらい追い込まれた😫。このとき、奇跡が起きた！　ロシアのエリザヴェータ女帝が亡くなり、熱狂的なフリードリヒのファンだったピョートル３世が即位して、ロシアが勝手に兵を引き上げた。こうしてプロイセンはなんとか助かったんだ。

　そして英仏植民地戦争では、フランスが大変なことになっていたんだよ。「こんなチャンスは、二度とない！」と考えたイギリスは、植民地戦争で決着をつけるべく各地で戦争を繰り広げた。北米でのフレンチ゠インディアン戦争、北インドでのプラッシーの戦い、そして南インドでのカーナティック戦争、この三つの戦争でイギリスは完全勝利を収め、もはやフランスはヨーロッパでの戦争どころではなくなった。結局、疲れ果てたプロイセンとオーストリアも戦闘を終わらせたんだ。

◀ 七年戦争の「普 vs. 墺」と「英 vs. 仏」、それぞれの結末は？

　それじゃあ、七年戦争の結果を見ていこう。ドイツでは、プロイセンとオーストリアがフベルトゥスブルク条約を結んで講和した。この条約ではプロイセンのシュレジエン領有が確認されて、二度とオーストリアの手には戻らなかった。というか、結果だけ見ると、オーストリア継承戦争のあとと何も変わってないよ。こうしてプロイセンは強国となり、ヨーロッパの五大国の一角に数えられるようになった。そしてオーストリアも、シュレジエンこそ失ったものの大国の地位を維持した。マ

4 　ロシア帝国の台頭　421

第1章　オリエント・インドの古代文明
第2章　古代の地中海世界
第3章　古代の東アジア
第4章　中世ヨーロッパ
第5章　東アジア世界の変容
第6章　イスラーム世界
第7章　近代ヨーロッパの幕開け

リア＝テレジアが即位したとき、周辺国はさんざんナメてたけど、七年戦争が終わったときには「オーストリアにケンカ売ったら、何されるかわからん😣」ってみんな思った。こうしてヨーロッパでは、**イギリス、フランス、オーストリア、プロイセン、ロシアの5強体制**ができたんだ。

　一方、イギリスとフランスの間では**パリ条約**が結ばれ、イギリスはフランスから膨大な領土を奪った。詳しくは、次回の植民地抗争のところで話すけど、**フランスは北米から完全撤退**することになり、二度とイギリスを逆転することはできなかったんだ。そして**イギリスは植民地戦争で完全勝利**して、海上覇権を確立したよ。

プロイセンが強くなり、ドイツは2極体制、ヨーロッパは5強体制になった。そして、英仏植民地戦争はイギリスの完全勝利だ！

4 ▷ ロシア帝国の台頭

◀ モンゴル支配からモスクワ大公国が自立した！

　モンゴルに征服されたロシアは**キプチャク＝ハン国**の支配下に入った。この時代をロシアでは「**タタールのくびき**（"過酷な支配の時代"って意味だ）」と呼んでるけど、ロシアの諸侯はそのまま各地の支配を任され、そのなかでキプチャク＝ハン国に上手く取り入った**イヴァン1世**が大公となった。これが**モスクワ大公国**だよ。

　その後、**イヴァン3世**は北東部の**ルーシ（ロシア）**を統一すると、さらに1480年には**モンゴルの支配から自立**した。そして、少し前に滅んだビザンツ帝国から、皇帝の一族がギリシア正教を信奉するモスクワ大公国に逃げてきた。イヴァン3世は**最後のビザンツ皇帝の姪と結婚**すると、皇帝の後継者として「**ツァーリ**（ロシアの皇帝の称号。ロシア語で"カエサル"のこと）」を名乗った。ちなみに、ビザンツ帝国滅亡後、モスクワにも総主教が置かれて**ロシア正教会**ができたから、ツァーリは、ビザンツ帝国の「皇帝教皇主義」を受け継ぐ**教会の保護者**だよ。そして、東方正教会の中心として、モスクワを「**第3のローマ**」とする理念を打ち出したんだ。

　さらに16世紀前半に登場した**イヴァン4世【雷帝】**は、全ロシアの君主として戴冠式を挙げ、正式に「**ツァーリ**」の称号を使い、ギリシア正教会の擁護者となった。イヴァン4世は**地方行政や軍制の改革**、身分制議会の創設などにより、中央集権化を進め、「雷帝」のあだ名の通り、強力な親衛隊を使ってカミナリを落とすように**諸侯や貴族を潰す恐怖政治【オプリチニナ】**をやったんだ😣。諸侯にはたまったもんじゃないけど、君主権が強化されたことはいうまでもないよ。対外的には東方進出を進め、キプチャク＝ハン国の流れをくむモンゴル人国家、**カザン＝ハン国やアストラハン＝ハン国**を征服して、**ヴォルガ川の流域**を完全に支配下に置いた。

　さらにイヴァン4世時代には、**コサック**の首長**イェルマーク**の協力で**シベリア**に

も進出したよ。というか、この時代に征服した**シビル＝ハン国**がシベリアの語源とも
いわれてるんだ（ほかの説もあるけどね😆）。ここで"コサック"の説明もして
おこう。もともとは諸侯たちに搾取されて「もう嫌だ😵」って逃げた**逃亡農奴**な
んだけど、連れ戻しにくる諸侯とか、周辺の遊牧民に対抗しなきゃいけないから武
装したんだよ。こうして形成された**自由戦士の集団**が「コサック」で、おもに騎馬
軍団を組織していたんだ。農奴たちはひどい目に遭ったときにコサックに助けを求
め、コサックは「農奴をイジメるんじゃない😤」と挙兵して、このあと何度か農
民反乱を指導するよ。

◀ イヴァン4世死後の「動乱」を経て、ロマノフ朝が成立！

クローズアップ　　**ロシアのロマノフ朝**

- ●ロマノフ朝［1613〜1917］
  - ●ミハイル＝ロマノフ［位1613〜45］……ロマノフ朝の始祖
  - ●ステンカ＝ラージンの農民反乱［1670〜71］……大規模な農民反乱
  - ●ピョートル１世（大帝）［位1682〜1725］……ロシア絶対主義の確立
    - ▶徹底的な西欧化政策……自ら西欧視察をおこない、西欧文化・技術
      を導入
    - ▶**農奴制を強化**して、君主権を確立
    - ▶ネルチンスク条約［1689］……清の康熙帝との間で国境画定
    - ▶北方戦争［1700〜21］……**ロシア vs. スウェーデン**の戦争
      - ➡バルト海沿岸に進出。新都：ペテルブルクを建設し、遷都
      - ➡**ニスタット条約**［1721］……スウェーデンから覇権を奪う
    - ▶ロシア帝国の成立［1721］……北方戦争後、正式にロシア帝国の
      成立を宣言
    - ▶ベーリングをシベリアに派遣　➡**アラスカ**に到達［1741］
  - ●エカチェリーナ２世［位1762〜96］……ロシアの啓蒙専制君主
    - ▶啓蒙思想家：ヴォルテールの影響で、近代化を推進
    - ▶プガチョフの農民反乱［1773〜75］　➡鎮圧後、**反動化**して**農奴
      制の強化**などを実行
    - ▶ポーランド分割に参加［1772・1793・1795］
    - ▶黒海北岸へ進出……**キュチュク＝カイナルジ条約**［1774］
      - ➡ロシアが**クリミア＝ハン国【クリム＝ハン国】**を併合［1783］
    - ▶ラクスマンを日本に派遣……根室［1792］、箱館［1793］に来航

　17世紀に入ると**イヴァン4世の血統が途絶え**、ロシアは政情不安定な「動乱時代」になった。偽ツァーリが次々に現れ、それにあわせて**ポーランド軍が攻め込んできて**、ついにはモスクワまで占領された。なんとかポーランド軍を追い出した諸侯たちは、全国会議を開いて**ミハイル゠ロマノフ**を「ツァーリ」に選んだ。こうして成立した**ロマノフ朝**が、1917年のロシア革命まで続くロシアの王朝だよ。ミハイルは、「動乱時代」に崩壊した経済を立て直す必要に迫られたんだけど、領主たちから「農奴が逃げて、畑が荒れ果てている😖」と訴えられたこともあって、**農奴制の強化**を進めた。ロシアではここから先、しょっちゅう「農奴制強化」っていうのが出てくるからね。農民は搾取されっぱなしだよ😔。

　さらにロマノフ朝初期には、**ポーランドに取られた領土を回復するための戦争**を起こし、**ウクライナの東部**を獲得した。ただ、戦費が増えた分、農奴からの搾取もますますひどくなった。農奴は土地を離れてコサックのもとに逃げ込んだから、彼らを率いたコサックの首領**ステンカ゠ラージン**が指導する**農民反乱**が起きたんだ。この反乱はカスピ海からヴォルガ川一帯に拡大したんだけど、政府が送り込んだ大軍によって鎮圧されちゃった😔。農民の苦しみは、まだまだずっと続くよ。

🔊 西欧化を進めたピョートル1世が、ロシアの絶対主義を確立！

　ほとんど西欧との結びつきのなかったロシアを、一気に「西欧化」しようとしたのが、17世紀後半に登場した**ピョートル1世**だよ。彼は「外国人村」にいるオランダ人などと交流しながら**西欧に憧れて**、「海軍がほしい！」って思っていた。しかしロシアに海はない😤。そこで、黒海東北部の**アゾフ海**をオスマン帝国から奪って**ロシア最初の海軍**をつくったんだけど、あまりにも軍備が貧弱すぎた😅。

　そこでピョートル1世は、**西欧の進んだ技術**を取り入れるため、**大使節団**を送り、自分もお忍びで同行することにした。オランダでは自らハンマーを握って造船所で働いて「モスクワの王様は船大工だよ😲」と噂されたり、イギリス海軍の演習を見て「すばらしい😄」と大興奮！　このときに**ロシアに連れて帰った技術者**たちが、ロシアの西欧化を支えることになるよ。そして帰国後、ピョートル1世はロシアの政治・社会を徹底的に西欧化しようと「上からの近代化」を進めた。**徴兵制**に基づく**常備軍**を創設し、西欧技術を使って産業を育成し、その財源を確保するために**税制**も改革した。また官僚制の整備や教会改革なども一気に実行すると、さらに「ひげは遅れた社会の象徴だ！」と言って、**ひげを伸ばした者に高い税をかけた**。ピョートル1世はいろいろ極端だな😅。でも近代化のウラで、**農民は軍役や重税を課されて**、苦しい生活に追い込まれたんだよ。

少年時代のピョートル1世は、本物の銃を使った「戦争ごっこ」が大好きだった……つーか、それ軍事演習だよ😅

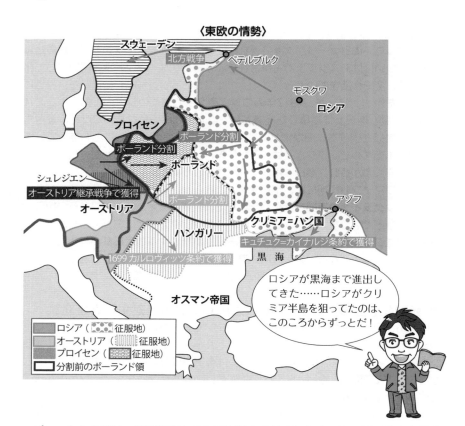

〈東欧の情勢〉

ロシアが黒海まで進出してきた……ロシアがクリミア半島を狙ってたのは、このころからずっとだ！

　ピョートル1世は、対外的にもロシアの勢力を拡大したよ。シベリア進出を進めたんだけど清には勝てず、康熙帝【こうきてい】と**ネルチンスク条約**を結んで**スタノヴォイ山脈【外興安嶺】【そとこうあんれい】**と**アルグン川**に国境を定め、通商を開いた。その後、**ベーリング**に東方【とうほう】の探検を命じると、ベーリングは**カムチャツカ**まで探検し、さらにベーリング海峡を越えて**アラスカ**にまで到達、**アラスカはロシア領**になった。

　一方、西方では**バルト海への進出**を狙ったよ。三十年戦争以来バルト海の覇権【はけん】を握るスウェーデンは、一時ポーランドやデンマークを占領するなど、勢力を誇っていた。ロシアはスウェーデンの台頭に反発する**デンマーク・ポーランドと秘密同盟**を結ぶと、スウェーデンを攻撃！　**北方戦争【ほっぽう】**が勃発【ぼっぱつ】した。ただ緒戦のナルヴァの戦いでは、スウェーデン王カール12世に反撃されて大敗したんだけど、ピョートル1世はこんなことであきらめない！　だって「**不凍港に海軍をつくりたい！**」ってのが、夢なんだもん😆。その後、西欧技術を導入したロシア軍が巻き返し、**バルト海沿岸への進出に成功**した。するとピョートル1世は、「海に出たか！　では港と街を建設しろ！」と命令して、「**西欧への窓**」となる新都**ペテルブルク【サンクト＝ペテルブルク】**の建設が始まった。ドイツ語で"ペテル"はペテロのこと（ロ

シア語だとピョートル）、"ブルク"は街だよ。そし
て、完成するとすぐに**ペテルブルク**に遷都した。せっ
かちだな😅。その後、**ポルタヴァの戦い**でロシアは
スウェーデン王カール12世を撃破してバルト海沿岸で
の勢力を拡大すると、さらにエストニアなどを占領し
たんだ。こうして、1721年の**ニスタット条約**で戦争
は終結し、ロシアは**バルト海東岸の広大な領土を獲得**
してスウェーデンから覇権を奪ったんだ。この戦勝を
受けて、ロシアの元老院はピョートル1世に「皇帝」
の称号を贈ったから、正式に皇帝が統治する「**ロシア
帝国**」が生まれたんだよ。

ロシア国旗がオランダ国
旗に似てるのは、ピョー
トル1世がオランダにあこ
がれて制定したからだ！

🔊 クーデタで女帝エカチェリーナ2世が誕生！

　ピョートル1世のあと、ロシアは後継者をめぐって不安定な時代が続き、しかも
18世紀後半に皇帝となったピョートル3世は、どうしようもない人物だった。だ
って趣味は「兵隊ごっこ」、ていうか、兵隊の人形で遊ぶんだよ……😅。そんな皇
帝が、七年戦争の際に「あと一歩で勝てる！」ところで撤退を命じたことに、ロシ
アの軍人たちはブチ切れていた。だって、ロシア軍の犠牲は30万人もいたんだよ、
勝てそうなのに撤退するなどあり得ない！　そう考えた近衛軍はピョートル3世を
クーデタで退位させて監禁し、殺害した。そして、彼らが皇帝にしたのがピョート
ル3世の妃**エカチェリーナ2世**だった。

　エカチェリーナ2世はもともと**プロイセンの将軍の娘**だからドイツ人なんだけ
ど、15歳でペテルブルクに嫁いでからは、ロシア正教に改宗し、ロシア語を学ん
で、ロシアの習慣に溶け込もうと努力した。それに彼女は頭がいい！　当時ヨー
ロッパで流行っていた**啓蒙思想**を学び、**ヴォルテール**とも文通したり、愛読書はモン
テスキューだったり……。

　でもね、彼女もまた「**啓蒙専制君主**」、要は「言い訳絶対主義」なんだよ。だっ
て、啓蒙思想を引用したあげく、結論は「ロシアのような広大な帝国には絶対君主
がふさわしい」だって😅。だから、**学芸保護**や**教育改革**、法律の整備などの改革
はやったけど、**農奴制には全く手をつけなかった**から、体制の近代化は進まなかっ
たんだ。むしろ、彼女はオシャレなフランス文化が大好きで、ヨーロッパ中から有
名な絵画なんかを集めまくった😄。これが現在のエルミタージュ美術館のコレク
ションだよ。

　結局、改革や美術品収集のためのお金は農民から搾り取ったから、農民はコサッ
クのところに逃げ始める。そして、南ロシアでは**コサック出身**の**プガチョフの農民
反乱**が起きたんだ。プガチョフは「ワタシはピョートル3世である。帝位を奪い返
すために戦う」と言ってコサックを集めて、農奴解放などを求めた。これに対しエ
カチェリーナ2世は「バカなこと言わないで。ピョートルはもう死んでるわ……」

と反乱軍を容赦なく鎮圧し、プガチョフも処刑した。そして反乱ののち、エカチェリーナ２世は貴族の特権を保護して、農奴制を強化（再版農奴制）するなど反動化したんだよ。ほらね、啓蒙専制君主っていうのは、しょせん絶対王政でしょ😏。

　また、エカチェリーナ２世の時代は、ロシアが対外進出を強化した時代だよ。ポーランド分割に参加したほか、オスマン帝国と戦って黒海北岸に進出し、**キュチュク＝カイナルジ条約**を結んで**クリミア＝ハン国【クリム＝ハン国】**の支配権を獲得すると、その後併合した。さらに、日本から漂流してきた大黒屋光太夫を送り返す際に、**ラクスマン**を**日本の根室**などに派遣して通商を求めたけど、鎖国中だった日本はこれを拒否、その後、**レザノフ**が長崎に行ったけど、やはり拒否されたんだ。

◀ ロシア・プロイセン・オーストリアのポーランド分割で、ポーランドが消滅！

　ヤゲウォ朝【ヤゲロー朝】のもとで東欧の最強国だった**ポーランド**も、大航海時代以降は西ヨーロッパを中心とする経済的な分業体制に組み込まれて、**西欧への穀物輸出国**になった。だから、穀物輸出で儲かった領主たちは強くなったけど、農民たちは賦役を強制されて貧しいまま、商工業も発達せず市民階級も育たなかった。そして、16世紀にヤゲウォ朝が断絶して**選挙王制【選挙王政】**になると、**領主貴族【シュラフタ】**の争いなどから政治が混乱して、ポーランドは弱体化したんだ。

　こうした状況は18世紀まで続いていたんだけど、これを見た**プロイセンのフリードリヒ２世**は「今ならポーランドを分割してさらに弱らせ、しかも飛び地になっている**ブランデンブルクと東プロイセンをつなげる**😁」と思っていた。同じころ、**ロシアのエカチェリーナ２世**も「ポーランドを分割するなら今だわ……😃」と思っていたんだ。こうしてフリードリヒ２世がエカチェリーナ２世とポーランド分割を決めると、エカチェリーナ２世が「あのオーストリアの方に声をかけておかないと、あとがうるさいわよ……」と**マリア＝テレジア**（ただし、**帝位は息子のヨーゼフ２世**だよ）も誘い、1772年、**ロシア・プロイセン・オーストリア**の３国で**第１回ポーランド分割**がおこなわれた。このときロシアはドニエプル川以東の**ベラルーシ【白ロシア】**を獲得し、**西プロイセン（ポーランド回廊）**などを奪ったプロイセンはブランデンブルクと東プロイセンをつなげることに成功したよ。

　その後、1793年には**フランス革命**のドサクサに紛れて、**ロシアとプロイセンの２国で第２回ポーランド分割**を強行し、ロシアは**ウクライナ西部**を領有することになった。このときオーストリアが参加していないのは、フランス革命で国王ルイ16世が裁判にかけられ、オーストリアの皇帝フランツ２世のおばにあたるマリ＝アントワネットが「革命政権」によって幽閉されていて、それどころじゃなかったからだよ。この分割のあと、ポーランドでは**コシューシコ**の抵抗運動が起こったんだけど鎮圧され、その結果、1795年には**ロシア・プロイセン・オーストリアの３国による第３回ポーランド分割**を招いた。こうして、３回のポーランド分割で**ポーランドはヨーロッパの地図から消滅**した。ポーランドが外国支配から脱して独立するのは、第一次世界大戦のあとだよ。

合否の分かれ目 ▶ ポーランド分割……細かいところに気をつけよう！

- **第1回**［1772］……ロシア・プロイセン・オーストリアの3国
  - ▶プロイセンのフリードリヒ2世
  - ▶ロシアのエカチェリーナ2世
  - ▶オーストリアのマリア＝テレジア（ただし**帝位はヨーゼフ2世**）
- **第2回**［1793］……ロシア・プロイセンの2国
  - ▶**フランス革命の混乱に乗じて強行** ➡**オーストリアは不参加**
    - ➡ポーランド人愛国者コシューシコの抵抗運動
- **第3回**［1795］……ロシア・プロイセン・オーストリアの3国
  - ▶**コシューシコの反乱を鎮圧**したのちに分割
    - ➡ポーランド王国が完全に消滅

それじゃあ、今回はこれでおしまい。最後に年号 check だよ！

年号のツボ

- **ロマノフ朝成立**［1613］（ロシアは 広いさ ロマノフ偉い）
- **ドイツ三十年戦争**［1618］（三十年も 長い戦争 疲労イヤ）
- **カルロヴィッツ条約**［1699］（広く休戦 カルロヴィッツ条約）
- **北方戦争**［1700］（海軍つくれよ！いーな？ オーオー！）
- **オーストリア継承戦争**［1740］（私が女帝よ 人の名知れ！）
- **七年戦争**［1756］（いったんなごむ 外交革命）
- **ポーランド分割**［1772/1793/1795］（何 泣くさ 泣く子）

　次回は産業革命とアメリカ独立革命だ。現代の社会に大きく近づくのが産業革命、そして、近代の民主政治のあり方を決めたともいえるアメリカ合衆国の成立。さぁ、近代への幕開けも近いよ！ 頑張（がんば）っていこう〜。

第1章 オリエント・インドの古代文明
第2章 古代の地中海世界
第3章 古代の東アジア
第4章 中世ヨーロッパ
第5章 東アジア世界の変容
第6章 イスラーム世界
第7章 近代ヨーロッパの幕開け

いよいよ欧米は近世から近代へと向かう、大きな変化を迎えるよ。イギリスから始まる産業革命は、これ以後の経済・社会を大きく変え、アメリカ独立革命では近代的な民主主義国家が生まれるんだ！

● 大きくつかもう！ ●

工業社会への転換と近代市民社会の成立、どちらも現代まで影響しているよ

産業革命

1 商業覇権の推移と第2次英仏百年戦争　　429〜432ページ

2 イギリスの産業革命　　432〜435ページ

3 資本主義の確立と社会主義の出現　　435〜436ページ

アメリカ独立革命

4 アメリカ独立革命　　437〜444ページ

イギリスで始まった産業革命は、「農業社会」から「工業社会」への転換をもたらし、ヨーロッパが他の地域に対して優位に立つきっかけにもなったし、同時に、市民階級の成長を促した。そして、アメリカ独立革命では、独立宣言や合衆国憲法によって近代民主主義国家の原則が示され、ここから19世紀半ばまで、大西洋を取り巻く地域では革命運動が続くことになる。フランスの啓蒙思想がアメリカの独立で具体化され、それがフランス革命に引き継がれて、ラテンアメリカの独立にも影響したんだよ。この一連の革命は環大西洋革命【大西洋革命】と呼ばれているんだ。

では、環大西洋革命の第一歩、産業革命とアメリカ独立革命の始まり〜😆。

1 商業覇権の推移と第2次英仏百年戦争

◀ **オランダの商業覇権が傾くと、イギリスとフランスの抗争が始まった！**

アジアを舞台にした交易は、**17世紀はオランダの
ひとり勝ち**状態だったんだけど、ヨーロッパ各国の
交易が拡大して香辛料が珍しくなくなると**香辛料価
格が暴落**し、香辛料貿易でボロ儲けしていたオラン
ダはまるで儲からなくなった。しかも17世紀後半
には、イギリスが発布した**航海法**で中継貿易から締
め出され、さらに３次にわたる**英蘭戦争【イギリス＝
オランダ戦争】**でイギリスが優勢となり、**オランダ
の商業覇権は急速に傾いた**んだ。この時期、香辛料
にかわって国際商品になったのが**インド産綿布**（キ
ャラコ・サラサなど）だよ。綿布は毛織物よりも肌
触りがよく、しかも寒い地域ではインナーとして、

香辛料にかわってインド産
綿布が国際商品になると、
オランダの覇権が揺らぐ
よ。いよいよ英仏の時代だ！

暑い地域でも普通に着られるから、**世界中どこにでも売れる**もんね。そりゃ人気出
るよ😆。こうして、**綿布の生産地インドの重要性**は一気に高まったんだ。

こうなると、**アンボイナ事件**でマルク諸島【モルッカ諸島】から追放され**インド
進出に転換したイギリス**は、結果的にはよかったことになる。**イギリス東インド会
社**は、**マドラス**（現チェンナイ）、**ボンベイ**（現ムンバイ）、**カルカッタ**（現コルカ
タ）に拠点を置いて、カルカッタを中心にインドへの進出を強化した。対する**フラ
ンス**も、ルイ14世の財務総監コルベールが、1664年に**東インド会社を再建**する
と、マドラス近郊の**ポンディシェリ**、カルカッタ近郊の**シャンデルナゴル**に拠点を
置いてイギリスに対抗し、綿布を中心とするインド貿易の覇権を争ったんだ。

そして、インドだけじゃなく**カリブ海や北米大陸**でも植民地経営を本格化した英
仏両国は、より利益の上がる植民地を求めて抗争した。イギリスは、エリザベス１
世時代にローリが経営に失敗した**ヴァージニア植民地**に再度進出し、17世紀には
ジェームズタウンを建設、タバコ栽培などのプランテーション経営をおこなった。
また、1620年に本国の宗教弾圧を逃れたピューリタン（ピルグリム＝ファーザー
ズ）が**プリマス**に植民地を建設したあと、北米東海岸の**ニューイングランド**地域に
は農業移民が入植していった。さらに、第２次英蘭戦争ではオランダから**ニューネ
ーデルラント**を獲得し、中心地ニューアムステルダムを**ニューヨーク**と改称した
よ。一方フランスは、アンリ４世時代に探検家のシャンプランが進出して以降**カナ
ダ**へ植民し**ケベック**植民地を建設し、さらにミシシッピ川流域に広大な**ルイジアナ**
植民地を獲得したんだ。ルイジアナの「ルイ」はルイ14世だよ。

◀ **ヨーロッパの戦争に連動して、英仏が植民地でも戦った！**

名誉革命ののち、**オランダと事実上の同君連合になったイギリス**は、ウィリアム

　3世が「英蘭連合でフランスを抑えこもう！」って考えていたこともあって、**ヨーロッパの戦争に連動して植民地でも戦争が起きた**。まず、ヨーロッパでルイ14世が**ファルツ継承戦争**を始めると、これに連動して北米では**ウィリアム王戦争**が起きた。ここからナポレオン戦争まで続く英仏の長い戦争を、第2次英仏百年戦争【英仏植民地戦争】[1689～1815] と呼ぶよ。そして、ヨーロッパでスペイン継承戦争が始まると、北米ではアン女王戦争が起こり、1713年にユトレヒト条約が結ばれた。この条約で、イギリスはフランスからニューファンドランド、アカディア、ハドソン湾地方を獲得し、**北米大陸の大西洋岸に勢力を拡大し**、スペインからは地中海の要衝ジブラルタルとミノルカ島を獲得したんだ。ちなみに、大西洋と地中海を結ぶジブラルタルをイギリスは一度も手放さず、**現在までイギリス領のまま**だよ。さらに、スペイン政府との**奴隷供給契約【アシエント】**がフランスからイギリスへ移ったから、イギリスは奴隷貿易でも優位に立つことになったんだ。

〈英仏植民地戦争（ユトレヒト条約後 [1713]）〉

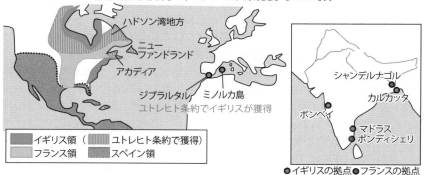

ハドソン湾地方
ニューファンドランド
アカディア
ジブラルタル　ミノルカ島
ユトレヒト条約でイギリスが獲得

シャンデルナゴル
カルカッタ
ボンベイ
マドラス
ポンディシェリ

　■ イギリス領（▨ ユトレヒト条約で獲得）
　■ フランス領　■ スペイン領

●イギリスの拠点●フランスの拠点

◀ 大西洋三角貿易が形成され、イギリスには奴隷貿易で富が蓄えられた！

　18世紀には、イギリスやフランスの商人によって、西アフリカからの黒人奴隷貿易を中心に「大西洋三角貿易」を形成したよ。ヨーロッパからは**銃器や雑貨**、特に**インド産綿布**などを**西アフリカ**に**輸出**して、そこで**黒人奴隷**を買いつけて**カリブ海やアメリカ大陸のプランテーション**に売り、プランテーションで生産した砂糖や**タバコ**などをヨーロッパに運んだ。イギリス領の**ジャマイカ**、フランス領サン＝ドマング（のちの**ハイチ**）、スペイン領の**キューバ**などが、**砂糖の一大産地**になるよ。あっ、この時期には**綿花プランテーションはあまり多くない**。だって、イギリスで綿布の大量生産がおこなわれるのは、18世紀後半に産業革命が始まってからだもんね。

　そして、ユトレヒト条約でスペイン植民地との奴隷供給契約【アシエント】を獲得した**イギリスが奴隷貿易の主導権を握った**んだ。しかもイギリス商人は奴隷の大量輸送を実現したから、莫大な利益を得た。イギリスの**奴隷貿易の中心だったリヴァ**

プールは、18世紀末にはヨーロッパ全体の奴隷貿易の約4割を占めたんだ。すると、リヴァプールの商人たちは、大西洋三角貿易でアフリカに輸出している綿布を「インド産じゃなく国産にできたらもっと儲かる！」って考え始めた。この綿布国産化の欲求が、産業革命の背景の一つだよ。しかも、奴隷貿易で儲かってるから**資本**の裏づけもあるもんね😁。

〈大西洋三角貿易〉

タバコ
砂糖・綿花
武器・綿布・雑貨
黒人奴隷

　もう一つ、奴隷貿易って白人が黒人を捕まえるんじゃなくて、ヨーロッパの商人と手を組んだ黒人国家が、周辺の黒人を捕まえて白人に売るんだ。だから、ポルトガルと組んだ**ベニン王国**など、**奴隷貿易で栄えた黒人国家**もあるんだよ。

クローズアップ　　**第2次英仏百年戦争【英仏植民地戦争】[1689〜1815]**

● **ウィリアム王戦争**[1689〜97]　←ヨーロッパの**ファルツ継承戦争**に連動
● **アン女王戦争**[1702〜13]　←ヨーロッパの**スペイン継承戦争**に連動
　● **ユトレヒト条約**[1713]
　　▶英は仏から**ニューファンドランド、アカディア、ハドソン湾地方**を獲得
　　▶イギリスはスペインから**ジブラルタル、ミノルカ島**を獲得
　　▶スペイン政府との**奴隷供給契約【アシエント】**が仏から英へ
● **ジョージ王戦争**[1744〜48]　←ヨーロッパの**オーストリア継承戦争**と連動
　● 同時期に南インドでは**カーナティック戦争**[1744〜48（第1次）]
　　▶フランスのインド総督：**デュプレクス**の活躍で、フランス軍が優勢
● ヨーロッパの**七年戦争**と連動した植民地戦争
　● 北米……**フレンチ＝インディアン戦争**[1754〜63]
　● 北インド……**プラッシーの戦い**[1757]
　　➡イギリス東インド会社軍が、**クライヴ**の指揮で圧勝
　● 南インド……**カーナティック戦争**[1758〜63（第3次）]
　● **パリ条約**[1763]……イギリスとフランス・スペイン間の講和条約
　　▶イギリスはフランスから**カナダ、ミシシッピ川以東のルイジアナ、セネガル**、ドミニカを獲得
　　▶イギリスはスペインから、**フロリダ**を獲得
　　▶スペインはフランスから、**ミシシッピ川以西のルイジアナ**を獲得
　　➡**フランスは北米から完全撤退**、イギリスの植民地における完全勝利が確定

第1章　オリエント・インドの古代文明

第2章　古代の地中海世界

第3章　古代の東アジア

第4章　中世ヨーロッパ

第5章　東アジア世界の変容

第6章　イスラーム世界

第7章　近代ヨーロッパの幕開け

◀ 七年戦争と連動した英仏植民地戦争は、イギリスの完全勝利だ！

　では、英仏植民地戦争の決着について見ていこう！　ヨーロッパでオーストリア継承戦争が始まると、これに連動して北米では**ジョージ王戦争**が、南インドでは**カーナティック戦争**が起きた。当時インドでは、インド総督**デュプレクス**が活躍して**フランス軍のほうが優勢**だったんだ。でも、このあたりが絶対王政のフランスと、議会主権のイギリスの戦略の違いだな……（😓）。「アイツは勝手に南インドで覇権を拡大している……」と嫉妬のような理由で**デュプレクスが解任**されて本国に召還されたから、フランスの優位が崩れてイギリスの逆襲が始まるんだ。

　そして、ヨーロッパで七年戦争が始まると、英仏植民地戦争は最終決戦になるよ。北米での**フレンチ゠インディアン戦争**では、**イギリスがフランスと先住民の同盟軍を破り**、北インドの**プラッシーの戦い**では、イギリス東インド会社軍が**クライヴ**の活躍で**フランスとベンガル太守の連合軍に圧勝**、さらに南インドで続いていた**カーナティック戦争**でもイギリスが勝利した。そして、のちに結ばれた**パリ条約**で、イギリスはフランスから**カナダ**、**ミシシッピ川以東のルイジアナ**、**セネガル**、ドミニカを、スペインから**フロリダ**を獲得した。さらにフランス領だった**ミシシッピ川以西のルイジアナ**もスペイン領になったから、**フランスは北米から完全撤退**することになった。こうして**イギリスが植民地戦争において完全勝利**して、この後、世界に先駆けて産業革命を進めて、19世紀には世界経済の覇権を握ることになるよ！

2　イギリスの産業革命

◀ イギリスで最初に産業革命が始まったのはなぜだろう？

　最初に「産業革命って何？」って話をしておこう。「そんなもん、機械だよ、機械！」って思ったかもしれないけど、もうちょっとツッコんで考えよう！　確かに、狭い意味では、**工場で蒸気機関で動く機械を使うようになる「機械制工場【工場制機械工業】」**が始まれば産業革命だけど、それだけじゃちょっと寂しい（😅）。広い意味での産業革命は、「**伝統的な農業社会にかわって工業社会が出現（つまり工業化）**」して、資本主義社会が成立したことだ。簡単に言うと、社会の中心が、地主（大土地所有者ね）から、工場などを経営している産業資本家になったってことだ。現代でも、**先進国は基本的に工業国**だよね。つまり、現代の世界

産業革命って、単なる「機械の発明」じゃないよ！　社会全体の大きな変化を考えてみよう！

が生まれたきっかけ、って考えることもできる。こうした動きは、**最初にイギリスで起きた**んだけど、なんでイギリスが最初なんだろう？

　イギリスで産業革命が始まった背景はいろいろあるけど、一つ目は**工業の伝統**だよ。工業の発達はまず、商人（問屋）が原料や道具を職人や農民に貸して、職人が

家で作業する**問屋制【問屋制家内工業／プロト工業】**から始まった。簡単に言うと、「**材料買ってきて、家でつくって、街の問屋に売る**」。ただ、原料や製品をいちいち運ぶのは大変……😥。「だったら、職人が工場に通えばいい！」と**工場に職人や労働者を集めて分業で生産する工場制手工業【マニュファクチュア】**になった。要するに労働者が「通勤」するんだよ。イギリスではすでにマニュファクチュアによる毛織物工業が発展していたから、あとは工場に機械が入れば……ほら産業革命だ！

　二つ目は**資本の蓄積**だよ。**大西洋三角貿易**でむちゃくちゃ儲かっていたイギリスは、特に17世紀後半から大西洋を囲む「北米・西インド諸島」の植民地で**プランテーションを拡大し**（北米のタバコ、ジャマイカのサトウキビ）、**イギリスの商業革命**という貿易構造の変化が起きていた。これでイギリスに富が集まったんだ！　さらに植民地戦争に勝ったから、世界中に貿易もプランテーションも拡大できるし、市場もある。ほら、資本（お金）もあるし、原料も市場も全部そろってる😊。

　三つ目は**労働力**の問題だ。18世紀に「**小麦➡クローヴァー➡大麦➡カブ**」の順に輪作する**ノーフォーク農法【四輪作法】**が普及して穀物が増産できるようになった（**農業革命**）。ただ、この新農法には広い土地が必要だから、地主たちは**第2次囲い込み**を進めて、**小作人を土地から追い出した**。土地から追い出された農民は**農業労働者**（農場で働く賃金労働者）になって、のちに彼らが都市に移住して**工場の賃金労働者**になったんだ。さらに、第2次囲い込みによる穀物増産やペストの消滅で**人口が増加**したから、工業が発展しても労働者が足りなくならなかったんだ。

　ほかにも、鉄、石炭などの資源が豊富で、海外植民地からも資源や**綿花**などの**原材料**を得られたし、さらに、議会政治が確立されて政治が安定していて、**ギルドの廃止**や特権の廃止も進んだから、ほかの国に比べて自由な経済活動ができたことも、工業化が進んだ背景だ。そして、**マックス＝ヴェーバー**が指摘した、「**プロテスタンティズムが勤勉な労働を奨励したこと**」も、資本主義が発展する前提だね。

合否の分かれ目 ▶ **二つの「囲い込み【エンクロージャー】」**

- ●**第1次囲い込み** ［15世紀末〜17世紀半ば］
  - ▶羊毛増産が目的……牧羊地を拡大　➡**政府は禁止（非合法）とした**
  - ▶失業者、浮浪者対策として**救貧法**を施行 ［1601］
- ●**第2次囲い込み** ［18世紀後半〜19世紀初頭が中心］
  - ▶穀物増産が目的……**ノーフォーク農法の普及**が背景
  - ➡**議会主導（合法）**で実施
  - ▶農業労働者が増加　➡のちに、**産業革命を支える労働力**となる

第1章　オリエント・インドの古代文明

第2章　古代の地中海世界

第3章　古代の東アジア

第4章　中世ヨーロッパ

第5章　東アジア世界の変容

第6章　イスラーム世界

第7章　近代ヨーロッパの幕開け

◀ 木綿工業からイギリスの産業革命が始まった！

　18世紀後半、イギリスの産業革命は木綿工業の技術革新から始まったよ。当時、東インド会社がインドから輸入していた綿織物が人気となって毛織物にかわって需要が増え、さらに三角貿易でアフリカにも輸出していたから、「綿製品を国産化したい！」という欲求が高まっていた。しかも、原料はインドやアメリカから大量に調達できるから、技術さえ発明されれば、いつ産業革命が始まってもおかしくなかったんだ。こうして、奴隷貿易で繁栄したリヴァプールに近いマンチェスターで、木綿工業が発展したんだよ。なんでリヴァプールじゃないかって？　だって、すでに貿易港として発展しているリヴァプールじゃ、工場を建てる場所がないよ😫。それに、木綿はもともと輸入品で、国内に職人が少ないから「機械よりもオレ様のほうがスゴい」とか文句言う職人がいない！　国内産業からの反発がなく新技術が導入できるのは重要なことだ。ガンコ職人が多い毛織物じゃあ、そうはいかないよ。

　それじゃあ、**木綿工業の技術革新**について見ていくよ！　ここは、機械の名前と発明者、それに順番を覚えれば OK だからね。まず、ジョン＝ケイが織機（布を織る）の技術として飛び杼【飛び梭】を発明すると、従来の2倍の効率で布を織れるようになり、綿糸が足りなくなった。すると紡績機の発明が進み、ハーグリーヴズが一人で8本の糸を紡げるジェニー紡績機【多軸紡績機】を、アークライトが水車を動力にした水力紡績機を発明すると、クロンプトンはこの二つの技術をあわせてミュール紡績機を開発した。これが現在の紡績機の原型で、強くて細い高品質の糸が生産できるようになった。ただ、今度は糸が余る……😓。これが織布部門の発展を促し、カートライトが蒸気機関を動力にした力織機を発明、これで綿布の生産が飛躍的に増えた。そして、18世紀末にはアメリカでホイットニーが綿繰り機を発明したことで、アメリカ南部での綿花プランテーションが拡大したから、イギリスは原綿を大量に確保できるようになった。あとは、綿布をつくって売りまくるだけだ！

発明した人と機械の名前、発明された順番をまとめて覚えちゃえ！	
ジョン＝ケイ……飛び杼	ジーさん
ハーグリーヴズ……ジェニー紡績機	白寿で
アークライト……水力紡績機	あー　す（ご）い
クロンプトン……ミュール紡績機	クルクル　回る
カートライト……力織機	蚊取り線香

◀ 木綿工業以外の分野でも、技術革新が進んだ！

　木綿工業で始まった産業革命は、そのほかの業種でも進んでいたよ。もともと機械を動かす動力は水車だったから、川の近くの限られた場所にしか工場が建てられなかった。しかし、蒸気機関が実用化されれば、土地さえあればどこにでも工場が

建てられる。最初、**ニューコメン**が炭鉱の排水ポンプとして開発した蒸気機関を**ワット**が改良して、さまざまな動力として使えるようになった（**動力革命**）。こうして機械化が進むと、機械をつくるための素材となる鉄が大量に必要になるから、**製鉄業**が発展したんだ。**ダービー父子**は、木炭にかえて**石炭を加工したコークスを燃料にする製鉄法（コークス製鉄法）**を開発して、鉄の量産が可能になった（**製鉄革命**）。しかもイギリスには石炭と鉄鉱石の鉱山があったから、原料にも困らなかったんだよ。こうして機械の生産が急増して、**機械工業**も発展したよ。

　機械化によって大量生産がおこなわれるようになると、今度は商品や原料を大量に運ばないといけなくなるよね。18世紀には**運河**や**道路**の建設が進められたんだけど、19世紀になると、**トレヴィシック**が発明した軌道式の蒸気機関車を**スティーヴンソン**が実用化して、1825年にはロコモーション号をストックトン・ダーリントン間に走らせ、1830年には**マンチェスター・リヴァプール**間の約50kmで営業運転が始まった。ここから約20年で、**イギリス全土に鉄道が敷かれる**んだ！　また、アメリカ人の**フルトン**は蒸気船クラーモント号を開発し、1819年にはサヴァンナ号が蒸気船初の大西洋横断に成功したよ。19世紀には、世界の交通・運輸は大きく変わったんだね（**交通革命**）。

スティーヴンソンが研究したのは「故障を少なくすること」と「丈夫な線路」だ。初期の線路は、機関車の重みを支えられず割れたらしい

　こうして、イギリスは圧倒的な工業力を持つ"**世界の工場**"として繁栄し、世界各地に製品を輸出して他国を圧倒していくことになるよ。

3 ▶ 資本主義の確立と社会主義の出現

◀ 産業革命によって資本主義が成立！　しかし、さまざまな問題が……

　産業革命が進んだことは、社会全体にも大きな変化をもたらした。産業革命による工業化で工場が増えると、工場を経営している**産業資本家**が台頭して経済を動かす存在になり、同時に工場で働く**都市労働者の人口が増えた**。そうなると、国内の人口分布も大きく変わってくる。これまで農村に住んでいた人が工業都市に移住して**都市の人口が急増**し、農村の人口が減少した。木綿工業の中心となった**マンチェスター**はランカシャー地方最大の工業都市となり、人口は一気に20万人にまで増えた。ほかにも鉄鋼業で発展した**バーミンガム**や**シェフィールド**も一大工業都市となり、マンチェスターの外港として**リヴァプール**は大商業都市になった。

　こうして、これまで社会の中心だった「**地主階級**」に加えて「**産業資本家**」「**労働者**」の三大階級が形成され、それぞれ利害がぶつかった。産業資本家は輸出の拡大のために自由主義改革を要求して、**地主階級中心の政府と対立**する。一方で、さ

第1章 オリエント・インドの古代文明

第2章 古代の地中海世界

第3章 古代の東アジア

第4章 中世ヨーロッパ

第5章 東アジア世界の変容

第6章 イスラーム世界

第7章 近代ヨーロッパの幕開け

まざまな社会問題も起きたんだ。都市人口が急増してインフラが追いつかずに生活環境が悪化し、貧困や伝染病などの深刻な問題が発生した。上下水道が整備されていなかったから、街には汚物があふれ、空は石炭を燃やして出たばい煙で毎日曇りで、労働者は窓のない屋根裏部屋で暮らす……😫。もう、人がマトモに暮らせる環境じゃない！　農村でも第2次囲い込みが進んで伝統的な農村共同体が崩壊した。さらに、資本主義体制が成立すると、「とにかく儲けを追求しよう！」と考えた資本家は、労働者たちを低賃金、長時間労働などのひどい環境でこき使い、特に女性労働、児童労働は深刻な問題になった。こうして資本家と労働者の対立から深刻な労働問題も発生した。機械化で職を失った職人が「機械がオレの仕事を取った！」と機械を破壊する「ラダイト運動（機械打ちこわし）」は、初期の労働運動だね。当時の労働者の悲惨な状況は、ドイツの社会主義者エンゲルスが書いた『イギリスにおける労働者階級の状態』に詳しく述べられているよ。

水道の普及が遅かった名残で、今でもイギリスでは、流さないでOKの食器洗剤が主流らしいよ😁

◀ 労働問題のなかから社会主義思想も生まれた！

　当初、政府は「労働者たちが団結して暴動でも起こしたら大変だ😫」と団結禁止法を制定したんだけど、労働者の労働条件はあまりにもひどかった。1日の3分の2近く働かされて、寝るヒマもない。労働者たちは、「せめて休憩くらいください……」とか「寝る時間をください……」といった悲痛な叫びをあげる。こうした状況を見たイギリスのロバート＝オーウェンは、スコットランドで紡績工場を経営しながら労働環境の改善などに努力していたんだけど、「新天地で理想の工場をつくろう！」と、アメリカでニューハーモニーを建設！　これは失敗に終わったけど、帰国後は、労働者の労働条件を改善するために工場法の制定に尽力したり、全国労働組合大連合を結成したりと、労働環境の改善に努めたんだ。工場法は1833年に一般工場法が制定されたあと、何回か改正されて労働環境が改善されていったんだ。

　イギリスだけではなく、フランスでも労働問題の解決や「経済の平等」を追求しようとする社会主義が現れたよ。サン＝シモンは労働者が能力を自由に発揮できる平等な産業社会の実現を目指し、フーリエはみなが助け合う協同組合的理想社会（ファランジュ）の実現を主張した。一方で、ブランキは少数の革命家によって暴力的に権力を奪うことを主張した。プルードンは、どんな政府でも人民を搾取するものだから、国家権力を否定する無政府主義思想を広めた。さらに、ルイ＝ブランは二月革命後の臨時政府に参加して、国立作業場を設立した。こうした初期の社会主義思想に対し「そんなもの、根本的な解決にならない！」と批判したのがマルクスだ。のちにマルクスは、彼らの思想を空想的社会主義と批判的に呼んだんだよ。

4 アメリカ独立革命

◀ 英仏植民地戦争のあと、イギリス本国と北米の13植民地が対立!

〈パリ条約後の北米[1763]〉

北米のイギリス領13植民地は建設された経緯がバラバラだから、ザックリと分けると北部と南部で特徴が違うよ。**北部は寒くて農業にはイマイチだから商工業が中心**で、農業も**中小自作農**がほとんどだよ。1620年に**メイフラワー号**でやってきて**プリマス**植民地を建設した**ピルグリム=ファーザーズ**に代表されるように、北部に移住してきた人は、**本国の弾圧から自由を求めて逃げてきた場合**が多く、もともと貧乏人が多くて、**反英的**な傾向が強かった。ちなみに、「自由・平等」を誓って上陸したピルグリム = ファーザーズを、アメリカ人は「建国の始祖」として神話化しているよ。ほかに、ピューリタンが建設した**マサチューセッツ**植民地は、中心地の**ボストン**が独立戦争で重要な街だったし、新教徒の一派**クウェーカー教徒**のためにつくられた**ペンシルヴェニア**植民地の中心地**フィラデルフィア**は、独立戦争前後に**アメリカの実質的な首都**だった街だよ。

　一方、**南部**はタバコ・藍・米などを栽培する大規模な**奴隷制**(どれい)**プランテーション**が広がっていて、最初から「黒人奴隷を使って儲(もう)けよう!」と思ってる人が多かった。つまり、もともと金持ちが多く、宗教的にも**イギリス国教会**が多かったりと、**親英的**な傾向が強かったんだ。北米に最初に建設された**ヴァージニア**植民地と、最後に建設された**ジョージア**植民地は、どちらも南部にあるよ。ジョージアは、イギリスの債務者(さいむ)を救済するためにつくられた植民地で、**13植民地の最南部**だ。

　こんなふうに特徴はバラバラだけど、それなりに共通点もあった。それは、厳しい自然や先住民と戦いながら開拓を進めた人びとに共通する「自主独立」の意識だよ。しかも、当時は電信がなかったから、本国から植民地に命令を伝えるのに最短でも3カ月以上かかった。だから、北米のイギリス領13植民地では、**植民地議会**などの**自治制度**がつくられていたんだよ。しかも、七年戦争以前に**英仏が激しい植民地戦争**をしている間、**植民地支配はかなりゆるかった**。だって、「フランスが攻めてきた!」って情報が本国に伝わり、イギリスからの援軍が到着するまで、最短でも半年以上はかかるでしょ😵。ということは、植民地を弱くしすぎると、フラ

（地図中のラベル）
イギリス領カナダ
ボストン
❶プリマス
❷
ニューヨーク
❸
フィラデルフィア
❹
ジェームズタウン
イギリス領
ルイジアナ
スペイン領
ミシシッピ川
❺
❶マサチューセッツ
❷ニューヨーク
❸ペンシルヴェニア
❹ヴァージニア
❺ジョージア
イギリス領
フロリダ

第1章 オリエント・インドの古代文明
第2章 古代の地中海世界
第3章 古代の東アジア
第4章 中世ヨーロッパ
第5章 東アジア世界の変容
第6章 イスラーム世界
第7章 近代ヨーロッパの幕開け

ンスに取られるかもしれない……。だから、植民地を規制する法律はいろいろあったけど、大した取り締まりもしなかった（「有益なる怠慢」）。例えば、砂糖輸入に高関税をかけるという糖蜜法があったけど、イギリスは植民地人の**密貿易を黙認**してたんだもん。一方の植民地側も、いざというとき助けてもらわないと困るから、そこまで反抗もしなかった。**お互いに対立しないほうが得だった**んだね。

　ところが、**フレンチ＝インディアン戦争**でイギリスが勝利して北米での植民地戦争が終わると、長年の**植民地戦争で財政難**となっていたイギリス本国は、「**財政再建のために植民地に課税**しよう！」って考えた。実際、18世紀になると、北部では新たな移民で人口が急増し、海運業の発達で大商人も現れてたし、植民地の経済規模も本国の約3分の1にまで成長してたしね。イギリスは植民地の貿易を制限し、産業の発展も規制する**重商主義**をとった。さらに、植民地人がアパラチア山脈より西に住むことを禁止するなど、植民地の行動も制限した。でもね、**植民地戦争の終結とともにフランスが北米から撤退**したから、「もうガマンしなくていいや！」と**植民地側も反発**し始めたんだ。

🔊 イギリス本国は植民地に次々と課税。植民地の反発が強まった！

　七年戦争後、いよいよ**イギリス本国による植民地への課税**の試みが始まった。まず、1764年には**砂糖法**が制定され、**イギリス領以外からの砂糖輸入に関税をかける**とともに、**密貿易の取り締まりを強化**した。これって、もともとある糖蜜法を修正して、実は税率は下げられた。でも、これまで関税を払わずに密貿易をやってきた商人にとっては、「なんでいきなり税金取られるんだよ😡」ってことになる。当時、北米の植民地ではフランス領の西インド諸島から輸入した砂糖でラム酒をつくって輸出していたから、直接打撃を受けたんだよ。このときから、植民地では「**本国が植民地への課税を "勝手に" 決める**」ことに対する不満が起きたんだ。

　本国側は「うむ😏、じゃあ関税ではない課税も考えよう……」と、翌年には**印紙法**を制定した。これは新聞、本、パンフレット、法律や書類、なんと "トランプ" にまで、**あらゆる刊行物・出版物に本国発行の印紙を貼る**ことを要求する法律だよ。印紙って切手みたいに貼るもので、印紙の金額分だけ税金が取られるんだ。これに対し植民地では、「本国の歳入を増やすための課税は、植民地の自治権侵害だ！　われわれが議員を送っていない本国議会に、**このような法律を定める権限はない**😡」と、砂糖法以上に激しい反発が起きた！　この抗議で示された原則が、有名な「**代表なくして課税なし**」だよ。このとき、激しい反対運動をしたのが、ヴァージニア植民地議会の**パトリック＝ヘンリ**だ。結局、あまりに抵抗が激しくなったので、翌年**印紙法は撤廃**されたんだ。

　しかし、本国側は次々と新しい課税を試してくる😈！　1767年には、当時の蔵相の名前をとった**タウンゼンド諸法**では、イギリス製品、あるいは東インド会社の扱う茶・ガラス・ペンキ・インク・紙などの**生活必需品に対して輸入関税をかける**という法律なんだけど、こんなもんすぐに反発されるよ😅。しかも、税関を守るイ

ギリス兵が発砲して市民に死者が出た（ボストン虐殺事件）。結局、イギリス議会が**茶税だけ残してほかは撤廃する**ことを決めて、なんとか事態を収めたんだ。

クローズアップ　アメリカ合衆国の独立［1689〜1815］

- ●**イギリス本国の重商主義政策**
  - ●**砂糖法**［1764］……イギリス領以外からの**砂糖輸入に関税を課す**
  - ●**印紙法**［1765］　➡植民地側は「**代表なくして課税なし**」と反発
  - ●**タウンゼンド諸法**［1767］……さまざまな生活必需品に対する輸入関税の徴収
- ●**独立戦争の勃発**
  - ●**茶法**［1773］……イギリス東インド会社に**有利な茶の販売権**を与える
  - ●**ボストン茶会事件**［1773］　➡イギリス政府は**ボストン港を閉鎖**［1774］
  - ●**第1回大陸会議**［1774.9〜］……**フィラデルフィア**で開催
  - ※ただし、この時点では植民地側に本国と開戦する意図はない
- ●**アメリカ独立戦争**［1775〜83］
  - ●**レキシントン・コンコードの戦い**［1775.4.19］
    - ＝**独立戦争勃発**
  - ●**第2回大陸会議**［1775.5］……**ワシントン**を**総司令官**に任命
  - ●（トマス＝）**ペイン**『**コモン＝センス**』を発行［1776.1］
  - ●**独立宣言**［1776.7.4］……（トマス＝）**ジェファソン**が起草
    - ➡大陸会議で採択
  - ●**サラトガの戦い**［1777.10］……植民地軍の初勝利
    - ▶**義勇軍**として**ラ＝ファイエット**や**コシューシコ**らが参戦
    - ➡大陸会議は**アメリカ連合規約**を承認［1777.11］
  - ●**米仏同盟の成立**……**フランクリン**（駐仏大使）の外交による
    - ➡**フランス**が参戦［1778］……フランス国王は**ルイ16世**
    - ➡**スペイン**［1779］、**オランダ**［1780］もアメリカ側で参戦
  - ●**武装中立同盟**［1780］……ロシア皇帝：**エカチェリーナ2世**が提唱
    - ▶イギリスの海上封鎖に対抗し、間接的にアメリカを援助
    - ➡イギリスの孤立
  - ●**ヨークタウンの戦い**［1781］……アメリカ・フランス連合軍の大勝
  - ●**パリ条約**［1783］……アメリカとイギリスの講和条約
    - ▶**アメリカ合衆国の完全独立**を承認
    - ▶アメリカ合衆国に**ミシシッピ川以東のルイジアナ**を割譲

第1章　オリエント・インドの古代文明

第2章　古代の地中海世界

第3章　古代の東アジア

第4章　中世ヨーロッパ

第5章　東アジア世界の変容

第6章　イスラーム世界

第7章　近代ヨーロッパの幕開け

◀ ボストン茶会事件をきっかけに事態は急展開。独立戦争が勃発した！

　タウンゼンド諸法の撤廃のあと、しばらく対立は収まっていたんだけど、1773年、事態は大きく変わった！　本国議会で茶法が制定されると、植民地側の反対運動が一気に盛り上がった。この法律は、破産寸前だったイギリス東インド会社の茶税（茶にかかる関税）**だけを免税にする法律**だよ。もちろん、植民地の業者の茶の輸入には関税がかかるから、植民地では東インド会社だけが有利な条件で茶を販売できるんだ（一部の教科書ではこれを"茶の独占販売権"と表現してるね）。**これを認めたら他の商品にまで波及して**、植民地の貿易会社はまったく儲からなくなる！　この怒りは、ついに東インド会社の船に向かったんだ。急進派の市民たちはインディアンの変装などで**東インド会社の貿易船を襲撃**し、「ボストン港をティーポットにする」と叫んで、船に積んであった300箱以上の茶を海に投げ捨てた。これが**ボストン茶会事件**（Boston Tea Party）だよ。

ボストン茶会事件をきっかけに、アメリカ人はお茶じゃなくてコーヒーを飲むようになったんだ！

　この事件を知ったイギリス政府は激怒し、翌年、ボストン港を閉鎖し、さらにボストンのある**マサチューセッツ植民地の自治権を剥奪**するなど、激しい弾圧で報復した。これに対し植民地側は「本国の弾圧は、もはやマサチューセッツだけの問題ではない。全植民地の問題だ！」として、**ジョージアを除く12植民地の代表が**フィラデルフィアに集まり、第1回大陸会議を開いたんだ。この会議では、本国政府に抗議するために**本国との通商を断絶**することを決め、植民地の権利を守るために、本国議会が植民地に対する立法をおこなうことを全面的に否定した。ただ、この時点では**本国と開戦するつもりはなかった**し、まして分離・独立なんて考えていなかったんだよ。でも、動き出した歴史は止められないよ。

　マサチューセッツでは「もし本国と戦争になったときのために……」と武器倉庫をつくり、民兵の訓練を始めたんだ。すでに、ヴァージニアではパトリック＝ヘンリが武力衝突を予期して、「**自由を与えよ、しからずんば死を（自由か死か）**」という有名な演説をおこなっていたし、実際いつ衝突してもおかしくない状況になった。植民地側が武器を集めているのを警戒したイギリス本国は、「反乱が起きる前に、早めに武器を没収しておかないと……」と、**軍を派遣して武器を押収**しようとした。これを知った植民地の民兵は「武器を奪われてなるものか」と応戦！　ついに1775年4月、ボストン近郊のレキシントンとコンコードで本国軍と民兵が衝突し（**レキシントン・コンコードの戦い**）、ここにアメリカ独立戦争が始まったんだ。

◀ 独立宣言の発表で、イギリスとの戦いは「反乱」から「独立戦争」へ！

　もともと戦争するつもりがなかった植民地軍は、武力衝突が起きてすぐに第2回大陸会議を開いて、ヴァージニア出身のワシントンを植民地軍総司令官に任命し

た。ただ、この時点では植民地の人たちが「よっしゃ独立！」ってまとまっていた
わけじゃない。当時の植民地の人口約230万人のうち、独立を主張する**愛国派【パ
トリオット】**は約３分の１程度で、本国を支持する**忠誠派【ロイヤリスト】**や**本国
との戦争に反対する中立派**のほうが多かった。「このまま本国が軍を整えてしまっ
たら、間違いなく "植民地の反乱" として潰されてしまう……😫」、**愛国派は独立
の世論をつくり植民地全体を「独立」でまとめなきゃいけない**と考えたんだ。

　この時期に独立へと世論を傾けたのが、**（トマス＝）ペイン**によるパンフレット
『コモン＝センス』だよ。このなかでペインは、イギリス国王**ジョージ３世**を「イ
ギリス宮廷の野獣」とののしって読者をあおりながら、「分離独立することが、ア
メリカ大陸にとって真に利益になる」として、**共和政を樹立する必要性**を訴えた。
『コモン＝センス』は人口約230万人だったアメリカで、3カ月のうちになんと12
万部も売れる大ベストセラーになったんだ。

　そして、1776年7月4日、**（トマス＝）ジェファソン**が起草した**独立宣言**が大陸会
議で採択された。**独立宣言が採択された7月4日がアメリカ独立記念日**だよ。ジェ
ファソンは、人びとが神に与えられた権利（自然法）のなかには「**生命、自由、幸
福の追求**」が含まれると述べ、**ロックの革命権**を根拠にして「政府の権力は被統治
者の同意に由来する」のだから「新たな政府を設立するのは人民の権利」と、独立
を正当化した。これって、**近代民主主義の基本的な理念**だよね。そして後半では、
国王ジョージ３世の政治を「危害と略奪の歴史」だと批判して、最後に13州の独
立を宣言した。ただ、**先住民（インディアン）は残虐**だと書かれ、南部のプランタ
ーに配慮して**黒人奴隷制度を批判した部分はカット**された。あくまで「白人の独立
宣言」なんだね。

　独立宣言を発表したことで、中立派
の「戦争しなくても……」という願いは
意味がなくなった。だって、イギリス
側はこの戦争を「植民地の反乱」と呼
び、独立させる気など全くないから、
戦争は終わらない……😔。ここで（ト
マス＝）ペインが効いてきて、**中立派
の多くは独立支持になった**んだ！　さ
らに独立宣言を出すことで、国際的に
は「イギリス国内の反乱」ではなく
「独立国アメリカとイギリスの戦争」
になる。つまり、「どこの国が介入しても
文句ないだろ😏」ってことなんだよ。
もちろん、参戦してほしい国は決まっ
てる。イギリスの宿敵**フランス**だよ！

イギリス領
イギリス本国
　　　　　　国際戦争となる
反乱
13植民地　　　**アメリカ
（独立国）**
　　　　　　独立宣言

独立宣言を出すと、この
戦争が「反乱」から「国
際戦争」に変わるんだ！

第**1**章　オリエント・インドの古代文明

第**2**章　古代の地中海世界

第**3**章　古代の東アジア

第**4**章　中世ヨーロッパ

第**5**章　東アジア世界の変容

第**6**章　イスラーム世界

第**7**章　近代ヨーロッパの幕開け

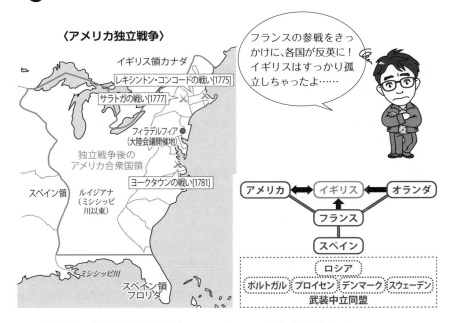

〈アメリカ独立戦争〉

イギリス領カナダ

レキシントン・コンコードの戦い[1775]

サラトガの戦い[1777]

フィラデルフィア
（大陸会議開催地）

独立戦争後の
アメリカ合衆国領

ヨークタウンの戦い[1781]

スペイン領

ルイジアナ
（ミシシッピ
川以東）

ミシシッピ川

スペイン領
フロリダ

フランスの参戦をきっかけに、各国が反英に！イギリスはすっかり孤立しちゃったよ……

アメリカ ←→ イギリス ←→ オランダ

フランス

スペイン

ロシア
ポルトガル プロイセン デンマーク スウェーデン
武装中立同盟

◀ イギリスが国際的に孤立。ついにアメリカが勝利した！

　アメリカが独立宣言を出したからといって、すぐに**フランスが支援してくれるわけじゃない**。だって、ここまで植民地軍は連戦連敗……😅。フランスだって負けそうな戦争にはかかわりたくない。だから、アメリカとしては「いま五分五分です……フランスが参戦してくれれば勝てるんですよ！」という状況にしなきゃいけない。その好機は1777年にやってきた。**ニューヨーク州の**サラトガで**アメリカ軍が**イギリス軍に*初勝利*を収めたんだ。この勝利は、フランス貴族ラ＝ファイエットやポーランドのコシューシコ（ワシントンの副官になった！）、フランスの社会主義者**サン＝シモン**、プロイセンの将校シュトイベン（アメリカ軍を訓練したのは彼だ！）など、ヨーロッパからの義勇兵（ぎゆう）の助けがあったから実現したんだよ。ちなみに、ラ＝ファイエットもコシューシコも、このときまだ20歳だよ🤓！

　そして、サラトガの戦いでの戦勝はフランスを動かした！　パリ駐在の大使フランクリンの交渉で**米仏同盟が成立して**フランスが**参戦**、このときのフランス国王はルイ16世だ。フランクリンは避雷針（ひらいしん）を発明した科学者として有名だったから、有名人を送り込んだアメリカの作戦勝ちだね😆。そして、フランスが動けば同じブルボン家の**スペインも参戦**し、続いて**オランダ**もアメリカを支援した。さらに、ロシア皇帝エカチェリーナ２世の提唱で**武装中立同盟**が結成され、スウェーデン・デンマーク・プロイセン・ポルトガルなどが参加した。これは、イギリスの海上封鎖に対抗して、「私たちは中立国なので、貿易は自由にやります。こちらは武装してますから、もしイギリスが仕掛けてきたら、いつでもアメリカ側で戦いますよ」という同盟だ。つまり、**間接的だけどアメリカ独立を支援**しているんだ。

こうしてイギリスが国際的に孤立して、アメリカに独立達成の光明が見え始めた。イギリス軍は苦戦して追い込まれ、1781年ヴァージニア州のヨークタウンで**アメリカ・フランス連合軍が大勝**した。ヨークタウンの戦いで敗れたイギリスはアメリカとの和平交渉に入ることを決め、**事実上、独立戦争は終結**したんだ。そして2年後の1783年、**イギリスはアメリカとパリ条約を結んでアメリカ合衆国の完全独立を承認**し、さらにアメリカにミシシッピ川以東のルイジアナを割譲した。これで「あわよくばルイジアナを取り返せ……」と思っていたフランスの野望は打ち砕かれた……ていうか、イギリスはフランスにルイジアナを渡したくないんだよ😆。そして、**イギリスとフランス・スペインのヴェルサイユ条約**でフランスが得たものはセネガルと西インド諸島の一部（ドミニカ）だけ。こりゃ、フランスは大損だ……😭。そしてスペインにはフロリダとミノルカ島を割譲したんだ。

🔊 合衆国憲法を制定する際に、すでに各州の利害が対立し始めた！

独立戦争が終わると、忠誠派は本国やイギリス領カナダに亡命した。忠誠派には金持ちが多かったから、アメリカでは富裕層が減って中産階級中心の社会が形成された。ただ、独立したからといっても問題はまだまだ残っているよ。独立戦争中、サラトガの戦いに勝ったアメリカは、1777年、アメリカ連合規約を採択して国名を**アメリカ合衆国**（United States of America）とした（発効したのは1781年）。ここで決まったアメリカ合衆国の形は、基本的に**独立して主権を持つ13州がゆるやかに連合**して、各州が1票の投票権を持つ**連合会議**が中央政府の役割を持った。ただね、連合会議は宣戦や講和、条約の締結などについて、各州の意見を調整するだけで、**課税権がないから金がない**。しかも、**常備軍もないし、通商も規制できない**。これは、政府とはいえないよ😅。ただ、独立直後のアメリカ合衆国にとって最も重大な問題は「**対外債務をどうやって返すか？**」ということだった。借金が返せなくなったら新国家の信用はゼロになる😅。「これは、連邦体制を根本的に変えないとダメなのでは……」という声が高まり、1787年からワシントンを議長にフィラデルフィアで憲法制定会議が開催されたんだ。

会議が始まると、合衆国をどういう国にするかで意見が真っ二つに分かれた。一方は、**中央政府の権限を強化して合衆国は"一つの国（連邦の統合）"**と主張する連邦派【フェデラリスト】、もう一方は、合衆国はあくまで**主権を持つ"州のゆるやかな連合"**だと主張する反連邦派【アンチ・フェデラリスト／州権派】だよ。反連邦派の主張は、今のEUみたいな感じかな。こうした議論の末に、1787年、**アメリカ合衆国憲法**が制定された。これが**世界最初の近代的な成文憲法**だよ😄。

憲法制定時の「連邦主義（連邦派）」と「州権主義（反連邦派）」の対立は、南北戦争まで続くんだ……

　この憲法では、まず人民主権を基礎にした共和政が採用されたんだけど、あくまで「白人限定」で、インディアンや黒人奴隷(どれい)の権利は一切無視された😤。そして、**連邦政府（中央政府）**が発足して徴税権や通商規制権、常備軍の保持などが認められる一方で、**各州に大幅な自治権を認める「連邦主義」**を採用した。これは、「合衆国は"一つの国"で、対外的なことは連邦政府がやるけど、国内問題（民法や刑法など）に関しては"各州で決める"」ということだ。そして、モンテスキューの影響から完全な三権分立がとられた。行政権は**任期4年の大統領**が握り、間接選挙で選ばれた。初代のワシントンが2期で引退したことが前例になって、以後、大統領は3選を目指さないことが慣例になった。（憲法で2選までと決められたのは1951年）。立法権を持つ**連邦議会**は、**各州の代表2名からなる上院**と、**人口に比例して国民代表を選出する下院**からなり、**外交（条約の批准(ひじゅん)など）では上院が優越**することになった。司法権を行使する**最高裁判所**には**違憲立法審査権**が与えられ、法律が憲法に違反していないかを判断できるようになった。その後、反連邦派の要請で、**基本的人権を保障する憲法修正条項10カ条**も付け加えられたよ。

　こうして憲法に基づいてワシントンが初代大統領となり、国務長官には反連邦派の（トマス＝）ジェファソン、財務長官には連邦派のハミルトンが就いた。ワシントンは両派のバランスをとろうとしたんだけど対立は収まらず、憲法制定の際の対立がそのまま残って政党（党派）が形成されていった。ジェファソンを中心とする反連邦派はリパブリカン党となり、ハミルトンを中心とするフェデラリスト（連邦派）と対立した😫。そして、1800年の大統領選挙では激しい対立の末に、**リパブリカン党（反連邦派）の（トマス＝）ジェファソンが大統領になった**。これは**世界初の選挙による平和的な政権交代**だから、のちに「**1800年の革命**」と呼ばれるようになるんだ😄。

　それじゃ、今回はこれでおしまい。最後に年号check！

年号のツボ

- **パリ条約（七年戦争後）**[1763]（フランスは　一難無残(1 7 6 3)）
- **アメリカ独立宣言**[1776]（アメリカ国民　いーな、なろうか！(1 7 7 6)）
- **パリ条約（アメリカ独立戦争後）**[1783]（独立後　一番の悩みは　借金(1 7 83)）

　次回は、フランス革命だ。わずか10年の間に、さまざまな人間ドラマが渦巻くよ。もしかすると、世界史で一番アツい範囲かもね。お楽しみに～😆！

第28回 フランス革命

アメリカ独立革命に続いて、フランスでも革命が起きるよ。自由や平等という今では当たり前の権利は、壮絶な革命を経て獲得したものなんだよ！

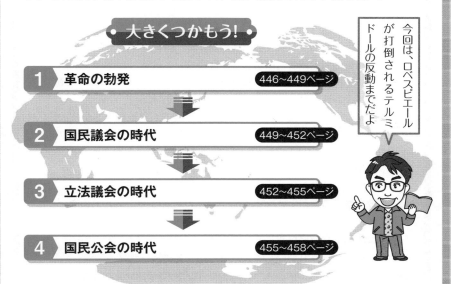

● 大きくつかもう！ ●

今回は、ロベスピエールが打倒されるテルミドールの反動までだよ

ブルボン朝の絶対王政が財政難で傾き始めると、国王を抑えて特権を守ろうとする貴族が反抗し始める。でも、「貴族の反抗」は平民たちの旧体制打倒の勢いに飲み込まれて、彼らが考えてもいなかった「王政の打倒」へとつながるんだ。貴族、ブルジョワジー、都市の民衆、そして農民、さまざまな階層の思惑がからみあって、革命は進んでいくんだけど、革命が大きく動くのは民衆のエネルギーが爆発したときだよ。バスティーユ牢獄の襲撃、ヴェルサイユ行進、8月10日事件……ドラマティックな事件が次々と起こるから、そんな人間ドラマも楽しんでね。そして、ルイ16世の処刑や恐怖政治といった暗い部分も革命の一面だ。

それじゃあ、激動のフランス革命の始まり〜😄。

1 ▶ 革命の勃発

クローズアップ 　全国三部会～国民議会

- ●国王ルイ16世［位1774～92］の財政改革……**免税特権の廃止**を目指す
  - ●財務総監：テュルゴ（**重農主義者**）➡ネッケル（スイスの銀行家）
- ●全国三部会［1789.5.5～］……当初から議決方法をめぐって対立が表面化
- ●国民議会成立［1789.6.17］……自由主義貴族の主導で**第三身分が全国三部会を離脱**
  - ●球戯場の誓い［1789.6.20］
    - ➡**憲法制定議会【憲法制定国民議会】**と改称［7.9］
- ●バスティーユ牢獄【要塞】襲撃［1789.7.14］……パリ市民の暴動
- ●国民議会の改革❶
  - ●封建的特権の廃止［1789.8.4］……**農民の人身的自由**を規定。地代は有償
  - ●人権宣言［1789.8.26］……起草者はラ゠ファイエットら
- ●ヴェルサイユ行進［1789.10.5］　➡**国王一家をパリに連行**
- ●国民議会の改革❷
  - ●教会財産の国有化［1790］、メートル法の制定［1790］、**ギルドの廃止**など
- ●ヴァレンヌ逃亡事件［1791.6］　➡逃亡に失敗し、国王一家はパリへ連行
  - ●ピルニッツ宣言［1791.8］……オーストリア・プロイセンの共同宣言
- ●1791年憲法［1791.9.3］……**立憲君主政**を規定　➡立法議会の成立

◀ 旧体制の危機。絶対王政が行き詰まり、フランスは破産寸前だ！

　18世紀後半のフランスは、国家財政が危機的状況だった。すでにルイ14世時代の侵略戦争やヴェルサイユ宮殿の建設、ルイ15世時代の英仏植民地抗争で財政はかなり悪化してたけど、ルイ16世が参戦した**アメリカ独立戦争**がダメ押し😫。しかも**英仏通商条約【イーデン条約】**で関税を引き下げたら、イギリス製品の大量流入で国内産業も大打撃！　フランスは破産寸前に追い込まれていたんだよ。

　ただ、当時のフランス社会は**アンシャン゠レジーム【旧体制】**と呼ばれる封建的な体制が残っていた。国王を頂点に、**聖職者（第一身分）**と**貴族（第二身分）**が絶対王政を支えていて、彼らは**特権身分**として**免税特権**や農村での**領主支配権**を持ち、官僚もほとんどが貴族だ。さらに、人口ではたった２％にすぎない彼らの持っている土地が、国土の40%😲。一方で、人口の９割以上を占める**平民（第三身分）**は、重い**税負担**に苦しんでいた。なかでも、人口の８割を占める農民は、税金だけじゃなく、領主・教会の搾取にも苦しみ、都市の下層民も貧しかった。ただし、貧乏人だ

けじゃなくて、**銀行家や新興の商工業者、土地所有者などの金持ちも平民だからね。**

　ただ、18世紀には旧体制がすでにほころび始めていた。国王が中央集権を狙うと、貴族たちが「私たちの特権を奪うのか😡」と反発するし、一方で、経済発展で現れた新興市民（ブルジョワジー）は「国王と結びついた特権や規制を打ち破って、自由な活動をしたい😤」と、絶対王政を批判した。彼らが当時流行していた啓蒙思想を使って王権を批判すると、**カフェ**やさまざまなサークルを舞台に「**世論**」が生まれ、国王も世論を完全に無視することはできなくなった。

◀ ルイ16世時代の財政改革。必要なのは「特権身分への課税」だ！

　危機の時代の国王に必要なものは、「決断力」と「リーダーシップ」なんだろうけど、国王**ルイ16世**は全く正反対だった😅。いや、人としては「いい人」なんだよ、子ども好きで優しくてマジメ、頭も悪くない。ただ、優柔不断で気が弱い、人の意見に流される……。平和な時代なら、啓蒙専制君主の代表といわれたかもしれないけど……激動を乗り切るパワーはなかったんだ。

　ルイ16世は「財政を再建しなければ…」と危機感を募らせ、改革を始めさせた。まず、**財務総監**に任命された重農主義者の**テュルゴ**は、**穀物の自由取引、ギルドの廃止、賦役の廃止**など、自由化によって経済を活発にしようとした。でもね、特権を奪われることを恐れた**貴族らの反発で失脚**に追い込まれた。かといって、何もしなけりゃ国は破産するよ😫。

ルイ16世は生まれる時代を間違えたな。時代が違えばいい国王だったのに……

　続いて、**スイスの銀行家ネッケル**が財務総監となると、最初にやったのが「借金の総額の計算」だ。ネッケルは焦った……。だって、当時のフランスの税収だと、借金を返すどころか利子を返すだけで精一杯😵。これは、根本的に税収を増やさないといけない……、もはや「**特権身分への課税（免税特権の廃止）**」以外に再建の道はない！　しかし、**特権を守りたい貴族が猛反対**したから、ルイ16世はネッケルをクビにした。うーん、また**失脚**か……😓。その後、財務総監になったカロンヌは名士会（国王が任命した特権身分の会議）を開いたけど、特権身分の反発は収まらず、やはり失脚😣。特権身分は「自分たちの特権を無視する国王とは、断固として戦わなければ😤」と思っていたんだもん、上手くいくはずがないよ。

◀ ついに全国三部会を招集。しかし、身分間の対立から国民議会が成立！

　特権身分は「新しく課税するなら、全国三部会を開いてください！」と主張し始めた。仕方なくルイ16世は**全国三部会の招集を決めて、再びネッケルを財務総監**にしたんだけど、ネッケルには「財政再建をするには**特権身分に課税するしかありませんからね😓**」と言われたんだ。この全国三部会が**フランス革命**の引き金になるなんて、全く考えてなかっただろうね。このあと、さまざまな階層の利害が絡み

第1章　オリエント・インドの古代文明

第2章　古代の地中海世界

第3章　古代の東アジア

第4章　中世ヨーロッパ

第5章　東アジア世界の変容

第6章　イスラーム世界

第7章　近代ヨーロッパの幕開け

合って（**複合革命**）、思いもよらぬ展開になるからね。

> 〈「複合革命」の原因となった各階層の利害・関心〉
> ・貴族は、免税などの特権を維持するために行動（貴族の革命）
> ・ブルジョワは、自分たちの自由な経済活動と富の蓄積のために行動（ブルジョワの革命）
> ・都市の民衆は、貧乏人の生活保障などを求めて蜂起（民衆の革命）
> ・農民は、領主制の廃止や自分たちの土地獲得を目指して行動（農民の革命）

　こうして、**ルイ13世時代に停止**されて以来175年ぶりに、ヴェルサイユ宮殿で全国三部会（三部会）が開催された。第一身分（聖職者）と第二身分（貴族）が約300人ずつ、そしてネッケルの意見で人数が増やされた第三身分（平民）が約600人。**第三身分代表**のなかには"平民から選ばれた"貴族出身のミラボーや聖職者のシェイエスなどもいて、彼らが革命初期の指導者になるよ！　特にシェイエスが書いた『第三身分とは何か』という特権身分を批判するパンフレットは、平民たちが権利に目覚めるきっかけにもなった。この時点で、全国三部会に向かう各身分は考えてることが違う。国王は**貴族の免税特権を奪って王権を強化**したいけど、逆に特権身分は**王権を抑えて伝統的な特権を維持**したい。そして第三身分は、**旧体制そのものを打破**したい。

　全国三部会は、開会当初から議決方式をめぐって激しく対立した。特権身分は**各身分1票の身分別議決**を主張したのに対し、第三身分は**一人1票の個人別投票**を主張していた。これね、議決方法を決めると結果が決まっちゃうから、どちらも譲る気はゼロ😆。だって、身分別というのは三つの身分で合計3票。第一身分と第二身分は課税に反対だから、2対1で課税しないことになる。逆に個人別にすれば、第三身分に有利。特権身分のなかには「王の独断を抑えるには、平民に多少は妥協しないと……」と思っている自由主義貴族もいるし、平民出身の下級聖職者もいる。**特権身分と第三身分の議員数はほぼ同数**だから、特権身分から数名が平民に味方すれば勝てる。結局、1カ月以上この対立が続き、ついに第三身分は「自分たちが本当に国民を代表している**国民議会**だ」と宣言して全国三部会から離脱し、一部の聖職者もこれに合流したよ。もちろん、この時点で王政を倒すなんて考えてない。だって、主導権を握ったのはミラボーなどの自由主義貴族だからね。ミラボーは借金が多かったり私生活が乱れてたり、貴族たちからは「アイツはね……」と言われていたけど、演説は上手くて迫力があったから、革命初期の指導者になったんだ。

　これに対し保守派の貴族たちは、国王に「平民たちの暴走です😫」と迫り、**第三身分の会議場を閉鎖**した。何も知らずにやってきた第三身分の議員たちは、議場が閉鎖されているのを見て怒った😡。でもあきらめない！　彼らは、宮殿内の室内テニスコートに集まり、「憲法を制定するまでは、決して国民議会を解散しない👊」と固く誓ったんだ。この**球戯場の誓い**は王政への挑戦だよ。その後の国王の働きかけは手遅れで、第一身分の多くが国民議会に合流し、50人近くの第二身分もこれに続いたから、ルイ16世はこの動きを認めるしかなかった。そして議会は、**憲法制定国民議会**と名前をかえ、フランスは立憲王政に向かって進み始めたんだ。

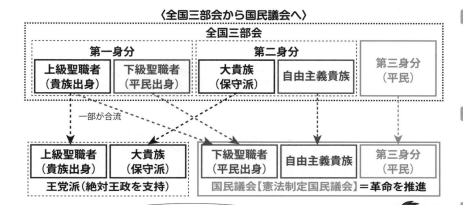

第1章　オリエント・インドの古代文明

第2章　古代の地中海世界

第3章　古代の東アジア

第4章　中世ヨーロッパ

第5章　東アジア世界の変容

第6章　イスラーム世界

第7章　近代ヨーロッパの幕開け

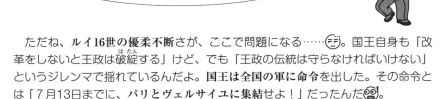

ただね、**ルイ16世の優柔不断さ**が、ここで問題になる……😖。国王自身も「改革をしないと王政は破綻（はたん）する」けど、でも「王政の伝統は守らなければいけない」というジレンマで揺れているんだよ。**国王は全国の軍に命令を出した。**その命令とは「**7月13日までに、パリとヴェルサイユに集結せよ！**」だったんだ😵！

2 ▶ 国民議会の時代

◀ パリの民衆がバスティーユを襲撃！　焦った貴族は改革を進めた

　第三身分は政治経験に乏しいから、**国民議会の主導権はミラボーやラ＝ファイエット**ら**自由主義貴族**が握った。彼らが目指したのはイギリスみたいに**憲法と議会が王権を制限する立憲君主政**だ。ただ、彼らが予想もしなかった事態が起きるんだ。

　国王の命令を受けて全国から「国王の軍隊」が集まると、パリの街には「貴族の陰謀（いんぼう）」の噂が流れ始めた。「国王と保守派の貴族が組んで、パリを軍隊で制圧しようとしている！」と。同じころ、王の側近は優柔不断なルイ16世に迫っていた……「ネッケルは民衆をあおる危険人物です。クビにしないと反乱が……」。こうして7月11日には、**改革派で民衆に人気のあったネッケルが解任**され、翌朝、その知らせが届いたパリの街は騒然となった。パリの盛り場だったパレ＝ロワイヤルでは改革派が「ネッケル様が解任された。"貴族の陰謀"は本当だった。今晩にも国王軍はわれわれを殺しにくる。**市民諸君、武器を取ろう！**」と演説すると民衆もこれに応え、13日には**民兵隊**も組織された。こうしてパリは7月14日の朝を迎えたんだ。

　7月14日の朝、人びとはまず**廃兵院**におしかけて3万丁以上の銃などを奪うと、さらに**武器弾薬を求めてバスティーユ牢獄【要塞】**に向かったんだ。バスティーユは中世以来の要塞で、絶対王政下では**政治犯を収容する牢獄**としても使われたけど、あまりに古すぎて、当時はほとんど使われていなかった。ただ、市民はそんなこと知らない😅。**武器弾薬を求める市民がバスティーユに殺到し、つい**に群衆は中庭に通じる跳ね橋を落として乱入！　守備隊が発砲すると民兵も応酬して銃撃戦になった。しかし、次々と民衆がなだれ込んでくる……ついに圧政の象徴だったバスティーユは**市民の手に落ち**、パリ市庁舎に連行されたバスティーユ司令官は、パリ市長とともに処刑された。革命最初の虐殺だ……😖。この**7月14日がフランスの革命記念日**だよ。そして、ルイ16世はついに国民議会の存在を公認したんだ。

ついに革命勃発だ！

　バスティーユ襲撃のニュースが伝わると、各地で第2、第3のバスティーユが起こった。地方都市では市民が国王の役人を追放し始め、「貴族の陰謀」の噂が広がった**農村は大パニック！**　全国各地で農民が次々と貴族の城館を襲う暴動（**大恐怖**）が発生した。焦った国民議会の貴族たちは、全国的な農民反乱を収めるために**封建的特権の廃止**を決めたんだ。**提案したのも貴族**だよ。だって、大パニックをこれ以上放置するのは危険すぎる😫。こうして、**農奴制、領主裁判権、十分の一税、免税特権などが次々と無償で廃止**され、農民は身分的には自由になった。ただし**地代は有償**で、約20〜25年分の地代を払わないと、農民は土地所有権を得られなかった。でも、農民はもう地代を払わなくていいと勘違いしたから、反乱は急速に収まったんだ。

　約1カ月後、国民議会は**ラ＝ファイエット**らが起草した**全17か条の人権宣言【人間および市民の権利の宣言】**を採択したよ。この宣言は**ルソー**の影響が強く、第1条は「人は生まれながらにして自由であり、権利において平等である」と旧体制を否定し、**国民主権**や**法の支配**、さらに自然権として、**自由、私有財産の不可侵、安全、圧政への抵抗**などを表明した。とはいっても、まだ土地は貴族のものだからね……😅。所有権って「貴族の土地に手を出すな！」って読むこともできる。でも、国王はこれらを「王権を脅かすもの」として承認しなかったんだ。

◀ 食糧難からパリの奥さんが立ち上がり、ヴェルサイユに殺到！

　バスティーユ襲撃後、パリではパン屋に並んでもパンが手に入らない**食糧難**になった。パリの奥さんたちは、「国王様になんとかしてもらおう！」「悪いのは王妃な

第1章 オリエント・インドの古代文明

第2章 古代の地中海世界

第3章 古代の東アジア

第4章 中世ヨーロッパ

第5章 東アジア世界の変容

第6章 イスラーム世界

第7章 近代ヨーロッパの幕開け

んだよ！」と言いだした。ルイ16世の王妃は**マリア＝テレジアの娘マリ＝アントワネット**。ドイツ人がフランスの宮廷を食い荒らしているといわれて、人気がなかった。そうこういってるうちに「**いざヴェルサイユへ！**」と約7000人の**女性たち**が雨のなかを歩き出した。さらにラ＝ファイエット指揮下の国民衛兵2万人も続く……。ヴェルサイユ宮殿に着いた女性たちは国民議会の議場になだれ込み、「**パリにはパンがないのです😢**」と訴え、議会は民衆の勢いを利用して**封建的特権廃止**と**人権宣言を王に認めさせた**。宮殿の中庭は殺気

> 過激な女性のなかには「王妃の腸を引っ張りだす」とか、「ヴェルサイユのパン屋からパンを奪う」とか言ったらしい😅

立った群衆であふれかえり、もはや王は抵抗できない。ルイ16世と、ラ＝ファイエットに導かれたマリ＝アントワネットがバルコニーに立つと、群衆は「**国王陛下をパリへ🙏**」と叫んだ。この**ヴェルサイユ行進**を機に、国王ルイ16世一家は「国王万歳！」の声とともにパリの**テュイルリー宮殿**に移され、続いて**国民議会もパリに移動**した。民衆はまだ国王を信じているから、これで騒乱は急速に収まったんだ。

1790年は、国民議会がさまざまな改革を進めた年だよ。まず、国庫の膨大な借金を減らすために**教会財産が国有化**され、これを担保に**アッシニア紙幣**が発行された。まあ、この紙幣が大インフレを引き起こして、民衆の生活を圧迫するんだけどね。教会財産を国有化したから、**聖職者は公務員扱い**になった。さらに**メートル法**を制定して度量衡を統一したり（正式採用は1799年）、**ギルドも廃止**されて営業の自由が確立された。ただ、労働者の団結を禁止する**ル＝シャプリエ法**なんかもつくられたけどね😅。こんなふうに1791年初めまで、フランスは安定していたんだ。

◀ 国王一家が逃亡未遂。民衆の国王への不信感が高まり、共和派が台頭！

しかし、この安定を一気に崩したのは**ミラボーの病死**だった。よく言えば「**国王と民衆のパイプ役**」、要はどっちに転んでもいいように上手く立ち回ってきたミラボーは、国王には「国民議会には私が話しますから、陛下はご安心を」と言い、ルイ16世とウラで通じていた。そのミラボーが死んでしまうと、ルイ16世は気が気じゃない😨。「この不自由な状態はガマンならない……面倒な革命家ともかかわりたくない」。こうしてルイ16世一家は、**王妃マリ＝アントワネットの実家であるオーストリアへの逃亡**を計画した。脱出計画の立案者は、マリ＝アントワネットの愛人のスウェーデン貴族フェルセンで、深夜に逃亡計画は実行されたんだけど、しょせん王様の旅行だった。休憩しながらダラダラと進むうちに夜が明け、しまいには革命政府に王の逃亡がバレた😅。そして、オーストリア領ベルギーに近い**国境付近の町ヴァレンヌで捕まり、国王一家は再びパリへ**連行された。

この**ヴァレンヌ逃亡事件**をきっかけに、フランスを見捨てた**国王に対する民衆の不信感は急速に高まった**。「王は外国と組んでフランスに攻め込もうとしている」

「もう国王はいらない！　**王政を廃止せよ**😠」という声が国中からあがり、パリに戻った国王を迎える人びとは、冷ややかな態度と視線を国王に浴びせかけた。そして、身の危険を感じた貴族のなかには亡命を急ぐ者も出始めた。これに対し、王妃の兄である**オーストリア皇帝レオポルト2世**は、**プロイセン王フリードリヒ゠ヴィルヘルム2世**とともに、各国に**ルイ16世**の救援を呼びかける**ピルニッツ宣言**を出した。あっ、これは宣戦布告じゃないからね、単なる脅迫だよ😁。

　そして共和派の勢力拡大を恐れた**ラ゠ファイエット**ら**自由主義貴族**たちは、「とにかく革命を止めなければ！」と考え、大急ぎで**1791年憲法**を制定した。だって国民議会は「憲法制定まで解散しない」んでしょ、制定すれば解散できる😁。この憲法では**一院制**の**立憲君主政**を採用し、**極端な財産制限選挙**にして貧乏で過激な連中を排除しようとした。でも、すでに民衆は「王政を廃止しろ！」って言いだしてるんだもん、できた時点で時代遅れだよ😖。

　同じころ、この革命は「男性のための革命じゃないか😠」と批判した**オランプ゠ド゠グージュ**が、『**女性の権利宣言**』で男女平等を訴えたんだ（のち恐怖政治で処刑）。

3　立法議会の時代

> ### クローズアップ　　立法議会〜国民公会
>
> ●立法議会の成立［1791.10.1］……**制限選挙**で選出
> 　➡共和派議員が多数当選
> ●ジロンド派内閣の成立［1792.3〜6］
> 　●オーストリアに宣戦布告［1792.4］　➡**義勇兵**の募集
> ●8月10日事件［1792.8.10］……**テュイルリー宮殿**の襲撃
> 　➡立法議会は、王権の停止を宣言して解散、**男子普通選挙**の実施を決定
> ●国民公会の成立［1792.9.21］　➡第一共和政の成立（王政廃止）
> 　●ルイ16世の処刑［1793.1.21］　➡第1回対仏大同盟の結成［1793.2］
> ●山岳派【ジャコバン派】の台頭
> 　●**徴兵制**の施行［1793.2］　➡ヴァンデーの反乱［1793.3］
> 　●革命裁判所［1793.3］、公安委員会［1793.4］の設置
> ●山岳派による恐怖政治（ジャコバン独裁）の開始［1793.6］
> 　●1793年憲法［1793.6.24］　➡**施行は延期**（結局は未実施）
> 　●封建的特権（地代）の無償廃止［1793.7］
> 　●最高価格令［1793.5／93.9拡大］……食糧、賃金などの最高価格を設定
> 　●革命暦【共和暦】［1793.10］……キリスト教否定運動の一環
> ●ロベスピエールの独裁化［1793.7〜］　➡恐怖政治の激化
> 　●ジャコバン派内部での対立　➡反ロベスピエール派の形成
> ●テルミドールの反動［1794.7.27］……**ロベスピエールらを逮捕・処刑**

◀ ジロンド派内閣がオーストリアに宣戦。しかし……「祖国は危機にあり！」

　1791年憲法に基づいて成立した立法議会では、国王の不人気を背景に共和派の議員が多数当選したけど、制限選挙だから、ほとんどが大商人などの金持ちだよ。議会内には、自由主義貴族を中心に立憲君主政を主張するフイヤン派、富裕市民を中心とする穏健共和派のジロンド派、そして、まだ少数だけど徹底的な革命を主張する急進派の山岳派（のちにジャコバン派とも呼ばれる）がいたけど、立法議会では右派に立つフイヤン派と左派に立つジロンド派が対立したんだ。

〈フランス革命の党派と議会の構成〉

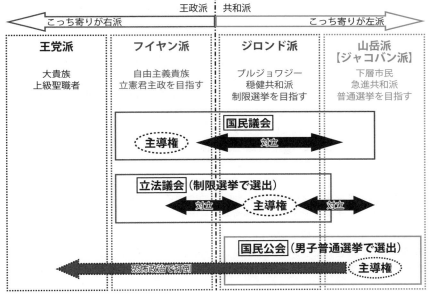

　オーストリアなどの周辺諸国と亡命した貴族が手を組んで革命を潰そうとすると（反革命）、次第に共和派の力が強まった。反革命に対抗して、ジロンド派はオーストリアとの戦争を「自由の十字軍」と呼んで開戦を主張し、大多数は開戦に賛成したんだけど、山岳派のロベスピエールは「今の状態で開戦しても、おそらく負けて革命が潰れる」と反対した。フイヤン派のなかにも、「もし勝ったら、革命勢力が強まる」と反対する者もいたけど、ラ＝ファイエットは「軍部の力と自分の力が強まる」と開戦を主張し、ルイ16世も「オーストリアが勝てば、革命は止まる」と開戦に期待した。こうして1792年にジロンド派内閣ができると、オーストリアに宣戦布告した。すると、オーストリアに続いてプロイセン、イギリス、オランダなども参戦してきて、フランスはヨーロッパ全体を敵にまわしてしまったんだ😫。

　開戦の準備もほとんどないまま宣戦したフランス軍は、あっという間に劣勢に立

第1章　オリエント・インドの古代文明

第2章　古代の地中海世界

第3章　古代の東アジア

第4章　中世ヨーロッパ

第5章　東アジア世界の変容

第6章　イスラーム世界

第7章　近代ヨーロッパの幕開け

たされた。当たり前だよ……国王や貴族たちは、「オーストリアが勝てばいい……😁」って思ってるし、ラ゠ファイエットはいきなり責任逃れ😵。しかし民衆は「バスティーユを戦った者が目覚めるときだ😤」と勢いづき、焦ったルイ16世はジロンド派内閣を罷免（ひめん）するなど、国内は混乱した。その間もヨーロッパ各国はフランスへ軍を進め、ついに**プロイセン軍が国境に迫ってきた**。議会は「**祖国は危機にあり**」と宣言し、「**フランス人の祖国フランスを守るために立ち上がれ😤**」と国民から義勇兵（ぎゆうへい）を集めた。この瞬間から、フランスは「**国王のもの**」ではなく「**フランス人の祖国**」になったんだ。そして、祖国防衛に燃えるマルセイユの義勇兵は「♪いざ祖国の子らよ、栄光の日は来たれり😤」「♪武器を取れ、市民諸君😤」と革命歌を歌いながらパリの街に入り、パリの民衆も彼らとともに歌い始めた。この歌が「**ラ゠マルセイエーズ**」、のちの**フランス国歌**だ。

◀ パリ民衆と義勇兵がテュイルリー宮殿を襲撃し、ついに王権停止！

　ここにきても、なお煮え切らない国王に対し、民衆の怒りは頂点に達しようとしていた。**王党派**（絶対王政を支持するグループ）は王政の復活を狙った運動をしているし、ジロンド派も国王と妥協しようとしている。しかも、プロイセン軍はもうそこまできているじゃないか！　**パリの民衆**（**サン゠キュロット**）は「革命と祖国を守らなければいけない😠」と蜂起を準備し、**義勇兵もこれに同調した**。そして1792年8月10日、ついにその日はやってきた。

　パリ市内の各セクションから、国王に不信感を抱いた**サン゠キュロット**と義勇兵が国王のいる**テュイルリー宮殿**に向かい、ついに王宮に侵入！　宮殿を守っていたスイス人傭兵（ようへい）との銃撃戦となり、両軍あわせて1000人近い死者を出した戦闘の末、民衆は**テュイルリー宮殿を制圧した**（**8月10日事件**）。結果、国王一家はタンプル塔に幽閉（ゆうへい）され、蜂起したサン゠キュロットの勢いにおされた立法議会は**王権の停止**を宣言し、**男子普通選挙による国民公会の招集を決定して解散**した。この事件の際、パリ市民の自治組織である**コミューン**がつくられた。のちに**山岳派【ジャコバン派】はコミューンの支持を基盤に勢力を拡大する**よ。そして、「命が危ない😵」と思った貴族の亡命がさらに進み、ラ゠ファイエットも国外に亡命した。

　9月に入って、もう一つ革命を進める出来事が起きた。パリの民衆が大挙して義勇兵に参加したこともあって、革命軍は一気に増加した。そして9月20日の**ヴァルミーの戦い**で、**義勇兵が中心のフランス軍が初めて外国軍**（プロイセン軍）**に勝利した**んだ。このときプロイセン軍に従軍していた**ゲーテ**は「ここから、そしてこの日から、**世界史の新しい時代が始まる**」という有名な言葉を書き残している。ついにボロボロの服を着た革命の義勇兵が、ピ

> サン゠キュロットって、貴族やブルジョワ風の半ズボン（キュロット）を履かない人って意味だよ！

カピカな装備の絶対王政軍に勝つ時がきた。そして翌日、**男子普通選挙**で選出された**一院制**の**国民公会**が成立したよ。

4 ▶ 国民公会の時代

◀ ついにルイ16世を処刑！ 衝撃を受けた各国は対仏大同盟を結成

男子普通選挙で成立した国民公会の議員は、**共和派ばかり**だったから、すぐに**王政の廃止と共和政の樹立**が宣言された。そりゃそうだよ。8月10日事件のあと、国王の味方なんかしたら何をされるかわからない😫。ここからフランスは**第一共和政**だよ。最右翼だった貴族（フイヤン派）がいなくなった議会内では、**右翼に立つジロンド派**と**左翼に立つ山岳派【ジャコバン派】**が対立したんだけど、下層民衆の発言力が強まって、徐々に**山岳派が勢力を拡大**していったんだ。

国民公会で最初に問題になったのが、**ルイ16世をどうするか？**ということだった。すでにタンプル塔に幽閉されて、国王じゃなくただのおっさん「ルイ゠カペー」になっているから、もはやなんの影響力もない。でも、**民衆の国王への憎悪は高まるばかり**だった。そして、国民公会で**ルイ16世の裁判**が始まったんだ。

山岳派の**サン゠ジュスト**が「**王政はそれ自体が永遠の犯罪である**」と発言すると、裁判の方向性が決まった。ジロンド派は国王の処刑を延期しようとしたけど、国王が反革命派とウラでつながっている証拠が出てきて、有罪の主張が現実味を帯びてくる……。山岳派の**ロベスピエール**は言った。「祖国フランスが生きなければならない以上、ルイは死ななければならない……」と。24時間以上も繰り返された採決で、みな疲れ果てていた😩。そして、ルイ16世は**「国民への敵対行為の罪」**で有罪となり、「執行猶予を！」という主張もむなしく、**即時処刑**が決まった😵。

1793年1月21日の朝、約2万人の群衆のヤジと太鼓の音で騒然とする**革命広場**（現在のコンコルド広場）の真ん中に置かれた**断頭台【ギロチン】**で、**ルイ16世は処刑**された。国王の最後の言葉は、「告発された罪には無実のまま、余は死にゆく……、最後の願いは、余を死に至らせた民を天が許したまうことだ」だとも伝えられている。そして、処刑が終わった革命広場では人びとが「国民万歳！共和国万歳！」と叫んでいる。国王を処刑してしまったことで、**革命はもはや後戻りできない状況**になった。

フランスで国王が処刑されたことは、他のヨーロッパ諸国（すべて君主国だ！）にとんでもない衝撃を与えた。**自分の国に革命が波及してきたら大変**だ。しかも、フランス軍が隣国**ベルギーを占領**して、革命が拡大する危険性が高まった。「フランスの暴走を止めろ😡」、**イギリス首相ピット**

> 幽閉されたのちのルイ16世一家は、本当の愛に満ちた生活をしてたのに……。「息子に会いたい」の願いもかなわずに処刑された……

第**2**章 古代の 地中海世界

第**3**章 古代の東アジア

第**4**章 中世ヨーロッパ

第**5**章 東アジア世界の 変容

第**6**章 イスラーム世界

第**7**章 近代ヨーロッパの 幕開け

の呼びかけで各国は第1回対仏大同盟を結成して、フランスを包囲した。これには
ロシア、オーストリア、プロイセン、オランダ、スペインなど、ヨーロッパのほと
んどの君主国が参加したから、フランスの周りは敵ばかり！　「とにかく兵士が必
要だ」と思ったジャコバン派は、徴兵制を導入して国民を“強制的に”戦争に動員
した。“自発的に”祖国防衛に集まった義勇兵じゃなく、戦争は国民の義務になっ
た。でも、働き手を取られて生活できなくなる地方の農民たちは「パリが徴兵をお
しつけてきた😡」と反発した。こうして農民たちによるヴァンデーの反乱が起こ
ると、王党派（カトリック教会など）はこの反乱を利用しようとしたから、山岳派
が主導して徹底的に鎮圧したんだ。

◀ ついにジロンド派を追放。恐怖政治（ジャコバン独裁）が始まった！

　国内外での危機が高まるなかで、国民公会内では山岳派の力が強まった。革命裁
判所が設置されると、反革命派とみなされた人たちが簡単な審理だけで処刑され、
危機への対応のために設置された公安委員会を中心に、強力に中央集権体制がつく
られた。そして、山岳派とジロンド派の対立に決着がつく時がきた！　ジロンド派
が民衆運動を抑え込もうとすると、革命防衛に燃えるサン゠キュロットは武装し始
め😡、山岳派はこの民衆運動を利用してジロンド派議員を議会から追放したんだ。
このとき逮捕されたジロンド派議員や大臣の多くは処刑された。このあと、山岳派
の指導者たちは、王党派・ジロンド派など「革命の敵」とした人びとを革命裁判所
に送り、ギロチンで次々に処刑する恐怖政治に走ったんだ😫。

　議会での主導権を完全に握った山岳派【ジャコバン派】は、パリの民衆、農民な
どの下層民を味方につける政策を次々と進めたよ。新たにつくられた1793年憲法
は、主権在民や男子普通選挙を定めたほか、人民の生活権、労働権なども認めた世
界初の民主的な憲法だったけど、革命の激化を理由にして「平和になるまで」は施
行が延期された（結局施行されなかった……）。さらに、亡命した貴族の土地は市
民に安く分けられ、さらに封建的特権（地代）の無償廃止も宣言されたよ。これで
フランスの農民はタダで土地を手に入れた。もっと
も、すでに農民のほとんどが封建地代を払っていな
かったし、1792年に封建地代は“条件つき（領主
が証書を提出しなかった場合のみ）”で廃止されて
いたから、それらを正式に認めたものだ。そして、
民衆の生活を苦しめているのは「パンを買い占める
悪徳商人だ」として、生活必需品や食糧と賃金の上
限を設定する最高価格令も出した。といっても、た
だでさえ足りないのに値段を下げたらあっという間
に売り切れる😫。そうすると、見せしめにパン屋
や役人が処刑されたんだよ。

　また、かつては王権と結びつき、ヴァンデーの反

土地をもらった農民は、
もはや「土地を守りたい」
としか考えなくなった！
これが「農民の保守化」だ

乱を反革命に利用しようとしたカトリック教会も標的になった。1793年10月に**グレゴリウス暦**が廃止されて**革命暦【共和暦】**が採用されると、民衆運動と結びついた**キリスト教否定運動**が過激になり、ジャコバン派内での過激派だったエベールは**理性崇拝の宗教**を導入した。ていうか、理性と信仰って対極のはずなんだけど……😅。

合否の分かれ目 ▶ **2段階の「封建的特権の廃止」**

- ●**国民議会**による**封建的特権の廃止**［1789.8.4］……人身的自由は無償
  - ▶ **農奴制**、領主裁判権、十分の一税、**免税特権**などを無償で廃止
  - ▶ ただし**地代は有償**（約20〜25年分の地代を払う）
- ●**国民公会**による**封建的特権（地代）の無償廃止**［1793.7］
  - ▶ 封建地代の無条件・無償廃止。**農民にタダで土地を分配**

◀ エスカレートする「恐怖政治」は、ついに山岳派内部にまで……

恐怖政治（ジャコバン独裁）のもとでは、さまざまな改革が進んだけど、一方で「革命を妨害する者」や「疑わしい者」は革命裁判所に送られ、処刑された。というか、"疑わしい"って言ったら誰でも逮捕できるから、少しでも疑われたら終わりだ😨！。

1793年7月、山岳派初期の実力者だった左派の**マラー**が、恐怖政治に反対したジロンド派の同調者とされる女性シャルロット＝コルデによって暗殺された。このあとマラーは「革命の殉教者」「民衆の指導者」として神話となり、「革命の敵を倒すために、民衆全体が武装して立ち上がれ！」と、民衆を総動員するのに利用された。そして、これを統制する公安委員会を指導した**ロベスピエール**を中心に、**恐怖政治**が激化していった。パリでは、**王妃マリ＝アントワネットが標的**になり、裁判にかけられた。わずか8歳の息子ルイと引き離され、裁判のなかではありえない誹謗中傷を受けて、とんでもない悪女のイメージがつくられた。死刑判決を受けた彼女は、「不幸のうちに初めて人は、自分が何者であるかを本当に知るものです」という言葉を残し、毅然とした態度で死刑を受け入れたんだ。**マリ＝アントワネットの処刑**に続いて、**フイヤン派やジロンド派の元議員**、ブルボン朝の徴税請負人だった化学者**ラヴォワジエ**なども処刑された。さらに地方都市では、場合によってはパリよりも激しい反革命派の処刑がおこなわれたんだ。

もはや、ロベスピエールには革命の理想しか見えていなかった。自分の信念が正しいと信じて疑わなかった彼にとって、「暴政に対する自由の戦争」を妨害するすべての者は敵だった。「外国軍を倒すためには人民を結集しなければならない。だからその団結を乱す者は、すべて敵だ」とロベスピエールは考えた。こうして**ジャコバン派内の分派**も「革命の敵」として、恐怖政治の標的になった。民衆運動を背

景に圧力をかける**極左派のエベール**は「陰謀」の罪で処刑され、**恐怖政治を批判した右派のダントン**も、「汚職」の罪で**処刑**された。ダントンはこれまでも人びとに祖国愛を訴え続けてきて、党派の利害を超えてジロンド派と山岳派を仲介できる数少ない人物だった。要は革命派で一番の大物だから、ダントンを処刑して喜ぶのはむしろ「今は隠れている反革命派」だよ。

　同じころ、**外国軍との戦争が少しずつフランスに有利になってくる**と、人びとの**恐怖政治に対する不満のほうが大きくなってきた**。「ダントンまで処刑されるんじゃ、次は自分じゃないか……」、もう疑心暗鬼で誰も信じられない。しかも**土地を得た農民は保守化**して自分の土地を守ることしか考えていない。ブルジョワジーも経済の統制はいい加減にしてほしい。パリの民衆だって、賃金は安いしパンもない。みんな**「恐怖政治はウンザリ😩」**なんだよ。ロベスピエールは、人びとの連帯感を取り戻そうと「至高存在の祭典」をやったんだけど、かえって孤立が深まった。それでもなお、ロベスピエールは革命の理想を追い求めた。彼は「革命のためなら、いつ死んでもいい」と思っているし、権力も自分のために使おうとは全く考えない「腐敗し得ない男」。彼のなかには「美徳」しかない。でも普通の人はそうじゃない。革命を利用して儲けたり、汚職の一つや二つやった人だっているよ😅。

　そして、ロベスピエールを恐れた人びとは、「殺られる前に殺るしかない😤」と思って、反ロベスピエール派を形成した。国民公会で「政治をマヒさせたのは"ロベスピエール"だ」とロベスピエールへの攻撃が始まり、畳みかけるように攻撃が続いた。そしてついに、**ロベスピエールは逮捕された**。この**テルミドールの反動【テルミドール9日のクーデタ】**で、**ロベスピエールとその一派は処刑**されたんだ。ここまで約1年間の恐怖政治では約4万人が処刑されたといわれている。そして、**旧ジロンド派が政府に復活し、革命は逆戻りを始める**んだ。

　それじゃあ、今回はこれでおしまい。最後に年号 check だ！

> 処刑の直前、ダントンはロベスピエールに「お前もオレのあとに続くことになる」と叫んだらしいよ

年号の ツボ

●**フランス革命勃発** ［1789］（**非難爆発** フランス革命）
　1 7 89

●**ルイ16世の処刑、恐怖政治開始** ［1793］（国王処刑に **非難急増**）
　　　　　　　　　　　　　　　　　　　　　　　　　　　　1 7 9 3

　次回は、恐怖政治の混乱ののち、人びとが求めた強力なリーダー、ついに革命の風雲児ナポレオンの登場だ！　あと一息、頑張っていこう〜😆。

第**29**回 ナポレオンの時代

フランス革命の激動のなかから現れたナポレオンは、一気にヨーロッパを制覇し、そして没落していく、まさに革命の風雲児だ！

・大きくつかもう！・

1 **ナポレオンの登場** 460～465ページ

2 **ナポレオンの大陸制覇** 465～468ページ

3 **ナポレオンの没落** 468～471ページ

ナポレオンのすごさは戦争に強いだけじゃないよ。彼の影響をもっと広い視野で見ていこう！

たぶん、教科書とかで「アルプスを越えるナポレオン」の絵は見たことがあるよね。だとすると、英雄ナポレオンというイメージが強いかもしれないね、戦場でバッタバッタと敵を倒して突進していくみたいなさ。確かに、ナポレオンの功績は戦争に強かったこともあるんだけど、それはフランス人の思い出だよ😅。もっと大きな影響は、ナポレオンの遠征によってヨーロッパ全体に「自由主義」と「国民主義」が広がり、このあとの時代を変えたことなんだ！　自由主義・国民主義は19世紀のキーワードだよ。

それじゃあ、ナポレオンの時代の始まり～😆。

1　ナポレオンの登場

クローズアップ　　ナポレオンの登場〜帝政樹立

- 1795年憲法【共和暦3年憲法】成立 [1795.8] ➡総裁政府の成立
  - ▶ **王党派の反乱** [1795.10] ……**ナポレオンが鎮圧**
  - ▶ バブーフの陰謀 [1796]
- ナポレオンの遠征
  - ▶ **イタリア遠征（第1次）** [1796〜97]
  - ▶ エジプト遠征 [1798〜99] ➡ **アブキール湾の戦い**で敗北
- ナポレオンの独裁
  - ▶ **ブリュメール18日のクーデタ** [1799.11]
    - ➡統領政府成立＝**フランス革命の終結**
  - ▶ **フランス銀行の設立** [1800]
  - ▶ 宗教協約【コンコルダート】 [1801]
  - ▶ **アミアンの和約** [1802] ➡ **終身統領**に就任
  - ▶ **ナポレオン法典（フランス人の民法典）**の制定 [1804]
- ナポレオン1世の即位＝第一帝政成立 [1804]

◀ 山岳派の恐怖政治が終わって……でも、フランスは大混乱！

　1794年7月……、人びとは疲れ切っていた。約1年間、山岳派【ジャコバン派】の恐怖政治でパリには毎日ギロチンの音が鳴り響いていたからね。テルミドールの反動でロベスピエールとその一派が逮捕・処刑されたとき、「もう独裁は嫌だ😖」とみんなが思った。だからこれからつくる政府では、もう独裁者を出したくない！こうして1795年憲法【共和暦3年憲法】がつくられ、総裁政府が成立した。

　総裁政府の特徴はズバリ「政府が弱い！」ってことだ。まず、財産による制限選挙が復活して、貧乏人を政治から締め出した。だって、山岳派って一番貧乏な人たちの味方だもん。「貧乏人＝山岳派＝恐怖政治」って思ったんだね。そして、政府をむちゃくちゃ弱くした。議会は二院制で、総裁は5人！　総裁ってのは今の日本だと総理大臣って考えればいいんだけど、総理大臣が5人もいたらどうなるだろ？そりゃもめる😩。議会だって、数が増えれば増えるほど、意見がまとまらない。まあ、これで誰か一人が暴走するってことはなくなるよね。

　とはいっても、こんな政府じゃ、いろいろ問題が起こっちゃうよ……。実はいろんな連中が、この新しい政府に不満を持っていた。だって、総裁政府の主導権を握っていたのがもともとのジロンド派なんだもん。「王政に戻すのはイヤ、でも貧乏人を政治に参加させたくない」っていう主張が中途半端なんだよ。だからまず起き

たのが**王党派の反乱**だ。彼らは「どうせなら**絶対王政まで戻せ**😠」って思っている。これは、憲法に基づく選挙の直前に起きたんだけど、**ナポレオンに鎮圧された**。ナポレオンが歴史の表舞台に出てきたのはここからだよ。

一方で、もともとの**山岳派左派**は、「革命をもっと進めて、一気に所有権もなくしてみんな平等にしろ😠」って主張して、クーデタ計画を立てたんだ。これが**バブーフの陰謀**だよ。事前に計画がバレちゃったから**クーデタそのものは起こらなかった**んだけど、フランスは右派と左派のクーデタが毎年起こるような状態になったんだ。しかも、**周辺諸国との戦争はずっと続いている**。例えば、1795年に**オランダを征服**してるんだけど、相変わらずまわりの国はすべて敵、って状況は変わっていなかった。

そして、この時期にすごく不安になっていたのが農民たちだ。だって、山岳派【ジャコバン派】政権下での封建的特権（地代）の無償廃止でせっかく土地を手に入れたのに、王党派が強くなって絶対王政に戻ったら、貴族たちに「お前ら、土地を返せ！」っていわれちゃうだろうし、バブーフみたいなやつが権力を握ったら「所有権は廃止だから、お前らの土地は全部取り上げる！」って言われるかもしれない……しかも外国が攻めてきて負けちゃったらどうしよう……😫。もう、農民は気が気じゃない。「自分たちの土地を守ってくれて、さらに敵も全部ぶっ倒してくれるヒーローはいないのかなぁ……」と思っていたんだ。そしてこの「**強い指導者がいい**」っていう期待に見事に応えたのが、**ナポレオン＝ボナパルト**だ！

◀ ナポレオンが登場して、一躍、革命の風雲児に！

さて、いよいよナポレオンの登場だよ！ナポレオンは王党派の反乱を鎮圧して一気に有名になると、司令官となって、1796年**イタリア遠征（第1次）**をおこなった。この際、**アルプス越え**でイタリアに攻め込んだのは、宮廷画家**ダヴィド**の絵でも有名だね。ナポレオンは、オーストリアを破って**カンポ＝フォルミオの和約**を結び、オーストリアからロンバルディアや南ネーデルラントを奪ったよ。そして、この遠征で**第1回対仏大同盟は崩壊**したんだ。

あっ、ここでちょっと補足ね。なんで**オーストリアに勝つと対仏大同盟が崩壊**するんだろ？ **対仏大同盟**っていうのは**イギリス**（特に首相の**ピット**）を中心につくった**フランス包囲網**なんだけど、イギリスって海軍国だよね。だから、**大西洋側はイギリスが包囲**すればいいんだけど、大陸側からフランスを包囲する国がないと、包囲網にならない。じゃあ、大陸側の国はどこだろ？ プロイセンはそこまでフランスに恨みはないし、ロシアじゃ遠すぎる😅。だ

「フランス語の辞書に不可能という文字はない！」

▲ダヴィド「アルプスを越えるナポレオン」

から、**大陸側の中心はオーストリア**なんだよ。ルイ16世に嫁いだマリ＝アントワネットが処刑された恨みもあるしね。そして、イギリスとオーストリアを中心に他の国をいくつか加えてフランスを包囲しよう！っていうのが対仏大同盟だ。だから、**イギリスかオーストリアのどちらかを倒せば対仏大同盟は崩壊**するってわけね。

　それじゃあ、ナポレオンの話を続けよう。イタリア遠征に勝利したナポレオンは、続いて**エジプト遠征**に向かった😀。これは、すでにインドで着々と支配を広げているイギリスに対抗して、**イギリスとインドを結ぶ航路を分断するために**おこなった遠征だ。さすがはナポレオン、「4000年の歴史が、君たちを見下ろしている」って兵士を励ますと、陸上ではピラミッドの戦いで勝利したよ。でも、ここでナポレオンの天敵が登場……イギリス海軍の**ネルソン**だ！　**アブキール湾の戦い**は**イギリスの圧勝**に終わり、フランス艦隊が壊滅して陸軍が孤立、ナポレオンはフランスに逃げ帰るしかなかったんだね。ちなみに文化史だと、このときに**神聖文字【ヒエログリフ】**などのエジプト文字解読の手がかりとなった**ロゼッタ＝ストーン**が見つかっているよ。

　それはそうと、この敗戦をイギリスが見逃すはずはない！　首相の**ピット**はすかさず**第2回対仏大同盟**を結成し、再びフランス包囲網をつくりあげた。あっ、**プロイセンは中立**だからね！

＋α ちょっと寄り耳♪

　ちょっとだけ、ナポレオンの生い立ちを紹介しておこう。ナポレオンはフランス領にされた直後の**コルシカ島**で下級貴族の家に生まれたよ。地図をちょっと見てみよっか ➡P.466 。コルシカ島ってイタリアのすぐ横でしょ。彼は生粋のフランス人ってわけじゃなくてね、パリの士官学校では、本土の貴族の息子たちに「コルシカの田舎者！」ってバカにされたりしたんだよ。だからナポレオンは「テメーら貴族ども、ゼッテー許さねぇ😡」って思った。そして図書館に籠って本を読みまくったんだ。アレクサンドロスやらハンニバルに興味を持ったのはこの時だね。そして、彼が20歳のときに革命が起きたんだ。勃発直後には、コルシカの独立運動にも参加した彼は、パリに戻ると**山岳派のロベスピエールに接近**したんだよ。だから、テルミドールの反動で一度捕まってるんだけど、だからこそ山岳派と正反対の**王党派の反乱鎮圧に抜擢**されたんだね。人生何が幸いするかわかんないよね😀。

◀ 統領政府が成立して、ナポレオンの独裁開始！

　エジプトから帰国したナポレオンは、実はちょっと微妙な立場だったんだよ。だって、エジプトでフランス軍を見捨てて帰国してきちゃったわけだから、責任を追及されても仕方ない……😅。でも、時代が彼に味方していたんだ。**当時の人びと**

第1章　オリエント・インドの古代文明

第2章　古代の地中海世界

第3章　古代の東アジア

第4章　中世ヨーロッパ

第5章　東アジア世界の変容

第6章　イスラーム世界

第7章　近代ヨーロッパの幕開け

はもっと強い政府の出現を望んでいたからね。再び対仏大同盟がつくられて、ヨーロッパ各国がほとんど敵という状況に追い込まれたフランスには、もはや彼以外に有力な将軍はいない。こうして、**ナポレオンは軍事クーデタで権力を握った**よ😁。これが**ブリュメール18日のクーデタ**だ。1789年にフランス革命が勃発してからちょうど10年目、1799年憲法を発布して事実上ナポレオンの独裁体制である**統領政府**を成立させた。こうして**フランス革命は終わった**んだ。

＋α ちょっと寄り耳♪

　ブリュメール18日のクーデタって、実は主役は二人いるんだよね。一人はもちろんナポレオンなんだけど、もう一人は、革命の初期に登場したシェイエスだ。総裁だったシェイエスは、ゴタゴタの続く現状から革命の成果を守るために、憲法を改正してより強力な統領政府をつくり、事態を穏和にまとめようとしてたんだ。だから、ナポレオンにクーデタ計画を持ちかけたんだけど、当のナポレオンはシェイエスの言いなりになる気など、まるでなし😁。テュイルリー宮殿を制圧したのち、議会の議長でもあった弟リュシアンの協力で、左派の議員の抵抗も軍事力で抑え込むと、まんまと自分中心のクーデタを成功させて、事実上の軍事独裁である統領政府をつくったんだ。それにこの成功は、戦争の勝利で人気のあったナポレオンが、上手いこと民衆の支持を得たのも背景だね。結局、馬鹿をみたのはシェイエスってことだ😂。

　統領政府には一応**3人の統領**（任期10年）がいたけど、**第一統領となったナポレオンに権力が集中**していた。さらに、**議会も4院制！**　というか、四つも議会があったら絶対に話がまとまらない。つまり、**もはや議会に力はない**んだ。そして、ナポレオンの独裁体制になったからこそ、さまざまな改革が一気に進んだんだよ。

　それじゃあ、ナポレオンの国内改革を見ていこう！　まずは**フランス銀行**の設立だ。きちんとした**中央銀行をつくって国家財政を統一**して、国内の経済を安定させたよ。国内の商工業者にとっては、革命からずっと混乱していたフランス経済を安定させてくれる救世主になった。さらに教皇ピウス7世との間で**宗教協約【コンコルダート】**を結んで、**フランスにカトリックを復活**させた。革命中に山岳派が反キリスト教運動を進めて、**理性崇拝（りせい）**っていうヘンな宗教をつくったよね。**フランス人はほとんどがカトリック教徒**だから、「おじいちゃんも、そのまたおじいちゃんもずっとカトリックだったのに、こんなわけのわからない宗教では救われない😫」と思っていた。それがもとに戻ってみんなひと安心だよ。「ナポレオン様は、話のわかる人だ😄」って思ったんだね。そして、優秀な労働者と兵士を育てるために**公教育制度**も整備した。これは、ここまでの総裁政府とは全然違う！　**民衆はナポレオンを「共和国の救済者だ」って思って熱烈に支持した**んだよ。

　こうして、強い指導者としての期待を一身に受けたナポレオンは対外遠征に向かっていくよ。1800年の**イタリア遠征（第2次）**では、マレンゴの戦いで再びオーストリアに圧勝した。フランスの包囲どころかイギリスのほうが孤立したから、1802年、**英仏はアミアンの和約**を結び、お互いに多くの占領地を返還し合った。これで**第2回対仏大同盟は崩壊**し、フランスと戦争している国が一つもなくなった。そして、フランスに**10年ぶりの平和**をもたらしたナポレオンは、国内の絶大な支持を背景に、国民投票で**終身統領**になったよ。

アミアンの和約のちょっと前に、イギリスではピット内閣が倒れた……ピットはこんな和約結ばないよ！

◀ もはや並ぶ者のいない英雄。ナポレオンが皇帝になった！

　ひさびさに平和が訪れたフランスで、ナポレオンは革命の成果をまとめるために**民法典（ナポレオン法典）**を制定したよ（制定時の名称は「フランス人の民法典」、1807年に改称）。この法典では**私有財産の不可侵**や個人の自由、契約の自由、**家族の尊重**などが定められているんだけど、いくつか注目してほしいところがある。

　まず、人権宣言にも出てくる「**私有財産の不可侵**」は、少し意味が変わったんだ。人権宣言の時点では、まだ農民に土地が分配されていなかったから、「**私有財産＝貴族の土地**」で、貴族の土地を守るって意味がウラに隠れていた。貴族の**ラ＝ファイエットが人権宣言の起草者**だったよね。ラ＝ファイエットずるいな😁。でもナポレオン法典の時点では、すでに**農民が土地を獲得している**し、ナポレオンが「**革命中に人びとが獲得した財産を保証する**」って宣言しているから、「**私有財産＝農民の土地**」だよ。だから、農民にとっては「ナポレオン様が自分たちの土地を守ってくれた😆」ってことになる。

　もう一つが**家族の尊重**だ。「家族は尊重されなければならない」っていう条文の直後に、「妻は夫に従うこと」と書いてあるから**男女不平等**だ。男女平等が出てくるのは、だいたい第一次世界大戦後だよ。そして、ナポレオン自身は死ぬ直前に「余の栄誉は戦勝ではなく、この民法典である」って言ってるくらい、この法典が自慢だったんだよ。

　ここまで見てきて気づいたかな？　ナポレオンはフランス人がやってほしいことをどんどんやってくれるんだよ。経済を安定させて、宗教を取り戻してくれて、平和にしてくれて、しかも土地や権利を守ってくれて、もう彼以外の支配者なんてありえない！　そしてついに1804年、ナポレオンは**国民投票の圧倒的支持で（99%以上！）**皇帝**ナポレオン1世**として即位した。ここからが**第一帝政**だよ。国王じゃなくて皇帝って称号を使ったのは、人びとがブルボン朝の絶対王政を思い出さないように、また中世ヨーロッパの覇者「皇帝シャルルマーニュ【カール大帝】」の名前を思い起こさせるように、そして**彼自身がヨーロッパ全体を制圧する意思を持っ**

ていたってことだ。

2 〉 ナポレオンの大陸制覇

> **クローズアップ** ナポレオンの大陸制覇〜没落
>
> ● ナポレオン1世の即位＝第一帝政成立［1804］
> 　　▶ トラファルガーの海戦［1805］……英の**ネルソン**に敗北
> ● ナポレオン1世の大陸制覇
> 　　▶ アウステルリッツの戦い【三帝会戦】で墺・露に勝利［1805］
> 　　　➡ ライン同盟の結成［1806］＝神聖ローマ帝国消滅
> 　　▶ プロイセンの首都**ベルリン**を占領
> 　　　➡ 大陸封鎖令【ベルリン勅令】［1806］
> 　　　➡ ティルジット条約［1807］……**ワルシャワ大公国**の設立など
> ● 諸民族の反抗
> 　　▶ **スペイン反乱**［1808〜14］
> 　　▶ **プロイセン改革**……シュタイン、ハルデンベルクによる
> ● ナポレオン帝国の崩壊
> 　　▶ ロシア遠征［1812］ ➡ 一時**モスクワ**を制圧したが、冬になり退却
> 　　▶ **解放戦争**［1813〜14］ ➡ ライプツィヒの戦い【諸国民戦争】［1813］
> 　　▶ **ナポレオン1世退位**［1814］ ➡ エルバ島に流刑されたが、脱出
> 　　▶ **百日天下**［1815］ ➡ ワーテルローの戦いで敗北
> 　　▶ セントヘレナ島に流刑

◀ **皇帝になったナポレオンを待っていたのは……またまた対仏大同盟！**

　ナポレオンが皇帝に即位すると、**ヨーロッパ各国の反発**が強まったよ。特に、もともと皇帝を名乗っている**オーストリアのハプスブルク家**や**ロシア**は黙っているわけにはいかない！　だって、皇帝っていうのは**ヨーロッパではローマ皇帝**のことだからね。**西ローマ帝国の後継者**として皇帝を名乗るハプスブルク家、**ビザンツ帝国の後継者**として皇帝を名乗るロシアは、「コルシカの田舎貴族のくせに、皇帝を名乗るとは……許せん😤」と思った。これを見逃さないのがイギリスの**ピット**だ。またピットだよ😲。イギリス首相に復帰したピットは、**オーストリア・ロシア**を誘って**第3回対仏大同盟**を結成した。ちなみに皇帝ではないから**プロイセンは中立**だ。

　ここまで執念深く**対仏大同盟**をつくってくる**イギリス**、というよりもピットをぶっ潰さないと、大陸制覇の野望を達成できないと思ったナポレオンは、**イギリス上**

第1章 オリエント・インドの古代文明

第2章 古代の地中海世界

第3章 古代の東アジア

第4章 中世ヨーロッパ

第5章 東アジア世界の変容

第6章 イスラーム世界

第7章 近代ヨーロッパの幕開け

陸作戦を計画したんだよ。たぶん彼の頭のなかでは、フランス艦隊がテムズ川を上ってイギリス艦隊を沈め、同時にフランス陸軍がロンドンをボッコボッコに破壊して、ウィンザー城が火の海……😆。この計画のために、フランスとスペインの地中海艦隊を大西洋艦隊と合流させて、イギリスに攻め込むはずだったんだけど、イギリスはそんなに甘い相手じゃなかった😤。

　ここで効いてきたのが、**1713年のユトレヒト条約以来**、イギリスが一度も手放していない**ジブラルタル**だ。なんといっても、地中海から大西洋への出口を封鎖できる！　しかも、海軍にはあの英雄**ネルソン**がいる！　ナポレオンの天敵だよ。結局、**フランス・スペインの連合艦隊はジブラルタル海峡の北西でイギリス艦隊に完敗**した。これが**トラファルガーの海戦**だ。ただ、ほとんど損害のなかったイギリス軍のなかで、ネルソンが狙撃されて**戦死**してしまったんだけど……😵。こうしてナポレオンはイギリス上陸をあきらめ、**大陸制覇に集中**することにしたんだ。

〈ナポレオンの遠征〉

ライプツィヒの戦い[1813]

ワーテルローの戦い[1815]

ベルリン

ロシア遠征[1812]　→　モスクワ

イギリス

オランダ

プロイセン

ワルシャワ大公国

ロシア

パリ

ライン同盟

アウステルリッツの戦い[1805]

オーストリア

フランス帝国

コルシカ島

オスマン帝国

スペイン

ジブラルタル

トラファルガーの海戦[1805]

アブキール湾の戦い[1798]

国名　ナポレオンと同盟した国

　　　ナポレオンの影響下の国々

イギリス以外はほぼ全ヨーロッパ制覇😁。
戦いの場所も地図でチェックしておこう！

◀ ナポレオンが連戦連勝！　いよいよ大陸制覇だ

　トラファルガーの海戦で敗れたナポレオンは、陸軍を一気にドイツ方面へと進め、1805年12月、ベーメンのアウステルリッツで**オーストリア・ロシア連合軍と激突**した。これが**アウステルリッツの戦い【三帝会戦】**だ。三帝（3人の皇帝）とは、フランス皇帝ナポレオン1世、オーストリアの神聖ローマ皇帝**フランツ2世**、ロシア皇帝**アレクサンドル1世**だよ。この戦いで、陸軍では圧倒的な強さを誇るナポレオン軍は、**オーストリア・ロシア連合軍に圧勝**、プレスブルクの和約を結んで**第3回対仏大同盟を崩壊**させ、ナポレオンの**イタリア支配権**を認めさせた。この知らせを聞いたイギリスのピットはついに倒れてしまった。だってネルソンを失って、しかもナポレオンが圧勝でしょ。そりゃ血管も切れる😵。「ああ、私はなんという状態で祖国を放置するのか！」との言葉を残して、失意のうちに病死したんだよ。

合否の分かれ目▶　対仏大同盟の結成と崩壊の背景

- **第1回対仏大同盟**［1793〜97］
  - ▶**結成：ルイ16世の処刑、フランス軍のベルギー占領**
  - ▶**崩壊：イタリア遠征（第1次）　➡カンポ＝フォルミオの和約**
- **第2回対仏大同盟**［1799〜1802］
  - ▶**結成：ナポレオンのエジプト遠征敗北**
  - ▶**崩壊：イタリア遠征（第2次）　➡英仏間のアミアンの和約**
- **第3回対仏大同盟**［1805］
  - ▶**結成：ナポレオンの皇帝即位**
  - ▶**崩壊：アウステルリッツの戦い**

> 1〜3回までは二つの共通点があるよ！　一つ目は全部オーストリアが負けて崩壊……😤。そして、三つとも英首相ピットが提唱したよ

　アウステルリッツで勝利したナポレオンはドイツ地域での覇権を握り、1806年、**西南ドイツの16領邦**で**ライン同盟**を結成、神聖ローマ皇帝**フランツ2世**は皇帝位を辞退した（これ以後は、オーストリア皇帝**フランツ1世**と名乗るよ）。こうして、**神聖ローマ帝国**が名実ともに消滅した。とはいっても、神聖ローマ帝国自体は、1648年の**ウェストファリア条約**で事実上解体して、領邦の連合体になっていたよね。それからライン同盟は同盟という名前だけど、要するに**ナポレオン支配**だ。そして同盟内にはナポレオン自慢の「**民法典**」を施行したんだ。

　これで焦ったのは**プロイセン**だよ。ここまで、プロイセンはずっと中立だったんだけど、このままじゃナポレオンに飲み込まれる😫。そこにやってきたのがロシアだ。ただではやられたくないロシアはプロイセンに「ヤツにやられる前に、一緒にナポレオンを倒そうではないか🗡」ってもちかけた。こうして、**プロイセンとロシアの同盟が成立**したけど（第4回対仏大同盟）、ナポレオン軍の勢いを止められずに**イエナとアウエルシュテットで敗れた**。するとナポレオンは、**プロイセンの首都ベルリンまで攻め込んで占領**したんだ。もはや大陸に彼の敵はいないよ！

　ここまできて、ついにナポレオンは宿敵**イギリスを倒す作戦**を実行に移した。それが、1806年の**大陸封鎖令【ベルリン勅令】**だ。ナポレオンの考えはこうだ。イギリスの強さの源は経済力、そして、その根源は貿易と工業だから、イギリスを倒すには、経済的に損失を与えて消耗させればいい。そのためには**大陸諸国とイギリスの通商・交通を全面的に禁止**して、イギリスの輸出を減らそう！　そして、**イギリスに経済的な打撃を与えるだけではなく、フランス資本が大陸ヨーロッパの経済を独占する**。しかも、**イギリスは東欧から穀物を輸入しているから、封鎖で食糧不足にできる**……これは一石二鳥どころか、三鳥だ。工業ではイギリスに後れをとっているフランスも、ロシアやオーストリア・プロイセンなんかと比べれば先進国だもんね。東欧諸国へのフランス製品の輸出を増やせば、イギリスが弱ってフランスが強くなるよ。あとは、弱ったところでイギリスに攻め込めば作戦完了だ！

　そして、1807年にナポレオンは**プロイセン・ロシア**などと**ティルジット条約**を結んだ。**プロイセンは膨大な賠償金を課せられた**だけじゃなく、**領土の半分以上を割譲させられて人口も半減**し、プロイセン領だったポーランドには**ワルシャワ大公国**が建てられた。とはいってもナポレオン支配だよ。加えて、エルベ川の西側にはウェストファリア王国が建てられ、ライン同盟に組み込まれた。さらに、**ロシアは大陸封鎖令に協力させられた**んだ。

　こうしてナポレオンは、**大陸ヨーロッパの覇権を完全に握った**よ。1806年には**兄のジョゼフがナポリ王、弟のルイがオランダ王に即位**し、**オーストリア・プロイセン・ロシアはナポレオンに従うしかない同盟国**だ。そして、コルシカの田舎出身というコンプレックスも、皇后ジョゼフィーヌと離婚して**ハプスブルク家のマリ＝ルイーズと結婚**することで克服したつもりだった。ここが**ナポレオンの絶頂期**だよ。ただ……この絶頂も長くは続かないんだよ。時代って残酷だな😭。

3　ナポレオンの没落

◀ 自分で広めた自由主義・ナショナリズムで、ナポレオン支配が動揺！

　それじゃあ、**ナポレオンを没落させた**自由主義・ナショナリズム**【国民主義】**の話をしておこう。ナポレオンはフランス革命のなかから現れて、フランス人にとっては彼こそがまさに**革命を守る英雄**だった。こうした民衆の意識を利用して、ナポレオンはフランス軍を「君たちは、革命で得た**自由と平等を守るために戦っている**

んだ！」と勇気づけた。彼自身が本気でそう考えていたかはちょっと疑問だけど、少なくともフランス人はそう思っていた。だから、攻め込まれた国の人びとも、「ナポレオンが、自分たちを自由にしてくれるに違いない」って考えて、ナポレオン軍を歓迎した人も少なくない。そして彼自慢の**民法典**を施行した。このなかには**自由や平等などの権利が満載**だから、**ヨーロッパ全体に自由・平等の思想が広がった**んだよ。これが「自由主義」の拡大だ。

「自由主義」と「ナショナリズム」はむちゃくちゃ大事なポイントだ！ちゃんと中身を理解してね

　革命によってフランス人のなかに芽生えた意識がもう一つある。それが**ナショナリズム**だよ。ジロンド派が義勇兵を集め始めたあの日から、フランスは「**国王のもの**」から「**フランス国民のもの**」に変わったよね。民衆を兵士として集めるために「祖国は危機にあり」と宣言して、革命戦争を祖国防衛のための戦いと宣伝したから、フランス人は「祖国フランス」っていう意識を持った。そして、ナポレオンもこの祖国意識を利用したんだ。一方で、攻め込まれた国の人たちも、「**ドイツ人の祖国ドイツ**」や「**スペイン人の祖国スペイン**」だってあるんじゃないか？って考え始めた。これが「ナショナリズム」だよ。

　こうして、**ナポレオンに支配された民族の反抗が始まった**よ。自分で広げた自由主義・ナショナリズムに、ナポレオン自身が苦しめられたんだね。まずは**スペイン反乱【半島戦争】**だ。ナポレオンの兄ジョゼフがスペイン王に即位すると、スペインでは農民を中心とする反乱が起きて、ナポレオンを苦しめた。**この反乱は彼が退位するまで続く**んだよ。このとき、「ナポレオンは解放者じゃなくて残虐な侵略者だろ」って思ったスペインの画家**ゴヤ**は、「**1808年5月3日**」を描いたんだ。ダヴィドの描いた英雄像とは正反対のナポレオン像だね。

▲ゴヤ「1808年5月3日」

　続いて**プロイセン**だ。ナポレオンの影響でドイツ人意識が芽生えたプロイセンでは、首相の**シュタイン**や**ハルデンベルク**が「今はフランスに勝てない」って気づいていた。だから、今は国内を改革して国力を強くして、**ナポレオンが弱るのを待つ**ことにした。この**プロイセン改革**では、**農奴解放**のほか、フンボルトによる**ベルリン大学**の創設や**軍制改革**など、次々と近代化がおこなわれた。さらに哲学者の**フィヒテ**は「**ドイツ国民に告ぐ**」という連続講演で、ドイツ人に祖国愛を叫び、ドイツ人を勇気づけた。ちなみにフィヒテはこのあと、ベルリン大学初代総長になるよ。

第1章　オリエント・インドの古代文明

第2章　古代の地中海世界

第3章　古代の東アジア

第4章　中世ヨーロッパ

第5章　東アジア世界の変容

第6章　イスラーム世界

第7章　近代ヨーロッパの幕開け

◀ ロシアの冬に負けて、ついにナポレオン帝国が崩壊！

　ヨーロッパ各地でナポレオン支配に対する反発が強まるなか、**ロシアもナポレオンに反抗**したよ。理由は**大陸封鎖令**だ。イギリスを弱らせるはずの大陸封鎖令で一番困ってたのはロシアなんだよ。ロシアはイギリスに**小麦などの穀物を輸出**するかわりにイギリスから**綿製品などの生活必需品を輸入**していたのに、**フランスは製品ばかり輸出**してきて、**ロシアの小麦を買ってくれない** 😫。だって、フランスは農業国だからね。しかも、**イギリスは海軍が強い**から、大陸封鎖に対抗する**逆封鎖**で、ヨーロッパ諸国と大西洋を越えたアメリカ大陸との貿易を妨害した。「もう我慢できない😫」と思った**ロシアは大陸封鎖令を無視して、イギリスとの貿易を再開**したんだ。これを見たナポレオンも黙ってるわけにはいかない。違反したロシアに報復だ！　こうして1812年、60万人もの大軍を編成して**ロシア遠征**を開始した。

　この遠征で、ナポレオンはとにかく**モスクワ**を目指して進撃した。モスクワさえ占領すれば、ロシアは土下座して謝ってくるに違いない。対抗するロシアの作戦は……**とりあえず逃げる**😆！　といっても、ただ逃げるだけじゃないよ。ロシアのクトゥーゾフ将軍はロシア人に、「家と畑に火を点けて逃げろ」って命令した。この「焦土作戦」は、60万人分の食糧を持ってこられないナポレオン軍に、**食糧を現地調達させない作戦**なんだよ。しかも、ロシアはシベリアまで最大で1万キロくらいは逃げられる！　「これるもんならきてみろ😆」ってことだ。しかも、ナポレオン軍が攻め込む直前には、**モスクワにも火を放った**😵！そこまでやるか……。このときの様子は**トルストイ**の長編小説『**戦争と平和**』に描かれているよ。前半がアウステルリッツの戦いまで、後半がロシア遠征だよ。

ナポレオンといえど、冬の寒さには勝てないよ。だってマイナス20℃とかだもん

　こうして、ロシアが「焦土作戦」をやっている間に、むちゃくちゃ寒い冬がきて（「冬将軍」なんていわれてるよ）、**ナポレオン軍は退却するしかなかった**んだ。そして「待ってました😈」とばかりに**ロシア軍が逆襲**してきて、寒さと飢えと反撃でナポレオン軍は壊滅したんだ😫。

　こうしてナポレオン軍は、やっとの思いで国境まで退却したんだけど、このときを待ち構えていた国があった……そうプロイセンだよ！　これまで着々と近代化を進めていたプロイセンにとっては、ついに訪れたチャンスだ。さらに**ナポレオン支配下にあったヨーロッパの大半の国が立ち上がって対仏大同盟**（第6回）を結成、フランス軍に襲いかかった。これが「**解放戦争**」だよ。そして、最大の決戦となったのが1813年の**ライプツィヒの戦い【諸国民戦争】**だ。30万人以上の**プロイセン、オーストリア、ロシア連合軍**と激突したナポレオン軍の兵士に、もはや士気なんてあるわけもなく、次々と逃げだしていく……これじゃあナポレオンも敗走する

しかない。そして対仏大同盟軍は1814年**パリ**へ入城した。このとき、**タレーラン**を中心とするフランスの政治家はナポレオンをさっさと見捨てて彼の廃位を宣言、仕方なく**ナポレオンは皇帝から退位**することを認め、**エルバ島**へと流された😥。

　でも、これで終わりじゃない。最後の最後でもう一度ナポレオンが立ち上がるよ。1814年に始まる**ウィーン会議**は、各国の利害が絡んで全然話し合いが進まず、しかもフランスで復活した**ブルボン朝（復古王政）**はまるで人気がない😤。これを見たナポレオンはひそかに**エルバ島を脱出**して南フランスに上陸すると、軍団を再編成しながら北上、1815年3月にはパリに入城して**皇帝に復位**した。ここからが**百日天下**だ😎。

　でも、さすがに各国、特にイギリスはこれを許さない。すかさず**イギリス・オランダ・プロイセン**が連合軍を結成すると（**第7回対仏大同盟**）、イギリス軍も**ウェリントン**を司令官についに大陸に陸軍を送った。イギリス陸軍が出てくるなんて、これは超本気だよ！　本格的に陸軍を送るのは百年戦争以来だもんね。結局、**ワーテルローの戦い**で敗れたナポレオンは、今度こそ本当に流刑😥。南大西洋のど真ん中**セントヘレナ島**に流され、その後1821年に亡くなった。そして彼の遺体は、「セーヌ川のほとりに眠りたい……」との遺言により、あのバスティーユ襲撃の日に、パリ民衆が最初におしかけた廃兵院に眠っているよ。

　これで、ナポレオンの時代はおしまい。最後に年号 check だ！

年号のツボ

- **ブリュメール18日のクーデタ** ［1799］
  （ナポレオン　止める**人無く**　クーデタ成功）
  <small>1 7 9 9</small>
- **第一帝政の成立** ［1804］（**いばれよ**これから　皇帝だ）
  <small>1 8 0 4</small>
- **大陸封鎖令** ［1806］（**市場を無理に**　封鎖して）
  <small>1 8 0 6</small>
- **ロシア遠征** ［1812］（**位牌**に名を書く　ロシア遠征）
  <small>1 8 1 2</small>
  （いはい）
- **ウィーン会議** ［1814〜15］（会議は踊る　**一晩一夜**）
  <small>1 8 1 4</small>

　これで、ひとまず政治史は一段落にして、次回は17〜18世紀の文化史だよ。前近代も残すところあと1回。最後まで頑張っていこう😊。

第**1**章　オリエント・インドの古代文明

第**2**章　古代の地中海世界

第**3**章　古代の東アジア

第**4**章　中世ヨーロッパ

第**5**章　東アジア世界の変容

第**6**章　イスラーム世界

第**7**章　近代ヨーロッパの幕開け

それじゃあ、政治史は一段落して17〜18世紀のヨーロッパの文化史だよ。
この時代は国ごとに政治の状況が違うから、そのあたりも意識しよう！

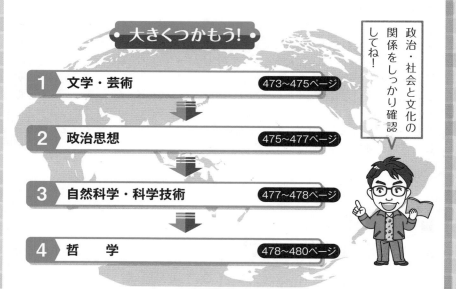

・ 大きくつかもう！ ・

政治・社会と文化の
関係をしっかり確認
してね！

1 文学・芸術 　　　　　473〜475ページ

2 政治思想 　　　　　475〜477ページ

3 自然科学・科学技術 　　　477〜478ページ

4 哲　　学 　　　　　478〜480ページ

　17〜18世紀の政治状況を思い出してみよう！　イギリスはすでに17世紀に革命で絶対王政を倒したから、市民社会へとかわっているけど、同じころ、隣国フランスはまさに絶対王政の絶頂期だ。イギリスで名誉革命が起きたのって、フランスでいうとルイ14世の時代だもんね。そして、17世紀のドイツは三十年戦争で荒れ果て、すっかり弱っている。オーストリアやプロイセンが絶対王政になるのは18世紀に入ってからだ。ドイツがやっと追いついて「いよいよ絶対王政だ！」って思ったころ、すでにフランスは革命直前！　こうした時代のズレをしっかり意識してね！

　それじゃあ、17〜18世紀のヨーロッパ文化の始まり〜😆。

第1章　オリエント・インドの古代文明

第2章　古代の地中海世界

第3章　古代の東アジア

第4章　中世ヨーロッパ

第5章　東アジア世界の変容

第6章　イスラーム世界

第7章　近代ヨーロッパの幕開け

1　文学・芸術

〈文　学〉

◀ イギリスは市民向けの文学、フランスは国王が保護！

　イギリスでは、革命後に成長した市民階級が「これはオモシロい！」と思うような、自由な発想の文学が好まれたよ。まあ、17世紀前半は**ピューリタン革命**の時代だから、彼らの信仰や心情を描く**ピューリタン文学**が中心だけどね。ピューリタン革命後の共和政で活躍した**ミルトン**は、「旧約聖書」を題材にした『**失楽園**』を書き、同じくピューリタン革命に参加した**バンヤン**は信仰上の苦悩を『**天路歴程**』に描いた。ただ、信仰を題材にした作品って「私はピューリタンじゃないし……」って思う人もいるだろうから、ずっと流行るわけはないよ。

　すると、市民階級の活躍を背景にした**冒険文学**などがつくられ始めた。18世紀はイギリスが全世界で**貿易や植民地戦争**をやった時代だし、大西洋三角貿易が発展したのもこの時代だ。こうした**市民の活動**を背景に、**デフォー**は、航海の途中で遭難し、流れ着いた無人島でサバイバル生活を送る人物を題材にした『**ロビンソン＝クルーソー**』を書いた。似たようなパターンだけど、「流れ着いたところが小人国だった！」って始まるのが、**スウィフト**の『**ガリヴァー旅行記**』だね。ただ、彼は**アイルランド出身**で反英精神が強かったから、作品に出てくるいろんな国（小人の国、巨人国、馬の国など）は、当時のイギリス社会を風刺してるんだよ。ちなみに、空飛ぶラピュータ国は、ジブリのアニメ「天空の城ラピュタ」のもとネタだよ。

　一方、フランスは**絶対王政の全盛期**だから、国王の宮廷で保護された**古典主義文学**が栄え、特にギリシア演劇のような古典主義演劇が多くつくられた。**ルイ13世**時代の**コルネイユ**が**古典主義悲劇**を創始すると、ルイ14世時代には、古典主義悲劇を大成した**ラシーヌ**や、**古典主義喜劇を創始したモリエール**も活躍するんだ。

　そして、フランスでは**リシュリュー**が設置した**アカデミー＝フランセーズ**がフランス語の統一に努め、**近代フランス語**が確立してヨーロッパ各国の上流階級で広く使われるようになった。現代だと英語が世界の外交などでの共通語のイメージかもしれないけど、**当時はフランス語が共通語**だったんだよ！

〈芸　術〉

◀ 17世紀には豪華な「バロック様式」が流行！

　17世紀といえば、ルイ14世に代表される**絶対王政の全盛期**だ。各国の宮廷では「私の国はスゴいだろ、ワッハッハ😆」ってな具合に、自分の国の力を誇示するために**豪華な宮殿**が建設された。この豪華な**バロック様式**の代表が、ルイ14世が建てた**ヴェルサイユ宮殿**で、ほかにフェリペ2世がマドリード郊外に建設したエスコリアル宮殿なんかもバロック様式だよ。そして宮殿のなかには、これまた豪華な絵画が飾られるんだけど、もともと宮殿の壁や柱の飾りが派手だから、つり合いが取れるように、原色を多く使ったり、色彩のコントラストがはっきりした「目立つ

絵」が多いんだ。**バロック様式絵画**にはスペインで活躍した**ベラスケス**や**ムリリョ**もいるけど、この時代を代表するのはなんといっても二人！　**フランドル派**の**ルーベンス**と、**オランダ画派**の**レンブラント**だ。

　フランドル派、ということは**現在のベルギー**で活躍した**ルーベンス**は、ルイ13世の母后を描いた連作「マリ＝ド＝メディシスの生涯」が代表作だね。フランドルはまだスペイン領だから、絶対王政を背景に、宮廷の様子や宗教画が多いよ。ルーベンスは**ちょっとぽっちゃりした女性**を描くのが好きで、たびたび描かれている。オランダ語では今でもぽっちゃり目の体型を「ルーベンス風」っていうらしいよ……😅。
一方、**オランダ画派**は、市民階級の成長を背景に、彼らの依頼で描かれた肖像画などが多いよ。代表的画家の**レンブラント**は、光と影のコントラストが特徴だね。有名な「夜警」は全体が暗いなかで、真ん中に「パッ！」とスポットライトが当たっているような描き方だ。ちなみに、「夜警」はアムステルダム市民の自警団の

▲ルーベンス
「マリ＝ド＝メディシスの生涯」

下のほうに「ルーベンス風」の女の人がいるでしょ

集団肖像画で、本当は夜じゃなくて昼間……表面のニスが変色して暗くなっちゃっただけなんだよ。ほかに、市民の日常生活を題材にした**フェルメール**も有名だね。

🔊 絶対王政の衰退期になって、繊細・優美な芸術「ロココ様式」が誕生！

　18世紀になると、**文化も洗練されてくる**よ。だって、バロック様式って「なんでもかんでもハデハデにしとけ！」みたいな感じだから、下手すると悪趣味になりかねない😵。それに、あまりに豪華すぎるヴェルサイユ宮殿に対抗しようとしても、「そんな金はない😅」ってことになる。そこで、宮殿の装飾も落ち着いたものにして、金をかけずにデザイン勝負！ってことになるんだ。これが繊細・優美な**ロココ様式**だよ。プロイセンの**フリードリヒ２世**が、**ベルリン郊外のポツダム**に建設した**サンスーシ宮殿**や、オーストリアのウィーンにある**ハプスブルク家のシェーンブルン宮殿**が代表だね。シェーンブルン宮殿は「ヴェルサイユに対抗しよう！」ってつくったから外観はバロック様式だけど、内装はロココ風。本当は黄金を貼ろうと思ったんだけど、お金が足りなくて黄色にしたんだって😅。選択としては現実的だね。そして、この時代の絵画は、やはり**落ち着いた色調**のものが好まれたんだ。フランスの**ワトー**などがロココ様式画家の代表だね。

　それから、この時代にはヨーロッパの宣教師や商人が中国を訪れて、陶磁器<ruby>陶磁器<rt>とうじき</rt></ruby>など

の中国物産をいろいろ持ち帰ったから、その影響を受けた**シノワズリ（中国趣味）**も流行った。これ、必ずしも中国そのままというわけじゃなくて、あくまでもヨーロッパ人たちが「中国っぽい！」って思った中国風だからね😁。

2　政治思想

◀ 王権神授説に対抗して、王権を抑えるための自然法思想が生まれた！

各国が主権国家となって王権強化が進むと、**国王の絶対王政を正当化**する理論として、「王権は神に授けられたんだから絶対だ！」という**王権神授説**が使われた。イギリスのチャールズ1世に仕えた**フィルマー**や、フランスのルイ14世に仕えた**ボシュエ**が代表だね。ただ、宗教戦争などが起きて「国王と宗派が違うし……」という人が現れたり、あるいは「国王だけが絶対というのはおかしい！」と**絶対王政を批判**する人だって現れる。こうしたなかから生まれたのが**自然法思想**なんだよ。

「自然」という言葉は、キリスト教世界では「神が創造したままの状態」という意味になるから、「自然法」というのは「人が生まれながらにして持っている法則」ということだ。つまり、人が生まれながらに持っている人びとの権利は、王権よりも上だ、ということになる。キリスト教では、国王だって民衆だって「神の前では平等」だからね。国王といえども、権利は一人分しか持ってない。

こうした**近代自然法の創始者**が、オランダの法学者**グロティウス**だよ。彼は**三十年戦争**があまりにひどかったので『**戦争と平和の法**』を著し、「国王の軍隊でも、戦時に守られなければいけない法規があるはず！」として、**国際法の確立**を主張した。また、貿易で繁栄している**海洋国家オランダ**の利益のため『**海洋自由論**』を著した。ここで述べられた**貿易・航行の国際的な自由**は、海洋に関する国際法の原型になった。だからグロティウスは"**国際法の祖**""**近代自然法の父**"と呼ばれるね。

◀ 王権神授説にかわって王権の根拠になった「社会契約説」は、両刃の剣だ！

自然法思想が出現したからといって、すぐに「王政は倒せ！」みたいな思想にはならず、まずは王権神授説にかわって王権を正当化する理論に使われた。それが**社会契約説**だよ。社会契約説が生まれたイギリスは、ヨーロッパで最初に革命をやったから、参考にすべき他の国がなかった。だからイギリスの革命では、**大憲章**のような「イギリスの伝統」を根拠に、手探りで王権に対抗したんだ。そうなると、**政治理論は「事件が起きたあと」にできる**ことになるよね。

まず、ピューリタン革命前の壮絶な国王と議会の対立を目にした**ホッブズ**は、こう考えた。人間は生まれたままの「自然状態」に置くと、「**万民の万民に対する闘争**」になる。今まさに目の前で起こっている大混乱は、みなが「自分の権利を守ろうとして、かえって守りたい財産や権利を破壊している状態」ではないか！と思った。そこでホッブズは『**リヴァイアサン**』のなかで、「自分の財産や権利を守るためには平和なほうがいいに決まってる。平和と秩序を維持するために、**人びとは自**

分の権利（主権）を"国王に預けた"んだから、預けた以上は国王に従わなければいけない」と主張して、王権を擁護した。この「王に権利を預ける」という考え方が社会契約説だよ。

　ところが、その後イギリスでは議会が新しい国王を選ぶ名誉革命が起きた。これを目の当たりにしたロックは、「すばらしい！　それで OK だ。国王に権利を預けたといっても、それは"自分たちの権利を守る"ためなのだから、権利を侵害する悪い国王からは"預けた権利を返してもらえばよい"」と、ホッブズが王権擁護に使った社会契約説を発展させて、革命を擁護する理論をつくった。これが社会契約説に基づく「人民主権」と「抵抗権【革命権】」だよ。ロックは『統治二論【市民政府二論】』で、この考え方を使って名誉革命を正当化したんだ。

　ちなみにこの二人、哲学では「経験論」哲学者で、二人とも「事件が先、理論があと」だ。ピューリタン革命前の混乱を見たあとに『リヴァイアサン』を書いたホッブズ、名誉革命を見たあとに『統治二論』を書いたロック、だからね😆。

◀ フランスでは理性を絶対とする啓蒙思想ができた！

　イギリスが革命によって「議会が王権を抑える」システムをつくったのを見て、フランスの進んだ知識人たちは、「イギリスは進んだ国だ！　いまだに絶対王政のフランスはなんて遅れているんだ……」と思った。そして、彼らの「頭の中」で「今のフランスを、どうすれば理想の国にできるのか？」を考えた。つまり、頭の中で考えていることが「理想」で、「現実」は時代遅れのダメダメな状態……。これがフランスで、人間の理性を絶対的とする啓蒙思想が生まれた背景だよ。啓蒙思想では自然法や社会契約説を根拠に、当時のフランス社会を批判したんだね。

　まずヴォルテールが現れて、フランスの権威や制度、慣習、特にカトリック教会の偽善や迷信を激しく攻撃した。彼は『哲学書簡【イギリス便り】』のなかで、イギリスの立憲君主政をホメまくり、彼の思想は、啓蒙専制君主として有名なプロイセンのフリードリヒ2世やロシアのエカチェリーナ2世に影響した。まあ、彼らは、ヴォルテールの思想を絶対王政の言い訳に使ったんだけど……😅。さらに、モンテスキューはロックの思想に共鳴してイギリスの議会政治にあこがれ、『法の精神』のなかで「王権を制限するためには三権分立が必要！」と説いた。三権分立の考え方はアメリカ合衆国憲法で具体的な制度になったよね。

　そして、フランス革命に最も影響を与えたのが、ジュネーヴ生まれのルソーだ。「自由・平等」や「人民主権」など、フランス革命で盛んに主張された権利は、ルソーが強く主張していたものだよ。彼は他の啓蒙思想家と違って、イギリスを褒めない。なぜなら、人間は自らの手でつくった社会制度によって、かえって不幸になっている、と考えたからだ。この「近代文明批判」がルソーの特徴だ。徹底した人民主権を展開した『社会契約論』、人間の不平等は土地所有権がもとになっていると主張した『人間不平等起源論』、ほかに「自然に帰れ」として自然回帰による人間性の回復を主張した教育論『エミール』など、のちの社会や革命に影響を与えた

著作が多いよ。

　そして、フランスの啓蒙思想の集大成が『**百科全書**』だ。これは、理性に基づく**合理主義**や、啓蒙思想で展開された**自由主義**や**個人主義**を基準に、あらゆる学問や技術を集めよう！とつくられた**百科事典**だよ。**ディドロ**を中心に**ダランベール**らが協力して編集され、ヴォルテール、モンテスキュー、ルソー、ビュフォンも執筆しているよ。『百科全書』の執筆に加わった人たちを、**百科全書派**と呼ぶんだ。

3 ▶ 自然科学・科学技術

◀ キリスト教的な世界観を超えた「科学革命」

　ルネサンス期に起きた「人間中心主義」の動きは、中世のキリスト教的な世界観や価値観にとらわれない**近代的な合理主義**を生み出し、その後17世紀に入ると、**急速な自然科学の発展**をもたらしたんだ。これは、各国で**科学アカデミー**などの研究機関がつくられて、王室の保護を受けて活動したことも背景だよ。イギリスでは、ボイルやニュートンらが参加した**イギリス王立協会**が、フランスではコルベールが創設した**フランス科学アカデミー**が、プロイセンでも**ベルリン科学アカデミー**がそれぞれ設立されて、自然科学の分野で多くの成果を生み出した。この時代は、「**科学革命**」の時代と呼ばれている。

　物理学・数学では、"近代化学の父"とも呼ばれるイギリスの**ボイル**が気体力学の基礎（ボイルの法則）を確立し、同じくイギリスの**ニュートン**は**万有引力の法則**を発見して『**プリンキピア【自然哲学の数学的原理】**』を著し、**近代物理学**を創始したほか、ほぼ同じ時期にニュートンとドイツの**ライプニッツ**が**微積分法**を創始したね。ちなみに、ニュートンは**イギリス王立協会会長**としても活躍したよ。フランスの**パスカル**は、哲学者としては「**人間は考える葦である**」の一節で有名だけど、**流体力学**でも功績のある科学者だ。18世紀に入ると、化学では、フランスの**ラヴォワジェ**が燃焼理論を確立して、**質量保存の法則**を打ち立てた。彼は**ブルボン朝の徴税請負人**もやっていたから、革命中に**恐怖政治の犠牲**になった。天文学ではフランスの**ラプラース**が宇宙の成立を科学から説明しようと、**宇宙進化論**を唱えた。こうした研究は科学技術にも応用され、イタリアの**ヴォルタ**は**電池**を発明したよ。ほかにも、生物学では、スウェーデンの**リンネ**による動植物の分類学や、フランスのビュフォンの研究などが、**のちの進化論につながる研究**になるよ。

　また、18世紀のヨーロッパでは急速に**人口**が増加したんだけど、それには**医学の発達**も大きく影響しているよ。病気になる人が減ったり治る人が増えれば、死亡率が下がって人口増加につながるよね。17世紀にイギリスの**ハーヴェー**は**血液循環**を発見したほか、18世紀になるとイギリスの医師**ジェンナー**が**種痘法**を開発して**予防接種**を始めると、天然痘による死者は激減した。こうした土台があって、19世紀になると医学が急速に進歩することになるんだ😆。

第1章　オリエント・インドの古代文明

第2章　古代の地中海世界

第3章　古代の東アジア

第4章　中世ヨーロッパ

第5章　東アジア世界の変容

第6章　イスラーム世界

第7章　近代ヨーロッパの幕開け

〈自然科学・科学技術の代表的な人物〉

ボイル(英)	"近代化学の父"。ボイルの法則の発見、気体力学の基礎
ホイヘンス(蘭)	振り子時計を発明。光の波動説を理論化
ニュートン(英)	万有引力の法則。近代物理学の創始者。微積分法の創始。著作『プリンキピア【自然哲学の数学的原理】』
パスカル(仏)	流体力学に関する「パスカルの原理」
ラヴォワジェ(仏)	燃焼理論を確立。質量保存の法則
ハーヴェー(英)	血液循環を立証
リンネ(スウェーデン)	動植物の分類学を確立
ビュフォン(仏)	進化論の先駆者で、『百科全書』にも執筆
ジェンナー(英)	種痘法を開発し、予防接種を開始。天然痘による死者を激減させた
ラプラース(仏)	カントの星雲説から宇宙進化論を唱えた
フランクリン(米)	雷を電気と確認し、避雷針を発明
ヴォルタ(伊)	電池の発明

4 哲 学

◀ イギリス人は、とにかく実際の経験から知識を得る「経験論」だ！

　自然科学の発展や社会の変化などとあわせて、17世紀にはさまざまな学問の方法論も現れた。これまで、わからないことはすべて「神の原理」として片づけたんだけど、なんでもかんでも「神」では学問にならない😫。そこで「神に頼らない方法論」を探ったんだ。大きく分けるとイギリスの経験論と大陸の合理論だ。

　イギリスの経験論というのは、すべての先入観をなくして、目の前にある具体的経験、つまり観察や実験など実際に「見たり触ったり」といった経験の積み重ねで正しい知識を得るという方法論だよ。これが多くの事実から一般的な法則(理論)を得る「帰納法」だ。哲学って難しいから、簡単な例に置き換えてみよう。例えば、探りたい真理が「一番おいしいラーメン」だとする。経験論だと、日本の北から南まで一つ残らずラーメン屋を回って、全メニューを食べていく。そして全部食べ終わったときに「一番おいしいラーメン」がわかる。てか、途中で腹を壊すね😫。

　じゃあ本題に戻って、この帰納法の基礎を確立したのがフランシス＝ベーコンだよ。その後、社会契約説のところでも出てきたホッブズやロックも、哲学や方法論では経験論だから、事件を「実際に目にしたあと」に本を書いた。さらに、ヒュームは経験論を徹底して、"理性は感情の奴隷"と主張した。確かに、フラれた直後とかだと、感情が高ぶって(落ち込んでか……)冷静な理性は保てないよね😅。

◀ フランスなど大陸では、全部を頭のなかで考える「合理論」だ！

　一方フランスでは、自分の感覚や知識は疑わしいし、まずは人間の理性のみを信頼して「頭の中で考え判断して」事実を証明するという大陸の合理論が生まれた。これって、政治思想にも大きく影響しているね。とにかくすべてを疑い、疑わしいものは一つずつ証明していく、これが「演繹法」だよ。要するに「知識は理性によってつくられる」ってことだ。これもさっきと同じラーメンの例にしよう。まず頭の中の「理性」で「一番おいしい究極のラーメン」を考える。「ダシは鶏ガラ？ 豚骨？」「麺は太麺？ 細麺？」「チャーシューは何枚？ 厚さは何mm？」「メンマは何本？」みたいな。これで究極のラーメンを考え終わったら、それと全く同じものを探すんだけど、100％一致しないと食えない😩。「惜しい……メンマが４本だったら食えたのに、今日もメシ抜きか😫」みたいな。永遠に食えないな、これ（笑）。

　大陸合理論を確立したフランスのデカルトは、とにかく頭の中で考え、疑わしいものをすべて否定していった。どんどん突き進んでいったら、「待てよ、100％の確信を持てることってないのでは……」とすべてが疑わしく思えてきて、それでも突き進んだら、「……この世界、すべてが疑わしい……あぁぁぁぁぁぁぁ……」って、しまいに発狂😵。そして、あることに気づいた。「私が発狂してるのは間違いない！」ってね。これが有名な「われ思う、ゆえにわれあり」だよ。彼の著作『方法叙説』は、合理主義哲学の方法論を示したものだ。その後、ユダヤ系オランダ人のスピノザは、神から離れて思考しようとしたけど、結局は「神とすべてのもの【自然】は同一」という汎神論に行きついてしまい、ドイツのライプニッツも『単子【モナド】論』のなかで、神の予定調和を論じることになってしまった。要するに、全部を頭の中で、理性で判断するのは難しい！ってことだよ。

◀ ドイツ人は「理性」と「経験」をあわせた「観念論」だ！

　18世紀後半のドイツでは、フランスにおける「理性万能」の精神を批判してドイツ観念論が現れた。だって、人間の理性といってもすべてを判断できるわけはないし、かといって経験論のように、すべてを経験するのもムリだよ。つまりどっちもどっちなんだよ。ラーメンの例にするとね、「本当に全部食って腹を壊したイギリス人」と「頭の中で考えてるだけで、結局は食べられないフランス人」に対して、「オマエら、冷静になれー😤」って説教したドイツ人、という感じ。まず「やっぱ豚骨！」みたいな好みの方向性を"理性"で決めて何軒かピックアップし、店の前の雰囲気なんかをこれまで"経験"を参考に判断して、そして"総合"して「おいしそう」と思ったら食べる。これなら腹も壊さないし、食えないこともない。哲学的に言うと「認識とは、過去の経験との総合（統合）」ってことだよ。

　ドイツ観念論を創始したカントは、経験論と合理論を総合して批判哲学を大成し、「理性万能」とする啓蒙思想を批判した。『純粋理性批判』では、理性による認識の限界を主張し、『実践理性批判』では、その実践の方法を示した。さらに、そこから導きだした道徳によって、国際平和機関の創設など平和を維持する条件を『永遠

平和のために』に著しているよ。その後、フィヒテはカントの批判哲学を発展させて、「結局、すべては自分の主観しかない」と、**自由な自我の確立**を説いたんだ。彼は、ナポレオン占領下のベルリンで、「**ドイツ国民に告ぐ**」の連続講演をおこない、のちのベルリン大学初代総長になったことのほうが重要だな😆。さらに**シェリング**は、「自然と自我の区別がない"**絶対的自我**"に基づく**同一哲学**を説いたけど、こりゃ神に逆戻りだ……😅。だから**神秘主義**に傾いていったんだ。

　そして、**ドイツ観念論**を完成したのが**ヘーゲル**だよ。彼は哲学のなかに歴史的発展の発想をとり入れて、**人間の認識能力**が「矛盾との対立（要は悩んだり迷ったりしながら）」**発展していく**という弁証法哲学を打ち出した。これは、いよいよ産業革命が始まって「社会は発展していくんだ」って、人びとが感じていたことも背景だよ。さらに、この発展の考え方が、のちに**マルクス**に影響を与えることになるんだ。

〈17～18世紀の哲学〉

イギリスの経験論……帰納法（多くの個々の事実から一般的な法則を導く）	
フランシス＝ベーコン	経験論（帰納法）の基礎を確立。『新オルガヌム』
ホッブズ	『リヴァイアサン』。社会契約説から絶対王政を擁護
ロック	『統治二論』（名誉革命を擁護）。『人間悟性論』（経験論哲学）
ヒューム	経験論の徹底から、"**理性は感情の奴隷**"とする懐疑論を主張
大陸の合理論……演繹法（理性的推論により個々の事象を証明し、結論を導き出す）	
デカルト（仏）	近代合理主義哲学の祖。『方法叙説』（「われ思う、ゆえにわれあり」）
スピノザ（蘭）	ユダヤ系。数学的な合理主義から、**汎神論**を主張。『エチカ【倫理学】』
パスカル（仏）	『パンセ【瞑想録】』（「**人間は考える葦である**」）
ライプニッツ（独）	『**単子【モナド】論**』（神の予定調和）。微分・積分法の創始
ドイツ観念論……経験論・合理論の双方を批判し、理性万能の精神を批判	
カント	批判哲学。『**純粋理性批判**』『**実践理性批判**』『**永遠平和のために**』
フィヒテ	主観的観念論。「**ドイツ国民に告ぐ**」の連続講演をおこなう
シェリング	自然と自我の統一（**同一哲学**）を説いたが、のちに神秘主義に傾く
ヘーゲル	弁証法哲学（哲学に歴史的発展の発想をとり入れた）

　さて、これで【古代・中世・近世】はすべておしまいだよ。ここまでよく頑張ったね！　ウィーン体制以降は【近代・現代】に続くよ。世界史の勉強はここまでで半分だ。残り半分は、また気分を新たにスタートしてね👍。

さくいん

鵜飼 恵太（うかい　けいた）

　駿台予備学校世界史科講師。受験直前にソ連が崩壊した衝撃から近現代史に興味を持ち、大学時代に自転車旅行で訪れた沖縄で、米軍基地の現状を見て東アジア史への関心を強めた。大学での研究テーマは「冊封体制の崩壊と日中関係」。

　大学時代の塾のアルバイトで「教える楽しさ」を知り、予備校講師の道へと進む。駿台では東大・一橋大クラスから早慶大・基礎クラスまでを担当し、それぞれのレベルにあわせたわかりやすい授業を展開する。暗記ではなく「"人"が動く歴史」を通じて、「現代を見る眼」を持ってほしいとの想いから、世界のつながりや因果関係の解説を重視。難しいこともやさしい言葉を使って説明するが、内容は妥協しない。政治史では歴史上の人物になりきり、文化史では小説や演劇の登場人物を演じる講義は、生徒から「一人芝居」「寸劇」と呼ばれ、「つながりがよくわかる！」と大好評。また、丁寧な論述添削でも定評があり、東大模試・一橋大模試の作問にも携わっている。

　さまざまな移動手段での旅行が趣味。自転車、クルマ、鉄道、飛行機など、たいていの乗り物が好きで、特に鉄道には少々こだわりがある。最近は、旅先での御朱印集めにはまっている。

だいがくにゅうし
大学入試
せかいしたんきゅう　こだい　ちゅうせい　きんせい
ストーリーでわかる世界史探究【古代・中世・近世】

2023年7月28日　初版発行

著者／鵜飼　恵太
うかい　けいた

発行者／山下　直久

発行／株式会社KADOKAWA
〒102-8177　東京都千代田区富士見2-13-3
電話　0570-002-301(ナビダイヤル)

印刷所／株式会社加藤文明社印刷所
製本所／株式会社加藤文明社印刷所